高等学校交通运输专业系列教材
东南大学校级规划教材

U0656163

物流信息技术

Wuliu Xinxi Jishu

（第3版）

何 杰 编著

东南大学出版社
SOUTHEAST UNIVERSITY PRESS
·南京·

内容提要

物流信息技术是一门快速发展中的综合性交叉学科,涉及物流学、管理学、信息学、计算机科学等多个学科,安全可靠、智慧高效、低碳绿色是信息技术服务于现代物流的终极目标。本书在第2版的基础上,结合近些年的科研和教学成果,对物流信息概念、技术、系统和应用进行了系统阐述。

全书共分为四部分,共12章:第一部分概念篇(1~2章),介绍了现代物流、物流信息技术、物流信息系统的概念和内涵;第二部分技术篇(3~6章),介绍了物流信息识别与采集、传输与跟踪、存储与分析计算以及相关辅助技术;第三部分系统篇(7~10章),介绍了物流信息系统的规划、分析、设计以及实施的方法和过程;第四部分应用篇(11~12章),介绍分析了物流信息系统的六种经典模式与案例,以及七种新兴模式与案例。

本书可作为物流、运输及管理类专业本科学生的必修或选修课教材,也可供从事物流、运输组织以及供应链等相关工作的工程技术人员、管理人员参考。

图书在版编目(CIP)数据

物流信息技术 / 何杰编著. -- 3 版. -- 南京:东南大学出版社,2025.6. -- ISBN 978-7-5766-1818-1

I. F253.9

中国国家版本馆 CIP 数据核字第 2024DU2046 号

责任编辑:贺玮玮   责任校对:韩小亮   封面设计:顾晓阳   责任印制:周荣虎

物流信息技术(第 3 版)

Wuliu Xinxi Jishu(Di 3 Ban)

编 著	何 杰	
出版发行	东南大学出版社	
出 版 人	白云飞	
社 址	南京市四牌楼 2 号	邮编:210096
网 址	http://www.seupress.com	
经 销	全国各地新华书店	
印 刷	南京京新印刷有限公司	
开 本	700 mm×1000 mm 1/16	
印 张	28.5	
字 数	593 千字	
版 次	2025 年 6 月第 3 版	
印 次	2025 年 6 月第 1 次印刷	
书 号	ISBN 978-7-5766-1818-1	
定 价	69.00 元	

(本社图书若有印装质量问题,请直接与营销部联系。电话:025 - 83791830)

前　言

（第 3 版）

2007 年 12 月，由国家双一流学科东南大学交通运输工程学科的具有多年教学、科研经验的教师编写了这套"高等学校交通运输专业系列教材"，《物流信息技术》是系列专业教材之一；作为物流与运输类专业的专业课程教材，《物流信息技术》于 2009 年第一次出版，并于 2017 年修订第二次出版，已被多所高校作为物流与运输类专业的教材使用。

"十四五"时期是加快推进交通强国建设的关键五年，我国交通运输和物流进入了高质量发展新阶段，以提质、降本、增效为导向，完善现代物流体系，发展物流服务新模式，推动供应链、冷链物流发展，支撑服务经济社会高质量发展、实现物畅其流。本书正是在以上国家交通运输发展战略的背景下，为适应物流业发展需求和高等教育发展的新变化而进行的第 3 版修订，以使其更准确地反映当前物流业的实际状况,与物流信息技术的发展和需求保持最密切的联系,并使其具有一定的理论指导作用。

本次再版吸收了近年来物流、管理和信息等领域的新技术、新知识,保留了原书的特色和风格,缩减了管理和计算机方面的基本知识,由 15 章调整到 12 章,并增加了许多新兴内容,以适应时代要求。此次修订在第 2 版的基础上主要进行了以下几方面的工作:

第一,对部分叙述性内容进行了适当压缩,对已过时的数据、概念和案例进行了更新;第二,新增了无线通信与无线定位、大数据与人工智能、区块链与云计算等物流业应用的新兴技术和知识;第三,更新了经典模式物流信息系统的应用案例,包括广西物流公共信息服务平台、亚马逊物流、金蝶 ERP 系统、美团外卖平台、斯诺数智物流平台、菜鸟网络;第四,新增了新兴模式的物流信息平台系统及其案例分析,包括网络货运、即时物流、冷链物流、应急物流、物流数字孪生、智能仓储与配送、智慧物流;第五,对每章的学习目标和复习思考题进行了调整,更有助于读者理解和掌握相关知识。

本教材由东南大学何杰编著,第 3 版由东南大学交通学院研究生王琛玮、李莹、吴晓雨、万思伟协助编写。

本教材由东南大学规划教材建设项目资助,编写过程中还得到了诺得网络科技股份有限公司及赵惠丹总裁的大力支持,并参考了国内外大量的有关物流信息与管理信息系统方面的文献资料,在此一并感谢。

由于编写时间紧和编写人员水平有限,书中难免存在不妥之处,在此恳请读者指正。

编　者
2024 年 6 月

目　录

第一篇

概念篇

1 物流信息技术概述

1.1 现代物流概述

物流是国民经济的动脉系统,物流业正成为各企业、各地区乃至国家的新的经济增长点。本章阐述现代物流的基本概念,以及现代物流系统的构成和功能,是系统掌握现代物流理论、优化物流信息管理与运作所必需的基础知识。

1.1.1 现代物流概念

1)物流的内涵

物流起源于第二次世界大战期间的美国军事应用,最初称为"物资分配"(Physical Distribution,PD)。后来,日本将其称为"物流"。战后,这一概念在企业界得到应用和发展,出现了如"物资管理""配送工程""企业后勤""市场供应"和"物流管理"等多种表述。

简单来说,"物流"指的是物质资料在社会再生产过程中的有目的性空间流动。它连接生产与消费,确保货物流通和高效使用,促进生产的不断发展,满足社会的生产和消费需求。物流包括原材料、半成品、成品等从起始地到消费地的流动和存储,以及相关的信息流的规划、实施和控制。

物流的定义随着时间和学者的研究重点(企业、工程、管理等)不同而有所不同。从广义上说,物流不仅包括商品的物质资料的空间运动过程,还包括生产过程中的物质资料运动。

作为一个专业学科,物流涵盖了物质资料流动过程中的技术和管理活动。因此,"物流"的含义可以表述为:物质资料在生产过程中各个生产阶段之间的流动和从生产场所到消费场所之间的全部运动过程;包括运动过程中的空间位移及与之相关联的一系列生产技术性活动。这个技术包括自然技术和管理技术。

不同国家和组织对物流的定义各有侧重。例如,美国供应链管理协会(CSCMP),加拿大的供应链与物流管理协会(CASCLM),欧洲的物流协会(ELA),以及日本的物流系统协会,都有各自对物流的独特定义和理解。这些定义虽然在措辞上有所不同,但都强调了物流在有效率、有效益地满足客户需求中的重要性。

2)物流的形成与发展

物流是随着一个国家或地区的经济发展而发展的,其中最为典型的例子是日本。

(1)日本物流的发展

日本物流的发展,经历了七个阶段:

☞第一阶段——物流管理萌芽(1945—1953年)

这一阶段是日本战后经济恢复期,物流作为销售过程中的辅助手段,未受到重视。装卸工作仍采用传统方式,如肩背人扛,而物流设备的使用开始起步。

☞第二阶段——物流管理形成(1954—1963年)

随着经济恢复到战前水平并开始高速增长,日本开始意识到生产效率与流通效率的不匹配,从美国引进了物流概念。这一阶段标志着物流在日本开始受到重视,并展开了物流宣传和普及运动。

☞第三阶段——物流管理理论转化生产力(1964—1973年)

日本经济高速增长,物流逐渐从配角上升为主角。市场商品饱和使得流通效率成为制约经济发展的瓶颈,日本政府和学术界开始重视物流,并提出解决物流问题的建议。

☞第四阶段——形成物流标准化思想,逐步实现精细化发展方向(1974—1983年)

在第一次石油危机后,日本经济转为稳步增长,物流开始在经济舞台上扮演主角。政府加大了物流基础设施投资,注重企业物流发展,强调物流合理化和效率提升。

☞第五阶段——物流服务的概念开始得到认同(1984—1993年)

消费主导的经济使得物流服务开始受到认同。企业转向注重消费者,物流运作水平得到提升,物流系统化和智能化发展。

☞第六阶段——国际化加速与供应链管理兴起(1994—2008年)

在这一时期,日本物流业开始面临更加激烈的国际竞争。企业致力于加强国际物流网络建设和全球供应链管理能力。同时,随着环境问题日益受到关注,绿色物流理念逐渐兴起,企业开始采取各种措施降低能源消耗、减少碳排放,并推动可持续发展的物流模式。

🖎第七阶段——数字化和智能化转型(2009年至今)

自2008年全球金融危机以来,日本物流业进一步加强了数字化和智能化转型。企业利用先进的信息技术,如大数据分析、人工智能、物联网等,优化供应链管理、提高运输效率和服务质量。同时,新兴技术如无人机、自动化仓储系统等也开始在物流领域得到应用,以提升物流操作的效率和准确性。绿色物流理念也不断深入,企业致力于推动更加环保和可持续的物流运作方式,以适应全球环境保护的趋势。

(2)我国物流的发展

我国物流业发展历程,可分为如下四个阶段,也反映了其与经济发展的密切联系:

🖎第一阶段——酝酿萌芽阶段(1949—1977年)

从新中国成立到改革开放前。在计划经济体制下,国家对生产资料和主要消费品的生产、分配等实行计划管理,计划部门管指标、物资部门管调拨、交通部门管运送。这一时期初步建立了以铁路和水运为骨干、其他运输方式为补充的运输体系,实行以城市为中心的物资储存与调拨,物流活动以传统的物资运输、保管、包装、装卸等为主,参与主体均为公有制企业,实行政府定价,专业化分工不强,物流运作具有"大而全""小而全"的特点,基本满足这一时期经济恢复与社会主义建设需要。

🖎第二阶段——起步发展阶段(1978—1999年)

在改革开放以后,我国经济持续健康发展,迫切需要提升物流业服务水平与保障能力。1978年,国家有关部门赴国外考察学习后将"物流"概念引入国内,引起社会各方关注。此后,中国物流研究会等研究组织相继成立,物流专业期刊开始创办,一些高校先后开设物流本科和研究生课程。有关部门借鉴发达国家成功经验,积极推动国内物流业发展,开启了我国物流业理论探索与产业实践的新征程。

🖎第三阶段——快速成长阶段(2000—2013年)

新世纪开始,我国加入世界贸易组织,进出口贸易大幅增长,带动物流业快速发展。物流业受到国家各级政府的高度重视,国家加强对物流业的发展规划,物流政策环境得到明显改善,我国现代物流业步入快速发展轨道。

🖎第四阶段——提质增效阶段(2014年至今)

2014年,国务院发布《物流业发展中长期规划(2014—2020年)》,系统提出物流业的发展重点、主要任务和重点工程,明确了一段时期内物流业的发展方向和目标。按照党中央、国务院关于深化供给侧结构性改革、推进"三去一降一补"的决策部署,国家发改委等相关部门围绕推进物流降本增效促进实体经济发展,出台物流业降本增效实施方案,启动物流降本增效综合改革试点等。

3)现代物流的主要特征

通常认为,传统物流是以物品的运输和储存为核心,辅以相关附属服务的物流模式。

现代物流与传统物流的根本区别在于:现代物流强调系统整体优化,即以现代信息技术为基础,对物流系统内运输、包装、装卸搬运、流通加工、配送、存储等各子系统间进行优化整合,因此出现如供应链一体化管理、核心业务管理的协调,强调全程物流等等;现代物流一定有完善的物流信息系统和信息网络的支持,无论是决策、运作过程与管理都离不开信息系统的支撑;现代物流具有先进的物流科学技术。

在现代物流业蓬勃发展的今天,对现代物流也产生一些误解,认为现代物流业就是送货到门服务,就是建立那些拥有先进仓储设施的产品分销中心,就是对传统主要贸易方式的有形市场的进一步发展,因此纷纷建造仓储设施和商品分销中心、开发区域性和全球性有形市场、拓展并巩固现有分销网络。而真正的现代物流要以虚拟市场取代有形市场,要压缩有形的仓储设施和商品分销中心,要精简和简化分销网络。

物流是社会经济发展的产物,随着社会经济的发展,现代物流在运作上呈现出多样化的特征,主要表现为以下几点:

①反应快速化。物流服务提供者对上游、下游的物流、配送需求的反应速度越来越快,配送间隔越来越短,商品周转次数越来越多。

②功能集成化。现代物流着重于将物流与供应链的其他环节进行集成。

③服务系列化。除了传统的储存、运输、包装、流通加工等服务外,现代物流服务在外延上向上扩展至市场调查与预测、采购及订单处理,向下延伸至配送、物流咨询、物流方案的选择与规划、库存控制策略建议、货款回收与结算、教育培训等增值服务。

④作业规范化。规范的作业标准和服务标准。

⑤目标系统化。现代物流从系统的角度统筹规划物流活动,力求整体活动的最优化。

⑥手段现代化。世界上最先进的物流系统已在运用 GPS(全球卫星定位系统)、卫星通信。同时,国际先进的物流技术与设备已在运用最新的红外探测技术、激光技术、无线通信技术、编码认址技术、RFID 识别技术、PLC 控制技术、无接触式供电技术等光机电信息一体化等新技术,大大提高了设备运行速度和定位精度,目前正朝着大型化、节能化、标准化、系统化、智能化和高效化等方向发展。今后,对物流技术与装备的需求将更倾向于先进物流装备和物流技术集成化的物流系统。

⑦组织网络化。现代物流需要有完善、健全的物流网络体系,网络上点与点之间的物流活动保持系统性、一致性,这样可以保证整个物流网络有最优的库存总水平及库存分布,运输与配送结合,快速、灵活、高效。

⑧经营市场化。现代物流的具体经营采用市场机制,无论是企业自己组织物流,还是委托社会化物流企业承担物流任务,都以"服务—成本"的最佳组合为总目标。

1.1.2 现代物流系统概述

1)物流系统的分类

物流系统有多种分类形式,这里根据物流活动的相对范围和物流活动的业务性质将物流系统分类,如图 1-1 所示。

根据物流活动的相对范围,可以将物流系统分为企业物流、社会物流、综合物流和

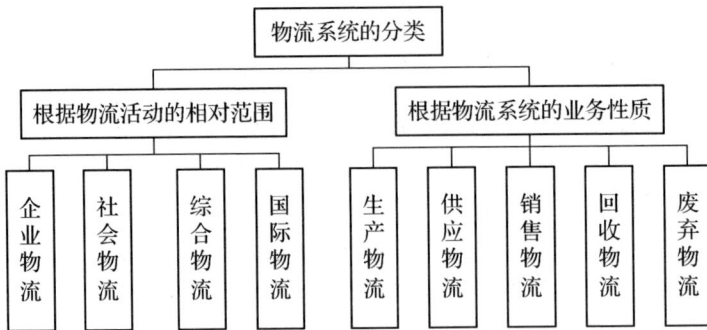

图 1-1　物流系统分类

国际物流。

（1）企业物流（Internal Logistics）。指发生在本企业内部的物品实体流动。就工业企业而言，相同于生产物流。

（2）社会物流（External Logistics）。指全社会范围内，企业外部及企业相互之间错综复杂的物流活动的总称。

（3）综合物流（General Logistics）。所谓"综合物流"，是指物质资料在生产者与消费者之间，以及生产过程各阶段之间流动的全过程。简单地说，综合物流包含了社会物流与企业物流两部分的物流全过程。它涉及供应部门向车间和企业供应生产资料的供应物流；商品物质实体从生产者到消费者流动的销售物流；物资在本企业内部各工序之间流动的生产物流；对生产过程和消费过程中所出现的废弃物，有的是可以再加工利用的回收物流；有的是弃而不用的废弃物流等。对其进行综合化、系统化，以期发挥更大的整体功能，更好地提高社会经济效益。

（4）国际物流（International Logistics）。指世界各国（或地区）之间，由于进行国际贸易而发生的商品实体从一个国家（或地区）流转到另一个国家（或地区）的物流活动。随着国际贸易的发展，物流国际化越来越突出，"物流无国界"已被人们所公认，国际物流将不断得到发展，这就要求有相应的国际物流设施和管理经验。国际物流比国内物流更为复杂，需要国际间的良好协作，同时也需要国内各方面的重视和参与。

根据物流活动的业务性质，也可以将物流系统分为以下五种类型：

①生产物流（Production Logistics）。生产过程中，原材料、在制品、半成品、产成品等在企业内部的实体流动；流动过程中还包括分类拣选、包装，以及原材料的采购、运输、装卸搬运、储存及产成品入库等物流环节。

②供应物流（Supply Logistics）。为生产企业提供原材料、零部件或其他物品时，物品在提供者与需求者之间的实体流动。物资（主要指生产资料）从其生产者或持有者，经过物资采购、运输、储存、装卸搬运、加工或包装、拣选、配送、供应，到达顾客手中的流动过程。

③销售物流（Distribution Logistics）。生产企业、流通企业出售商品时，物品在供

方与需方之间的实体流动是销售物流。是商品经过采购、运输、储存、装卸、搬运、加工或包装、拣选、配送、销售,到达顾客手中的实体流动过程。

④回收物流(Returned Logistics)。不合格物品的返修、退货及伴随货物运输或搬运中的包装、装卸工具及其他可再用的旧杂物等,经过回收、分类、再加工、使用的流动过程。

⑤废弃物流(Waste Material Logistics)。是伴随某些厂矿的产品共生的副产物(如钢渣、煤矸石等)、废弃物,以及生活消费品中的废弃物(如垃圾)等,收集、分类、加工、包装、搬运、处理过程的实体物流。

现在,随着物流理念的深入与应用,有的物流企业根据干线运输的主要方式,将其称为航空物流、铁路物流、公路物流等,也有一定的适用性。

2)物流系统功能模式

物流系统与一般系统一样,具有输入、输出、处理(转化)、限制(制约)和反馈等功能,如图1-2所示。

其具体内容如下:

(1)输入

输入的内容包括有形的和无形的要素,如各种原材料或产品、商品;生产或销售计划;需求或订货计划;资源、资金、劳力、合同、信息等。即通过提供资源、能源、机具、劳动力和劳动手段等,对某

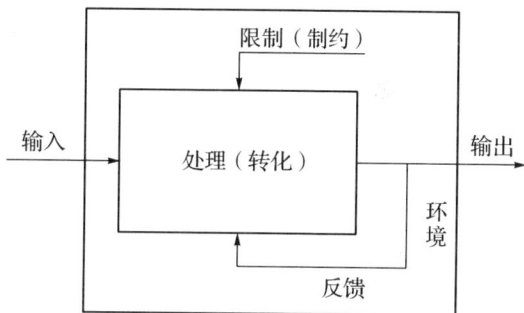

图1-2 一般物流系统模式

一系统发生的作用,称这一作用为外部环境对物流系统的"输入"。

(2)输出

输出包括各种物品的场所转移;各种报表的传递;各种合同的履行;各种良好优秀服务等。物流系统以其本身所具有的各种手段和功能,在外部环境一定的制约作用下,对环境的输入进行必要的处理(转化),使之成为有用(有价值)的产成品,或位置的转移及提供其他服务等,称为物流系统的"输出"。

(3)处理(或转化)

处理,是指各种生产设备、设施(车间、机器、车辆、库房、货场等)的建设;各物流企业的物流业务活动(运输、储存、包装、装卸搬运等);各种物流信息的数据处理;各项物流管理工作等等。

物流系统本身的转化过程,即从"输入"到"输出"之间所进行的生产销售和服务等物流业务活动,称为物流系统的处理(或转化)。

(4)限制(或制约)

由于外部环境也因资源条件(包括资金力量、生产能力、仓库容量)、能源限制、需求变化、运输能力(包括政策性波动等)、价格影响、市场调节、技术进步,以及其他各种变化因

素的影响,而对物流系统施加一定的约束,称为外部环境对物流系统的限制(或干扰)。

(5) 反馈

反馈,主要指信息反馈,如各种物流活动分析、各种统计报表数据、典型调查、工作总结、市场行情信息、国际物流动态等。

因为物流系统在把"输入"转化为"输出"的过程中,由于受系统内外环境的限制(干扰),不会完全按原来的计划实现,往往使系统的输出未达到预期的目标(当然,也有按计划完成生产或销售物流业务的)。所以,需要把"输出"结果返回给"输入",称为"信息反馈"。

3)现代物流系统的构成

从系统角度看,物流是一个过程,这个过程是存货的流动和储存的过程,是信息传递的过程,是满足客户需求的过程,是若干功能协调运作的过程。因此,从物流生产过程和生产活动环节分析,物流系统由以下各部分组成(见图1-3):

(1) 运输子系统

运输是物流业务的中心活动。运输过程并不改变产品的实物形态,也不增加其数量,物流部门通过运输解决物资在生产地点和消费地点之间的空间距离问题,创造商品的空间效用,实现其使用

图 1-3 物流的系统构成图

价值,满足社会需要,所以是个极为重要的环节。运输系统设计时,应根据其担负的业务范围、货运量的大小及与其他各子系统的协调关系,考虑以下几方面的问题:①运输方式的选择;②运输路径的确定;③运输工具的配备;④运输计划的制定;⑤运输环节的减少;⑥运输时间的缩短;⑦运输质量的提高;⑧运输费用的节约;⑨作业流程的连续性;⑩服务水平的良好。

(2) 存储子系统

储存保管是物流活动的一项重要业务,通过存储保管货物解决生产与消费在时间、数量上的差异,以创造物品的时间效用。仓库是物流的一个中心环节,是物流活动的一个基地。对储存系统进行设计时,应根据仓库所处的地理位置、周围环境及物流量的多少、进出库频度,考虑以下几方面的问题:①仓库建设与布局合理;②最大限度地利用仓库容积;③货物堆码、存放的科学性;④有利于在库物品的保养防护;⑤加强入库验收、出库复核;⑥缩短出、入库时间;⑦降低保管费用;⑧加强库存管理,合理存储,防止缺货与积压;⑨进出库方便;⑩仓库安全。

(3) 装卸搬运子系统

装卸搬运是各项物流过程中不可缺少的一项业务活动。特别在运输和保管工作中,几乎都离不开装卸搬运(有时是同步进行的)。装卸本身虽不产生价值,但在流通过

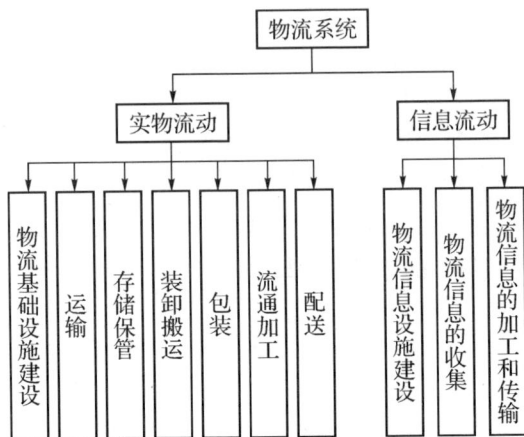

程中,货物装卸好坏对保护货物使用价值和节省物流费用有很大影响。装卸搬运系统的设计,应根据其作业场所、使用机具及物流量的多少,考虑以下几方面的问题:①装卸搬运机械的选择;②装卸搬运机械化程度的确定;③装卸搬运辅助器具的准备;④装卸搬运的省力化;⑤制定装卸搬运作业程序;⑥配合其他子系统协同作业;⑦节约费用;⑧操作安全。

（4）包装子系统

在整个物流过程中,包装也是一个很重要的环节。包装分工业包装和商业包装,以及在运输、配送当中,为了保护商品所进行的拆包再装和包装加固等业务活动。对包装系统进行设计时,应根据不同的商品,采用不同的包装机械、包装技术和方法,并考虑以下几方面的问题:①包装机械的选择;②包装技术的研究;③包装方法的改进;④包装标准化、系列化;⑤节约包装材料;⑥降低包装费用;⑦提高包装质量;⑧方便顾客使用。

（5）配送子系统

配送是物流活动中接触千家万户的重要作业。它和运输的区别在于,运输一般是指远距离、大批量、品类比较复杂的过程,而从批发企业或物流中心、配送中心到零售商店和用户的配送服务,是属于二次运输、终端运输。配送系统设计时,应根据其配送区域、服务对象和物流量的大小,考虑以下几方面的问题:①配送中心地址的选择;②配送中心作业区的合理布置,包括:收货验收区、货物保管区、加工包装区、分货拣选区、备货配送区;③配送车辆的配置;④装卸搬运机械的选用;⑤配送路线的规划;⑥配送作业的合理化;⑦制定配送作业流程;⑧配送及时性;⑨收费便宜;⑩提高服务水平。

（6）流通加工子系统

流通加工,主要是指在流通领域的物流过程中的加工,是为了销售或运输,以及提高物流效率而进行的加工。通过加工使物品更加适应消费者的需求,如大包装化为小包装,大件物品改为小件物品等。当然,在生产过程中也有一些外延加工,如钢材、木材等的剪断、切割等。流通加工系统的设计,应根据加工物品、销售对象和运输作业的要求,考虑以下几方面的问题:①加工场所的选定;②加工机械的配置;③加工技术、方法的研究;④制定加工作业流程;⑤加工物料的节约;⑥降低加工费用;⑦提高加工质量;⑧加工产品适销情况的反馈。

（7）物流信息子系统

物流信息系统既是一个独立的子系统,又是为物流总系统服务的一个辅助系统。它的功能贯穿于物流各子系统业务活动之中,物流信息系统支持着物流各项业务活动。通过信息传递,把运输、储存、包装、装卸搬运、配送、流通加工等业务活动联系起来,协调一致,以提高物流整体作业效率,取得最佳的经济效益。当然,物流信息系统又有一些分支系统,如运输信息系统、储存信息系统、销售信息系统等,都分别配合该系统的业务进行活动,以期发挥其应有的作用。

在设计物流信息系统时,应考虑以下三方面的问题:系统的内容、系统的作用和系统的特点。为了组织好物流,必须采用一系列基础设施、技术装备、操作工艺和管理技术,并不断加以改造更新。也就是物流大系统的环境影响物流信息系统的内容、作用与特点。

1.1.3 国内外物流特点和发展

1) 国外物流特点

经济发达国家如美国、日本等国,市场经济经过充分发展,已经形成了完备的现代化流通体系,物流业在高新技术支持下已经成为国民经济支柱产业,是提高经济效益、产业升级、企业重组的关键因素,也成为社会经济的基础部分,已进入较为成熟的阶段。物流行业作为一个系统化的整体正在极大地改变着目前的商务模式和生产模式,也越来越凸显出其在经济发展中的重要作用和不可或缺的战略地位,具有普遍影响力。在这大好的新形势下,研究国外物流发展水平,学习先进的物流技术,吸收他国物流管理经验,对于发展我国物流现代化具有重要意义。

国外物流业的发展与运作情况,归纳起来有如下五方面特点:

(1) 重视物流理论研究和物流技术推广

为了加强物流理论研究和推动、提高物流管理水平,除在有关的大专院校开设物流课程和进行物流研究外,国外普遍成立了各种学术团体,开展各种学术活动,推广先进物流技术。

日本于1970年,同时成立了两个最大的物流学术团体,"日本物流管理协会"和"日本物的流通协会",开展了一些全国性和国际性的物流学术活动。如进行了全国性的物流成本调查(1964年),承办了第一次东京国际包装展览(1966年),召开了物流全国会议(1970年),全面系统地推进了物流管理的合理化与现代化。1983年,日本成立了第三个大的物流学术团体——"日本物流学会",侧重于深入研究物流理论。同时,在东京先后召开了"第二次国际物流会议"(1979年)和"仓库自动化国际会议"(1981年),开展了国际间的物流学术活动。1984年,日本举办了全国性的物流大奖,对物流理论研究和实际工作方面有贡献的人给予奖励。1996年后,日本开始每年对全国主要制造行业进行物流成本调查。

美国最早提出"物流"理论,物流技术和管理涉及的范围也广泛。1963年,美国成立了美国物流管理协会(CLM)。CLM作为全球极具影响力的物流专业组织,致力于物流理论研究和物流领域的开拓,如发展和普及物流理论、促进物流管理系统科学和技术的发展、鼓励和促进物流学科领域里的学术交流、提高物流协会成员的物流业务技术水平,对美国的物流乃至国际物流的研究作出了杰出的贡献。2005年,美国物流管理协会正式更名为美国供应链管理专业协会(CSCMP),这一变化也从某种意义上标志着全球物流迈向供应链时代。

美国运输与物流协会(ASTL)成立于1946年。ASTL作为一个职业机构,旨在确保和推广运输、物流和供应链管理领域的高标准职业化教育。协会与美国最知名的行业企业保持着多种形式的合作,与全美28所以运输与物流专业见长的高等院校结为了伙伴院校。此外,协会与美国联邦运输部、美国联邦商务部、美国国务院教育与文化事务局保持着多年的合作。2007 年，ASTL 在北京成立了永久性办事处，扩大了在中国的物流教育和培训职能，增加了中美物流企业和高校的合作机会。

（2）物流结构形式多样

物流与经济密切相关，在自由经济体制下，商业活动完全取决于市场，在激烈的市场竞争中，企业为了自身的生存和发展，会寻求一切最有利的流通渠道和经营形式。各国情况也都有差异。

①美国物流的特点

美国在物流活动中占主导地位的物流企业有如下结构形式：

a. 以仓储企业为中心的物流配送系统。仓储是衔接生产与流通、流通与消费的枢纽环节，是物流配送系统的必备基地。对于生产企业来说，自建仓库需要大量投资，还要配备专业储运人员，因此愿意让利于储运商，自己集中精力提高产品本身的竞争力而创造利润。这就促进了以仓储企业为中心的物流配送企业的发展，同时也是现代化专业分工日益细化的管理要求。

b. 仓储和经营一体化的物流企业。这类物流企业既是配送中心，又是销售中心，集仓储和经营一体化。即既承担各类工业物资的储存、运输，又担负商品的采购和销售。其优势在于通过众多的零售网点，及时跟踪市场信息，以优质廉价做好储运与销售服务。其经营方式通常是：仓库把经营目录印发至分布于全国的零售点，零售点根据用户订货和销售预测向仓库订货，仓库组织大批量订货，小批量配送给零售点销售。

c. 生产企业自设销售网点。一些大型企业，不仅拥有庞大的生产系统，而且拥有遍布全国乃至世界各地的销售系统。这种形式实际上是生产（企业）物流的延伸并与销售物流结合，使生产企业更了解市场需求而适销生产。

d. 物资批发销售企业。这类物流企业经营灵活，它的进货争取最低价格和最便捷的方式，而销售可以是零售商，还可以自己从事流通加工后销售，因此较一般的销售网点具有更多的品种和服务档次。

②日本物流的特点

日本物流的显著特点是物资流通高度社会化，表现在：

a. 生产与流通分离。生产企业一般不负责流通，其原材料供应和产品销售由专门的流通部门来承担。由于物流商社联系产销，使订货集零为整，交货集中，解决了厂方大批量生产与小批量需求之间的矛盾，厂方向商社回收货款也有保证，而厂方可致力于提高产品质量和开发新产品。

b. 商流与物流分离。日本的物流，一般经历生产厂商→商社→批发商或特约店→用户四个环节，在长期的合作中，他们之间已形成一种相对稳定、合理的利益分配关系，保证了商流和物流的分工协作。

c. 流通加工比重大，社会化程度高。各大商社一般都有自己的流通加工工厂或独立的、面向社会的流通加工工厂，使各经济单位在适度竞争中极大地节约流通时间和流通费用,以最低的比较成本取得最大的比较效益。

③德国物流的特点

德国地处欧洲的区位中心,凭借着便利的铁路、公路、水运特别是内河航运条件,以及雄厚的制造业、贸易业基础,其物流业长期保持着良好发展状态。德国物流业的特色主要表现在:

a. 产业集群为导向。德国政府部门高度重视物流产业集群的发展。以汉堡为例,2006 年,汉堡经济、运输和创新部联合相关企业建立了物流集群,与汉堡物流协作协会共同成立了专门的集群管理公司。通过有针对性的政策引导,推动物流集群的创新发展、提高物流附加值水平、加强物流基础设施建设、促进物流人力资源培养和可持续发展,以此提高并巩固汉堡的物流枢纽地位。

b. 物流园区为基础。在 20 世纪 90 年代初东、西德统一后,德国为整合物流资源,先后两次对全国物流园区进行整体规划,提出建设 39 个物流园区的构想,以支撑并推动经济的均衡发展。这些物流园区不仅仅是货物集散的基础设施,而且在提供综合物流服务、提高铁路和内河运输比重、促进区域经济发展等方面发挥了重要作用。

c. 多式联运为主线。德国的物流园区以多式联运转运站为核心,特别是公铁联运转运站,是德国物流体系的重要组成部分。纽伦堡物流园区的公铁联运转运站投资高达 6000 万欧元,其装卸能力可同时满足 10 列火车,且园区设有专门的铁路服务公司,负责运营物流园区与德国联邦铁路有限公司主线的铁路线。另外,德国的公铁、水铁联运也相当发达,有效提高了货物集散分拨效率。

(3)建成高效强大的物流基础设施

物流业发展到一定阶段,必然要建设物流基础设施,诸如高速铁路、高速公路、现代化的港口码头、新型的车辆、物流信息设施等。而其中运输通道是投资最大的基础设施。运输通道主要有铁路、公路、航空、水运及管道五种。

(4)现代化的物流技术和物流管理

国外物流管理普遍运用计算机网络:除了在装卸机械、仓库货架存取做到机械化、自动化以外,大都做到了运输系统现代化、仓储系统现代化、包装标准化现代化、分拣系统现代化及报表处理现代化,因此保证了物流的高效率、高质量和高服务水平。

大数据和人工智能技术的应用使得物流管理变得更加精细和智能化。通过对大数据的分析,物流公司可以更好地预测需求、优化路线、提高运输效率,并且提供个性化的物流解决方案。使用现代化领先的信息技术进行物流管理,是企业维持竞争力的基础。例如,新加坡是全球率先推出及采用贸易管理电子平台的国家,能够为企业提供一站式清关服务。

(5)健全的物流管理体制和完备的物流法规

健全的物流管理体制和完善的物流法规保证了物流的有效管理。

日本政府在 1997 年 4 月联合 14 个部门制定了第一部《综合物流施策大纲》,加快培育和提升物流业的国际竞争力。2001 年 1 月,日本政府进行了"省厅整合",将原本的 1 府 22 省厅整合为 1 府 12 省厅,使各省厅在物流政策制定与实施方面变得更加协调。此后,经济产业省和国土交通省负责制定每四年一次的《综合物流施策大纲》,并由日本内阁会议通过和颁布。至 2021 年,已发布了第七次《综合物流施策大纲》。从近年来日本物流业的发展状况来看,《综合物流施策大纲》的制定与实施很大程度上推动了日本物流业的蓬勃发展,并促使日本的物流法律规范有机联系起来。这种系统集成的物流法律系统兼具了便捷和效率,确保了日本物流行业在新经济形势下的健康发展,增强了其在国际市场上的竞争力。

美国政府推行的是"自由购销"政策。鼓励企业在市场中公开竞争,但这是以完善的法律规章制度体系为前提的。政府对市场的管理方式主要是利用有关法规。政府的税收种类繁多,经营企业必须通过计算机计算、储存每一项商品的价格和税金,照章纳税,而政府派员定期检查。在自由竞争的机制下,迫使企业必须按社会需要生产、组织货源及销售物资,以优质服务取胜,但必须遵守法律法规。

在德国,对物流业的审批制度非常严格,物流公司的注册要有政府和行业管理部门的双重审核,对管理者也有一定的工作经验和学历要求。德国货车司机和大客车司机培训制度也非常严格,货运车辆的最大载质量一般不超过 40 吨,以保护公路、防止交通事故。对于违反相关规定及超载的车辆,不仅货车司机,而且车主、货主企业均要受到重罚,因此很少出现超载现象。

2）中国物流展望

（1）中国物流业发展现状

①物流行业逐渐向上下游延伸

随着下游行业竞争日益激烈、社会分工不断细化,第三方物流公司开始参与到客户更多的业务环节,服务范围逐渐扩展,从合同物流向虚拟生产、物流金融等拓展,升级为第四方物流,即供应链物流。它是供需双方及第三方物流的领导力量,通过拥有的信息技术、整合能力以及其他资源提供一套完整的供应链解决方案,以此获取一定的利润。第四方物流的关键在于为顾客提供最佳的增值服务,即迅速、高效、低成本和个性化服务等,第四方物流要比第三方物流利润更加丰厚,因为他们拥有专业化的咨询服务。尽管这一块服务规模尚小,但在整个竞争激烈的中国物流市场上将是一个快速增长的部分。

②物流企业加大并购力度,行业整合提速

物流行业目前正经历着一场快速变革,其中一个关键趋势是行业的合并与收购活动日益增多,加速了市场整合的步伐。由于物流行业的竞争非常激烈,导致企业普遍通过降价策略来争夺市场份额。这种竞争格局缺乏创新的产品和服务,使得整个行业缺少差异化。同时,由于物流行业进入门槛较低,这导致了行业的高度集中和激烈的价格竞争。尽管近年来市场集中度有所提升,但目前能对价格产生显著影响的领军企业还为数不多。

在这种环境下,大型物流企业依靠规模效应,在网络覆盖、运力配置等方面展现出时效性、安全性和经济性的优势。而小型物流企业则在服务功能、综合化程度、管理能力、竞争力和信息处理能力上相对较弱,难以满足现代物流对于快速响应和动态运作的需求。

③专业物流服务日趋活跃

专业物流的发展趋势主要受市场需求的驱动,随着企业对降低物流成本需求的增长,物流服务的专业化成了一个重要方向。专业物流要求高水平的专业能力和后勤服务,以优化供应链管理并降低成本。相比之下,通用物流虽然市场规模更大,但其竞争也更加激烈,且对客户的依赖性相对较低。在特定情况下,通用物流由于客户门槛较低、资源要求较少,可能比专业物流更具成本优势。因此,将通用物流和专业物流区分开来,可以更有效地满足企业对物流服务的多样化需求,并促进其更好地适应市场发展。

④物流基础设施建设投入加大,技术装备升级

根据世界银行发布的《2023年全球物流绩效指数排名》,中国得分3.7(5分制,第1名新加坡得分4.3),中国在139个国家和地区中排名第20,这充分肯定了我国交通基础设施建设和物流行业发展所取得的成绩。

国家"十四五"规划提出,"十四五"时期要统筹推进传统基础设施和新型基础设施建设,打造系统完备、高效实用、智能绿色、安全可靠的现代化基础设施体系。现代化物流基础设施是"十四五"时期基础设施高质量发展的一项重要内容。

(2)中国物流业的发展前景

①物流产业的发展将促进经济高质量发展

物流业是支撑国民经济发展的基础性、战略性、先导性产业。在党的十九大报告中,习近平总书记提出,"加强水利、铁路、公路、水运、航空、管道、电网、信息、物流等基础设施网络建设",从国家发展战略全局的高度,将物流与交通、电力、水利、信息等重大基础设施并列,强调了其基础性、战略性和准公益性地位。

物流高质量发展是经济高质量发展的重要组成部分,也是推动经济高质量发展不可或缺的重要力量。当前,我国是全球最大的物流市场。2023年,社会物流总额超过350万亿元,物流业朝着多元化、智能化、开放化、国际化方向发展。热门行业包括:物流快递、电商物流、跨境物流、即时配送、同城货运、最后一公里、智慧物流、大众物流网络等。其中,智慧物流、即时配送和同城货运这三类发展态势较好。

②科技赋能智慧物流,促进创新发展

在当今时代,智慧物流已成为推动物流业创新发展的关键驱动力。得益于移动互联网、大数据、云计算和物联网等新兴技术的广泛应用,物流领域正经历着一场深刻的技术革命。这些技术不仅重塑了物流业的运作模式,还带来了高效、便捷的新业态。

首先,"互联网+物流"的模式正迅速改变传统物流行业的面貌。网络货运平台通过集成多方资源,提高了货物运输的效率和透明度。数字仓库的应用通过实时数据分析优化库存管理,而无接触配送在提升配送效率的同时,减少了人员接触,特别是在疫

情防控期间显示出其重要性。

此外,自动化和智能化技术的应用正在加速物流行业的转型。自动分拣系统、无人仓和无人码头的使用显著提高了处理效率和准确性。无人配送车和物流机器人的广泛部署在降低人力成本的同时,也提升了配送的灵活性和响应速度。智能快件箱等设备的使用,进一步优化了最后一公里的配送效率。

在运输工具的创新方面,高铁快运动车组、大型货运无人机和无人驾驶卡车等新兴技术的起步发展,预示着物流运输方式的未来将更加多元化和高效。这些技术不仅能够在短时间内完成大量货物的迅速运输,还能显著减少运输过程中的碳排放,有助于实现绿色物流。

同时,电子化的进程也在加速物流行业的信息化步伐。快递电子运单和铁路货运票据电子化的普及,不仅提高了信息处理的效率,还减少了纸质文档的使用,有助于环保。

总之,智慧物流作为一种新兴的赋能方式,不仅促进了物流行业的创新发展,还为提升物流服务质量和效率提供了强大的技术支持。随着技术的不断进步和应用,未来的物流业将更加智能化、自动化,有效地满足不断变化的市场需求。

③积极推进重点环节的绿色发展

根据《中国绿色物流发展报告(2023)》,物流行业是能源密集型行业,温室气体排放量显著。当前,我国物流业碳排放占全国碳排放总量的9%左右。据测算,货物运输及配送活动、装卸搬运及仓储活动、辅助物流活动是物流业碳排放的三大来源,其中货物运输及配送活动碳排放占比高达85%左右。

2015年,顺丰正式批量采购新能源汽车,在日行驶里程180公里以内的运输场景全面使用新能源车辆,涉及支线、重货收派、普通收派。目前,京东物流已在全国7个大区、50多个城市,总计布局使用新能源车约2万辆,并大量使用清洁能源充电基础设施,每年可减少约40万吨二氧化碳排放。

④物流产业发展支撑我国的国际竞争力提升

发达的物流产业和基础设施有助于改善投资环境,吸引更多外国企业和国际资本进入中国市场。目前许多跨国公司和国际先进企业在选择新的区域市场和生产基地上,都非常注重当地的物流设施和物流服务水平。

另外,中国经济融入经济全球化进程加快,无论是在国际市场还是在国内市场,我国企业都面临着巨大的、全方位的国际竞争压力。加快中国物流产业的发展已经不仅仅是强化物流领域的竞争能力问题,更重要的是,为所有的中国企业和整个国民经济创造出一个高效的物流环境,提供高水平的物流服务,从整体上提高中国企业和中国经济的竞争能力,这对促进中国经济发展有十分重要的现实意义。

2013年,习近平主席提出"一带一路"倡议。在过去的十年里,中欧班列不断发展壮大,逐渐成为"一带一路"经贸合作中最具活力和韧性的国际公共物流产品之一。特别是2020年以来,在全球抗击疫情,海运供应链面临运价高涨、通道受阻、俄乌冲突等多重挑战的过程中,中欧班列实现逆势增长,2021年、2022年和2023年中欧班列开行数量分别达到1.5万列、1.6万列和1.7万列,为全球抗疫、推动疫后世界经济复苏及稳定全球产业链供应链提供了新的通道链接。未来,随着"一带一路"倡议的深入推进,中欧班列将继续发挥着重要作用。通过不断提升服务水平、拓展线路网络,进一步促进沿线国家之间的经贸合作,形成中外企业共同参与合作的跨境物流服务体系,为全球经济的发展注入新的活力。

1.2 物流信息概述

1.2.1 信息的定义和任务

1)数据与信息

日常生活中,关于信息的解释很多,数据和信息也是经常分不开的。

(1)数据

数据是人们用来反映客观世界而记录下来的可以鉴别的符号,如字母、数字、文字等。这个定义实质上包含着两方面的含义:

一方面是它的符号特性。数据是对客观事实的记录,这种记录必然要利用一些特定的符号,这是数据的具体表现形式。常用的符号是数字、文字、字母和一些专用的符号。另外,图形、图表、图像等也是数据的表现形式。

另一方面是它的客观性。数据是对客观事实的描述,它反映了某一客观事实的属性。这种属性通过属性名和属性值来表达。例如,"产量10台"是反映企业生产成果的一个数据,其中"产量"是这个数据的属性名,而"10"则是这个数据的属性值。属性名和属性值必须同时存在,数据才能完整地反映客观事实。如果离开了属性名,数据就失去了所反映的对象,属性值也就失去了意义。同样,如果数据没有属性值,就不能反映客观事实的具体特性,因而也就失去了作为数据的价值及意义。

(2)信息

由于人们可以从不同的角度去解释,所以目前没有一个关于信息的确切定义。但是,借助于人们对信息的有关认识,可以帮助我们从本质上理解信息的含义。下面是几种有代表性的关于信息的定义:

①信息是数据所表达的客观事实,数据是信息的载体。

②信息是能够帮助我们做出决策的知识。

③信息是导致某种决策行动的外界情况。

④信息是表征事物状态的普遍形式。

根据如上定义,我们可以总结出:信息是指数据、消息或内容,它可以反映事物的状态、变化、关系或差异,它可以减少不确定性或增加知识。信息可以有多种形式,如声音、图像、文字、代码等,它可以通过不同的媒介和渠道进行传播和处理,如语言、符号、电子信号等。信息的本质和价值取决于它的来源、质量、意义和用途。

（3）数据与信息的关系

数据与信息的关系可以用一个简单的示意图来表示，见图1-4。

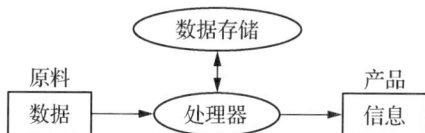

图1-4　数据与信息关系示意图

人们将数据和信息的关系，形象地解释为原料和成品之间的关系，将数据看作是原料，而信息则是制成品。因此，同样的一组数据，对另外的人来说，可能就是信息。这如同某个部门的原料，就是另外一个部门的成品一样。同理，一组数据对某个人来说是信息，对另外的人来说可能就是数据。例如，在企业中，零件的成本对一个销售人员来说可能是信息，而对另一个负责确定当前库存价值的会计而言，它可能就只代表数据。

2）信息的基本特性

①事实性。

这也是信息的真实性、准确性、精确性和客观性等，信息是人们决策或行动的依据，因此，不符合事实的信息，必然会给人们的决策或行动造成意想不到的错误。事实是信息的中心价值，事实性是信息的最基本性质，所以在收集信息时，必须首先研究它的事实性。

②等级性。

信息的等级性是和管理系统的层次性相对应的，不同的管理层次要求有不同的信息。管理有高、中、低三层，对应的信息有战略级、策略级和执行级。不同级别的信息，在其内容、来源、精度、加工方法、使用频率、使用寿命和保密程度上都是不同的，见图1-5。

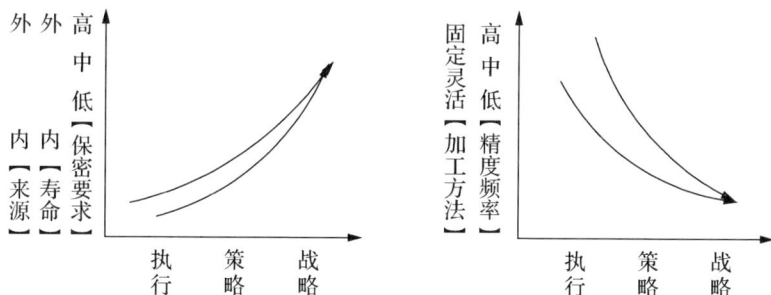

图1-5　不同级别信息的属性比较

③扩散性。

扩散性是信息的一种本性，信息总是力图通过各种渠道和手段向外扩散。信息的扩散性会产生两种影响：一方面它有利于知识的传播；另一方面它不利于保密，会造成知识的贬值,给信息的拥有者带来损失,像盗版软件的传播,因此,人们往往在推动信息有利扩散的同时,还要利用各种手段来阻止信息的不利扩散,如制定保密法、专利法、出版法等。

④可压缩性。

我们可以对信息进行浓缩、集中、精炼以及综合,并保持信息的本质,很像物质中的液化气或压缩饼干。例如,关于牛顿第二定律的论述可以压缩到一个简单的公式 $F = ma$ 中;很多的实验数据可以组成一个经验公式;长串的程序可以压缩成框图;许多现场运行的经验可以编成手册等。

⑤传输性。

人们可以利用各种各样的传输手段向外传输信息。新的技术革命超越了用文件、报纸、书刊传递信息的限制,开始用光速等各种电信手段高效率地传输信息。它开阔了人们的眼界,提高了人们认识世界的能力,推动了社会的进步。

⑥共享性。

信息的共享性表现为同一则消息可以为众人所利用,这和实物的交换是相反的。信息的共享性有利于信息成为企业的一种资源,达到企业信息的共享后,才能很好地利用信息进行企业的计划与控制,从而有利于企业目标的实现。

⑦转换性。

信息、物质和能源是人类现在利用的三项宝贵资源。三者有机联系在一起,形成三位一体,不能互相分割,并且可以转换。"知识就是力量"的说法,也是信息的转换性的一种描述。

⑧再生性。

用于某种目的的信息,可能随着时间的推移而失去其原有的价值。但是,对于另外一种目的,它可能又有了新的用途、新的价值。信息的再生性可以使人们从别人认为无用的信息中提炼出对自己有用的信息,并且这也是人们用于收集信息的重要手段。

3)信息的任务

信息的任务是指信息在不同的领域和场景中所承担的功能和作用。信息的任务可以有很多,例如:

- 在自然界中,信息是物质存在的一种方式或形态,它可以影响其他物质的形成或变化,如 DNA 是一种携带遗传信息的分子,它可以决定生物的特征和功能。
- 在科学中,信息是研究对象和方法的基础,它可以帮助人类认识和改造世界,如物理学中的信息熵是一种描述系统的混乱程度和不可逆性的量,它可以用来分析热力学、量子力学等现象。
- 在技术中,信息是创新和发展的动力,它可以提高效率和质量,如计算机科学中的信息论是一种研究信息的编码、存储、传输和处理的理论,它可以用来设计和优化通信系统、数据压缩、加密等应用。
- 在社会中,信息是交流和合作的工具,它可以促进理解和共识,如语言学中的信息结构是一种研究信息在句子中的安排和突出的概念,它可以用来分析和改善语言的表达和交流效果。

- 在文化中,信息是创造和欣赏的素材,它可以展示个性和风格,如艺术中的信息美学是一种研究信息在艺术作品中的表现和感知的学科,它可以用来评价和创造各种形式的艺术作品。

1.2.2　物流信息的定义及其发展

物流信息是指与物流活动有关的信息。物流活动是指物资从生产到消费的全过程中,涉及运输、仓储、加工、配送等各种操作。物流信息包括伴随物流活动而发生的信息和在物流活动以外发生的但对物流有影响的信息。物流信息的作用是保证物流活动的顺利进行,提高物流的效率和质量,降低物流的成本和风险,增强物流的竞争力和服务水平。

物流信息的发展经历了以下几个阶段:

(1) 传统物流信息阶段

这一阶段主要依靠人工或简单的机械设备进行物流信息的收集、处理和传递,信息的形式主要是纸质的文档、单据、报表等,信息的质量和效率较低,信息的共享和利用程度较低,物流信息的作用主要是记录和反馈物流活动的情况。

(2) 现代物流信息阶段

这一阶段主要依靠计算机、网络、通信等现代信息技术进行物流信息的采集、处理和传递,信息的形式主要是数字化的数据、图像、声音等,信息的质量和效率较高,信息的共享和利用程度较高,物流信息的作用主要是协调和控制物流活动的流程。

(3) 智能物流信息阶段

这一阶段主要依靠物联网、人工智能、云计算等先进信息技术进行物流信息的分析、优化和应用,信息的形式主要是智能化的知识、决策、服务等,信息的质量和效率更高,信息的共享和利用程度更高,物流信息的作用主要是创新和优化物流活动的方案。

1.3　物流信息技术概述

1.3.1　物流信息技术分类

物流信息技术是指利用计算机及网络等技术对物流信息进行采集、处理、传递、分析和应用的技术,是物流管理的重要支撑和保障。

计算机技术是物流信息技术的基础,传感技术、通信技术和控制技术都是在该技术的基础上建立和发展起来的。按物流信息技术对物流系统的作用不同,可将物流信息技术分为物流信息识别与采集技术、物流信息传输与跟踪技术、物流信息存储与分析技术及相关辅助技术,如图 1-6 所示。

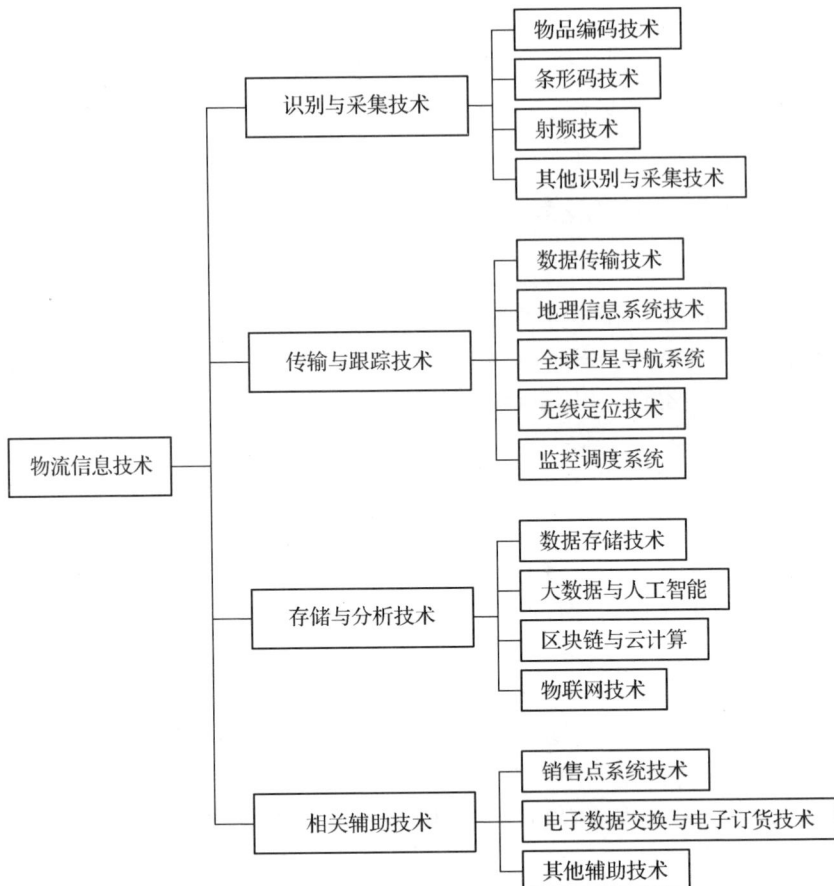

```
                    ┌─ 识别与采集技术 ─┬─ 物品编码技术
                    │                 ├─ 条形码技术
                    │                 ├─ 射频技术
                    │                 └─ 其他识别与采集技术
                    │
                    │                 ┌─ 数据传输技术
                    │                 ├─ 地理信息系统技术
                    ├─ 传输与跟踪技术 ─┼─ 全球卫星导航系统
                    │                 ├─ 无线定位技术
物流信息技术 ───────┤                 └─ 监控调度系统
                    │
                    │                 ┌─ 数据存储技术
                    │                 ├─ 大数据与人工智能
                    ├─ 存储与分析技术 ─┼─ 区块链与云计算
                    │                 └─ 物联网技术
                    │
                    │                 ┌─ 销售点系统技术
                    └─ 相关辅助技术 ───┼─ 电子数据交换与电子订货技术
                                      └─ 其他辅助技术
```

图 1-6 物流信息技术分类

1.3.2 物流信息技术应用现状

物流信息技术不仅是现代物流区别传统物流的根本标志,也是物流技术中发展最快的领域,尤其是计算机网络技术的广泛应用使物流信息技术达到了较高的应用水平。

物流信息技术可以提高物流信息的收集、处理和传递的效率和质量,实现物流活动的可视化、可追溯和智能化,从而降低物流成本,提高物流服务水平,增强物流竞争力。例如,利用条形码、RFID、卫星定位等技术,可以实时地获取和更新物流信息,如物资的位置、状态、数量等,方便物流监控和管理。利用数据挖掘、机器学习、人工智能等技术,可以对物流信息进行深度的分析和优化,如预测物流需求、规划物流路线、调度物流资源等,提高物流的效率和质量。

物流信息技术可以促进物流业务的创新和发展,实现物流功能的多样化和个性化,满足客户的多元化和差异化需求,如无人机配送、智能仓储、共享物流等。例如,利用无

20

人机技术,可以实现快速、灵活、低成本的物流配送,特别是对于偏远、危险或紧急的场景,如灾区救援、医疗物资等。利用智能仓储技术,可以实现仓储设备的自动化、智能化和网络化,提高仓储的空间利用率、库存管理水平和出入库效率。利用共享物流技术,可以实现物流资源的共享和协作,降低物流的闲置和浪费,提高物流的利用率和配置效率。

物流信息技术可以推动物流产业的整合和协同,实现物流供应链的优化和协调,提高物流资源的利用率和配置效率。例如,利用电子商务、物流平台、区块链等技术,可以实现物流市场的开放和透明,促进物流企业之间的竞争和合作,提高物流服务的质量和水平。利用云计算、大数据、物联网等技术,可以实现物流信息的集成和共享,促进物流供应链的协同和优化,提高物流的响应速度和灵活性。

物流信息技术可以帮助物流企业应对不确定性和风险,提高物流安全和可持续性,如 XR 技术、无人驾驶等。例如,利用 XR 技术,即虚拟现实、增强现实、混合现实等技术,可以实现物流的沉浸式和交互式的体验,提高物流的安全性和舒适性。利用无人驾驶技术,可以实现物流车辆的自动化和智能化,减少物流的人力和错误,提高物流的可靠性和效率。

1.3.3 物流信息化建设的意义

物流信息化建设的意义在于利用现代信息技术,包括互联网、物联网、大数据、人工智能等,对物流活动进行有效的管理和控制,从而达到提高物流效率、降低物流成本、提高物流服务质量、增强物流安全性和可持续性的目的,从而促进物流业和实体经济的高质量发展。

智慧物流作为物流信息化建设的重要方向和目标,利用信息技术、物联网、大数据、区块链、人工智能等手段,实现物流全过程的可视化、可控化、可追溯化和可优化。这一物流模式旨在提高物流效率、降低物流成本、改善物流服务质量,同时增强物流业的竞争力。智慧物流有助于推动各环节流程再造,促进业态模式创新,提高物流服务质量与效率,增加市场供需匹配度,提升企业需求感知与捕捉能力,以及提高物流集约化发展水平。此外,智慧物流还有助于强化各类设施信息互联和业务对接,推动构建协同联动、高效运作的物流基础设施网络,对加快推进现代物流和实体经济的高质量发展具有重要意义。

下面就对智慧物流建设的作用和意义进行分析,主要体现在以下几个方面:

首先,智慧物流有助于提高物流服务水平和改善客户体验。通过物流信息平台、物联网和大数据等技术,实现物流信息的实时采集、传递、分析和反馈,提高物流信息的透明度、可靠性和及时性,从而提高客户对物流服务的满意度和信任度,增强客户的忠诚度和黏性。

其次,智慧物流可以提高物流运营效率和效益。通过物流信息平台、智能设备和算法等技术手段,实现物流资源的优化配置、智能调度、智能仓储管理以及智能规划等功能,从而降低物流运营时间和成本,提高物流运营质量和水平。

再次,智慧物流可以提高物流安全性和可持续性。通过物流信息平台、物联网和人工智能等技术手段,实现物流风险的预警、监测、防范和应对,提高物流安全保障能力,减少物流事故的发生和损失,提高物流应急响应能力,从而保障物流的稳定运行。同时,智慧物流还可以通过监测、分析、优化和节约物流能耗,提高物流的绿色环保意识和水平,减少对环境的污染和影响,提高物流的可持续发展能力。

最后,智慧物流可以促进物流业与其他产业的深度融合和创新发展。通过物流信息平台、物联网、大数据、人工智能等技术手段,实现物流业与制造业、电商、农业等产业的信息共享、业务协同、资源整合和模式创新,形成新的物流业态和模式,提高物流业的附加值和竞争力,推动物流业的转型升级和创新发展。

总体而言,智慧物流是信息化、智能化和绿色化的必然趋势,是推进制造业转型升级和服务业转型发展的重要手段。其建设对于提高物流效率、优化物流服务、降低物流成本、减少环境污染、促进企业可持续发展以及促进国家经济发展具有重要的现实意义和长远意义。目前,多国智慧物流加速发展,利用数字技术、智能设备、创新模式等手段提升物流运营水平和客户体验,推动物流业与制造业、电商、农业等产业深度融合,形成新的竞争优势。

复习思考题

1. 简述物流的内涵及现代物流的主要特征是什么?
2. 什么是数据?什么是信息?数据与信息之间的关系又如何?试举例说明。
3. 信息有哪些基本性质?信息的任务是什么?
4. 简述物流信息的定义及其发展的几个阶段。
5. 物流信息技术有哪几类,有什么特点?
6. 何为物流信息化?物流信息化建设有什么意义?

2 物流信息系统概述

学习目标

➤ 了解系统的概念与特性、计划与控制、分解与集成
➤ 掌握物流信息系统的概念
➤ 了解物流信息系统和物流系统的关系
➤ 理解物流信息系统的类型、结构和功能
➤ 了解物流信息系统的现状、应用模式及发展趋势

2.1 信息系统概述

系统这个词是经常用的,比如神经系统、微机系统、社会系统等。系统为描述和理解许多有组织的现象提供了有用的依据。一个系统不是一组随意组合的基本组成部分,它是由具有共同目标、目的和任务而集合在一起的许多基本组成部分组成的。

2.1.1 系统的概念与特性

1)基本概念

(1)系统(System)

系统是指由许多元素随机地结合在一起并执行特定功能以达到特定目标的集合体。在不同的学科中,系统的定义和应用可能有所不同。例如,在计算机科学中,系统可能指的是软件系统或计算机网络系统,这些系统由多个软件组件或计算机设备组成,它们协同工作以执行复杂任务;在社会科学中,社会系统或经济系统由个体、群体、机构或其他社会结构组成,影响整个社会或经济的运行。

(2)元素(Element)

组成系统的各个事物或部件称作系统的元素,一般元素都具有自己独立的功能。例如,一个计算机系统有硬件和软件,各软件又有各自的功能。

23

（3）系统结构（Architecture）

系统结构是指系统内各元素之间存在的物理或逻辑关系的集合。元素之间的联系方式有很多，比如各元素在数量上的比例关系、时间上的先后关系、空间上的连接关系、组织上的隶属关系等。例如，在一个企业管理系统中，系统结构可能指的是不同部门之间的层级关系和相互作用，如营销部与研发部的协同工作流程。

（4）系统功能（Function）

系统的功能是指系统要达到一定目标所要具备的各种能力，是系统的基本属性。元素、结构和环境共同决定了系统的功能。系统的功能实现就是通过接受物质、能量与信息，将其进行变换，产生并输出另一种形式的物质、能量与信息的过程。例如，在一个天气预报系统中，系统功能包括接收来自各地气象站的数据，对数据进行分析和处理，最终生成并提供未来天气的预测信息。

（5）系统环境（Environment）

相对于系统内部而言的系统外部环境，简称环境。例如，在语言学中，如果一句话作为系统，上下文则是它的环境，称为语境。

（6）系统输入和输出（Input and Output）

系统的输入是指系统从外界接受的物质、能量和信息；输出是指输入系统的物质、能量和信息经过系统变换后产生另一种形态。例如，在一个太阳能发电系统中，输入是太阳光（光能），而输出则是转换后的电能，这反映了系统将太阳光能转换为电能的过程。

（7）系统接口（Interface）

系统与环境的边界作用点或子系统之间的连接点称为接口。例如，在一个智能家居系统中，系统接口可能包括用户通过移动应用与家居自动化系统进行交互的界面，或是不同智能设备之间的通信协议。

（8）系统边界（Boundary）

把系统与环境分开来的某种界限，叫做系统的边界。系统边界的划分一方面既要使边界包含系统的元素、结构及目标所共同涉及的范围，另一方面又要在满足系统目标的前提下，使边界包含的内容尽可能地少。例如，在一个公司组织系统中，系统边界可能界定了公司内部员工、流程和资源与外部市场、供应商和客户之间的界限。

上面概念之间关系用图2-1来说明。

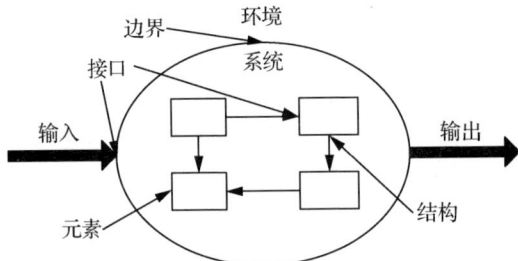

图 2-1　系统概念之间的关系

2）系统的特性

一般系统具有以下显著特征：

（1）部件组成与运动状态

系统由多个部件构成，这些部件处于不断的运动和变化之中。这种动态性是系统能够执行功能和适应环境变化的基础。

（2）部件间的相互联系

系统内部的部件之间存在着复杂的相互作用和联系。这些联系不仅限于物理或空间上的连接，还包括信息、能量和资源的交换。

（3）非线性的整体效应（1＋1＞2）

系统的整体性能和功能超过其各部件单独作用的总和，体现了"整体大于部分之和"的原则。这种非线性的整体效应是系统理论的核心概念之一。

（4）状态的转换与控制

系统的状态可以根据输入和环境条件进行转换。在某些情况下，系统具有明确的输入和输出，其状态的转换可通过外部干预进行控制和调整。

系统的一般模型通常被简化为一个输入（Input）、一个处理过程（Process）和一个输出（Output），构成所谓的 IPO 模型。然而，这种模型是一种简化的表达，因为在实际应用中，一个系统可能具有多个输入和输出，见图 2-2。

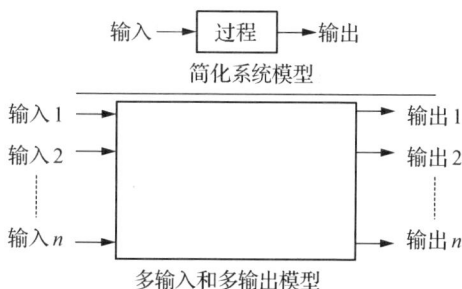

图 2-2　系统的一般模型

2.1.2　系统的计划与控制

为实现其目标任何系统均要进行计划与控制。计划是一个预先设定的行动指南，它表示出目标和为达到目标所必需的行动。控制是测量实际和计划的偏差，并进行校正。计划有正式的，也有非正式的，非正式的计划容易造成不一致和不完全的结果，正式计划不仅可作为行动的纲领，而且也是执行结果的评价基础。

计划中所用名词非常多，我们将它们区分整理出较精确的定义，见表 2-1。

表 2-1　计划中所用名词

名词	定义
目标	要达到的能测结果的说明，比如缩短接到任务到任务完成的时间
目的	将要完成什么任务的说明，比如不增加设备又不增加人的服务
战略	达到目的的总途径，比如提高服务质量
政策	道德伦理可接受的行为界限，决策界限和标准，比如系统边界
计划和预算	达到目标的具体行动和活动的调度进度表及费用，比如提高教育设备的利用率

上述名词的相互关系见图 2-3。

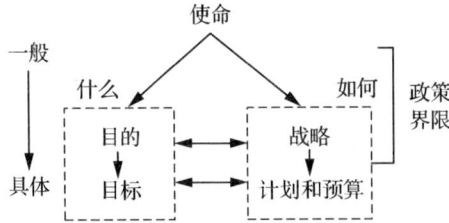

图 2-3　计划中所用名词关系

计划是由远至近,由面至点分层进行的。层次见表 2-2。

表 2-2　计划的层次

战略计划（五年及以上）	企业应当进入什么行业领域？如何筹集资金？如何分配现有资源？
策略计划（1—5年）	实现长期计划的投资模型是什么？如何决定设备位置、扩建、停用,以使利润最大？产品系列中应增加、减少什么产品？最佳产品价格模型是什么？
运行计划（1—12个月）	原料获得、库存水平、分配系统结构、路线和模式
调度和发放（现时）	当前设备运行的顺序是什么？怎样吻合下一周期的运行要求？

控制是测量实际和计划的偏差,并采取校正行动的过程。这个过程见图 2-4。

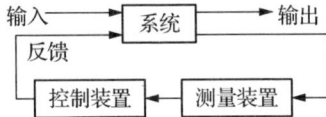

图 2-4　系统的控制模型

由图可以看出这个系统可以通过输入的改变,影响系统的输出。我们通过测量装置得到输出结果,送给控制装置,由控制装置按照一定的规则产生反馈信号,利用反馈信号改变输入,以达到控制输出的目的。

2.1.3　系统的分解与集成

1）系统的分解

（1）分解目的

在表述和研究系统的过程中,通常要涉及对系统的分解和处理。这是因为面对一个庞大而又复杂的系统,我们无法通过一张图表把系统中所有元素之间的关系表达清楚,这时就要将系统按一定的原则分解成若干个子系统。分解后的每个子系统,相对于总系统而言,其功能和结构的复杂程度都大大降低。对于较复杂的子系统,我们还可以对其进行进一步分解,直至达到要求为止。这样得到的各子系统即形成一个层次结构,如图 2-5 所示。

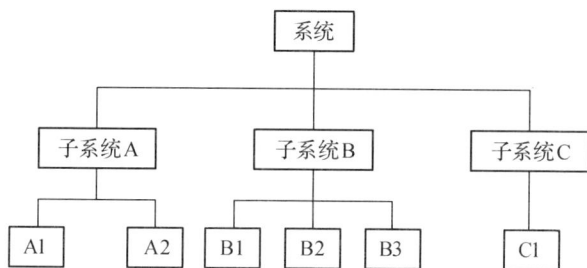

图 2-5　系统层次结构模型

（2）分解原则

系统的分解过程事实上就是确定子系统边界的过程。每个人根据对系统理解的方式与角度的不同,对子系统的划分也将出现不同的结果。为了保证系统分解的准确性及其合理性,一般来说需要考虑如下几个原则:

①功能聚合性原则

子系统按照功能进行划分。例如,企业系统可分为采购、生产计划、销售、财务等子系统;软件系统由功能不同的模块组成子系统。

②可控制性原则

子系统应能管理和控制其内部所有元素。例如,在企业中,销售子系统可能仅包括对销售人员的人事管理。

③接口标准化原则

子系统之间的接口须标准化,以提高信息交换效率和系统扩展能力。接口功能包括过滤、编码/解码、纠错和缓冲等。

2）系统集成

系统集成（System Integration）,一般认为就是为了达到系统目标而将各类可利用的资源进行有效组织的过程和结果。

信息系统集成可以分为三个不同的层次,如图2-6所示。

（1）硬件集成

解决系统之间硬件的连通问题,如网络的互联,这是系统集成的最低层次。

（2）软件集成

软件集成实现不同软件系统之间数据和信息的交换,设计统一的接口规范,解决系统的兼容性,这是系统集成的中间层次。

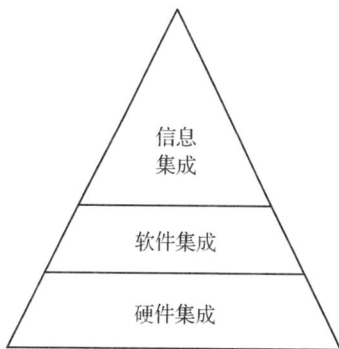

图 2-6　系统集成层次结构

（3）信息集成

也称数据集成,是指实现不同系统之间数据和信息的共享,减少数据的冗余度,提高信息资源的利用率,这是系统集成的最高层次。

2.1.4 管理信息系统的概念

管理信息系统的概念起源很早,可以追溯到 20 世纪 30 年代,当时柏纳德就写书强调了决策在组织管理中的作用,管理信息系统的第一个定义始于 1970 年由瓦尔特·肯尼万(Walter T. Kennevan)给出:"以书面或口头的形式,在合适的时间向经理、职员以及外界人员提供过去的、现在的、预测未来的有关企业内部及其环境的信息,以帮助他们进行决策。"这个定义很明显是出自管理的,它强调了用信息支持决策,而没有强调要运用计算机的手段。1985 年管理信息系统创始人明苏达大学卡尔森管理学院的著名教授高登·戴维斯(Gordon B. Davis)给出了一个较完整的定义:"它是一个利用计算机硬件和软件,手工作业,分析,计划,控制和决策模型,以及数据库的用户—机器系统。它能够提供信息、支持企业或组织的运行、管理和决策功能。"这个定义说明了管理信息系统的目标、功能和组成。在以后的近十几年的时间内,许多的专家学者站在不同的角度给出了若干的定义。管理信息系统一词出现在我国是在 20 世纪 70 年代末,《中国企业管理百科全书》上的定义为:"管理信息系统是一个由人、计算机等组成的能进行信息的收集、传递、储存、加工、维护和使用的系统。管理信息系统能实测企业的各种运行情况;利用过去的数据预测未来;从企业全局出发辅助企业进行决策;利用信息控制企业的行为;帮助企业实现其规划目标。"

现综合给出定义如下:管理信息系统是一个以人为主导,利用计算机硬件、软件、网络通信设备以及其他办公设备,进行信息的收集、传输、加工、储存、更新和维护,以企业战略竞优、提高效益和效率为目的,支持企业高层决策、中层控制、基层运作的集成化的人机系统。

从以上概念可以归纳管理信息系统具有以下几个基本含义:

(1)管理信息系统是融合人的现代思维与管理能力和计算机强大的处理、存储能力为一体的协调有效的人—机系统。

(2)管理信息系统的处理对象是企业生产经营活动的全过程,如生产、销售、财务、采购等,同时通过反馈给各级管理者提供有用的信息。

(3)管理信息系统运用了数据库技术,通过集中统一规划的中央数据库的运用,使得系统中的数据实现了一致性和共享性。

2.2 物流信息系统基本概念

物流信息系统是根据物流管理运作的需要,在物流领域的应用基础上形成的物流系统信息资源管理、协调系统,是管理信息系统在物流领域的应用。它来源于物流系统,反过来作用物流系统,使物流系统高效率化、高效益化运作。

2.2.1 物流信息系统的概念

物流信息系统是企业管理信息系统的一个重要的子系统,是通过对与企业物流相关的信息进行加工处理来实现对物流的有效控制和管理的,并为物流管理人员及其他企业管理人员提供战略及运作决策支持的人—机系统。物流信息系统是提高物流运作效率,降低物流总成本的重要基础设施。

物流信息系统管理两类活动流中的信息:调控活动流和物流运作活动流。

调控活动流是整个物流信息系统构架的支柱。战略、能力、物流、生产、采购等计划指导企业资源在从原材料采购到产成品送货过程中的分配与调度。上述计划在物流中的具体实施便构成企业主要的增值活动,而正是这些增值的活动为企业带来利润。

尽管调控活动中的各项计划工作是相对独立的,计划周期也各不相同,但如果各项计划出现不一致、失调或扭曲,则会造成运作的低效率和库存的过量或短缺。例如,对战略计划缺乏充分的理解与贯彻会导致生产和物流库存的不协调;同样,如果不充分估计到生产、采购和物流能力限制,也会导致系统的应变力差和低效率。各项计划工作不协调的另一个典型后果是过高的安全库存量设置。物流信息系统的一个重要作用就是帮助实现各项计划的一致性。

物流运作活动中的信息流主要包括顾客订单和企业采购订单的接收与发送、处理,以及相关的货物运输调控。主要的物流运作活动包括订单管理与订货处理、分销运作、库存管理、货物运输、采购等。

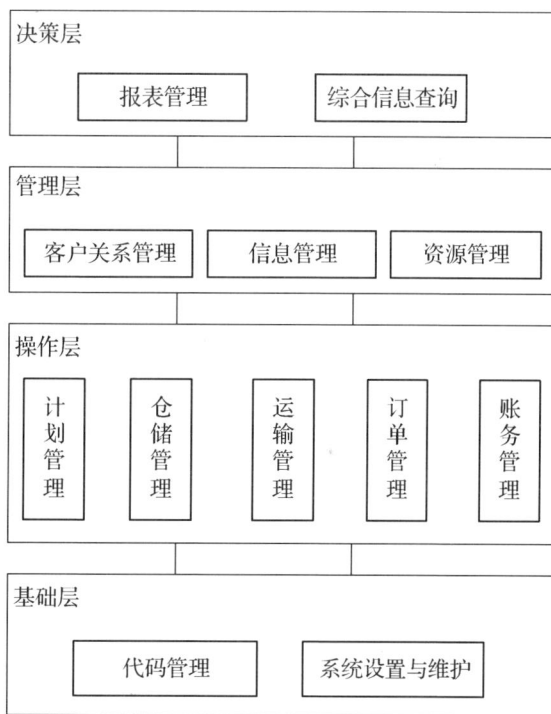

图 2-7 物流信息系统的层次结构

实际上,物流信息系统是一个4层结构的信息系统,如图2-7所示。

第一层是基础层,主要涉及系统的代码管理及参数的设置和维护等。实体代码化是信息系统的基础,代码设计与管理是信息系统的一个重要组成部分,设计出一个好的代码方案对于系统的开发和使用都极为有利。它可以使许多计算机处理(如某些统计、校对、查询等)变得十分有利,也使事务处理工作变得简单。同样的,系统设置的参数化使得系统变得灵活且易于维护。

第二层是操作层,用于指导物流作业,记录、更新物流各作业环节的作业信息。

第三层是管理层,用于制定作业计划,平衡、控制、协调客户需求与资源能力,以及各作业环节的均衡平稳。

最高层是决策层,根据企业运转的各种综合信息或报告,收集环境信息,制定企业的中长期作业计划及战略目标,并根据自低向上的信息反馈,不断调整修正各项目标计划。

2.2.2 物流信息系统与物流系统的关系

1)物流信息系统对物流系统的作用

物流信息系统对物流系统的作用主要体现在以下几个方面:

(1)数据的提供者

物流信息系统是物流系统运行的基础。系统依赖于准确、及时的物流数据来执行其功能,如订单处理、库存管理、运输调度等。

(2)决策支持

物流信息通过物流信息系统的处理和分析,为物流系统管理者提供了关键的信息。这些信息帮助管理者做出更明智的决策,如优化运输路线、调整库存水平,或改进客户服务。

(3)效率提升

物流信息通过系统的分析和优化,可以显著提高物流系统操作的效率和效益。这包括减少延误、优化资源分配和降低运营成本。

(4)风险管理

物流信息系统利用物流数据来识别物流系统潜在的风险和问题,如供应链中断、库存短缺或过剩等,从而使企业能够及时应对和减轻这些风险。

2)物流系统对物流信息的要求

物流信息是随企业的物流活动而同时发生的,是实现物流功能必不可少的条件。物流系统对信息的质量要求很高,主要表现在以下方面。

(1)准确性和时效性

物流系统需要准确、实时的数据以确保其运行有效。错误或过时的信息可能导致效率低下和决策失误。

(2)全面性和相关性

物流系统需要全面的信息覆盖,包括供应链上下游的所有相关数据,以便于全局优化和协调。

(3)可访问性和共享性

物流信息应易于获取和共享,以便供应链中的所有利益相关者能够访问和利用这些信息。

(4)安全性和隐私性

在处理和存储物流信息时,必须保证数据的安全性和隐私性,防止数据泄露或未授权访问。

2.2.3　物流信息系统与物流信息技术的关系

物流信息技术是现代信息技术在物流各个作业环节中的综合应用,是现代物流区别传统物流的根本标志,也是物流技术中发展最快的领域,尤其是计算机网络技术的广泛应用使物流信息技术达到了较高的应用水平。物流信息技术的具体实现形式就是物流信息系统,它是指为物流活动提供信息支持的一套软硬件系统,如物流管理信息系统、物流业务信息系统、物流电子商务系统、物流公共信息平台、第四方物流管理信息系统等。

物流信息技术与物流信息系统的关系是相互依存、相互促进的。一方面,物流信息技术为物流信息系统的建设和运行提供了必要的技术手段和条件,如计算机网络技术、物联网技术、大数据技术、人工智能技术、物流单元化技术(条形码、射频识别、电子数据交换等)、GIS 技术、GPS 技术等。另一方面,物流信息系统的需求和发展也推动了物流信息技术的创新和进步,如物流信息系统的规划、分析、设计和实施过程,以及物流信息系统的集成、安全、评价等问题,都需要物流信息技术的不断完善和更新。

物流信息技术与物流信息系统的关系也体现在它们对物流管理和物流效率的影响上。物流信息技术与物流信息系统的应用,可以实现物流信息的及时、准确、全面、有效的收集、处理、传递和共享,从而提高物流管理的水平和质量,降低物流成本,增加物流效益,提升物流服务水平,增强物流竞争力,促进物流行业的发展。

2.3　物流信息系统的类型、结构和功能

物流信息系统是由人员、设备和程序组成的,为物流管理者执行计划、实施、控制等职能提供相关信息的交互系统。物流信息系统的信息来源于物流的环境,典型的综合物流信息系统有决策支持系统、运输、库存、配送等子系统。

2.3.1　物流信息系统的类型

物流信息系统是物流信息技术的具体实现形式,是指为物流活动提供信息支持的一套软硬件系统。物流信息系统的分类有多种方式,可以从不同的角度来划分。本节将介绍四种常见的物流信息系统的分类方法,分别是按功能、按管理决策的层次、按系统的应用对象和按系统采用的技术来分类。

1）按功能进行分类

事务处理信息系统(Transaction Processing Information System,TPIS):是指处理物流活动中的各种事务数据,如订单、发货、收货、库存、运输、结算等,以保证物流活动的正常运行。

办公自动化系统(Office Automation System,OAS):是指利用计算机、网络、通信等技术,实现物流组织内部的信息处理、传递、共享和协作,提高物流工作效率和质量。

管理信息系统（Management Information System, MIS）：是指为物流管理者提供物流活动的各种信息报告，如物流成本、物流效益、物流服务、物流质量、物流风险等，以支持物流管理者的日常管理决策。

决策支持系统（Decision Support System, DSS）：是指利用数学模型、统计分析、人工智能等技术，为物流管理者提供物流问题的分析、评价、预测、优化等功能，以支持物流管理者的复杂和非结构化的决策。

高层支持系统（Executive Support System, ESS）：是指为物流组织的高层领导提供物流战略、物流规划、物流政策等方面的信息，以支持物流组织的长期发展和竞争优势的形成。

企业间信息系统（Inter-organizational Information System, IOS）：是指利用互联网、电子商务等技术，实现物流组织与其上下游合作伙伴、客户、供应商等之间的信息交换、协调、整合，以提高物流链的整体效率和效益。

2）按管理决策的层次进行分类

物流作业管理系统（Logistics Operation Management System, LOMS）：是指为物流作业层提供信息支持的系统，主要包括物流事务处理信息系统和物流办公自动化系统，以保证物流作业的顺利进行。

物流协调控制系统（Logistics Coordination and Control System, LCCS）：是指为物流协调层提供信息支持的系统，主要包括物流管理信息系统和物流决策支持系统，以实现物流活动的有效协调和控制。

物流决策支持系统（Logistics Decision Support System, LDSS）：是指为物流决策层提供信息支持的系统，主要包括物流高层支持系统和物流企业间信息系统，以支持物流战略的制定和执行。

3）按系统的应用对象进行分类

面向制造企业的物流管理信息系统（Manufacturing Logistics Management Information System, MLMIS）：是指为制造企业提供物流信息支持的系统，主要涉及制造企业的生产物流、采购物流、销售物流等方面，以提高制造企业的生产效率和市场竞争力。

面向零售商、中间商、供应商的物流管理信息系统（Retailer, Intermediary and Supplier Logistics Management Information System, RISLMIS）：是指为零售商、中间商、供应商提供物流信息支持的系统，主要涉及零售商、中间商、供应商的库存管理、配送管理、供应链管理等方面，以提高零售商、中间商、供应商的物流服务水平和利润率。

面向物流企业的物流管理信息系统（Logistics Enterprise Logistics Management Information System, LELMIS）：是指为物流企业提供物流信息支持的系统，主要涉及物流企业的运输管理、仓储管理、配送管理、物流网络管理等方面，以提高物流企业的物流运营效率和客户满意度。

面向第三方物流企业的物流信息系统（Third Party Logistics Information System,

3PLIS）：是指为第三方物流企业提供物流信息支持的系统，主要涉及第三方物流企业的物流业务管理、物流资源管理、物流服务管理、物流客户管理等方面，以提高第三方物流企业的物流服务质量和市场份额。

4）按系统采用的技术进行分类

单机系统（Stand-alone System）：是指采用单台计算机作为物流信息系统的主机，只能实现物流信息的本地处理和存储，不能与其他计算机或网络进行通信，适用于物流信息需求较低的小型物流组织或物流活动。

内部网络系统（Intranet System）：是指采用局域网或广域网技术，将物流信息系统的主机与物流组织内部的其他计算机或终端设备连接起来，实现物流信息的内部共享和传递，适用于物流信息需求较高的中大型物流组织或物流活动。

与合作伙伴及客户互联的系统（Interconnected System）：是指采用移动互联网或电子商务技术，将物流信息系统的主机与物流组织外部的合作伙伴、客户、供应商等的计算机或移动终端设备连接起来，实现物流信息的外部交换和协作，适用于物流信息需求极高的大型物流组织或物流活动。

2.3.2 物流信息系统的结构

物流信息系统的结构是指物流信息系统各个组成部分的构成及相互关系。

1）概念结构

物流信息系统的概念结构由四个部件构成，即信息源、信息处理器、信息用户、信息管理者，如图2-8所示。信息源是信息产生的源头，信息处理器对信息进行加工、存储、传输，信息用户是信息的使用者，信息管理者负责对信息系统开发、设计、实现、运行、维护和管理。

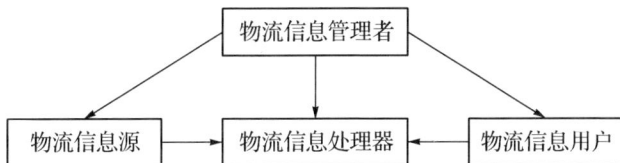

图2-8 物流信息系统的概念结构

2）层次结构

物流信息系统从层次结构上看可分为三个层次，即业务操作层、管理控制层、决策支持层。业务操作层是物流信息系统的最基层，管理控制层使用人员是物流企业的中层管理人员，决策支持层是物流信息系统的最上层，这个层次的使用人员是物流企业的高层管理人员。

3）功能结构

物流信息系统从功能结构上看，主要有客户关系管理、订单管理、运输管理、仓储管理、装卸搬运管理、配送管理、包装管理、流通加工管理、货物跟踪管理、物流统计分析、决策支持等功能。

4）物理结构

物流信息系统从物理结构上看,主要有计算机硬件、软件和网络,而软件又有操作系统软件、数据库系统软件、物流管理应用软件等。

2.3.3　物流信息系统的功能

物流系统的各个阶段和各个层次之间通过信息流紧密地联系起来,物流信息系统就是要对这些物流信息进行采集、存储、传递、处理、显示和分析,见图 2-9。

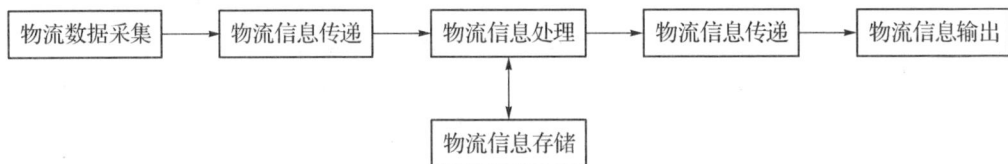

图 2-9　物流信息系统的基本功能

数据采集和录入就是把分布在各个物流部门的相关数据收集起来,转换成物流信息系统所需的形式。

信息的存储是指采用某种物流介质来保存信息的方法。数据进入物流信息系统之后,经过整理和加工,成为支持物流系统运行的物流信息,这些信息需要暂时或者永久保存,以供使用。

信息的处理是物流信息系统核心目标,是将输入的数据加工转换成有用的物流信息。信息处理,可以是简单的排序、分类、查询、统计,也可以是复杂的预测、模拟等。

信息的输出和显示是提供一个直观、清晰的界面,其目的是让各级物流管理人员能够容易解读这些物流信息。

由于数据的采集、信息的处理、信息的使用不可能在同一个地方进行,所以要通过数据和信息的传递将上述过程联系起来。

2.4　物流信息系统的应用概述

推动物流发展和物流地位改变的环境要素主要是:消费者行为的变化;多品种、小批量生产的转变和零售形式的多样化;零库存经营的倾向;信息技术的革新;新物流需求的产生等。为适应这些变化,流通环节各经济主体都在调整自身的物流活动,构筑新的流通系统。当然,不同的主体形式所面对的物流不同,处理的方式与方法也不同。在当今的全球化经济中,物流信息系统的作用日益凸显,成为企业竞争力的关键组成部分。在这一节中,主要探讨物流信息系统的应用模式现状、发展历程、未来趋势,以及建设物流信息系统的重要性。

2.4.1 现状应用模式及发展概述

1）现状应用模式

（1）公共物流信息平台

公共物流信息平台是一个集成 IT 基础设施和服务的平台，为物流企业、需求企业、政府和相关部门提供物流信息服务。它旨在支持物流活动的信息化，提供基础资料收集与处理，以及支持政府信息流动。

通过整合来自不同来源的信息，公共物流信息平台有助于降低物流成本、提高供应链管理的效率，同时促进行业标准的制定和遵守。此外，公共物流信息平台还可以促进数据共享，提高行业的整体透明度和可持续性。

（2）电商企业物流信息系统

电子商务（Electronic Commerce）是基于信息网络技术，实现网购、在线支付等电子交易活动，提供综合服务的一种商业运营模式。电子商务将传统商务电子化、信息化、网络化，随着各种技术的进步和观念的更新，电商企业也正在同步快速发展。

在电子商务快速发展的背景下，物流信息系统成为连接消费者、商家和物流服务提供商的关键纽带。这些系统不仅处理从订单生成到配送的整个流程，还涵盖了库存管理、运输优化、客户反馈处理等多个方面。特别是在处理大数据、实现实时跟踪和优化最后一公里配送等方面，电商物流信息平台展现出其高度的技术集成和创新能力。

（3）生产制造企业物流信息系统

制造业作为国民经济的核心部分，其物流外包是第三方物流发展的主要驱动力。制造业物流管理的水平不仅反映了一个国家或地区的物流发展程度，也是其经济发展水平的体现。物流被认为是降低成本、提高生产效率的"第三次管理革命"和"第三利润源泉"。

对于生产制造行业而言，物流信息系统的主要功能是确保原材料的及时供应和成品的高效配送。这些系统通过精确的库存管理、生产计划与物流活动的紧密协调，以及对供应链中断的快速响应，显著提高了生产效率和市场反应速度。

（4）服务企业物流信息系统

在服务行业（如零售业），物流信息系统的核心在于优化商品流从供应商到最终消费者的全过程。这包括高效的库存管理、货物配送以及多渠道销售策略的支持。服务企业物流信息系统的关键特点和功能如下：

①客户管理：追踪客户需求和偏好，确保服务及时准确地满足客户需求；

②订单处理：自动化订单接收和处理，包括订单跟踪和状态更新；

③库存管理：监控库存水平，确保服务所需的物资和产品可用；

④配送和运输管理：安排有效的货物运输，包括路线规划和货物追踪；

⑤供应链管理：协调供应链各环节，从供应商到最终客户，以提高整体效率；

⑥数据分析和报告：分析物流数据，以改进服务质量和运营效率。

（5）第三方物流企业物流信息系统（3PL）

3PL 企业的物流信息系统集成了广泛的物流服务功能，包括但不限于运输、仓储、货物处理和配送。这些系统的特点是高度的客户定制化和灵活性，能够根据不同客户的特定需求提供个性化的物流解决方案。

根据实际需求，第三方物流信息系统有五个功能模块，即：决策管理模块、作业管理模块、经营管理模块、维护管理模块和客户服务模块。其中决策管理模块包括决策分析、合同管理和计划管理系统；作业管理模块包括仓储管理、运输管理、配送管理和核算管理系统；经营管理模块包括绩效考核、客户管理和单据报表系统；维护管理模块包括系统管理和基础设置系统；此外还有客户服务模块。

（6）第四方物流企业物流信息系统（4PL）

4PL 企业更偏重于供应链管理和优化（图 2-10）。它们的信息系统通常包括高级的数据分析和业务智能工具，支持复杂的供应链策略规划和执行。这些系统通过整合和分析大量数据，提供了深入的洞察，帮助企业优化供应链结构、降低运营成本、提高整体效率。

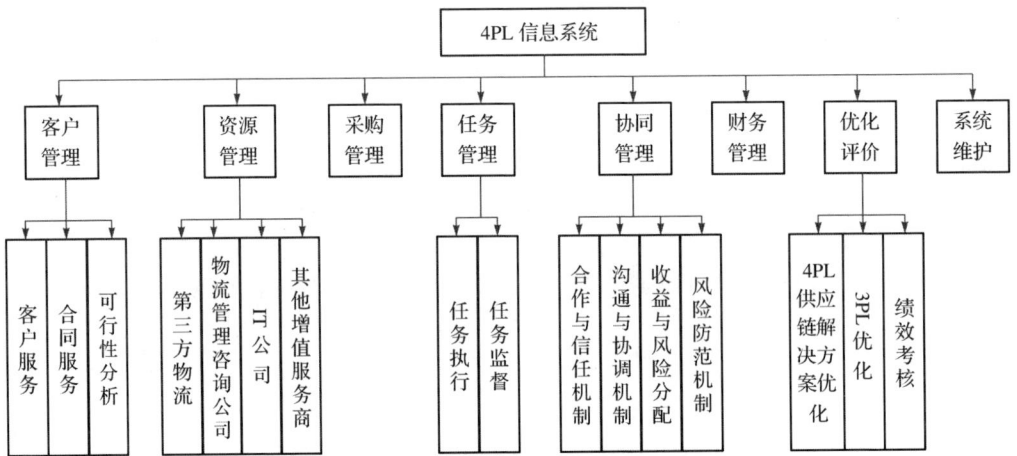

图 2-10　第四方物流信息系统功能主要模块

2）物流信息系统的发展阶段

（1）手工记录阶段（早期阶段）

早期的物流信息系统主要依赖于手工记录和文书处理。数据的记录和管理非常有限，主要集中在订单、货物运输和库存管理方面。物流过程的可视性和协同性受到限制，效率较低。

（2）计算机化阶段（20 世纪 70 年代至 80 年代）

随着计算机技术的发展，物流信息系统进入了计算机化阶段。企业开始采用计算机系统来管理订单、库存、运输和采购等方面的数据。这一阶段的系统提高了数据的准确性和处理速度，但仍然相对有限。

（3）集成化阶段（20 世纪 90 年代至 2000 年代）

集成化阶段见证了物流信息系统的进一步发展。企业逐渐采用集成的 ERP（企业资源规划)系统,将各个部门的数据整合在一起。物流管理成为供应链管理中的关键组成部分,系统开始支持供应链的可视化和协同。

(4)智能化阶段(21世纪初至今)

当前阶段是物流信息系统的智能化和数字化时代。物联网(IoT)技术的兴起使物流系统能够实时监测和控制物流运作。数据分析、人工智能(AI)和机器学习(ML)等技术的应用提高了系统的智能性和预测能力。可视化供应链、智能路线规划、逆向物流管理等功能成为现代物流信息系统的标配。

3)物流信息系统的发展趋势

(1)智能化

智能化是物流信息系统发展的关键方向,它代表着自动化和信息化的高级形态。物流操作涉及众多复杂决策和优化问题,比如物流网络设计、运输路线选择、货物装载和调度、库存管理和补货策略等。这些任务需要管理者利用高级优化工具和现代物流知识来解决。此外,相关技术如专家系统、人工智能、仿真学、运筹学、智能商务、数据挖掘和机器人学在国际上已有成熟的研究和应用,为物流信息系统的智能化提供了强大支持。

(2)标准化

标准化是现代物流技术的显著特征,也是其发展的关键趋势。在物流的每个环节,如运输、存储、装卸搬运、包装和流通加工等,都需要科学的作业标准来保证信息技术的有效应用。例如,物流设施、设备和商品包装的标准化是实现物流技术自动化、网络化和智能化的基础。在经济和贸易全球化的背景下,物流作业的标准化对于高效全球物流运作至关重要。

(3)全球化

随着企业规模和业务的跨地域发展,物流企业必然走向全球化。全球化的物流目标是为国际贸易和跨国经营提供服务,选择最优方式和路径以最低成本和最小风险运送货物。物流全球化不仅促进了商品、服务和信息的跨国高效流动,优化了全球供应链,更深化了经济全球化,加强了不同文化间的交流融合,为全球经济的增长和繁荣注入了新的强劲动力。在"一带一路"倡议的影响下,连接沿线国家的基础设施和物流大通道的建设成为当前焦点,越来越多的中资企业纷纷加快了"一带一路"沿线海外物流业务的拓展和物流资源投资并购的步伐。

2.4.2 物流信息系统建设的意义

1)提高物流管理水平和质量

物流信息系统建设有利于提高物流管理水平和质量,实现物流活动的有效协调和控制。物流信息系统可以实现对物流信息的及时、准确、全面、有效的收集、处理、传递和共享,为物流管理者提供各种信息报告、分析、评价、预测、优化等功能,支持物流管理者的日常管理决策和复杂决策,提高物流管理的科学性和灵活性。物流信息系统还可以实现物流活动的自动化、智能化、可视化、协同化,提高物流活动的速度、质量、安全、可靠性,降低物流活动的人力、物力、时间、空间等资源消耗,增加物流活动的效率、效益、满意度,增强物流活动的竞争优势和创新能力。

2) 提升企业的竞争优势

在激烈的市场竞争中,具备先进的物流信息系统可以为企业带来显著的竞争优势。这种系统的实施不仅能提高操作效率,还能降低运营成本,从而使企业在价格和服务上更具竞争力。有效的物流信息管理可以优化库存水平,减少积压和过度存储,确保资源的最优配置。此外,通过数据分析和趋势预测,企业可以更好地适应市场变化,抓住新的商业机会。

3) 优化产业发展和区域经济布局

物流信息系统建设有利于支持和推动产业布局调整、要素配置优化、发展模式创新,创造适宜产业发展的低成本、高效率物流条件,构建更为合理、更加均衡的区域经济发展格局,加快形成强大国内市场,支撑构建陆海内外联动、东西双向互济的开放格局。物流信息系统可以实现物流资源的优化配置、物流网络的优化设计、物流服务的优化组合,为产业发展提供高效、低耗、高质、高附加值的物流服务,降低产业运行成本、提高产业运行效率、增强产业运行质量、促进产业结构优化和升级。物流信息系统还可以实现物流组织与产业组织的紧密结合、物流活动与产业活动的深度融合、物流服务与产业服务的有效衔接,为产业发展提供多元、差异、个性的物流服务,满足产业发展的多样、复杂、变化的物流需求,促进产业发展的创新和转型。物流信息系统的建设和应用,可以推动产业布局的合理化、区域经济的协调化、国内市场的完善化、开放格局的优化,为经济社会发展提供有力的物流支撑和保障。

4) 提高社会民生服务水平

物流信息系统可以实现物流服务的社会化、公共化、普惠化,保障社会民生的基本物流权益;物流信息系统还可以实现物流服务的多元化、差异化、个性化,满足社会民生的多层次物流需求,保障社会民生的多样化物流选择。

物流信息系统的建设和应用,可以推动物流服务的社会化和市场化,促进物流服务的供给侧结构性改革,提高物流服务的供给质量和效率,扩大物流服务的供给规模和范围,满足社会民生的多元化和个性化的物流需求,促进社会民生的物流消费和消费物流升级,支持新业态、新模式、新平台的发展,创造更多的物流就业和物流创业机会,为社会民生的改善和提升提供有力的服务和保障。

5) 促进可持续性和环境保护

物流信息系统对促进企业可持续性和减少环境影响也发挥着关键作用。通过优化运输路线和提高装载效率,有助于减少燃料消耗和二氧化碳排放,从而降低物流活动对环境的影响。此外,通过更好地预测需求和控制库存,企业可以减少浪费和过度包装,进一步支持环保和资源节约。在越来越多的消费者和企业重视环境可持续性的今天,物流信息系统成为实现绿色物流和社会责任的重要工具。

总的来说,物流信息系统的建设不仅是物流行业自身发展的需要,也是推动整个社会经济向更高效、更可持续方向发展的关键力量。

复习思考题

1. 请解释物流信息系统的概念,并讨论它在现代物流行业中的重要性体现在哪些方面?

2. 物流信息系统与物流系统之间是如何相互关联和影响的? 能否举例说明它们在实际运作中的协同作用?

3. 物流信息系统通常有哪些类型? 不同类型的物流信息系统在功能和应用上有何区别? 请结合实例进行说明。

4. 物流信息系统的结构包括哪些主要组成部分? 这些组成部分是如何协同工作以实现物流信息的有效管理和利用的?

5. 物流信息系统的功能有哪些? 请分析这些功能在提升物流效率和优化资源配置方面的作用,并讨论物流信息系统建设的现实意义和未来发展趋势。

第二篇
技术篇

3 物流信息识别与采集技术

➤了解物品编码的目的、作用、分类

➤了解物流信息系统识别与采集技术的种类

➤了解条形码技术与射频技术的内涵

➤掌握条形码技术与射频技术在物流领域的应用

➤了解 IC 卡等其他技术的主要内容及其在物流领域的应用

在物流信息系统中,常用的识别与采集技术包括条形码技术、射频识别技术、IC 卡技术、扫描技术、光学字符识别技术和声学识别技术等,这一章主要介绍了条形码技术与射频技术,简单介绍了 IC 卡技术等其他识别与采集技术。

3.1 物品编码技术

物品编码是一种管理工具,它通过一组阿拉伯数字或其他符号来代表物品、品名、规格或类别及其他有关事项,以提高物料管理的效率和准确性。而代码则是物品编码的具体表现形式,它在物品上以条码或其他形式存在,用于标识物品并方便自动扫描设备的识读。物品编码也是数字化的"物"信息,是现代化、信息化的基石。近年来不断出现的物联网、云计算、智慧物流等新概念、新技术、新应用,究其根本,仍是以物品编码为前提。

3.1.1 代码设计的目的、作用与原则

1)代码设计的目的

物流管理离不开物流信息的编码,编码与代码是两个既有联系又有区别的概念,代码是指有一定信息概念的具体符号表示,而编码是指由某一种符号系统表示的信息,转换为另一种表示信息的符号系统的过程。信息编码使客观存在的事物

对象或属性变成便于计算机识别和处理的统一代码。简言之,编码就是代码的编制过程。

随着科技的飞速发展和企业信息化水平的提升,现代企业的代码系统已经从最初的简单结构演变成为高度复杂且精细化的系统。为了进一步提升计算机应用的效率,并推动编码工作的标准化进程,近年来,中国高度重视并积极推进统一代码标准的制定工作。为此,已相继发布了GB/T 40208—2021《物流信息资源核心元数据》、GB/T 18354—2021《物流术语》、GB/T 41833—2022《快递电子运单》、GB/T 41832—2022《通用寄递地址编码规则》等一系列标准代码,旨在构建一套全国范围内统一、规范的物品编码体系。

在国务院发布的《质量发展纲要(2011—2020年)》(国发〔2012〕9号文)中,明确提出了"搭建以物品编码管理为溯源手段的质量信用信息平台,推动行业质量信用建设"的战略目标。而在2012年8月3日发布的《国务院关于深化流通体制改革加快流通产业发展的意见》(国发〔2012〕39号文)中,进一步强调了"推动商品条码在流通领域的广泛应用,健全全国统一的物品编码体系"的重要性,并对建设我国统一的物品编码体系提出了具体而明确的要求。这些政策的出台,不仅体现了国家对物品编码工作的高度重视,也为我国物品编码体系的健康发展提供了有力的政策支持和指导。

在国内众多领域,编码的统一标准已经取得显著进展,然而,在企业内部层面,仍有可能面临独立研究编码的情境。编码工作通常应从上而下进行整体规划和统筹,以确保编码体系的一致性和连贯性,避免潜在矛盾的产生,从而充分发挥代码的优越性。在企业内部,企业可以制定适用于自身运营的标准代码,即企业内码。企业内码在信息系统的建设中扮演着至关重要的角色,它不仅是企业内部信息交换的关键标识,也是实现内部数据高效管理和分析的基础。在设计和实施企业内码的同时,必须预留与国家统一代码相对应的数据项。这样做是为了确保在与其他组织或系统进行数据交换时,能够顺利对接和共享信息,保障数据交换的准确性和高效性。通过建立全国统一的物品编码体系,我们能够确立各信息化管理系统间物品编码的科学、有机联系,实现对全国物品编码的统一管理和维护。这一体系不仅有助于现有物品编码系统的兼容和协同运行,还能为新建的物品编码系统提供明确的指导和参考。同时,它还能统一商品流通与公共服务等公用领域的物品编码,形成一套通用的、统一的标准,从而确保贸易、流通等公共应用的高效运转,促进国家经济的健康发展和市场的有序运行。

任何信息系统中,信息的表示方法都是系统的基础,任何信息都是通过一定的编码方式以代码的形式输入并储存在计算机中的。一个信息系统如果有比较科学的、严谨的代码体系,可以使系统的质量得到很大的提高。

2)代码的作用

代码是用来表征客观事物的一个或一组有序的符号,它应易于被计算机和人识别与处理,代码的作用主要包括如下几个方面。

(1)鉴别

鉴别是代码最基本的特征。任何代码都必须具备这种基本特征。在一个信息分类编码标准中,一个代码只能唯一地表示一个分类对象,而一个分类对象只能有唯一的代码。

(2)分类

如果对分类对象的属性分类,并分别赋予不同类别的代码,代码可以作为分类对象类别的标识。

(3)排序与索引

如果按分类对象产生的时间、所占空间或其他方面的顺序关系进行分类,并赋予不同的代码,代码可以作为排序和索引的标识。

(4)专用含义

当客观上需要采用一些专用符号时,代码可提供一定的专门含义,如数学运算的程序、分类对象的技术参数及性能指标等。

3)代码设计的原则

合理的代码结构是决定信息处理系统有无生命力的重要因素之一。代码设计一般应该遵循以下基本原则。

(1)选择最小值代码,这个原则对于人们经常使用的代码是非常重要的,随着信息量的迅速增长,代码长度日趋加长,信息处理的出错率必然随之增加,同时也增加了信息收集的工作量,加大了信息输入、存储、加工和输出设备的负荷。当然,缩减代码长度也必须适当、合理,还应当考虑留有适当的后备编码,以备将来扩充时使用。

(2)设计的代码在逻辑上必须满足用户的需要,在结构上要与处理的方法相一致。例如,设计用于统计的代码时,为了提高处理速度,往往设法使它在不调出文件的情况下,直接根据代码的结构进行统计。

(3)代码应逻辑性、直观性强,有便于使用以及便于掌握的特点,应能准确、一致地标识出对象的分类特征。

(4)代码应系统化、标准化、便于同其他代码的连接,适应系统多方面的使用需要,即代码应尽量适应组织的全部功能。例如,由于订货,会引起库存、销售、应收账户、采购、发运等多个方面的变化,所有与此有关的代码应尽量做到协调一致。

(5)不使用字形相近、易于混淆的字符,以免引起误解。例如,字母 O、Z、I、S 易与数字 0、2、1、5 相混。小写字母 i 易与数字 1 相混。另外,不用空格符作代码。

(6)代码设计要等长。例如,用 001~200,而不使用 1~200。

(7)字母代码中应避免使用元音(A、E、I、O、U),以防在某些场合(如下文将要讲述的助忆码)形成不易辨认的英文字。

(8)不能出现与程序系统中语言命令相同的代码。

3.1.2 一维代码的种类

一维代码的种类如图 3-1 所示,其中列出了最基本的代码。实际应用中,常常根据需要采用两种或两种以上基本代码的组合。

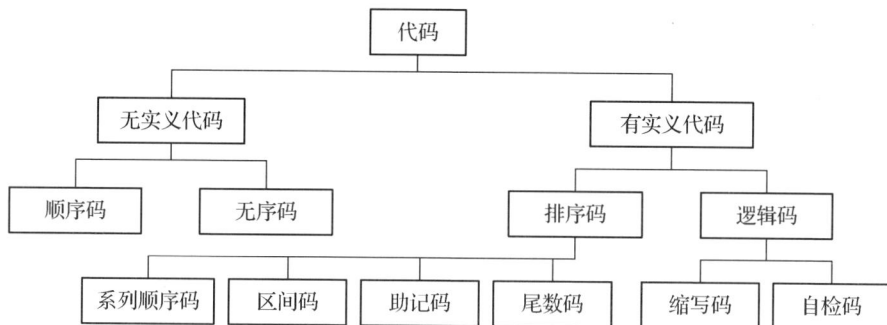

图 3-1 一维码种类

（1）顺序码

顺序码又称序列码，它是一种用连续数字代表编码对象的代码，通常从 1 开始。例如，一个单位的职工号可以编成：0001，0002，0003，…，9999。

顺序码的优点是位数少，简单明了，便于按顺序定位和查找，易于管理。但这种码没有逻辑含义作基础，缺乏分类特征，故通常与其他形式的分类编码结合在一起使用，作为某种分类下细分的一种补充手段。

（2）区间码

区间码是把数据项分成若干组，每一区间代表一组，码中数字的值和位置都代表一定意义，最典型的例子就是邮政编码，先给每一个省、市分配一个区间，省市内则按地段连续编码。

区间码的优点是：信息处理比较可靠，排序、分类、检索等操作易于进行。但这种码的长度与其分类属性的数量有关，有时可能造成很长的码，在许多情况下，码有多余的数，同时，这种码的维护也比较困难。区间码又可以分为以下几种类型：

①层次码。按实体类别的从属层次关系，将代码分成若干组，一般在码的左端组表示最高层次类别，右端组表示最低层次类别，即右端组为左端组的子分类，组内仍然按顺序编码。用这种方法编制的区间码称为层次码。例如某仓库货架的货位编号为五位数，最左边一位代表库区位，然后是库房位，再接着是货架的从里到外的位置号（用两位数表示），最后一位是货位所处的层位，见图 3-2。

不难看出，层次码的优点是能够充分反映实体的属性及其层次关系，使用灵活、容易添加，便于计算机进行处理，缺点是编码太长。

②十进制码。当编码实体的数量不能预先估计时，十进制编码是一种较为合适的结构模式。这是因为十进制码在区间码的前提下采用层次码的原理，同时可以采用小数点符号，在小数点后添加新的数位可以不断增加新的子分类。因此，十进制码常用于图书、文摘、设备零部件的分类编码。例如用十进制码表示汽车零件属性为：631 汽车零件；631.1 小汽车零件；631.11 国产小汽车零件；631.12 进口小汽车零件。

十进制码可以无限地扩充，容易添加新的分类，但位数比较多，且长短不一，不便于计算机处理。

45

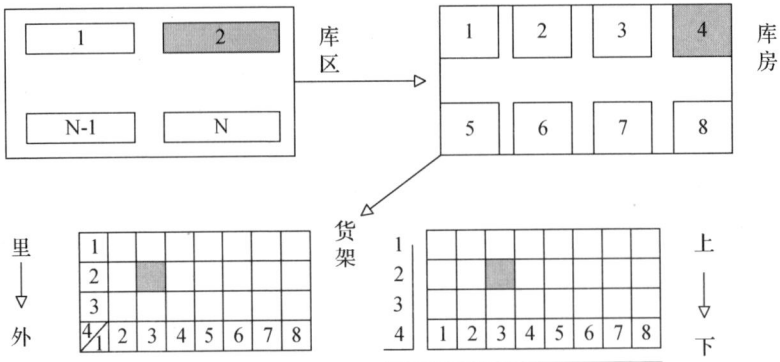

编号：24232

图 3-2　仓库货区层次编码图

③特征码。特征码与层次码的区别仅在于各类之间没有层次隶属关系,代码的某位或某几位表示编码对象的某种特征。例如为了表示钢材的各种特性,规定各特征的取值见表 3-1。

表 3-1　特征码示例

产地来源	加工方式	种类	规格
1-国产	1-热轧	1-角铁	00 1.5 mm×6 000 mm
2-进口	2-冷拉	2-平板	01 3 mm×6 000 mm
	3-锻造	3-铁丝	02 6 mm×6 000 mm
		4-钢管	03 12 mm×6 000 mm
		5-铁条	04 18 mm× 6000 mm

因此,代码为 21301 的钢材就是一种规格为 3 mm×6 000 mm 的进口热轧铁丝。

（3）助记码

助记码用文字、数字或文字数字组合来描述,它可通过联想帮助记忆。如,用 TV－B－12 表示 12 寸黑白电视机,TV－C－29 表示 29 寸彩色电视机。助记码适用于数据项数目较少的情况,否则可能引起联想出错。此外,太长的助记码占用计算机容量太大,也不宜采用。

（4）缩写码

缩写码是助记码的特例,常用编码对象名称中的几个关键字母作为序码。如,Amt 表示总额(amount),Cont 表示合同(contract),Inv. No 表示发票号(invoice number)等。

3.1.3　二维码

一维条码作为物品的基础标识,已广泛应用于各个领域。然而,当需要更详尽、更精确地描述物品时,二维条码技术便应运而生。二维条码不仅能够承载包括汉字在内的小型数据文件,还能在有限的空间内(如电子芯片)储存大量信息,对物品进行精准描述,有效防止证件、卡片及单证的伪造,并在网络覆盖不足或数据库不便访问的情境下实现数据的便捷采集。

二维条码(2 - Dimensional Bar Code)的诞生,无疑是代码技术发展史上的重要里程碑。它是采用特定几何图形在二维平面上按照一定规律排列的黑白图案,记录并传达数据符号信息。作为一维条码的扩展,二维条码利用黑白矩形图案表示二进制数据,通过设备扫描便能轻松读取其中信息。其特点包括高密度编码、大容量信息存储、广泛编码能力、强大容错性、高译码可靠性、支持加密措施、成本低廉、易于制作及持久耐用等。更值得一提的是,二维条码还拥有一维条码所不具备的"定位点"和"容错机制",即使条码部分受损或无法完全识别,也能准确还原原始信息。

QR 码(Quick Response Code),作为二维条码的一种,由日本 DENSO WAVE 公司于 1994 年发明。其正方形设计以黑白两色为主,在三个角落设有类似"回"字的定位图案,这些图案帮助解码软件快速定位并读取信息。与其他二维条码相比,QR 码以其高识读速度、大数据密度及小巧的占用空间而备受青睐。

二维码的应用场景极为广泛,覆盖支付、门禁、商品信息识别、广告营销等多个领域。在支付领域,支付宝、微信支付等移动支付平台普遍采用二维码作为支付凭证;在门禁系统中,用户可通过扫描二维码验证身份,轻松进入特定区域;在商品信息识别方面,商家将商品信息、价格等编码至二维码中,方便顾客扫描查询;在广告营销中,企业在广告牌、传单等媒介上加入二维码,引导用户扫描后跳转至产品介绍页面或参与活动页面,增强互动体验。

国外对二维条码的研究始于 20 世纪 80 年代末,并陆续发展出多种码制,如 Code49、Code16K、PDF417、Codeone 等。这些二维条码的密度均远超一维条码。特别是美国 symbol 公司研制的 PDF417 二维条码,其信息密度高达一维条码 Code39 的 20 倍以上。在美国,PDF417 已被广泛应用于护照、签证、身份证、驾驶证等各类证件上。通过该技术,不仅可以将个人基本信息如姓名、血型、单位、地址、电话等编码存储,还能将生物特征信息如指纹、视网膜扫描及照片等存储于可识别的代码中,并通过多种加密技术保障数据安全。这不仅实现了证件信息的自动录入,还有效解决了证件防伪问题,降低了犯罪风险。PDF417 已在美国、加拿大、新西兰等国的交通部门执照年审、车辆违章登记等场景中投入使用。

3.1.4 代码的检验

在数据处理过程中,一些重要的或具有特殊用途的代码,例如医院病人和处方单的代码、银行账户的编码等,如果出错,便会带来不可挽回的损失。为了尽可能自动地发现代码中因重复转录的键入操作而产生的差错,通常有意识地在原来的代码基础上,另外加上一个校验位,使它事实上变成代码的一个组成部分。校验位通过事先规定的数学方法计算出来。代码一旦输入,计算机便用同样的数学运算方法,按输入的代码计算

出校验位的值,并将它与输入的校验位进行比较,以证实输入是否有错。这种校验可以发现如下的错误:

抄写错误例如 1983 错写成 1903;

易位错误例如 1983 错写成 1938;

双易位错例如 1983 错写成 1389;

随机错误包括以上两种或三种的综合性错误或其他错误。

这里介绍一种常用来确定校验位值的方法。方法是给源代码的各位分配不同的权数(权因子可选成算术级数、几何级数、质数或其他),用源代码的加权和除以某一个称为模的数(数用素数,例如 11),所得的余数或将模和余数的差作为校验位的值。例如:

源代码 12345

各乘以权 65432

加权和 6+10+12+12+10=50

以 11 为模去除加权和得:

50/11=4······6

取余数 6 为校验位,于是得代码 123456。

一般来说,权与模的取值不同,校验出错的效率是不同的。

对于字母或字母数字组成的代码,也可以用校验码进行检验,但这时的校验位必须是两位,计算时要将字母 A~Z 跟随数字 0~9 的后面按顺序分别赋予 A=10,B=11,…,Z=35 等。

3.2 条形码技术

3.2.1 条形码技术概述

1)条形码的发展历史

条形码技术最早可以追溯到 20 世纪 20 年代。在 Westinghouse 的实验室里,John Kermode 想到利用在信封上做条码标识来实现邮政单据的自动分拣。但直到 1949 年的专利文献中才第一次有了 Norm T. Woodland 和 Bernard Silver 发明的全方位条形码符号的记载。条形码技术是随着计算机与信息技术的发展和应用而诞生的,它解决了计算机应用中数据采集的瓶颈,是一种集编码、印刷、识别、数据采集和处理于一身的技术。

条形码比较早期的应用是 20 世纪六七十年代,1967 年,Kroger 超市安装了第一套条码扫描零售系统;1970 年,美国食品杂货工业协会成立美国统一代码委员会(UCC),推动条码技术在商品标识上的应用;1973 年,欧洲国家发起并筹建了欧洲物品编码系统,后成立欧洲物品编码协会(EAN);1981 年,EAN 组织改名为国际物品编码协会(EAN);1988 年,中国成立中国物品编码协会。21 世纪初,随着物联网、人工智能技术的发展,GS1(Global Standards One)组织不断推动条形码在物流、生产、医疗等领域的应用扩展。

近年来,随着从最初的简单条码到现代的 2D 条形码,条形码的应用在各个国家都得到了很大的发展。条形码可以标出商品的生产国、制造厂商、商品名称、生产日期、图书分类号、邮件起止地点、类别、日期等信息,因而在生产线自动化、商品流通、图书管理、邮电管理、银行系统等许多领域都得到了广泛的应用。条形码技术的发展不仅改变了零售和物流行业,还促进了自动化和数据采集技术的进步。

2)条形码的结构和原理

条形码是一组粗细不同,按照一定的编码规则安排间距的平行线条图形,用以表示一定的字符、数字和符号组成的信息。条形码在设计上有一些共同点,符号图形结构简单,每个条形码字符由一定的条符组成,占有一定的宽度和印制面积,常见的条形码是由反射率相差较大的黑条(简称条)和白条(简称空)组成的。每种编码方案均有自己的字符集,每种编码方案与对应的阅读装置的性能要求密切配合等。例如,常用的EAN13 商品条码由左侧空白区、起始符、左侧数据符、中间分隔符、右侧数据符、校验符、终止符、右侧空白区及供人识别字符组成,见图 3-3。

图 3-3(a)　条形码字符结构

图 3-3(b)　条形码系统的工作原理

条形码技术的核心内容是利用光电扫描设备识读条形码符号,得到一组反射光信号,此信号经光电转换后变为一组与线条、空白相对应的电子信号,经解码后还原为相应的文数字,再传入电脑。从而实现机器的自动识别,并快速准确地将信息录入计算机进行数据处理,以达到自动化管理的目的。

3)条形码的识别系统

条形码系统是由条形码符号设计、制作及扫描阅读组成的自动识别系统。它由光电扫描设备识读完成对条形码数据的自动采集和光电信号的自动转换。进一步而言,它利用光学系统读取条形码符号,由光电转换器将光信号转换为电信号,通过电路系统对电信号进行放大和整形,最后以二进制脉冲信号输出给译码器进行译码。

条形码自动识别系统一般由条形码自动识别设备、系统软件、应用软件等组成。条码自动识别设备:包括扫描器、译码器、计算机、打印设备以及显示器。条形码自动识别软件包括扫描器输出信号的测量、条形码码制、扫描方向的识别、逻辑值的判断,以及阅读器与计算机之间的数据通信等几部分。

4)条形码技术的作用

条形码技术为人们提供了对物流中的物品进行标识和描述的方法,借助扫描等自动识别技术、POS 系统、EDI 等现代技术手段,企业可以随时了解有关产品在供应链中的位置,并及时做出反应。当今在欧美等发达国家兴起的 ECR、QR、自动连续补货(ACEP)等供应链管理策略,都离不开条形码技术的应用。因此,条形码是实现 POS 系统、EDI、电子商务和供应链管理的技术基础,是物流管理现代化、提高企业管理水平和竞争能力的重要技术手段。

条形码技术是实现自动化管理的有力武器,有利于进货、销售和仓储管理一体化;是实现 EDI、节约资源的基础;是及时沟通产、供、销的纽带和桥梁;是提高市场竞争力的工具;可以节约消费者的购物时间,扩大产品的销售额。

3.2.2 条形码分类

条形码根据应用技术、信息存储量、应用领域等不同,可主要分为一维条形码及二维条形码两大类,将复合条形码和彩色条形码作为补充简单介绍。

1)一维条形码

一维条码自问世以来,发展速度十分迅速,许多国家都围绕这项技术开展研究。它的使用,极大地提高了数据采集和信息处理的速度,提高了工作效率,并为管理的科学化和现代化做出了很大贡献。一维条形码种类很多,世界上有超过两百种的一维条码,常见的也有二十多种码制。

目前应用最为广泛的一维条形码有 EAN 码、UPC 码、39 码、UCC/EAN—128 码、ITF25 码和库德巴码等,见图 3-4。

下面介绍这些常用的一维条形码。

(1) EAN 码(European Article Numbering)

EAN 码最开始是以欧洲各国为中心制定的一种统一商品代码,由国际物品编码协会在全球推广应用,后来成为全球通用的国际性统一商品代码。EAN 码符号有标准版(EAN—13,GB/T12904—91)和缩短版(EAN—8)两种,中国的通用商品条形码与其等效。EAN 码由前缀码、厂商识别码、商品项目代码和校验码组成。前缀码为前 3 位,是国际 EAN 组织标识各会员组织的代码,我国为 690、691 和 692;厂商代码是 EAN 编码组织在 EAN 分配的前缀码的基础上分配给厂商的代码;商品项目代码由厂商自行编码;校验码是最后 1 位,为了校验之前 12 位代码的正确性。EAN 码只能表示数字。

　　我们日常购买的商品包装上所印的条码一般就是 EAN 码。在编制商品项目代码时,厂商必须遵守商品编码的基本原则。一是唯一性,即对同一商品项目的商品必须编制相同的商品项目代码;保证商品项目与其标识代码一一对应,即一个商品项目只有一个代码,一个代码只标识一个商品项目。二是稳定性,商品代码一旦分配,只要商品的基本特征没有发生变化,就应保持不变;即使该商品停止生产,其商品代码至少在 4 年之内不能用于其他商品项目上。三是无含义性,指商品代码中的每一位数字不表示任何与商品有关的特定信息,最好使用无含义的流水号,以防编码容量的损失。

　　另外,图书和期刊作为特殊的商品也采用了 EAN—13 码表示 ISBN 和 ISSN。前缀 977 被用于期刊号 ISSN,图书号 ISBN 用 978 为前缀,我国被分配使用 7 开头的 ISBN 号,因此我国出版社出版的图书上的条码全部为 9787 开头。

　　(2) UPC 码

　　UPC 码是用来表示 UCC—12 商品标识代码的条码符号,由美国统一代码协会(UCC)制定,主要用于美国和加拿大地区,在美国进口的商品上可以看到。UPC 码(Universal Product Code)是最早大规模应用的条码,是一种长度固定、具有连续性的条码,目前主要在美国和加拿大使用,由于其应用范围广泛,故又被称万用条码。

　　UPC 码仅可用来表示数字,故其字码集为数字 0～9。UPC 码共有 A、B、C、D、E 等五种版本,其中 UPC—A 代表通用商品,UPC—B 代表医药卫生,UPC—C 代表产业部门,UPC—D 表示仓库批发,UPC—E 表示商品短码。

　　(3) 39 码

　　1974 年 Intermec 公司的戴维·阿利尔(Davide·Allair)博士研制出 39 码,很快被美国国防部所采纳,作为军用条码码制,后来广泛用于工业领域。39 码是第一个字母、

图 3 - 4　各种一维条码

数字相结合的条形码,是一种可表示数字、字母等信息的条形码,目前主要用于工业、图书及票证的自动化管理,使用广泛。

39 码的长度没有限制,可随着需求作弹性调整。但在规划长度的大小时,应考虑条码阅读机所能允许的范围,避免扫描时无法读取完整的资料。

(4) UCC/EAN—128 码

UCC/EAN—128 码是目前在用的最完整的、高密度的、可靠的、应用灵活的字母数字型一维码制之一。它允许表示可变长度的数据,并且能将若干个信息编码在一个条形码符号中。SSCC(Serial Shipping Container Code,即系列货运包装箱代码),可用于在供应链物流领域唯一标示物流单元,也是 UCC/EAN 物流标签中强制要求的信息。在物流系统中,SSCC 和相关的 UCC/EAN 应用标识符以及属性数据都可用 UCC/EAN—128 码制表示。人们可以根据需要采用条形码应用标识符的不同部分来表示需要的信息,图 3-4 中所示的 UCC/EAN—128 条形码标签表示了货运包装代码、运输方式、批号等信息。

(5) ITF25 码

交叉 ITF25 码(Interleaved Two of Five)是 1972 年美国 Intermec 公司发明的一种条、空均表示信息的连续型、非定长、具有自校验功能的双向条码。它的字符集为数字字符 0~9。初期广泛应用于仓储及重工业领域,后 EAN 规范中将其作为用于储运单元的标准条码。

(6) 库德巴码

库德巴码(Codabar)是主要用于医疗卫生、图书情报、物资等领域数字和字母信息的自动识别。其出现于 1972 年,是一种长度可变的连续型自校验数字式码制。其字符集为数字 0~9,A,B,C,D 4 个大写英文字母以及 6 个特殊字符(—、:、/、.、+、$),共 20 个字符。其中 A,B,C,D 只用作起始符和终止符,常用于仓库、血库和航空快递包裹中。

(7) 物流条形码

物流条形码是用在商品装卸、仓储、运输和配送过程中的识别符号,通常印在包装外箱上,用来识别商品种类及数量;亦可用于仓储批发业销售现场的扫描结账。

国际上通用的物流条形码码制只有 ITF—14 条码、UCC/EAN—128 条码及 EAN—13 条码三种。单个大件商品,如电视机等商品的包装箱直接采用 EAN—13 条码;储运包装箱常常采用 ITF—14 条码或 UCC/EAN—128 应用标识条码。这里所说的物流条形码暂且不考虑 EAN—13 码。表 3-2 简要对比了商品条形码和物流条形码的区别。

表 3-2 商品条形码与物流条形码的对比

	应用对象	数字构成	包装形状	应用领域
商品条形码	向消费者销售的商品	固定的 8 或 13 位数字	单个商品包装	POS 系统、订货管理等领域
物流条形码	物流过程中的商品	14 位或者其他可变长度	集合包装	装卸、分拣、运输、仓储等领域

2）二维条形码

由于一维条形码受信息容量的限制,信息密度也较低,仅仅能对"物品"标识,而不能对"物品"描述,故一维条码的使用,不得不依赖数据库的存在;同时它在保密性和纠错性上存在不足,这些因素在一定程度上限制了条形码的应用范围。在没有数据库和不便联网的地方,一维条码的使用受到了较大的限制,有时甚至变得毫无意义。现代高新技术的发展,迫切要求用条码在有限的几何空间内表示更多的信息,从而满足千变万化的信息表示的需要。

二维条码技术是在一维条码无法满足实际应用需求的前提下产生的。1970 年Interface Mechanisms 公司开发出二维码。

二维条形码是用某种特定的几何图形按一定规律在平面(二维方向上)分布的黑白相间的图形记录数据符号信息的;在代码编制上巧妙地利用构成计算机内部逻辑基础的"0"、"1"比特流的概念,使用若干个与二进制相对应的几何形体来表示文字数值信息,通过图像输入设备或光电扫描设备自动识读以实现信息自动处理。二维条形码能够在横向和纵向两个方位同时表达信息,因此能在很小的面积内表达大量的信息。

二维条形码的特点主要有:

a）信息容量大,编码范围广;

b）可靠性高,保密防伪性好;

c）易于制作,成本较低;

d）抗损性强,且条码符号可根据载体面积和美工进行调整。

因为它具有上述特点,所以可以用它表示数据文件(包括汉字文件)、图像等。二维条码是大容量、高可靠性信息实现存储、携带并自动识读的理想的方法。

目前二维条形码主要有 PDF417 码、Code49 码、Code16K 码、Data Matix 码、MaxiCode 码等,主要分为堆积式(或层排式)和棋盘式(或矩阵式)两大类。

（1）堆积式/层排式二维条码

堆积式/层排式二维条码的编码原理是建立在一维条码基础之上,按需要堆积成二行或多行。它在编码设计、校验原理、识读方式等方面继承了一维条码的一些特点,识读设备和条码印刷与一维条码技术兼容。但由于行数的增加,需要对行进行判定,其译码算法与软件也不完全相同于一维条码。有代表性的行排式二维条码有 PDF417、Code49、Code16K 等。

下面重点介绍堆积式二维条形码中使用最为广泛的 PDF417 条码。

PDF417(Portable Data File)意为"便携数据文件",是目前应用最为广泛的堆叠式二维条码,由美国 SYMBOL 公司发明。组成条码的每一个条码字符由 4 个条和 4 个空,共 17 个模块构成,故称为 PDF417 条码,见图 3-5。

PDF417 条码既可表示数字、字母或二进制数据,也可表示汉字。一个 PDF417 条码最多可容纳 1 850 个字符或 1 108 个字节的二进制数据,如果只表示数字则可容纳2 710 个数字。PDF417 的纠错能力分为 9 级,级别越高,纠正能力越强。由于这种纠错功能,使得污损的 PDF417 条码也可以正确读出。PDF417 条码最大的优势在于其庞大的数据容量和极强的纠错能力。当 PDF417 条码用于防伪时,并不是 PDF417 条码不能被复制,而是由于使用 PDF417 条码可以将大量的数据快速读入计算机,使得大规模的防伪检验成为可能。

我国目前已制定了 PDF417 码的国家标准。PDF417 条码需要有专门的 PDF417 解码功能的条码阅读器才能识别。

图 3 - 5   PDF417

图 3 - 6   DataMatrix

(2)棋盘式/矩阵式二维条码

棋盘式/矩阵式二维条码是在一个矩形空间通过黑、白像素在矩阵中的不同分布进行编码。在矩阵相应元素位置上,用点(方点、圆点或其他形状)的出现表示二进制"1",点的不出现表示二进制的"0",点的排列组合确定了矩阵式二维条码所代表的意义。矩阵式二维条码是建立在计算机图像处理技术、组合编码原理等基础上的一种新型图形符号自动识读处理码制。具有代表性的矩阵式二维条码有 Data Matrix、Code One、Maxi Code、QR Code 等。

这里重点介绍矩阵式二维条码中的 DataMatrix 二维条码和 QR Code。

①DataMatrix 二维条码

DataMatrix 二维条码是一种矩阵式二维条码,其发展的构想是希望在较小的条码标签上存入更多的资料量。DataMatrix 二维条码的最小尺寸是目前所有条码中最小的,特别适用于小零件的标识,以及直接印刷在实体上。

DataMatrix 二维条码又可分为 ECC000-140 与 ECC200 两种类型,ECC000-140 具有多种不同等级的错误纠正功能,而 ECC200 则透过 Reed-Solomon 演算法产生多项式计算出错误纠正码,其尺寸可以依需求印成不同大小,但采用的错误纠正码应与尺寸配合,由于其演算法较为容易,且尺寸较有弹性,故 ECC200 使用较为普遍,以下介绍的 DataMatrix 二维条码均指 ECC200。

如图 3 - 6 所示,DataMatrix 二维条码的外观是一个由许多小方格所组成的正方形或长方形符号,其资讯的储存是以浅色与深色方格的排列组合,以二位元码方式来编码,故电脑可直接读取其资料内容,而不需要如传统一维条码的符号对应表。深色代表"1",浅色代表"0",再利用成串的浅色与深色方格来描述特殊的字元资讯,这些字串再列成一个完成的矩阵式码,形成 DataMatrix 二维条码,再以不同的印表机印在不同材质表面上。由于 DataMatrix 二维条码只需要读取资料的 20%即可精确辨读,因此很适合应用在条码容易受损的场所,例如印在暴露高热、化学清洁剂、机械剥蚀等特殊环境的零件上。

DataMatrix 二维条码的尺寸可任意调整,最大可到 14 平方英寸,最小可到 0.000 2 平方英寸,这个尺寸也是目前一维与二维条码中最小的,因此特别适合印在电路板的零组件上。另一方面,大多数条码大小与编入的资料量有绝对的关系,但是 DataMatrix 二维条码的尺寸与其编入的资料量却是相互独立的,因此它的尺寸比较有弹性。此外,DataMatrix 二维条码最大储存量为 2 000 bytes,自动纠正错误的能力较低,只适用特别的 CCD 扫描器来解读。

②QR Code

QR Code 于 1994 年由日本 Denso-Wave 公司发明。QR 是英文 Quick Response 的缩写,即快速反应的意思,源自发明者希望内容快速被解码。从其命名可以看出,超高速识读特点是 QR Code 码区别于 PDF417 条码、Data Matrix 等其他二维码的主要特性。

由于在用 CCD 识读 QR Code 码时,整个 QR Code 码符号中信息的读取是通过 QR Code 码符号的位置探测图形,用硬件来实现,因此,信息识读过程所需时间很短,亦无需像其他条码般在扫描时需直线对准扫描器。用 CCD 二维条码识读设备,每秒可识读 30 个含有 100 个字符的 QR Code 符号;对于含有相同数据信息的 PDF417 条码符号,每秒仅能识读 3 个符号;对于 Data Martix 矩阵码,每秒仅能识读 2～3 个符号。QR Code 码的超高速识读特性使它能够广泛应用于工业自动化生产线管理等领域。

QR Code 还具有全方位 360°识读特点,这是 QR Code 码优于堆积式二维条码的另一主要特点,例如由于 PDF417 条码是将一维条码符号在堆积高度上的截短来实现的,因此,它很难实现全方位识读,其识读方位角仅为±10°。

由于 QR Code 用特定的数据压缩模式表示汉字,它仅用 13 Bit 就可表示一个汉字,而 PDF417、Data Martix 等二维码没有特定的汉字表示模式,因此仅用字节表示模式来表示汉字,在用字节模式表示汉字时,需用 16 Bit(二个字节)表示一个汉字,因此 QR Code 比其他的二维条码表示汉字的效率提高了 20%。

目前,QR Code 也常见于我们的日常生活中。如腾讯公司开发出来的配合微信使用的,就是含有特定格式,只能被微信软件正确解读的二维码。

我国对二维码技术的研究开始于 1993 年,在消化国外相关技术资料的基础上,制定了两个二维码的国家标准:《二维条码　网格矩阵码》(GB/T 27766—2011)和《二维条码　紧密矩阵码》(GB/T 27767—2011),从而促进了我国具有自主知识产权的二维码技术的研发。我国具有自主知识产权的二维条码为汉信码,对提高二维码的技术水平和拓宽二维码的应用领域有重要作用。

3) 复合条形码

复合码是由一维码和二维码叠加在一起而构成的一种新的码制。

其中一维码组成部分可以是 UCC/EAN—128 或 UPC/EAN 以及 Reduced Space Symbology(RSS)。二维码组成部分可以是 CC—A(一种专用于混合码的 PDF417 微码的变体)或者 CC—C(标准 PDF417)。带有 CC—A 复合符号的 EAN—13 示例如图 3-8 所示。

图 3-7 微信支付使用的 QR Code 码

图 3-8 复合条形码

目前复合码的应用主要集中在标识散装商品(随机称重商品)、蔬菜水果、医疗保健品及非零售的小件物品以及商品的运输与物流管理。

4) 彩色条形码

彩色条码主要是结合带有视像镜头的手提电话或个人电脑,利用镜头来阅读杂志、报纸、电视机或电脑屏幕上的颜色条码,并传送到数据中心。数据中心会因应收到的颜色条码来提供网站资料或消费优惠。

彩色条码比二维条码优胜的地方,是它可以利用较低的分辨率来提供较高的数据容量,而不需增加它的维度。一方面,颜色条码不需要较高分辨率的镜头来解读,使沟通从单向变成双方面,二来较低的分辨率亦令使用条码的公司在条码上加上变化,以提高读者参与的兴趣。

新的彩色条码将使用 4 或 8 种颜色,在较少的空间中储存更多的资讯,并可能以小三角形取代传统的长方形。这是一个新的概念,目前还没有广泛的应用,但在一些软件中已经有这方面的尝试。彩色条码未来计划用于电影、电玩等商业性媒介上,以期提供更高的安全性和其他附加功能。

3.2.3 条形码识别技术

条形码识别技术是一种利用光电扫描设备读取条形码符号,将其转换为计算机可识别的数据的技术。条形码识别技术是物流行业中实现信息自动化采集和管理的重要手段,它可以提高物流效率,降低物流成本,增强物流竞争力。

（1）基本原理

条形码识别技术的基本原理是条形码符号由不同宽度的黑条和白条按照一定的编码规则排列,表示一定的信息。当光源(如激光或 LED)照

图 3-9 条形码识别技术

射到条形码上时,黑条和白条会反射不同强度的光线,被光电转换器(如 CCD 或光电管)接收,转换为相应的电信号。电信号经过放大、整形、译码等处理,得到条形码所代表的数据,然后通过接口(如串口或 USB)传输到计算机或其他设备。

（2）组成

条形码识别技术的主要组成部分有:条形码符号、条形码打印设备、条形码扫描设备和条形码识别软件。

条形码符号:是条形码识别技术的数据载体,它有多种类型,如 UPC、EAN、Code 39、Code 128 等,各有不同的编码规则、字符集、校验方法和应用领域。条形码符号的设计应遵循一定的标准,如 ISO/IEC 15420、ISO/IEC 15416 等,以保证条形码的质量和可识读性。

条形码打印设备:是条形码识别技术的数据输出设备,它可以将条形码符号以不同的方式印刷在不同的载体上,如纸张、贴纸、塑料、金属等。条形码打印设备有多种类型,如针式打印机、热敏打印机、热转印打印机、激光打印机、喷墨打印机等,各有不同的打印速度、打印质量、打印成本和适用范围。

条形码扫描设备:是条形码识别技术的数据输入设备,它可以将条形码符号转换为电信号,传输给计算机或其他设备。条形码扫描设备有多种类型,如光笔、CCD 扫描器、激光扫描器、图像扫描器等,各有不同的扫描原理、扫描距离、扫描速度、扫描精度和扫描角度。

条形码识别软件:是条形码识别技术的数据处理设备,它可以对扫描得到的电信号进行解码、校验、存储、显示、分析等操作,实现条形码的信息管理。条形码识别软件有多种类型,如条形码生成软件、条形码管理软件等,各有不同的功能、界面、兼容性和扩展性。

条形码识别技术在物流行业中有广泛的应用,如仓储管理、运输管理、配送管理、库存管理、订单管理、采购管理、销售管理等。条形码识别技术可以实现物流信息的快速采集、准确传输、有效存储、方便查询、智能分析等,从而提高物流的可追溯性、可控性、可视化和智能化。

3.2.4 条形码的应用

1）一维条形码的应用

目前,一维条形码技术已经比较成熟,在许多领域得到了广泛的应用,比较典型的有以下几种:

（1）物流供应链领域

商品条码标识系统是在物流供应链中广泛应用的物品标识系统,能够实现上下游企业间信息传递的"无缝"对接。箱码(Case Code)是商品外箱上使用的条码标识,企业在订货、配送、收货、库管、发货、送货及退货等物流过程中扫描箱码后,相关信息便自动记录到企业信息系统中,实现数据的自动采集与分析,从而降低物流成本,提升企业效率。系列货运包装箱代码(SSCC)是为物流单元(托盘、集装箱等)提供的唯一标识。在物流配送过程中,企业仅需扫描 SSCC,便实现对整个托盘/集装箱产品信息的采集,从而大幅提升供应链效率。

GLN——全球参与方位置代码　　GTIN——全球贸易项目代码　　SSCC——系列货运包装箱代码　　GRAI——全球可回收资产标识　　GIAI——全球单个资产标识　　GSRN——全球服务关系代码

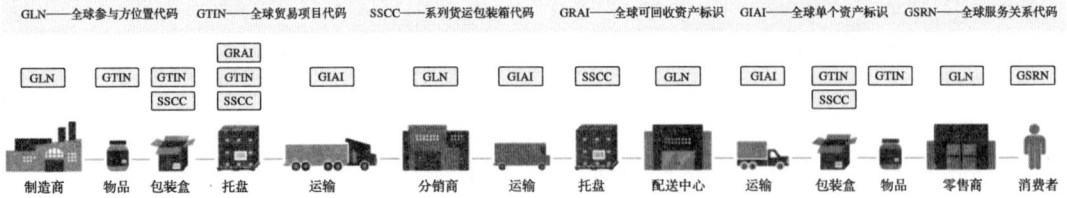

制造商　　物品　　包装盒　　托盘　　运输　　分销商　　运输　　托盘　　配送中心　　运输　　包装盒　　物品　　零售商　　消费者

图 3-10　条形码在物流供应链中的应用

（2）商业零售领域

在商业自动化系统中,商品条形码是关键,大多数在超市中出售的商品都使用了 EAN 条形码。

EAN 条形码是国际通用符号体系,主要用于商品标识。前文介绍了 EAN 码的编制原则,我们知道一个商品项目只有一个代码,一个代码只标识一个商品项目。如某名牌纯牛奶的条形码为 6907992100272,其中 690 代表我国 EAN 组织,7992 代表该乳品公司,10027 是纯牛奶的商品代码。这样的编码方式就保证了无论何时何地,编码 6907992100272 就唯一对应该种商品。

在销售中通常采用 EAN 码与 POS 系统的结合。收款机作为终端机与计算机相连,借助识读设备录入条码,从数据库中查找出相应商品的名称、价格、数量等信息,并对顾客所购买的商品进行统计。这样,收银的速度和准确性得到大大提高,同时各种销售数据还可以作为商场和供应商进货、出货的参考数据。由于销售信息都被及时、准确的记录,商家就可以在经营过程中准确地掌握各种商品的流通信息,大大减少库存,最大限度地利用资金,从而提高商家的效益和竞争能力。

（3）图书馆

图书馆中的图书也广泛应用条形码技术（图 3-11）。在图书和借书证上都贴上了条形码,借书时只要扫描一下书的条形码和借书证上的条形码就可以把所有相关信息录入数据库中。而在还书时,也只需扫一下书的条形码,系统就会根据原先的记录把书的状态由借出改成归还,同时在借书者所借数目中删除相应的数目。这样,书的借与还都使用了条形码技术,与原来的一切人工操作相比,大大提高了工作效率。

图 3-11　条形码在图书行业的应用

（4）质量跟踪管理

ISO 9001 质量保证体系强调质量管理的可追溯性,也就是说对于出现质量问题的产品,应当可以追溯它的生产时间、操作机床、操作人等信息。在过去,这类信息很难记录下来,即使有一些工厂采用加工单的形式进行记录,但随着时间的积累,加工单越来越多,有的生产厂家甚至要用几间房子来存放这些单据。从那么多单据中要想查找一张单据的困难不言而喻。如果采用条形码技术,在生产过程的主要环节中,对生产者及产品的数据通过扫描条形码进行记录,并利用计算机系统进行处理和存储。这样,当产品质量出现问题时,厂家就可以通过电脑系统很快查到该产品生产的相关数据,从而查到事故原因、改进工作质量。

(5)快递单据

目前普通的快递单据上多采用一维条码表示快递单号(图3-12),每一件快递商品的条码单号唯一,主要用于快递公司或者客户追踪快件的信息,查询快件流通信息,这样能保证快件信息的准确。不同的快递公司有不同的编码方式。例如圆通快递和顺丰快递的运单号码常用 Code128 码,而韵达快递和申通快递会采用 39 码编制运单号。

图3-12 一维码在快递单据上的应用

随着快递行业的发展和人们对于信息安全等方面的需求,未来快递的单据也可能出现二维条形码或其他手段来储存信息。

2)二维条形码的应用

二维条形码作为一种新的信息存储和传递技术,从诞生之时就受到了国际社会的广泛关注。经过多年的发展,现其已应用在国防、公共安全、交通运输、医疗保健、工业、商业金融、海关及政府管理等多个领域。

(1)身份识别

二维条形码通过将身份信息加密并编码成二维条形码,打印在证件或其他载体上,实现身份信息的隐藏和保护。当需要验证身份时,可以使用条码识读设备扫描二维条形码,解密并提取出身份信息,与现场采集的指纹、人脸等生物特征进行对比,实现身份的真伪判断。这样可以提高身份验证的效率和安全性,防止身份信息的泄露和伪造。

二维条形码在身份识别中的应用领域非常广泛。例如,护照、身份证、驾驶证等各类证件可以使用二维条形码存储个人信息、照片、指纹等,以方便机场、海关、交警等部门进行快速识别和核验。火车票、门票、电子票等也可以利用二维条形码存储订单号、客户信息、发货地址等,方便客户通过手机扫描二维条形码进行取票、签收、入场等操作(图3-13)。此

图3-13 二维码在车票上的应用

外,食品、药品、化妆品等商品也可以使用二维条形码存储相关信息,以方便消费者通过手机扫描二维条形码进行查询、比价、追溯等操作。甚至在捐赠、志愿、宣传等公益活动中,二维条形码也可以存储项目、受益者、反馈等公益信息,方便捐赠者、志愿者、公众通

过手机扫描二维条形码进行了解、参与、互动等操作。

（2）现代运输业

一个典型的运输业务过程通常经历：供应商—货运代理，货运代理—货运公司，货运公司—客户等几个过程，在每个过程中都牵涉到发货单据的处理。发货单据含有大量的信息，包括：发货人信息、收货人信息、货物清单、运输方式等。单据处理的前提是数据的录入，人工键盘录入的方式存在着效率低、差错率高的问题，已不能适应现代运输业的要求，而一维条形码的数据存储信息量较小，不能满足需求。

二维条码在这方面提供了一个很好的解决方案，将单据的内容编成一个二维条码，打印在发货单据上，在运输业务的各个环节使用二维条码阅读器扫描条码，信息便录入到计算机管理系统中，既快速又准确。见图3-14。

还有在快递行业中，随着快递柜的普及，快递配送时不需要居民随时等候取件，而是放置在小区内相应的快递柜中，快递员只要扫描快件上的条码并输入收件人的手机号码，系统会自动生成取件二维码发送给收件人。收件人可在规定期限内在快递柜处验证扫码取件。这既节省人力和时间成本，又减少丢件、错拿情况的发生。见图3-15。

图3-14 二维码在快递单中的应用

图3-15 二维码在快递柜中的使用

（3）食品与药品安全应用

在新冠疫情和一些食品药品造假事件出现之后，食品与药品安全成为广大群众关注的焦点问题，而二维条码技术在这方面提供了一个很好的解决方案。需要控制的食品和药品外包装必须印有二维条码，里面的信息包括商品名称、生产厂家、有效日期、追溯码等要素，使得相关部门和消费者可以快速获取到条码中存储的信息，以加强监督食品与药品安全。例如，北京市在食品安全追溯平台上推出了"北京食品安全追溯码"，每个追溯码对应一个食品生产经营主体，通过扫描二维码，可以查询到食品的生产许可证、经营许可证、检验报告、原料来源等信息，实现食品的全程可追溯。另外，医药行业也在推进二维条码的应用，为药品配备唯一标识码，通过扫描二维码，可以查询到药品的名称、规格、生产厂家、批号、有效期、药理分类等信息，实现药品的全程可追溯。

（4）资产跟踪

跟踪管理贵重或稀缺的资产。例如为了跟踪某一贵重设备,将设备的编号、位置编号、制造厂商、长度、等级、尺寸、厚度及其他信息编成一个 PDF417 条形码,制成标签后贴在设备上。当设备移走或安装时,操作员扫描二维条形码标签,数据库信息得到及时更新(图 3-16)。

扫描物资上二维码　　　快速查询物资信息

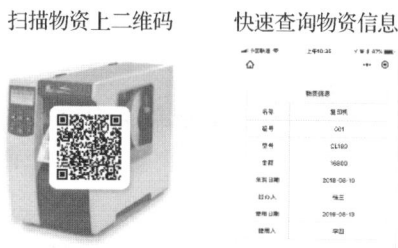

图 3-16　资产跟踪二维码

（5）二维码在移动终端上的应用

二维码技术在移动终端上的应用,已经成为现在人们生活中不可或缺的一部分。手机二维码就是将手机需要访问、使用的信息编码到二维码中,利用手机的摄像头识读。手机二维码可以印刷在报纸、杂志、广告、图书、包装以及个人名片等多种载体上,用户通过手机摄像头扫描二维码,即可实现快速手机上网,交换信息,便捷浏览、下载图文、音乐、视频,以及获取优惠券、参与抽奖、了解企业产品信息等目的,而省去了在手机上输入 URL 的烦琐过程。同时,还可以方便地用手机识别和存储名片、自动输入短信,获取公共服务(如天气预报),实现电子地图查询定位、手机阅读等多种功能。

日常生活中有越来越多的活动涉及手机二维码,如打车软件、社交软件、查询软件等等。如"我查查"软件,就可以通过扫描二维码实现快速比价比质量等功能。还有越来越多的电子票务,如电影票、景点门票,推行采用二维码定制,增设自动扫码取票系统,节省排队买票验票时间,还可以无纸化绿色环保,节约人力物力,使我们的生活更加高效和便捷。

手机二维码还在电子商务上有广泛应用,包括支付宝、微信、云闪付等各类电子钱包的快捷支付,快捷转账以及"扫一扫"模式的快捷的网上购物、团购都广受欢迎,还可以使用二维码提货,享受优惠。可以说,手机二维码相当于一个"移动钱包"(图 3-17)。

在医疗方面采用二维码,患者可以通过手机终端预约挂号,凭二维码在预约时间前往医院直接取号,减少了排队挂号、候诊时间。

图 3-17　手机二维码在快捷支付上的应用

二维码服务不仅解决了挂号的问题,而且,它结合到看病、支付等环节后,可以实现看病、付款、取药一条龙服务,不再让患者重复排队,同时节约了医院的人力,提高效率。

另外,在海关报关单、长途货运单、税务报表、保险登记表上也都有使用二维条形码技术来解决数据输入及防止伪造、删改表格的例子。

虽然二维码技术带给我们诸多便利,但是它依然存在一定的安全隐患。二维码本身并没有危险,但它所包含的信息却可能存在病毒等。在获取信息的同时需要提防它背后可能带来的隐私泄露问题。

3)条码技术在苏宁果蔬产品冷链全程管理中的应用

苏宁超市依托苏宁物流系统,它采用了"冷链仓+门店+即时配送"的冷链物流模式,实现了从生产到消费的全程温控和全链条监管。苏宁超市利用条码技术,对果蔬产品进行全程标识、追溯和管理,保证了果蔬产品的新鲜度和食品安全。具体来说,苏宁超市的条码技术应用主要包括以下几个方面:

(1)采购环节

苏宁超市在全国多个重点位置部署冷链仓,直接从原产地采购生鲜特产,并且在全球147个原产地、超过100个海外基地安排买手常驻当地负责采购。苏宁超市向原产地果蔬产品生产商确认标准并提供质量把控,要求生产商在果蔬产品上贴上条码标签,记录产品的品种、产地、生产日期、保质期等信息,方便后续的入库、出库、运输和销售环节的数据采集和信息查询。

(2)入库环节

苏宁超市的冷链仓坚持统一收货标准,收货入仓后工作人员每天定时查看仓库温度,抽查在库商品状态,核对商品有效期。其利用条码扫描仪,对入库的果蔬产品进行扫描,将产品的条码信息和仓库的位置信息进行关联,形成电子库存,实现库存的动态管理和实时监控。苏宁超市还利用条码技术,对果蔬产品进行分拣、分级、包装、加工等操作,提高果蔬产品的附加值和市场竞争力。

(3)出库环节

苏宁超市根据门店的订单需求,对冷库中的果蔬产品进行出库操作。苏宁超市利用条码扫描仪,对出库的果蔬产品进行扫描,将产品的条码信息和订单信息进行匹配,确保出库的产品与订单的产品一致,避免出现错发、漏发、多发等情况。苏宁超市还利用条码技术,对出库的果蔬产品进行装箱、封箱、贴箱等操作,保证产品的完整性和安全性。

(4)运输环节

苏宁超市采用冷藏车、冷链甩挂、多式联运等方式,对出库的果蔬产品进行运输。苏宁超市利用条码技术,对运输的果蔬产品进行跟踪和监控,实现运输过程中的温度、湿度、位置等数据的实时采集和上传,保证产品的温度控制和运输安全。苏宁超市还利用条码技术,对运输的果蔬产品进行换装、转运、配送等操作,提高运输的灵活性和效率。

(5)销售环节

苏宁超市的果蔬产品销售主要分为线上和线下两种方式。线上销售主要通过苏宁易购、苏宁生鲜等平台进行,线下销售主要通过苏鲜生、苏宁小店等门店进行。苏宁超市利用条码技术,对销售的果蔬产品进行展示、推荐、促销等操作,提高产品的销售吸引力和转化率。其还利用条码技术,对销售的果蔬产品进行结算、出库、配送等操作,提高产品的销售效率和客户满意度。

3.3 射频技术

3.3.1 射频技术概述

射频识别技术(Radio Frequency IDentification,简称 RFID)的基本原理是电磁理论,利用无线电波对记录媒体进行读写,射频识别的距离可达几十厘米至几米,且根据读写的方式,可以输入数千字节的信息。射频系统的优点是不局限于视线,识别距离比光学系统更远,射频识别卡可具有读写能力,可携带大量数据,难以伪造。RFID 适用于物料跟踪、运载工具和货架识别等要求非接触数据采集和交换的场合,由于 RFID 标签具有可读写能力,对于需要频繁改变数据内容的场合尤为适用。

从系统的工作原理来看,RFID 系统一般都由信号发射机、信号接收机、发射接收天线几部分组成。

信号发射机为了不同的应用目的,会以不同的形式存在,典型的形式是标签(TAG)。标签相当于条码技术中的条码符号,用来存储需要识别传输的信息。标签一般是带有线圈、天线、存储器与控制系统的低电集成电路。在 RFID 系统中,信号接收机一般叫做阅读器。阅读器基本的功能就是提供与标签进行数据传输的途径(图 3 - 18)。

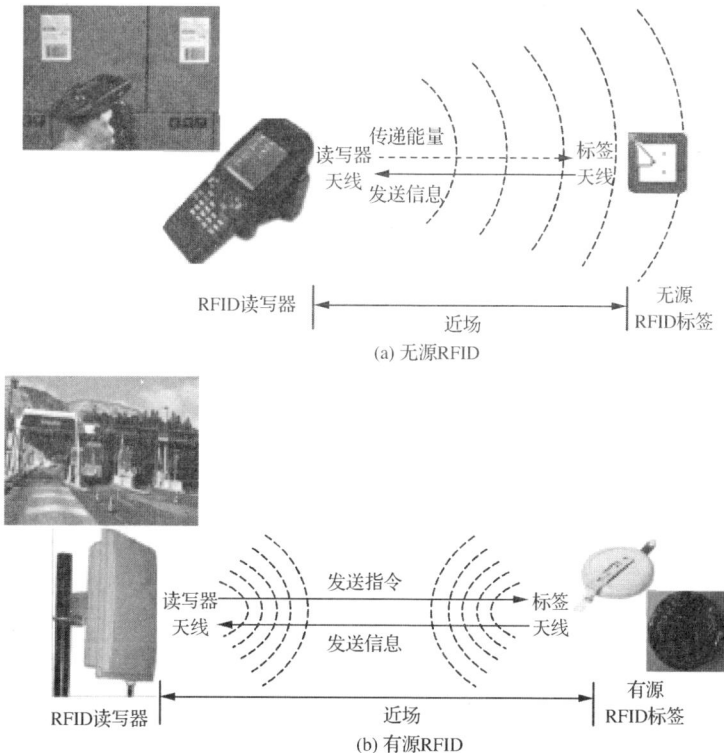

图 3 - 18 射频系统示意图

3.3.2 射频系统的分类

（一）射频卡的分类

根据射频卡内是否装有电池为其供电,可将其分为有源卡和无源卡两大类(图 3-19)。有源是指卡内有电池提供电源,其作用距离较远,但寿命有限、体积较大、成本高,且不适合在恶劣环境下工作;无源卡内无电池,它利用波束供电技术将接收到的射频能量转化为直流电源为卡内电路供电,其作用距离相对有源卡短,但寿命长且对工作环境要求不高。

按载波频率分为低频射频卡、中频射频卡和高频射频卡。低频射频卡主要有 125 kHz 和 134.2 kHz 两种,中频射频卡频率主要为 13.56 MHz,高频射频卡主要为 433 MHz、915 MHz、2.45 GHz、5.8 GHz 等。低频系统主要用于短距离、低成本的应用中,如多数的门禁控制、校园卡、动物监管、货物跟踪等。中频系统用于门禁控制和需传送大量数据的应用系统;高频系统应用于需要较长的读写距离和高读写速度的场合,其天线波束方向较窄且价格较高,在火车监控、高速公路收费等系统中应用。

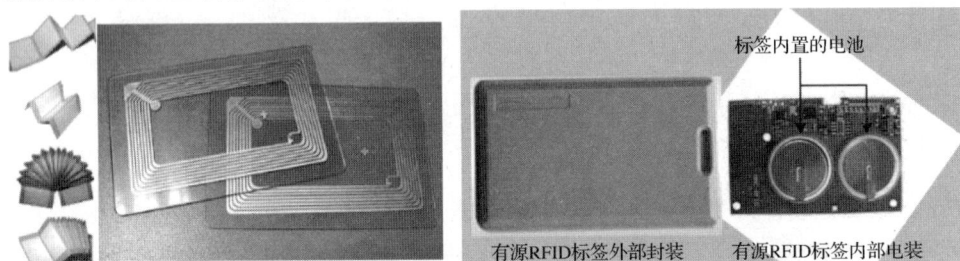

有源RFID标签外部封装　　有源RFID标签内部电装

图 3-19　无源和有源标签

（二）RFID 系统的分类

根据 RFID 系统完成的功能不同,可把 RFID 系统分为四种类型:EAS 系统、便携式数据采集系统、网络系统、定位系统。

1) EAS 系统

商品电子防窃系统(Electronic Article Surveillance),简称 EAS,是一种设置在需要控制物品出入的门口的 RFID 技术。这种技术应用的典型场合是商场、便利店等,当未被授权的人从这些地点非法取走物品时,EAS 系统会发出警告。在应用 EAS 技术时,首先在物品上贴 EAS 标签,当物品被正常购买或合法移出时,在结算处通过一定的装置使 EAS 标签失活,物品就可以取走;反之,物品是被盗窃或非法移出时,物品经过装有 EAS 系统的门口时,EAS 装置能自动检测活动标签并发出警告。EAS 技术的应用可以有效防止物品被盗,因此在商场中应用广泛,见图 3-20 和图 3-21。

EAS 的工作原理是在监视区,发射器以一定的频率向接收器发射信号,当具有特殊特征的标签进入监视区时,会对发射器发出的信号产生干扰,干扰信号被接收器接收,经过微处理器的分析判断,就会控制警报器的鸣响。根据发射器所发出信号的不同以及标签对信号干扰原理的不同,EAS 可分为无线电系统、电磁波系统、微波系统、分频系统、智慧型系统和声磁系统。

图 3 - 20　EAS 射频铝合金防盗报警器商场应用

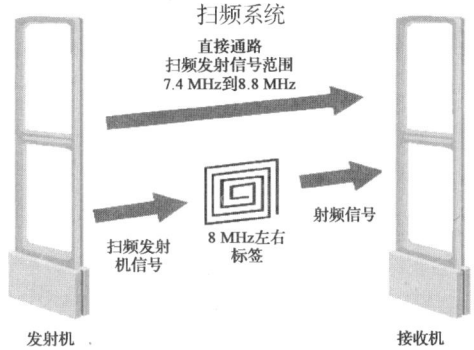

图 3 - 21　EAS 系统原理

目前,应用最广泛的 EAS 系统为无线电系统(RF 系统),由检测器、电子标签、解码器/开锁器三大部分组成。如图 3 - 21 所示,射频 EAS 系统的工作方式是:贴在产品上的标签(主要是一次性的微型电子线路和天线)对发射机天线(通常是位于商店出入口的一个探测台)发出的特定频率做出响应。随后,标签发出的响应被邻近的接收机天线(另一个探测台)拾取,此后,接收机将对标签响应信号进行处理,如果该信号符合特定的标准,就会触发警报。两个探测门或探测台之间的距离最大可达 2 m 左右。射频系统的工作频率范围通常是 2~10 MHz(每秒数百万个周期);这种射频系统在许多国家/地区已经成为标准。大多数情况下,射频系统使用扫频技术以便处理不同的标签频率。

2) 便携式数据采集系统

便携式数据采集系统使用带有手持式数据采集器采集 RFID 标签上的数据,适用于不宜安装固定式 RFID 系统的应用环境。手持式阅读器(数据输入终端)可以在读取数据的同时,通过无线电波数据传输方式(RFDC)适时地向主计算机系统传输数据,也可以暂时将数据存储在阅读器中,再一批批地向主计算机系统传输数据,见图 3 - 22 与图 3 - 23。

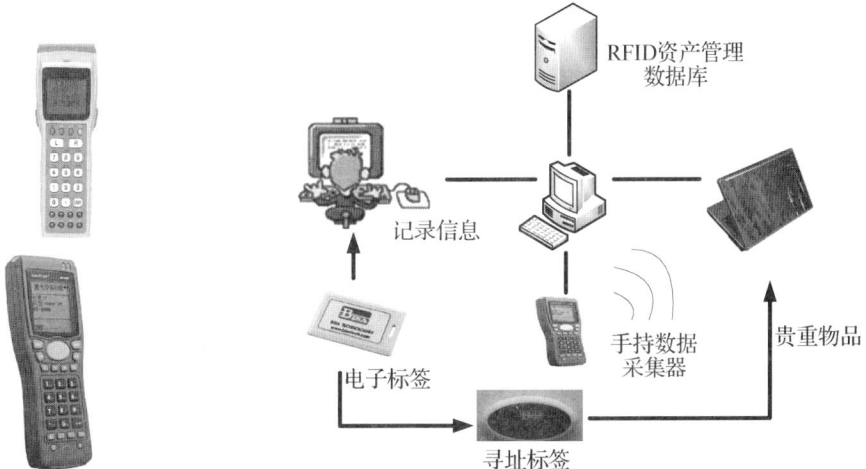

图 3 - 22　手持式数据采集器

图 3 - 23　便携式数据采集系统应用案例

3) 网络系统

固定式 RFID 阅读器分散布置在给定的区域,并且阅读器直接与物流管理信息系统相连,信号发射机是移动的,一般安装或配置在移动的物体和人。当物体、人流经过阅读器时,阅读器会自动扫描标签上的信息并把数据信息输入数据管理系统存储、分析、处理,达到控制物流的目的,经常用于贵重物品的监控跟踪,如医院利用网络系统监控贵重设备或稀缺资源的位置与使用情况。

图 3-24 固定式 RFID 阅读器

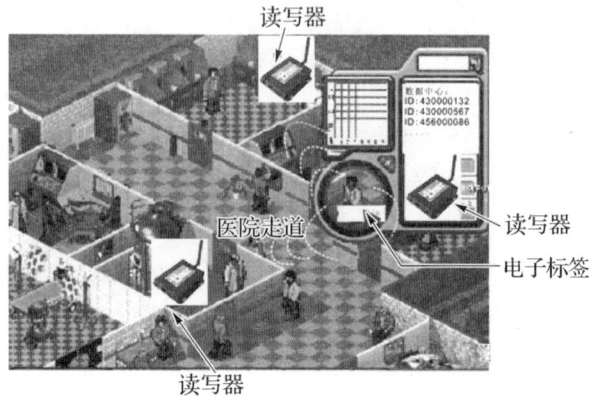

图 3-25 网络系统应用案例

RF 技术是一种无线计算机网络技术。利用 RF 技术,可以在配送中心内部构建无线计算机局域网。

无线局域网技术是一种柔性的数据交换系统,是对普通局域网的一种补充、延伸。它通过采用无线技术,无须在计算机之间建立连线就可以发送、接收数据,实现数据、资源的共享。它具有灵活移动性;安装简单、快速;运行成本低廉;可扩展性强的特点。

4) 定位系统

定位系统用于自动化加工系统中的定位以及对车辆、轮船等定位支持中。阅读器放置在移动的车辆、轮船上或者自动化流水线中移动的物料、半成品、成品上,信号发射机嵌入到操作环境的地表以下。信号发射机上存储有位置识别信息,阅读器一般通过无线的方式或者有线的方式连接到主信息管理系统。如图 3-26 所示。

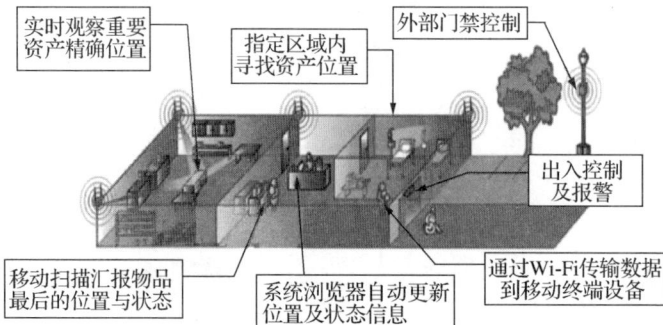

图 3-26 定位系统应用案例

3.3.3 射频识别技术的应用

RFID 技术是一种具有巨大潜力和前景的信息技术,它将为我们的生活带来更多的便利和效率。RFID 技术在国内外的应用也有很多案例,例如美国和北约在波斯尼亚的"联合作战行动"、美国沃尔玛和欧洲麦德龙的供应链管理、美国国防部和食品药品管理局的安全和可追溯性、日本诺基亚和索尼的移动电话购物和电子钱包等。

美国和北大西洋公约组织(NATO)在波斯尼亚的"联合作战行动"中,不但建成了战争中投入战场最复杂的通信网,还完善了识别跟踪物资的新型后勤系统。该系统途中运输部分的功能就是靠贴在集装箱和设备上的 RFID 标签实现的。RF 接收转发装置通常安装在运输线的一些检查点、仓库、车站、码头、机场等关键点。接收装置收到 RFID 标签信息后,连通接收地的位置信息,上传至通信卫星,再由通信卫星传送给运输调度中心,送入中心数据库中。

我国 RFID 的应用也已经广泛开始,一些高速公路的收费站口使用 RFID 可以不停车收费。中国铁路系统使用 RFID 记录货车车厢编号已运行了一段时间。一些物流公司也将 RFID 用于物流管理中。其他典型应用还有动物晶片、汽车晶片防盗器、门禁管制、停车场管制、生产线自动化、物料管理等。

1) 高速公路不停车电子收费系统(ETC)

高速公路自动不停车电子收费系统是 RFID 技术最成功的应用之一。目前中国的高速公路发展非常快,地区经济发展的先决条件就是有便利的交通条件,而高速公路收费却存在一些问题,一是交通堵塞,在收费站口,许多车辆停车排队,成为交通瓶颈问题;二是少数不法收费员贪污路费,使国家损失了相当一部分的财政收入。RFID 技术在高速公路自动收费上的应用能充分体现它的非接触识别的优势,杜绝上述问题发生。

图 3-27　射频技术在自动收费中的应用

对于高速公路 ETC 收费系统,由于车辆的大小形状不同,需要大约 4 m 的读写距离和很快的读写速度,系统的射频应在 900~2 500 MHz 之间,系统设计时,射频卡可装在汽车挡风玻璃后面,阅读器天线架设在道路上方,将多车道的收费口分为 ETC 专用自动收费口和人工收费口两个部分,在距离收费口约 50~100 m 处,当车辆经过天线时,车上的射频卡被头顶上的天线接收到,由此判别车辆是否带有有效的射频卡,读写器指示灯指示车辆进入不同车道,进入自动收费口的车辆,养路费款被自动从用户账户扣除,且用指示灯及蜂鸣器告诉司机收费是否完成,不用停车就可通过。见图 3-27。

2）人员识别与物资跟踪

将来的门禁保安系统均可应用射频卡,一卡可以多用,如工作证、出入证、停车卡等,目的都是识别人员的身份,实现安全管理、自动收费或上下班打卡,提高工作效率。只要人员佩戴了封装成 ID 卡大小的射频卡、进出口有一台读写器,人员出入时自动识别身份,非法闯入会有报警。在安全级别要求高的地方,可以结合其他的识别方式,将指纹、掌纹或颜面特征存入射频卡。

图 3-28　射频识别技术在物资
跟踪中的应用

将射频卡贴在重要物资上,如计算机、传真机、文件、复印机或其他实验室用品,以自动跟踪管理这些有价值的财产,可以跟踪物品从某处离开,或是用报警的方式限制物品离开某地。结合 GPS 系统利用射频卡,还可以对货柜车、货仓等进行有效跟踪(图 3-28)。

3）生产线优化及自动化控制

在生产流水线上应用 RFID 技术可实现优化及自动控制和监视,提高生产率,改进生产方式,节约生产成本。

如某知名耗材生产商在其德国工厂每年可生产两千万件产品,利用无线射频识别技术实现了高度追踪及生产流程优化。这个 RFID 系统由大约 70 个网关、250 个读写头和 1 000 个载码体组成,用于监控工件装载箱。为了达到这个目的,每个装载箱侧面靠下的位置都装有一个载码体,也就是所谓的标签。工件信息存储在这些标签中,这意味着生产商可以在任意时间追踪监控工件的生产流程——注塑、切割、位移,以及许多其他细节。

每完成一道工序,标签中存储的工件信息都被传送至数据库。由于处理中心的某些需要,部分数据会自始至终跟随整个生产流程。生产线情况有变或装载箱被替换时,数据将被重新写入载码体。这个 RFID 系统保证了生产过程的透明化,可以优化生产流程,降低生产成本。见图 3-29。

如汽车装配流水线。德国宝马汽车公司在装配流水线上应用射频卡可以尽可能大量的生产用户定制的汽车。宝马汽车的生产是基于用户提出的要求式样而生产的,用户可以从上万种内部和外部选项中选定自己所需车的颜色、引擎型号还有轮胎式样等要求,如果没有一个高度组织的、复杂的控制系统是很难完成这样复杂的任务的。宝马公司就是在其装配流水线上配有 RFID 系统,他们使用可重复使用的射频卡,该射频卡上可带有汽车所需的所有详细要求,在每个工作点处都

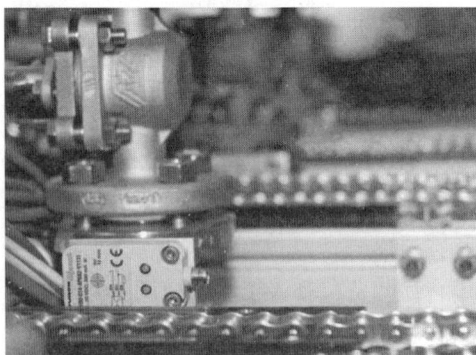

图 3-29　射频识别技术在生产线
优化中的应用

有读写器,这样可以保证汽车在各个流水线位置能毫不出错完成装配任务。

4) 仓储库存管理

仓储 RFID 管理系统由以下三个部分组成:数据中心、发行标签系统和标签信息采集系统。

将 RFID 系统用于仓库库存管理,可以有效解决与仓库和货物流动有关的信息管理,不但可以增加一天内处理货物的件数,还监视着这些货物的一切流动信息。一般而言,射频卡贴在货物要通过的仓库大门边上,读写器天线放在叉车上,每个货物都贴有射频标签,所有标签信息都被存储在仓库的中心计算机里,该货物的有关信息都能在

图 3-30 RFID 在仓储管理中的应用

计算机里查到。出入库登记检查信息、货物存放位置信息、其数量种类信息都非常清楚。当货物被装走运往别处时,由另一读写器识别并告知计算机中心它被放在哪个拖车上。整个保管过程都因为 RFID 技术而被监管。这样管理中心可以实时地了解到已经生产了多少产品和发送了多少产品,并可自动识别货物,实现信息导引的作用。在仓库中还包括分拣货物,将货物自动分类,对货架进行盘点和缺货巡补。见图 3-30。

5) 分拣搬运

铁路运输、航空运输、邮政通讯等许多行业都存在货物的分拣搬运问题,大批量的货物需要在很短的时间内准确无误地装到指定的车厢或航班。一个生产厂家如果生产上百个品种的产品,并需要将其分门别类,以送到不同的目的地,那么就必须扩大场地、增加人员,还常常会出现人工错误。解决这些问题的办法就是应用 RFID 技术,使包裹或产品自动分拣到不同的运输机上。只要将预先打印好的标签贴在发送的物品上,并在每个分拣点安装一台 RFID 读写器,读写器识别货物上的射频卡,由计算机确定该货物的存放位置,输送机沿线的转载装置根据计算机的指令把货物转载到指定的发运线上(图 3-31)。

图 3-31 应用 RFID 技术完成货物分拣

6) RFID 防伪

RFID 在商品防伪中的原理是，根据数据加密算法，将产品代号、生产批号、有效日期和其它变量数据进行加密运算处理，可以生产数字化监管编码，为防伪与物流管理应用建立基础数据库。将数字化监管编码通过加密程序写入 RFID 芯片中，并把包含 ID 号的数字化监管编码通过广域网或局域网存入中心数据库。实现对药品、烟酒等商品的防伪监管。

7) RAIN RFID 技术在沃尔玛零售行业管理中的应用

沃尔玛是全球最大的零售商之一，它在其供应链和商店中广泛使用 RAIN RFID 技术，以提高库存准确性、供应链透明度、订单准确性、客户服务和安全性等方面的表现。

（1）供应链管理

沃尔玛要求其供应商在一些新的商品类别中使用 RAIN RFID 标签，以实现快速手机上网，交换信息，便捷浏览、下载图文、音乐、视频，获取优惠券、参与抽奖、了解企业产品信息等目的，省去了在手机上输入 URL 的烦琐过程。沃尔玛还提供了符合奥本认证标准的 7 家 RAIN RFID 内嵌物供应商，帮助合作企业选择合适的标签和包装供应商。

（2）发货

沃尔玛使用 RAIN RFID 技术实现其发货验证流程的自动化，简化其工作流程，并提高订单的准确性。奥本大学的一项研究发现，RAIN RFID 可以帮助企业实现高达 100% 的订单准确性，从而提高客户满意度，减少索赔成本。

（3）仓储

沃尔玛使用 RAIN RFID 技术提供实时库存可见性，从而实现全渠道履行，包括"在线购买，店内提货""在线购买，路边提货"等选项，和从商店发货。RAIN RFID 技术还可以帮助沃尔玛实时了解物品的标识、使用情况和位置，从而优化终端零售体验。

3.4 其他识别与采集技术

3.4.1 IC 卡技术

IC 卡（Integrated Circuit Card，集成电路卡）是将一个微电子芯片嵌入符合 ISO 7816 标准的卡基中，做成卡片形式的信息工具，用芯片里的集成电路存储信息。IC 卡是继磁卡之后出现的又一种信息载体。IC 卡应用系统主要包括 IC 卡、IC 卡感应设备、计算机和 IC 卡应用系统软件四个部分组成。

根据组织结构划分为一般存储卡、加密存储卡、CPU 卡和超级智能卡。根据通信接口把 IC 卡分成接触式 IC 卡、非接触式 IC 卡和双界面卡（同时具备接触式与非接触式通信接口）。其中非接触式 IC 卡就是结合了射频技术的无源射频卡。

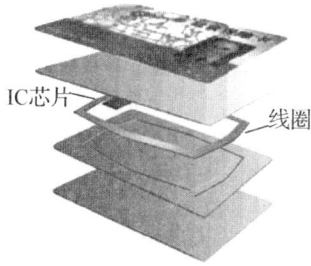

图 3-32 非接触式 IC 卡结构图

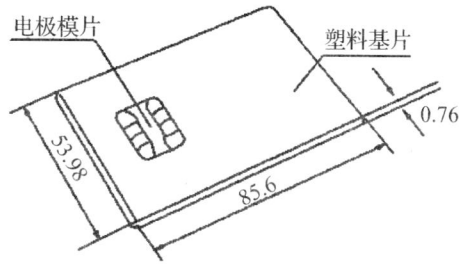

图 3-33 接触式 IC 卡结构

这里简单将条形码技术、射频技术、IC卡技术和磁卡技术作以下比较。

表 3-3 几种识别采集技术的比较

	条形码技术	射频技术	IC 卡技术	磁卡技术
标签特性	一组平行线条图形	集成电路卡	集成电路卡	磁性载体
基本原理	光电效应	电磁理论 无线电波	微电子技术 电磁理论	电磁理论
各自的特点及优点	结构简单成本较低	信息量大 射频不局限于视线 保密性好	存储量大 保密性好	使用方便 造价便宜
缺点	不能随时写入数据	成本较高	制造成本高 接触点暴露在外易受到损伤	保密性较差 储存容量较小 易受干扰消磁
应用	常用于商业零售领域、图书馆、发货单据信息等方面	常用于仓储管理、门禁与人员识别、高速公路收费等方面	常用于公共交通和金融领域	现在用于金融领域如银行卡等，将逐渐被其他方式取代

由于IC卡具有存储信息量大、安全保密性好、可以处理数据、使用寿命长等优点，IC卡已是当今国际电子信息产业的热点产品之一，在金融领域的应用最为广泛，影响十分深远。芯片银行卡不仅具有普通磁条银行卡所有的金融功能，还具备电子现金账户，支持脱机小额支付，可以使用非接触界面，实现即刷即走的快速支付和智能卡手机支付。

随着交通智能化、运输现代化的迅速发展，IC卡技术在现代物流业也得到日益广泛的应用。目前，IC卡技术在物流领域方面的应用主要包括：车辆管理、集装箱管理、货物管理、安全管理等，主要介绍以下两种。

1) 车辆管理

车辆管理主要是利用IC卡技术与车载RFID系统的结合来实现车辆智能管理。利用射频通过非接触IC卡自动识别车号、车型。可广泛地应用于货运车辆的跟踪管理、公路口岸车辆自动识别及车辆进出控制与管理等。将非接触式IC卡的射频识别技术与计算机、单片机技术结合起来，通过LCD汉字显示模块将相关信息直观地显示出来，解决了车辆管理中的一些难题，在提高了车辆管理的安全性的同时，也提高了车辆

71

管理工作的效率,见图 3‑34。

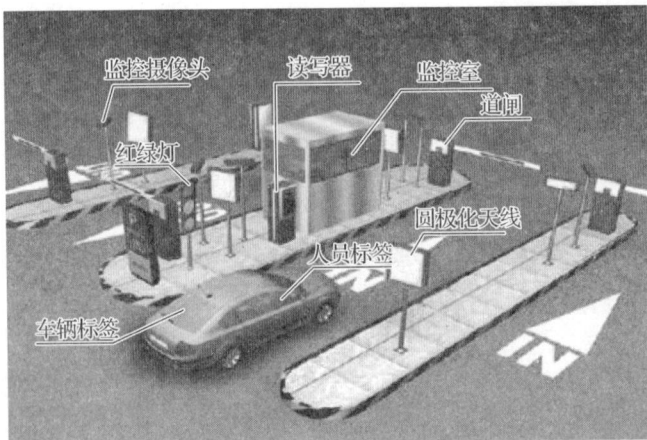

图 3‑34　IC 卡车辆管理

非接触 IC 卡与射频技术的综合运用是实现高速公路联网和不停车收费(ETC)的重要技术手段,在停车场管理中也常常应用这两项技术。

2)货物管理

相关部门可以利用 IC 卡技术,存储相关业务数据,自动核对承运车辆及其货物清单,加强货物监管,加速货物流通;利用后台联网数据库系统和网络业务软件,控制转关货运车辆的行经路线和时间,监视整个货运过程,确保货物安全抵达,杜绝货物运输过程中的舞弊行为;通过 IC 卡业务管理系统,辅助监管承运货物,自动比对,提高系统运行效率,减少失误;依靠 IC 卡系统完善的安全加密技术,提高业务系统的安全性和保密性,见图 3‑35。

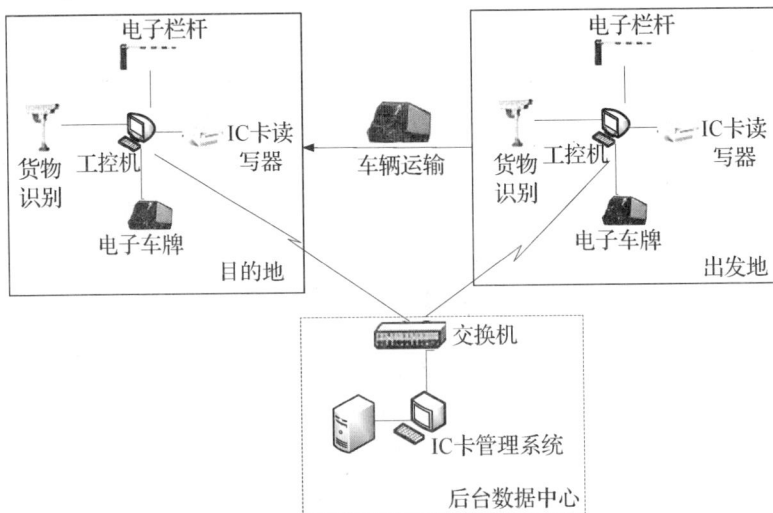

图 3‑35　IC 卡货物管理系统

3.4.2 图像识别技术

图像识别技术是指利用计算机视觉和深度学习等方法,对图像进行对象检测、分类、分割、识别等处理,以获取图像中的信息或实现图像中的操作。图像识别技术具有如下优点:

- 信息容量大,可以识别各种类型的图像,包括图片、文字、签字、指纹等。
- 识别速度快,可以实现毫秒级的智能化识别,并自动将识别的信息进行分类和处理。
- 识别准确率高,可以利用深度学习等方法提高识别的精度和鲁棒性,减少误识别和漏识别的情况。
- 识别灵活性强,可以根据不同的场景和需求,定制不同的识别模型和算法,实现个性化的识别服务。

图像识别技术在物流领域有着广泛的应用,可以提高物流的效率、准确性、安全性和智能化(图3-36)。具体来说,图像识别技术在物流领域的应用主要有以下几个方面:

(1)目标识别

利用图像识别技术对图像中的目标进行分析、识别、处理、增强等,以通过图像实现对于环境中目标的感知。例如,顺丰利用图像识别技术对运输车辆和货物进行自动扫描和识别,实现车货的快速匹配和分配,减少人工干预和错误。

图3-36 图像识别在货物分拣中的应用　　图3-37 字符识别和条码识别在货物分拣中的应用

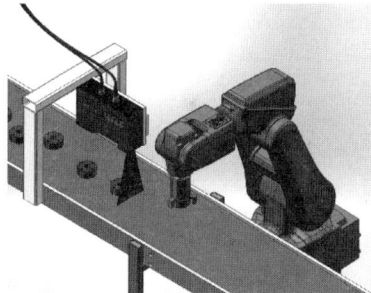

(2)字符识别

利用图像识别技术对图像中的文字进行识别和提取,以实现图像和文本的转换。例如,光学字符识别(OCR)、车牌识别、手写识别等。

(3)条码扫描识别

利用图像识别技术对图像中的条码、二维码等进行识别和解码,以获取图像中的信息。例如,商品识别、电子票据、移动支付等应用场景,可以实现对物流信息的快速获取和处理(图3-37)。

3.4.3 传感器技术

传感器技术是一种将物理量或化学量转换为电信号输出的装置。它可以将温度、压力、湿度、水位、光度、氧气浓度等各种物理或化学量转换为电信号进行测量和控制。传感器技术在物流领域有着广泛的应用,可以提高物流的效率、准确性、安全性和智能化(图 3 - 38)。具体来说,传感器技术在物流领域的应用主要有以下几个方面:

(1) 温度、湿度传感器

利用温、湿度传感器对温度和湿度进行测量和控制,以实现温度和湿度的调节以及保持。例如,顺丰利用温度传感器和湿度传感器对冷链运输的货物进行实时监测和控制,以保证货物的品质和安全。

(2) 红外传感器

利用红外传感器对障碍物进行测量和避让,以实现对于环境的感知。例如,菜鸟利用红外传感器对仓库内的无人机器人进行自动导航和避障,以实现机器人的高效协作和灵活调度。

(3) 压力传感器

利用压力传感器对压力进行测量和控制,以实现压力的调节和保持。例如,亚马逊利用压力传感器和尺寸传感器对仓库内的货物进行自动称重和测量,以实现货物的精确计费和优化包装。

(4) 光电传感器

利用光电传感器对光线进行检测和反馈,以实现光线的调节和控制。例如,自动开关灯、关闭闸门、光电编码等。例如,京东利用光电传感器和 RFID 读写器对仓库内的货物进行自动识别和定位,以实现智能化的仓储管理和分拣作业。

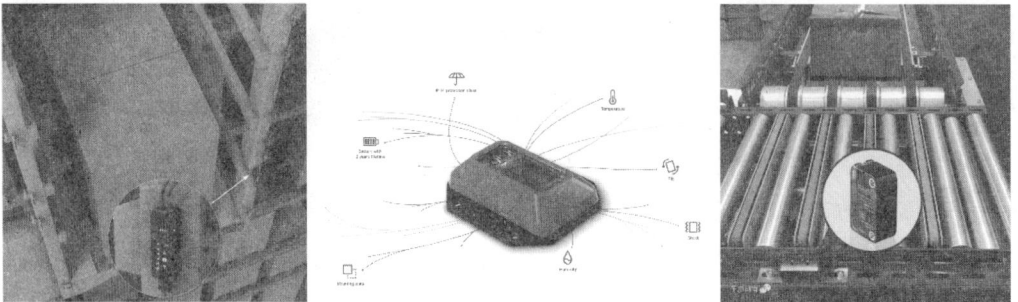

图 3 - 38　光电传感器、ToF 传感器以及多种传感器在物流中的应用

3.4.4　语音识别技术

物流中的语音识别技术是一种将语音识别技术应用于物流拣选过程中的先进技术。它通过转换和识别操作人员的语音指令,实现物流拣选的自动化和智能化,从而提高物流系统的效率和准确性。语音拣选技术的原理是,物流系统通过语音识别技术将操作人员的语音指令转换为计算机可读的输入,然后根据这些指令自动完成物品的拣选和分类(图 3 - 39)。这种技术通常与仓库管理系统(WMS)和物流执行系统(LES)相结合,实现实时的订单处理和拣选任务分配。

在物流拣选过程中,语音拣选技术具有以下优势:

①提高拣选效率:操作人员可以通过语音指令快速选择并拣选物品,无需手动输入或查找拣选单,从而大大提高了拣选效率。

②减少错误率:语音拣选技术能够实时识别并纠正操作人员语音指令中的错误,减少了因人为因素导致的拣选错误,提高了物流系统的准确性。

③降低劳动强度:操作人员无需长时间低头查看拣选单或操作屏幕,减少了颈部和眼部的疲劳,降低了劳动强度。

④实时性:语音拣选技术能够实现实时的订单处理和拣选任务分配,使物流系统更加灵活和高效。

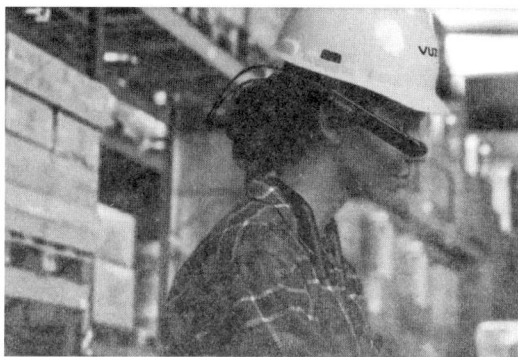

图 3-39 语音识别在物流分拣中的应用

在实际应用中,语音拣选技术通常包括以下几个步骤:

①语音输入:操作人员通过语音设备输入拣选指令,包括订单号、物品编号、数量等信息。

②语音识别:物流系统通过语音识别技术将操作人员的语音指令转换为计算机可读的输入。

③指令处理:物流系统根据语音识别结果自动处理拣选指令,生成拣选任务和路径规划。

④拣选执行:操作人员根据物流系统的指示进行拣选操作,将物品放入指定的拣选容器中。

⑤反馈确认:物流系统通过语音或屏幕显示等方式向操作人员反馈拣选结果,确认拣选任务是否完成。

复习思考题

1. 简述物品编码过程中代码设计的目的、作用与原则。
2. 常用的物流信息的识别与采集技术有哪些？
3. 条形码技术的内涵是什么，有哪些常用的条形码？
4. 在物流领域条形码技术有哪些应用，试举例说明。
5. 射频技术的内涵是什么？常用的射频系统有哪些类型？
6. 在物流领域射频技术有哪些应用，试举例说明。
7. 举例说明 IC 卡技术在物流领域的应用现状。
8. 新兴的图像识别技术在物流领域有什么应用前景，可以解决物流方面的哪些问题。
9. 除书中介绍的物流信息的识别与采集技术外，是否还有在物流领域应用的其他信息识别与采集技术，有哪些？

4 物流信息传输与跟踪技术

➤了解常见的数据传输技术

➤了解并掌握地理信息系统技术的原理及应用

➤了解并掌握全球卫星定位与跟踪技术的原理及应用

➤了解并掌握无线定位技术的原理及应用

➤了解并掌握地理信息系统、卫星导航系统、数据传输技术等在物流领域的应用

随着计算机和通信技术的普及和发展,物流信息传输与跟踪技术得到广泛应用。其中物流跟踪技术作为物流增值服务的一种实现方式,也是实现物流过程可视化的重要手段。

为了提高物流活动的效率,实现物流产业的现代化建设,本章将介绍最常用的物流信息传输与跟踪技术:数据传输技术、地理信息系统技术、全球四大卫星导航系统、无线定位技术。

4.1 数据传输技术

4.1.1 有线通信网络技术

有线通信是指通过电缆、光纤等物理媒介传输信息的通信方式。它具有稳定、可靠、高速的特点,被广泛应用于电信、互联网、电视等领域。有线通信的基本原理是利用电磁波在导线中传播信号,通过编码、解码等技术实现信息的传输和交换。有线通信主要用于固定设备的连接,如电话线、网线等,而无线通信主要用于移动设备之间的通信,如手机、无线耳机等。在一般情况下,有线通信的建设和维护成本要低于无线通信。

1）有线通信网络技术的发展

有线通信网络技术的发展可以追溯到电报时代,随着电信技术的不断进步,有线通信网络经历了多个阶段的发展。

（1）电报时代（19世纪末）

在电报时代,有线通信网络首次被广泛应用于文本信息传输。电报系统通过利用电磁信号在电线上传递信息,实现了远距离的即时通信。这一时期的有线通信系统为信息传递提供了革命性的手段,成为当时迅速发展的交流工具。

（2）电话时代（20世纪初）

随着电话的发明,有线通信网络逐渐进入语音通信的领域。电话交换机的引入使得通信能够在多个用户之间进行切换,实现了更为灵活的通信方式。这一时期的有线通信网络为人们提供了更为直接、实时的沟通手段,促进了社会的信息互联。

（3）同轴电缆时代（20世纪中期）

随着电视、广播等多媒体应用的兴起,同轴电缆成为传输音视频信号的主要媒介。有线通信网络进一步扩展到娱乐和广播领域,为人们带来更加丰富的信息娱乐体验。同轴电缆的应用使得音视频信号传输更为高效可靠。

（4）光纤时代（20世纪末至今）

随着光纤通信技术的发展,有线通信网络进入了光纤时代。光纤取代了传统的铜质电缆,极大提升了通信的带宽和信号传输质量。光纤通信的广泛应用不仅改变了通信速度,也推动了信息技术的飞速发展,为互联网的崛起提供了强有力的支持。

2）有线通信网络技术的特点

有线通信网络技术具有如下特点。

（1）高抗干扰性

有线通信网络相对于无线通信具有更高的抗干扰性。由于信息通过物理导线传输,外部电磁波、无线信号等干扰对其影响较小。这种特性使得有线通信网络在工业环境、高密度居住区等容易受到干扰的场景中表现出色。

（2）卓越的安全性

信息传输通过有线媒介,相较于无线信号更难被非法监听和截取。这使得有线通信网络在涉及敏感信息传输的领域,如金融、军事等,得到更高的安全性保障。

（3）较低的信号损耗

有线通信网络,尤其是光纤通信,具有较低的信号损耗。相比于无线传输,有线通信网络能够保持信号质量更加稳定,避免了信号衰减和传输中断的问题,适用于对信号质量要求较高的场景,如高清视频传输、医疗影像传输等。

（4）可定制性强

有线通信网络可以根据具体需求进行定制,包括选择不同类型的电缆、光纤,以及采用不同的拓扑结构。这种灵活性使得有线通信网络能够更好地适应不同场景下的需求,提供定制化的解决方案。

（5）布线成本高

铺设有线通信网络需要较大的投资，特别是在复杂环境中，需要进行复杂的规划和施工，增加了人力和物力的投入。

（6）可移动性差

有线网络连接通常是固定的，缺乏像无线网络那样的方便移动性。这是因为有线网络通常依赖于物理插口和连接设备之间的线缆，限制了设备的移动范围。在需要频繁移动设备的场景，如移动办公、移动会议等，有线网络的固定性可能会显得不够灵活。

（7）限制设备连接数量

有线网络通常需要物理插口，因此连接的设备数量受到限制。

总体来说，有线通信网络技术在稳定性和可靠性上有优势，特别适用于对网络质量有较高要求的应用场景。随着技术的不断进步，有线通信网络仍然在不断演进，以满足不断增长的通信需求。

4.1.2 短距无线通信技术

短距无线通信技术，又称近间隔无线通信技术。在普通意义上，只需要通信收发双方经过无线电波传输信息，并且传输间隔限制在较短的范围内，就可以称为短距无线通信。与其他无线通信技术相比，短距无线通信具有低成本、低功耗和对等通信等特点。由于传播距离近，遇到障碍物的概率也小，因而短距无线通信的发射功率普遍都很低，通常在 $1\ mW$ 量级。在短距无线通信网络中，终端之间对等通信，无须网络设备进行中转。

1）短距无线通信技术的分类

（1）蓝牙技术

蓝牙（Bluetooth）是在 1998 年 5 月由爱立信、诺基亚、东芝、IBM 和英特尔五家著名厂商共同提出的一种近距离无线数据通信技术标准。它能够在 10 m 的半径范围内实现点对点或一点对多点的无线数据和声音传输，其数据传输带宽可达 1 Mbit/s，通信介质为频率在 2.402 GHz 到 2.480 GHz 之间的电磁波。蓝牙技术广泛应用于局域网络中各类数据及语音设备，如 PC 拨号网络、笔记本电脑、打印机、传真机、数码相机、移动电话和高品质耳机等，蓝牙的无线通信方式将上述设备连成一个微微网，多个微微网之间也可以实现互连，从而实现各类设备之间随时随地进行通信。

（2）Wi-Fi 技术

Wi-Fi 技术是一个创建于 IEEE 802.11 标准的无线局域网（WLAN）技术，也常有人把 Wi-Fi 当作 IEEE 802.11 标准的同义术语。Wi-Fi 提供了高速、中短距离的无线通信，被广泛应用于家庭、办公室、商场等场所，成为连接设备和互联网的主要手段。IEEE 802.11 的设备已安装在市面上的许多产品，如：个人计算机、游戏机、MP3、智能手机、平板电脑、打印机、笔记本电脑以及其他可以无线上网的周边设备。

（3）ZigBee 技术

ZigBee 是 IEEE 802.15.4 协议的代名词，是一种新兴的近距离、低复杂度、低功耗、低数据速率、低成本的无线网络技术。ZigBee 技术主要针对以电池为电源的应用，适合自动控制和远程控制领域，可以嵌入各种设备。

（4）NFC 技术

近场通信（NFC，Near Field Communication）是在非接触式射频识别（RFID）技术的基础上，结合无线互联技术研发而成，是一种短距离、高频率的无线通信技术，通常工作在 13.56 MHz 的频率。NFC 技术允许设备之间进行近距离通信，距离一般在几厘米以内。NFC 技术被广泛应用于移动支付、身份验证、智能门禁、智能标签等领域。

（5）UWB 技术

UWB（Ultra Wide Band）是一种无线载波通信技术，利用纳秒至微微秒级的非正弦波窄脉冲传输数据，其传输距离通常在 10 m 以内，使用 1 GHz 以上带宽，通信速度可以达到几百 Mbit/s 以上，UWB 的工作频段范围从 3.1 GHz 到 10.6 GHz，最小工作频宽为 500 MHz。

（6）IRDA 技术

红外数据传输协议（IRDA，Infrared Data Association）是一种使用红外线进行无线数据传输的标准化技术。IRDA 通过红外波段实现点对点的通信，其波长受到红外线数据结构的制约，波长在 850～900 nm 范围内最优。随着技术的优化其传输速率由 115.2 Kbit/s 提升至 16 Mbit/s，传输距离也从 1 m 扩展到 10 m，软件和硬件技术均已相当成熟。IRDA 在智能手机、平板电脑等便捷小巧的电子装置中得到了广泛的应用。

2）短距无线通信技术的特点

（1）低功耗

由于这些技术主要应用于短距离通信，设计上通常注重功耗的优化，以延长设备的电池寿命。这使得它们特别适用于移动设备和物联网设备等需要长时间运行的应用场景。

（2）高频率

短距无线通信技术通常工作在高频段，如 2.4 GHz、5 GHz 等，这使得它们能够提供较高的数据传输速率，适用于需要传输大量数据的应用，如高清视频传输、实时监控等。

（3）易于部署

由于传输距离相对短，设备间连接相对简易，部署成本较低。用户通常可以轻松进行设置和配置，加速了技术的推广和应用。

（4）通信范围有限

短距无线通信技术的有效通信范围受限于其设计，不同的技术有不同的通信范围，一般在几米到几十米不等。这使得它们更适用于局部性的通信需求。

（5）频段拥挤

一些短距无线通信技术，如 Wi-Fi 和 Bluetooth，使用的是非许可的 ISM 频段，这可能导致在高密度设备区域内出现信道拥挤和干扰。因此，频段管理成了一项挑战。

4.1.3 移动通信技术

移动通信是进行无线通信的现代化技术,是现代通信技术中不可或缺的部分。移动通信技术经过第一代、第二代、第三代、第四代技术的发展,2019 年已正式迈入了 5G 时代,6G 也呼之欲出。这也是目前改变世界的几种主要技术之一。

1) 移动通信技术概述

移动通信(Mobile Communication)是指通信双方至少有一方在移动中(或者临时停留在某一非预定的位置上)进行信息传输与交换,这包括移动体和移动体之间的通信以及移动体和固定点之间的通信。严格来说,移动通信属于无线通信的范畴,无线通信与移动通信虽然都是靠无线电波进行通信,却是两个概念。无线通信包含移动通信,但无线通信更侧重于无线,移动通信侧重于移动。

移动通信技术按使用对象,可划分为民用和军用两种;按使用环境可以划分为陆地通信、海上通信和空中通信;按多址方式,可以划分为频分多址(FDMA)、时分多址(TDMA)和码分多址(CDMA);按覆盖范围可以划分为广域网、局域网和个域网;按业务类型,可以划分为电话网、数据网和综合业务网;按服务范围可以划分为专用网和公用网;按工作方式可以划分为同频单工、双频单工、双频双工和半双工;按信号形式可划分为模拟和数字两种。

2) 移动通信系统的组成

采用移动通信技术和设备组成的通信系统即移动通信系统。通常意义上,移动通信系统由移动业务交换中心(MSC)、基站(BS)、移动台(MS)及中继线等部分组成,如图 4-1 所示。

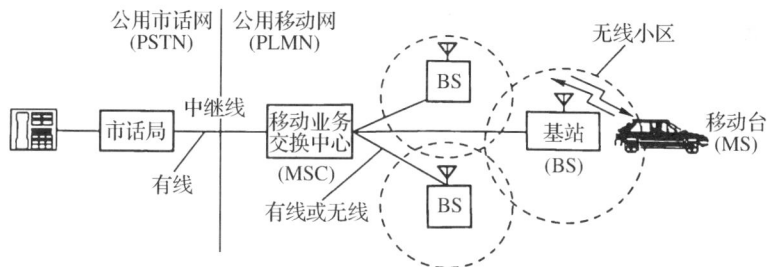

图 4-1 移动通信系统的组成

基站是以多信道共用方式在移动通信中提供通信服务的关键设备,其主要由收发信道盘等组成。移动业务交换中心除具有一般市话交换机的功能之外,还有移动业务所需处理的越区切换、漫游等功能。传输线部分主要是指连接各设备之间的中继线,目前移动业务交换中心到基站之间的传输主要采用小微波及光缆等方式。

移动台是一个子系统。它实际上是由移动终端设备和用户数据两部分组成的,移动终端设备称为移动设备,用户数据存放在一个与移动设备可分离的数据模块中,此数据模块称为用户识别卡(SIM)。移动台有便携式、手提式、车载式三种,所以说移动台不单指手机,手机只是一种便携式的移动台。

3)移动通信技术的发展

移动通信技术在短短数十年里已经经历了从第一代到第六代的快速发展。

第一代移动通信技术(1G)主要采用的是模拟技术和频分多址(FDMA)技术。由于受到传输带宽的限制,不能进行移动通信的长途漫游,只能是一种区域性的移动通信系统。第一代移动通信有多种制式,我国主要采用的是 TACS。第一代移动通信有很多不足之处,比如容量有限、制式太多、互不兼容、保密性差、通话质量不高、不能提供数据业务、不能提供自动漫游等。

在 20 世纪 90 年代初期,我国开始运行第二代移动通信技术(2G)。主要采用的是数字时分多址(TDMA)技术和码分多址(CDMA)技术。全球主要有 GSM 和 CDMA 两种体制。GSM 技术标准是欧洲提出的,全球绝大多数国家使用这一标准。我国移动通信也主要是 GSM 体制。其主要业务是语音,其主要特性是提供数字化的话音业务及低速数据业务。第二代移动通信替代第一代移动通信系统完成模拟技术向数字技术的转变,话音质量、保密性能得到大的提高,并可进行省内、省际自动漫游。但由于第二代采用不同的制式,移动通信标准不统一,用户只能在同一制式覆盖的范围内进行漫游,因而无法进行全球漫游,由于第二代数字移动通信系统带宽有限,限制了数据业务的应用,也无法实现高速率的业务如移动的多媒体业务。

第三代数字通信技术,它与前两代数字通信的主要区别是在传输声音和数据的速度上的提升,它能够处理图像、音乐、视频流等多种媒体形式,提供包括网页浏览、电话会议、电子商务等多种信息服务。3G 将有更宽的带宽,不仅能传输话音,还能传输数据。第三代移动通信技术(3G)目前全球有三大标准,分别是欧洲提出的 WCDMA、美国提出的 CDMA2000 和我国提出的 TD-SCDMA。

虽然第三代移动通信技术功能很多,但是仍无法完全满足多媒体的通信需求。第四代移动通信系统(4G)便是希望能满足提供更大的频宽需求,满足第三代移动通信尚不能达到的在覆盖、质量、造价上支持的高速数据和高分辨率多媒体服务的需要。4G 是一种能够传输高质量视频图像以及图像传输质量与高清晰度电视不相上下的技术。系统能够以 100 Mbit/s 的速度下载,比拨号上网快 2 000 倍,上传的速度也能达到 50 Mbit/s,并能够满足几乎所有用户对于无线服务的要求,速度通常与 3G 相比快 20~30 倍。在价格方面,4G 与固定宽带网络在价格方面不相上下,而且计费方式更加灵活机动,用户完全可以根据自身的需求定制所需的服务。4G 可以在数字用户线路 DSL 和有线电视调制解调器没有覆盖的地方部署,再扩展到整个地区。

第五代移动通信技术(5G)是当前的主流技术,标志着移动通信进入全新阶段。5G 提供了更快的数据传输速度、更低的延迟以及更大的连接密度,支持大规模物联网和高度智能化应用,5G 网络的峰值理论传输速度可达 20 Gbit/s,比 4G 网络的传输速度快 10 倍以上,时延低至 1 ms,用户连接能力达 100 万连接/km^2。5G 技术采用了毫米波、大规模 MIMO、低延迟通信等创新技术,为未来智能城市、自动驾驶、远程医疗等领域的发展奠定了基础。我国已经在全国范围内部署了5G网络,推动着数字经济的快速发展。

6G,即第六代移动通信标准,是当今全球都瞩目的焦点之一。6G网络将是一个地面无线与卫星通信集成的全连接世界。通过将卫星通信整合到6G移动通信,实现全球无缝覆盖,网络信号能够抵达任何一个偏远的乡村,让深处山区的病人能接受远程医疗,让孩子们能接受远程教育。此外,在全球卫星定位系统、电信卫星系统、地球图像卫星系统和6G地面网络的联动支持下,地空全覆盖网络还能帮助人类预测天气、快速应对自然灾害等。6G通信技术不再是简单的网络容量和传输速率的突破,它更是为了缩小数字鸿沟,实现万物互联这个"终极目标"。我国正加快推进6G技术的研发与创新,据从工业和信息化部获悉,中国将于2030年左右实现6G的商用。

4.1.4 数据传输技术在物流中的应用

1)数据传输技术在物流领域的主要应用

数据传输技术在大规模数据传输方面发挥着关键作用,特别是在物流数据分析中,提高了决策效率。以目前广泛应用的5G技术为例,其在多个方面推动了传统物流行业的转型。

(1)物流仓储智能化

5G技术的发展推动了物流仓储设备向智能化迈进,涉及AGV、机器视觉识别、VR/AR应用等。在机器人云化过程中,5G网络具备低时延和高可靠性,为云机器人提供理想通信网络。5G网络切片为云化机器人提供端到端定制化的网络支持。在智能设备的物流设施中,高速分拣设备、机器人和智能叉车等设备未来可实现远程集中操作、监控和预防性维护。云仓模式在网络化、远程操控和可视化基础上得以发展,推动智慧物流园区的建设和管理。

(2)物流追踪升级

目前的物流追踪存在延迟和非全程无缝的问题,而5G在深度覆盖、低功耗和低成本方面有优势。5G的改进将优化物流,提高人员效率和安全性,加强商品、货物的定位与提高跟踪效率。5G的赋能使物流仓库和场站的摄像头在云监控网络中升级为智能感知设备,实现智能化物流管理。基于云计算、大数据和人工智能的低成本视频监控解决方案可将监控画面精准可视化,并实时进行监控、计算、分析和预警,助力物流运输。

(3)无人配送的支持

快递配送机器人配备大量传感器,但在计算、视觉、驱动等关键技术上仍存在挑战。5G网络保障海量数据传输,为构建智慧城市网络提供支持。其强大的机器视觉能力使得配送机器人在城市场景中更为灵活。5G的抗干扰特性使其适应高楼密集和电磁环境复杂的城市。5G基站的信号辐射范围更加立体,对低空空域进行全覆盖,成为低空空域管理的基础设施,充当低空的"道路"和"信号灯"。

2）实际案例：5G＋无人机物流的应用项目

2019 年，中国首个 5G＋无人机物流创新应用实验室在杭州正式落成，由杭州移动与迅蚁科技联合推动。这一实验室的成立标志着 5G 技术与无人机技术在物流领域的深度融合，为未来物流行业的创新应用奠定了基础。

实验室采用了 5G 技术，为物流领域带来了高速、低时延和大连接性的优势。这使得在物流环境中，数据传输更加迅捷可靠，为实时监测、管理和决策提供了强大支持。5G 的网络切片技术为无人机物流提供了端到端的定制化网络支撑，确保了信息的安全和及时传输。该项目引入了迅蚁科技的无人机技术，无人机配备了先进的传感器和摄像头，通过 5G 网络实现了实时的数据传输和控制。

通过 5G＋无人机的应用，物流行业实现了空间范围更广、时效性更高的监控和操作。无人机可以在复杂的城市环境中灵活飞行，实时获取物流信息，提高货物追踪的准确性。在配送方面，无人机的运用不仅提高了效率，还在一定程度上降低了人力成本。这一创新应用对于构建智慧物流体系，提升整个物流行业的数字化水平和服务质量具有深远的意义。

4.2 地理信息系统

4.2.1 地理信息系统简介

地理信息系统（Geographic Information System，GIS）是基于地理学科的，结合信息技术、计算机应用技术的新型技术，是多学科交叉的产物。它是由计算机系统、地理数据和用户组成的，通过对地理数据的集成、存储检索、操作和分析，生成并输入各种地理信息，从而为土地利用、资源管理、环境监测、交通运输、经济建设、城市规划以及政府各部门行政管理提供新的知识，为工程设计和规划、管理决策服务。

首先，GIS 是一种计算机系统，它具备一般计算机系统所具有的功能，如采集、管理、分析和表达数据等功能。其次，GIS 处理的数据都和地理信息有着直接或间接的关系。地理信息是有关地理实体的性质、特征、运动状态的表征和一切有用的知识，而地理数据则是各种地理特征和现象间关系的符号化表示，包括空间位置、非空间特征（又称属性特征）及时域特征三部分。空间位置数据描述地物或现象所在位置；非空间数据是属于一定地物或现象，描述其特征的定性或定量指标；时域特征是指地理数据采集或地理现象发生的时刻或时段。

按照 GIS 的应用领域，可以将其分为土地信息系统、资源管理信息系统、地学信息系统等；根据其使用的数据模型，可分为矢量、栅格和混合型信息系统；根据其服务对象，可分为专题信息系统和区域信息系统；按照是否含有空间信息，可分为非空间信息系统和空间信息系统。

地理信息系统具有以下特征：

（1）GIS 使用了空间与非空间数据并通过数据库管理系统（DBMS）将两者联系在一起共同管理、分析和应用，从而提供了认识地理现象的一种新的思维方法；

（2）GIS 强调空间分析，通过利用空间解析模式来分析空间数据，GIS 的成功依赖于空间分析模型的研究与设计；

（3）GIS 的成功不仅取决于技术体系，还依靠一定的组织体系（包括实施组织、系统管理员、技术操作员、系统开发设计者等）。

4.2.2 地理信息系统的组成和功能

1）地理信息系统的组成

一个典型的 GIS 系统应该包括三个基本部分：计算机系统（硬件、软件）、地理数据系统、应用人员与组织机构。

（1）计算机系统

计算机系统可分为硬件系统、软件系统。GIS 的硬件部分包括主机，保存数据和程序的存储设备，用于数据输入、显示和输出的外围设备等。其中大多数硬件是计算机技术的通用设备，在 GIS 中数字化仪、扫描仪等得到了广泛应用。

GIS 的软件系统由核心软件和应用软件组成。其中核心软件包括数据处理、管理、地图模拟和空间分析等部分，而特殊的应用软件包则紧紧地与核心模块相连，并面向一些特殊的应用问题，如网络分析、数字地形模型分析等。虽然 GIS 软件有些是通用的 DBMS，但大部分软件是专用的，仅限用于地理信息领域；有些软件是面向特定硬件的，但大多数软件独立于特定硬件，为开放系统。

（2）地理数据系统

GIS 的地理数据分为空间数据和非空间数据。

空间数据（几何数据）由点、线、面组成，数据表达可采用栅格和矢量两种形式，表现了地理空间实体的位置、大小、形状、方向以及拓扑几何关系。非空间数据又称为属性数据，属性数据表现了空间实体的空间属性以外的其他属性特征，属性数据主要是对空间数据的说明，如一个城市点，它的属性数据有人口、GDP、绿化率等描述指标。

地理数据库系统由数据库和地理数据库管理系统组成。地理 DBMS 主要用于数据维护、操作和查询检索。地理数据库是 GIS 应用项目重要的资源与基础，它们的建立和维护是一项非常复杂的工作，涉及许多步骤，需要技术和经验，需要投入高强度的人力与开发资金，是 GIS 应用项目开展的瓶颈技术之一。

（3）应用人员与组织机构

相关行业专业人员，特别是那些复合人才（既懂专业又熟悉地理信息系统）是地理信息系统成功应用的关键，而强有力的组织则是系统运行的保障。

另外，从系统中数据处理看，地理信息处理系统是由数据输入子系统、数据存储与检索子系统、数据处理与分析子系统和输出子系统组成。数据输入子系统，负责数据的搜集、预处理和数据转换等。数据存储与检索子系统，负责组织和管理数据库中的数据,以便于数据查询、更新与编辑处理。数据处理与分析子系统,负责对系统中所存储的数据进行各种分析计算,如数据的集成与分析、参数估计、空间拓扑叠加、网络分析等。输出子系统,以表格、图形或地图的形式将数据库的内容或系统分析的结果以屏幕显示或硬件拷贝方式输出。

2)地理信息系统的功能

GIS的基本思想是将地球表层信息按其特征的不同进行分层,每个图层存储特征相同或相似的事物对象集,如河流、湖泊、道路、土地利用和建筑物等构成不同的图层,然后分层管理和存储,如图4-2所示。这样每个图层都有一个唯一的数据库(或表)与其对应。

按照GIS中数据流程,将GIS的功能分为以下五类十种:采集(图4-3)、检验与编辑;格式化、转换、概化;存储与组织;分析;显示。在分析功能中,把空间分析与模型分析功能称为GIS高级功能。

(1)数据采集、检验与编辑。主要用于获取数据,保证GIS数据库中数据在内容与空间上的完整性(即所谓的无隙数据库,Seamless Database)、数据值逻辑一致无错等。目前GIS的输入正在越来越多地借助非地图形式,遥感就是其中的一种形式,遥感数据输入到GIS较为容易,

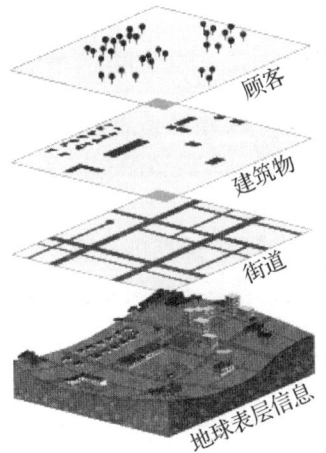

图4-2 GIS信息存储方式

但如果通过对遥感图像的解释来采集和编译地理信息则是一件较为困难的事情,因此,GIS中开始大量融入图像处理技术;地理数据采集的另一项主要进展是GPS技术。GPS可以准确、快速地定位在地球表面的任何地点,因而,除了作为原始地理信息的来源外,GPS在飞行器跟踪、紧急事件处理、环境和资源监测、管理等方面有着很大的潜力。

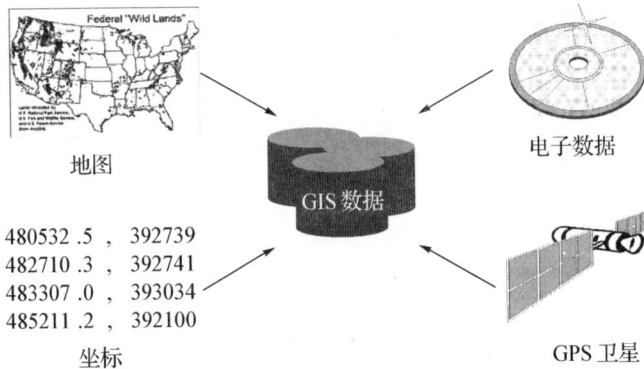

图4-3 GIS的数据采集

(2)数据格式化、转换、概化,通常称为数据操作。数据的格式化是指不同数据

结构的数据间变换,是一种耗时、易错、需要大量计算量的工作,应尽可能避免。数据转换包括数据格式转化、数据比例尺的变换。在数据格式的转换方式上,矢量到栅格的转换要比其逆运算快速、简单(图 4-4)。数据比例尺的变换涉及数据比例尺缩放、平移、旋转等方面,其中最为重要的是投影变换。数据概化包括数据平滑、特征集结等。目前 GIS 所提供的数据概化功能较弱,与地图综合的要求还有很大差距,需要进一步发展。

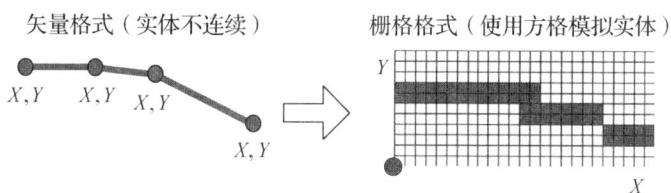

图 4-4 GIS 数据的转化

(3) 数据的存储与组织。这是一个数据集成的过程,也是建立 GIS 数据库的关键步骤,涉及空间数据和非空间数据的组织。栅格模型、矢量模型或栅格/矢量混合模型是常用的空间数据组织方法。GIS 的数据存储有其独特之处,大多数的 GIS 系统中采用了分层技术,即根据地图的某些特征,把它分成若干层,整张地图是所有层叠加的结果,在与用户的交换过程中只处理涉及的层,而不是整幅地图,因而能够对用户的要求作出快速反应。地理数据存储是 GIS 中最低层和最基本的技术,它直接影响到其他高层功能的实现效率,从而影响整个 GIS 的性能。

(4) 查询、检索、统计、计算功能。查询、统计、计算是 GIS 以及许多其他自动化地理数据处理系统应具备的最基本的分析功能。

空间分析是 GIS 的核心功能,也是 GIS 与其他计算机系统的根本区别。模型分析意指在 GIS 支持下,分析和解决问题的方法体现,它是 GIS 应用深化的重要标志。

GIS 的空间分析分为两大类:矢量数据空间分析和栅格数据空间分析。矢量数据空间分析通常包括:空间数据查询和属性分析,多边形的重新分类、边界消除与合并,点与线、点与多边形、线与多边形、多边形与多边形的叠加,缓冲区分析,网络分析,面运算,目标集统计分析。栅格数据空间分析功能通常包括:记录分析、叠加分析、滤波分析、扩展领域操作、区域操作、统计分析。

(5) 显示。GIS 为用户提供了许多用于显示地理数据的工具,其表达形式既可以是计算机屏幕显示,也可以是诸如报告、表格、地图等硬拷贝图件(图 4-5)。

4.2.3 GIS 在物流中的应用

1) GIS 在物流领域的主要应用

目前 GIS 在物流方面的应用主要通过 GIS 在智能运输系统中的应用体现出来。GIS 强大的地理数据功能为实现物流数据分析提供了强有力的支持。一个完整集成 GIS 的智能运输系统一般可以实现如下功能:

（1）客户地址定位：地址定位就是系统由一个地理点的地址字符串确定其地理位置，包括自动定位和交互定位两种。

自动定位：由业务系统调用，通过业务系统传来的业务点的地址字符串确定其地理位置。

交互定位：指通过地理信息系统交互，在地图上漫游查找，直到确定地理位置（经纬度）为止。

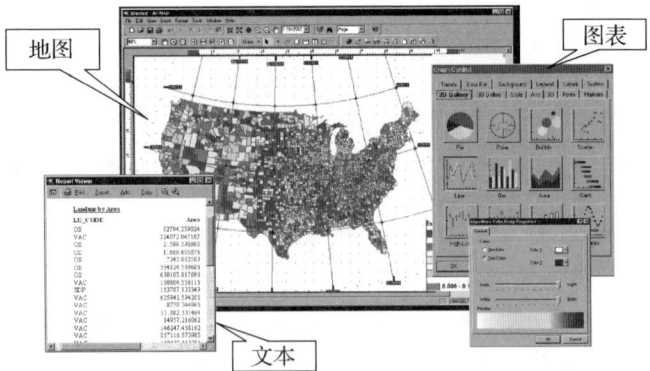

图 4-5 GIS 显示功能

（2）机构区域划分：用户给予综合评估模型和地理信息系统的查询、地图表现，实现对机构区域编辑。

（3）站点选址：由用户基于分站综合评估模型和 GIS 的查询、地图表现，实现对业务机构的站点选址。

（4）投递排序、路线编辑和优化：通过 GIS 的地图表现，实现对送货投递路线的合理编辑（如：创建、删除、修改）和客户投递顺序。在一个起点到多个终点的货物运输中决定使用多少辆车、每辆车的最优化路线等。

（5）节点间配送最优化功能：在由多个物流节点组成的网络中，寻求最有效的分配货物路径问题，如将货物从 N 个仓库运往到 M 个商店，每个商店都有固定的需求量，因此需要确定由哪个仓库提货送给哪个商店，所耗的运费最小。

（6）分配集合功能：可以根据各个要素的相似点把同一层上的所有或部分要素分为几个组，用以解决确定服务范围和销售市场范围等问题。如某一公司要设立 X 个分销点，要求这些分销点要覆盖某一地区，而且要使每个分销点的顾客数目大致相等。

（7）实时跟踪和监控：利用实时地理数据，物流公司可以追踪运输车辆的位置、监控货物状态，并对交通、天气等因素做出及时调整，以确保物流过程的顺利进行。

（8）可视化报告：利用 GIS 技术，物流公司可以通过地图和空间分析工具更直观地展示数据，生成可视化报告，帮助决策者更好地理解和分析物流运作。

2）实际案例：淄博市危化品装卸运输监管平台可视化展示系统

北京中安科创科技发展有限公司基于 SuperMap 9D 开发的淄博市危化品装卸运输监管平台可视化展示系统（https://www.supermap.com/zh-cn/a/case/16_2612.html），包括危化一张图、精准监控、综合预警、危化应急、地理分析五大模块（图 4-6）。系统基于二三维一体化地理信息接口，完美地将危化品从业单位、车辆、物联网设备等元素融合于一张图中，同时承载高精度航飞倾斜摄影三维模型，将重点危化厂区，与 GIS 地理数据有机结合起来。

（1）危化一张图。系统将淄博市危化企业、运输企业、运输车辆、物联网设备（摄像头、车牌识别）、装卸区域、车位等元素融合于一张图中，通过操作面板的点选，可快速定位并查看详情。

（2）精准监控。通过企业填报的在途电子运单数据，可精准锁定电子运单车辆位置，并实时查看运单"人、车、货"的详细信息及运单实况。通过历史运单回放，可动态还原已完成运单车辆历史行驶轨迹，查看历史运单过程详情。

（3）综合预警

系统将车牌识别结果、视频分析结果、车辆综合预警信息、从业人员资质认证信息，结合 GIS，实时动态展示报警信息。

（4）危化应急

系统结合应急事故计算模型，动态还原事故影响范围，根据推演结果，可进行地图辅助标绘，制定应急辅助决策，并查询周边应急资源。

（5）地理分析

系统将流量流向分析、装卸热力分布、运输热力图，基于 GIS 进行数据可视化的展示。

图 4-6　危化品装卸运输监管平台可视化展示系统示意图

4.3　全球卫星导航系统

4.3.1　全球卫星导航系统简介

全球卫星导航系统 GNSS(Global Navigation Satellite System)也称为全球导航卫星系统，是泛指所有的卫星导航系统，包括全球的、区域的和增强的，是能在地球表面或近地空间为用户提供全天候的三维坐标和速度以及时间信息的空基无线电导航定位系统。

全球卫星导航系统主要由四大卫星定位系统组成，分别是：GPS 系统（美国）、北斗系统 BDS（中国）、格洛纳斯 GLONASS 系统（俄罗斯）和伽利略 GALILEO 卫星导航系统（欧盟）。

除了上述四大全球系统外，还包括区域系统和增强系统，其中区域系统有日本的QZSS 和印度的 IRNSS，增强系统有美国的 WASS、日本的 MSAS、欧盟的 EGNOS、印度的 GAGAN 以及尼日利亚的 NIG-COMSAT-1 等。

本节内容主要介绍全球四大卫星定位系统。

最早出现的是美国的 GPS(Global Positioning System),现阶段技术最完善的也是 GPS 系统。随着近年来 BDS、GLONASS 系统在亚太地区的全面服务开启,尤其是 BDS 系统在民用领域发展越来越快。卫星导航系统已经在航空、航海、通信、人员跟踪、消费娱乐、测绘、授时、车辆监控管理和汽车导航与信息服务等方面广泛使用,而且总的发展趋势是为实时应用提供高精度服务。

这里将这四个卫星导航系统进行简单比较介绍,见表 4-1。

表 4-1　四大卫星导航系统比较

名称	GPS 卫星导航系统	GLONASS 导航系统	北斗导航系统	伽利略导航系统
示意图				
研制国家	美国	俄罗斯	中国	欧盟
历史渊源	20 世纪 70 年代,美国军方开发	最早开发于 20 世纪 70 年代中期的苏联时期,后由俄罗斯继续研制	20 世纪 80 年代提出想法,1994 年启动北斗试验系统	20 世纪 90 年代提出,2002 年启动
卫星数量	21 颗工作卫星和 3 颗备用卫星,分布在 6 个轨道平面上	21 颗工作卫星和 3 颗备用卫星,分布在 3 个轨道平面上	44 颗组网卫星和 6 颗备用卫星,分布在 3 个轨道平面上	27 颗工作卫星和 3 颗备用卫星,分布在 3 个轨道平面上
覆盖范围	全球全天候	全球	第一代仅覆盖我国本土,第二代服务亚太地区,2020 年建成的第三代已覆盖全球	全球
定位精度	军用<0.3 m 民用 10 m	单点定位精度水平方向为 16 m,垂直方向为 25 m	民用 10 m 左右	10 m 多
用户容量	GPS 是单向测距系统,用户设备只要接收导航卫星发出的导航电文即可进行测距定位,因此可容纳无限多用户	无限多	第一代北斗导航系统是主动双向测距的询问—应答系统,用户数量有限,不能超过 100 万;第三代可容纳无限多用户	无限多
用户范围	军民两用	军民两用	军民两用	主要民用

(续表 4－1)

名称	GPS 卫星导航系统	GLONASS 导航系统	北斗导航系统	伽利略导航系统
系统进展	1995 年第一代 GPS 系统已完成开发；现在正在研制第三代 GPS 系统	1995 年 GLONASS 系统完成卫星组网工作，使用初期在轨可用卫星较少，2011 年恢复	北斗三号系统已于 2020 年正式开通，为全球 200 多个国家和地区用户提供服务	目前系统仍在持续建设中
优势	发展成熟，使用范围广泛	抗干扰能力强	互动性和开放性	精准

4.3.2　北斗卫星导航系统

北斗卫星导航系统（Beidou Navigation Satellite System，简称：BDS，又称为 COMPASS，中文音译名称：BeiDou）是中国自行研制的全球卫星定位与通信系统，是继美国 GPS 全球定位系统和俄罗斯 GLONASS 之后第三个成熟的卫星导航系统。系统由空间端、地面端和用户端组成，可在全球范围内全天候、全天时为各类用户提供高精度、高可靠定位、导航、授时服务，并具有短报文通信能力，开放服务定位精度优于 10 m，授时精度可达 50 ns。它将导航定位、双向数据通信、精密授时结合在一起，因而有独特的优越性。

1）发展历程

（1）北斗一号系统

1994 年，北斗一号系统建设正式启动。2000 年，发射 2 颗地球静止轨道（GEO）卫星，北斗一号系统建成并投入使用。2003 年，又发射了第 3 颗地球静止轨道（GEO）卫星，进一步增强系统性能。北斗一号系统的建成，迈出了探索性的第一步，初步满足了中国及周边区域的定位、导航、授时需求。当时采用的是有源定位体制，也就是说，用户需要发射信号，系统才能对其定位，这个过程要依赖卫星转发器，所以有时间延迟，且容量有限，满足不了高动态的需求。但北斗一号巧妙设计了双向短报文通信功能，这种通信与导航一体化的设计是北斗的独创。北斗一号的建成，使中国卫星导航系统实现了从无到有的跨越，中国成为继美国、俄罗斯之后第三个拥有卫星导航系统的国家。

（2）北斗二号系统

2004 年，北斗二号系统建设启动。北斗二号创新构建了中高轨混合星座架构，到 2012 年，完成了 14 颗卫星的发射组网。这 14 颗卫星中，有 5 颗地球静止轨道（GEO）卫星、5 颗倾斜地球同步轨道（IGSO）卫星和 4 颗中圆地球轨道（MEO）卫星。北斗二号系统在兼容北斗一号有源定位体制的基础上，增加了无源定位体制，也就是说，用户不用自己发射信号，仅靠接收信号就能定位，解决了用户容量限制，满足了高动态需求。北斗二号系统的建成，不仅服务中国，还可为亚太地区用户提供定位、测速、授时和短报文通信服务。

（3）北斗三号系统

2009年，北斗三号系统建设启动。到2020年7月，完成了30颗卫星发射组网，全面建成北斗三号系统。这30颗卫星中，有3颗地球静止轨道（GEO）卫星、3颗倾斜地球同步轨道（IGSO）卫星，和24颗中圆地球轨道（MEO）卫星。北斗三号系统继承了有源定位和无源定位两种技术体制，通过"星间链路"——也就是卫星与卫星之间的连接"对话"，解决了全球组网需要全球布站的问题。北斗三号在北斗二号的基础上，进一步提升性能、扩展功能，为全球用户提供定位导航授时、全球短报文通信和国际搜救等服务；同时在中国及周边地区提供星基增强、地基增强、精密单点定位和区域短报文通信服务。

2）基本组成与定位原理

北斗系统由空间段（卫星段）、地面段和用户段三部分组成。空间段由若干地球静止轨道卫星、倾斜地球同步轨道卫星和中圆地球轨道卫星等组成。地面段包括主控站、时间同步/注入站和监测站等若干地面站，以及星间链路运行管理设施。用户段包括北斗兼容其他卫星导航系统的芯片、模块、天线等基础产品，以及终端产品、应用服务与解决方案等。

图4-7 北斗系统的组成

北斗卫星导航系统的定位原理是基于卫星的三角测量原理，通过计算用户接收到的多个卫星信号的时间差来确定用户的位置：

（1）卫星发射信号。北斗系统的卫星向地球发射无线电信号，其中包含卫星的精确时刻信息和卫星的位置信息。这些信号以无线电波的形式传播，经过大气层并在地球表面被接收设备捕捉。

（2）用户接收卫星信号。用户位置上的接收设备，通常是导航接收机，接收到来自多颗北斗卫星的信号。接收机可以同时连接多颗卫星，这有助于提高定位的准确性。

（3）信号传播时间测量。接收设备测量每颗卫星信号传播到用户位置所需的时间。由于光速是已知的，通过测量信号的传播时间，可以计算信号在空间中传播的距离。这就是通过三角测量确定距离的基本原理。

（4）多颗卫星的三角定位。接收设备同时连接多颗卫星，每颗卫星的信号传播距离构成一个球面，接收设备的位置就是这些球面的交点。由于每颗卫星提供一个球面，至少需要连接四颗卫星才能进行三维定位。

（5）钟差校正。卫星发射信号的精确时刻对于定位非常重要。由于卫星和接收设备之间存在时钟误差，导航接收机会校正这些误差以确保定位的准确性。

（6）解算定位信息。通过测量多颗卫星信号的传播时间，计算每颗卫星与接收设备之间的距离，最终使用三角测量法确定用户的具体位置。这个过程通常由导航接收机内部的计算程序完成。

3）发展优势

北斗系统具有以下特点：

（1）北斗系统空间段采用三种轨道卫星组成的混合星座，与其他卫星导航系统相比高轨卫星更多，抗遮挡能力强，尤其低纬度地区性能优势更为明显。

（2）北斗系统提供多个频点的导航信号，能够通过多频信号组合使用等方式提高服务精度。

（3）北斗系统创新融合了导航与通信能力，具备定位导航授时、星基增强、地基增强、精密单点定位、短报文通信和国际搜救等多种服务能力。

4）建设原则

北斗卫星导航系统的建设与发展，以应用推广和产业发展为根本目标，建设过程中主要遵循以下原则：

（1）开放性：北斗卫星导航系统的建设、发展和应用将对全世界开放，为全球用户提供高质量的免费服务，积极与世界各国开展广泛而深入的交流与合作，促进各卫星导航系统间的兼容与互操作，推动卫星导航技术与产业的发展。

（2）自主性：中国将自主建设和运行北斗卫星导航系统，北斗卫星导航系统可独立为全球用户提供服务。

（3）兼容性：在全球卫星导航系统国际委员会和国际电联框架下，使北斗卫星导航系统与世界各卫星导航系统实现兼容与互操作，使所有用户都能享受到卫星导航发展的成就。

（4）渐进性：中国将积极稳妥地推进北斗卫星导航系统的建设与发展，不断完善服务质量，并实现各阶段的无缝衔接。

北斗系统自提供服务以来，已在交通运输、农林渔业、水文监测、气象测报、通信授时、电力调度、救灾减灾、公共安全等领域得到广泛应用，服务国家重要基础设施，产生了显著的经济效益和社会效益，2022 年，中国北斗产业总价值超过 5 000 亿元。基于北斗系统的导航服务已被电子商务、移动智能终端制造、位置服务等厂商采用，广泛进入中国大众消费、共享经济和民生领域，应用的新模式、新业态、新经济不断涌现，深刻改变着人们的生产生活方式。

2023 年 11 月《国际民用航空公约》附件 10 最新修订版正式生效，其中包含了北斗卫星导航系统标准和建议措施，这标志着北斗系统正式加入国际民航组织（ICAO）标准，成为全球民航通用的卫星导航系统。北斗系统纳入国际民航组织标准，对于推动民航高质量发展和交通强国建设具有重要意义，有利于推进北斗系统在民航领域的市场化、产业化、国际化应用。

事实上,北斗已为"一带一路"合作伙伴在内的 230 余个国家和地区、超过 15 亿用户提供了北斗加速定位和北斗高精度服务。巴基斯坦的交通运输、港口管理,缅甸的土地规划、河运监管,老挝的精细农业、病虫灾害监管,文莱的都市现代化建设、智慧旅游,印尼的海上集成应用……北斗还分别与沙特、阿联酋、埃及、突尼斯、阿尔及利亚等国家制定推进措施。

在交通运输领域,目前全国 800 万辆重点道路营运车辆、4 万辆邮政和快递干线车辆,全部应用北斗系统。如图 4-8 所示,在车辆上安装北斗车载终端,获取车辆实时位置信息、运行状态等关键行车数据,通过互联网通信技术实时回传至车辆安全管理系统。车辆安全管理系统利用终端获取的车辆位置数据,实现对车辆动态位置数据的实时查看和管理、车辆历史轨迹查询、车辆编队调度管理等功能。通过系统—终端联动报警功能,对出现超速驾驶、疲劳驾驶等违规行为进行告警。

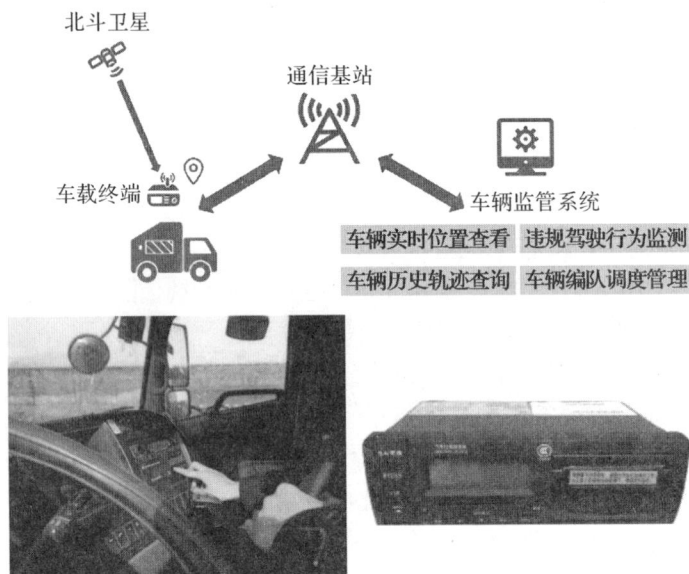

图 4-8 应用北斗系统的道路运输车辆

4.3.3 其他卫星系统

1)GPS 系统

全球定位系统(GPS)是一项由美国于 20 世纪 70 年代启动并建设的卫星导航系统,是世界上第一个卫星定位系统,为全球提供高精度的定位、导航和时间同步服务。GPS 系统由卫星星座、地面监测控制站和用户设备三个主要部分组成,其广泛应用于军事、民用、科研和商业领域。

GPS 系统的实际运行始于 1978 年,自那以来,GPS 系统经历了多次升级和扩展,不断提升性能和覆盖范围。如今,GPS已成为全球最重要的导航系统之一,其卫星星座的数量和技术水平都得到了显著提升。

卫星星座是GPS系统的核心组成部分,24颗卫星分布在6个轨道平面上。这6个平面相互交叉,每个平面上均匀分布4颗卫星,以确保用户在任何时刻都能接收到至少4颗卫星的信号。每颗GPS卫星位于约20 200 km高、55°倾角的轨道上,轨道周期为12小时。这个精心设计的卫星分布方案确保了全球各地用户都能获得强而稳定的信号,实现高精度的定位和导航。

地面监测控制站起着关键的作用,负责监测卫星状态、校正卫星钟差,并传输修正信息至卫星。这些站点遍布全球,确保GPS系统能够及时响应卫星状态变化,并提供准确的导航信息。通过与地面控制站的交互,GPS系统能够不断校准卫星钟差,保持高度的时钟精度,从而提供高精度的时间同步服务。

用户设备通过接收多颗卫星的信号,利用三角测量法计算自身的位置。这些设备包括GPS接收器,现已广泛集成到手机、汽车导航系统、航空器和船舶等各种设备中。通过与多颗卫星的信号交叉定位,用户可以获得准确的位置信息,并在导航、地图服务、运输、军事作战等领域中受益匪浅。

总体而言,GPS是一项为全球提供高精度导航和定位服务的关键技术,其在多个领域的广泛应用对现代社会产生了深远的影响。随着技术的不断发展,GPS系统将继续演进,提供更加精准和可靠的定位服务。

2) GLONASS卫星导航系统

"格洛纳斯"(GLONASS)是苏联从20世纪80年代初开始建设的与美国GPS系统相类似的卫星定位系统,覆盖范围包括全部地球表面和近地空间,也由卫星星座、地面监测控制站和用户设备三部分组成。虽然"格洛纳斯"系统的第一颗卫星早在1982年就已发射成功,但受苏联解体影响,整个系统发展缓慢。直到1995年,俄罗斯耗资30多亿美元,才完成了GLONASS导航卫星星座的组网工作。此卫星网络由俄罗斯国防部控制。

GLONASS系统原理和方案都与GPS类似,其卫星分布在3个轨道平面上,这3个轨道平面两两相隔120°,同平面内的卫星之间相隔45°。每颗卫星都在19 100 km高、64.8°倾角的轨道上运行,轨道周期为11 h 15 min。地面控制部分全部都在俄罗斯领土境内。俄罗斯自称,多功能的GLONASS系统定位精度可达1 m,速度误差仅为15 cm/s。如果需要,该系统还可用来为精确打击武器制导。

俄罗斯对GLONASS系统采用了军民合用、不加密的开放政策。GLONASS一开始就没有加SA干扰,所以其民用精度优于加SA的GPS。俄罗斯正在着手GLONASS系统的现代化改进工作,新一代"GLONASS-M"型导航卫星已陆续投入发射,开始使用。

3) 伽利略(Galileo)卫星导航系统

欧盟发展"伽利略"卫星定位系统意在减少欧洲对美国军事和技术的依赖,打破美国对卫星导航市场的垄断。总投资达 35 亿欧元的伽利略计划是欧洲自主的、独立的民用全球卫星导航系统,提供高精度、高可靠性的定位服务,实现完全非军方控制、管理,可以进行覆盖全球的导航和定位功能。

多层次、多方位的导航定位服务特点,使得它的性能比 GPS 系统更为先进、高效和可靠。它保障了全球完整性的监控、航空和航海的安全以及服务的不间断,特别是提供了公开、生命安全、商业、官方控制和搜救服务,极大地满足了全球各类用户的需求。预计其应用市场和效益巨大。

同时,作为一个大型战略性国际合作项目,伽利略计划的实施进展关乎多方利益。到目前为止,欧盟已经与中国、以色列、美国、乌克兰、印度、摩洛哥和韩国分别签署了合作开发协议,并正在与阿根廷、巴西、墨西哥、挪威、智利、马来西亚、加拿大以及澳大利亚等国进行合作谈判。中国是最早与欧盟签订伽利略计划合作协议的非欧盟国家。可以说,作为欧盟日益重要的全球合作伙伴之一,中国参与伽利略计划是中欧双方共同的经济和战略利益需要。

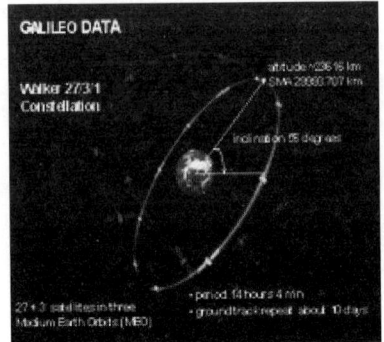

图 4-9　Galileo 系统

4.3.4　卫星导航系统在物流中的应用

1)卫星导航系统在物流中的主要应用

在当前物流领域,卫星导航系统的广泛应用已成为不可忽视的趋势。在此背景下,以北斗卫星导航系统为代表,卫星定位技术在物流领域的多方面应用备受关注。

(1)实时跟踪与监控:卫星导航系统为物流企业提供了实时跟踪与监控的利器。通过北斗系统,物流企业能够实时获取货物的准确位置信息,实现远程跟踪和监控。这项技术的突出之处在于,不论货物所处何地,只要接入北斗系统,物流企业便能够通过专用软件或平台随时查看货物的实时位置,从而显著提高物流运输的安全性和可靠性。

(2)路线规划与导航:卫星定位技术为物流车辆提供了精准的路线规划和导航服务。北斗作为全球卫星导航系统之一,不仅提供卓越的定位服务,还能够为物流企业制定最佳路线规划和导航服务。基于货物的特性、重量、体积等参数,结合实时的交通状况和路线优势,物流企业得以选择最佳路线,从而有效降低运输时间和成本。

(3)货物管理与仓储优化:卫星定位系统与物流仓储管理系统的紧密对接使得货物管理与仓储优化得以实现。通过北斗系统,物流企业能够实时了解货物的出入库情况、库存量等重要信息。这种无缝对接为物流企业提供了便捷的手段,提高了仓储效率和货物管理水平。

（4）运输安全保障：卫星定位技术的应用为物流运输的安全保障提供了强有力的支持。通过接入北斗系统，物流企业能够提高运输的安全性和监控能力。一旦发生事故或异常情况，北斗系统可迅速发出警报信号，为物流企业和相关部门提供准确的位置信息，有助于迅速采取紧急救援措施，最大程度地减少潜在损失。

2）实际案例

2021年，中交兴路研发的核心专利《车辆上报信息的处理方法和装置》，被北京市政府授予发明专利一等奖。该专利以北斗卫星导航系统为基础，实现了北斗定位营运车辆轨迹完整率、准确率超过95%，为物流数字化提供了高精准度、高稳定性的底层能力。

4.4　无线定位技术

4.4.1　手机移动定位

手机移动定位业务又称为基站定位（Location Based Services，LBS），是基于位置的，由移动通信网提供的一种增值业务，也是移动通信系统的特色业务。其通过一组定位技术获得移动台的位置信息（如经纬度坐标数据），提供给移动用户本人或他人以及通信系统，实现各种与位置相关的业务。狭义地说，LBS业务是通过无线通信网络获取无线用户的位置信息，在地理信息系统平台的支持下提供相应服务的一种无线增值业务。广义地说，只要是基于位置的信息服务均属于位置服务，有些业务可能与用户本身的位置无关，例如固定地点的天气、固定起始终止点之间的公交路线等。但在移动通信网中，LBS业务应用最多的应是与终端持有者本身的位置紧密相关的那些业务，其中针对汽车的导航、跟踪等位置业务是今后一个非常具有发展潜力的市场。

1）移动定位技术的类型

LBS业务的类型多种多样，可以按照如下不同的分类方式划分。

（1）按业务请求方式分为PULL类LBS业务（移动终端采用短消息、WAP接入等方式请求LBS）；PUSH类LBS业务（网络根据特定的条件，主动向移动终端推送信息）。

（2）按是否与用户位置相关分为：与用户位置有关的LBS和与用户位置无关的LBS，前者需要进行定位，后者无需定位。

（3）按照面向的用户划分为大众用户和专业用户。

（4）按照GIS系统中的定位服务功能划分为四类服务功能，有地图服务，包括栅格地图和矢量地图；路径搜索，包括最短路径查询、公交线路查询等；地理编码/逆地理编码和测算功能。

2）基站定位的基本原理

根据到达时间（TOA）、到达时间差（TDOA）或到达角测距（AOA）是基站定位中基础的定位方式。TOA(Time of Arrival)和TDOA(Time Difference of Arrival)都是基于电波传播时间的定位方法。根据该测量结果并结合基站的坐标，一般采用三角公式估计算法，就能够计算出移动电话的位置。实际的位置估计算法需要考虑多基站（3个或3个以上）定位的情况，一般而言，测量的基站数目越多，测量精度越高，定位性能改善越明显。与TOA定位法相比，TDOA定位法无需被测节点与基站时钟同步，有利于在实际应用中系统结构更加简化。AOA(Angle of Arrival)定位法是根据阵列天线获得到达基站无线信号的相位差，计算信号到达的角度。AOA定位法的空间直线方程是通过测量角度来计算，在终端定位中只需要两个基站即可。

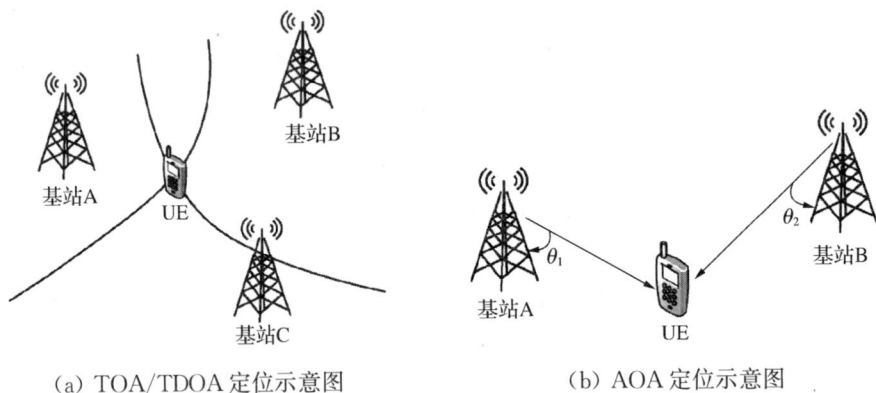

(a) TOA/TDOA 定位示意图   (b) AOA 定位示意图

图 4-10　基站定位示意图

3）移动定位技术网络架构

目前，移动定位业务已经从 4G 迈向 5G。下面以 5G 定位技术为例，分别从一体化和融合的角度阐述其网络架构。

（1）一体化定位网络架构

一体化定位网络架构如图 4-11 所示，架构在通信网频带内，一体化同时支持通信网和定位网，具体来说架构具有以下特点：

①支持高精度同步网络。因为目前标准基站之间接口无法支持高精度同步，因此必须增加高精度同步网络单元；

②实现了通信网和定位网一体化的目标，分别设计了相应的定位网元和定位管理网元；

③定位网元可以和基站共站，支持常规的一体化的通信和定位覆盖；

④定位设备也可以以独立定位设备形态存在，支持独立的定位增强覆盖网络；

⑤可以支持异构定位网，包括带内定位网、共频带定位技术、TBS、Wi-Fi 等；

⑥各种定位网络支持接入 5G 网络，在终端或者定位服务器中进行融合定位。

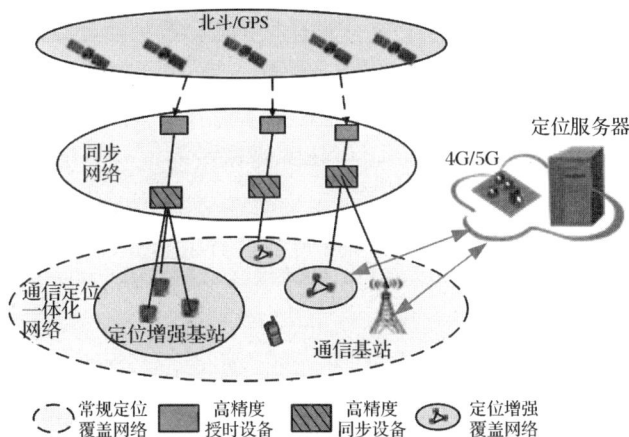

图 4‒11　一体化定位网络架构

（2）融合网络架构

异构融合定位系统不是简单地对各种定位网络叠加，需要研究各种定位技术的智能融合技术，综合实现最优的定位性能。如图 4‒12 所示，智能异构融合定位技术架构具有如下特点：

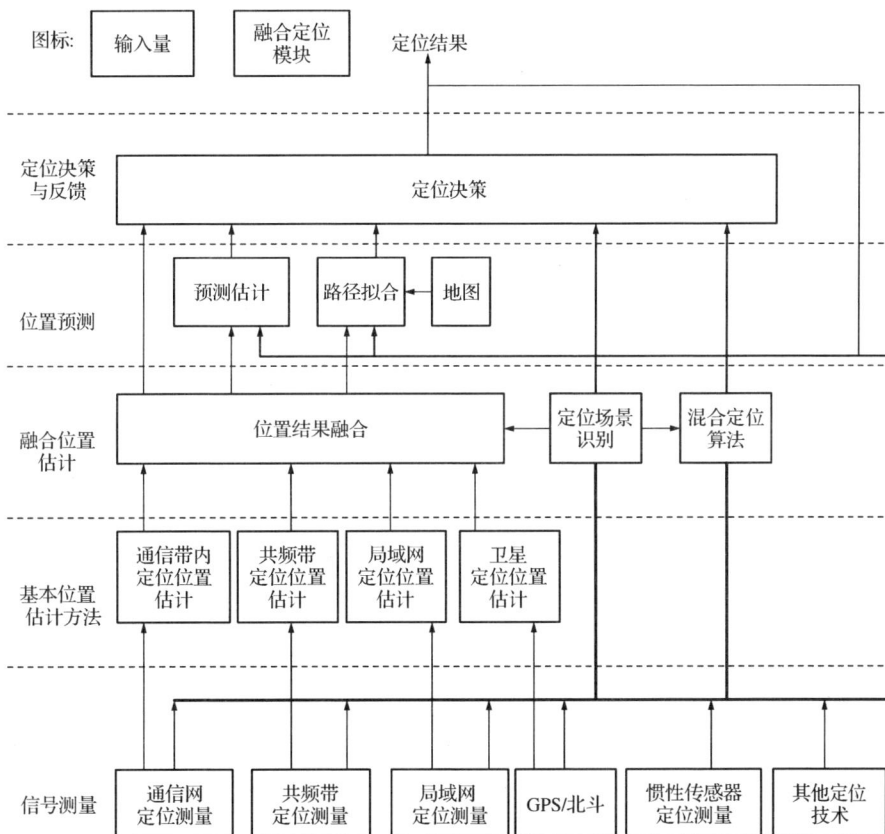

图 4‒12　融合定位网络架构

①异构一体化融合定位架构:在架构层面建立了异构一体化融合的机制,通过多种有机融合机制,综合输出最优的定位结果;

②多层次融合:支持多种基本室内外定位技术以及补充定位技术融合;在融合手段上,支持基本定位技术结果融合、各种定位技术测试量的混合算法、预测融合等多个层面的机制以及定位决策与反馈。

③反馈式融合定位决策机制:融合定位架构包含了实际位置结果估计和预测拟合结果之间反馈决策机制,充分利用空间、预测等智能分析方法,减少异常定位结果,提高定位的可靠性和稳定性。

(3)移动定位技术案例:"5G+北斗"

北斗卫星导航系统是我国自主研发定位技术,"5G+北斗"将会是融合定位的推进方案。如图4-13所示,融合5G定位数据和北斗定位数据处理的服务平台,通过收集北斗、5G基站和地面基准站的定位数据并进行自动化数据处理,为不同终端提供不同的定位服务方式。"5G+北斗"在播发数据、定位能力、节约成本等方面体现了高精度定位的优越性。在播发数据方面,通过信令的方式来完成,利用卫星基准站的网络信号所产生的区域网格进行差分运算修正,通过网络点格和基站布置区域之间的关系,向基站发送定位信息和终端传输数据;在定位能力方面,北斗利用5G的覆盖能力对自身定位服务不足进行有效补充,从而形成室外高精度定位的全域覆盖网络;在节约成本方面,卫星导航可以利用5G大量的地面基准站资源,有利于快速部署、节约运维。

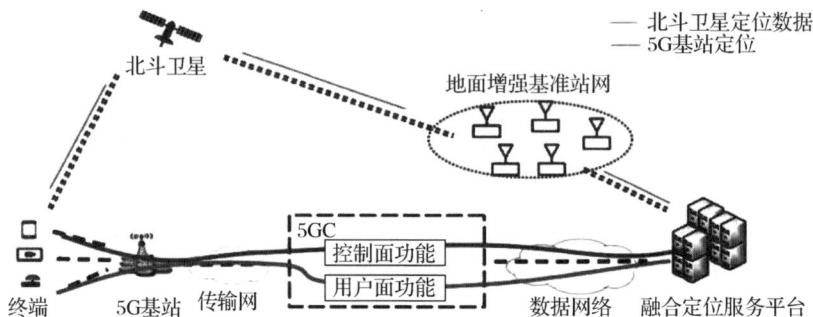

图4-13 5G+北斗融合定位

4)卫星定位与手机基站定位的比较

(1)GPS系统的定位精度可以达到10~20 m,手机基站定位的精度为500~5 000 m,和基站密度有关。

(2)GPS模块的耗电量比较大,电池的容量极大限制了工作时间,而手机基站定位只要维持网络畅通,基站能采集数据即可,耗电很少。

(3)GPS系统的天线必须在室外并且能看到大面积天空,否则无法定位,而手机基站定位在室内也能定位,只要数据网络正常即可,应用领域更广。

(4)GPS系统容易受GPS天线被遮挡、安装位置不理想、周围有GPS信号干扰器等因素影响而失灵,而LBS系统的抗破坏能力大大增强。

因此大部分手机都采用 GPS 定位技术与基站定位技术的结合。

4.4.2 无线网络定位

无线网络定位是一种通过利用无线通信网络的信号特征,以确定设备或用户的地理位置的技术。这种定位方法基于测量和分析无线信号的参数,如信号强度、时延、频率等,来推断设备相对于接入点或基站的位置。无线网络定位广泛应用于各种领域,包括室内导航、物流追踪、智能城市等。

4.1.2 节简要概述了常见的短距无线通信技术,本节将对其中的 Bluetooth、Wi-Fi 和 ZigBee 等核心的无线网络定位技术的发展历程以及特点进行详细的阐述。

1)Bluetooth 技术

蓝牙技术以无线电波实现短距离通信,通常用于连接手机、电脑等设备(图 4-14)。在蓝牙网络中,设备分为主设备和从设备,主设备为组网连接时主动发起连接请求的设备。微微网是蓝牙最基本的一种网络形式,最简单的微微网是一个主设备和一个从设备组成的点对点的通信连接。多个微型网可组成特殊分散网,形成多重微型网拓扑结构,实现设备之间快速通信。一个蓝牙设备最多可以同时连接另外 7 个蓝牙设备,周围最多可有 255 个待机的蓝牙设备。

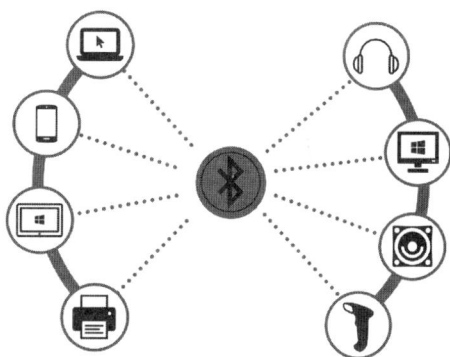

图 4-14 蓝牙技术

2021 年 7 月 13 日,蓝牙技术联盟(Bluetooth SIG)正式发布了最新的蓝牙核心规范 5.3 版本。从早期的 1.0 版本到 5.3 版本,蓝牙的技术性能不断提高,功能逐渐完善,其发展历程如图 4-15 所示。

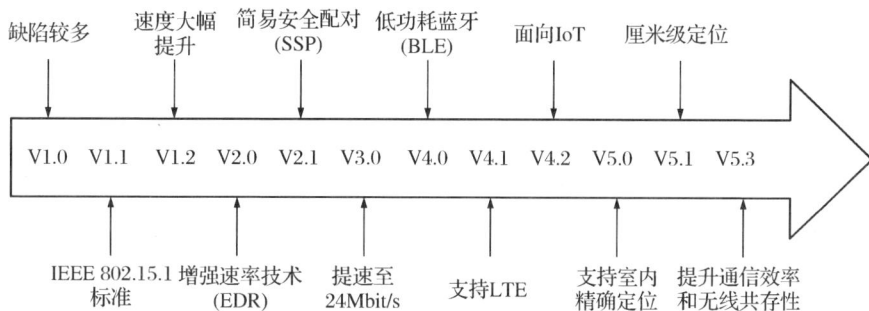

图 4-15 蓝牙技术的发展历程

蓝牙技术具有如下特点。

(1)蓝牙模块体积小、便于集成

蓝牙模块的体积很小,例如,2020 年 LG Innotek 研发出的低能耗蓝牙模块,尺寸仅有 6 mm×4 mm(图 4-16),能够很好地集成到个人移动设备,包括平板、手机、手环、耳机等。

（2）低功耗

蓝牙设备在连接状态下,有四种工作模式:激活(Active)、呼吸(Sniff)、保持(Hold)和休眠(Park)。Active 模式是正常的工作状态,另外三种模式是为了节能所规定的低功耗模式。经典蓝牙技术的功耗参考值为

图 4-16　LG Innotek 低能耗蓝牙模块

1W,低功耗蓝牙技术 Bluetooth Low Energy(BLE)根据使用情况的不同,其功耗值为 0.01~0.5 W。

（3）全球适用

蓝牙工作在 2.4 GHz 的 ISM 频段,全球大多数国家 ISM 频段的范围是 2.4~2.483 5 GHz,使用该频段无需向各国的无线电资源管理部门申请许可证。

（4）同时传输语音和数据

蓝牙采用电路交换和分组交换技术,支持异步数据信道、三路语音信道以及异步数据与同步语音同时传输的信道。每个语音信道数据速率为 64 Kbit/s,语音信号编码采用脉冲编码调制(PCM)或连续可变斜率增量调制(CVSD)方法。当采用非对称信道传输数据时,速率最高为 721 Kbit/s,反向为 57.6 Kbit/s;当采用对称信道传输数据时,速率最高为 342.6 Kbit/s。

（5）抗干扰能力强

工作在 ISM 频段的无线电设备有很多种,如家用微波炉、无线局域网和 Home RF 等产品,为了很好地抵抗来自这些设备的干扰,蓝牙采用了跳频方式来扩展频谱,将 2.402~2.48 GHz 频段分成 79 个频点,相邻频点间隔 1 MHz。蓝牙设备在某个频点发送数据之后,再跳到另一个频点发送,而频点的排列顺序则是伪随机的,每秒钟频率改变 1 600 次,每个频率持续 625 us。

（6）可以建立临时性的对等连接

通过时分复用技术,一个蓝牙设备可以同时与几个不同的微微网保持同步,具体来说,就是该设备按照一定的时间顺序参与不同的微微网,即某一时刻参与某一微微网,而下一时刻参与另一个微微网。

（7）开放的接口标准

SIG 为了推广蓝牙技术的使用,将蓝牙的技术标准全部公开,全世界范围内的任何单位和个人都可以进行蓝牙产品的开发,只要最终通过 SIG 的蓝牙产品兼容性测试,就可以推向市场。

2）Wi-Fi 技术

Wi-Fi 技术的运作原理基于无线电频谱的利用和数据传输的协议。在 Wi-Fi 网络

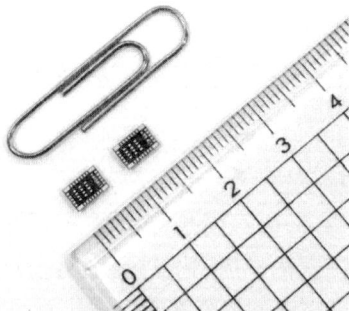

中,数据传输主要依赖于电磁波的传播,其频段通常涵盖 2.4 GHz 和 5 GHz 范围。这些频段通过无线接入点或路由器进行管理和分配,形成无线网络基础设施。在数据传输的过程中,数字数据被转换为数字信号后,通过调制技术将其调制到无线电波上。接收设备接收到无线电波后,通过解调技术将其还原为数字信号,以便设备能够正确接收和处理数据。

此外,Wi-Fi 网络还可以设置不同的加密方式和认证机制,以确保数据的安全性和保密性。WEP(Wired Equivalent Privacy)、WPA(Wi-Fi Protected Access)、WPA2 和 WPA3 是常见的加密方式,提供了不同级别的安全性保护。Wi-Fi 技术的发展历程可以追溯到 1997 年,当时 IEEE(电气和电子工程师协会)发布了第一个 802.11 标准,奠定了无线局域网(WLAN)技术的基础。Wi-Fi 技术主要经历了如下发展阶段。

(1) IEEE 802.11 标准的诞生(1997 年)

1997 年,IEEE 发布了第一个 802.11 标准,它使用 2.4 GHz 频段,提供最高 2 Mbps 的数据传输速率。这一标准为无线局域网的发展奠定了基础。

(2) 802.11b 标准的引入(1999 年)

随着 802.11 b 标准的发布,Wi-Fi 技术迎来了重要的突破。这一标准采用 2.4 GHz 频段,提供了最高 11 Mbit/s 的传输速率,更快速和可靠的无线连接开始成为可能。

(3) 802.11a 和 802.11g 标准的推出(2003 年)

802.11a 标准工作在 5GHz 频段,提供更高的传输速率,但覆盖范围较小。同时,802.11g 标准在 2.4 GHz 频段提供了更快的速度,并向后兼容 802.11b 设备,成为主流。

(4) 802.11n 标准的制定(2009 年)

802.11n 引入了多天线技术(MIMO),在 2.4 GHz 和 5 GHz 频段同时工作,提供更大的覆盖范围和更高的传输速率,最高可达 600 Mbit/s。

(5) 802.11ac 标准的发布(2013 年)

802.11ac 标准在 5 GHz 频段工作,引入了更高的调制解调器和更多的 MIMO 流,最高传输速率可达 1 Gbit/s,进一步提升了性能。

(6) Wi-Fi 6 的推出(2019 年)

Wi-Fi 6 标准引入了许多创新技术,包括基于 OFDMA 的更高效的频谱利用、更先进的 MIMO 技术、更强大的安全性和更好的性能,为密集型和高流量网络环境提供了改进。2020 年推出的 Wi-Fi 6E 扩展了 Wi-Fi 6 的频谱范围,利用 6 GHz 频段,提供更多的频谱资源,以进一步提高性能和减轻网络拥塞。

(8) Wi-Fi 7 的出现(2022 年)

第七代 Wi-Fi 无线网络,速度可高达 30 Gbit/s,是 Wi-Fi 6 最高 9.6 Gbit/s 速率的三倍之多。Wi-Fi 7 除传统的 2.4 GHz 和 5 GHz 两个频段,还将新增支持 6 GHz 频段,并且三个频段能同时工作。

通过这些发展阶段,Wi-Fi 技术逐步提高了数据传输速率、覆盖范围、连接密度和安全性,从最初的每秒几兆比特发展到如今的 Gbit/s 级别,成为无线通信领域不可或缺的一部分。

Wi-Fi 技术具有如下特点。

(1) 范围广

Wi-Fi 技术在覆盖范围上具有显著的优势。相比蓝牙技术的局限性,Wi-Fi 的覆盖半径可达 100 m 左右,使其在大范围内建立无线连接成为可能。这使得 Wi-Fi 在各种场景下都能提供高效的通信,从家庭网络到企业办公区域,都能实现稳定而迅速的数据传输。

(2) 安全性高

为了应对日益增长的网络威胁,Wi-Fi 提供了多种安全性选项,如 WEP、WPA、WPA2 和 WPA3,这些选项能够对无线通信进行加密,有效地防止未经授权的访问,保护用户的隐私和数据安全。

(3) 组网简单

在组网方面,Wi-Fi 技术表现出极大的灵活性和简便性。只需配置无线网卡和一个访问点(AP),就能够轻松建立无线网络。这对于传统有线网络而言,大大减少了架设费用和复杂程序。即使在小规模对等网络中,只需为每台计算机配备无线网卡,就可以实现简便的网络共享。尤其对于宽带网络的使用,Wi-Fi 更具优势,通过连接到一个 AP,再在计算机中安装无线网卡,即可实现高效的宽带共享。

(4) 移动性能不佳

虽然适用于静止或步行等低速移动情况,但对于高速移动的对象,如行驶的汽车,Wi-Fi 并不是最理想的选择。

3)ZigBee 技术

ZigBee 技术是一种新兴的近距离无线网络技术,可以构建一个包含多达数万个无线节点的无线传感器网络(WAN)。如图 4-17 所示,ZigBee 网络由协调器、路由器和终端设备三种设备构成,支持星形结构、树状结构和网状结构三种无线拓扑网络。

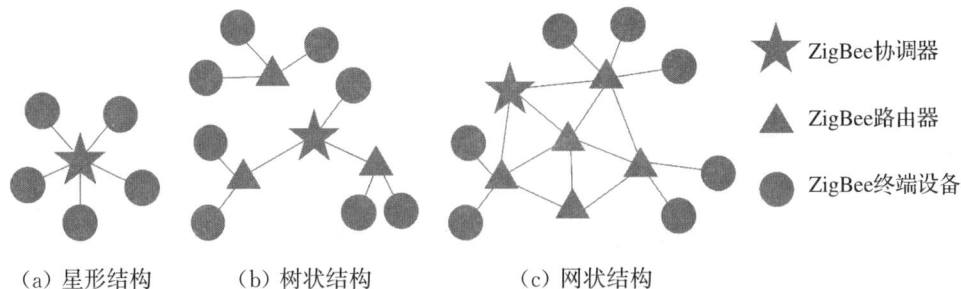

(a) 星形结构　　　(b) 树状结构　　　(c) 网状结构

图 4-17　ZigBee 的网络结构

星形拓扑结构中不包含路由器,依赖于协调器来管理数据包的路由以及网络设备的启动和维护。终端设备只能通过协调器进行通信。这种结构存在明显的缺点,即容易发生单点故障,一旦协调器失效,整个网络就会瘫痪,而且星形中心可能成为网络带宽的瓶颈。

树状拓扑结构中,协调器负责网络的建立和关键网络参数的设置。路由器可以是协调器的子节点,也可以是其他路由器的子节点,负责使用分层路由策略通过网络传递数据和控制消息。终端设备则作为协调器或路由器的子设备,只能通过它们进行通信。这种结构的缺陷在于,如果父节点关闭,子节点将无法进行通信。

网状拓扑结构,也被称为自我修复拓扑,支持完整的点对点通信。在此结构中,有一个协调器,多个用于扩展网络的路由器,以及可选的终端设备。协调器负责网络的建立和某些关键参数的设置。在网状拓扑中,路由器即可作为终端设备,但不能发出信标。由于具备自我修复功能,一旦协调器故障,不会导致整个网络崩溃。与其他两种拓扑结构相比,网状拓扑最不容易发生链路故障,但是设置相对复杂,节点上的开销较大。

2003 年,ZigBee 协议正式问世。经过 20 年的发展,2023 年 4 月,连接标准联盟发布了 ZigBee 协议栈技术规范最新版本:ZigBee PRO 2023。ZigBee 技术经历了以下主要发展阶段:

(1)标准制定(2003 年)

ZigBee 联盟成立于 2002 年,由多家公司共同组成,旨在制定低功耗、短距离、低数据率的无线通信标准。在 2003 年,ZigBee 联盟发布了第一个 ZigBee 技术规范,建立了初始的标准框架。

(2)ZigBee PRO(2007 年)

2007 年,ZigBee 联盟发布了 ZigBee PRO 协议,它引入了更多的功能和改进,以适应更广泛的应用场景。ZigBee PRO 增强了网络的稳定性、安全性,并提供更灵活的网络配置选项。

(3)ZigBee 3.0(2016 年)

ZigBee 3.0 标准的发布进一步统一了 ZigBee 设备之间的互操作性,使得不同厂商的设备更容易实现互联互通。ZigBee 3.0 标准允许设备通过统一的应用程序接口进行通信,从而促进了物联网中各类设备的集成。

(4)Green Power(2013 年)

ZigBee Green Power 是 ZigBee 联盟引入的一个补充标准,专注于超低功耗设备的通信。它为电池供电的传感器和控制设备提供了一种高效的通信方式,延长了电池寿命。

(5)ZigBee 3.0 深化(2017 年至今)

ZigBee 3.0 标准的不断深化和更新使其更好地适应不同的物联网应用场景。在这一阶段,ZigBee 技术在智能家居、工业自动化、医疗健康等领域取得了广泛应用。

ZigBee 技术具有如下特点。

(1)低功耗

ZigBee 技术的低功耗是它最为突出的特点之一,它采用的是短距离通信技术,能够在低功率下传输数据,从而延长设备的使用寿命。同时,ZigBee 设备在待机状态下的功耗也非常低,可以实现长时间的待机。

（2）低速率

ZigBee 技术的速率相对较低,一般在 250 Kbit/s 以下,但是这并不影响它在物联网领域的应用。由于 ZigBee 设备的数据传输速率较低,因此可以减少设备之间的干扰,提高通信质量。

（3）易组网

Wi-Fi 设备在建立连接时通常与访问点（AP）或主集中器直接相连,形成星型拓扑结构。当 Wi-Fi 网络中的中间接入点发生故障时,整个网络可能会受到影响。这种结构使得 Wi-Fi 网络对于单一故障点非常敏感,中断可能导致整个网络瘫痪。相比之下,ZigBee 采用的是网状拓扑结构,其中每个设备都可以充当中继节点。在 ZigBee 网络中,如果某个设备发生故障,其他设备可以通过重新组织连接,找到可用的中继设备,从而实现网络的重新构建。

（4）安全性高

ZigBee 技术采用了 AES－128 加密算法,保证了通信的安全性。同时,ZigBee 设备还支持认证和加密等安全机制,确保通信数据的隐私和安全。

（5）延时短

ZigBee 的响应速度较快,一般从睡眠转入工作状态只需 15 ms,节点连接进入网络只需 30 ms（蓝牙需要 3~10 s、Wi-Fi 需要 3 s）,进一步节省了电能。

（6）工作频段灵活

ZigBee 使用频段为 2.4 GHz、868 MHz（欧洲）和 915 MHz（美国）,均为免执照的 523 频段。

4.4.3 无线定位技术在物流中的应用

1）无线定位技术在物流中的主要应用

（1）实时货物追踪与位置识别

通过无线定位技术,物流公司能够依赖部署在货物上的定位设备,例如使用基于蓝牙的定位器,实现对货物的实时追踪与位置识别。科学精确的位置信息有助于实现货物流转的实时监测,减少信息滞后,提高物流可控性。

（2）仓库内部实时定位系统

大型仓库内,采用无线定位技术可建立实时的定位系统。通过在货架和设备上部署无线定位器,管理者可以获取物品和设备的实时位置信息,进而科学优化仓库内部流程,减少时间浪费,提高仓库的运营效率。

（3）智能导航与路线规划

应用无线定位技术的智能导航系统可以科学地提供最优路线规划,以降低运输时间和成本。基于科学的实时交通数据和智能算法,系统能够科学地选择最有效的运输路径,使物流运输更为高效。

（4）车辆和设备的科学管理

通过在车辆和内部设备上部署无线定位器,物流公司可以科学地追踪车辆和设备的位置,有助于科学调度和管理车队,提高车辆和设备的利用率,减少资源浪费,从而实现科学的可持续发展。

2）实际案例:智慧分拣中的 UWB 无线定位

智慧分拣系统是智慧仓储管理的重要组成部分。随着物流行业的不断演进和智能化趋势的推动,无线定位技术在智慧分拣中的作用愈发凸显。无线定位技术为物流系统提供了高度可靠的位置信息,从而提升了分拣、存储和装运等环节的精确度和效率,助力物流行业实现更智能、更高效的运营。

UWB 定位系统作为智慧分拣系统的一个子系统,通过发送和接收 UWB 脉冲信号来提供关键信息,包括标签位置、历史轨迹、设备状态以及设备告警等。其硬件设备包括基站、标签和时间同步控制器,如图 4-18 所示。其中,基站负责接收同步控制器同步指令和标签发出的 UWB 脉冲信号,并将信息发送给同步控制器进行位置解算。标签则接收同步控制器同步指令,以固定的频率发送脉冲信号,用于 TDOA 计算标签位置信息。时间同步控制器则负责同步指令,接收基站所接收的标签脉冲信号到达时间差,并发送给平台进行位置信息的解算。

（a）基站　　　　　（b）标签　　　　　（c）时间同步控制器

图 4-18　UWB 定位系统硬件设备

基站、控制器和后台服务器通过有线连接建立通信。控制器定时向各基站发送同步指令进行高精度时间同步,为 UWB 系统基于信号传播时间进行高精度位置解算提供了基础。在实时定位过程中,UWB 标签不断广播 UWB 信号,已实现时间同步的基站接收到信号后,将其通过有线传输到后台定位服务器进行坐标解算。用户手持智能终端、货架终端或重要货品终端通过无线网络和后台服务器进行信息交互(图 4-19)。

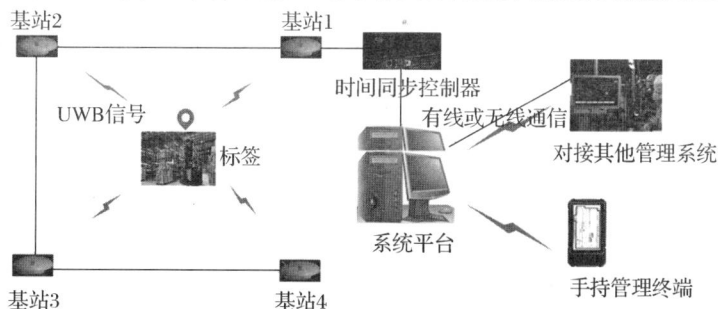

图 4-19　使用 UWB 无线定位的智慧分拣管理系统

4.5 集成应用:监控调度系统

监控调度系统是一种集成了地理信息系统(GIS)、全球定位系统(BDS/GPS)以及移动通信技术的先进系统,通过有效协同运用这些先进技术,实现对特定目标物体或事件的实时监测、定位和高效调度管理。监控调度系统为企业提供了更为便捷高效的运输监控解决方案,显著提高了物流运输的效率,同时降低了成本,进一步提升了企业的竞争力。随着物流行业的蓬勃发展,物流监控系统在整个供应链中的关键性日益凸显。

一般的监控调度系统通过整合北斗、GPS、GLONASS 等卫星导航系统,结合互联网、大数据等技术,实现对货物运输车辆的实时位置监控和轨迹回放。同时,系统还能够监控和分析车辆的行驶路线、速度、油耗等数据,为运输管理提供了强有力的支持。对于运输车辆而言,实时位置跟踪系统还能够提高车辆的安全性,有效防止货物丢失,降低运输风险。

1)功能需求

(1)数据自动采集功能

系统通过自动化技术实现对运输车辆数量、行驶位置和行驶时间等关键信息的智能采集。这一功能通过先进的无线设备将所得数据传递至调度指挥控制中心,为运输管理提供了丰富的实时数据。指挥控制中心充分利用这些数据,不仅能够动态调整车辆时刻表,还能灵活改变业务规则,从而进一步优化整体交通运输营运系统的参数。

(2)定位功能

系统通过自动捕捉卫星信号,计算出车辆当前的经纬度、速度、方向和时间等详细信息。系统支持实时监控和动态跟踪,同时允许设定每辆车的固定行驶区域范围,以便进行更精准的动态监控。这一功能为运输管理提供了高度的实时性和精准性。

(3)车辆查询功能

为用户提供了定位单一车辆的灵活选择。通过无线数据通信,用户可以通过车牌号码等信息实时查询车辆的当前位置,并通过 GIS 结合电子地图将车辆准确定位到窗口中间。查询方式的多样性,如车牌号、工单号、车组人员姓名等,使监控调度系统的用户能够更便捷地进行相关业务操作。

(4)实时监控功能

在对车辆进行监控时提供了多样化的选择,用户可以根据需求采用不同的目标监控方式,包括将多辆车分别使用多个窗口进行监控,或在一个监控窗口中同时监控多个不同车辆。计算机系统确保每辆车辆的独立运行,并且调度人员能够在所有客户端中保持信息的一致性,包括车辆的定位信息、任务信息等,由卫星定位系统自动维护和同步,确保配置的一致性。

(5)实时通信功能

允许车载终端随时向调度中心提供各种重要信息,包括报警信息、车辆当前状态

（行驶、停车、速度等）、位置信息（经纬度），以及卫星定位天线遮挡信息。这一功能使监控中心能够全面掌握监控车辆的各种情况，实现及时响应和管理。

2）系统框架

物流监控系统一般由硬件层、数据层、应用层和交互层组成。

（1）硬件层

硬件层是物流监控系统的基础，其中计算机工作站具备高性能显卡，以确保对大规模数据的高效处理和流畅的图像渲染。显示器则承载系统的可视化输出，提供直观的信息展示。采集数据的传感器是硬件层中至关重要的组成部分，通过各类传感器（如温度传感器、湿度传感器、运动传感器等）实时采集环境和设备状态数据。网络设备则保障数据的实时传输和系统的联网功能，确保各硬件之间的高效协同工作。

（2）数据层

数据层涵盖了对多种数据类型的处理和管理，其中关系型数据的实时运行信息与仿真运行数据为系统提供了运输任务的实时状态和历史数据。此外，非关系数据包括模型文件、图片等资源文件，为系统提供了更加丰富的环境信息。数据层需要实现对关系型数据的实时获取和分析处理，同时对非关系数据进行灵活的增、删、改、查等操作，以满足应用层对多样化数据的需求。

（3）应用层

应用层是系统的核心，负责处理业务逻辑和提供用户可视化的功能。场景展示通过高级渲染技术，将实时数据与模型融合展示，为用户呈现直观的物流环境。交互处理涵盖用户对系统的操作与反馈，包括拖拽、缩放、旋转等手势操作，使用户能够全方位地与物流场景进行互动。物流任务决策与派发包括对实时数据的智能分析，确保系统能够合理决策和派发任务，提高整体物流运营效率。

（4）交互层

交互层致力于提供用户友好的界面和交互体验。在用户操作过程中，系统通过引导、提示及实时反馈，确保用户能够轻松操作系统并准确获取所需信息。物流调度任务规划分配则通过智能算法和实时数据，确保任务合理分配，提高物流调度的精确性。用户能够通过交互操作实时查看和控制场景中各设备及任务的状态，同时基于统计分析数据做出科学决策，推动系统的持续优化和改进。

3）功能模块

物流监控调度系统主要由以下功能模块构成，分别为展示交互模块、物流调度模块、数据采集处理模块、数据管理模块，如图4-20所示。

（1）展示交互模块

展示交互模块是物流调度系统的前台界面，通过可视化技术将物流运作场景还原成真实的环境。此模块不仅包括对各种设备的模型构建，更重要的是将实际数据信息与模型相对应，以在显示器上实时展现物流调度系统的状态，包括车辆的实时位置、货物的流动情况、各设备的工作状态等。支持用户通过鼠标点选、拖拽、缩放等操作，实现对系统的灵活控制与交互。通过高度可视化的展示,用户能够直观地把握物流运作情况,为实时决策提供可靠支持。

（2）物流调度模块

物流调度模块是系统的核心功能之一,其主要任务是根据自动或手动设置的任务需求,对现有车辆、路径等资源进行全面分析。通过智能算法,系统能够深入了解每辆车辆的状态、行驶能力、装载情况等信息,并根据实时任务需求,合理安排和分配运力资源,以提高整体运输效率,同时确保任务的及时完成。

（3）数据采集处理模块

数据采集处理模块承担了系统的数据基础工作,包括数据储存、采集、分析和输出。实时数据通过传感器、网络设备等途径被采集,并存储于数据库中。该模块通过对数据的实时处理,将其应用于场景中,并进行对比和分析。这使系统能够实现对真实物理系统的全面监测、预测和优化。从而,物流调度系统可以及时响应变化,提高运输的适应性和灵活性。

（4）数据管理模块

数据管理模块负责系统运行中产生的各类信息的有序管理,包括调度任务信息、模型文件、图片资源文件、文档文件等。模块的设计要考虑对数据进行安全可控的管理,包括有权限的增加、删除、修改和查询。通过该模块,系统管理员和用户能够方便地查看和操作系统中的数据,保障数据的一致性和完整性。这也为系统的历史数据分析、任务追溯提供了便捷的支持。

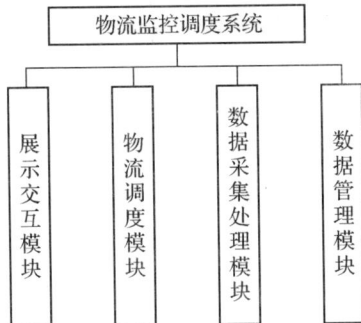

图 4-20　物流监控调度系统功能模块

4）作用效果

（1）提高调度效率

物流监控调度系统通过实时采集和分析运输数据,使调度中心能够即时获悉车辆位置、运行状态、货物情况等关键信息。这有助于实现更加智能化的调度决策,优化车辆的运输路径,减少空载或半载情况。通过自动化的任务分派和实时监控,系统有效缩短了调度响应时间,提高了调度效率,使整个物流运输系统更具有迅速应变的能力。

（2）提升运力资源利用率

物流监控调度系统能够全面了解车辆的状态和运力情况，通过智能调度算法，合理分配和调度运力资源。系统可以在实时任务需求的基础上进行动态规划，避免了过度的资源浪费和不均衡的运力利用。这样的优化保障了运输车辆的高效利用，提升了整体的运力资源利用率，降低了运营成本。

（3）优化运输线路

物流监控调度系统通过对历史运输数据和实时交通信息的分析，能够进行线路的科学规划和优化。系统考虑交通状况、道路条件、运输需求等多方面因素，通过智能算法为车辆规划最优路径，避开拥堵区域，缩短运输时间。不仅提高了交通效率，还降低了能源消耗，减轻了对环境的影响，为物流运输提供了更加可持续和高效的解决方案。

（4）改善应急处理的难题

物流监控调度系统具备实时监测和预警功能，能够及时感知到运输中可能出现的问题，如交通堵塞、车辆故障等。系统通过智能分析，提供紧急处理的决策支持，例如重新规划线路、调整任务优先级，确保货物能够及时准确地送达目的地。有效改善了应急处理的难题，提高了系统对不可预见情况的应对能力。

5）实例介绍

TSINGSEE车载视频监控平台（https://www.tsingsee.com/news/newdetails/66）采用移动视频监控技术、4G无线通信传输技术、大容量数据存储技术、GPS/UWB车辆定位追踪技术、混合联网传输技术、GIS可视化操作技术，形成一套针对所有管辖车辆进行精确监控的综合监管解决方案，为车辆指挥调度决策提供可视化依据，提高车辆的安全监管与调度效率。平台主要具有以下几点功能。

（1）混合定位

利用GPS与UWB技术的结合，平台实现了在室内及GPS信号无法覆盖的区域的高精度定位。通过在室内或GPS信号不可达区域安装UWB基站，可实现厘米级高精度定位，填补了GPS在室内高精度定位的不足。平台将GPS与UWB标签绑定，优先记录UWB定位，实时转换UWB坐标为GPS坐标，确保车辆位置及运行状态实时上传至监控平台。

（2）车辆实时定位

该监控平台支持采集车辆精准位置、里程、速度及实时状态信息。管理员可通过电子地图实时查看车辆及人员的位置图标，点击定位对象图标可获取详细信息，如车牌号、司机姓名，以及定位终端的电量、速度、心率、血压、温度等数据。

（3）车辆轨迹回放

平台记录并支持按车牌、时段查询车辆轨迹，用户可选择车辆、设置查询时间，并查询历史位置点及轨迹（图4-21）。轨迹数据按时间分级存储，包括热点数据（一周内）、次热点数据（三个月内）和冷数据（永久可选）。数据库自动管理轨迹数据，提高查询效率，降低维护成本。

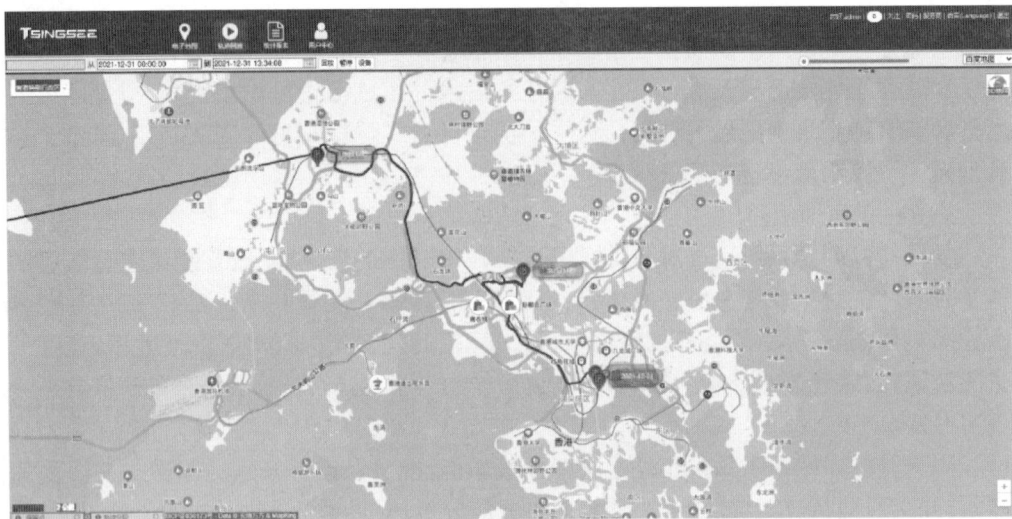

图 4‑21　TSINGSEE 监控平台车辆轨迹回放

（4）实时视频监控、录像、存储

- 视频直播平台：通过与支持 ONVIF 协议的网络摄像头或 NVR 连接，平台实现了硬件启动、流媒体服务器分配、多通道同时直播等功能。
- 视频联动：车辆警情触发时，自动弹出摄像头直播，便于处理警情。
- 视频云端录像、回放与存储：录像可上传至云端，支持后期调查。

（5）电子围栏

平台支持创建区域围栏，当车辆进出区域时发出告警，便于监管。

（6）实时报警与预警

平台在设备触发超速、进出围栏、紧急求救等情况下，通过网页端报警弹窗，及时提醒管理人员处理警情。利用图像识别技术，平台智能检测驾驶员疲劳驾驶、抽烟、打电话、分心驾驶、遮挡摄像头等不良驾驶行为，同时支持行人检测预警、车道偏离预警、防碰撞预警等。异常检测时，平台通过消息提醒管理人员及时查看与处理。

（7）平台管理

平台提供详细的统计报表功能，包括报警、停留、行驶等，支持导出 CSV 文件，方便管理人员查看与整理数据。管理中心可对账号进行无限分级，设置账号权限，批量增加、编辑设备和设备转移。

（8）语音对讲与监听

平台支持随时主动发起对单台车辆的语音对讲，同时也可对多台车辆进行语音广播，以及远程聆听车辆内的声音，确保及时传递重要信息。

复习思考题

1. 简述几种常见数据传输技术的优缺点。

2. 什么是地理信息系统,并简述该技术在物流领域的应用。

3. 简述北斗卫星导航系统的建设开发应用历程,并详细介绍全球卫星导航技术在物流活动中的应用。

4. 比较分析卫星定位、手机移动定位、无线网络定位的优缺点,以及他们在物流领域的集成应用。

5. 应用所学 GIS 技术、卫星导航技术、移动通信技术,设计一个物流企业监控调度系统。

6. 调查分析某一个物流信息系统的信息传输和跟踪技术的应用。

5 物流信息存储与分析计算技术

学习目标

➤了解物流信息储存与分析技术的种类

➤了解数据库、数据仓库技术的内涵

➤了解存储备份与异地容灾技术的内涵

➤理解数据库与数据仓库之间的区别与联系

➤了解数据挖掘的功能类型和应用

➤掌握大数据、人工智能和物联网技术在物流领域的应用

➤了解区块链与云计算在物流领域中的优势及应用

信息储存与分析对于物流信息管理和控制来说至关重要,它们贯穿现代物流的全过程。物流信息存储与分析计算技术是指利用现代信息技术,如数据库、数据仓库、数据挖掘、人工智能、区块链、云计算等,对物流相关的数据进行收集、存储、处理、分析和应用的技术。

5.1 数据存储技术

5.1.1 数据库

数据库(DataBase)是物流信息系统中进行数据管理的有效技术,它可以收集、存储、传输、加工、解释和输出各种与物流相关的数据,从而为物流管理者提供有价值的信息,帮助他们进行计划、实施和控制等职能。数据库的应用是物流信息系统的核心技术,因为数据库是物流信息系统的根本所在,是用户最关心的资源。

数据库主要是指依照某种数据模型组织起来并存放于二级存储器中的数据集合。这种数据集合具有如下特点:尽可能不重复,以最优方式为某个特定组织的多种应用服

务,其数据结构独立于使用它的应用程序,对数据的增、删、改和检索由统一软件进行管理和控制。

因此,数据库可以被视为能够进行自动查询和修改的数据集。数据库有很多种类型,从最简单的存储有各种数据的表格到能够进行海量数据存储的大型数据库系统都在各个方面得到了广泛的应用。

数据库的基本结构分三个层次,反映了观察数据库的三种不同角度,其不同层次之间的联系是通过映射进行转换的。

(1)物理数据层

数据库的最内层,是物理存储设备上实际存储数据的集合。这些数据是原始数据,是用户加工的对象,由内部模式描述的指令操作处理的位串、字符和字组成。

(2)逻辑数据层

数据库的中间一层,是数据库的整体逻辑表示。指出了每个数据的逻辑定义及数据间的逻辑联系,是存贮记录的集合。它所涉及的是数据库所有对象的逻辑关系,而不是它们的物理情况,是数据库管理员概念下的数据库。

(3)概念数据层

用户所看到和使用的数据库,表示了一个或一些特定用户使用的数据集合,即逻辑记录的集合。

1)数据库分类

数据库通常分为层次式数据库、网络式数据库和关系式数据库三种。而不同的数据库是按不同的数据结构来联系和组织的,即不同的数据结构对应不同的数据库。

(1)数据结构

所谓数据结构是指数据的组织形式或数据之间的联系。如果用 D 表示数据,用 R 表示数据对象之间存在的关系集合,则将 DS=(D,R)称为数据结构。例如,设有一个电话号码簿,它记录了 n 个人的名字和相应的电话号码。为了方便地查找某人的电话号码,将人名按字典顺序排列,并在名字的后面跟随着对应的电话号码。这样,若要查找某人的电话号码(假定其名字的第一个字母是 Y),那么只需查找以 Y 开头的那些名字就可以了。该例中,数据的集合 D 就是人名和电话号码,它们之间的联系 R 就是按字典顺序的排列,其相应的数据结构就是 DS=(D,R),即一个数组。

(2)数据结构及数据库的种类

数据结构又分为数据的逻辑结构和数据的物理结构。数据的逻辑结构是从逻辑的角度(即数据间的联系和组织方式)来观察数据,分析数据,与数据的存储位置无关。数据的物理结构是指数据在计算机中存放的结构,即数据的逻辑结构在计算机中的实现形式,所以物理结构也被称为存储结构。这里只研究数据的逻辑结构,并将反映和实现数据联系的方法称为数据模型。

目前,比较流行的数据模型有三种,即按图论理论建立的层次结构模型和网状结构模型以及按关系理论建立的关系结构模型,分别对应不同的数据库。

①层次结构模型

层次结构模型实质上是一种有根结点的定向有序树(在数学中"树"被定义为一个无回路的连通图)。图5-1是一个高等学校的组织结构图。这个组织结构图像一棵树,校部就是树根(称为根节点),各系、专业、教师、学生等为枝点(称为节点),树根与枝点之间的联系称为边,树根与边之比为1:N,即树根只有一个,树枝有N个。

按照层次模型建立的数据库系统称为层次模型数据库系统。IMS(Information Management System)是其典型代表。

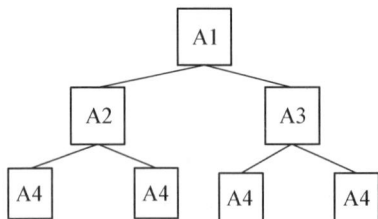

图5-1 层次结构模型

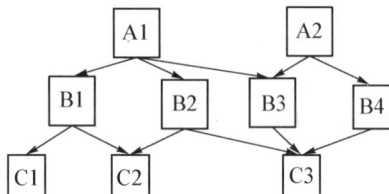

图5-2 网络模型

②网状结构模型(图5-2)

按照网状数据结构建立的数据库系统称为网状数据库系统,其典型代表是DBTG(Data Base Task Group)。可用数学方法将网状数据结构转化为层次数据结构。

③关系结构模型

关系式数据结构把一些复杂的数据结构归结为简单的二元关系(即二维表格形式),其最重要的代表为DB2。例如某单位的职工关系就是一个二元关系。由关系数据结构组成的数据库系统被称为关系数据库系统,在关系数据库中,对数据的操作几乎全部建立在一个或多个关系表格上,通过对这些关系表格的分类、合并、连接或选取等运算来实现数据的管理。一个关系称为一个数据库,若干个数据库可以构成一个数据库系统。数据库系统可以派生出各种不同类型的辅助文件和建立它的应用系统。

表5-1 关系模型

学号	姓名	性别	成绩
010811	张明	男	80
010812	王丽	女	88
010813	鲁洋	男	78

（3）DB2 数据库

常用的数据库有 DB2、IMS、DBTG、Informix、Sybase、SQL Server、PostgreSQL、mySQL 等,下面主要介绍应用最为广泛、影响最大的 IBM 的 DB2 数据库。

IBM 公司研制的一种 DB2 关系型数据库系统,主要应用于大型应用系统,具有较好的可伸缩性,可支持从大型机到单用户环境,应用于 OS/2、Windows 等平台下。DB2 提供高层次的数据利用性、完整性、安全性、可恢复性,以及小规模到大规模应用程序的执行能力,具有与平台无关的基本功能和 SQL 命令;采用数据分级技术,能够使大型机数据很方便地下载到 LAN 数据库服务器,使得客户机/服务器用户和基于 LAN 的应用程序可以访问大型机数据,并使数据库本地化及远程连接透明化。

DB2 以拥有一个非常完备的查询优化器而著称,其外部连接改善了查询性能,并支持多任务并行查询,具有很好的网络支持能力,每个子系统可以连接十几万个分布式用户,可同时激活上千个活动线程,对大型分布式应用系统尤为适用。

2006 年,IBM 发布了 DB2 9,其最大特点即是率先实现了可扩展标记语言(XML)和关系数据间的无缝交互,而无需考虑数据的格式、平台或位置,使 XML 数据的存储问题迎刃而解,开创了一个新的 XML 数据库时代。

DB2 可支持从大型机到单用户环境,包括 DB2 工作组版(DB2 Workgroup Edition)、DB2 企业版(DB2 Enterprise Edition)、DB2 个人版(DB2 Personal Edition)和 DB2 企业扩展版(DB2 Enterprise-Exended Edition)等,这些产品基本的数据管理功能是一样的,区别在于支持远程客户能力和分布式处理能力。日常可自行安装 DB2 个人版进行学习。

2）数据库在物流中的应用

数据库具有数据共享、数据独立、数据集中控制和减少数据冗余度等特点,这些特点使得数据库在各个领域都有广泛的应用,尤其是在现代物流领域,数据库的应用已经十分成熟和普遍。数据处理是现代物流各个基本环节的重要组成部分,一个成熟的、完善的数据库对物流系统的运行和优化起着关键的作用。

（1）订单处理

物流中心的交易起始于客户的咨询、业务部门的报表,然后由订单的接收业务部门查询出货日的存货状况、装卸货能力、流通加工负荷、包装能力、配送负荷等来答复客户,而当无法依客户要求交货时,业务部加以协调。在这个过程中,传统的物流组织通过单纯的人工统计、调货、分配出货数量,导致效率低下,投资较大。

建立物流数据库,能存储来自不同企业的生产、销售和库存信息,并且提供灵活的数据采集手段,既可以自动传输和加载数据,也可以手工录入,保证数据的准确无误和及时处理,见图 5 - 3。

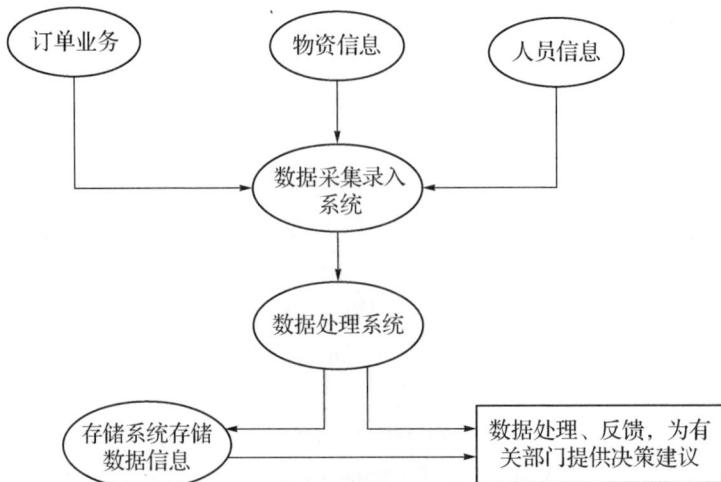

图 5-3　数据库在订单处理中的应用

（2）采购

交易订单接受之后由于供应货品的要求，物流中心要向供货厂商或制造厂商订购商品，采购作业的内容包含统计商品数量、查询供货厂商交易条件等，然后依据所制订的数量及供货厂商所提供的订购批量，采购货品。

在这个环节上，数据库可以根据对象的单价、规格、营运成本等多方面数据资料，系统自动处理，为决策者提供最优方案，以达到最大利润化的目的，降低成本，见图 5-4。

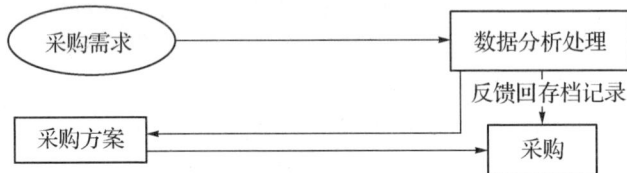

图 5-4　数据库在采购中的应用

（3）进货入库及库存管理

这个环节里，数据库能够解决四个任务：对入库货品进行登记备案，详细记录时间和货品数量、规格等信息；根据货品规格及具体仓库场地情况，提供存物摆放方案，以达到资源最大利用化；对在库货品进行定期或不定期管理复查，鉴于某些货品存放时间影响品质的问题，及时提示主管人员采取必要措施；对每个货品的出库时间或上架时间作预测，为后续环节做准备，见图 5-5。

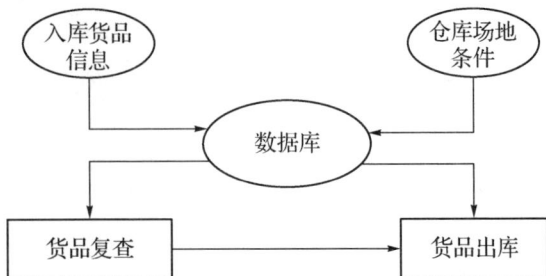

图 5-5　数据库在入库及库存管理中的应用

（4）补货及拣货

通过统计客户订单资料,预测货品真正的需求量;在出库日,当库存数足以供应出货需求时,即可依据需求打印出库拣货单及各项拣货指示,并可以规划布置拣货区域、选用工具、调派人员。

数据库能够及时更新数据资料,并对更新的部分作出反应,提供具体的措施,保证企业有足够的供货能力和对市场的应变能力,见图 5-6。

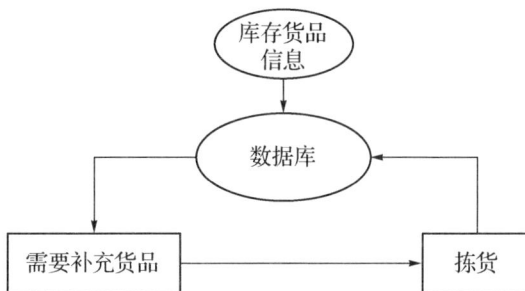

图 5-6 数据库在补货及拣货中的应用

（5）出货

出货主要内容包含:依据客户订单资料印制出货单据,制定出货流程,印制出货批次报表、地址标签及出货检核表等;由相关人员决定出货方式、选用集货工具、调派集货作业人员,并决定运送车辆的大小与数量。

在现代物流中,这一环节的大部分处理都可以利用功能强大的数据库。数据库根据所掌握的客户信息,调整出货时间和方式,准备合理的运输路线,整理货品资料,提供客户最详尽的产品、服务介绍。最后,数据库记录每次业务对象及其情况,为以后的再次合作打下基础,见图 5-7。

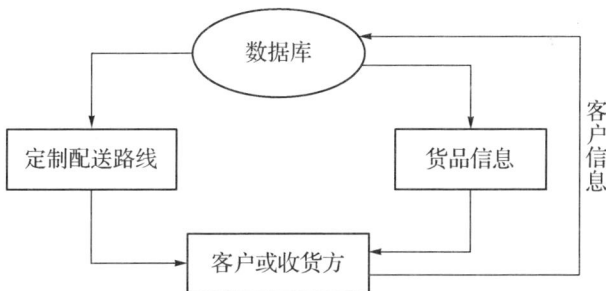

图 5-7 数据库在出货中的应用

（6）会计入账

对于任何一个企业来说,这个环节必不可少。强大的数据库可以保证会计数据的准确性和灵活机动性,会计数据体现了企业的良好运作状态,是企业的一大资本,通过数据库网络,第一时间把各部门会计资料汇总核算;然后,保存备案处理过的数据;最后是调用、修改数据,见图 5-8。

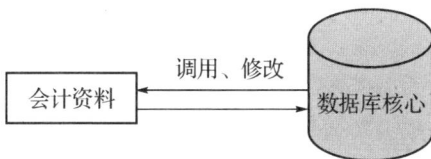

图 5-8 数据库在会计入账中的应用

119

5.1.2 数据仓库

数据仓库(Data Warehouse,简写为 DW)是一种面向主题的、集成的、时变的数据集合,它从各种业务处理系统中获取数据,并经过提取、清理、转换和加载的过程,存储在一个中央数据存储库中,以便为企业或组织的决策分析提供支持。数据仓库系统是一个信息提供平台,它为用户提供了从数据中获取信息和知识的各种手段,如数据分析、数据挖掘、人工智能和机器学习等。数据仓库的建设基于现有的企业业务系统和大量的业务数据的积累,数据仓库的任务是将信息整理归纳和重组,并及时地提供给需要这些信息的使用者,以便他们能够做出改善业务经营的决策。数据仓库的特点是不断地随时间变化,以反映业务的动态变化。数据仓库在物流信息系统中发挥着重要的作用,主要体现在以下几个方面:

(1)帮助物流企业进行需求预测,通过分析客户的行为和需求信息,反映市场的需求变化,为产品的进出市场做出合理的规划和安排。

(2)优化仓储作业,通过合理地安排商品的储存位置,提高仓库的利用率和搬运分拣的效率,降低库存成本和风险。

(3)优化配送作业,通过实时分析配送路线的交通状况,制定最合理的配送线路和方案,提高配送效率和服务质量,降低配送成本和环境影响。

(4)提高物流管理水平,通过整合物流上下游、内部和外部的数据,实现物流全链条的数据协同共享,提供全面的物流报告和决策支持,提升物流的竞争力和价值。

1)数据仓库系统的体系结构

整个数据仓库系统是一个四层体系结构,具体由图 5-9 表示。

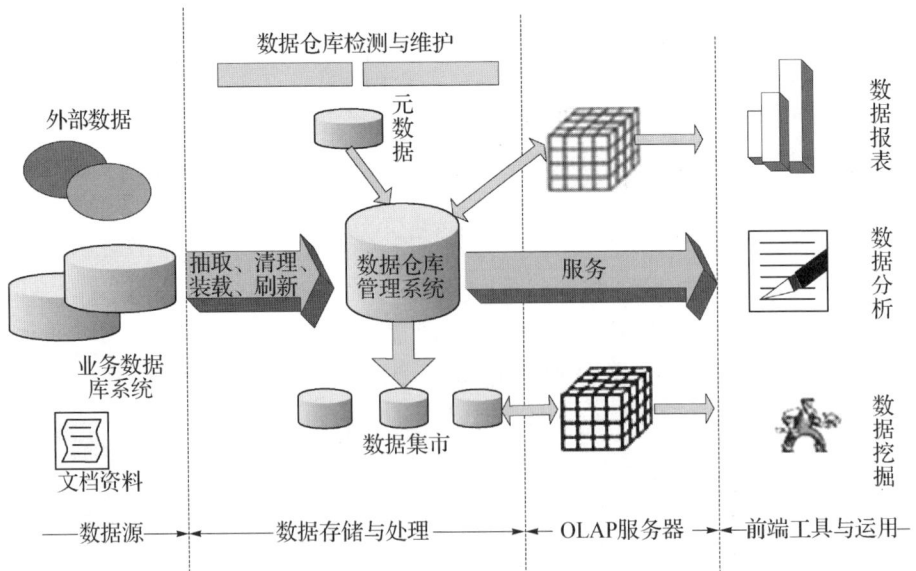

图 5-9 数据仓库系统体系结构

数据源:是数据仓库系统的基础,是整个系统的数据源泉。通常包括企业内部信息和外部信息。内部信息包括各种业务处理数据和各类文档数据;外部信息包括各类法律法规、市场信息和竞争对手的信息等等。

数据的存储与管理:是整个数据仓库系统的核心。元数据是描述数据仓库内数据的结构和建立方法的数据。数据仓库的真正关键是数据的存储和管理。数据仓库的组织管理方式决定了它有别于传统数据库,同时也决定了其对外部数据的表现形式。要决定采用什么产品和技术来建立数据仓库的核心,则需要从数据仓库的技术特点着手分析。针对现有各业务系统的数据,进行抽取、清理,并有效集成,按照主题进行组织。数据仓库按照数据的覆盖范围可以分为企业级数据仓库和部门级数据仓库(通常称为数据集市)。

OLAP(On-Line Analytical Processing,即联机分析处理)服务器:对需要分析的数据进行有效集成,按多维模型予以组织,以便进行多角度、多层次的分析,并发现趋势。其具体实现可以分为:关系联机分析处理(RelationalOLAP,简称 ROLAP)、多维联机分析处理(MultidimensionalOLAP,简称 MOLAP)和混合型联机分析处理(HybridOLAP,简称 HOLAP)。ROLAP 基本数据和聚合数据均存放在 RDBMS 之中;MOLAP 基本数据和聚合数据均存放于多维数据库中;而 HOLAP 是 ROLAP 与MOLAP 的综合,基本数据存放于 RDBMS 之中,聚合数据存放于多维数据库中。

前端工具:主要包括各种报表工具、查询工具、数据分析工具、数据挖掘工具以数据挖掘及各种基于数据仓库或数据集市的应用开发工具。其中数据分析工具主要针对OLAP 服务器,报表工具、数据挖掘工具主要针对数据仓库。

2）数据仓库与数据库的关系

数据库和数据仓库是两种不同的数据存储和管理技术,它们有着不同的设计目的、数据类型、数据结构和数据应用。

数据库是面向事务的设计,它主要用于存储和处理在线交易数据,如订单、库存、客户等。数据库的设计原则是尽量避免数据的冗余和不一致,一般采用符合范式的规则来设计,如第一范式、第二范式、第三范式等。

数据仓库是面向主题的设计,它主要用于存储和分析历史数据,如销售、利润、市场等。数据仓库的设计原则是有意引入数据的冗余和降维,采用反范式的方式来设计,如星型模型、雪花模型、星座模型等。

数据库是为捕获数据而设计,它的数据是实时的、动态的、详细的。

数据仓库是为分析数据而设计,它的数据是历史的、静态的、汇总的、粗略的。数据仓库的两个基本的元素是维表和事实表。维表是用来描述数据的维度,即看问题的角度,比如时间、地点、产品、部门等。维表中存放的是维度的属性,如日期、名称、编号、分类等。事实表是用来记录数据的事实,即发生的事件,比如销售、支出、收入等。事实表中存放的是事实的度量,如数量、金额、比率等。事实表和维表之间通过维度的 ID 进行关联,形成多对一的关系。

3）数据仓库的应用

数据仓库的应用便捷了数据处理、优化了物流流程，为物流信息系统的建立提供了数据存储技术，提高了物流企业的效率，并为数据挖掘提供了信息基础。

（1）辅助生产物流决策

企业的生产物流是指以企业生产所需原材料入库为起点，以企业加工制造的成品入库为终点的整个产品生产所涉及的物流活动。生产物流是制造型企业所特有的物流管理环节，它是与企业生产流程紧密结合，不可分割且同步发生的。而现代生产物流系统主要由管理层、控制层和执行层组成。根据各个层次的不同分工，物流系统对管理层要求具有较高的智能性，能够从大量的数据中进行分析、挖掘、转换和整合，以有利于生产物流决策管理人员对自身的经营状况以及整个市场相关行业的发展态势进行深入的分析。

对于生产物流决策管理来说，生产物流决策管理系统的数据可能来自各个部门，如仓库、销售、生产以及财务等，这些数据相互独立，是不利于决策者进行查询和分析的。而生产物流决策管理就是以管理科学、运筹学、控制论和行为科学为基础，通过利用数据仓库技术对数据进行整合、建模，为决策者提供决策所需的数据、信息和背景材料，帮助明确决策目标和进行问题的识别，提供多种决策的参考方案，并对其进行评价、选优，以利于各个职能管理部门做专题分析和辅助领导层进行决策。

（2）物流数据分析

利用物流数据仓库和多维联机分析处理，可以了解物流过去和现在的情况，为物流相关单位提供准确、直观、全面的流程信息，因为物流每天产生大量的业务数据，并且现代物流业务种类繁多、环节复杂，相关单位和企业单凭经验和直觉无法从自身数据库的数据中直接得出规律性或趋势性的信息，需要数据仓库为其决策提供比较准确的依据。

（3）辅助建立物流配送系统

物流配送系统的目的正是为了帮助物流配送企业随着市场需求变化，不断调整企业的运作方针，优化企业的业务流程，提高企业经营管理水平和企业竞争力。将数据仓库技术应用到物流配送系统中，可以有效提高物流配送系统的效率。

面向物流配送的数据仓库的信息可以包含时间维度、货物维度和车辆维度三种维度的配送立方体结构图，见图 5－10。其中，车辆维度的类别可以包括全部车辆、车辆类型、单个车辆等；时间维度的类别可以包括全部时间，年、月、日、时、分等；货物维度的类别可以包括全部货物、货物分类、单个品种等。

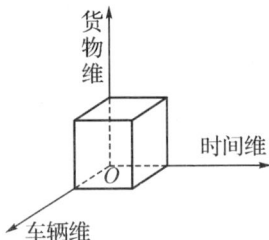

图 5－10　配送立方体结构图

通过对该配送立方体进行切片/切块、旋转等操作来完成配送业务的分析。例如，对于货物维和时间维组成的平面进行切片分析，可以查看某辆车的运行情况，对车辆维和货物维组成的平面进行切片分析，可以查看企业每次配货状况，分析不同车辆的载货能力。

5.1.3　存储备份与异地容灾

物流信息系统是物流管理的重要支撑,它涉及大量物流数据的收集、存储、传输、加工、解释和输出,为物流决策、控制和优化提供有价值的信息。为了保证物流信息系统的可用性、可靠性和安全性,防止物流数据的丢失、损坏或被恶意篡改,物流信息系统需要采取有效的数据保护措施,其中最常见的是存储备份和异地容灾。

存储备份是指将物流信息系统中的数据定期或实时地复制到另一个存储设备或位置,以便在原始数据发生故障或损坏时进行恢复。存储备份的目的是提高数据的可恢复性,减少数据的损失风险。存储备份的方式有多种,可以根据备份的频率、范围、速度和成本进行选择,如全量备份、增量备份、差异备份、镜像备份等。存储备份的介质也有多种,可以根据备份的容量、性能、稳定性和可扩展性进行选择,如磁盘、磁带、光盘、云存储等。

异地容灾是指将物流信息系统中的数据和应用在不同的地理位置建立冗余的副本,以便在原始数据或应用发生灾难性事件(如火灾、洪水、地震、恐怖袭击等)时进行切换和恢复。异地容灾的目的是提高数据和应用的可用性,减少灾难的影响范围。异地容灾的模式有多种,可以根据切换的时间、成本、复杂度和风险进行选择,如热备、冷备、温备、云备等。异地容灾的技术也有多种,可以根据数据和应用的一致性、完整性、可用性和可恢复性进行选择,如数据复制、数据同步、数据迁移、数据快照等。

目前,存储备份与异地容灾的技术已经广泛应用于大型的物流企业。

亚马逊是世界上最大的电子商务和云计算公司,它拥有庞大的物流网络和数据中心,需要保证数据的安全和可用性。亚马逊使用了多种存储备份与异地容灾的技术,如S3、Glacier、EBS、EC2等,来实现数据的分层、分区、复制、加密、压缩、恢复等功能。亚马逊还提供了 AWS Backup、AWS Disaster Recovery 等服务,帮助客户实现数据的备份和灾难恢复。亚马逊的数据保护技术可以应对各种故障和灾难场景,如硬件故障、网络中断、人为错误、自然灾害等,保障物流信息系统的正常运行和业务连续性。

顺丰是中国比较大的快递物流公司,它拥有庞大的物流信息系统,需要处理海量的物流数据,实现数据的采集、存储、传输、加工、解释和输出。顺丰使用了 IBM 的数据存储技术,如 NAS、SAN、SSD、云存储等,来实现数据的结构化和非结构化存储,以及数据的备份和恢复。顺丰还使用了 IBM 的数据分析技术,如 SPSS、Cognos、Watson 等,来实现数据的挖掘、分析、可视化和智能化。顺丰的数据保护技术可以保证物流数据的完整性、准确性和时效性,提升物流信息系统的质量和效率。

5.2　数据挖掘

5.2.1　数据挖掘概述

数据挖掘(Data Mining),就是从大量数据中获取有效的、新颖的、潜在有用的、最终可理解的模式的非平凡过程。数据挖掘的广义观点是从存放在数据库、数据仓库或其他信息库中的大量数据中"挖掘"有趣知识的过程。

近年来,数据挖掘引起了信息产业界的极大关注,其主要原因是存在大量数据,可以广泛使用,并且迫切需要将这些数据转换成有用的信息和知识。获取的信息和知识可以广泛用于各种应用,包括商务管理,生产控制,市场分析,工程设计和科学探索等。

数据挖掘是从大量数据中寻找其规律的技术,主要有数据准备、规律寻找和规律表示、规律评价四个步骤,见图 5-11。数据准备是从各种数据源中选取和集成用于数据挖掘的数据;规律寻找是用某种方法将数据中的规律找出来;规律表示是用尽可能符合用户习惯的方式(如,可视化)将找出的规律表示出来。

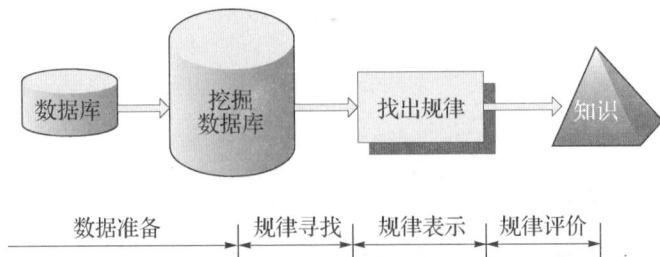

图 5-11 数据挖掘的步骤

在具体实施数据挖掘应用时,还要有一个步骤就是结果评价。这是因为数据算法寻找出来的是数据的规律,其中有些是人们感兴趣的、有用的,还有一些可能是不感兴趣的、没有用的。这就要对寻找出的规律进行评估。

完整的数据挖掘包含:理解业务与理解数据;获取相关技术与知识;整合与查询数据;去除错误或不一致及不完整的数据;由数据选取样本先行试验;建立数据模型;实际数据挖掘的分析工作;测试与检验;找出假设并提出解释;持续应用于企业流程中。

由上述步骤可看出,数据挖掘牵涉了大量的准备工作与规划过程,事实上许多专家皆认为整套数据挖掘的进行有 80%的时间精力是花费在数据前置作业阶段,其中包含数据的净化与格式转换甚至表格的联结。由此可知数据挖掘只是信息挖掘过程中的一个步骤而已,在进行此步骤前还有许多的工作要先完成。

5.2.2 数据挖掘的功能及方法

数据挖掘从功能上可以分为概念描述、关联知识挖掘、类知识挖掘、预测型知识挖掘、特异型知识挖掘五种类型,下面就各种类型的数据挖掘的应用及相关方法进行说明。

1) 概念描述

概念描述也称为数据总结,其目的是对数据进行浓缩,给出它的综合描述,或者将它与其他对象进行对比。概念描述本质上就是对某类对象的内涵特征进行概括,通过对数据的总结,可以实现对数据的总体把握。概念描述分为特征性描述和区别性描述,前者描述某类对象的共同特征,后者描述不同类对象的区别。

最简单的概念描述就是利用统计学中的传统方法,计算出数据库中各个数据项的总和、均值、方差等,或者利用联机分析处理技术实现数据的多维查询和计算。

2）关联知识挖掘

关联知识反映一个事件和其他事件之间的依赖或关联。数据库中的数据关联是现实世界中事物联系的表现,但是数据库中数据间的关联大多是隐藏且复杂的,关联知识挖掘的目的就是找出依存在数据库中隐藏的关联知识。

关联可以分为因果关联、时序关联、数量关联等,关联知识挖掘常用的方法是基于关联规则挖掘的 Apriori 频繁项集算法。

3）类知识挖掘

类知识刻画了一类事物,这类事物具有某种意义上的共同特征,并明显和不同类事物相区别,类知识挖掘主要包括分类和聚类两种方法。

分类的目的是构造一个分类器,该分类器能把数据库中的数据项映射到给定的类别中。构造分类器首先需要训练样本作为输入数据集。从机器学习的观点,分类技术是一种有指导的学习,即每个训练样本的数据对象已经有类标识,通过学习可以形成表达数据对象与类标识间相对应的知识。从这个意义上来讲,分类挖掘的目标就是根据训练样本数据集得到类知识并对源数据集进行类别划分,从而实现对未来数据的归类进行预测。分类的知识可以采用分类规则、概念树或分类网络等形式表现出来。

聚类分析是把训练样本数据集按照相似性聚合成若干个簇,目的是使得属于同一个簇的数据集样本之间的差别尽可能小,而不同簇上的样本间的差别尽可能大。利用聚类分析将源数据库中的数据聚合成一系列有意义的子集,从而实现对数据的分析,聚类分析的常用方法有机器学习、神经网络等方法。

聚类分析与分类的区别在于,聚类分析是在特定的类标识下探寻新样本数据属于哪个类,而分类技术则是通过对样本数据集的分析比较从而生成新的类标识。

4）预测型知识挖掘

预测型知识是由历史和当前数据产生的并能预测未来数据趋势的知识。预测型知识通常包含时间属性,可以认作是以时间为关键属性的关联知识,因此有时也可以用前面的关联知识挖掘计算对以时间为关键属性的数据集进行挖掘。从预测的主要功能上看,预测型知识挖掘主要是对未来数据的趋势输出或概念来分类。

预测型知识挖掘的常用方法有回归分析和时间序列预测,回归分析预测法可以对历史样本数据建立变量之间的回归方程,并将回归方程作为预测模型,生成对未来数据的连续预测值;时间序列预测模型则可以处理有关时间的一些特性,例如时间的周期性、阶层性、季节性以及其他的一些特别因素(如过去与未来的关联性)。

5）特异型知识挖掘

特异型知识是数据库或源数据集中所包含的特例数据或具有明显区别的知识描述。特异型知识通常包括离散点和异常序列,离散点是指不符合数据一般模型的数据,在数据挖掘中通常将其作为噪声来处理,异常序列是指一系列行为或事件对应的序列中明显不符合一般规律的数据列。对噪声点和异常序列的挖掘处理可以提高数据的质量,提高数据分析的准确性,同时结合实际也可以帮助发现系统中存在的问题并予以及时修正。

5.2.3 数据挖掘和数据仓库的关系

若将数据仓库比喻作矿坑,数据挖掘就是深入矿坑采矿的工作。毕竟数据挖掘不是一种无中生有的魔术,也不是点石成金的炼金术,若没有够丰富完整的数据,是很难期待数据挖掘能挖掘出什么有意义的信息。

要将庞大的数据转换成为有用的信息,必须先有效率地收集信息。随着科技的进步,功能完善的数据库系统就成了最好的收集数据的工具。数据仓库,简单地说,就是搜集来自其他系统的有用数据,存放在一整合的储存区内。所以其实就是一个经过处理整合,且容量特别大的关系型数据库,用以储存决策支持系统所需的数据,供决策支持或数据分析使用。从信息技术的角度来看,数据仓库的目标是在组织中,在正确的时间,将正确的数据交给正确的人。

数据仓库是数据库技术的一个新主题,利用计算机系统帮助操作、计算和思考,让作业方式改变,决策方式也跟着改变。

数据仓库本身是一个非常大的数据库,它储存着由组织作业数据库中整合而来的数据,特别是指 OLTP(On-Line Transactional Processing,联机事务处理)所得来的数据。将这些整合过的数据置放于数据仓库中,而公司的决策者则利用这些数据作决策;但是,这个转换及整合数据的过程,是建立一个数据仓库最大的挑战。因为将作业中的数据转换成有用的策略性信息是整个数据仓库的重点。综上所述,数据仓库应该具有整合性数据、详细和汇总性的数据、历史数据、解释数据的数据。

从数据仓库挖掘出对决策有用的信息与知识,是建立数据仓库与使用数据挖掘的最大目的,两者的本质与过程是两回事。换句话说,数据仓库应先行建立完成,数据挖掘才能有效率地进行,因为数据仓库本身所含数据是干净(不会有错误的数据掺杂其中)、完备,且经过整合的。因此两者关系或许可解读为数据挖掘是从巨大数据仓库中找出有用信息的一种过程与技术。

数据挖掘和数据仓库的协同工作,一方面,可以迎合和简化数据挖掘过程中的重要步骤,提高数据挖掘的效率和能力,确保数据挖掘中数据来源的广泛性和完整性。另一方面,数据挖掘技术已经成为数据仓库应用中极为重要和相对独立的方面和工具。

5.2.4 数据挖掘的应用

现代物流系统是一个庞大复杂的系统,特别是全程物流,包括运输、仓储、配送、搬运、包装和再加工等环节,每个环节信息流量巨大,使企业很难对这些数据进行及时、准确的处理。为了帮助决策者快速、准确地做出决策,提高企业的运作效率,降低物流成本、增加收益,就需要一种新的数据分析技术来处理数据。数据挖掘技术能帮助企业在物流信息系统管理中,及时、准确地收集和分析各种信息,对客户的行为及市场趋势进行有效的分析,了解不同客户的爱好,从而为客户提供有针对性的产品和服务,提高各类客户对企业和产品的满意度。

1）提高客户满意度

以第三方物流企业的客户关系管理为例,利用聚类分析,根据物流客户的个人特征以及物流业务消费数据,可以将客户群体进行细分。例如,可以得到这样的一个物流业务消费群体:生产企业对物流业务中运输需求占 41%,对物流业务中仓储业务的需求占 23%;商业企业对物流业务中运输需求占 59%,对物流业务中仓储业务需求占 77%。针对不同的客户群,可以实施不同的物流服务方式,从而提高客户的满意度。

2）产品销售预测

产品在进入市场后,并不会永远保持最高销量。一般来讲,随着时间的推移,产品会遵守销量变化的模式,经历四个阶段,即导入期、增长期、成熟期和衰退期。在各个阶段,产品的生产要求和实物分拨策略是不同的。如在导入期,产品逐步得到市场的认可,销售量可能会快速的增长,这时需要提前的生产计划、生产作业安排以及适合的库存和运输策略。此时,物流企业应从提高客户服务水平的角度出发,依据类似商品以往市场需求变化情况,向客户提供市场预测服务,指导企业的生产,合理地控制库存和安排运输。数据挖掘可以作为市场预测的手段,通过聚类和预测工具,达到上述目的。

3）合理安排商品储位

商品的合理储位对于仓容利用率、储存搬运分拣效率的提高具有重要的意义。对于商品量大、出货频率快的物流中心来讲,商品储位就意味着工作效率和效益,要真正解决好这个问题,数据挖掘是必不可少的。可以利用以往的商品流动数据,采取数据挖掘中的关联模式来分析解决这个问题。通过分析物流中心中商品历次出货的时间、数量、送货地点、需求者以及关联度等要素,确定商品的储存方式、储存位置和分拣手段,从而提高物流中心的储存、分拣和出货的效率。

4）优化配送路径

配送路径是个典型的非线性问题,它一直影响着物流企业配送效率的提高。数据挖掘中的遗传算法为配送路径的优化提供了新的工具,它可以把在局部优化时的最优路线继承下来,应用于整体,而其他剩余的部分则结合区域周围的剩余部分(即非遗传的部分)进行优化。如此下去,逐渐把其他的区域并入优化的范畴,最后扩展到整体,模型得出的信息即可用来决策输出,即根据每次配送顾客数量的不同、顾客位置的不同,以及相应订货量的不同,输出本次送货线路车辆调度的动态优化方案。

5）顾客价值分析

根据市场营销的原则,对待不同类型的顾客所提供的服务水平也应该是不同的。通过分析客户对物流服务的应用频率、持续性等指标来判别客户的忠诚度,通过对交易数据的详细分析来鉴别哪些是物流企业希望保持的客户,通过挖掘找到流失客户的共同特征,就可以在那些具有相似特征的客户还未流失之前进行针对性的弥补。

6）物流需求预测

物流企业规划和控制物流活动需要准确估计供应链中所处理的产品和服务的数量,这些估计主要采用预测和推算的方式。数据挖掘可以对物流活动中的产品和服务类型随时间变化的规律和趋势进行建模描述。时间趋势分析可以对现有商品在时间上的变化找出趋势,然后确定需要注意和开发商品的类型。空间趋势分析可以根据地理位置的变化找到趋势,然后确定以往重点发展的区域。这对于物流企业长远的发展也是至关重要的。

5.3 大数据与人工智能

5.3.1 大数据

1）大数据的特征

大数据是指非常庞大、复杂的数据集,它来自各种新的数据源,如社交媒体、物联网、传感器、卫星等,它的规模之大超出了传统数据处理软件的能力,但它也能帮助我们解决以往非常棘手的业务难题,创造新的价值和机会。大数据不仅包括结构化的数据,如表格和数字,还包括非结构化的数据,如文本、图像、音频和视频。大数据还需要实时或近实时地收集、存储、分析和应用,以反映数据的动态变化和时效性。其呈现出四个主要的特征:

(1) 数据量大(Volume)

这是指数据的规模超过了传统数据库软件工具的处理能力,需要使用分布式存储和并行计算的方法来处理。数据量的大小可以用字节(B)来衡量,从千字节(KB)到千万亿字节(PB)不等。

(2) 数据种类多(Variety)

这是指数据的类型非常丰富,包括结构化的数据(如表格、数字、文本等),半结构化的数据(如 XML、JSON 等)和非结构化的数据(如音频、视频、图片、地理位置信息等)。这些数据需要不同的处理方式,例如转换、清洗、标准化、分类、聚合等。

(3) 数据价值密度低(Value)

这是指数据中往往混杂着大量的无用或重复的信息,需要通过强大的算法进行数据清洗和价值提取。数据的价值密度可以用数据的价值与数据的规模的比值来衡量,一般来说,大数据的价值密度较低,需要更多的分析和挖掘才能发现数据的潜在价值。

(4) 数据产生和处理速度快(Velocity)

这是指数据的生成和流动速度非常快,要求高速地接收、存储、分析和应用数据。数据的速度可以用数据的变化率或数据的处理时间来衡量,一般来说,大数据的速度较高,需要更快的响应和反馈才能满足实时或近实时的需求。

2）大数据的应用

大数据的应用可以为各个行业和领域带来价值和创新,例如产品开发、预测性维护、客户体验、欺诈和合规性、机器学习、运营效率等。大数据可以帮助企业更好地了解客户需求、市场趋势、竞争优势、风险管理、业务优化等,提升企业的决策能力和竞争力(图 5-12)。大数据的挑战包括数据的存储、管理、分析和安全等方面。由于数据量的快速增长和数据类型的多样化,传统的数据存储和处理技术难以满足大数据的需求。因此,需要使用新的技术,如 Hadoop、Spark、云计算、图形数据库等,来实现大数据的分层、分区、复制、加密、压缩、恢复、查询、挖掘、可视化和智能化等功能。同时,也需要保证数据的质量、真实性、可靠性和安全性,防止数据的丢失、损坏或被恶意篡改。

物流是一种涉及大量数据的行业,它需要对物流资源、物流需求、物流流程、物流效果等进行有效的管理和优化。大数据在物流领域的作用是通过收集、存储、分析和应用海量的物流数据,来提高物流的智能化、降低物流成本、提高用户服务水平等。具体来说,大数据可以帮助物流企业实现以下几个方面的应用:

(1)车货匹配。通过对运力和需求的精准分析,实现高效的物流资源配置和利用,减少空驶和拥堵,提高运输效率和环境友好性。大数据可以帮助物流企业实时地获取运力和需求的信息,如车辆的位置、状态、载重、路线等,以及货物的类型、数量、重量、目的地等,然后通过智能算法,为每个订单匹配最合适的车辆,或为每辆车辆规划最优的货物组合,从而实现车货的最佳匹配,提高运力的利用率,降低运输的成本和时间,减少空气污染和碳排放。

(2)运输路线优化。通过对交通、气象、地理等多维数据的实时分析,为物流车辆规划最佳的配送路径,节省时间和油耗,提高送达率和客户满意度。大数据可以帮助物流企业实时地获取交通、气象、地理等数据,如道路的拥堵、事故、施工、限行等,以及天气的温度、湿度、降雨、风力等,以及地形的高度、坡度、曲率等,然后通过智能算法,为每辆车辆规划最佳的配送路径,避免交通拥堵和恶劣天气,考虑地形的影响,从而节省时间和油耗,提高送达率和客户满意度。

(3)库存预测。通过对商品、市场、销售等多源数据的挖掘和分析,为商家提供精准的库存管理和分仓策略,避免缺货和滞销,提升资金周转和利润率。大数据可以帮助商家获取商品、市场、销售等数据,如商品的属性、价格、库存、销量、评价等,以及市场的需求、竞争、趋势、季节性等,以及销售的渠道、地域、客户、促销等,然后通过智能算法,为每个商品预测未来的销售量和库存量,为每个仓库分配合适的商品种类和数量,从而避免缺货和滞销,提升资金周转和利润率。

(4)设备修理预测。通过对物流设备的状态、性能、故障等数据的监测和分析,为物流企业提供预测性的维护和修理方案,降低设备停机和维修成本,延长设备寿命和稳定性。大数据可以帮助物流企业监测和分析物流设备的状态、性能、故障等数据,如设备的温度、压力、电流、电压、振动、噪声等,设备的使用频率、使用时间、使用环境等,以及设备的故障类型、故障原因、故障频率、故障影响等,然后通过智能算法,为每个设备预测未来的故障概率和故障时间,为每个设备提供合适的维护和修理方案,从而降低设备停机和维修成本,延长设备寿命和稳定性。

(5)供应链协同管理。通过对供应链上下游的数据的整合和共享,实现供应链的透明化和协同化,提高供应链的响应速度和灵活性,降低供应链的风险和成本。大数据可以帮助物流企业整合和共享供应链上下游的数据,如供应商的生产、库存、质量、交货等,以及分销商的订单、库存、销售、退货等,以及最终客户的需求、反馈、满意度等,然后通过智能算法,为供应链的各个环节提供协同的决策和执行方案,如采购、生产、配送、退货等,从而实现供应链的透明化和协同化,提高供应链的响应速度和灵活性,降低供应链的风险和成本。

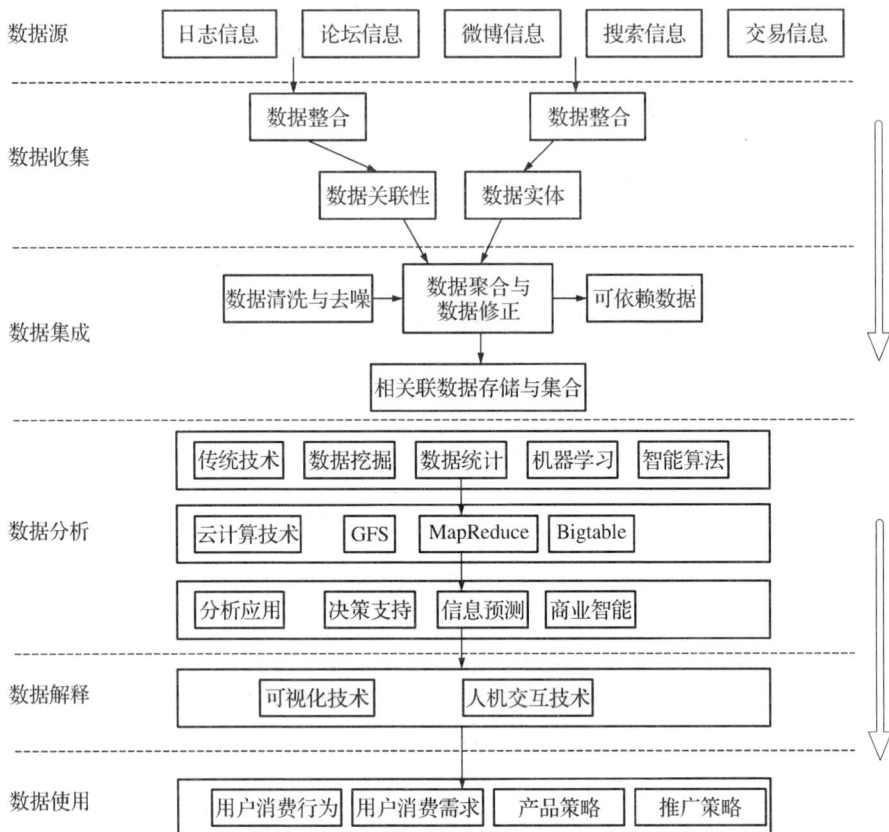

图 5-12　大数据技术在零售业务中的应用路线

5.3.2　人工智能

1）人工智能的内涵和面临的挑战

人工智能是指让计算机或机器具有人类智能的能力,特别是来自人类认知、学习、推理、决策、创造等方面的能力,它的发展之快令传统的计算机科学和工程领域受到了巨大的挑战和影响,但它也能帮助我们解决以往非常复杂的问题,创造新的价值和机会。人工智能有多个主要的分支,如机器学习、深度学习、自然语言处理、计算机视觉、知识表示和推理、专家系统、机器人学等。人工智能不仅包括基于符号的逻辑推理,还包括基于数据的统计学习。人工智能还需要不断地与人类和环境进行交互,以获取反馈和适应变化。

人工智能的挑战包括算法的设计、实现和优化,数据的获取、处理和保护,硬件的开发、集成和部署,伦理的规范、监督和评估等方面。由于算法的复杂性和数据的敏感性,传统的软件工程和信息安全技术难以满足人工智能的需求。因此,需要使用新的技术,如神经网络、强化学习、生成对抗网络、云计算、边缘计算、区块链等,来实现人工智能的高效、可靠、可解释、可信等特性。同时,也需要保证人工智能的质量、真实性、可靠性和安全性,防止人工智能的误差、偏见、欺诈或攻击。

2) 人工智能的应用

人工智能的应用可以为各个行业和领域带来价值和创新,例如医疗诊断、智能制造、自动驾驶、语音识别、图像识别、自然语言生成、游戏设计、艺术创作等。人工智能可以帮助人类更好地理解自然和社会现象、提高生产和服务效率、优化资源和能源利用、增强安全和便利性、拓展知识和文化边界等。

随着我国社会经济的快速发展,物流行业也面临着更高的效率要求和更大的挑战。人工智能技术的发展和应用,为物流业带来了深刻的变革,国务院《关于促进快递业发展的若干意见》指出,"互联网+"快递是快递行业的新发展方向。物流快递业应用移动互联、物联网、大数据、云计算等前沿技术,提升企业的数据分析和应用能力,实现掌上物流、智能物流、云物流、虚拟仓储等创新模式,提高物流快递业的信息化水平。物流快递业已经从传统的劳动密集型向技术密集型转型,京东无人机、亚马逊超级仓、阿里菜鸟的自动分拣系统等,都是大数据、云计算、物联网等技术在物流快递行业的典型应用,它们提升了物流的效率和便利性,同时也影响了人们的生活方式。人工智能在物流的其他领域应用还包括:

(1) 供应链管理

利用人工智能技术,可以对供应链中的各个环节进行实时监控、智能预测、动态优化,从而提高供应链的协同性、灵活性、可靠性和透明度。例如,利用人工智能技术,可以根据市场需求、库存状况、生产能力等因素,动态调整生产计划、采购计划、物流计划,实现供需平衡,降低库存成本,提高资金周转率。

(2) 仓储管理

可以实现仓储的智能化、自动化、数字化,从而提高仓储的效率和利用率。例如,利用人工智能技术,可以实现智能仓储机器人、智能拣选车、智能分拣系统等设备的自主协作,实现货物的快速入库、出库、移库、盘点等作业,减少人工干预,降低人工成本,提高仓储准确率。

(3) 运输管理

利用数字化技术实现运输的智能化、自动化、网络化,从而提高运输的效率和安全性。例如,利用人工智能技术,可以实现无人卡车、无人配送车、无人机等设备的自主驾驶,实现货物的快速、安全、低成本的运输,减少交通事故,降低油耗,提高运输质量。

(4) 配送管理

利用人工智能的运筹优化能力,可以实现配送的智能化、个性化、精准化,从而提高配送的效率和满意度。例如,利用人工智能技术,可以实现智能配送系统、智能配送车、智能快递柜等设备的智能调度,实现货物的最优路线规划、最优时间安排、最优资源分配,实现货物的及时、准确、高效的配送,提高客户的体验和忠诚度。

（5）客户服务

利用自然语言处理技术,可以实现客户服务的智能化、人性化、互动化,从而提高客户服务的效率和质量。例如,利用人工智能技术,可以实现智能客服机器人、智能语音识别、智能语音合成等设备的自然语言理解,实现与客户的智能对话,实现货物的智能查询、智能追踪、智能反馈等功能,提高客户的满意度和信任度。

（6）数据分析

利用人工智能中强大的数据处理分析能力,可以实现数据的智能化、深度化、价值化,从而提高数据的分析和应用能力。例如,利用人工智能技术,可以实现大数据挖掘、机器学习、深度学习等技术的数据分析,实现对物流行业的市场趋势、客户需求、竞争对手、风险因素等方面的深入洞察,实现物流业务的智能决策、智能优化、智能创新(图 5 - 13)。

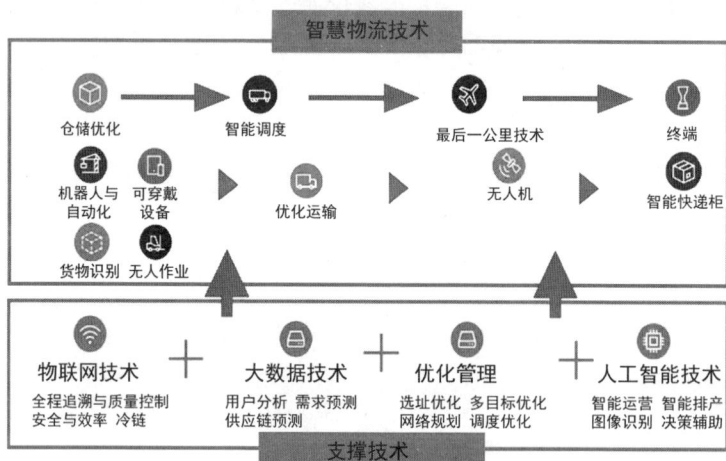

图 5‑13 人工智能在智慧物流技术的应用

5.4 区块链与云计算

5.4.1 区块链

物流与区块链是指利用区块链技术,为物流行业提供安全、透明、高效的数据交换和协作平台,实现物流信息的可信、可追溯、可共享、可协同等特性,从而提升物流的质量和效益。

1）区块链的内涵

区块链技术是一种分布式的、去中心化的、不可篡改的、共识的、智能的数据存储和交易技术,它可以保证数据的安全性、真实性、一致性和完整性。区块链技术有多个主要的特征,如分布式账本、共识机制、加密算法、智能合约、代币经济等。其内涵包括以

下几个方面(图5-14):

- 数据层:区块链是一种链式数据结构,由一个个数据块按照时间顺序相连而成,每个数据块包含了一批交易和状态结果,以及前一个数据块的哈希值,形成不可逆的数据链。数据层是区块链的基础,它提供了数据的存储和验证功能。
- 网络层:区块链是一种点对点的网络,由多个节点组成,每个节点都保存着一份完整的数据副本,通过网络协议进行数据的传输和验证。网络层是区块链的支撑,它提供了数据的分发和同步功能。
- 共识层:区块链是一种分布式的共识系统,通过共识算法来实现网络节点之间的数据同步和一致性,保证区块链的唯一性和正确性。共识层是区块链的核心,它提供了数据的生成和更新功能。
- 激励层:区块链是一种激励机制,通过奖励和惩罚的方式来激励网络节点参与数据的生成和维护,保证区块链的安全性和活跃性。激励层是区块链的动力,它提供了数据的稳定和优化功能。
- 合约层:区块链是一种可编程的平台,通过智能合约来实现数据的自动化处理和操作,支持更复杂和灵活的业务逻辑和应用场景。合约层是区块链的创新,它提供了数据的扩展和应用功能。
- 应用层:区块链是一种创新的应用模式,通过区块链技术可以实现多个领域的应用,如金融、供应链、医疗、政府等,提高效率、降低成本、增加信任和透明度。应用层是区块链的价值,它提供了数据的变现和服务功能。

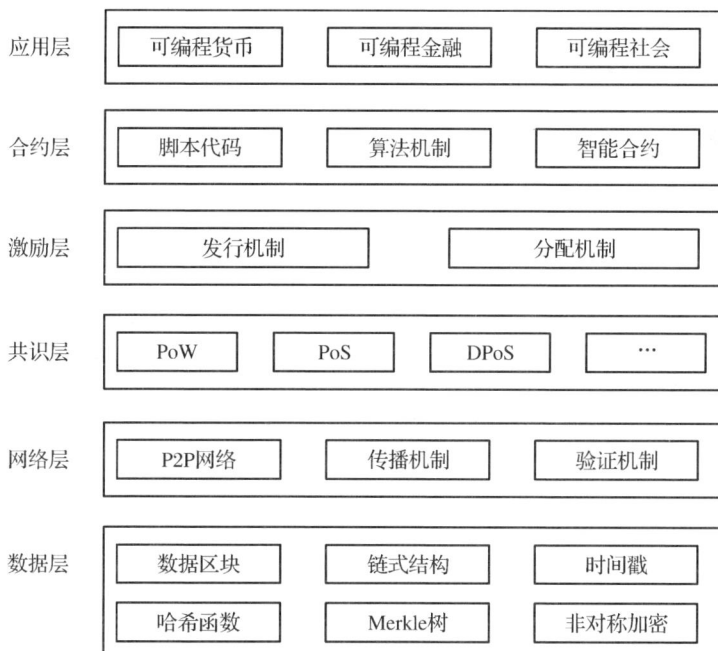

图5-14 区块链基础架构的"六层模型"

区块链包括三个基本要素,即交易(Transaction,一次操作,导致账本状态的一次改变)、区块(Block,记录一段时间内发生的交易和状态结果,是对当前账本状态的一次共识)和链(Chain,由一个个区块按照发生顺序串联而成,是整个状态变化的日志记录)。区块链中每个区块保存规定时间段内的数据记录(即交易),并通过密码学的方式构建一条安全可信的链条,形成一个不可篡改、全员共有的分布式账本(图 5-15)。

通俗地说,区块链是一个收录所有历史交易的账本,不同节点之间各持一份,节点间通过共识算法确保所有人的账本最终趋于一致。区块链中的每一个区块就是账本的每一页,记录了一个批次记录下来的交易条目。这样一来,所有交易的细节都被记录在一个任何节点都可以看得到的公开账本上,如果想要修改一个已经记录的交易,需要所有持有账本的节点同时修改。同时,由于区块链账本里面的每一页都记录了上一页的一个摘要信息,如果修改了某一页的账本(也就是篡改了某一个区块),其摘要就会跟下一页上记录的摘要不匹配,这时候就要连带修改下一页的内容,这就进一步导致了下一页的摘要与下下页的记录不匹配。如此循环,一个交易的篡改会导致后续所有区块摘要的修改,考虑到还要让所有人承认这些改变,这将是一个工作量巨大到近乎不可能完成的工作。正是从这个角度看,区块链具有不可篡改的特性。

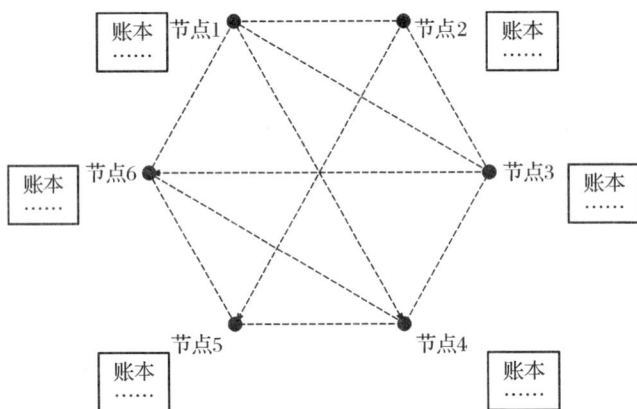

图 5-15 区块链分布式记账网络示意图

2)区块链的特征

(1)去中心化。区块链网络通常由数量众多的节点组成,根据需求不同会由一部分节点或者全部节点承担账本数据维护工作,少量节点的离线或者功能丧失并不会影响整体系统的运行。在区块链中,各个节点遵守一套基于密码算法的记账交易规则,通过分布式存储和算力,共同维护全网的数据,避免了传统中心化机构对数据进行管理带来的高成本、易欺诈、缺乏透明、滥用权限等问题。普通用户之间的交易也不需要第三方机构介入,直接点对点进行交易互动即可。

(2)开放性。区块链系统是开放的,它的数据对所有人公开,任何人都可以通过公开的接口查询区块链数据和开发相关应用,因此整个系统的信息高度透明。虽然区块链的匿名性使交易各方的私有信息被加密,但这不影响区块链的开放性,加密只是对开放信息的一种保护。

(3)匿名性。在区块链中,数据交换的双方可以是匿名的,系统中的各个节点无须知道彼此的身份和个人信息即可进行数据交换。

(4)可追溯性。区块链采用带时间戳的块链式存储结构,有利于追溯交易从源头状态到最近状态的整个过程。时间戳作为区块数据存在的证明,有助于将区块链应用于公证、知识产权注册等时间敏感领域。

(5)透明性。相较于用户匿名性,区块链系统的交易和历史都是透明的。由于在区块链中,账本是分发到整个网络所有参与者,账本的校对、历史信息等对于账本的持有者而言都是透明的、公开的。

(6)不可篡改性。比特币的每次交易都会记录在区块链上,不同于由中心机构主宰的交易模式,其中心机构可以自行修改任意用户的交易信息,比特币很难篡改。

(7)多方共识。区块链作为一个多方参与维护的分布式账本系统,参与方需要约定数据校验、写入和冲突解决的规则,这被称为共识算法。

3)区块链的应用

比特币是一种基于去中心化,采用点对点网络与共识主动性,开放源代码,以区块链作为底层技术的加密货币,是最早应用区块链技术的系统。以太坊(Ethereum)是将比特币中的技术和概念运用于计算领域的一项创新,以太坊利用很多跟比特币类似的机制(比如区块链技术和P2P网络)来维护一个共享的计算平台,这个平台可以灵活且安全地运行用户想要的任何程序(包括类似比特币的区块链程序)。另一个典型区块链系统是Libra(已经改名为Diem),它是Facebook提出的一种支付体系,旨在建立一套简单的、无国界的货币和为数十亿人服务的金融基础设施。

物流与区块链的应用可以为物流行业带来价值和创新,例如供应链管理、货物追踪、物流金融、物流保险、物流监管等。物流与区块链可以帮助物流企业和参与者更好地协调和优化物流资源、物流需求、物流流程、物流效果等,提高物流的透明度、可信度、效率和竞争力。物流与区块链的挑战包括技术的成熟度、兼容性、可扩展性、性能和成本等方面。由于区块链技术的复杂性和新颖性,传统的物流信息系统和标准难以与区块链技术兼容和集成。因此,需要使用新的技术,如跨链、侧链、分片、闪电网络等,来实现区块链技术的高效、可靠、可扩展、低成本等特性。同时,也需要保证区块链技术的合法性、合规性、隐私性和安全性,防止区块链技术的滥用、欺诈或攻击。区块链在物流与供应链中的优势主要有以下几点:

- 提高供应链协同效率:区块链可以实现数据的实时共享和同步,帮助企业掌握供应链其他参与者的供给和需求信息,及时调整生产、采购和库存管理的决策,优化供应链的运作,降低成本和风险。
- 优化物流流程和服务:区块链可以实现物流单据的电子化和智能化,保证单据流和信息流的一致性,促进物流主体间的信息共享和协作,依靠智能合约进一步优化交易流程和合同执行,提高物流的效率和质量。

- 增强物流追踪和溯源能力:区块链可以实现物流数据的不可篡改和可追溯性,结合物联网技术,实现商品从生产、加工、运输、存储、交易的全流程的追踪和溯源,保证商品的真实性和安全性,提高消费者的信任和满意度。
- 改善物流征信和金融服务:区块链可以实现物流数据的公开透明和可验证性,结合行业标准和评级机构,为物流参与方提供可信的征信评级和查询服务,降低交易风险和成本,同时,利用区块链上的征信数据、应收账款、资产等信息,为物流参与方提供更便捷和低成本的金融服务,解决中小型企业的融资难题。

以下是两个物流与区块链的实际案例:

- 菜鸟网络是阿里巴巴旗下的物流平台,它利用区块链技术,为全球的物流参与者提供了一个开放的、共享的、协同的物流数据网络,实现了物流信息的可信、可追溯、可共享、可协同(图 5 - 16)。菜鸟网络的区块链技术包括菜鸟链、菜鸟物流云、菜鸟智能合约等,它们可以为物流企业和参与者提供物流数据的采集、存储、验证、交换、分析和应用等服务。菜鸟网络的区块链技术可以提高物流的透明度、可信度、效率和竞争力,降低物流的成本和风险,提升用户的体验和满意度。

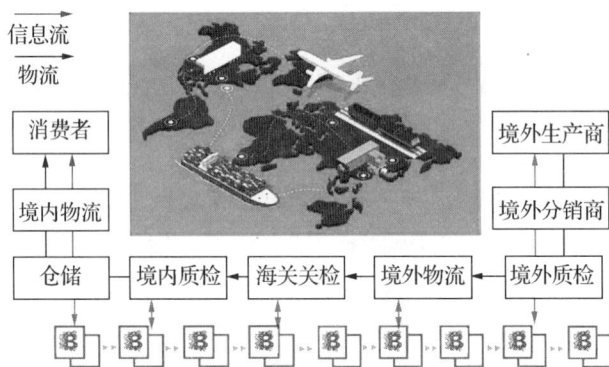

图 5 - 16 区块链技术在跨境物流中的应用

- 唯链 VeChain 是一种基于区块链技术的物流溯源平台,它利用区块链技术,为物流行业提供了一个安全、透明、高效的物流溯源解决方案,实现了物流信息的可信、可追溯、可共享、可协同,避免了传统"链上签"存在的问题(图 5 - 17)。VeChain 的区块链技术包括 VeChainThor、VeChain ToolChain、VeChain Smart Contract 等,它们可以为物流企业和参与者提供物流信息的标识、记录、验证、交换、分析和应用等服务。VeChain 的区块链技术可以提高物流的质量、安全、效率和竞争力,降低物流的成本和风险,提升用户的信任和忠诚度。

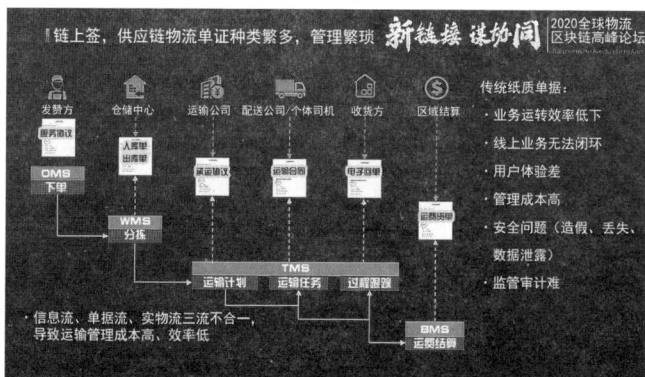

图 5-17　物流供应链中传统"链上签"所存在的问题

5.4.2　云计算

1）云计算的内涵

狭义上讲，云计算就是一种提供资源的网络，使用者可以随时获取"云"上的资源，按需求量使用，并且可以看成是无限扩展的，只要按使用量付费就可以，"云"就像自来水厂一样，我们可以随时接水，并且不限量，按照自己家的用水量，付费给自来水厂就可以。

因此，云计算不是一种全新的网络技术，而是一种全新的网络应用概念，云计算的核心概念就是以互联网为中心，在网站上提供快速且安全的云计算服务与数据存储，让每一个使用互联网的人都可以使用网络上的庞大计算资源与数据中心。

总之，云计算技术是一种基于互联网的数据存储和计算服务模式，它可以将数据和应用部署在分布式的、虚拟化的、按需的、按量付费的云服务器上，实现数据和应用的动态调整和共享。云计算技术有多个主要的服务类型，如基础设施即服务（IaaS）、平台即服务（PaaS）、软件即服务（SaaS）等。

2）云计算的应用

最简单的云计算技术在网络服务中已经随处可见，例如搜寻引擎、网络信箱等，使用者只要输入简单指令即能得到大量信息。目前，云计算在多个领域和行业得到了快速发展和应用，如华为和阿里的政务云、城市云，以及医疗、金融、电力、教育、电信、物流等行业云。

物流与云计算是指利用云计算技术，为物流行业提供弹性、可扩展、低成本的数据存储和计算服务，实现物流信息的快速、安全、高效的处理和应用，从而提升物流的智能化和优化。物流与云计算的应用可以为物流行业带来价值和创新，例如物流信息管理、物流数据分析、物流智能决策、物流协同平台等。物流与云计算可以帮助物流企业和参与者更好地收集、存储、传输、分析和应用物流数据，提高物流的透明度、可靠性、效率和竞争力。物流与云计算的挑战包括数据的安全、隐私、合规、迁移、集成等方面。由于数据的敏感性和复杂性,传统的物流信息系统和标准难以与云计算技术兼容和集成。因此,需要使用新的技术,如加密、认证、审计、容器、微服务等,来实现数据的安全、隐私、合规、迁移、集成等特性。同时,也需要保证云计算技术的可用性、可靠性、可扩展性和性能,防止云计算技术的故障、延迟或被攻击。

以下是两个物流与云计算的实际案例:

- 京东云是京东集团旗下的云计算平台,它利用云计算技术为物流行业提供了一个全面的、开放的、智能的物流云服务,实现了物流信息的集成、分析、优化和应用。京东云的物流云服务包括京东云物流、京东云仓储、京东云配送、京东云供应链等(图 5‑18),它们可以为物流企业和参与者提供物流信息的管理、分析、决策、协作等服务。京东云的物流云服务可以提高物流的质量、效率和服务,降低物流的成本、风险和难度,提升物流的智能化水平。

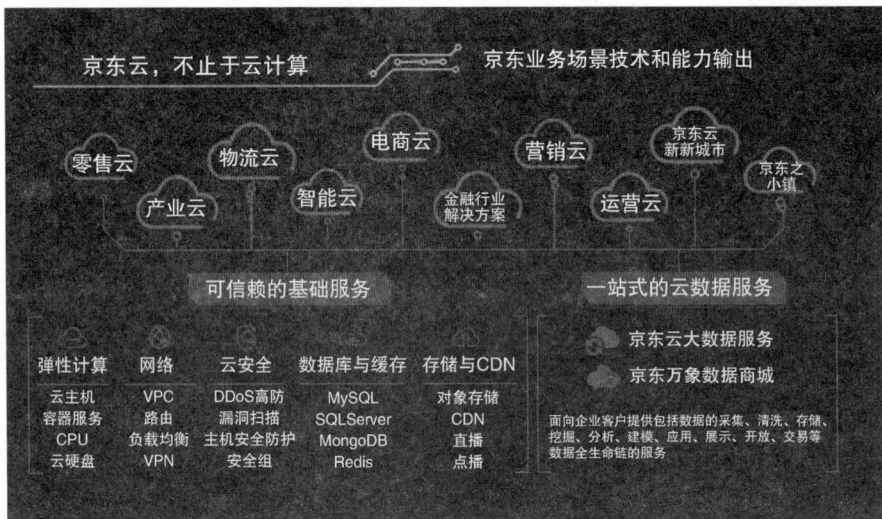

图 5‑18 京东云计算

- 菜鸟网络是阿里巴巴旗下的物流平台,它利用云计算技术,为物流行业提供了一个强大的、灵活的、低成本的物流数据计算平台,实现了物流数据的快速、安全、高效的处理和应用。菜鸟网络的物流数据计算平台包括菜鸟物流云、菜鸟智能计算、菜鸟智能合约等(图 5‑19),它们可以为物流企业和参与者提供物流数据的存储、计算、分析、应用等服务。菜鸟网络的物流数据计算平台可以提高物流的透明度、可信度、效率和竞争力,降低物流的成本和风险,提升用户的体验和满意度。

配送全链路业务

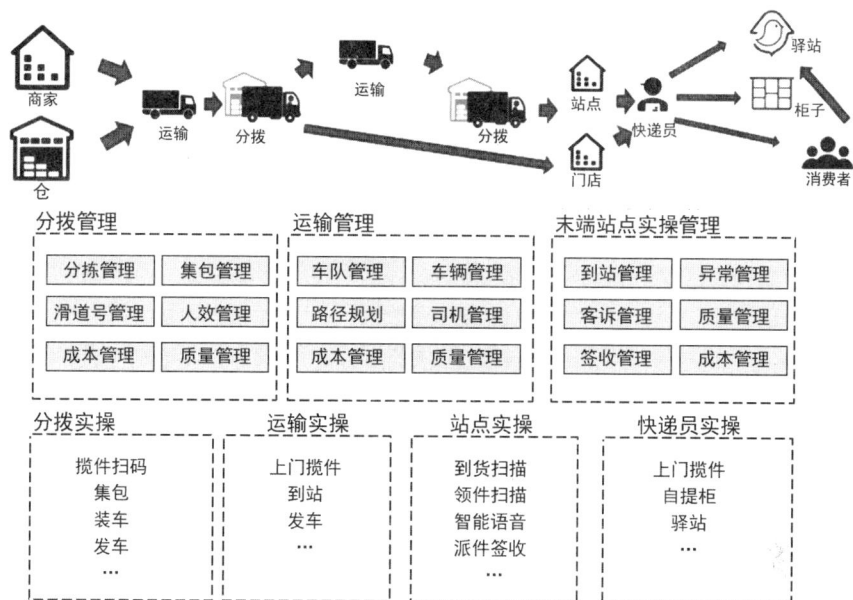

图 5 - 19　菜鸟网络相关业务

5.5　物联网技术

1）物联网的内涵

物联网是一种将各种物体通过信息传感设备与网络相连,实现信息交换和通信的技术,它是互联网的延伸和发展。物联网的技术架构包括感知层、网络层、处理层和应用层,分别负责物体的识别、数据的传输、数据的处理和数据的应用。物联网的关键技术包括识别和感知技术(第三章中介绍的技术)、网络与通信技术(第四章中介绍的技术)、数据挖掘与融合技术(本章中介绍的技术)。

物联网的数据处理服务是数字世界和真实物理世界的融合,其指针对物联网产生的海量、多样、实时、低质的数据,提供数据的采集、存储、清洗、分析、展示等能力,帮助用户从数据中挖掘价值和知识,提升物联网的应用效果和管理水平。物联网的数据处理服务主要包括以下几个方面:

(1) 数据采集服务。数据采集服务是指通过物联网平台或其他方式,将物联网设备或数据源的数据以适当的格式和频率接入到数据处理系统中,为后续的数据处理提供数据源。数据采集服务需要考虑数据的时效性、完整性、安全性等因素,以保证数据的质量和可用性。

(2) 数据存储服务。数据存储服务是指将采集到的数据按照不同的维度和粒度进行存储和备份,以便于数据的检索和分析。数据存储服务需要考虑数据的规模、类型、结构、变化等因素,以选择合适的存储方式和技术,如关系型数据库、非关系型数据库、数据仓库、数据湖等。

（3）数据清洗服务。数据清洗服务是指对存储的数据进行预处理,消除数据中的噪声、异常、缺失、重复等问题,提高数据的准确性和一致性。数据清洗服务需要考虑数据的特点、质量、业务需求等因素,以选择合适的清洗方法和技术,如数据过滤、数据聚合、数据转换、数据校验等。

（4）数据分析服务。数据分析服务是指对清洗后的数据进行挖掘和处理,发现数据中的规律、模式、趋势、关联等信息,为用户提供数据的见解和建议。数据分析服务需要考虑数据的目的、场景、方法等因素,以选择合适的分析技术和工具,如数据可视化、数据统计、数据挖掘、机器学习、人工智能等。

（5）数据展示服务。数据展示服务是指将数据分析的结果以易于理解和交互的方式呈现给用户,如图表、报表、仪表盘、地图。数据展示服务需要考虑用户的需求、偏好、反馈等因素,以选择合适的展示形式和风格,如折线图、柱状图、饼图、散点图、热力图等。

物联网作为物理世界和数字世界融合的智能网络系统,必须依靠高性能的计算存储平台,云计算(Cloud Computing)作为分布式处理(Distributed Computing)、并行处理(Parallel Computing)和网格计算的发展结果,将为物联网世界带来一种划时代的变革。

2）物联网的应用

物联网(IoT)的应用领域非常广泛,涉及智能交通、智慧医疗、智能家居、环保监测、智能安防、智能物流、智能电网、智慧农业、智能工业等,对国民经济和社会发展有着重要的推动作用。物联网在物流领域的应用正在日益广泛,极大地推动了物流行业的数字化和智能化进程。以下是物联网在物流中的几个主要应用:

（1）智能仓储管理:物联网技术通过 RFID(无线射频识别)、传感器等设备,实时监测仓库内的温湿度、货物存储情况、货物移动情况等,确保货物在适宜的环境下储存(图 5－20)。同时,物联网技术还可以实现自动仓储、自动拣货、自动包装、自动送货等操作,极大地提高了物流效率和准确性。智能仓储管理系统能够实时显示、监控货物的进出

图 5－20　自动化立体仓库

量,提高发货精度,完成收货入库、盘点和调拨、拣货出库及全系统数据查询、备份、统计、报表制作、报表管理等工作(图 5－21)。

（2）运输管理：物联网技术通过物流车辆管理系统,实时监测运输车辆和货物的位置、状态等信息,实现车辆和货物的实时定位跟踪。此外,物联网技术还可以监测运输车辆的运行状况、胎温、胎压、燃油消耗、车速、制动次数等驾驶行为,确保运输过程中的安全。通过物联网技术,物流企业可以实时了解运输流程,优化路线和调度,提高运输效率,降低运输成本。

（3）货物跟踪与追溯：物联网技术通过实时追踪和监控货物的位置与状态,提高货物的安全性和可追溯性。消费者可以通过手机或其他设备查询货物的实时位置、运输状态等信息,增强消费者对物流服务的信任度。同时,物联网技术还可以帮助企业追溯货物的来源和质量,确保产品质量和食品安全。

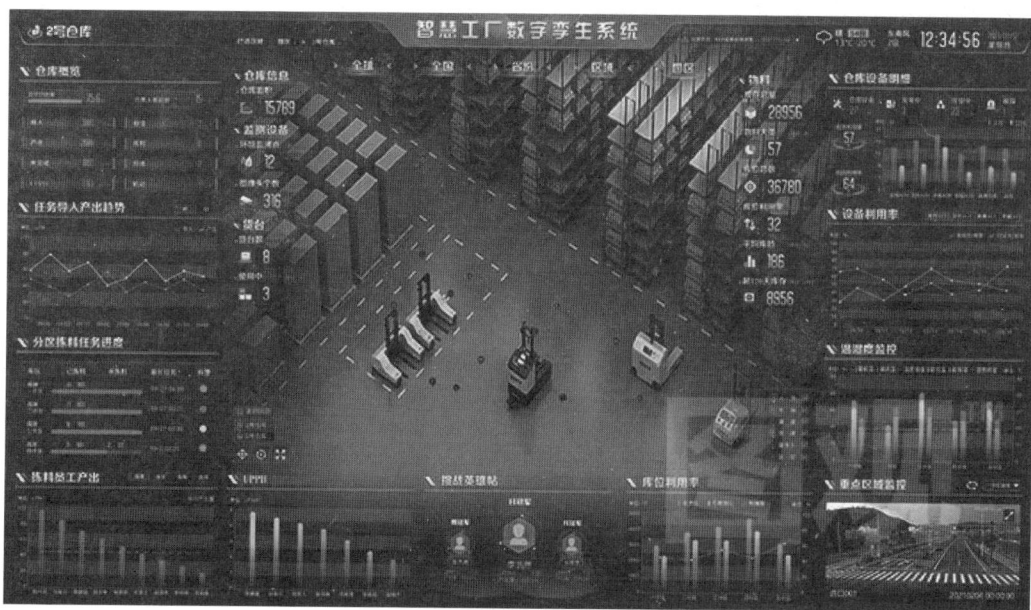

图 5 - 21　智慧仓储物流系统

（4）预测性维护：物联网技术可以通过传感器实时监测物流设备的运行状态,及时发现设备故障或潜在问题,并提前进行维护或更换。这种预测性维护方式可以延长设备的使用寿命,减少故障发生率,降低维修成本。

（5）智能配送：物联网技术结合人工智能、大数据等技术,可以实现智能配送。通过分析历史数据、实时交通状况等信息,智能配送系统可以自动规划最优配送路线,提高配送效率。同时,智能配送系统还可以根据消费者的需求和偏好,提供个性化的配送服务,提高消费者满意度。

复习思考题

1. 常用的物流信息储存与分析技术有哪些?
2. 数据库和数据仓库的内涵分别是什么?
3. 数据库与数据仓库之间的区别与联系是什么?
4. 举例说明数据仓库在物流领域的应用现状。
5. 简述数据挖掘的功能类型,以及数据挖掘在物流方面有哪些应用?
6. 大数据与人工智能技术的内涵及在物流中的应用。
7. 区块链与云计算技术的内涵及在物流中的应用。
8. 物联网技术的内涵及在物流中的应用。

6 物流信息的相关辅助技术

➤ 了解并熟悉销售点系统技术的组成及特点
➤ 了解并熟悉电子数据交换技术的概念及特点
➤ 了解并熟悉电子订货技术的运行及特点
➤ 了解其他辅助技术的组成及特点
➤ 了解各种技术在物流管理中的应用

6.1 销售点系统技术

6.1.1 POS 系统概述

POS(Point of Sale)系统称为"销售终端"或销售点实时处理系统。POS 之所以称为销售点实时处理系统,是因为它的主要任务是对商品交易提供服务和实时管理;具体内容包括:以不同的销售方式(零售、批发、折让、折扣、调价、减价等),不同的结算方式(现金、支票、信用卡等),不同的处理方式(条形码扫描、键盘数据录入、刷卡等)完成商品交易并产生所需要的收据;对商品销售信息进行统计和实时管理,如统计交易次数、时段销售金额、时段各类商品的销售量、自动更新库存量、提供可靠的存货信息;控制各类商品的库存量并管理商品的订货等。POS 系统最早应用于零售业,以后逐渐扩展至其他如金融、旅馆等服务行业,利用 POS 系统的范围也从企业内部扩展到整个供应链。

1)POS 系统的分类

一般地对销售点系统 POS 有两种说法:一种是商业应用的 POS 系统,如商店前台结账系统,它是由电子收款机和计算机联机构成的商店前台网络系统。该系统对商店零售柜台的所有交易信息进行加工整理,实时跟踪销售情况、分析数据、传递反馈、强化商品营销管理。

另一种是指销售点电子转账服务作业系统,如银行应用的 POS 机或 POS 系统。它是由银行设置在商业网点或特约商户的信用卡授权终端机和银行计算机系统通过公用数据交换网联机构成的电子转账服务系统。它的功能是提供持卡人在销售点购物或消费,通过电子转账系统直接扣账或信用记账的服务。

2)商业用 POS 系统

商业用 POS 系统包括前台 POS 系统和后台 MIS 系统两大基本部分(图 6-1)。

前台 POS 系统是指通过自动读取设备(如收银机),在销售商品时直接读取商品销售信息(如商品名、单价、销售数量、销售时间、销售店铺、购买顾客等),实现前台销售业务的自动化,对商品交易进行实时服务和管理,并通过通信网络和计算机系统传送至后台,通道通过后台计算机系统(MIS)的计算、分析与汇总等掌握商品销售的各项信息,为企业管理者分析经营成果、制定经营方针提供依据,以提高经营效率的系统。

后台 MIS(Management Information System)又称管理信息系统。它负责整个商场进、销、调、存系统的管理以及财务管理、库存管理、考勤管理等。它可根据商品进货信息对厂商进行管理,又可根据前台 POS 提供的销售数据,控制进货数量,合理周转资金,还可分析统计各种销售报表,快速准确地计算成本与毛利,也可对售货员、收款员业绩进行考核,是职工分配工资、奖金的客观依据。因此,商场现代化管理系统中前台 POS 与后台 MIS 是密切相关的,两者缺一不可。

图 6-1　商业用 POS 系统

6.1.2　POS 系统的组成及特点

POS 的系统结构主要依赖于计算机处理信息的体系结构。结合商业企业的特点,POS 的基本结构可分为:单个收款机、收款机与微机相连构成 POS,以及收款机、微机与网络构成 POS。目前大多采用第三种类型的 POS 结构,它包括硬件和软件两大部分。

1)POS 系统的硬件结构

如图 6-2 所示,POS 系统的硬件主要包括收款机、扫描器、显示器、打印机、网络、微机与硬件平台等。

· 前台收款机(即 POS 机)。可采用具有顾客显示屏和票据打印机、条码扫描仪的 XPOS,PROPOS,PCBASE 机型。共享网上商品库存信息,保证了对商品库存的实时处理,便于后台随时查询销售情况,进行商品销售分析和管理。条码扫描仪可根据商品的特点选用手持式或台式以提高数据录入的速度和可靠性。

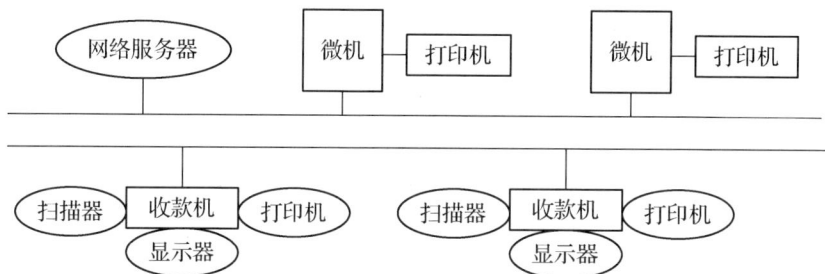

图 6-2 POS 系统的硬件结构

• 网络。目前,我国大多数商场一般内部信息的交换量很大,而对外的信息交换量则很小,因此,计算机网络系统应采用高速局域网为主、电信系统提供的广域网为辅的整体网络系统。考虑到系统的开放性及标准化的要求,选择 TCP/IP 协议较合适。操作系统选用开放式标准操作系统。

• 硬件平台。大型商业企业的商品进、存、调、销的管理复杂,账目数据量大,且须频繁地进行管理和检索,选择较先进的客户机/服务器结构,可大大提高工作效率,保证数据的安全性、实时性及准确性。

2) POS 系统的软件结构

POS 软件系统组成示意如图 6-3 所示:

前台 POS 系统包括独立/联网运行、停电保持、暂停付款及恢复付款、收款员密码保护、选择删除功能,采用数字商品编码,每台收款机的商品种类不受限制,可使用零售、折扣、变价、退物、现金、支票、信用卡、会员卡、储值卡、积分卡、赠送等销售方式,多货币兑换率自动处理,可使用条形码、磁卡阅读器等辅助输入设备,自动计算钱柜中各币种的金额,可打印收款员报表(本班次)及收款员损益报表等。

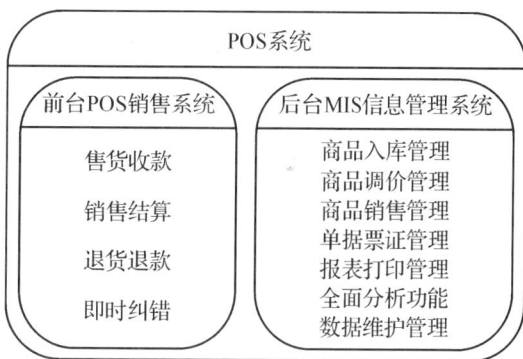

图 6-3 POS 系统的软件结构

后台 MIS 系统具有进、销、调、存管理功能,包括档案管理、进货调拨、应付款项、储值卡、会员卡管理、批发管理、库存、盘点管理以及零销商品分析、畅销分析、成本毛利、分类统计查询、综合分析、销售预测等。

3) POS 的运行步骤

以零售业为例,POS 的运行步骤包括以下五步:

第一步,店铺销售商品都贴有表示该商品信息的条形码(Barcode)或 OCR 标签(Optical Character Recognition)。

第二步,在顾客购买商品结账时,收银员使用扫描器自动读取商品条形码或 OCR

标签上的信息,通过店铺内的微型计算机确认商品的单价,计算顾客购买总金额等,同时返回收银机,打印出顾客购买清单和付款总金额。

第三步,各个店铺的销售时点信息通过 VAN 以在线联结方式即时传送给总部或物流中心。

第四步,在总部,物流中心和店铺利用销售时点信息来进行库存调整、配送管理、商品订货等作业。通过对销售时点信息进行加工分析来掌握消费者购买动向,找出畅销商品和滞销商品,以此为基础,进行商品品种配置、商品陈列、价格设置等方面的作业。

第五步,在零售商与供应链的上游企业(批发商、生产厂商、物流作业等)结成协作伙伴关系(也称为战略联盟)的条件下,零售商利用 VAN 以在线联结的方式把销售时点信息即时传送给上游企业,这样上游企业可以利用销售现场的最及时准确的销售信息制订经营计划、进行决策。例如,生产厂家利用销售时点信息进行销售预测,掌握消费者购买动向,找出畅销商品和滞销商品,把销售时点信息(POS 信息)和订货信息(EOS 信息)进行比较分析来把握零售商的库存水平,以此为基础制订生产计划和零售商库存连续补充计划 CRP(Continuous Replenishment Program)。

6.1.3 POS 系统的效益分析

1) POS 系统效益分析

POS 的系统效益可以用表 6-1 来表示。

表 6-1 POS 系统效益

效益	内容	说明
提高服务品质	缩短结账时间	解决高峰时刻顾客等待时间过长的问题
	减少收银结账错误	减少因人为错误所引起的误会
	提供多样化的销售形态	接受非现金购物服务
	改变商家形象	提供顾客现代化购物环境
降低成本	人员效率提升	缩短时间,有效利用人力资源
	畅通物流	利用 POS 系统,提高商品效益
	精确行政财务管理	防范作业人员舞弊,使现金管理合理化
增加效益	提高销售量	利用 POS 系统的客户分析功能,调整适当商品结构,增加销售业绩
	最佳商品计划	精确统计分析单品销售量,掌握畅销、滞销商品
	提升采购效率	精确掌握单品库存,制定适时适量采购策略
	资金灵活调度	营业资料的收集迅速属实,数据可靠
	掌握营业目标	透过 POS 系统,达成营业目标
	有效运用陈列空间	使商品陈列位置合理化
	增加商场竞争能力	分析消费趋势,以调整销售策略及经营方针

2）POS 系统对作业流程面的影响

POS 系统简化了工作流程，提高了工作效率，如表 6-2 所示。

表 6-2　POS 系统对作业流程面的影响

	导入 POS 系统前	改进方式
前台收银作业	商品庞大且繁杂，无法掌握，人工录入账目，耗费时间且错误率高，容易发生弊端，收银员训练成本高，现金不易掌握	利用条形码分类管理，用扫描器输入，可降低收银作业错误，节省人工，且当人员流动时，训练新收银员容易，而智能型收款机与后台系统联机，可随时查询，掌握销售状况
库存管理	难以掌握现有库存量及金额，采购人员依直觉进货和主观进货，造成存货积压而没有觉察	可通过计算机对进货情况一目了然，并可设定安全库存以达成自动采购效应，同时对于盘点或耗损亦可纳入计算机记录，可追踪查询呆滞品
销售管理	凭直觉或经验，判断商品销售高峰时段及价格区域，以及畅销品和滞销品；变价、促销、特价有赖人工处理；不易达成顾客购买倾向	前台销售数据传至后台系统，产生各类报表，通过计算机交叉分析，能更精确掌握销售实况
上游商品情报	商品、供应商等各项信息由采购人员掌握，易产生弊端，供应商稽核不易	纳入后台管理，可随时查询送货时效、付款条件和供应商品等

实际上，商业 POS 系统的应用给企业带来了信息面、管理面和企业内部稽查面上的效益，如表 6-3 所示。

表 6-3　商业 POS 系统的综合效益评价

	效益指标	说明
信息面	购买动向分析	针对 POS 系统所收集数据进行分析，可以获悉消费者的购买动机、目标客户层、畅销品及滞销品等重要信息，以利于管理
	消费者层次分析	
	畅销、滞销品分析	
管理面	商品的配置	将 POS 所收集的各项数据作为商品陈列的参考，并可进行商品比率、结构调整，也可作为商品库存与订货的参考
	商品陈列的管理	
	特卖、促销、变价管理	
	盘点及进货管理	
内部稽核面	合理化作业	通过 POS 系统作业，推动商店作业合理化，建立制度并简化收银作业，防止员工舞弊，避免因人为疏忽而产生弊端
	防止舞弊	
	简化收银作业	
	减少人工输入	

6.1.4　POS 在物流中的应用

POS 技术不仅能够提高订单处理与支付的效率，还具备实现货物库存管理、数据分析等多种功能,在物流领域中发挥着越来越重要的作用。随着科技的不断进步,POS技术在物流领域中的应用也将不断更新和改进。

1) 订单处理与支付

商品销售时,POS技术被用来接受订单并处理支付。当顾客购买商品时,POS迅速准确地记录订单信息、计算价格,并完成支付,包括现金、信用卡、借记卡等多种支付方式。

2) 货物跟踪管理

货物跟踪管理是POS技术的另一大功能。它可以与物流管理系统连接,实时更新货物信息,在出库、配送等环节确保货物运输过程的追溯性和可控性。

3) 数据分析

POS收集大量销售数据,如销售量、畅销产品、热门时间段等。通过对这些数据进行分析,物流企业可以更好地了解市场需求和消费者行为,做出更精准、明智的业务决策。

4) 供应链管理

POS与供应链管理系统集成,可以实现更有效的供应链管理。通过及时共享销售数据和库存信息,供应商可以更准确地预测需求,提前准备货物,并确保及时交付。

6.2 电子数据交换技术与电子订货系统

6.2.1 EDI 的基本概念

1) EDI 的定义

EDI(Electronic Data Interchange)即电子数据交换。UN/EDIFACT(United Nations/Electronic Data Interchange For Administration,Commerce and Transport)定义 EDI 为:"计算机到计算机的标准格式的商业数据传输。"我国国家标准有关 EDI 的定义为:"指商业贸易合作伙伴之间,将按标准化、协议规范化和格式化的经济信息通过电子数据网络,在单位的计算机系统之间进行自动交换和处理。"可见,EDI 的实现需要以下条件:

(1) 使用 EDI 的是交易的两方,是企业之间的文件传递,而非同一组织内的不同部门。

(2) 交易双方传递的文件是特定的格式,采用的是报文标准。

(3) 双方各有自己的计算机系统。

(4) 双方的计算机系统能发送、接收并处理符合约定标准的交易电文的数据信息。

(5) 双方计算机之间有网络通信系统,信息传输是通过该网络通信系统自动实现的。信息处理是由计算机自动生成的,无需人工干预、人为介入。

2) EDI 的特点

实际上,EDI 适用于任何需要对大量表单数据进行处理和交换的行业和组织机构,它的广泛应用是信息社会的重要标志。

EDI 一般具有如下特点:

（1）EDI 用于企业（制造商、供应商、运输公司等）、行政事务机构等单位之间传输商业文件数据。

（2）传输的文件数据遵循一定的语法规则与国际标准、具有固定格式并有格式校验功能。

（3）是两个或多个计算机应用进程间的通信。

（4）通过数据通信网络一般是增值网和专用网来传输，由收送双方的计算机系统直接传达、交换资料，尽量避免人工的介入操作。

（5）数据自动投递和传输处理，不需人工介入，由应用程序对它自动响应，实现事务处理和贸易的自动化。

（6）对于传输的文件具有自动跟踪及确认防篡改、防冒领和电子签名等一系列安全化措施。

3）EDI 的发展及现状

EDI 的起源可以追溯到第二次世界大战后期德国柏林战场的供给线。当时的美国运输部长 E. A. Guillbert 发现在后勤供应中有大量的纸面工作要做，他当时主张用电报通信，为了使过程简化，他就建议将其中的表格和处理过程标准化。

20 世纪 60～70 年代，西欧北美工业发达国家结束了使用廉价石油发展工业的阶段，开始从工业社会向信息化社会过渡。以微电子技术、通信技术、计算机技术为核心的高新技术迅速发展，信息技术逐渐在各个领域得到普及和应用。通信网络的发展，国际数据传输网及增值网的出现，为 EDI 的产生与发展奠定了技术基础。

20 世纪 70 年代，随着数字通信网的出现，加快了 EDI 技术的成熟和应用范围的扩大，出现了一些行业性数据传输标准并建立了行业性 EDI。20 世纪 80 年代，EDI 应用迅速发展，美国 ANSI X.12 委员会与欧洲一些国家联合研究国际标准。1986 年，欧洲和北美 20 多个国家代表开发了用于行政管理、商业及运输业的 EDI 国际标准（EDIFACT）。随着增值网的出现和行业性标准逐步发展成通用标准，加快了 EDI 的应用和跨行业 EDI 的发展。到 20 世纪 90 年代中期，美国有 3 万多家公司采用 EDI；西欧有 4 万多家 EDI 企业用户，包括化工、电子、汽车、零售业和银行等行业。

Internet EDI 是在 20 世纪 90 年代随着因特网的广泛应用而开始出现的，它使 EDI 从专用网扩大到因特网，降低了实现成本，满足了中小企业对 EDI 的需求。近些年，由于基于 Internet 的 EDI 技术、标准的不断出台和完善，一些增值网上的 EDI 大用户开始考虑用 Internet 传输 EDI 文件，一些急于想用电子手段传输商业文件的中小企业，已纷纷大胆分享采用 Internet Mail 和 Web－EDI 等新型 EDI 带来的好处。

目前，EDI 技术仍在不断发展，特别是在数字化转型和优化供应链的背景下。随着技术的不断进步，EDI 正与其他技术如物联网（IoT）、人工智能（AI）和区块链等融合，为企业提供更高效、更可靠的数据交换解决方案。这些进展有助于扩大 EDI 的应用范围和提升效果，推动企业之间的数字化协作。

4）EDI 的标准和单证

（1）EDI 的标准

EDI 的关键在于使用标准的报文来解决企业之间由于单证与传递方式不同而引起的问题。为了最大限度地发挥 EDI 的作用，世界各国都在不遗余力地推进 EDI 标准国际化。EDI 的标准包括 EDI 网络通信标准、EDI 处理标准、EDI 联系标准和 EDI 语义语法标准等。

EDI 网络通信标准是要解决 EDI 通信网络应该建立在何种通信协议之上，以保证各类 EDI 用户系统的互联。

EDI 处理标准是研究不同领域、不同行业的各种 EDI 报文相互共有的"公共元素报文"的处理标准，它与数据库、MIS 等接口有关。

EDI 联系标准解决 EDI 用户所属的 MIS 或数据库与 EDI 系统之间的接口。

EDI 语义语法标准是要解决各种报文类型格式、数据源编码、字符集和语法规则以及报表生成应用程序设计语言等。EDI 语义语法标准是 EDI 技术的核心。

目前国际上存在两大标准体系：UN/EDIFACT 与 ANSI X. 12。

①联合国用于行政、商业和运输业的 EDI 标准 UN/EDIFACT（EDI for Administration，Commerce and Transport）；

②美国国家标准 ANST X. 12。

其中 UN/EDIFACT 标准已经被大多数实现 EDI 的国家所认可，成为事实上的国际标准。美国已宣布 ANSI X. 12 从 1995 年起不再发行新的版本。我国政府在我国 EDI 应用中推广使用 UN/EDIFACT 标准。UN/EDIFACT 标准的产生为电子报文取代传统的纸面单证奠定了基础，从而使得跨国界、跨行业的 EDI 应用成为可能。

物流业 EDI 标准主要包括运输业 EDI 标准与仓储业 EDI。目前中国已制定的物流业单证标准有：进出口许可证、原产地证书、装箱单、装运声明等。根据日本国内统一物流 EDI 标准（JTRN），物流 EDI 报文标准如表 6－4 所示。

表 6－4　EDI 报文标准

运输 EDI 标准报文	仓库 EDI 标准报文	
运输计划信息	出库委托信息	出库报告信息
运输委托信息	库存查对通知信息	查对报告信息
集货信息	预定入库信息	入库报告信息
运输状况信息	流通加工委托信息	流通加工报告信息
运输完了报告信息	库存报告信息	库存差异报告信息
受领信息	库存调整报告信息	库存调整报告认可信息
运价结算信息	仓库费用结算信息	库存费用结算明细信息
运价结算明细信息	仓库费用结算明细确认信息	库存费用支付明细信息
运价结算明细确认信息		运货地点分类信息
运费支付信息	仓库费用支付信息	
运费支付明细信息	商品种类信息	

（2）EDI 的单证

EDI 单证是应用 EDI 处理传统纸质贸易单证的第一个环节,同时它也是人机(EDI系统)结合的界面。对于一般的 EDI 系统操作员来说,实际上大量的工作是填制各种贸易电子单证。

开发电子单证的同时,还要统一商贸规则和规范单证,并通过规范单证来统一规范双边的贸易实务操作过程,其中包括:使用标准语言,一致认定的商贸术语、统一的单证文本以及文本数据交换格式等,并以此来达到既能使商贸业务顺利开展,又能使各方在理解和执行单证所明确的内容方面获得一致的目的。

下面以具体的例子来说明和比较纸质单证到 EDI 标准报文的转化。

表 6－5 是一张进出口公司的商业发票。发票显示了如下的信息。

发票签发方:宁波康大进出口公司;地址:中国宁波中山路 166 号。

电话:(0574)87161816;传真:(0574)87161826。

发票受票人:FOSTA S. R. O 公司;电话:001－909－8601201;传真:001－909－8602080。

运输细目:用轮船从上海运至 TEPLICE;运输期限:2003 年 12 月底之前。

发票号:2003G0274F

发票日期:2003 年 12 月 24 日

合同号:2003GS1472035CZ－F

付款方式:信用证付款,从提单日算起 30 天付清。

运输标志:

4579

FOSTA

HAMBURG/TEPLICE

1－25

货物描述:墙壁紧固件

分项 1:墙壁紧固件规格为 M3.5X25

数量:4,320 千件

单价:4.10 美元

金额:17,712.00 美元

分项 2:墙壁紧固件规格为 M3.5X35

数量:4,800 千件

单价:5.10 美元

金额:24,480.00 美元

分项 3:墙壁紧固件规格 M3.5X55

数量:960 千件

单价:8.029 美元

金额：7,707.84 美元

备注信息

包装信息：一盒装 1,000 个墙壁紧固件（盒上不表明）。用箱子包装放于托盘上。

运输信息：从上海用轮船运至汉堡转至 TEPLICE。

表 6-5 的商业发票转化成 EDI 标准报文，如表 6-6 所示。

表 6-5　宁波康大进出口公司商业发票

Issuer NINGBO KANGDA IMPORT&EXPORT CO. ,LTD. 166 ZHONGSHAN ROAN, NINGBO, GHINA TEL：(0574)87161816 FAX：(0574)87161826	宁波康大进出口公司商业发票 COMMERCIAL INVOICE	
TO FOSTA S. R. O TEL：001 - 909 - 8601201 FAX：001 - 909 - 8602080	NO. 2003GS0274F	Data Dec. 24,2003
Transport details FROM：SHANGHAI TO：TEPLTCE BY：VESSEL SAILING ABOUT REFORE THE END OF DEC. ,2003	S/C NO. 2003GS1472035CZ-F	L/C NO. NONE
	Terms of payment L/C 30 DAYS FROM B/L DATE	

Marks and Nnmber and kind of packages; Quantity Unit Price Amount

Numbers description of goods　　　　CIF TEPLICE

4579	DYRWALL SREWS	(MPCS)	(USD)	(USD)
FOSTA	(BLACKPHOSPHATE)			
HAMBURG/TEPLICE	M3. 5X25	4,320,000	4. 100	17,712. 00
1—25	M3. 5X35	4,800,000	5. 100	24,480. 00
	M3. 5X45	960,000	8. 029	7,707. 00

TOTAL：10,080,000MPCS　　　USD49,899,84

PACKAGE：1000PCS. BOX(NO PRINT)，INTO CARTONS, NO PALLETS

TOTAL：25 PALLETS,G. W. 18798KGS.

SHIPMENT FROM SHANGHAI TO HANMBURG BY VESSEL THEN WITH TRANSIT TO TEPLICE

表 6-6　EDI 标准报文

UNH＋1002＋ :INVOIC: 96B: UN: CSBTS'	报文头,报文参考号 1002
BGM＋380＋2003GS0274F'	发票号为 2003GSD274F
DTM＋137:200312240930:203	报文发送时间 2003.12.24. 9 点 30 分
DMT＋137:20031224:102'	发票日期 2003.12.24

DMT＋F＋＋：：：DRYWALL SCREWS'	商品为墙壁紧固件
FTX＋TDT＋1＋＋SHIPMENT FROM SHANGHAI TO HAMBURG BY VESSEL THEN WITH TRANSIT TO TEPLICE'	用轮船从上海运至汉堡转至 TEPLICE
UNH＋1002＋：INVOIC：96B：UN：CSBTS'	报文头,报文参考号 1002
FTX＋PAC＋I＋＋1000PCS. BOX(NO PRINT)INTO CARTONS, ON PALLETS	包装信息：一盒装 1000 个(盒上不标)用箱子包装放于托盘上
DTM＋270：BEFORE THE END OF DECEMBER, 2003'	运输期限是 2003 年 12 月底前
REF＋CT：2003GS1472035CZ－F'	合同号
NAD＋I＋＋NINGBO KANGDA IMPORT&EXPORT CO.，LTD. 166 ZHONGSHAN ROAD, NINGBO：CHINA'	卖方名称地址
CTA＋AE'	合同联系人
COM＋0574－87161816＋TE'	电话
COM＋0574－87161826＋FX'	传真
NAN＋IV＋FOSTA S. R. O	买方名称
CTA＋AE'	合同联系人
COM＋001－909－909－8601201＋TE'	电话
COM＋001－909－909－8602080＋FX'	传真
CUX＋1：USC：4'	发票货币为美元
PAT＋1＋＋95：3：D：30'	自提单起 30 天到期的付款条件
PAT＋1：：：153：GB'	信用证付款
TDT＋20＋＋1＋13	远洋运输船
LOC＋5＋：139：SHANGHAI	起运地是上海
LOC＋8＋：：：TEPLICE	目的地是 TEPLICE
TOD＋3＋CIF'	价格条款是 CIF
LOC＋1＋：：：TEPLICE'	价格条款地点是 TEPLICE
PAC＋25＋＋PF'	货物包装 25 个托盘

MEA＋WT＋＋KGM：18798'	货物总重量是 18,798 公斤
PCI＋23＋4579：FOSTA：HAMBURG/TEPLICE：1－25	运输标志
GIN＋AT＋1－25'	运输包装组码 1－25
LIN＋1'	第一种规格
IMD＋F＋＋：：：M3.5X25'	型号
QTY＋47：4,320,000：MPCS'	数量
MOA＋146：4. 100	单价
MOA＋203＋17,712.00'	该项金额
LIN＋2'	第二种规格
IMD＋F＋＋：：：M3.5X35'	型号
OTY＋47：4,800,000：MPCS'	数量
MOA＋146：5. 100	单价
UNH＋1002＋：INVOIC：96B：UN：CSBTS'	报文头,报文参考号 1002
MOA＋203＋24,480.00'	该项金额
LIN＋3'	第三种规格
IMD＋F＋＋：：：M3.5X55'	型号
QTY＋47：960,000：MPCS'	数量
MOA＋146：8.029	单价
MOA＋203＋7,707.84'	该项金额
UNS＋S'	细目节与汇总节分隔符
CNT_2：3'	报文中分项数量为 3
CNT＋8：10,080,000：MPCS'	货物散件总数 10,080,000 千件
CNT：7：18,798：KGM'	总毛重为 18,798 公斤
CNT＋11{25：PF'	货物包装总件数 25 个托盘
MOA＋39：49,899.84：USD'	总金额:49,899,84 美元
UNT：52：1002'	报文结束,共有 52 个段,参考号为 1002

6.2.2 EDI 的系统结构

1）EDI 系统的基本结构

EDI 是一个庞大的系统，EDI 的构成要素主要有三个：EDI 数据标准、EDI 软件和硬件、通信网络。

（1）EDI 数据标准

这是整个 EDI 最关键的部分。由于 EDI 是以事先商定的报文格式进行数据传输和信息交换，因此制定统一的 EDI 标准至关重要。它是由各企业、各地区代表共同讨论、制定的 EDI 共同标准，可以使各组织之间不同的文件格式，通过共同的 EDI 数据标准，达到彼此之间文件交换的目的。

EDI 系统中的标准有：

• 基础标准，包括 EDIFACT 基础标准和开放式 EDI 基础标准。

• 报文标准，包括海关报文标准、账户报文标准、退休金报文标准、卫生标准、社会保障、统计、通用运输、集装箱运输、危险品、转运以及各种商业报文标准等。

• 单证标准，包括贸易单证标准，如管理、贸易、运输、海关、银行、保险、检验等单证标准。

• 代码标准，包括管理、贸易、运输、海关、银行、保险、检验等各行业的代码标准。

• 通信标准，包括 EDI 的各种通信规程和网络协议。

除以上标准外，还有安全保密标准、管理标准、应用标准等，其中最重要的是报文标准。

（2）EDI 软件和硬件

实现 EDI 需要配备相应的 EDI 软件和硬件。由于不同行业的企业是根据自己的业务特点来规定数据库的信息格式的，因此，当需要发送 EDI 文件时，从企业专有数据库中提取的信息，必须把它翻译成 EDI 的标准格式才能进行传输，此时需要借助相关的 EDI 软件来操作。EDI 软件可以分为转换软件、翻译软件、通信软件三大类。

转换软件——将原有计算机系统的文件或数据库中的数据，转换成翻译软件能够理解的平面文件，或是将从翻译软件接收来的平面文件，转换成计算机系统中的文件。

翻译软件——将平面文件翻译成 EDI 标准格式，或将接收到 EDI 标准格式翻译成平面文件。

通信软件——将 EDI 标准格式的文件外层加上通信信封，再送到 EDI 系统交换中心的邮箱中，或从 EDI 系统交换中心内，将接收到的文件取回。

EDI 所需的硬件设备一般包括：计算机、调制解调器及通信线路等。

（3）通信网络

通信网络是 EDI 实现的重要途径，传统常用的是电话线路，然后是 VAN，当前最常用的是因特网（Internet）。通信网络按传递途径不同可分为直接传送和增值网络两种方式。

直接传送：又称点对点连接，见图 6-4。这种方式的使用者把商业文件信息转化为预定的格式并把它们传输到公共电话网上，接收方在约定的时间进入电话网系统取回传递给他们的信息，之后将数据翻译回一般的商业格式。只有在贸易伙伴数量较少的情况下使用。

增值网络：采用第三方网络与贸易伙伴进行通信的方式，简称 VAN(Value Added Network)方式，见图 6-5。VAN 管理所有连接到 VAN 的商业伙伴，发送信息的公司把数据传到 VAN 的邮箱中，要得到信息的公司在他们方便的时候访问 VAN，取回信息。VAN 也提供数据安全保护、不同格式和标准的文件间转换，以及与其他网络连接等功能。因此，通过 VAN 传送 EDI 文件，可以大幅度降低互相传送资料的复杂度和困难度。适合多贸易伙伴、复杂的通信联系系统。

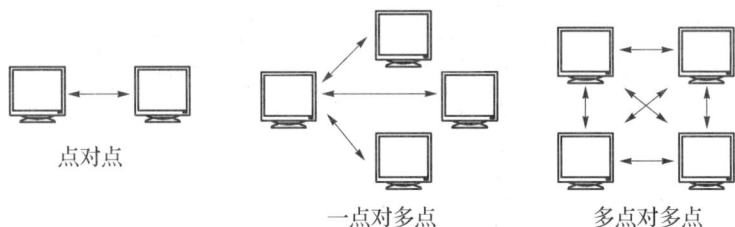

图 6-4　点对点通信网络模式

图 6-5　增值网络通信模式

2）EDI 系统工作流程（以订购单为例）

EDI 工作过程包括客户制作订购单、发出订购单、销售商接受订购单并发出确认单、最后由客户接收确认单。EDI 工作流程见图 6-6。

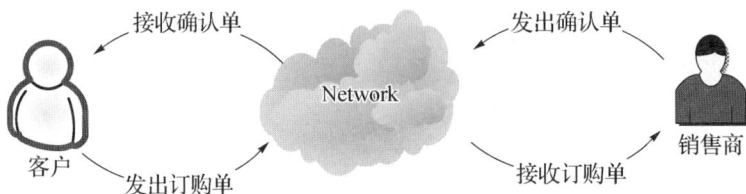

图 6-6　EDI 工作流程

客户在发送订购单时,根据 EDI 的系统结构,借助于相关的 EDI 软件把订购单上的信息翻译成 EDI 的标准格式才能进行传输,随后经通信软件处理发送 EDI 标准报文到网络中心等待销售商回应。销售商接受订购单过程为客户发送订购单的逆过程。如此,销售商再将确认单发送到网络中心,客户从网络中心接受确认单,从而应用 EDI 完成一次交易。剖析单元内部的 EDI 工作流程见图 6-7。

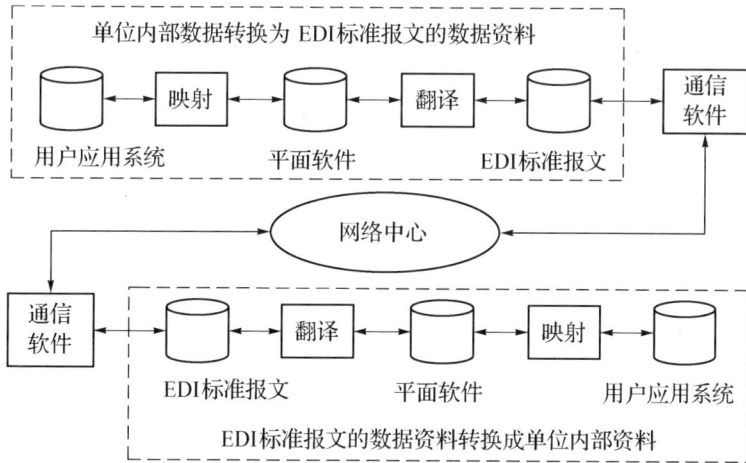

图 6-7 EDI 系统工作流程

6.2.3 因特网(Internet)下的 EDI

1)Internet 对 EDI 的影响

随着 Internet 的出现和广泛应用,其无地域限制、通信费用低、客户端无需 EDI 专用软件等特性,使基于 Internet EDI 的实现已成为可能。为此,美国欧洲等国家正致力于研究将基于 VAN 的 EDI 机理和方法迁移到基于 Internet 上来,实现基于 Internet 安全可靠的 B2B 电子贸易。利用 Internet 代替 VAN 使传统 EDI 中很多问题都可以迎刃而解了(见表 6-7)。

表 6-7 基于 Internet 的 EDI 与基于 VAN 的 EDI 比较表

	基于 Internet 的 EDI	基于 VAN 的 EDI
使用费用	费用廉价	每一个消息的传递都要收取费用
参与各方关系	动态的、短期的关系	参与方之间事先要做很多沟通工作
实施企业	大量的中小企业也能够从事电子商务活动	只有大企业能够实施

2)Internet 和 EDI 的结合方式

EDI 和 Internet 的结合方式有四种:Standard IC(Implementation Conventions,简

称 IC)，Web-EDI、Internet Mail、XML（Extensible Markup Language，简称 XML）/ EDI。其中 Web-EDI 方式是目前最流行的方法。

（1）Standard IC

IC 就是指那些在实现 EDI 的方案中被裁减了的标准信息版本。开发 IC 花费很高，因为它们需要复杂的分析。不同版本的 IC 之间的信息不能相互处理。在 Internet 上实现 EDI 时，只有使用了相同版本的 IC 后才能正确工作。标准 IC 是一种特殊的跨行业的国际标准，是针对特定应用的。这种标准不同于以前的行业标准和国家标准，但是也不同于以前制定的国际标准，它相对来说十分简单，没有过多的可选项，并且考虑了以前 IC 的需求。

（2）Web-EDI

Web-EDI 使中小企业只需通过浏览器和 Internet 连接去执行 EDI 交换。Web 是 EDI 的消息接口，通常情况下，一个较大的公司，针对每个 EDI 信息开发或购买相应的 Web 表单，形成自己的 IC，然后把它们放在 Web 站点上，此时，表单就成为 EDI 系统的接口。其他较小的公司，登录到 Web 站点上，选择它们所感兴趣的表单，然后填写，将结果提交给 Web 服务器后，通过服务器端程序进行合法性检查，把它变成通常的 EDI 消息，此后消息处理就与传统的 EDI 消息处理一样了。这种解决方案对中小企业来说是可以负担的，只需一个浏览器和 Internet 连接就可完成，EDI 软件和映射的费用则花在服务器端。Web-EDI 方式对现有企业应用只需做很小改动，就可以方便快速地扩展成为 EDI 系统应用。但另一方面，目前 HTML 标识语言过于简单，也给其应用带来了相对的限制。

（3）Internet Mail

Internet Mail 最早把 EDI 带入 Internet，用 ISP 代替了传统 EDI 依赖的 VAN，解决了信道的价格问题。但是，E-mail 在 Internet 上传送明文缺少保密性，也无法确保 E-mail 能够正确交付。此外，E-mail 很容易伪造，并且发送者可以否认自己是 E-mail 的作者。

（4）XML/EDI

由于新的数据描述语言 XML 所采用的标准技术已被证明最适合 Web 开发，所以，XML 语言应用于 Internet EDI，则可以得到真正 Web 风格的 EDI-XML/EDI。XML 支持结构化的数据，可以更详细地定义某个数据对象的数据结构。XML/EDI 引进模板（Template）的概念解决了 EDI 的主要问题——映射。模板描述的不是消息的数据，而是消息的结构以及如何解释消息，能做到不用编程就实现消息的映射。在用户计算机上，软件代理用最佳方式解释模板和处理消息，如果用户应用程序实现了 XML/EDI，那么代理可以自动完成映射，并产生正确的消息，同时，代理可以为用户生成一个 Web 表单。与 Web-EDI 不同，XML/EDI 可以在客户端处理消息，自动完成映射，改善传统 EDI 连接成本过于昂贵的状况。

由于 XML 文档可以很方便地通过 HTTP 协议在 Internet 上进行传输，原有 EDI

系统的企业只需增加一个能够将 EDI 文档与相应的 XML 文档相互转换的转换模块和 XML 服务器就可以扩展在 Internet 上的 B2B 业务。

图 6-8 描述了一个 Internet 中 XML/EDI 实施的电子商务模型。

大型企业中有 EDI 基础,在系统中加入 XML/EDI 转换模块和 XML 服务器。 XML 服务器与 Internet 相连,中间可设置防火墙以保证内部数据的安全。同时将经过加密的 XML 文档在 Internet 上传输,利用数字认证等技术保证接收到的 XML 文档是由贸易伙伴所发出的。XML/EDI 转换模块的主要功能是在 EDI 和 XML 数据格式间进行转换。

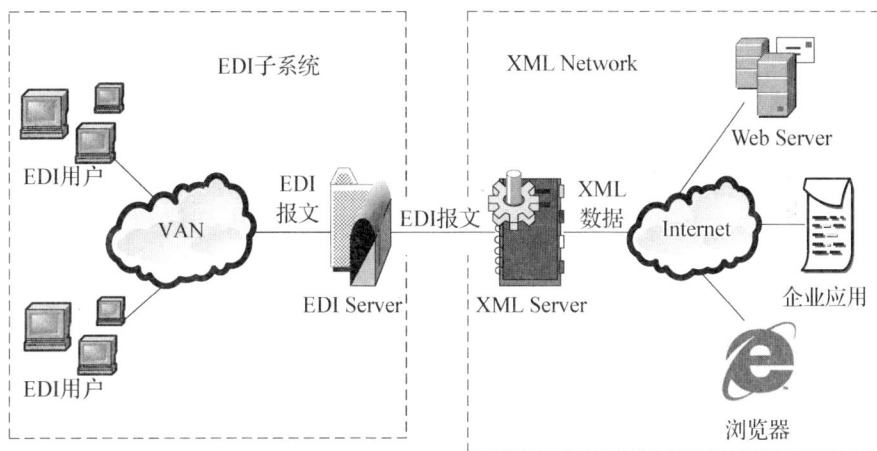

图 6-8 XML/EDI 框架

6.2.4 电子订货系统(EOS)

电子订货系统(Electronic Ordering System,EOS)可以被视为 EDI 技术在订单处理业务领域的具体应用之一。EOS 作为电子订货系统,专注于订单处理和管理。它利用 EDI 的原理和标准,将订单过程电子化,使供应商和客户能够通过电子手段进行订单的创建、修改和管理。

1) EOS 的分类、组成与特点

电子自动订货系统(Electronic Ordering System,EOS)是零售业将各种订货信息,使用计算机并通过网络系统(VAN 或互联网)传递给批发商或供应商,完成从订货、接单、处理、供货、结算等全过程在计算机上进行处理的系统。EOS 按应用范围可分各企业内的 EOS(如连锁店经营中各个连锁分店与总部之间建立的 EOS 系统),零售商与批发商之间的 EOS 系统以及零售商、批发商和生产商之间的 EOS 系统。

EOS 系统并非单个的零售店与单个的批发商组成的系统,而是许多零售店和许多批发商组成的大系统的整体运作方式。EOS 系统结构如图 6-9 所示。

从图中可看出,电子订货系统中的批发、零售商场、供货商、商业增值网络中心在商流中的角色和作用为：

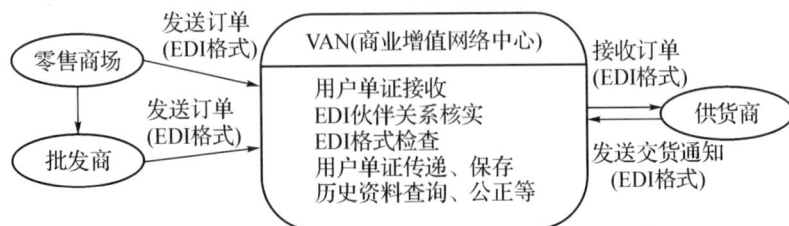

图 6-9　EOS 系统的结构

（1）批发、零售商

采购人员根据 MIS 系统提供的功能，收集并汇总各机构要货的商品名称、要货数量，根据供货商的可供商品货源、供货价格、交货期限、供货商的信誉等资料，向指定的供货商下达采购指令。采购指令按照商业增值网络中心的标准格式进行填写，经商业增值网络中心提供的 EDI 格式转换系统而成为标准的 EDI 单证，经由通信界面将订货资料发送至商业增值网络中心，然后等待供货商发回的有关信息。

（2）商业增值网络中心

商业增值网络中心（VAN）不参与交易双方的交易活动，只提供用户连接界面，每当接收到用户发来的 EDI 单证时，自动进行 EOS 交易伙伴关系的核查，只有互有伙伴关系的双方才能进行交易，否则视为无效交易；确定有效交易关系后还必须进行 EDI 单证格式检查，只有交易双方均认可的单证格式，才能进行单证传递；并对每一笔交易进行长期保存，供用户今后查询，或在交易双方发生贸易纠纷时，可以根据商业增值网络中心所储存的单证内容作为司法证据。

商业增值网络中心是共同的情报中心，它是透过通信网络让不同的机种的计算机或各种连线终端相通，促进情报的收发更加便利的一种共同情报中心。实际上在这个流通网络中，VAN 也发挥了巨大的功能。VAN 不单单是负责资料或情报的转换工作，也可与国内外其他地域的 VAN 相连并交换情报，从而扩大了客户资料交换的范围。

（3）供货商

根据商业增值网络中心转来的 EDI 单证，经商业增值网络中心提供的通信界面和 EDI 格式转换系统而成为一张标准的商品订单，根据订单内容和供货商的 MIS 系统提供的相关信息，供货商可及时安排出货，并将出货信息透过 EDI 传递给相应的批发、零售商，从而完成一次基本的订货作业。

当然，交易双方交换的信息不仅仅是订单和交货通知，还包括订单更改、订单回复、变价通知、提单、对账通知、发票、退换货等许多信息。

2）EOS 系统的基本流程

EOS 系统的基本流程如图 6-10 所示。

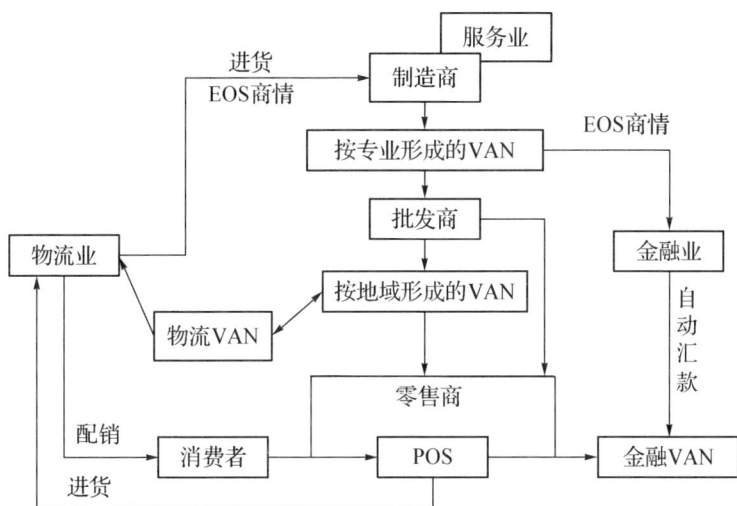

图 6‑10　EOS 系统的基本流程

（1）在零售商的终端利用条形码阅读器获取准备采购的商品条形码，并在终端机上输入订货材料；利用电话线通过调制解调器传到批发商的计算机中。

（2）批发商开出提货传票，并根据传票，同时开出拣货单，实施拣货，然后依据送货传票进行商品发货。

（3）送货传票上的资料便成为零售商的应付账款资料及批发商的应收账款资料，并接到应收账款系统中去。

（4）零售商对送到的货物进行检验后，便可以陈列和销售了。

3）EOS 系统的实施条件

（1）订货业务作业的标准化，这是有效利用 EOS 系统的前提条件。

（2）商品代码的设计。在零售行业的单品管理方式中，每一个商品品种对应一个独立的商品代码，商品代码一般采用国家统一规定的标准。对于统一标准中没有规定的商品则采用本企业自己规定的商品代码。商品代码的设计是应用 EOS 系统的基础条件。

（3）订货商品目录账册的制作和更新。订货商品目录账册的设计和运用是 EOS 系统成功的重要保证。

（4）计算机以及订货信息输入和输出终端设备的添置和 EOS 系统设计是应用 EOS 系统的基础条件。

（5）需要制定 EOS 系统应用手册并协调部门间、企业间的经营活动。

4）EOS 系统的作用

EOS 系统能及时、准确地交换订货信息，它在企业物流管理中的作用如下。

（1）对于传统的订货方式，如上门订货、邮寄订货、电话、传真订货等，EOS 系统可以缩短从接到订单到发出订货的时间，缩短订货商品的交货期，减少商品订单的出错率,节省人工费。

(2) 有利于减少企业库存水平,提高企业的库存管理效率,同时也能防止商品特别是畅销商品缺货现象的出现。

(3) 对于生产厂家和批发商来说,通过分析零售商的商品订货信息,能准确判断畅销商品和滞销商品,有利于企业调整商品生产和销售计划。

(4) 有利于提高企业物流信息系统的效率,使各个业务信息子系统之间的数据交换更加便利和迅速,丰富企业的经营信息。

6.2.5 EDI 在物流中的应用

1) EDI 在物流公司中的应用

作为供应商和客户之间的桥梁,物流公司在调节产品供需、缩短流通渠道、解决经济的流通规模以及降低流通成本方面扮演着关键角色。其交易流程如图 6-11 所示。

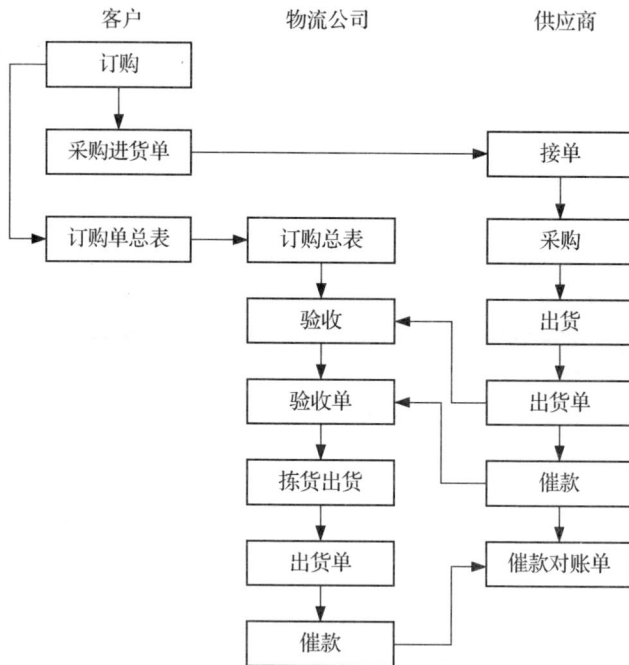

图 6-11 物流公司交易流程

如果物流公司引入 EDI 是为了运输数据,则可以低成本引入出货单。如果希望引入 EDI 改善作业流程,可以依次引入各单证,并与企业内部信息系统集成,逐步改善接单、配送、催款的作业流程。对物流公司来说,出货单是客户发出来的出货指示。物流公司引入 EDI 出货单后可与自己的拣货系统集成,生成拣货单,这样就可以加快内部作业速度,缩短配送时间;在出货完成后,可将出货结果用 EDI 通知客户,使客户及时知道出货情况,也可尽快处理缺货情况。对于每月的出货配送业务,物流公司还可以引入 EDI 催款对账单,开发对账系统,并与 EDI 出货配送系统集成,从而减轻财务部门每月对账工作量,降低对账错误率,减少催款人力。除了数据传输和作业流程改善外,物流公司还可以利用 EDI 技术进行企业流程再造。

2）应用案例:"宝洁-沃尔玛"模式

在 20 世纪 80 年代之前,美国零售市场存在着严重的信息不对称问题,零售商和供应商之间围绕着商品价格和货架位置的控制权争夺不断。随着全球零售市场的整合,宝洁开始越来越重视其中一些脱颖而出的主要零售商和大型连锁商,并为它们开辟了专门的直供渠道。沃尔玛作为全球最大的零售企业,成了宝洁最为关键的合作伙伴。双方迅速达成共识,确立了"宝洁-沃尔玛"模式。

"宝洁-沃尔玛"模式的核心是双方供应链协同管理。最初,宝洁为沃尔玛开发了一套持续补货系统,双方通过电子数据交换(EDI)实现了信息的联网和共享,具体操作流程如图 6 - 12 所示。

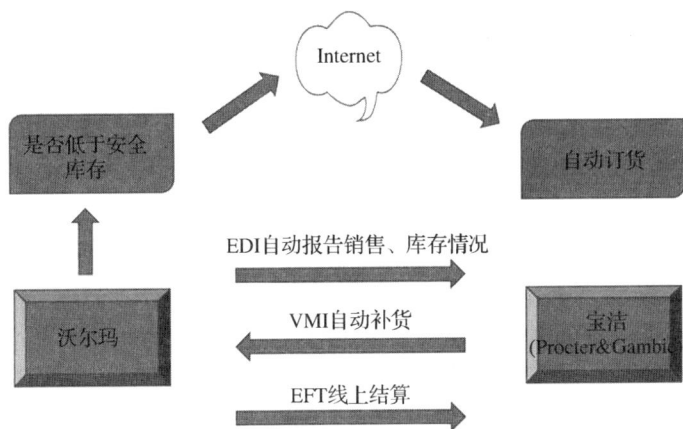

图 6 - 12 "宝洁-沃尔玛"模式操作流程

通过这一系统,宝洁能够迅速获取沃尔玛物流中心内宝洁产品的库存情况,以及产品在沃尔玛的销售、库存和价格等终端数据,从而及时进行库存/进货管理、生产和研发计划,避免了库存积压或缺货的情况发生。而沃尔玛则可以根据从宝洁公司获得的信息,及时决策商品货架和下一次进货数量等,实现了供应链的自动化管理。这也使得沃尔玛能够摆脱原有繁重的物流作业,大大提高了效率。由于双方企业之间无需针对每笔交易进行谈判,例如配送和价格等问题,整个业务流程中从订货到进货、保管、分拣再到补货销售的时间大大缩短。

6.3　其他辅助技术

6.3.1　呼叫中心

1）呼叫中心简述

呼叫中心（Call Center）是通过电话系统连接到某个信息数据库，并由计算机语音自动应答设备或人工座席将用户需要检索的信息直接播放给用户。

呼叫中心实际上是用电话作为接入手段，快速、正确、亲切、友好地完成大规模信息分配和事件处理业务的客户服务中心。呼叫中心通过电话和服务代理向客户提供多种业务，其本身就是一种经营方式。"呼叫中心"就是一些公司企业为用户服务而设立的。

早在20世纪80年代，欧美等国的电信企业、航空公司、商业银行等为了密切与用户联系，应用计算机的支持，利用电话作为与用户交互联系的媒体，设立了"呼叫中心"（Call Center），也可叫做"电话中心"，实际上就是为用户服务的"服务中心"。通过这一工具，企业可以同顾客进行直接的沟通，在把产品和服务的信息推广给顾客的同时，企业可以在第一时间得到顾客的反馈。因为有技术的支持，企业可以提供个人化的服务来增强顾客的忠诚度，这一切将使企业始终在市场上保持不败，同时也将每一个顾客的价值发掘到最大。

2）呼叫中心的类型和功能

呼叫中心可以有很多的类型和功能。从电话类型来分有呼入电话中心和呼出电话中心。

（1）呼入电话中心。呼入电话中心一般开展顾客咨询服务，从售前的信息咨询服务，取资料到售后的技术支持，从使用帮助，到账单查询，或者处理订单等。名称也有很多，如"顾客信息中心""顾客服务中心""顾客联络中心""顾客咨询中心"等。

（2）呼出电话中心。呼出电话中心一般用于电话营销，市场调查，银行的收取账款，会员活动，商务预约等。

3）呼叫中心的构成

就技术角度而言，呼叫中心包括以下六个部分。

（1）智能网络。目前，许多国家都开始用可提供多种增值业务的智能网络代替传统的仿真网络。由于使用的是七号信令系统和综合业务数字网（ISDN）接入设备，智能网络系统为呼叫中心增加了许多重要功能，如根据每天不同的时间段制定不同的路由策略，提供800免费呼叫服务和900共享收入服务，以及支持虚拟专用网等。

（2）自动呼叫分配器（ACD）。主要负责根据一定的分配算法，将用户打入的电话合理地分配给后台的座席处理人员。例如，可以采用平均分配算法或基于服务技能算法等。自动呼叫分配器是现代呼叫中心有别于一般的热线电话系统和自动应答系统的重要标志，其性能的优劣直接影响到呼叫中心的效率和顾客的满意度。

（3）自动语音应答（IVR）。交互式语音应答实际上是一个"启动的业务代表"，在用户接入到呼叫中心时，可以提供自动的语音导航服务。例如，在拨"114"业务时，由IVR系统自动摇出欢迎语和报出座席人员的编号。交互式语音应答可以利用驻留在数据库中的信息筛选来话并选择传送路由。它也可与主计算机连接，使呼叫者得以直接访问主机数据库信息，有关的数据库应用包括账户查询、信息传播、话务员自动筛选及传送路由选择、订单输入和交易处理等。

（4）CTI服务器。提供交换机和计算机互通的联络接口，使得计算机可以根据交换机提供的主叫号码等信息，将用户的资料在电话接通的同时显示在座席人员的计算机屏幕之前，实现了"Screen-Pop"的功能，可以为用户提供更好的服务。CTI服务器主要包括两大类型，它们分别基于电话系统和交换机系统。基于电话的CTI服务器只能控制该电话的来话和去话；而基于交换机的CTI服务器则可以全面控制电话、呼叫、分组、引导和中继线，因而更适用于集成的呼叫中心环境。

（5）座席人员（Agent）。在呼叫中心内，一般通过座席人员为用户提供服务。与简单的自动语音应答（IVR）相比，可以提供更亲切和周到的服务。在电话营销活动中，座席人员的服务水平，常常决定着营销活动的成败。

（6）数据库系统。有关的用户数据和业务资料，都要存入一个统一的数据库系统中，因此该数据库的处理能力要求也很高。

4）呼叫中心的作用

呼叫中心在扩大公司服务范围和提高服务质量上被越来越多的企业和客户所看好。呼叫中心对企业的作用表现在以下七个方面。

（1）提高工作效率

呼叫中心能有效地减少通话时间，降低网络费用，提高员工、业务代表的业务量，在第一时间内就将来话转接到正确的分机上，通过呼叫中心发现问题并加以解决。同时，自动语音应答系统可以将企业员工从繁杂的工作中解放出来，去管理更复杂的、直接和客户打交道的业务，提高了工作效率和服务质量。

（2）节约开支

呼叫中心统一完成语音与数据的传输，用户通过语音提示即可轻易地获取数据库中的数据，有效地减少每一个电话的时长，每一位座席工作人员在有限的时间内可以处理更多个电话，大大提高电话处理的效率及电话系统的利用率。

（3）提供一站式服务形象

通过呼叫中心将企业内分属各职能部门为客户提供的服务，集中在一个统一的对外联系"窗口"，最终实现一个电话解决客户所有问题的目标。呼叫中心与以往服务方式不同的是：不再存在"踢皮球"的现象，不会把客户的电话转来转去，最后不了了之。呼叫中心对客户实行"一站式"服务，客户一个电话进来，就能完成他所需的服务，所有需电话转接的，转接确保有人服务；所有需经一段时间处理的服务，一旦服务已完成，必须及时回复客户，或者客户任何时候均可查询到自己的业务处理情况。

（4）提高客户服务质量

自动语音设备可不间断地提供礼貌而热情的服务,即使在晚上,也可以利用自动语音设备提取您所需的信息。而且由于电话处理速度的提高,大大减少了用户在线等候的时间。在呼叫到来的同时,呼叫中心即可根据主叫号码或被叫号码提取出相关的信息传送到座席的终端上。这样,座席工作人员在接到电话的同时就得到了很多与这个客户相关的信息,简化了电话处理的程序。呼叫中心还可根据这些信息智能地处理呼叫,把它转移到相关专业人员的座席上。这样客户就可以马上得到专业人员的帮助,从而使问题尽快解决。

（5）选择合适的资源

根据员工的技能与工作地点,根据来话者的需要与重要性,根据不同的工作时间或日期来选择最好的同时也是最可能接通的业务代表。

（6）留住客户

客户的一般发展阶梯阶段是:潜在客户→新客户→满意的客户→留住的客户→老客户。往往失去一个老客户,所受到的损失往往需要有8~9个新客户来弥补,而20%的重要客户可能为您带来80%的收益,所以留住客户比替换他们更为经济有效。呼叫中心集中公司的所有客户信息资料,并提供客户分析、业务分析等工具,帮助判断最有价值客户,并奖励老客户,找出客户的需要并满足他们的需要,从而提高客户服务水平,达到留住客户的目的。

（7）带来新的商业机遇

理解每一个呼叫的真正价值,可提高效率,增加收益,提升客户价值;利用技术上的投资,可更好地了解您的客户,密切您与客户的联系,使您的产品和服务更有价值,尤其是从每一次呼叫中也许可以捕捉到新的商业机遇。

5）云呼叫中心

（1）呼叫中心的发展历程

从建立到现在的广泛应用,呼叫中心主要经历了六个发展阶段。

第一代呼叫中心是由交换机控制的人工热线。在呼叫中心发展的早期,采用普通电话机或小交换机(排队机)。来实现客户电话的纯人工接听。功能简单、自动化程度低,大量重复性工作需要通过人工来实现,而且信息的更新与准确性也无法得到保证。技术水平还没有达到可以将用户有关的数据存入计算机。这个阶段呼叫中心员工的工作强度非常大。

第二代呼叫中心称为交互式自动语音应答呼叫中心。系统增加了交互式语音应答功能,简称IVR。IVR通过对客户的自动语音服务,将客户的需求进行逐步的明确和划分,将大部分客户需求转移到系统自动应答系统中。第二代呼叫中心将计算机技术应用进来,实现了简单网络通信技术和数据共享。但是这个阶段的呼叫中心还处于硬件订制的阶段,每家呼叫中心都需要自己独立制作板卡和系统。难以实现应用层面的扩展和系统规模的调整。

第三代呼叫中心是基于语音板卡的呼叫中心。第三代呼叫中心革命性地将 CTI 技术引用进来，实现了通信技术与计算机技术的结合。可以将电脑线路中的各种数据和信息集成到计算机中，同时计算机系统也可以灵活的控制电话。利用 CTI 技术，面向用户，提供综合服务的基于语音板卡的第三代呼叫中心系统应运而生。由于基于 CTI 平台的概念诞生，呼叫中心系统的标准和通信平台也逐渐明晰和统一起来。采用标准化的通信协议和软件平台的呼叫中心慢慢摆脱了订制硬件的局限，而将更多功能建立在软件平台上。

第四代呼叫中心是完全基于 IP 架构的呼叫中心。由于计算机与网络的应用使得呼叫中心呈现出多媒体化、分布式的发展趋势。呼叫中心的整体构架也发生了重大的革新。第四代呼叫中心已经完全架构在 IP 协议和网络上，并且将之前的电话呼叫转变为多种通信设备的呼叫。同时由于 IP 概念的引入，使得呼叫中心的安装完全依靠软件的开发和安装，脱离了硬件的局限，可以让呼叫中心的配置更灵活、更多样化，而使用成本和维护成本却大大降低。

第五代呼叫中心融入了 SOA(Service-Oriented Architecture，面向服务的架构)的概念。将统一通信和 SOA 的理念加入呼叫中心的系统中。

第六代呼叫中心是以云计算为基础的托管型呼叫中心(图 6 - 13)。呼叫中心的软硬件平台、通信资源、日常维护、场地、人员以及运营管理全部由呼叫中心服务商负责。托管型呼叫中心运用先进的通信和计算机技术集中构建大型、高并发处理能力呼叫中心系统，通过独特的多用户管理和远程座席功能，将呼叫中心座席分租给位于不同地点的不同企业来使用，企业专注于呼叫中心本身的运营管理，而复杂的系统维护和运营服务等交由托管型呼叫中心服务商去做。

（2）云呼叫中心的优势

①成本低

云呼叫中心的部署无需企业投入昂贵的专业设备或系统配置。其硬件设施由服务商提供，企业只需简单开通云呼叫中心服务。此外，通过自动集中式管理，企业无需支付高昂的数据中心管理费用和硬件维护成本。

②分布式部署和强大的数据分析能力

云计算具有虚拟化和弹性化的特性，而云呼叫中心系统的核心特点在于卓越的大数据分析和分布式部署能力。这使得系统能够在全球范围内实现协同合作、统一路由和排队，从而帮助企业在成本降低的同时提升服务质量。

③建设周期短

云呼叫中心系统由服务商预先构建，企业仅需按照座席数量付费并迅速启用，建设周期短，管理便捷。

④系统伸缩性强

企业可以根据业务发展需求自主扩展云呼叫中心，同时服务商负责软硬件的升级，有助于企业避免资源和成本的浪费，提高企业应对风险的能力。

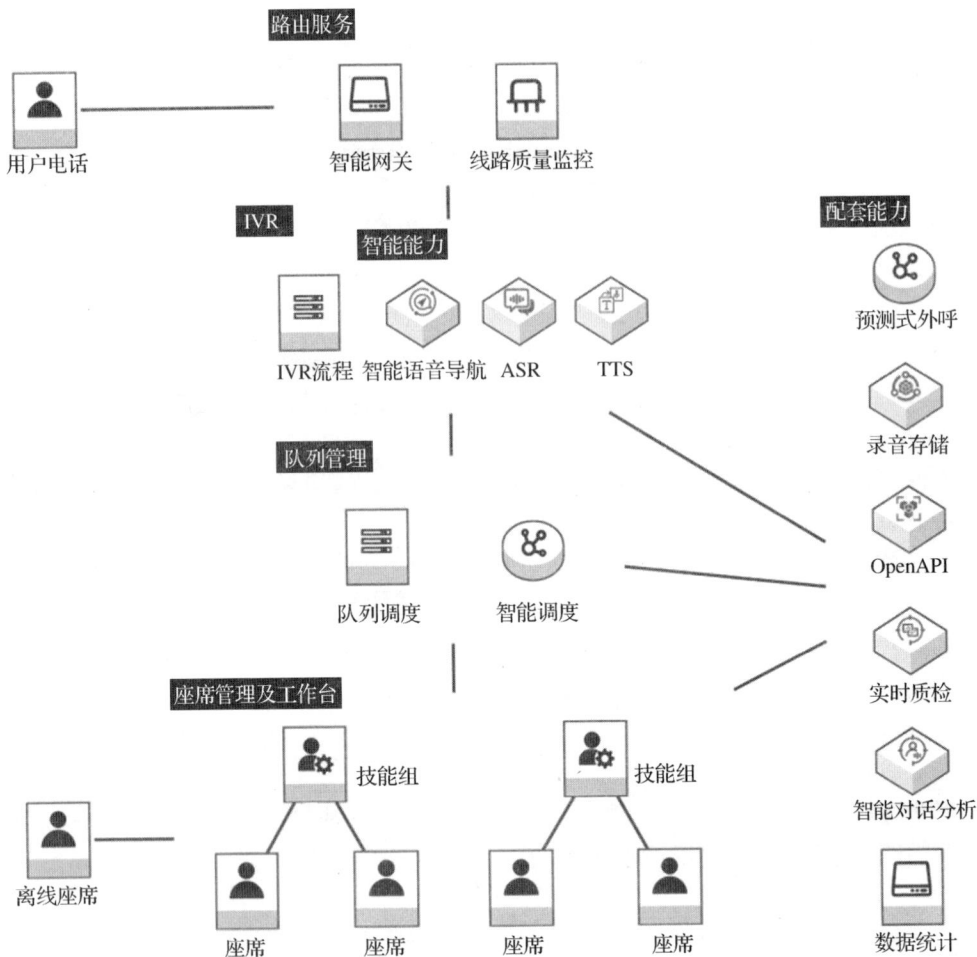

图 6-13 云呼叫中心示例(https://www.aliyun.com/product/ccc)

⑤资源利用率高

云呼叫中心服务商提供一站式的呼叫中心解决方案,相对于传统呼叫中心,云呼叫中心对资源的利用率更为高效。

6)案例应用:呼叫中心+智能语音语言技术

智能语音语言技术作为人工智能领域的一个分支,已被广泛应用于各个行业。以顺丰呼叫中心为例,该中心涉及的关键系统包括智能外呼系统、智能应用系统和人工客服系统,如图 6-14 所示。其中,智能外呼系统主要用于通知客户,如预约派件等,通过语音识别技术实现自动呼叫,提升服务效率。智能交互应答系统则处理用户呼入情况,包括下单、咨询、查单、业务办理和投诉等,需要综合运用语音识别、意图理解与对话生成等技术,以提供更智能化的服务。当智能系统无法满足用户需求时,会自动转接至人工客服系统。这些系统中的录音数据由质检系统转换为文本并检查客服通话内容,从而提供改进建议。呼叫中心＋智能语音语言技术的应用不仅提升了服务效率,改善了客户体验,还降低了人力成本。未来,智能语音语言技术在呼叫中心的应用还有进一步的发展空间,如结合自然语言处理技术实现更智能的对话处理和个性化服务。

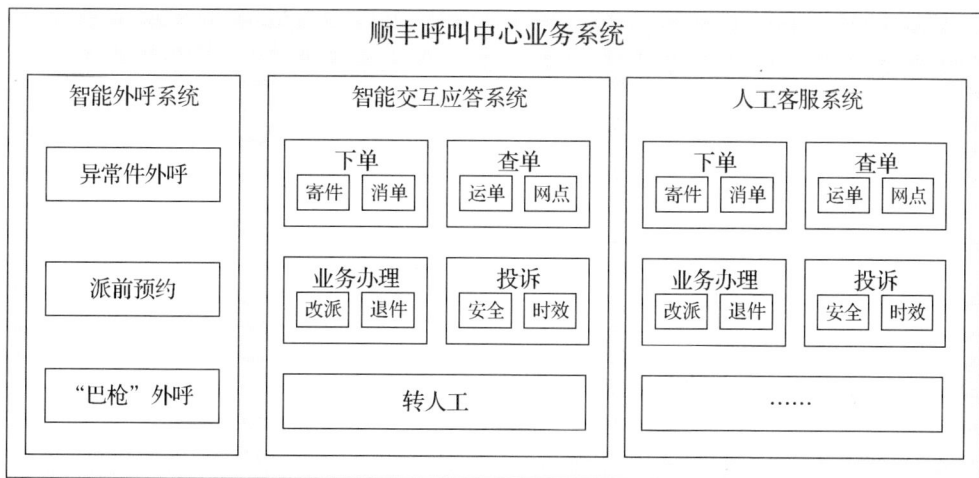

图 6-14　顺丰呼叫中心业务系统示意图

6.3.2　网上支付技术

1）网上支付的定义及系统组成

网上支付（Net Payment/Internet Payment）是电子支付方式的一种,是指以金融电子化网络为基础,以商用电子化工具和各类交易卡为媒介,采用现代计算机技术和通信技术作为手段,以二进制数据形式,通过计算机网络,特别是 Internet 公共网络,以电子信息传递的形式来实现资金的流通和支付。一个完整的网上支付系统通常由客户、商家、客户开户行、商家开户行、支付网关、金融专用网络、CA 认证中心、网上支付工具及其遵循的支付通信协议九个要素组成。网上支付系统的基本结构如图 6-15 所示。

2）网上支付的发展历程及现状

随着电子商务的迅猛发展,如何构建方便快捷、安全可靠的网上支付体系逐渐成为制约电子商务发展的瓶颈。作为电子商务的核心环

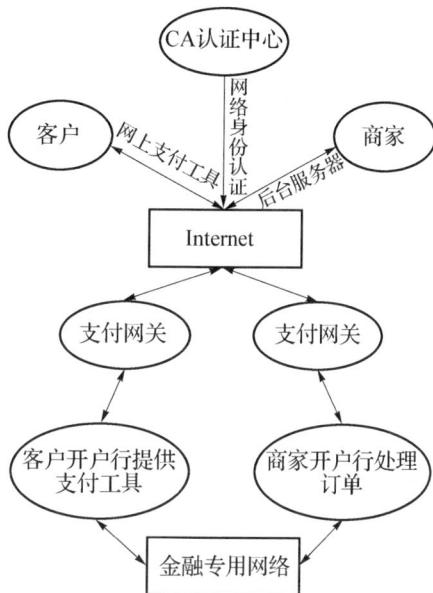

图 6-15　网上支付系统的基本结构

节,网上支付的每一次演变都会为电子商务带来巨大变革,回顾网上支付的发展历程,可以大体分为如下五个阶段:

第一阶段:银行利用计算机处理银行间的业务,办理结算。

第二阶段:银行计算机与其他机构计算机之间的结算,如代发工资等。

第三阶段:利用网络终端向客户提供各项银行业务,如客户在 ATM 上完成取款、存款等操作。

第四阶段:利用银行销售点终端(POS)向客户提供自动扣款服务。

第五阶段:电子支付过程可以随时随地通过互联网直接转账结算完成。

中国支付清算协会发布的《中国支付产业年报 2023》显示,截至 2022 年底,中国网络支付用户规模达 9.11 亿,较 2021 年 12 月增长 781 万,占网民整体的 85.4%。移动支付的应用场景覆盖百姓生活方方面面,成为主流零售支付方式。

3) 网上支付工具

作为网上支付系统中资金流动的重要载体,网上支付工具为了适应电子商务的快速发展,如今也出现了多种多样的类型。总体来讲,按照支付流程的不同,可以把网上支付工具分为"类支票电子货币"、"类现金电子货币"和"电子钱包"三类。各类网上支付工具的特点如表 6-8 所示。

表 6-8　各类网上支付工具特点

支付工具类别	特点	举例
类支票电子货币	收、付款双方的转账需要银行或其他中介的支持,支付过程不匿名,通常适用于较大数额的网上交易	借记卡、(准)贷记卡、电子支票、支付宝等
类现金电子货币	在支付流程中不需要银行参与,银行只在发行与兑换时参与运作,支付过程匿名,结算速度较快,适用于微小数额的网上交易	现金卡(如公交卡)、虚拟货币(如 Q 币)等
电子钱包	综合型的网上支付工具,可含有电子现金、电子信用卡、在线货币等电子货币,集多种功能于一体	城市一卡通、VISA Cash 软件等

4) 网上支付模式

从消费者感知体验及支付工具使用角度出发,目前电子商务网上支付模式可分为电子支票网上支付、网上银行、网关型第三方支付平台网上支付、信用担保型第三方支付平台网上支付和移动支付五种类型。

(1) 电子支票网上支付模式

电子支票网上支付模式是指在互联网上利用电子支票完成买卖双方之间的资金支付与结算,该模式下客户和商家必须到各自的开户行申请电子支票应用授权,获取数字证书及电子支票相关软件等。具体支付流程如图 6-16 所示。

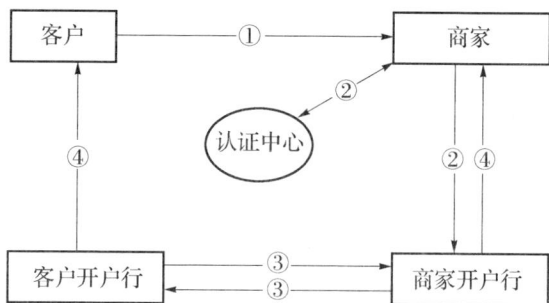

图 6 - 16   电子支票网上支付流程图

图 6 - 16 所示流程的具体内容为:①客户在网上商店选定商品,选择使用电子支票支付,利用自己的私钥对电子支票进行数字签名后,发送电子支票到商家;②商家收到电子支票后,通过认证中心对客户的电子支票进行验证,验证通过后将电子支票发送到商家开户行索付;③商家开户行收到电子支票后,将其转发到资金清算系统,自动清算系统向客户开户行申请兑换电子支票,并且将兑换的资金发送到商家开户行;④商家开户行向商家发送到款通知,客户开户行向客户发送付款通知。

(2) 网上银行模式

网上银行模式是指银行通过自己的站点和主页,向客户提供开户、销户、查询、对账、转账、信贷、网上证券、投资理财、网上支付等金融业务的虚拟银行,客户通过它完成网上支付。此模式需要商家在银行中开设结算账户,客户在银行中开设支付卡,并在卡中存有一定数量的钱款,这种模式下商家直接通过支付网关连接银行,支付网关的主要作用是安全连接公共互联网和银行专网,完成通信、协议转换和数据加、解密功能,以保护银行内部网络。具体支付流程如图 6 - 17 所示。

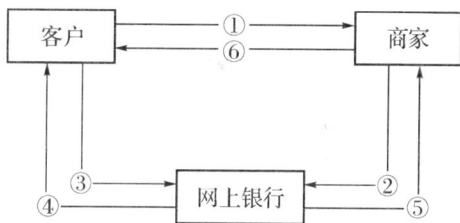

图 6 - 17   网上银行网上支付流程图

图 6 - 17 所示流程的具体内容为:①客户连接互联网,检索商品,填写网络订单,加密后提交商家;②商家接受订单,向网上银行发送订单金额;③网上银行在验证商家身份后,给客户提供支付界面;④客户填入自己的支付卡号、密码,进行支付;⑤银行检验用户的支付卡有效后,把货款从客户账户转到商家账户,并向商家网站返回支付成功消息;⑥商家网站向客户发送支付成功消息并给客户发货。

(3) 第三方支付平台网上支付模式

第三方支付平台网上支付模式是指平台提供商通过采用规范的连接器,在网上商家与商业银行之间建立结算连接关系,实现从消费者到金融机构、商家之间的在线货币支付、现金流转、资金清算、查询统计等业务流程。第三方支付平台可以分为两类:一类是充当银行网关的支付平台;另一类则除了担任银行支付中介外,还担任交易双方的信用担保。

网关型第三方支付平台的支付网关建立在第三方支付平台与银行之间,商家需要在第三方支付平台开立账户,各类商业银行共同利用第三方的服务系统,节省网关开发成本。第三方支付平台为网上交易提供一致的支付界面,统一的手续费用标准,处理交易中的所有资金并将其转到商家的开户银行。具体支付流程如图 6-18 所示。

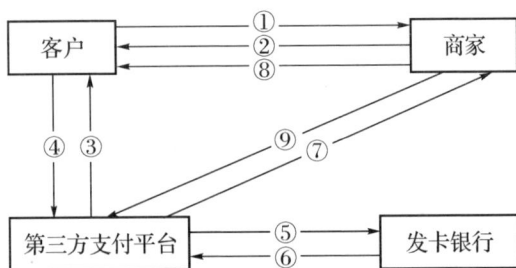

图 6-18　网关型第三方支付平台网上支付流程图

图 6-18 所示流程的具体内容为:①客户填写网络订单,加密后提交商家;②商家网页提示客户通过链接进入第三方支付平台的网页继续交易;③第三方支付平台给客户提供支付界面;④客户在核对界面的支付信息后,填入自己的银行卡号、密码,进行支付;⑤第三方支付平台获取客户支付信息并向相关银行发送支付请求;⑥银行卡信息等经由金融体系内部网络进行处理,银行授权支付后资金由第三方保有;⑦第三方支付平台获得授权后向商家网站返回支付成功消息;⑧商家网站向客户发送支付成功消息后给客户发货;⑨定期清算,第三方将资金转入到商家账户。

信用担保型第三方支付平台网上支付也利用支付网关连接第三方支付平台与银行,但是客户和商家都需要在第三方支付平台上注册账户,客户可以通过将银行账户与支付平台账户绑定或邮政汇款、线下充值等方式给自己的支付平台账户充值,全部交易过程都在支付平台内部进行,不需要外部银行参与,从而简化交易流程并提高了资金流通的安全性。同时第三方支付平台还可以担任货物的信用中介,约束交易双方的行为,在一定程度上缓解彼此对双方信用的猜疑,增加网上购物的可信度。具体支付流程如图 6-19 所示。

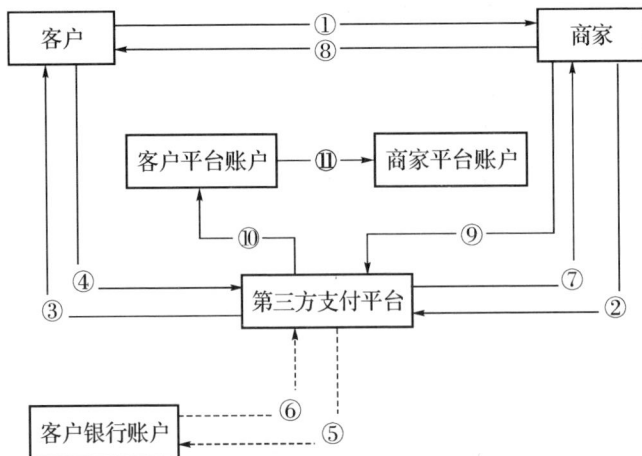

图 6-19　信用担保型第三方支付平台网上支付流程图

图 6-19 所示流程的具体内容为:①客户连接网上选购商品,填写网络订单,加密后发送商家;②商家向第三方支付平台发送支付请求;③第三方支付平台向客户提供支付界面;④客户填写相关信息进行支付;⑤第三方支付平台获取客户支付信息并向相关银行发送支付请求(或客户平时通过第三方支付平台发送平台账户充值请求);⑥银行验证客户账户后通过第三方支付平台将资金从银行账户转入客户平台账户;⑦第三方支付平台将转账支付信息传递并通知商家发货;⑧商家发货给客户;⑨商家通知第三方支付平台已向客户发货;⑩第三方支付平台通知客户查询物流信息;⑪客户确认收货后,第三方支付平台将货款从客户平台账户转入商家平台账户。

(4)移动支付模式

移动支付是一种允许移动用户使用其移动终端(例如手机等)对所消费的商品或服务进行账务支付的支付方式。移动支付的业务模式一般有四种:手机代缴费、手机钱包、手机银行和手机信用平台,可以通过从手机上下载相关第三方支付平台 APP 以及开通手机银行服务等方式实现。移动支付具有不受时空限制、交易时间短、灵活多样等特点,已经被越来越多的用户所接受。

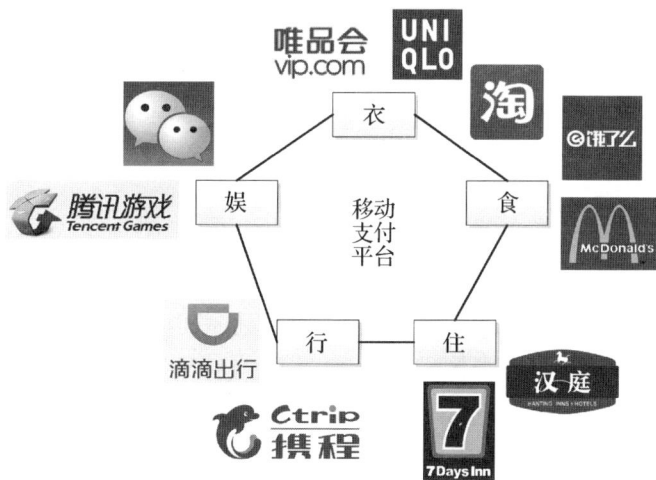

图 6-20 移动支付平台应用

6.3.3 手机应用软件技术(APP)

1) APP 的概念及特点

APP 是英文 Application 的简称,是指手机中的应用程序(即手机客户端)。手机 APP 具有安装方便、使用灵活简单等特点,并且目前已发展出娱乐、社交、购物、支付等多种功能,极大地拓展了智能手机的应用范围。同时,随着移动互联网的发展,手机 APP 可以为越来越多的企业提供全新的宣传和营销平台,企业可以通过开发手机客户端软件,结合图片、文字、音频、视频、动画等方式生动展示品牌及产品信息,及时跟进客户需求,以较低的成本为客户提供精准的服务。

2）APP 的发展历程

（1）APP 雏形的形成

APP 的出现最早可以追溯到手机糖块时代中 NOKIA 手机中的贪吃蛇游戏,由于这款游戏在手机出厂前就内置其中,因此在当时被看做是手机功能的一部分。随着移动设备进入功能性时代,APP 的发展也进入了一个新的平台。JAVA 等编程技术的发展和普及,出现了许多可供用户自由安装、卸载的应用程序,其中以游戏娱乐类为主,形成了最初的 APP。

（2）移动互联技术的出现—APP 应用范围的扩大

随着移动互联网技术的出现与推广,有关互联网的手机 APP 开始产生,使得最初以提供娱乐为主的 APP 向咨询、社交、工具等方向发展,扩大了 APP 的应用范围。

（3）智能手机的出现—APP 迈向成熟

相较于非智能手机,智能手机拥有自己的操作系统、独立的处理器以及更大的显示屏幕,这些都促进 APP 向开发标准化、操作流畅化和表现多元化发展,APP 作为一种虚拟产品被广大用户所接受。

3）APP 的开发流程

作为功能性的手机应用程序,APP 可以看作为一个小型的信息系统,如图 6-21 所示,一般的 APP 开发流程大体上可以划分为调研设计、开发测试、后期维护三个阶段。

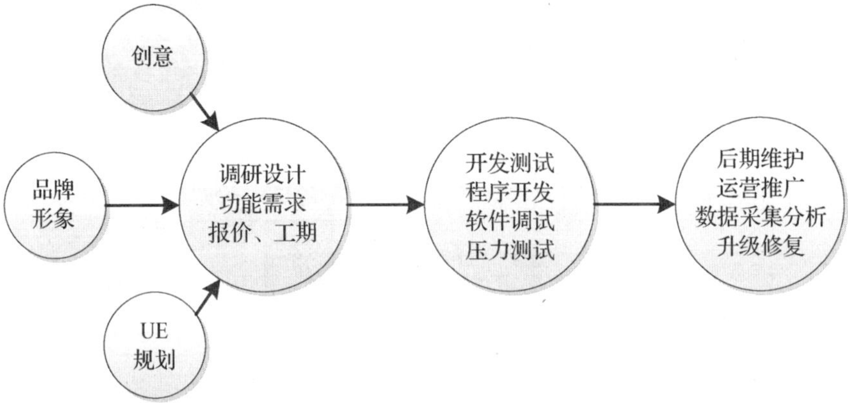

图 6-21　APP 开发流程

4）物流 APP 分类

近年来,行业门户类应用正在从互联网向移动互联网延伸,物流行业也加快了移动业务的增长步伐,开始涌现出越来越多的物流类 APP 软件。根据功能及应用对象的不同,可以将物流 APP 分为物流企业级 APP、B2C 电商平台 APP、货运 APP 及物流查询 APP 四类(图 6-22)。

174

（1）物流企业级 APP

物流企业级 APP 主要包括三个领域的应用：一是为业务伙伴服务的企业级 B2B 移动电子商务，为企业之间的合作交易提供便利；二是将 ERP 的部分功能模块移植到手机应用上，以手机平台化的方式呈现，例如仓库管理、供应链管理等，企业人员通过移动 APP 的操作实现随时与 PC 端 ERP 系统的同步对接，提高企业运营管理的效率和灵活性；三是为大型会议提供移动服务平台，借助移动信息化手段为会议讨论与决策制定提供便利。

（2）B2C 电商平台 APP

B2C 电商平台 APP 主要为消费者提供商品查询、网上购物消费等服务，是 PC 端电商平台的扩展。随着我国移动消费比例的迅速上升，为适应不同的消费需求，B2C 电商平台 APP 呈现出多样化发展趋势，其中主要包括以京东、淘宝等为例的综合类购物 APP，以美团、唯品会等为例的团购（特卖）类购物 APP，以小红书、网易考拉等为例的跨境电商 APP，以闲鱼、转转等为例的二手电商 APP，以全民夺宝、1 元夺宝等为例的众筹类购物 APP。

（3）货运 APP

货运 APP 是移动互联网进入物流业务的第一波产品，它主要定位于长途货运市场，为车主和货主提供一个公开透明的移动物流服务平台，消除中间环节，可以让车主和货主在平台上快速有效地找到货源和车源，解决找车难找货难的问题。

（4）物流查询类 APP

物流查询类 APP 大多是物流信息网站在移动互联领域的延伸，其功能主要包括物流单号查询、物流价格查询、相关物流资讯查询等。

图 6 - 22　物流 APP 分类

5）APP 在物流行业应用意义

作为移动互联和信息化的重要表现之一，APP 在物流行业的应用具有深远意义，具体可以表现为如下几点：

（1）节约资金：与线下经济模式相比，手机 APP 的开发无需花费高昂的技术和人力成本，帮助企业将更多资金投入到硬件设施的改进升级与组织管理中去。

（2）提高企业运营效率：物流 APP 的开发使得移动办公成为可能，通过与企业现有平台的对接和数据共享，物流 APP 有助于协调企业一线操作人员的分工合作，提高企业运营效率，同时能够让企业高层决策人员及时了解企业各功能模块的运行情况，为其作出正确的决策提供支持。同时，物流 APP 搭建起用户与企业之间沟通的桥梁，可以帮助企业及时了解用户需要，为用户提供个性化的服务。

（3）扩大企业影响力：物流 APP 具有较强的市场渗透能力和传播能力，它可以作为企业的宣传工具，扩大企业的市场影响力。同时企业也可以通过 APP 发布相关推文，帮助用户更好地了解企业的主营业务与文化。

（4）增强用户体验：除了操作简单、灵活方便以外，目前我国物流 APP 正在向功能集成化、形式多样化发展，满足用户群体的不同需求，提供一站式的服务，相比于 PC 端软件，物流 APP 具有更好的用户体验。

复习思考题

1. POS 系统的组成？POS 系统有哪些作用？
2. 简述 POS 系统的运行步骤。
3. 简述电子交换技术的原理及其在物流业务中的应用。
4. 什么是电子订货系统，系统的组成和特点是什么？
5. 简述电子订货系统的流程。
6. 简述云呼叫中心的优点。
7. 网上支付模式有哪些？
8. 物流 APP 分为哪些类型？

第三篇

系统篇

物流信息系统的规划与开发方法

➤了解物流信息系统规划的知识
➤掌握物流信息系统规划步骤和方法
➤了解物流信息系统开发的知识
➤掌握物流信息系统开发的步骤、方法和模式

7.1 物流信息系统的规划

7.1.1 物流信息系统规划概述

1)规划背景

物流信息系统规划是建立物流信息系统的第一步,是系统开发的基础准备和总体部署阶段。还未明确系统做什么的情况下,就开始急于进行功能和模块设计,是造成系统开发失败的主要原因之一。

企业物流信息系统是一个历时较长、投资较大的工程项目,因为它不仅是单项数据处理的简单组合,还涉及传统管理思想的转变,现代化物流管理方法的应用,以及管理基础工作的整顿提高等许多方面,是一项协调性强、范围广、人机密切结合的系统工程。同时,物流系统具有涉及时空跨度大的特点,这就要求人们在规划阶段能提出与之相对应的高水平的技术和策略手段,以满足物流管理活动的需要。

总之,系统规划是系统分析的依据,是项目开发的依据,是筹集资源及分配资源的依据,是编制工作计划的依据,是评审系统的依据,是协调各部门工作的依据。

物流信息系统规划是信息系统概念的形成期,根据组织的目标与战略制定出组织中业务流程改革与创新和信息系统建设的长期发展方案是这一阶段的主要目标,决定信息系统在整个生命周期的发展规模、方向和发展进程。一般既包括1~2年的短期计

划,又包括3~5年的中长期规划。短期计划部分为资金和作业工作的具体责任提供依据。一般包括以下内容:

(1)总体评价。对目前组织业务流程与现有信息系统的功能、应用环境和应用现状,当前经费情况,人员状况,满足现实要求的情况等多方面进行评价。

(2)物流信息系统的目标、约束和结构。系统规划应该根据组织的战略目标、组织的内外约束条件以及组织的业务流程改革与创新需求,来确定系统的总目标和发展战略规划,以及系统的总体结构类型及子系统的构成。其中信息系统的总目标为信息系统的发展方向提供准则,而发展战略规划提出对完成工作的衡量标准。

(3)发展规划阶段性安排,特别是关于本次规划第一个发展阶段有关项目的实施计划的安排原则的确定和相当具体的安排。主要包括应用项目的开发时间表、硬件设备的采购时间表、人力资源的需求计划、软件维护与转换工作时间表以及资金需求、人员培训时间安排等。

(4)对影响计划的信息技术发展的预测。信息系统战略规划无疑将会受当前和未来信息技术发展的影响。因此,计算机及其各项技术的影响应得到必要的重视并在战略规划中有所反映。另外对数据库、信息网络、方法论的变化、软件的可用性、周围环境的变化以及它们对信息系统产生的影响也在所考虑的因素之中。

物流信息系统规划并不是一经制定就不再发生变化。事实上,各种因素的变化都可能随时影响整个规划的适应性。因此物流信息系统规划总要不断地作修改以适应变化的需要。物流信息系统规划需要具备以下特征:

(1)全局性。着重于解决有关系统发展的长远的、全局的和关键性的问题,因此它的非结构化程度较高,具有较强的不确定性,如系统发展战略的制定。

(2)战略性。突出工作的战略性特征,工作的重点不在于解决项目开发中的具体业务问题,而是确定系统的战略目标、战略方案、总体结构方案和资源计划。其工作深度宜粗不宜细。

(3)高层性。工作环境是组织管理环境。高层人员是工作的主体。

(4)指导性。信息系统的规划以企业的战略规划为依据,其本身也必须对整个信息系统的开发有指导作用。

(5)适应性。合理的规划应使企业环境与组织资源良好匹配,以及适应于企业本身的组织活动和管理过程,并且随着环境的发展而变化。

2)规划目标

物流信息系统规划的总目标主要是以最低的物流总成本实现系统对用户的服务承诺。规划目标包括以下几项内容:

(1)实现人、管理、技术的协调发展,改善系统内部交流方式,充分发挥系统功能,以提高信息处理和信息共享能力,作好对各级,尤其是对高层的决策支持。

(2)做好业务跟踪监控安排,使作业决策及时准确。

(3)提高办公自动化水平,合理调度资源,以提高效率和降低成本。

（4）规划成果对内外环境的变化应有较强的适应性。

（5）讲求实效。要针对规划对象的现实问题,解决方案力求直接可行。

7.1.2 规划原则

物流信息系统是以物流思想体系为基础,依靠科学技术,特别是应用计算机和网络技术,在计划、管理以及作业环节等方面充分利用信息,快速反馈信息,为决策提供依据并辅助决策,提高物流效率和优化供应链的系统。所以在系统规划阶段要遵循以下原则：

1）完整性原则

物流信息系统属于范围广、协调性强、人机密切结合的系统工程,建立物流信息系统,并不是单项数据处理的简单组合,必须进行系统规划,制定相应的管理规范,保证系统开发的完整性。

2）可靠性原则

系统的可靠性实际上就是要求系统的准确性和确定性。一个可靠的物流信息系统要能在正常的情况下达到系统设计的预期精度要求,不管输入的数据多么复杂,只要是在系统设计要求的范围内,都能输出可靠的结果。

3）经济性原则

企业是趋利性组织,追逐经济利益是它的最终目的,通常期望以最小的投入获得最大的产出。系统的运行维护费用也最好保持在较低的水平,减少不必要的浪费。

4）易用性原则

物流信息系统必须是友善和易于操作的,一方面可以使管理者便于使用,也可以提高工作效率。系统界面提供的物流信息要有正确的结构和顺序,避免复杂的操作。

7.1.3 规划步骤

进行系统规划一般应包括以下各步骤,见图7-1。

①发现问题。确定系统规划的基本问题,包括规划的方法、规划的年限、规划的要求。

②采集信息。从企业内外各方面收集各种需要的信息。

③评估现状。对企业的现状进行评估,从而发现

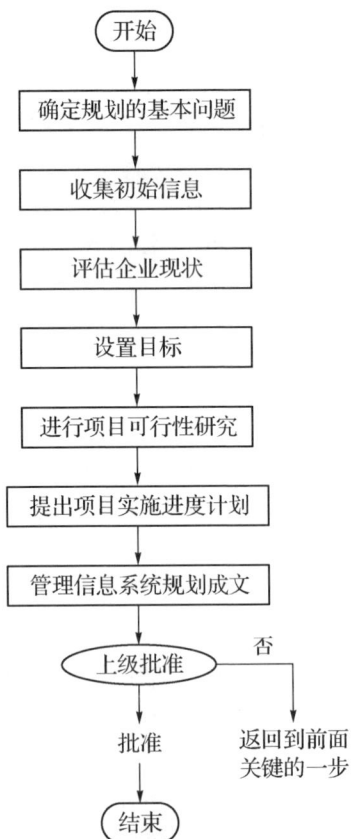

图7-1 系统规划的一般步骤

对整个规划有约束的因素。主要包括现存设备和质量、现存硬件和质量、现存软件和质量、信息部门人员、资金、人员经验、安全措施、内外部关系等。

④设置目标。这里的目标不仅包括信息系统的目标,还包括整个企业的目标,比如信息系统开发的服务对象、范围、质量等。

⑤可行性研究。估算成本,确定项目的优先权。

⑥制订实施计划。根据项目的优先权、人员情况和成本费用,编制项目的实施进度计划,列出开发进度表。

⑦管理信息系统规划成文。通过不断与用户交换意见,将信息系统规划书写成文。

7.1.4 规划方法

信息系统规划的方法主要有关键成功因素法(Critical Success Factors,CSF)、战略目标集合转移法(Strategy Set Transformation,SST)、企业系统规划方法(Business System Planning,BSP)、投资回收法(ROT)、企业信息分析与集成技术法(BIAIT)、产出/方法分析(E/M)、零线预算法、阶石法等等,其中常用的是前三种方法。

1)关键成功因素法(CSF)

关键成功因素法(Critical Success Factors,CSF)的概念是1970年哈佛大学商学院的William Zani在论文《管理信息系统的蓝图》中首次提出的。他在建立管理信息系统模型中首次使用了关键成功变量,用以确定管理信息系统的成败因素。20世纪80年代麻省理工学院斯隆管理学院的John F. Rockart正式确立了关键成功因素法在管理信息系统战略规划中的地位。他把关键成功因素应用到管理信息系统的战略规划当中。

(1)关键成功因素法的基本概念

关键成功因素法是一个帮助组织最高领导人确定重要信息需求的有效方法,主要思想是抓住主要矛盾。所谓关键成功因素是指组织中的某些区域部门,一旦这些部门的运行结果令人满意,组织就能够在竞争中获得成功。

关键成功因素经常要得到管理人员特别细致的关注。对每个关键成功因素的运行情况需要不断地进行度量,并向管理者汇报。这些关键成功因素必须做得很好,否则组织的努力将达不到预期的效果。

不同的行业和企业有各自不同的关键成功因素。所需要的信息之间起着一种引导和中间桥梁的作用。在组织目标及其完成任务方面,通过对关键成功因素的识别,可以找出和弥补所需的关键信息。

关键成功因素法的访问调查由两到三次独立的会见组成:

①第一次会见。要记录组织最高管理领导人提出的目标,并讨论实现这些目标的关键成功因素。然后经过讨论澄清这些关键成功因素与目标之间的内在联系,决定哪些因素需要合并,哪些因素要取消,哪些因素要重新阐明。

②在分析人员完成对第一次会见的结果分析之后,进行第二次见面。主要目的是对结果进行审查,并对某些因素细化。

③有时候还需要第三次见面,以便最终确定一套完整的关键成功因素法的报告。

(2)关键成功因素法的步骤

关键成功因素就是要识别与系统目标相关联的主要数据类及其关系。关键成功因素法特别注重企业目标,通过目标分解和识别、关键成功因素识别、性能指标识别,一直到产生数据字典。这好像建立了一个数据库,一直细化到数据字典。以企业级数据库的分析与建立为例,运用关键成功因素法一般应该包含以下几个步骤,见图7-2。

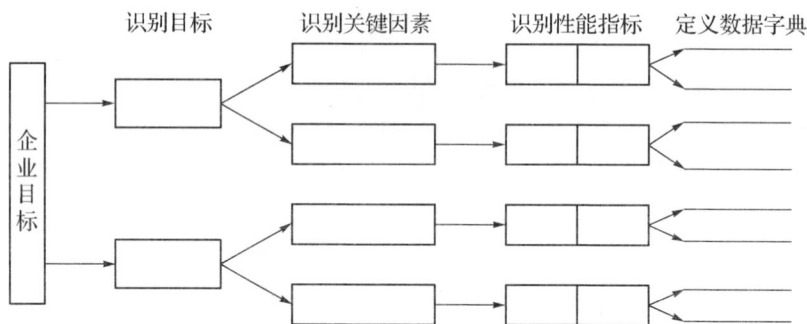

图7-2 关键成功因素法的步骤

①了解企业目标。

②识别关键成功因素。

③识别性能的指标和标准。

④识别测量性能的数据或者定义数据字典。

通常采用树枝因果图来识别和分析关键成功因素。例如,某个物流组织的目标是提高组织的竞争力,可以用树状因果分析图画出影响这一目标实现的各种因素,以及影响这些因素的子因素,如图7-3所示。

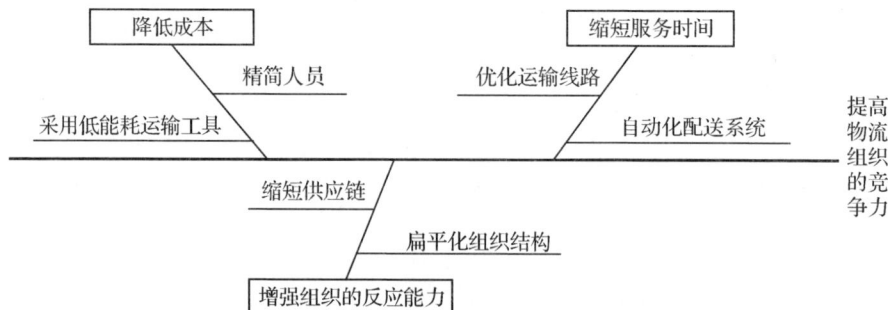

图7-3 物流组织关于提高竞争力的树状因果关系图

(3)关键成功因素的来源

对于企业来说,关键成功因素有两大类:

①一类是与每个企业相关的关键成功因素。

②另一类是与特定行业相关的关键成功因素。

此外,不同企业背景对关键成功因素的评价是不同的。例如,对于一个习惯于高层人员决策的企业,主要由高层人员个人进行选择。而对于习惯于群体决策的企业可以用德尔斐法或其他方法把不同人设想的关键因素综合起来。

关键成功因素的来源主要有以下四个方面:

①行业地位和地理位置

行业中的每个企业都有自己的特殊性,这是由于历史和现行竞争策略所决定的。例如在由少数大公司所垄断的行业中,大公司的动作对其他小公司是至关重要,这样,对小公司来说,大公司的策略就是小公司一个关键成功因素。因此,同一行业中处于不同地位的企业就会有不同的竞争策略。

此外,同一行业中的企业,由于地理位置的不同,它们的关键成功因素也是不相同的。

②行业特殊结构

不同的行业都有各自不同的关键成功因素。处在该行业中的每一个企业都要认真地关注这些因素。

在营利性组织中,以汽车行业为例,其关键成功因素包括产品设计有效的销售系统、成本控制、符合必要的能源标准等。以超级市场业为例,产品组合、存货员、推销工作、价格等则是其关键成功因素。这样,任何汽车企业和超级市场企业都不能忽略该行业的上述关键成功因素。

③内部组织变化

组织内部的变化也会导致暂时性的关键成功因素。某些活动区域在某个时期由于组织的经营处在平均水平以下而变得特别重要,尽管这些区域在组织正常运转时是不需要特别关注的。

一个极端的例子是,如果组织中的领导者因飞机失事而发生意外,那么重新建立领导班子立即成为一个关键成功因素。又例如,存货量的控制通常对最高领导来说一般不是关键成功因素,但是,当存货量过高或者过低时,就会成为关键成功因素。

④外部环境变化

随着外部环境的变化,例如世界经济形式的变化、人口的变化、国民生产总值的变化等,许多企业的关键成功因素都会发生变化。

以20世纪70年代的石油危机为例,在此之前,企业通常不会把能源供应作为关键成功因素,但是在禁运之后,能源供应不足已经对企业的正常运行产生了致命影响,企业领导不得不对能源供应问题加以特别关注。因此,随着环境的变化,能源供应问题即成为企业的一个关键成功因素。

(4)关键成功因素法的规划报告

关键成功因素法的报告内容应该包括:

①考察产生关键成功因素报告的信息来源和数据结构,建立数据类型。

②分析新系统和已有系统的关系,指出对现有系统的改进、新的应用和已有系统的整体接口,构造信息系统的总体结构。

③数据库设计。根据关键数据模型和已经有的数据结构,设计总体数据库结构,明确数据库的维护方式。

④确定信息系统开发的优先次序。对关键成功因素法分析中确定的系统开发内容,可采取不同优先开发次序。

⑤对所确定优先开发的信息系统模块进行详细设计和开发。

⑥指定开发计划。

一船来说,在高层领导人中应用关键成功因素法的效果比较好,这是因为高层领导人通常考虑的都是一些事关企业重大问题的关键因素。相比之下,对中层领导来说一般不大适合,这是因为中层领导所面临的决策大多数是自由度较小的结构化的问题,因此,建议他们最好应用其他方法。

2) 战略目标集合转移法(SST)

战略目标集合转移法(Strategy Set Transformation,SST)是 William King 于 1978 年提出的。它是一种确定管理信息系统战略目标的方法,该方法把整个组织的战略目标看成一个"信息集合",该集合由组织的使命、目标、战略和其他影响战略的因素,如管理的复杂性、组织发展趋向、变革习惯以及重要的环境约束因素等组成。

应用战略目标集合转移法的两个基本步骤是:首先识别组织的战略集,然后将组织的战略集转化成信息系统战略集,见图 7 – 4。

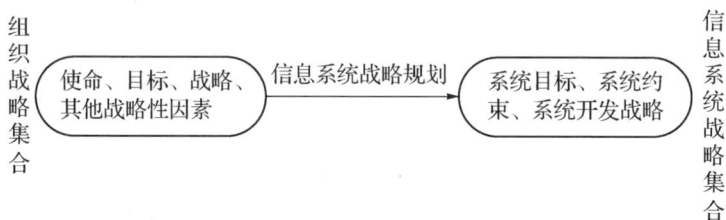

图 7 – 4　战略目标集合转移法过程

(1) 识别组织的战略集

在识别组织的战略集时,先应考查一下该组织是否有写成文的长期战略规划。如果没有,就要去构造这种战略集合。识别组织的战略集是在该组织的长期战略计划的基础上进一步归纳描绘的,主要包括:描绘出组织各类人员结构,如卖主、经理、雇员、供货商、顾客、贷款人、政府代理人、地区社团及竞争者等;识别每类人员的目标,对于每类人员识别其使命和战略。

当组织战略初步识别后,应立即送交企业负责人,审阅和修改后才能进行下一步。

①描绘组织的关联集团

组织的要求、目标和战略同它的顾客相关,也同对信息系统有要求的集团相关。这些关联集团同信息系统有利害关系。例如,对一般组织而言,关联集团有组织领导者、管理者、被雇佣者、供应商、顾客和债权人等。

有一些关联集团,如地方政府、地方社团、竞争者,甚至一般观众,他们的观点和愿望可能是构成组织的要求和战略的基础。

②确定关联集团的目标

组织的使命、目标和战略就是去反映每一个关联集团的要求,因此要对每个关联集团要求的特性作定性描述,并对这些要求被满足程度的直接、间接度量给予必要的说明。

③定义关联集团的任务和战略

一旦每个关联集团要求的特性被确定以后,就要确定组织相对这些关联集团的任务和战略。在综合评价各个关联集团的要求的基础上提出相应的战略和任务。

④解释和验证组织的战略集

把这些创始的组织使命、目标和战略送交组织的企业最高管理者审查,并得到必要的信息反馈。

(2)将组织的战略集转化成信息系统的战略集

将组织战略集转化成信息系统战略的过程应该是一一对应的。对物流信息系统而言,战略集应包括系统目标、系统约束以及系统开发战略等。这个转化过程包括对组织战略集的每个元素识别出对应物流信息系统的战略约束,然后提出整个物流信息系统的结构,最后选出一个方案送总经理审阅。图 7-5 是一个物流组织战略目标集转化实例。

人员结构	组织战略集			物流信息系统战略集合		
A1供应商	组织目标	组织战略	战略属性	系统目标	系统约束	系统开发战略
A2客户	B1:提高运输效率(A1,A2,A5)	C1:改进运输路线规划(B1)	复杂管理	D1:建立运输路线规划系统(C1)	E1:路线规划模型	应用新的设计方法
A3股东						
A4雇员						
A5管理者						

图 7-5 物流组织战略目标转化实例

在图 7-5 中,目标是由不同群体引出的,包括供应商客户、股东、雇员、管理者等,组织的目标之一是提高运输效率,该目标来自供应商、客户和管理者的要求。对于该目标,企业的一个战略是改进运输路线规划,从组织战略集中得到的物流信息系统目标是建立运输路线规划系统,该系统目标的主要约束是路线规划模型,其系统开发战略是应用新的设计方法。由此,将物流组织的一个战略规划转换为物流信息系统的战略规划。这种转换反映了元素之间的映射,但很难有一个非常结构化的模式,还不能形成算法,因为不同的企业,其战略的内容差别很大。

3) 企业系统规划方法(BSP)

企业系统规划方法(Business System Planning,BSP)是美国 IBM 公司于 20 世纪 70 年代初提出的用于企业内部系统开发的一种规划方法。该方法要求所建立的管理信息系统能够支持企业目标,表达所有管理层次的要求,向企业提供一致性的信息,对组织机构的变动具有适应性。1975 年,IBM 正式出版了企业系统规划法指南的第一个版本。这实际上是一个告诉用户如何实现企业系统规划法的用户手册。其后 10 多年中,企业系统规划法得到不断发展和完善,也吸取了其他规划法的原则和优点。1984 年,IBM 推出了企业系统规划法的第四个版本。

(1) 企业系统规划法的基本概念和原则

企业系统规划法研究的前提是存在一些需求,如需要改善企业内部的计算机信息系统,需要为建设这一系统而建立的总体战略需要。企业系统规划法关注的是在一个较长时期内构造、综合和实施信息系统,是与组织内的信息系统的长期目标紧密相关。

企业系统规划法的重要概念和原则包括对组织目标的支持、保证信息的一致性、表达不同管理层次的要求、在总体结构下由子系统开始实施、对组织机构和管理体制的适应能力。

①对组织目标的支持

信息系统是一个组织的有机部分,并对组织的总体有效性起着关键作用,而且将占用相当大的资金和时间,所以它们必须支持组织的真正需求,并直接影响组织的目标。重要的是让组织的最高管理部门能够充分认识到这一点,只有他们直接和有力的参与,才能保证企业系统规划法的顺利进行。

企业系统规划法的设计始终要突出这一基本概念,以确保信息系统的总体结构直接反映组织目标和战略需求。

②保证信息的一致性

过去传统开发数据处理系统的做法,造成了孤立地或者独立地设计和实现应用系统,为了每个应用的需求去建立数据文件,大部分组织中存在的信息,在形式上、定义上和时间上存在各种差异,难以进行信息的集成和交换。

为保证数据的一致性,有必要为数据管理采用不同的原则,即将数据作为资源来管理。数据对于组织具有全面的价值,应当加以管理。但只有在一致的基础上,才能为全组织各个单位共享和使用。数据不应由某个局部单位来控制,而是有一个中央部门来协调。

管理部门要制定关于一致性的定义、技术实现、使用数据库和数据库安全性的策略和规章。

③表达不同管理层次的要求

任何组织的管理可以分为三个不同层次,各个层次对信息系统的要求也是不同的。信息系统强调对管理决策的支持,这一点不同于传统事务数据处理系统。组织决策有不同的目的,但是最多的是计划和控制,这里有三方面的含义:计划就是指定各种任务、目标和策略,这是每个层次都要做的。一个好的计划取决于优良的信息;控制决策是指导活动的进行,去达到计划所规定的目标,信息系统应该能够向决策者提供对于目前实际条件的度量;信息系统可以看作是一个完成计划、度量和控制的整体,在这里计划和控制是决策的关键和基础。

企业系统规划法从资源管理的角度去识别信息的需求,作为定义系统的主要手段。由于资源管理过程一般具有穿透组织的特点,即能够垂直穿透各种管理层面和水平穿透职能区域,因此可以建立一种框架,来分析资源管理和各种计划、控制层次上的功能和信息需求,然后在这一框架基础上建立信息系统的总体结构。

④在总体结构下由子系统开始实施

一方面,由于支持组织需求的总信息系统太大,不可能在一个项目中完成。另一方面自下而上的开发信息系统又存在许多缺点。因此,应该是自上而下地对信息系统进行规划,自下而上地对系统进行实现。

在实现子系统时,子系统直接支持组织的过程,而不是组织机构,这正是以系统的总体规划为前提的。

⑤对组织机构和管理体制的适应能力

在一个动态发展的组织中,信息系统应该适应管理部门的应变能力,例如人员和组织结构的变化。信息系统应当有能力在组织机构和管理体制不断发生变化的情况下,保持相对的稳定性。

为了实现这一目的,要有独立于组织机构的信息系统设计技术,企业系统规划法采用组织过程的概念,因而同任何组织体系和具体的管理职能无关,只要组织的产品和服务基本不变。

企业系统规划法利用资源和资源生命周期的概念识别过程,重点是那些管理资源所必需的过程。信息系统的设计,就是找出支持这些过程所必要的应用,了解这些过程在组织体系中是如何实现的,并以此发现和识别与这些信息过程相关人。按照这种方式,就能保证信息系统的结构与现存组织机构的相对独立性。

(2)物流信息系统规划法的步骤

根据企业系统规划方法,可以得出企业物流信息系统规划的步骤。

①定义企业战略目标与物流信息系统战略目标

在定义企业战略目标和物流信息系统战略目标时,要注意必须使所建立的物流信息系统支持企业的目标与战略,同时也要配合组织和管理的特点。

②定义物流业务流程

定义业务流程是 BSP 的核心。业务流程又称企业过程或管理功能组,它是逻辑上相关的一组决策或活动的集合,如运输服务、库存控制等业务处理活动或决策活动。业务流程构成了整个企业的管理活动,而物流业务流程则构成了整个企业的物流管理活动。识别物流业务过程可对企业如何完成其物流服务目标有较深刻的了解,可以作为建立物流信息系统的基础。按照物流业务流程所建设的物流信息系统,其功能与企业的组织机构相对独立,因此,组织结构的变动不会引起物流信息系统结构的变动。

在定义企业物流业务流程时,首先要识别出企业的物流产品与服务,以及支持这些产品与服务的相关资源(资金、材料、设备、人员等),其次定义与产品、服务及支持资源相关的作业流程。在确定此类业务流程时,要注意按照产品、服务及支持资源的生命周期来进行分析。一般企业中的产品、服务及支持资源都要经过需求、获得、服务、退出这四个阶段,按这一周期进行分析,可以完整、全面地识别出与其相关的所有作业流程。此外,为顺利完成物流活动,企业中还存在着一些计划与控制类的管理流程,对这些流程也应进行识别。最后,分析所有的流程,将相关流程进行合并、补充、删减、修改或再细分,从而形成一组新的流程,以有效完成相关作业。同时,还要说明流程与企业各部门间的关系,并对重组后的新流程进行描述与说明,作为备查资料。

③定义物流数据类

定义企业物流数据类时,通常第一步是先确定出企业所有的相关实体。企业的相关实体有人(如客户、供应商、雇员等)、地点(如仓库、配送中心等)、物体(如产品、材料、设备等)、概念(法律要求、管理制度等)、事件(采购、运输、配送等)五大类,按照这些类别找出企业的所有相关实体后,仔细检查并进行适当的组合或拆分,使得实体数量得当,且足以全面覆盖研究范围,并在重要性上大体匹配。

第二步是确定每一个流程所生成和使用的数据。利用前面识别出来的企业物流业务流程,确定每一个流程使用了什么数据,产生了什么数据,或者说每一个流程输入、输出的数据各是什么,然后再建立它们和某一实体的联系。

第三步是识别数据类。将第二步中识别出的所有数据进行分类、整合,将属性相同的数据组合成数据类。为了保证数据的完整性、及时性与准确性,每一类数据最多只能有一个来源,因此,当多个流程产生关于某一实体的不同数据时,就要把数据分成多个数据类。在此步骤的最后,定义描述每一个数据类,并编写说明文件。

④定义物流信息系统结构。

识别出物流数据类后,就要建立数据类与企业物流业务流程之间的关系,这样做不但可以保证所有的数据类和流程都被完全识别出来,而且可以保证每个数据类仅由一个流程生成。用来建立数据类与企业物流业务流程之间关系的矩阵被称为过程/数据类矩阵或U/C矩阵。其中,U表示使用(Use),C表示产生(Create)。通过对U/C矩阵做交互分析,可以检查流程与数据类之间的关系,再依照流程分组或简化,就可以定义出物流信息系统的结构,即划分出物流信息系统的各个子系统。

如果某个过程产生了某类数据,就在所对应的企业过程与数据类交叉点处的方格中填写C。如果某个企业过程使用了某类数据,则在对应的企业过程与数据类交叉点处的方格中填写U。最初,数据类与企业过程是随机排列的。U、C在矩阵中的排列也是分散的。通过调整企业过程或数据类排列顺序,尽量使U与C集中到对角线上排列。然后把U与C比较集中的区域用粗线框起来,这样形成的框就是一个个子系统。在粗线框外的U表示一个系统使用了另一个系统的数据。这样就完成了子系统的划分,即确定了信息系统的架构。

BSP 法是对信息需求分析的一种全面综合调查法,它能够从总体上利用业务流程与信息需求推导出支持企业战略目标的物流信息系统架构。但这种方法在使用过程中需要收集大量的资料与意见,分析、处理、归整大量信息,要使这些工作在实际中准确无误地完成并设计出一个令所有相关人员满意的物流信息系统,仍具有较大难度。

7.2 物流信息系统开发

7.2.1 物流信息系统开发概述

物流信息系统的开发是一个较为复杂的系统工程,它涉及计算机处理技术、系统理论、组织结构、管理功能、管理认识、认识规律及工程化方法等方面的问题。

1) 开发的准备工作

做好系统开发前的准备工作是信息系统开发的前提条件。系统开发前的准备工作一般包括基础准备和人员组织准备两部分。

(1) 基础准备工作

科学管理是开发信息系统的基础,只有在合理的管理体制、完善的规章制度和科学的管理方法之下,系统才能充分发挥其作用。基础准备工作一般包括:管理工作要严格科学化,具体方法要程序化、规范化;数据、文件、报表的统一化;做好基础数据管理工作,严格计量程序、计量手段、检测手段和基础数据统计分析渠道。

(2) 人员组织准备

系统开发的人员组织准备包括:领导是否参与开发并一抓到底;建立一支由系统分析员、企业领导和管理岗位业务人员组成的研制开发队伍;明确各类人员(系统分析员、企业领导、业务管理人员、程序员、计算机软硬件维护人员、数据录入人员和系统操作员等)的职责。

2) 开发原则

为了保证信息系统工程建设的质量,建设一个高效、实用、符合业务及用户需求的物流信息系统,系统开发需遵循以下原则:

(1) 高质量原则

物流信息系统的质量具有两个方面的含义:一方面是待建信息系统的质量,即系统满足一定的性能要求、功能要求和使用习惯要求等;另一方面是指工程建设过程的质量,即工程建设过程是科学的、有效的。为了保证信息系统工程的质量,工程各方应该针对工程特性,建立一套有效的工程质量管理体系,并加以贯彻执行。信息系统的高质量原则体现在信息系统设计的先进性与实用性、建设的可靠性与稳定性等。

(2) 优化与创新的原则

信息系统的开发不能模拟旧的模式和处理过程,它必须根据实际情况和科学管理的要求加以优化与创新。

（3）领导参加的原则

信息系统的开发是一项庞大的系统工程,它涉及组织日常管理工作各个方面,所以领导出面组织力量、协调各方面的关系是开发成功的首要条件。

（4）充分利用信息资源的原则

即数据尽可能共享,减少系统的输入输出,对已有的数据、信息作进一步的分析处理,以便充分发挥深层次加工信息的作用。

（5）安全性原则

在整个信息系统的设计和实现过程中,我们应该根据信息系统的使用特点、国家和地方的有关法律法规要求,对系统安全性进行重点考虑。针对数据安全性、网络安全性、系统使用安全性、系统管理安全性、系统物理环境的安全性和开发过程的安全性等各个方面,采取切实有效的技术措施和管理措施,保障信息系统的安全。

（6）实用和实效的原则

即要求从制定系统开发方案到最终信息系统都必须是实用的、及时的和有效的。

（7）发展变化的原则

即充分考虑到组织管理模式可能发生的变化,使系统具有一定的适应环境变化的能力。

（8）规范化原则

即要求按照标准化、工程化的方法和技术来开发系统。

（9）文档完整性原则

信息系统的文档是保障信息系统正常运行和维护的重要基础。文档管理不仅要求承建单位切实记录工程建设过程,保证工程建设文档的完整,而且要求业主单位和监理单位认真做好各自的文档管理,以便保证系统建设的各项相关活动的可追溯性。

3）开发策略

（1）总体规划,分步开发,递进完善

信息系统的建设是一个复杂的实施过程,必须通过总体规划,结合已有系统的改造,采用分步开发和实施、递进和完善的策略。优先发展企业迫切需要通过信息化来解决问题的模块或子系统,以及对企业发展极其重要的公共信息基础设施及子系统,为企业的信息化提供一个基础,然后逐步推进。

（2）以企业需求为导向

企业的需求是进行信息系统建设最为重要的动力,因此信息系统必须满足企业的需求,解决企业的实际问题,才能获得企业的积极参与。

（3）试验式的开发策略

当需求的不确定性很高,一时无法制定具体的开发计划时,则只能用反复试验的方法来做。后面的原型开发方法就是这种开发策略的典型代表,这种策略一般需要较高级的软件支撑环境,且在使用上对大型项目有一定的局限性。

（4）直接式的开发策略

经调查分析后，即可确定用户需求和处理过程，且以后不会有大的变化，则系统的开发工作就可以按照某一种开发方法的工作流程（如结构化系统开发方法中的生命周期流程等），按部就班地走下去，直至最后完成开发任务。这种策略对开发者和用户需求很高，要求在系统开发之前就完全调查清楚实际问题的所有状况和需求。

7.2.2　物流信息系统开发的步骤

运用系统的理论和方法，可以将物流信息系统的开发分 10 个阶段来进行。见图 7-6。

1）可行性分析阶段

在现代化管理中，经济效益的评价是决策的重要依据，企业的根本目的是取得最大的利润或者经济效益。在采取一项重大的改革和投资行动之前，首先关心的是它能取得多大的效益。信息系统的开发是一项耗资多、耗时长、风险性大的工程项目，因此，在进行大规模系统开发之前，要从有益性、可能性和必要性三个方面对未来系统的经济效益、社会效益进行初步分析。可行性研究的目的是避免盲目投资，减少不

图 7-6　系统开发的主要步骤

必要的损失。这一阶段的总结性成果是可行性报告。报告中所阐述的可行性分析内容要经过充分论证之后方可进行下一阶段的工作。

2）系统规划阶段

在企业或组织中，来源于企业或组织内外的信息源很多，如何从大量的信息源中收集、整理、加工、使用这些信息，发挥信息的整体效益，以满足各类不同管理层次的需要，显然不是分散、局部考虑所能解决的问题，必须经过来自高层的、统一的、全局的规划。系统规划阶段的任务就是要站在全局的角度，对所开发的系统中的信息进行统一的、总体的考虑。另外信息系统的开发需要经过开发人员长时间的努力，需要相应的开发资金，因而在开发之前要确定开发顺序，合理安排人力、物力和财力，这些问题也必须通过系统规划来解决。具体地说，系统规划是在可行性分析论证之后，从总体的角度来规划系统应该由哪些部分组成，在这些组成部分中有哪些数据库（这里所规划出的数据库是被系统各个模块所公用的主题数据库），它们之间的信息交换关系是如何通过数据库来实现的，并根据信息与功能需求提出计算机系统硬件网络配置方案。同时根据管理需

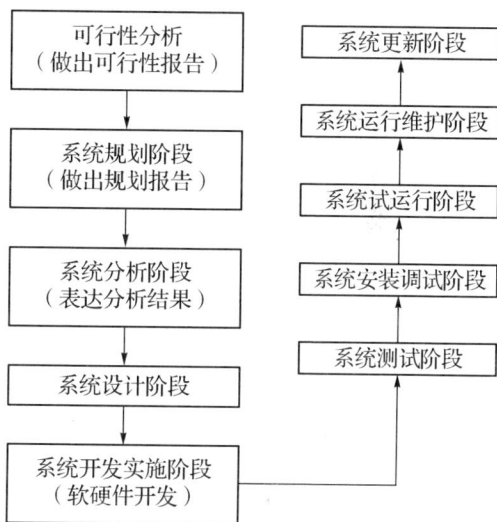

求确定这些模块的开发优先顺序,制定出开发计划,根据开发计划合理调配人员、物资和资金。这一阶段的总结性成果是系统规划报告,这个报告要在管理人员特别是高层管理人员、系统开发人员的共同参与下进行论证。

3）系统分析阶段

系统分析阶段的任务是按照总体规划的要求,逐一对系统规划中所确定的各组成部分进行详细的分析。其分析包含两个方面的内容,首先要分析各个组成部分内部的信息需求,除了要分析内部对主题数据库的需求外,还要分析为了完成用户(即管理人员)对该部分所要求的功能而必须建立的一些专用数据库。分析之后要定义出数据库的结构,建立数据字典。其次还要进行功能分析,即详细分析各部分如何对各类信息进行加工处理,以实现用户所提出的各类功能需求。在对系统的各个组成部分进行详尽的分析之后要利用适当的工具将分析结果表达出来,与用户进行充分的交流和验证,检验正确后可进入下一阶段的工作:

4）系统设计阶段

系统设计阶段的任务是根据系统分析的结果,设计各个组成部分在计算机系统上的结构,即采用一定的标准,考虑模块应该由哪些程序块组成,它们之间的联系如何。同时要进行系统的编码设计、输入输出设计、做出 IPO 表等。

5）系统开发实施阶段

系统开发实施阶段的任务有两个方面,一方面是系统硬件设备的购置与安装,另一方面是应用软件的程序设计。程序设计是根据系统设计阶段的成果,遵循一定的设计原则来进行的,其最终的阶段性成果是大量的程序清单(程序源代码)及系统使用说明书。

6）系统测试阶段

程序设计工作的完成并不标志系统开发的结束。一般在程序调试过程中使用的是一些试验数据,因此,在程序设计结束后必须选择一些实际管理信息加载到系统中进行测试。系统测试是从总体出发,测试系统应用软件的总体效益及系统各个组成部分的功能完成情况,测试系统的运行效率、系统的可靠性等。

7）系统安装调试阶段

系统测试工作的结束表明信息系统的开发已初具规模,这时必须投入大量的人力从事系统安装、数据加载等系统运行前的一些新旧系统的转换工作。一旦转换结束便可对计算机硬件和软件系统进行系统的联合调试。

8）系统试运行阶段

系统调试结束便可进入到系统运行阶段。但是,一般来说,在系统正式运行之前要进行一段时间的试运行。因为信息系统是整个企业或组织的协调系统,如果不经过一段时间的实际检验就将系统投入运行状态,一旦出现问题可能会导致整个系统的瘫痪,进而造成严重的经济损失。所以最好的方法是将新开发出的系统与原来旧系统并行运转一段时间来进一步对系统进行各个方面的测试。这种做法尽管可以降低系统的风险性，但是由于两套系统的同时运作使得投资加大，因此，可以根据实际运行情况适当缩短试运行的时间。

9）系统运行维护阶段

当系统开发工作完成准备进入试运行阶段之前，除了要做好管理人员的培训工作外，还要制定一系列管理规则和制度，在这些规则和制度的约束下进行新系统的各项运行操作，如系统的备份、数据库的恢复、运行日志的建立、系统功能的修改与增加、数据库操作权限的更改等。在这一阶段着重要做好人员的各项管理和系统的维护工作，以保证系统处于可用状态。同时要定期对系统进行评审，经过评审后一旦认为这个信息系统已经不能满足现代管理的需求，就应该考虑进入下一个阶段。

10）系统更新阶段

该阶段的主要任务就是要在上一阶段提出更新需求后，对信息系统进行充分的论证，提出信息系统的建设目标和功能需求，准备进入信息系统的一个崭新的开发周期，包括软件和硬件系统的更新与升级等。

7.2.3 物流信息系统开发的方法

在发展初期，开发方法呈现较为混乱的状态，20世纪70年代，生命周期法（Life Circle Approach，LCA）的出现大大地改善了系统开发过程。20世纪80年代，出现了原型法，80年代中后期，计算机辅助软件工程（Computer Aided Software Engineering，CASE）的开发方法得到很大的发展。面向对象（Object Oriented，OO）方法在20世纪80年代初用于计算机科学，并在80年代末开始用于企业系统。

1）生命周期法

（1）生命周期法的各个阶段

生命周期法理论认为，任何一个软件都有它的生存期，所谓软件的生存期是指从软件项目的提出经历研制、运行和维护直至退出的整个时期。本书把系统的生命周期分为了五部分：系统规划、系统分析、系统设计、系统实施、系统运行和维护。图7-7是对系统生命周期的详细描述。

系统开发生命周期阶段的主要工作有以下几个方面：

①系统规划阶段。是根据用户的系统开发请求，进行初步调查，明确问题，确定系统目标和总体结构，确定分阶段实施进度，然后进行可行性研究。

②系统分析阶段。其任务是分析数据与数据流程；分析业务流程；分析功能与数据之间的关系；最后提出分析处理方式和新系统逻辑方案。

③系统设计阶段。其任务是总体结构设计；代码设计；数据存储文件设计；输入输出设计；模块结构与功能设计。与此同时，根据总体设计的要求购置与安装一些设备，进行试验，最终给出设计方案。

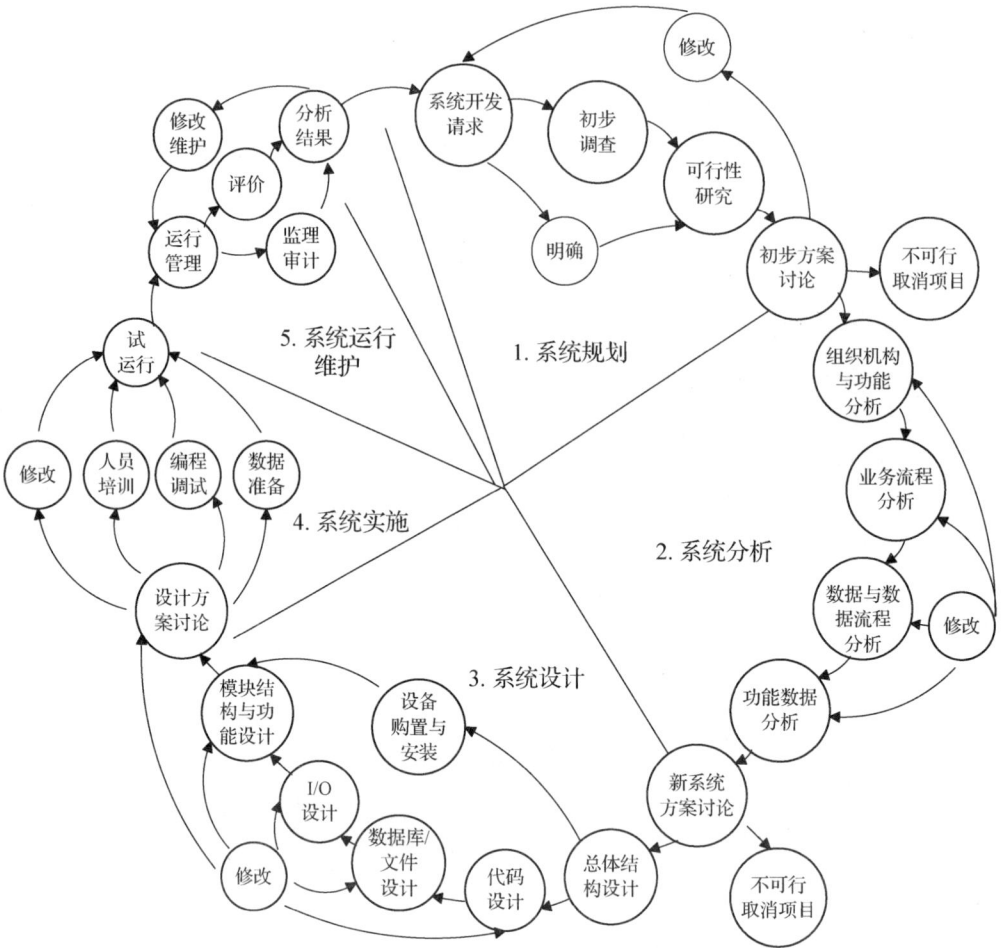

图 7-7　系统开发生命周期

　　④系统实施阶段。其任务是同时进行编程(由程序员执行)和人员培训(由系统分析设计人员培训业务人员和操作员),以及数据准备(由业务人员完成),然后投入试运行。

　　⑤系统运行相维护阶段。其任务是同时进行系统的日常运行管理、评价、监理审计三部分工作。然后分析运行结果,如果运行结果良好,则送管理部门,指导生产经营活动;如果存在问题,则要对系统进行修改、维护或者是局部调整,如果出现了不可调和的大问题(这种情况一般是系统运行若干年之后,系统运行的环境已发生了根本的变化时才可能出现),则用户将会进一步提出开发新系统的要求,这标志着老系统生命的结束和新系统的诞生。这一过程就是系统开发的生命周期。

　　各个阶段完成的主要任务和主要文档如表 7-1。

表 7 - 1　生命周期法的主要阶段及各阶段主要任务和主要文档

序号	阶段	基本任务	主要文件
1	系统规划	提出项目	项目申请书 可行性分析 报告
		初步调查现行系统	
		编写可行性分析报告	
		制订开发计划	
2	系统分析	详细调查现行系统	系统分析报告
		分析用户环境、需求、流程	
		确定系统目标与功能	
		确定系统逻辑模型	
3	系统设计	建立新系统的物理模型	系统设计说明书
		总体设计(模块结构设计)	
		详细设计(代码设计、输入输出设计、数据库设计等)	
4	系统实施	程序设计与调试	源程序清单 调试测试说明书 用户操作手册
		系统硬、软件的配置	
		系统的试运行	
		人员及岗位培训	
		新旧系统转换	
5	系统运行 和维护	建立规章制度	系统维护记录 系统评价报告
		系统硬、软件的维护	
		系统评价	

(2) 生命周期法的特点

生命周期法的基本思想就是按照用户至上的原则,利用系统工程的思想和结构化工程的方法,对系统进行开发。先将整个信息系统开发过程划分出若干个相对独立的阶段,如系统规划、系统分析、系统设计、系统实施等。在前三个阶段坚持自顶向下地对系统进行结构化划分。在系统调查或理顺管理业务时,应从最顶层的管理业务入手,逐步深入至最基层。在进行系统分析,提出新系统方案和系统设计时,应从宏观整体考虑入手,先考虑系统整体的优化,然后再考虑局部的优化问题。在系统实施阶段,则应坚持自底向上地逐步实施。也就是说,组织人力从最基层的模块做起。

具体来说,生命周期方法有如下特点:

①建立用户至上的观点

生命周期法强调用户是整个系统开发的起源和最终归宿,用户的参与程度和满意程度是系统开发成败的关键。所以,在系统开发过程中要建立用户至上的观点,充分了解用户的需求和愿望,深入调查和分析管理业务,使用户得到完全满意(Total Customer Satisfaction)。

②严格划分工作阶段

将整个系统开发过程划分为若干个工作阶段,每个阶段都有其明确的任务和目标以及预期要达到的阶段成果,以利于计划和控制工程进度,有条不紊地协调各个方面的工作。这要求在实际开发过程中严格按照划分的工作阶段,一步步地展开工作,不可随意打乱或颠倒次序。

③自顶向下和自底向上相结合的方法

为了使系统的各个子系统相对独立,在进行系统分析和设计时要自顶向下地工作,即应站在整体的角度,将各项具体业务和组织放到整体中去考虑,首先确保全局正确性,然后逐层深入考虑和处理局部问题。而在系统具体实现阶段时则采用自底向上的方法逐步实现整个系统,即根据设计的要求首先实现一个个具体的功能模块,然后再几个模块进行联调,最后进行整个系统的联调。

④充分预料可能发生的变化

系统开发过程中可能会发生变化,例如周围环境、系统内部信息处理模式、用户需求等。这些变化都会直接影响到系统的开发工作。因此,生命周期法强调在系统开发过程中必须高度注意各种各样的变化,并且具备应付各种变化的适应能力。

⑤深入调查研究和分析

生命周期法强调在进行系统开发之前,应该深入业务单位进行实地调查研究,切实弄清实际业务处理过程及其规律,然后分析研究,制定出科学合理的新系统设计方案。

⑥工程文件的标准化和文献化

严格建立技术文档资料,为研制工作的交接和日后维护提供了原始资料,可以避免混乱,可以及时发现问题和总结经验。因此,生命周期法强调在开发过程的每一步都要按工程标准规范化进行,文档资料也要标准化,并要有一套完整的管理和查询制度。

(3)生命周期法的优点

它的突出优点是强调系统开发过程的整体性和全局性,强调在整体优化的前提下来考虑具体的分析设计问题;另一个优点是结构严谨,强调一步一步地严格地进行系统分析和设计,每一步都及时地总结,以便及时发现问题和纠正问题,从而避免了开发过程的混乱状态。

(4)生命周期法的缺点

它使用的工具比较落后,主要通过手工绘制各种各样的分析设计图表,致使系统开发周期过长,会带来一系列的问题;开发过程复杂,用户与开发者之间的思想交流不直观,维护费用也高;这种方法要求系统开发者在调查中就充分地掌握用户需求、管理状况以及预见可能发生的变化,这不大符合人们循序渐进地认识事物的规律性,在实施中也有一定的困难。

2）原型法

为弥补生命周期法的不足,人们提出了一种从开发思想、工具、手段都全新的系统开发方法——原型法,它摒弃了那种一步步周密细致地调查分析,然后逐步整理出文字档案,最后才能让用户看到结果的烦琐做法。原型法一开始就凭借着系统开发人员对用户要求的理解,在强有力的软件环境支持下,给出一个实实在在的原型系统,然后与用户反复协商修改,最终形成人际系统。

原型法既可以单独地作为一种开发方法加以应用,又可以作为生命周期法的辅助方法。它的基本思想是:在获得用户基本需求的基础上,投入少量人力和物力,尽快建立一个原始模型,使用户可及早运行和看到模型的概貌和使用效果,并提出改进方案,开发人员进一步修改完善,如此循环迭代,直到形成一个用户满意的模型为止。

（1）原型法的各个阶段

原型方法的工作流程如图 7‐8 所示。首先用户提出开发要求,开发人员识别和归纳用户要求,根据识别、归纳的结果,构造出一个原型系统,然后同用户一道评价这个原型。如果该原型根本不能满足要求,就回到第二步重新构造原型。如果该原型存在一些不满意,就修改原型,直到用户满意为止。

原型方法的工作流程包括 4 个基本阶段:

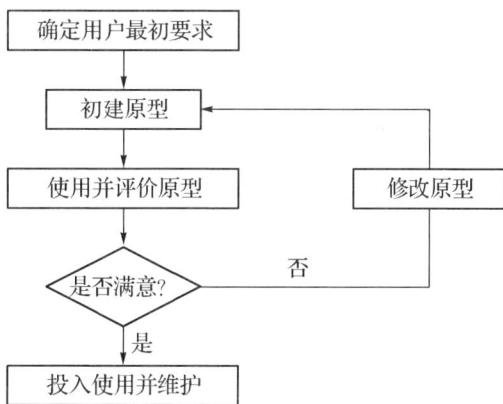

图 7‐8 原型法的工作流程

①确定用户初始要求

开发人员对系统进行初步调查,弄清用户对系统的基本要求,例如对各种功能的要求、数据规范、表格格式等。

这些要求不像生命周期法那样,在开始就要详细定义,仅加以简单分析和说明即可。

②初建原型

根据对系统功能和要求的初步了解,开发人员设计并实现一个原型系统。该原型系统只需满足前面一阶段用户提出的基本要求即可。

③使用并评价原型

在得到一个实实在在的原型系统以后,就可以在使用中进一步提出更加具体的要求,在评价中进一步明确系统的功能和性能。

④修改原型

经过上述阶段以后,可以发现原型系统中存在的缺陷,可以有针对性地对原型系统进行修改,从而得到一个更加完善的原型。然后把改进的原型系统交给用户试用、评价、反馈意见,如此反复,直到用户满意为止。

各个阶段的主要任务见表 7-2。

表 7-2　原型法各个阶段的主要任务

序号	阶段	基本任务
1	确定用户初始要求	初步调查系统,弄清系统对用户的基本要求,如数据规范、表格格式等
2	初建原型	设计并实现一个原型系统
3	使用并评价原型	在使用中进一步提出更加具体的要求,在评价中进一步明确系统的功能
4	修改原型	修改原型系统的缺陷,完善原型,直到用户满意为止

（2）原型法的特点

原型法从原理到流程都非常简单,和传统生命周期法相比,在认识事物的方式和模拟仿真手段等方面有自己的特点。

①认识事物的方式

原型法最显著的特点是引入了迭代的概念,出于原型法的循环反复,螺旋式上升,基本上遵循了人们认识事物的规律,因而更容易被人们接受:第一,人们认识任何事物都不可能一次就完全了解,总有一个过程;第二,人们认识和学习的过程都是循序渐进的;第三,人们对于事物的描述和认识通常受环境的启发,并且不断完善的;第四,人们改进一些事物要比创造一些事物容易得多。

②模拟与仿真手段

将模拟与仿真的手段引入系统分析的初期阶段之后,在用户需求分析、系统功能描述以及系统实现方法等方面有较大的灵活性:第一,沟通了人们的思想,缩短了用户和系统分析人员之间的距离,解决了生命周期法中最难于解决的一环;第二,通过原型法可以启发人们对原来想不起来或不易准确描述的问题的描述,用户需求可以不十分明确,系统功能描述也可以不完整,界面的要求也可以逐步完善;第三,所有问题的讨论都是围绕某一个确定原型而进行的,彼此之间不存在误解和答非所问的可能性,为准确认识问题创造了条件;第四,能够及早地暴露出系统实现后存在的一些问题,促使人们在系统实现之前就加以解决。

③其他特点

第一,原型法自始至终强调用户的参与,特别是对模型的描述和对系统功能的检验有利于缩短用户与系统开发人员之间的差距,有利于及时反馈存在的问题。

第二,原型法强调开发工具的应用,在开发时间、效率、质量等方面都有较大提高,对外部环境和内部模式的适应能力也大大增强。

第三,原型法可以用来评价几种不同的设计方案。

第四,原型法可以用来建立系统的某个部分。

最后,原型法不排斥传统生命周期法中采用的大量行之有效的方法,是与传统方法互相补充的方法,将系统调查、系统分析和系统设计合而为一。

(3) 适用范围

尽管原型法从表面上绕开了系统分析过程中所面临的矛盾,仍然有其受限的适用范围和局限性,主要表现在:

①对于大量运算的、逻辑性较强的程序模块,原型方法很难构造出模型来供人评价。因为这类问题没有那么多的交互方式,而问题也不是三言两语就可以说得清楚的。

②对于原基础管理不善、信息处理过程混乱的问题,使用有一定的困难。这是由于工作过程不清,构造原型有一定困难。此外,由于基础管理不好,没有科学合理的方法可依,系统开发容易走上原来手工模拟的老路。

③对于大型系统的开发,原型法往往无能为力。因为不经过系统分析来进行整体性划分,想直接用屏幕来模拟是非常困难的。

④由于没有经过系统分析,整个系统没有一个完整的概念,各个系统接口也不规范,文档资料难以统一,容易给维护工作带来困难。

(4) 原型法的优点

①改进了用户和系统设计者的信息交流方式。

由于有用户的直接参与,就能直接而又及时地发现问题,并进行修正,因而可以减少产品的设计性错误。大多数情况下,设计中的错误是对用户需求的一种不完善或不准确的翻译造成的,实质上也是一种信息交流通信上的问题。当用户和开发人员采用原型法后,改善了信息的沟通状况,设计错误必然大大减少。

②认识论上的突破。

开发过程是一个循环往复的反馈过程,它符合用户对计算机应用的认识逐步发展、螺旋式上升的规律。开始时,用户和设计者对系统功能要求的认识是不完整的、粗糙的。通过建立原型、演示原型、修改原型的循环过程,设计者以原型为媒介,及时取得来自用户的反馈信息,不断发现问题,反复修改、完善系统,确保用户的要求得到较好的满足。

③用户满意程度提高。

由于原型法向用户展示了一个活灵活现的原型系统供用户使用和修改,从而提高了用户的满意程度。当用户并不确定初始系统的需求时,采用现实系统模型做试验要比参加系统设计会议、回忆静态屏幕设计及查看文件资料更有意义。

④减少了用户培训时间,简化了管理。

由于用户在审查评价原型时就已经得到了训练,所以会大大减少培训时间。另外,原型法能够简化信息系统开发的管理工作,其状态报告可以成为更改原型系统的方案,省略了许多烦琐的步骤。

⑤开发风险降低。

原型法减少了大量重复的文档编制时间,缩短了开发周期,从而减少了开发风险。另外,使用原型系统来测试开发思想及方案,只有原型系统使用人员和开发人员意见一致时,才能继续开发最终系统,所以也会降低开发风险。

⑥开发成本降低。

由于开发时间短,培训少,用户满意度提高,因此降低了系统开发成本。

(5)原型法的缺点

①一方面,如果基础管理不善、信息处理过程混乱,就会给构造原型带来一定困难;另一方面,如果基础管理不好,没有科学合理的方法可依,系统开发容易走上机械模拟手工系统的轨道。

②开发工具要求高。原型法需要有现代化的开发工具支持,否则开发工作量太大,成本过高,就失去了采用原型法的意义。应该说开发工具水平的高低是原型法能否顺利实现的第一要素。

③解决复杂系统和大型系统问题很困难。根据目前的支持工具状况,在分析阶段直接模拟用户业务领域的活动,从而演绎出需求模型是相当困难的,基本上都是在进入设计阶段之后才具有开发基础。这就意味着可实现的原型都是经过设计人员加工的,设计人员的误解总是影射到原型中,因此,在对大型系统或复杂系统的原型化过程中,反复次数多、周期长、成本高的问题很难解决。另外,对于大型系统,如果不经过系统分析来进行整体性划分,想直接用屏幕来逐个模拟是很困难的。

3)面向对象的开发方法

面向对象方法是从 20 世纪 80 年代以来各种面向对象的程序设计方法,如Smalltalk、C++等逐步发展而来的,最初用于程序设计,后来扩展到了系统开发的全过程,出现了面向对象分析和面向对象设计。

面向对象方法是一种认识问题和解决问题的思维方法,它把客观世界看成是由许多不同的对象所构成的。在面向对象的系统中,我们把系统中所有资源(如系统、数据、模块)都看成是对象,每一对象都有自己的运动规律和内部状态。不同对象间的相互联系和相互作用构成了完整的客观世界。我们把将要建立的系统所要解决的问题称为问题域。

(1)面向对象方法的几个基本概念

①对象。

对象是现实世界中一类具有某些共同特性的事物的抽象。对象是构成系统的元素,是组成问题域的事物。小到一个数据,大到整个系统都是对象,它是一个封闭体。

②类。

类定义的是对象的类型,是对一组性质相同的对象的描述,或者说,类是对象的模板。模板可以想象为浇铸毛坯用的模具。模具是固定的,当钢水倒入并冷却,使出现一个具有该模具形状的毛坯。因此,在程序运行时,类被作为模板建立对象。例如,实数就是一类.它可进行算术运算和比较等处理,1.33 和 6.57 都是这个类的对象,都有进行算术运算和比较等处理能力。

③消息。

消息是为完成某些操作面向对象所发送的命令和命令说明。对象进行处理及相互之间的联系,都只能通过消息传递来实现,发送消息的对象叫发送者,接收消息的对象叫接受者,发送者可以同时向各个对象传送消息,接受者可同时接受多个对象发来的消息。对象之间也可同时双向传送消息。消息中只含发送者的要求,它通知要进行的处理,但发送者并不起控制作用。

(2)面向对象方法的开发过程

面向对象方法开发的过程主要包括以下四个阶段:

①系统调查和需求分析

系统调查和需求分析就是对系统面临的具体管理问题以及用户对系统开发的需求进行调查研究,明确系统目标和功能。

②问题分析和求解

问题分析和求解是识别出对象及其行为、结构、属性、方法等。这个阶段通常被称为面向对象分析,简称OOA。

③归纳

归纳是就第一阶段分析的结果作进一步的抽象、归类,以范式的形式将它们确定下来。这个阶段通常被称为面向对象设计,简称OOD。

④程序实现

程序实现是用面向对象的程序设计语言取代第三阶段整理出的范式,使之成为应用程序软件,这个阶段通常被称为面向对象的编程,简称为OOP。

(3)面向对象分析方法的基本步骤

在用OOA具体地分析一个客观事物时,大致上遵循如下五个基本步骤:

①确定对象和类

对象是对数据及其处理方式的抽象,它反映了系统保存和处理现实世界中某些事物的信息的能力。类是多个对象的共同属性和方法集合的描述,它包括如何在一个类中建立一个新对象的描述。

②确定结构

结构是指问题域的复杂性和连接关系。类和类之间存在继承关系,类与对象之间存在抽象和实例化关系,整体和局部之间存在包含关系。

③确定主题

即确定事物的总体概貌和总体分析模型。

④确定属性

属性是对象的数据元素,可用来描述对象实例,给予指定。

⑤确定方法或者过程

方法是在收到消息后必须进行的一些处理动作,方法要在分析图中予以定义。并在对象的存储中给予指定。

对于某些对象和结构来说,增加、修改、删除和选择一个方法有时会是隐含的,即并不在分析图上给出,虽然它们都是要在对象的存储中给予定义。

（4）面向对象方法的优点

面向对象方法描述的现实世界更符合人们认识事物的思维方法,因而用它开发的软件更易于理解、易于维护;面向对象的继承性大大提高了软件的可重用性;面向对象的封装性在很大程度上提高了系统的可维护性和扩展性。

（5）面向对象方法的缺点

面向对象方法需要在一定的软件基础支持下才可以使用,它是一种自底向上开发系统的方法,对大型的信息系统开发会造成系统结构不合理、各部分关系失调等问题。

4）计算机辅助软件工程

自从计算机开始在管理信息领域应用以来,系统开发过程,特别是系统分析、设计和开发过程,一直是制约信息系统发展的一个瓶颈。这个问题一直延续到 20 世纪 80 年代中后期,计算机图形处理技术和程序生成技术的出现才得以缓和。解决这一问题的工具就是集图形处理技术、程序生成技术、关系数据库技术和各类开发工具于一身的计算机辅助软件工程（CASE）方法。确切地说,计算机辅助软件工程（CASE）并不是一种信息系统开发方法,但这并不影响它在信息系统开发中的重要地位。它的重要性主要体现在对信息系统的开发方法和开发过程的支持作用上。

（1）计算机辅助软件工程的基本思路

CASE 方法解决问题的基本思路是:在前面所介绍的任何一种系统开发方法中,如果从对象系统调查后,系统开发过程的每一步都可以在一定程度上形成对应关系的话,那么就完全可以借助于专门研制的软件工具来实现上述一个个系统的开发过程。CASE 系统开发过程中的关系包括:

①结构化方法中的业务流程分析、数据流程分析、功能模块设计、程序实现。

②业务功能一览表的数据分析、指标体系的数据和过程分析、数据分布和数据库设计、数据库系统等。

③OO 方法中的问题抽象——属性、结构和方法定义、对象分类、确定范式、程序实现等。

另外,由于在实际开发过程中,上述几个过程很可能只是在一定程度上对应,而不是绝对的一一对应,所以这种专门研制的软件工具暂时还不能一次性地映射出最终结果,还必须实现其中间过程,即对于不完全一致的地方由系统开发人员手工修改。

（2）CASE 方法与其他方法相比,一般来说有如下几方面的特点:

①解决了从客观世界对象到软件系统的直接映射问题,有力地支持软件和信息系统开发的全过程。

②自动检测的方法大大地提高了软件和信息系统的质量。

③使结构化方法更加实用。

④使原型方法和 OO 方法付诸实施。

⑤加速了系统的开发过程。

⑥简化了软件信息系统的管理和维护。

⑦使开发者从繁杂的分析设计图表和程序编写工作中解放出来。

⑧使软件的各部分能重复使用。

⑨使软件开发的速度加快而且功能得以进一步完善。

⑩产生出统一的标准化的系统文档。

7.2.4 物流信息系统的开发模式

物流信息系统开发模式主要是指采用什么样的组织方式来完成系统的建设和应用,主要包括自行开发、系统开发外包、合作开发和直接购买四种模式。

(1) 自行开发

自行开发是指物流企业自己组织开发团队进行物流信息系统的开发。这种开发方式需要有出色的领导和自己的开发团队,包括系统分析师、程序设计师、计算机技术人员和有经验的管理人员等各类人员。

自行开发的主要优点是:可锻炼本企业计算机开发应用的团队;当物流企业管理业务有变化或发展时,可以及时对物流信息系统进行变更、改进和扩充。自行开发的主要缺点是:系统开发周期一般较长,且容易受到本企业长期以来形成的习惯性管理方式的影响,不易开发出一个融入先进管理经验的高水平的物流信息系统。

(2) 系统开发外包

随着计算机技术的发展和物流企业信息化建设的推进,物流企业在激烈的市场竞争中迫切需要利用信息化手段提升自身的管理水平和服务水平,因而对物流信息系统的要求也越来越高,要求系统具有强大而完善的功能,良好的性能和易用性,高度的可靠性、可用性和灵活性,以及尽可能低的约束性。这些要求对软件开发组织和人员提出了巨大的挑战。信息技术的广泛性、复杂性决定了物流企业不可能配备足够的、技术很全面的专业人员从事企业自身的物流信息系统开发工作。系统开发外包(也称为软件外包)就是物流企业为了专注于核心业务和降低物流信息系统开发项目的成本,将项目中的全部或部分工作分发给提供外包服务的 IT 企业来完成。

系统开发外包的优点是:物流企业无须为系统的开发专门招聘和配备人员,无须支付高昂成本来维持庞大的内部信息开发部门,对于复杂的系统,可以为物流企业省去不少的麻烦。主要缺点是开发企业对物流企业的需求理解不透,开发的系统不能完全满足物流企业的需要。

(3) 合作开发

合作开发又称协同软件开发(Collaborative Software Development),是指企业内部组织和签约的外部组织一起完成一项软件开发任务。当物流企业自身有一定的软件开发能力,又希望借助企业外部的资源和专业优势时,可以选择合作开发模式。选择合作开发模式的主要优点是:在合作开发中,可发挥企业外部的专业技术力量强、企业内部人员对物流业务熟悉的优势,共同开发出具有较高水平而又适用性强的系统。缺点是缺少物流信息系统开发的专业 IT 企业。

（4）直接购买

在物流软件市场,国内外已开发出很多具有一定通用性的物流信息系统软件,可供物流企业选择。理论上讲,购买商品化物流信息系统软件是最省力、最经济的开发方式。从第三方购买或获得现成的物流信息系统软件,称为外购软件,它将商品化的物流产品或技术直接拿来使用。一般而言,成熟的软件产品都经历了多年的实践应用,成熟度高,性能稳定,且融入了许多先进的管理思想和手段。采购物流信息系统软件产品也符合社会专业化分工协作的规律,容易保证项目成功。因此,对于自身不具备系统开发能力的中、小型物流企业,可直接购买成熟的物流信息系统软件。

直接购买的优点是成本低、周期短。软件已经过充分的测试,软件的功能有保证,开发商提供软件程序以及设计说明书、数据库结构和处理逻辑等文档,还会提供软件的安装与调试,甚至可按用户要求进行修改,提供系统的长期维护、版本升级等支持。缺点是软件的功能单一,为适配物流企业的实际应用,二次开发具有较大的困难。因此在购买前,物流企业要对市面上的物流软件进行调查与评估,考虑系统功能、操作难度、软硬件资源数据库和文件特征、系统维护和文档资料、开发商信度和开发费用等。

复习思考题

1. 简述物流信息系统规划的步骤和方法。
2. 简述物流信息系统开发的步骤和方法。
3. 简述一套物流信息系统的生命周期所要经历的阶段,各阶段的主要目标和任务。
4. 简述关键成功因素法、战略目标集合转移法、企业系统规划方法的中心思想。
5. 比较原型法和面向对象开发方法的优缺点。
6. 比较不同物流信息系统的开发模式的特点。

8 物流信息系统的分析

学习目标

➤了解物流信息系统分析的知识

➤掌握物流信息系统需求分析

➤掌握物流信息系统组织结构与功能分析

➤掌握物流信息系统业务流程分析

➤掌握物流信息系统数据与数据流程分析

➤掌握物流信息系统功能/数据分析

物流信息系统的分析是在开发中起决定作用的环节,从某种程度上讲,系统分析的成功与失败,就是系统开发的成功与失败。系统分析阶段的任务主要是针对每一个子系统进行详细的分析,然后制定出每个子系统的逻辑结构。

8.1 系统分析概述

8.1.1 系统分析的任务

物流信息系统的分析是以物流部门的生产、运输、储存、供应等工作为分析对象,分析物流信息输入、处理、储存、输出的流程与加工过程,在总体规划指导下,对某个或若干个子系统进行深入调查研究,确定新系统的逻辑功能。它必须有较强的针对性,对软件的工作环境与人机界面作明确的规定,以确定研究对象和系统作用范围。在进行必要、全面的调查研究和系统分析的基础上,对物流管理部门的管理模式和信息数据交换流程作必要的抽象,经过去粗取精、去伪存真的取舍,进一步回答系统"要做什么"和"能够做什么"的问题,并用书面材料把分析结论表达出来,从而上升为一般的通用物流信息系统模型。这一阶段的任务主要由系统分析员来完成。

在系统分析工作中,系统分析员主要依靠广大的最终用户,通过对他们的各项业务活动和管理活动的调查研究来实现其最终的工作目标。但是在这些用户中,由于个人的经历不同、知识不同,对客观事物的看法也不同,因此在工作中经常会遇到这样一些人,他们对自己的业务工作非常熟悉,但是要清楚地表达出来却比较困难。还有这样一些人,由于缺乏计算机知识和信息系统方面的知识,因而所提出的一些需求使得系统分析员难以理解。而作为系统分析员来说,他们是系统开发方面的专家,但不是某项具体管理方面的专家,他们缺乏专门领域的业务知识,所"理解"和"表达"出来的新的系统逻辑结构可能与用户需求不一致。这种系统分析员和用户之间缺乏共同语言,缺乏良好的通信手段,是系统分析工作的主要难点。

8.1.2　系统分析的特点

1）用图示的方法,直观且容易理解

图形工具是系统分析员和用户、系统分析员和系统设计员之间的通信手段,因为,图形工具避免了用语言描述带来的理解上的偏差,保证了系统分析员能够正确理解现行系统,也使用户容易理解,并提出修改意见,而且系统设计员能够根据这些图形进行正确的系统设计。

2）强调逻辑结构,而不是物理实现

确定新系统能够实现用户提出的一些要求是分析的主要任务,只要能够达到目标,无需考虑用哪种计算机,用何种技术等,这样系统分析员就不必考虑具体的实现细节,把精力用在功能的逻辑结构上。

3）自顶向下的工作原则

这个原则符合人们的认识规律,因为它是由表及里、由内向外的分析,这样系统分析员能够很容易地理解现行系统并提出新系统的逻辑结构,用户也能够对此评审,提出修改意见。

4）避免了重复工作

在编制文档资料时,系统分析员并不能保证绝对不出错,一旦发现错误,就要及时改正,不要把错误带到下一阶段的开发工作中去。

8.1.3　系统分析的步骤

系统分析的过程和步骤见图8-1。系统分析从用户提出开发新系统的要求开始,首先进行初步调查和可行性分析以确定新系统开发的可能性,然后通过详细调查和分析以提出新系统的逻辑模型,最后提交系统分析报告。

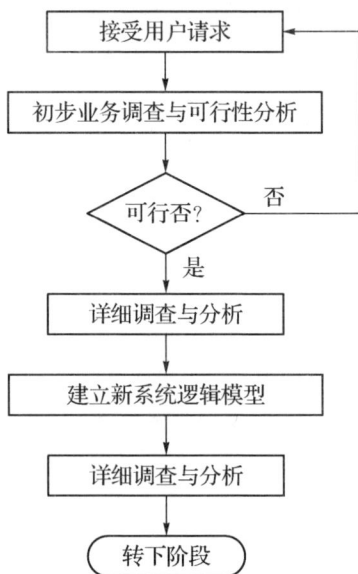

图8-1　系统分析过程和步骤

8.2 系统需求分析

8.2.1 需求分析概述

1）需求的定义

从开发者角度来讲,需求可以定义为系统的内部行为、特性或属性,是在开发过程中对系统的约束;从用户的角度来讲,需求是指系统外部能发现系统所具有的满足于用户的特点、功能及属性等。它包括:系统的功能要求,性能要求,可靠性要求,安全保密性要求,开发费用,开发周期以及可使用资源等方面的限制。图 8 - 2 是一个软件的需求规格说明。

2）需求的类型

需求工程领域中常把软件需求分为三个层次,即业务需求、用户需求和功能需求(也包括非功能需求)。

(1) 业务需求(Business Requirement)反映了组织机构或客户对系统、产品高层次的目标要求,它们在项目视图与范围文档中予以说明。

(2) 用户需求(User Requirement)文档描述了用户使用产品必须完成的任务,这在使用实例文档或方案脚本说明中予以说明。

(3) 功能需求(Function Requirement)定义了开发人员必须实现的软件功能,使得用户能完成他们的任务,从而满足了业务需求。这在软件功能说明书中予以说明。

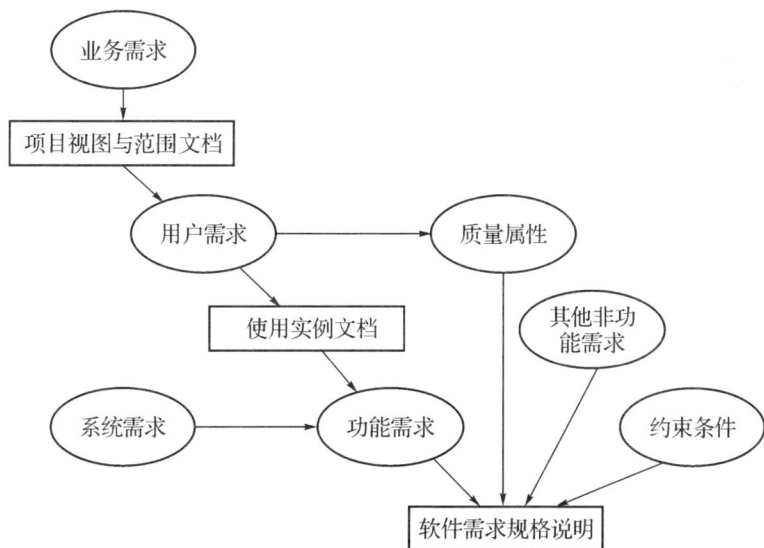

软件需求各组成部分之间的关系

图 8 - 2 软件需求规格说明

3）需求分析的任务

需求分析的基本任务是准确的回答"系统必须做什么?"这个问题。同时,需求并未包括设计细节、实现细节、项目计划信息或测试信息。需求与这些没有关系,它关注的是充分说明你究竟想开发什么。

具体来说,需求分析阶段的任务如下:

（1）确定对系统的综合要求,包括系统功能要求、性能要求、运行要求以及将来可能提出的要求等。

（2）确定对系统的数据要求。

（3）修正开发计划。

（4）导出系统的逻辑模型。

（5）开发一个原型系统等。

4）需求分析的过程

由于软件开发项目和组织文化的不同,对于需求开发没有一个简单的、公式化的途径。一般来说,可以按照以下过程来进行系统的需求分析。

（1）绘制关联图

绘制关联图是用于定义系统与系统外部实体间的界限和接口的简单模型,同时也明确了通过接口的信息流和物质流。

（2）创建开发原型

创建用户接口原型,当开发人员或用户不能确定需求时,开发一个用户接口原型,这样使得许多概念和可能发生的事更为直观明了。

（3）分析可行性

（4）确定优先需求级

确定优先的需求级别应用分析方法来确定使用实例、产品特性或单项需求实现的优先级别,以优先级为基础确定产品版本将包括哪些特性或哪类需求。

（5）为需求建立模型

为需求建立模型需要的图形分析模型是软件需求规格说明极好的补充说明。

（6）编写数据字典

数据字典是对系统用到的所有数据元素和结构的定义,以确保开发人员使用统一的数据定义。

（7）应用质量功能调配

质量功能调配是一种高级系统技术,它将产品特性、属性与对客户的重要性联系起来。它将需求分为三类:期望需求,普通需求,兴奋需求。

8.2.2 需求分析

为了新的物流信息系统能够更好地满足用户的需求,在进行系统需求分析之前,首先要进行系统综合业务的初步调查和详细调查。

1）调查原则

因为系统调查是一项工作量大、涉及的业务和人、数据、信息都非常多的工作，所以要有明确的原则对之指导，否则大规模的系统调查是很难进行的。其基本原则可归结为以下几点：

（1）先弄清存在的客观性，再分析有无改进的可能性

每一个管理部门和每一项管理工作都是根据具体情况而设定的，调查的目的就是要搞清楚这些管理工作的存在客观性和环境条件等等，然后再通过系统分析，看其是否在新的系统支持下有无优化的可能性。

（2）自顶而下全面展开

采用系统化的观点自顶而下全面展开系统调查工作，首先从组织管理工作的最顶层开始进行调查，然后第二层，依此类推，直至理清组织的全部管理工作。

（3）全面铺开与重点调查相结合

是开发整个组织的物流信息系统，还是只需开发组织内某一具体业务信息系统，这就需要全面铺开和重点调查相结合，即自顶向下全面展开，但每次都只侧重于局部相关的分支。

（4）主动沟通、亲和友善的工作方式

创造出一种积极、主动、友善的工作环境和人际关系是调查工作顺利展开的基础。

（5）工程化的工作方式

所谓工程化的工作方法就是将每一步工作都事先计划好，对人的工作方法和调查所使用的表格、图例都进行规范化处理，而且所有规范化调查结果都应整理后归档，以便于进一步工作时使用。

2）初步调查

初步调查分析的目的是确定新信息系统开发的必要性和可行性，其结果以可行性分析报告的形式表达。

初步调查是可行性分析的前提和基础，其主要内容有：

①系统的基本情况。包括系统的外部约束环境、规模、历史、管理目标、主要业务以及当前面临的主要问题。

②系统的资源情况。包括系统的财经状况、技术力量以及为改善现行系统能够投入的人力和财力资源等。

③系统各类人员对系统的态度。包括领导和有关管理业务人员对现行系统的看法，对新系统开发的支持和关心程度。

④系统中信息处理的概况。包括现行系统的组织机构、基本工作方式、工作效率、可靠性、人员素质和技术手段等。

3）可行性分析

完成初步调查以后，就可以进行系统的可行性分析。可行性分析的含义是指，在目前物流组织企业所处的内部状况和外部环境下，调查所提议的物流信息系统是否具备

必要的资源和条件。可行性分析的流程见图 8-3。

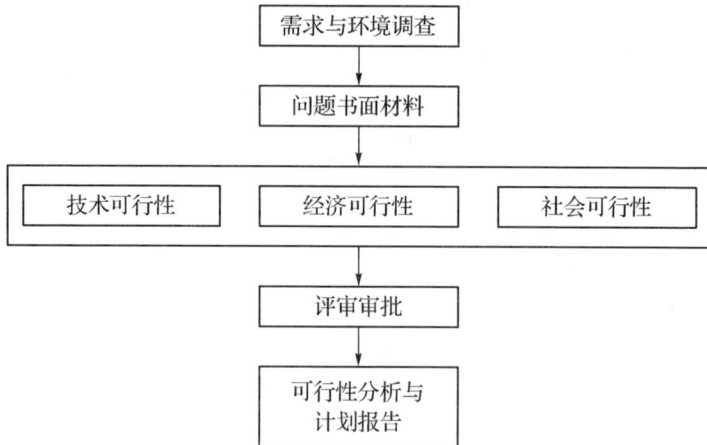

图 8-3 可行性分析的流程

可行性研究的内容通常需要从开发的必要性、技术可行性、经济可行性、组织与管理可行性这四个方面进行考虑。

（1）开发的必要性

可行性并不等于可能性。例如，某物流企业具备扩大散货运输规模的生产能力，但是散货运输市场已经饱和，货源不足，因此，扩大运输规模是没有必要的。在这种情况下，虽然在运力上具备扩大生产的能力，但是因为货源无法保证，而使得这种做法不可行。物流信息系统的开发也要考虑这种必要性。如果物流企业的现行系统没有更换的必要性，或者物流业务人员对开发新系统的愿望并不迫切，那么新的物流信息系统的开发就不具备可行性。总之，需要根据物流企业现状、员工情况、现行系统功能和效率等，来研究开发物流信息系统的必要性。

（2）技术可行性分析

它是指技术资源能否满足用户的需求软件、人力资源以及系统预定的开发技术等。

物流信息系统的技术可行性可以从硬件、软件、网络和物流企业的技术力量等几个方面来考察：

①硬件方面包括计算机系统中各种硬件设备（诸如硬盘、内存、输入输出设备等）的性能和价格，计算机硬件的稳定性和可靠性等。

②软件方面包括操作系统平台、数据库系统、开发工具软件等。

③网络主要是指数据传输和通信方面的相关网络硬件，例如网卡、HUB、路由器、布线以及网络软件，例如通信协议、网络防火墙等。

④技术力量主要应考虑物流信息系统开发与维护人员的技术水平，这些人员包括系统分析人员、系统设计人员、程序员和软硬件维护人员。如果在物流信息系统开发和维护的各个阶段中，不能投入足够的技术人员，或者技术人员的技术水平不够理想，那么就可以认为系统开发的技术力量是不可行的。

（3）经济可行性

经济可行性主要是对开发项目的成本和效益做出评价,即新系统所带来的经济效益能否超过开发和维护新系统所需要的费用。这就需要从费用和收益这两个方面加以估计。

在费用估计时,特别要注意防止费用估计过低,否则会使可行性分析得出错误的结论,造成估计过低的原因通常有:

✍只注意了硬件费用而忽视了软件费用;

✍只注意了设备费用而忽视了人工费用;

✍只注意了开发费用而忽视了维护费用;

✍只注意一次性投资而忽视日常性开支等。

正确的费用估计通常包括设备费用、开发费用、运行费用、培训费用这四项。

①设备费用由硬件费用和软件费用组成,硬件费用主要包括计算机主机设备、外部输入输出设备、网络设备和机房设备等。软件费用主要包括操作系统软件、开发工具软件、数据库软件、文字处理软件、服务器软件、网络管理软件。

②开发费用主要指系统开发所需的人工劳务费及其他相关费用。

③运行费用包括系统运行所需的各种消耗费用,例如电力、纸张等,以及设备的维护费用。例如软硬件操作和维护人员的工资。

④培训费用则包括用户管理人员、操作人员、维护人员培训的费用。

收益的估计不像费用估计那样具体,因为应用系统的收益往往不易定量计算,尽管这些收益是确实存在的。因此,收益的估计需要从直接效益和间接效益这两个方面入手,并且采用合适的量化方法。

①直接效益是指系统交付使用后,在某一时期能产生的明显经济效益。例如,加强物流环节中仓储管理,从而减少场地的租用费用,优化物流过程而减少运输成本。

②间接效益往往能更加体现物流信息系统的收益价值,例如提高了工作效率从而提高了物流管理水平、为领导决策及时提供了相关信息从而对市场能够做出快速反应、通过广泛使用物流信息促进了物流业务的规范化和程序化、通过提高员工的素质而增强企业的凝聚力、通过提升企业形象而增加了企业的无形资产等。

③在对物流信息系统的收益进行量化时,应该综合考虑。例如单位运力利用率的提高、单位流动资金占用量的减少、提供了哪些新的物流信息、信息反馈的速度提高、信息的完备性和准确性的提高、具备哪些新的物流信息处理功能、所节省的人员、所减少的管理费用等。

④费用和效益间的对比可以通过回收周期来说明,即 $T=F/M$。其中,T 为投资回收期,F 为费用,M 为年利润增长额。T 越小则说明回收期越短,收益效果越明显,可以通过初步估算确定经济上的可行性。

（4）组织与管理可行性

组织可行性主要考虑的范围包括:

&物流企业领导是否支持开发新系统,决心有多大,这是非常关键的。

&各级管理部门对开发新系统的态度,这既会影响领导的态度,也会关系普通业务人员的积极性。

&其他各级人员对开发新系统的看法和需求侧重点。

现行系统能否提供完整、正确的基本信息。

&新系统所带来业务方式和习惯的改变能否得到领导的认可、管理人员的接受和业务人员的支持。

管理的可行性应考虑以下三个方面的因素:

①管理信息系统是建立在科学管理工作这一基础之上的。只有在一套科学的管理方法、完善的管理体制、严格的规章制度、合理的管理程序和完备的原始数据基础之上,才能建立一个有效的物流管理信息系统。对于一些管理工作基础薄弱的物流企业,尽管有先进的物流信息处理技术手段,但是原始数据的来源、正确性、及时性没有保证,同时也缺乏比较规范的业务系统,那么可以认为其管理性是不可行的。

②要考察物流企业业务流程的透明度及标准化程度,建立物流管理信息系统的目的就是要把物流过程数字化,物流的过程越概念化、越清晰、透明、标准,就越容易将物流的过程用计算机工具描述出来。在物流管理信息系统的建设和运行中所遇到的许多问题,如系统功能的重复设置、结构混乱等毛病,往往是由于物流企业流程不明、暗箱操作、标准化程度不高所造成的。国内外许多物流企业已认识到这一点,开始推行 ISO 9000 标准的认证,这将有利于物流管理信息系统的开发及推广。

③物流企业外部环境的变化对管理现代化具有深刻影响。需要考察新系统是否能够服务于物流企业的长期发展战略,是否适应日新月异的科学技术和管理方法,是否能对付动态变化的市场的竞争。

4) 可行性分析的方法

(1) 风险评估技术

风险评估技术可用来评估影响物流信息系统的各个工程项目,可以帮助人们较好地掌握所开发项目的全貌、该项目与其他项目的关系,确切掌握该项目的重要性。风险可分为三个方面:规模、结构和技术。

规模指项目开发的工作量、开支、时间跨度等指标。时间跨度越长,环境变化越大,风险越大。

结构化程度高的项目,设计的选择余地不大;结构化低的项目有相当的可塑性,选择余地大。

技术风险与一个单位的技术经验密切相关,因此未用过的新技术风险大。采用几种新的硬件设备,风险就大;如果还使用新的软件,风险就更大。用户的知识与经验,在风险评估中,也应予以考虑。

(2) 投资决策方法

可行性分析是一种投资决策分析,投资决策是一种非常重要的决策,它涉及在一个较长的时期内投入一笔相当大的资金的合理性。它比其他的决策具有更大的风险,开发物流信息系统的可行性分析就具有这种特点。它又分为投资效益分析法和现金流量贴现法。

①投资效益分析法

$$投资效益 = \frac{税后年利润}{原始投资总额}$$

例如:某物流信息系统建设项目投资总额为 260 万元,能使用 5 年,使用期间的税后利润总数估计为 120 万元,平均每年为 24 万元,则投资收益率为 9.2%。计算出投资收益率后,可以与一个可接受的会计收益标准相比,大于标准的收益可考虑接受。

投资效益分析法是按年平均利润计算的,它不考虑投资项目在各年之间的不均衡性。在实践中,投资初期收益较低,以后逐年增加。

②现金流量贴现法

为了在投资决策中取得正确结论,需要考虑现在值和时间价值,把投资后将来发生的收益额,按现在系数转换成现值收益,然后再与现值投资支出相比。这种把将来值换算成现在值的方法叫贴现,而把这种分析方法称为现金流量贴现法。

5)可行性研究报告

可行性研究的最终成果是提交可行性研究报告,它是初步调查分析的结果,是系统建设的一个必备文件。其主要内容见表 8-1。

表 8-1　可行性分析报告的主要内容

第一部分 引言	1. 摘要。包括系统名称、目标和功能 2. 背景。包括系统开发的组织单位;系统的服务对象;本系统和其他系统或机构的关系和联系 3. 参考和引用的资料。本系统经核准的文件、合同或批文;本报告引用的文件、资料等 4. 专门术语的定义
第二部分 系统开发的背景、 必要性和意义	1. 现行系统的调查。包括组织机构;业务流程;工作负荷;费用;人员;设备;现行系统中存在的主要问题及薄弱环节 2. 需求调查和分析
第三部分 新系统的几种 方案介绍	1. 拟建系统的目标 2. 系统规模及初步方案、投资规模、组成和结构 3. 系统的实施方案 4. 投资方案、投资数量、来源及时间安排 5. 人员培训及补充方案 6. 其他可供选择的方案
第四部分 可行性研究	1. 技术上的可行性。现有技术的估价以及国内外有关技术的发展等等 2. 经济上的可行性 3. 系统运行可行性分析

213

（续表 8 - 1）

第五部分 几种方案比较分析	对所有的选择方案从技术、经济、管理三方面进行比较分析
第六部分 结论	可按某种方案立即进行,或等待某些条件成熟后再进行,或不可行必须停止

6）详细调查

详细调查和需求分析有着密切的关系。详细调查的目的是真正弄清处理对象现阶段工作的详细情况、为后面的分析设计工作做准备,是制定合理方案和开发信息系统的基础。

（1）详细调查的范围

详细调查的范围应该是围绕组织内部信息流所涉及领域的各个方面。大致从以下几个方面进行：

①企业机构、部门职能及其功能业务、业务范围。

②系统界限和运行状态。现行系统的发展历史、经营效果、目前规模、业务范围以及与外界的联系等。

③业务流程与工作形式,工艺流程和产品构成,各部门的主要业务流程。仓储、运输生产工艺和作业程序等。

④现存问题和改进意见。要注意收集用户的各种需求,善于发现问题并找到问题的关键所在。

⑤企业可用资源和限制条件。除了人力资源,还要了解现行系统的物资、设备、资金和其他各项资源的情况以及现行系统在人员、资金、设备以及处理方式等各方面的限制条件和规定。

（2）详细调查的方法

调查的方法多种多样,经常使用的方法如下：

①发调查表。可用来调查系统普遍性的问题。由初步调查结果可得到组织的基本情况,分析后确定调查表的主要内容,提供给被调查对象。表 8 - 2 和表 8 - 3 是两个需求调查表,分别是调查记录表和业务数据调查表。

表 8 - 2 调查记录表

调查记录表						
单位：	图号：		问卷号：	记录人：		日期：
被调查者：		职务：		分管业务：		
调查记录：						

表 8 - 3　业务数据调查表

业务数据调查表					
图号：		业务过程名：		业务承担单位：	
填表人：		填表日期：		对应的业务流程调查表号：	
数据项说明					
序号	数据名称	字长描述	取值范围	数据来源	备注
1 2 3 4 …					
后附报表说明							
序号	后附报表名	份数	传送部门	制表单位	用途	频率	其他
1 2 3 4 …							

②调查人员直接参加业务实践。开发人员亲自参加业务实践,不仅可以获得第一手资料,而且便于开发人员和业务人员的交流,使系统的开发工作接近用户,用户更了解新系统。

③查阅企业的有关资料。

④召开调查会。这是一种集中调查的方法,适合于了解宏观情况。

⑤由用户的管理人员向开发者介绍情况。

⑥个别访问。某些特殊问题或细节的调查,可对有关的业务人员做专题访问。仔细了解每一步骤、方法等细节。

8.3　组织结构与功能分析

组织结构与功能分析是系统分析中比较简单的环节,主要包括三部分内容:组织结构分析、业务过程与组织结构之间的联系分析、业务功能汇总表。

8.3.1　组织结构图

组织结构图是一张反映组织内部之间隶属关系的树状结构图。在绘制结构图时应注意,排除与系统无任何联系的部门,其他部门一定要反映全面、准确。如果组织结构过于复杂,也可以分层次画出。图 8 - 4、图 8 - 5 为某物流企业的组织结构图。

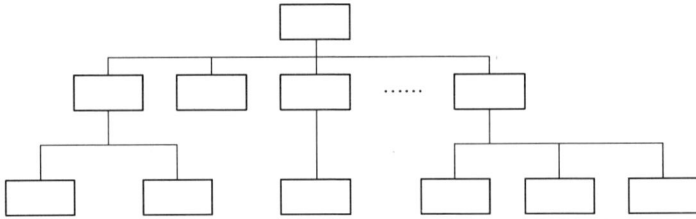

图 8-4　组织结构图

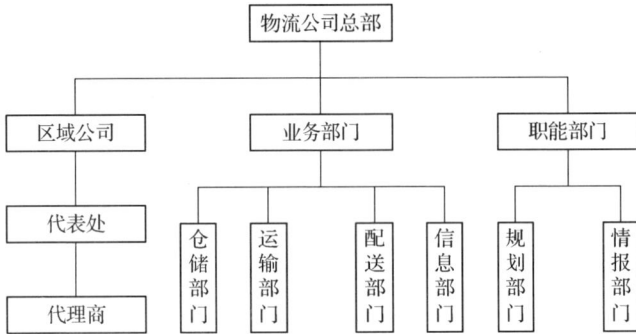

图 8-5　某物流企业组织结构图

8.3.2　组织/业务关系分析

组织结构图反映了一个组织内部的上下级关系。但是对于组织内部各部门之间的联系程度、主要业务和它们在业务过程中所承担的工作等却没有反映出来,这将对后续的系统分析工作带来困难。为了弥补这方面的不足,一般用组织/业务关系图来反映组织内部各部门在承担业务时的关系。如图 8-6 所示,横向表示各部门名称,纵向表示业务过程名称,中间部分填写组织在执行业务过程中的作用。

组织 业务	上级公司	计划科	财务科	生产科	供应科		
					计划管理	采购管理	仓库管理
用户计划任务书		*			✓		
计划物资分析					✓		○
计划供需平衡表					✓	○	○
单据审批					✓		
采购计划		○			✓	○	
合同管理						✓	○
合同分析						✓	
在途物资管理						✓	
到货验收						○	✓
库存统计		*			○		✓
出库统计		*					✓
入库统计		*			○	○	✓
用户统计		*			○		✓
发货统计		✓					✓
库存收支分析					○		✓
备品管理					✓		
统计报表	*						

注:"*"表示对应组织的主要业务;"○"表示业务协调单位;"✓"表示业务相关单位;"空格"表示组织与业务无关。

图 8-6　组织/业务关系图

8.3.3 业务功能汇总表

随着生产的发展,生产规模的扩大和管理水平的提高,组织的某些业务范围越来越大,功能越来越细,由原来单一的业务派生出许多新的业务。这些业务在组织内由不同的部门或不同的人员分管,工作性质也逐步发生了变化。当这种变化发展到一定程度时,就会引起组织本身的变化,裂变出一个新的组织部门,由它完成某一类特定的业务功能。如某企业的质量检验工作是由生产科、成品科和生产车间各自交叉分管的。由于产品激烈的市场竞争和管理的需要,产生了专业的质量检验科,负责企业生产各个环节的全部质量检验工作。如果我们以功能为准绳设计和考虑系统,那么系统的组织结构有一定的独立性,将会有较强的生命力。因此,在分析组织情况时,应画出业务功能汇总表,以便对依附于组织结构的各项业务功能有一个概貌性的了解,也可以对于各项交叉管理、交叉部分的深度以及各种不合理现象有一个总体了解,尽量在系统设计时避免这些问题。如果业务功能复杂,也可以分层次画出。图 8-7 是某企业销售系统业务功能汇总表。

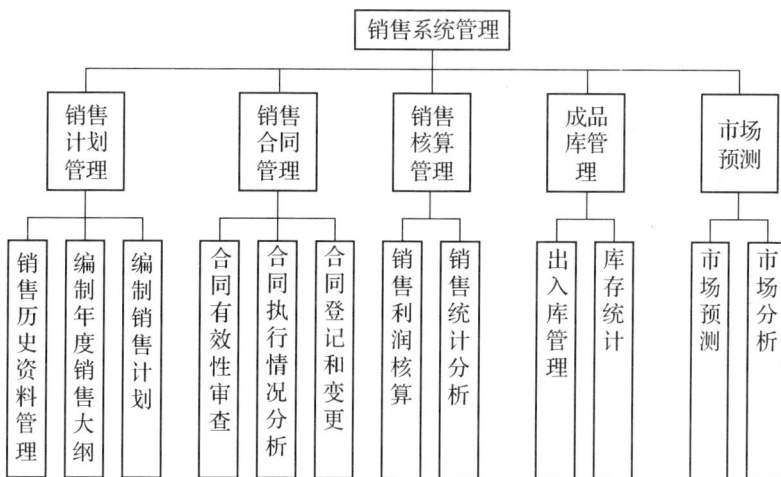

图 8-7　某企业销售系统业务功能汇总表

8.4　业务流程分析

8.4.1　业务流程分析

业务流程分析主要是分析原系统中存在的问题,是为了在新系统建设中予以克服或改进。可以帮助我们了解某项业务的具体处理过程,发现和处理系统调查工作中的错误和疏漏,修改和删除原系统的不合理部分,在新系统基础上优化业务处理流程。

业务流程分析过程包括以下内容：

（1）原有流程的分析。分析原有的业务流程的各处理过程是否具有存在的价值，其中哪些过程可以删除或合并，哪些过程不尽合理，可以进行改进或优化。

（2）业务流程的优化。原有业务流程中哪些过程存在冗余信息，可以按计算机信息处理的要求进行优化，以及这些优化可以带来的好处。

（3）确定新的业务流程。画出新系统的业务流程框图。

（4）新系统的人机界面。新的业务流程中人与机器的分工，即哪些工作可以由计算机自动完成，哪些必须有人的参与。

8.4.2　业务流程图

业务流程图（Transaction Flow Diagram，TFD）是一些简单的符号表示某个具体业务处理过程，基本上按照业务的实际处理步骤来绘制，但它的不足是对于一些专业性较强的业务处理细节缺乏足够的表现手段，比较适合于事务处理类型的业务过程。业务流程图可以帮助系统分析人员发现问题、分析不足、理顺和优化业务过程。

有关业务流程图的画法，目前尚不太统一。但若仔细分析，就会发现它们都是大同小异的，只是在一些具体的规定和所用的图形符号方面有所不同，而在准确明了地反映业务流程方面是非常一致的。

1）基本符号

业务流程图的基本图形符号非常简单，只有 6 个。有关 6 个符号的内部解释则可直接用文字标于图内。这 6 个符号所代表的内容与信息系统最基本的处理功能一一对应，如图 8-8 所示。圆圈表示业务处理单位；方框表示业务处理内容；报表符号表示输出信息（报表、报告、文件、图形等）；不封口的方框表示存储文件；卡片符号表示收集资料；矢量连线表示业务过程联系。

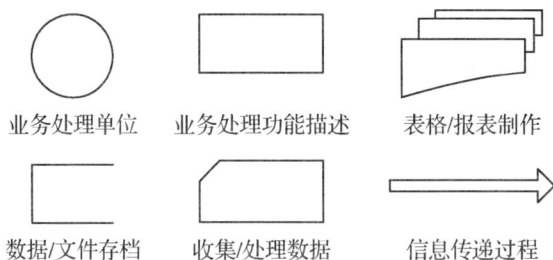

图 8-8　业务流程图的基本符号

2）绘制举例

业务流程图的绘制是根据系统调查表中所得到的资料和问卷调查的结果，按业务实际处理过程将它们绘制在同一张图上。例如，某个业务的流程可被表示为图 8-9 的形式。图 8-10 为某公司成品销售及库存子系统的管理业务流程图。

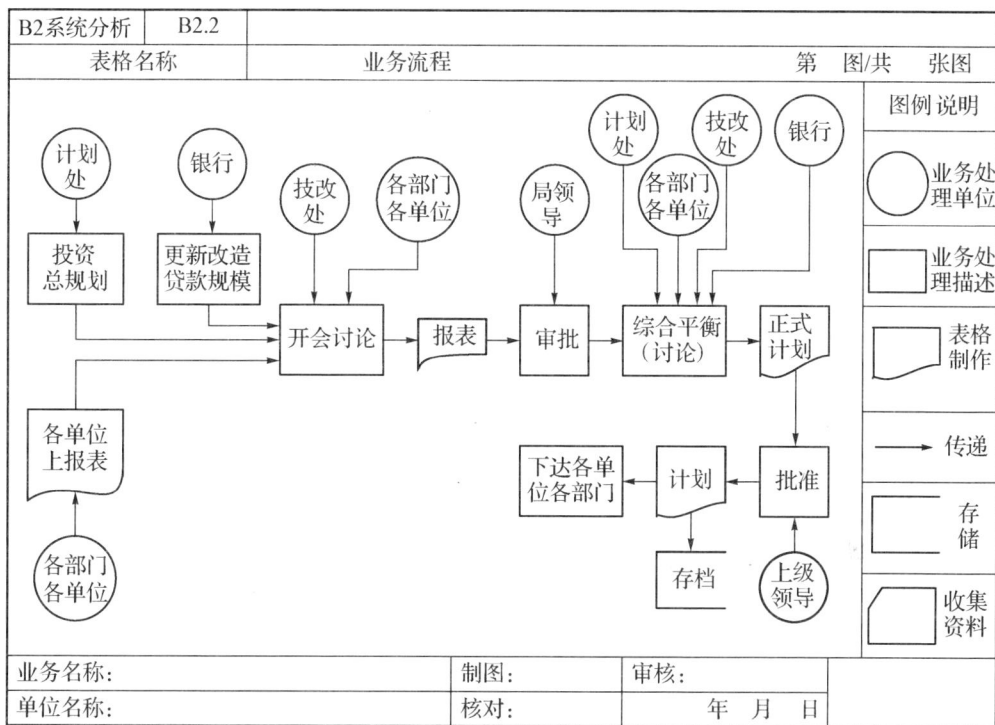

图 8-9 某业务流程图举例

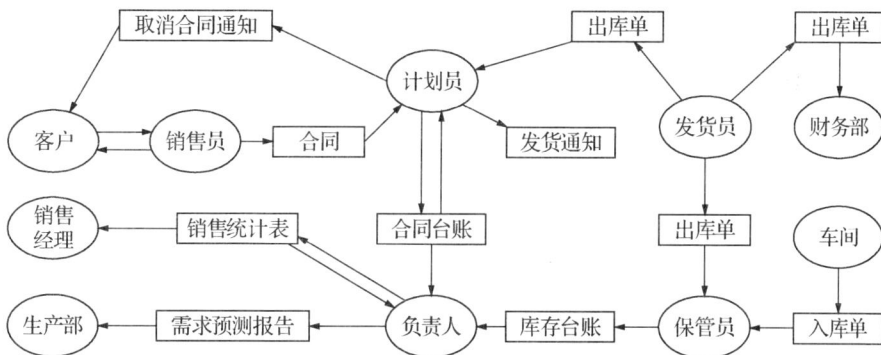

图 8-10 某企业成品销售及库存子系统的管理业务流程

8.5 数据与数据流程分析

数据是信息的载体,是今后系统要处理的主要对象。因此必须对系统调查中所收集的数据以及统计和处理数据的过程进行分析和整理。如果有没弄清楚的问题,应立刻返回去弄清它。如果发现有数据不全,采集过程不合理,处理过程不畅,数据分析不深入等问题,应在本分析过程中研究解决。数据与数据流程分析是今后建立数据库系统和设计功能模块处理过程的基础。

8.5.1 调查数据的汇总分析

在系统调查中我们曾收集了大量的数据载体和数据调查表,这些原始资料基本上是由每个调查人员按组织结构或业务过程收集的,它们往往只是局部地反映了某项管理业务对数据的需求和现有的数据管理状况。对于这些数据资料必须加以汇总、整理和分析,使之协调一致,为以后在分布式数据库内各子系统的调用和共享数据资料奠定基础。

调查数据汇总分析的主要任务首先是将系统调查得到的数据分为如下三类:第一,本系统输入数据类(主要指报来的报表),即今后下级子系统或网络要传递的内容;第二,本系统产生的数据类(主要指系统运行所产生的各类报表),它们是今后本系统输出和网络传递的主要内容;第三,本系统内要存储的数据类(主要指各种台账、账单和记录文件),它们是今后本系统数据库要存储的主要内容。

然后再对每一类数据进行如下三项分析:第一,汇总并检查数据有无遗漏;第二,数据分析,即检查数据的匹配情况;第三,建立统一的数据字典。

1)数据汇总

数据汇总是一项较为繁杂的工作。为使数据汇总能顺利进行,通常将它分为如下几步:

(1)将系统调查中所收集到的数据资料,按业务过程进行分类编码,按处理过程的顺序排放在一起。

(2)按业务过程自顶向下地对数据项进行整理。例如,对于成本管理业务,应从最终成本报表开始,检查报表中每一栏数据的来源,然后检查该数据来源的来源,一直查到最终原始统计数据(如生产统计、成本消耗统计、产品统计、销售统计、库存统计等)或原始财务数据(如单据、凭证等)。

(3)将所有原始数据和最终输出数据分类整理出来。原始数据是以后确定关系数据库基本表的主要内容,而最终输出数据则是反应管理业务所需求的主要数据指标。这两类数据对于后续工作来说是非常重要的,所以将它们单独列出来。

(4)确定数据的字长和精度。根据系统调查中用户对数据的满意程度以及今后预计该业务可能的发展规模统一确定数据的字长和精度。对字符型数据来说,只需确定它的最大字长和是否需要中文;对数字型数据来说,它包括:数据的正负号,小数点前后的位数,取值范围等。

2)数据分析

数据汇总只是从某项业务的角度对数据进行了分类整理,还不能确定收集数据具体形式以及整理数据的完备程度、一致程度和无冗余的程度。因此需要对这些数据作进一步的分析。分析的方法可借用BSP方法中所提倡的U/C矩阵来进行。U/C矩阵本质是一种聚类方法,它可以用于过程/数据,功能/数据等各种分析中。在这我们只借用它来进行数据分析。

8.5.2 数据流程分析

数据流程分析是把数据在组织(或原系统)内部的流动情况抽象地独立出来,舍去了具体组织机构、信息载体、处理工作、物资、材料等,单从数据流动过程来考查实际业务的数据处理模式。它主要包括对信息的流动、传递、处理、存储等的分析。数据流程分析的目的是要发现和解决数据流通中的问题,比如:数据流程不畅、前后数据不匹配、数据处理过程不合理等等。因为一个畅通的数据流程是今后新系统用以实现这个业务处理过程的基础。

数据流程分析的实现是通过分层数据流程图(Data Flow Diagram,简称DFD)来实现的。具体的做法就是:按业务流程图理出的业务流程顺序,将相应调查过程中所掌握的数据处理过程,绘制成一套完整的数据流程图,一边整理绘图,一边核对相应的数据和报表、模型等。如果有问题,则定会在这个绘图和整理过程中暴露无遗。

1)绘制数据流程图的原则

数据流程图是结构化系统分析的主要工具,不但可以表达数据在系统内部的逻辑流向,而且还可以表达系统的逻辑功能和数据的逻辑变换。数据流程图既能表达现行人工系统的数据流程和逻辑处理功能,也能表达计算机系统的数据流程和逻辑处理功能。一般设计数据流程图要遵循以下原则:

(1)确定系统在正常运行时的输入输出(数据流)。

(2)确定系统的外部实体,也就是确定系统与外部环境的分界线。

(3)确定对系统的查询要求,对这些查询中应该包括要求立即得到回答的查询。

(4)数据存储在系统中应起到邮政信箱的作用。

(5)设计流程图时,先从左侧开始,标志外部实体,然后画出该外部实体产生的数据流和处理逻辑。

(6)反复修改或者检查是否有所遗漏或不符。

(7)根据第一张数据流程图,对其中每个处理逻辑,逐层向下扩展出详细的数据流程图。

(8)尽量避免线条的交叉,必要的时候可以用重复的外部实体符号和重复的数据存储符号。

2)数据流程图的基本符号

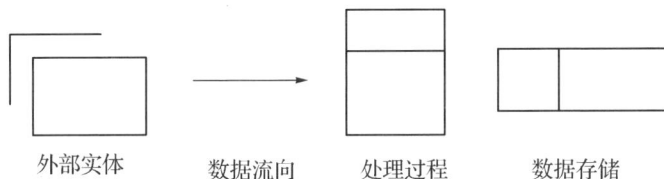

| 外部实体 | 数据流向 | 处理过程 | 数据存储 |

图 8 - 11　数据流程图的基本符号

（1）外部实体

外部实体指系统之外的人或单位。它们和本系统有信息传递关系。在绘制某一个子系统的数据流程图时，凡属本子系统之外的人或单位，也都列为外部实体。它表达了该系统数据的外部来源或去处。例如，顾客、部门、机场售票处、政策制定人等。它也可以是另外一个信息处理系统，向该系统提供数据或接收来自该系统向它发出的数据。用一个正方形，并在其上方和左方各加一条线表示外部实体。

在确定了系统的外部实体以后，实际上就确定了系统与外界的分界线，因此，要想确定合理的系统与外界的分界线，必须先详细分析用户的要求，根据系统的目标确定系统的分界线。

（2）数据流

数据流（Date Flow）表示流动的数据，可以是一项数据，也可以是一组数据，也可用来表示数据文件的存储操作。通常在数据流符号的上方标明数据流的名称。

数据流的符号最简单，一个水平箭头或垂直箭头，就指出了数据的流动方向，一律采用单箭头。数据流可以由某一个外部实体产生，也可以由某一个处理逻辑产生，也可以来自某一个数据存储。

（3）处理过程

如果把数据流比喻成工厂里的零件传送带，那么每一道加工工序就相当于数据流程图中的处理逻辑。用一个长方形来表示，图形的下部填写处理的名称，上部填写该处理的标识符。它表达了对数据的逻辑处理功能，也就是对数据的变换功能。处理逻辑对数据的变换方式有两种：

①变换数据的结构，例如，将数据的格式重新排列；

②在原有的数据内容基础上产生新的数据内容，例如，计算总量或平均值。

（4）数据存储（文件）

它是指通过数据文件，文件夹或账本等存储数据，用一个有开口的长方形来表示。图形右部填写该数据的存储名称，名称要起得适当，便于用户看懂。左部填写标识符，为了区别于其他数据存储。

数据存储指出了数据保存的地方。这里所说的"地方"，并不是指数据保存的物理地点或物理存储介质，不是指文件箱，也不是指磁盘或磁带，而是对数据存储的逻辑描述。

3）绘制举例

绘制数据流程图采用自顶向下逐层分解的方法，先将整个系统按总的处理功能画出顶层的流程图，然后逐层细分，画出下一层的数据流程图。

顶图只有一张，它说明了系统总的功能和输入输出的数据流。图 8 - 12 是物料采购的顶层数据流程图。

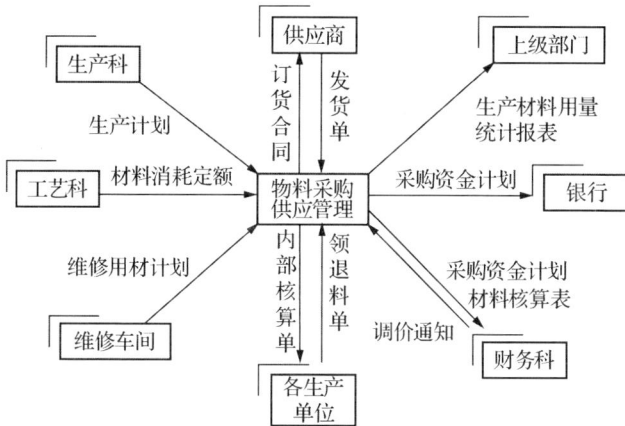

图 8 - 12　物料采购的顶层数据流程图

对物料采购顶层数据流图进行功能分解,分解为物料采购供应计划管理、合同管理、库存管理等逻辑功能,得到如图 8 - 13 所示的第二层数据流程图。

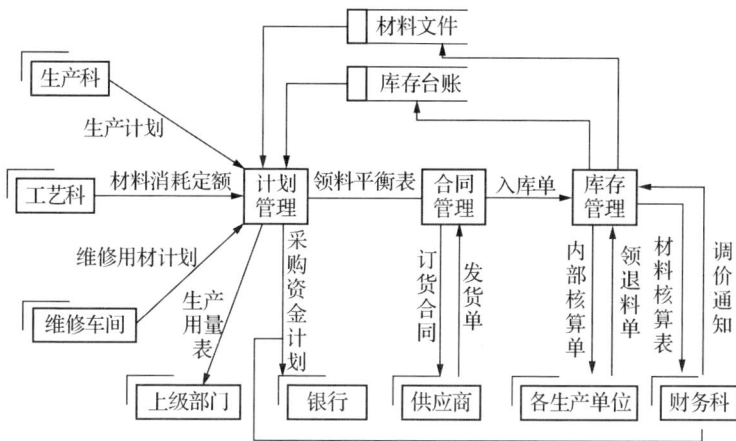

图 8 - 13　物料采购供应管理系统的第二层数据流程图

4）数据分析与数据字典

数据流程图反映系统业务和功能之间的关系,反映了外部实体、数据处理、数据存储和数据流动四方面的关系,通过数据流程图能系统、全面地了解业务、功能实现过程。但是数据流程图反映不出数据本身特性,反映不出数据结构的具体情况,另外数据流程图中描述的功能和数据是否匹配、是否存在问题、有无遗漏,也无法通过数据流程图本身来检验。数据分析就是要弥补数据流程图所呈现出的缺陷。它的工具就是数据字典。

数据字典在信息系统开发过程中具有重要的作用,表现在以下几个方面。

①为系统分析员深入了解数据处理、数据存储、数据流动情况等提供详细资料。

②从多方面对数据流程图进行进一步描述和完善,相互参照、对比,便于查找遗漏、

冲突、重复等错误。

③便于索引。

④便于对数据流程图进行逻辑结构检验、一致性检验。

数据字典的内容包括:数据元素、数据结构、数据流、处理逻辑、数据存储、外部实体等。

(1) 数据元素

数据元素是数据的最小组成单位。例如,一个人的"姓名"可以看作是一个数据元素,但是有一个前提条件,那就是"姓"和"名"不能分开表示,如果要分开,"姓名"就不是数据元素了。数据元素包括以下四项内容:

①数据元素的名称。例如,顾客名、订货单编号、当前库存量、订货量等,都是数据元素的名称。在整个系统中,数据元素的名称也必须唯一地标志出这些数据元素,以区别于其他的数据元素。

②在其他场合下的别名。同一数据元素,其名称可能有若干个,有些是因为习惯上的不同,有些是由于用户不同,有些是由于程序的不同,但都是指同一项数据元素。

③取值的范围和取值的含义。对每一个数据元素的取值的含义加以定义,便于在分析问题时使用。但有时不可能把某项数据元素的所有取值或其含义全记在数据字典中。例如,"汽车配件编号"表示一种汽车配件的名称、规格、单价、供应单位等。如果这家汽车配件公司经营几万种配件,那么把"汽车配件编号"这项数据元素的取值范围和取值含义全都记录在数据字典中就不合适了。一般来说,数据字典只记录数据的逻辑内容,而不记录其具体的物理内容。

④数据元素的长度。指出该数据元素所占的字符或数字的个数,例如,数据元素"姓名"可以由四个以内的汉字组成(假设只考虑汉族人的姓名),或者由 20 个拼音字母组成。在数据字典中记录数据元素的长度,有助于估计所需要计算机的存储容量。

(2) 数据结构

数据结构是由一组相关数据元素组成的集合,下列订货单就是由十三个数据元素组成的数据结构,用 T 表示数据结构,用 A 表示数据元素,订货单的数据结构见表 8 - 4。

表 8 - 4　订货单的数据结构

T1:用户订货单		
T2:订货单标识	T3:用户情况	T4:配件情况
A1:订货单编号 A2:日期	A3:用户代码 A4:用户名称 A5:用户地址 A6:用户姓名 A7:用户电话 A8:开户银行 A9:账号	A10:配件代码 A11:配件名称 A12:配件规格 A13:订货数量

（3）数据流

数据流用来分析数据流程图中的数据流动情况,它由一个或一组固定的数据元素组成。定义数据流时,不仅要说明数据流的名称、组成等,还要说明它的来源、去向和流量等。基本格式见图 8－14。

（4）处理逻辑

处理逻辑的定义仅对数据流程图中低层的处理逻辑加以说明,内容包括:处理逻辑名称及编号,简述,输入的数据流,处理过程,输出的数据流,处理频率。

```
总编号：3-001    编号：001

名称：商品情况
数据流来源：商品供应商
数据流去向：P1、P1.2
包含的数据结构：
        商品编号
        品名
        规格
        …
流通量：
```

图 8－14   数据流基本格式

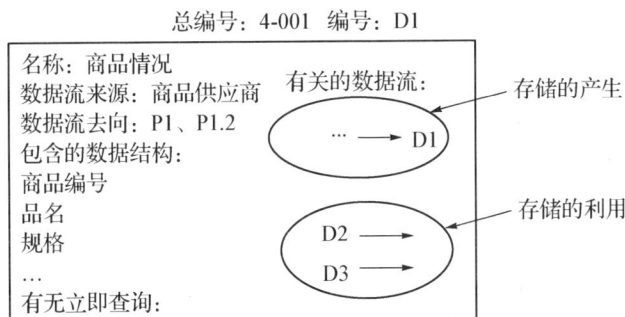

例如:

处理逻辑定义

处理逻辑名称:验收订货单

处理逻辑编号:P001—01

简述:确定用户所填写的订货单是否有效

输入数据流:来自客户的订货单

处理:检验订货单数据,查明是否符合供货范围

输出数据流:合格的订单去向"确定发货量"

处理频率:70 次/天

（5）数据存储

数据存储是数据结构停留或保存的场所,在数据字典中,数据存储只描述数据的逻辑存储的结构,而不涉及它的物理组织。基本格式见图 8－15。

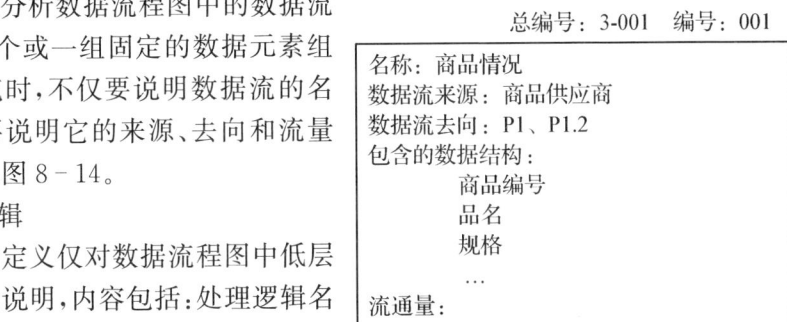

图 8－15   数据存储基本格式实例

（6）外部实体

外部实体的定义包括:外部实体的名称及编号,简述,输入数据流,输出数据流。

例如:

外部实体定义

外部实体名称:用户

外部实体编号:WS200401

简述:购置本单位配件的客户

输入数据流:发货单、收据

输出数据流:订单

综上所述,数据字典是关于数据的数据库。一旦数据字典建立起来,就是一本可供查阅的字典。编制和维护数据字典是一项十分繁重的任务,不但工作量大,而且单调乏味。在编写数据字典的基础上,通过综合分析,根据数据量和数据处理内容,可估算出现行系统的业务量。根据数据存储的情况,可以估算出整个系统的总数据量,并进一步分析系统的处理特点和存在问题。

8.6 功能/数据分析

功能/数据分析是在业务流程、数据流程及数据分析的基础上,为了整体地考虑新系统的功能子系统和数据资源的合理分布而进行的系统化的分析。功能/数据分析方法是IBM公司于20世纪70年代初的BSP中提出的一种系统化的聚类方法。功能/数据分析是通过U/C矩阵的建立和分析来实现的。

8.6.1 U/C矩阵的建立

U/C矩阵是通过一个普通的二维表来分析汇总数据。通常将表的横坐标栏目定义为数据类变量(X_i),纵坐标栏目定义为业务过程类变量(Y_i),见图8-16,将数据与业务过程之间的关系(即 X_i 与 Y_i 之间的关系)用使用(U,use)和建立(C,create)来表示,那么将上一步汇总的内容填于表内就构成了所谓的U/C矩阵。

要建立一个U/C矩阵对于一个实际的组织来说并不是一件容易的事。从理论上说,可以分为以下步骤:

(1) 首先进行系统化,自顶向下地划分;

(2) 逐个确定其具体的功能(或功能类)和数据(或数据类);

(3) 填上功能/数据之间的关系,即完成了U/C矩阵的建立过程。

每一个数据项都需要具有以下特征。

①数据的类型以及精度和字长。这是建库和分析处理所必须要求确定的。

②数据量。即单位时间内(如天、月、年)的业务量、使用频率、存储和保留的时间周期等。这是在网上分布数据资源和确定设备存储容量的基础。

③合理取值范围。这是输入、校对和审核所必需的。

④所涉及的业务。即图8-16中每一行有 U 或 C 的列号(业务过程)。

功能	客户	订货	产品	工艺流程	材料表	成本	零件规格	材料库存	成品库存	职工	销售区域	财务计划	计划	设备负荷	物资供应	任务单	行号Y
							数据类										
经营计划		U				U						U	C				1
财务规划						U				U		C	C				2
资产规模												U					3
产品预测	C		U								U						4
产品设计开发	U		C	U	C		C						U				5
产品工艺			U		C		C	U									6
库存控制								C	C						U	U	7
调度			U	U				U	U					U		C	8
生产能力计划				U										C	U		9
材料需求			U		U			U									10
操作顺序				C										U	U	U	11
销售管理	C	U	U						U		U						12
市场分析	U	U	U								C						13
订货服务	U	C	U						U		U						14
发运		U	U						U		U						15
财务会计	U	U								U	U	U					16
成本会计		U	U			U						U					17
用人计划										C							18
业绩考评										U							19
列号X	1	2	3	4	5	6	7	8	9	10	11	12	13	14	15	16	

图 8 - 16 U/C 矩阵

8.6.2 正确性检验

建立 U/C 矩阵后一定要根据"数据守恒"原则进行正确性检验,以确保系统功能数据项划分和所建的 U/C 矩阵的正确性。"数据守恒原理"即数据必定有一个产生的源,而且必定有一个或多个用途。它可以指出我们前段工作的不足和疏漏,或是划分不合理的地方,及时地督促我们加以改正。具体来说,U/C 矩阵的正确性检验可以从以下三个方面来进行。

227

1) 一致性检验

一致性（Uniformity）检验是指对具体的数据项/类必须有且仅有一个产生者（"C"）。如果有多个产生者的情况出现,则产生了不一致现象。其结果将会给后续开发工作带来混乱。

这种不一致现象的产生可能有以下原因:

①多个产生者——错填了"C"元素或者是功能、数据的划分不独立、不一致。如图 8-16 中的第 1 列、第 5 列、第 7 列和第 13 列,故元素 $(Y=4, X=1)$、$(Y=6, X=5)$、$(Y=6, X=7)$、$(Y=2, X=13)$ 的"C"应改为"U"。

②没有产生者——漏填了"C"元素或者是功能、数据的划分不当。如图 8-16 中,元素 $(Y=17, X=6)$ 的"U"应改为"C",元素 $(Y=10, X=15)$ 应补充为"C"。

2) 无冗余性检验

无冗余性（Non-Verbosity）检验是指 U/C 矩阵中不允许有空行和空列。如果有空行、空列发生,则可能出现如下问题:

①功能或数据项的划分是冗余的。如图 8-16 中就没有冗余的功能和数据;

②漏填了"C"或"U"元素。

3) 完备性检验

完备性（Completeness）检验是指对具体的数据项/类必须有一个产生者（"C"）和至少一个使用者（"U"）,功能则必须有产生或使用（"U"或"C"元素）发生。否则这个 U/C 矩阵的建立是不完备的。

这个检验可使我们及时发现表中的功能或数据项的划分是否合理,以及"U"或"C"元素有无填错或漏填的现象发生。如图 8-16 中的第 7 列数据无使用者,故元素 $(Y=6, X=7)$ 的"C"改为"U"等。

8.6.3　U/C 矩阵的求解

U/C 矩阵求解过程就是对系统结构划分的优化过程。它是基于子系统划分应相互相对独立,且内部凝聚性高这一原则之上的一种聚类操作。其具体做法是使表中的"C"元素尽量地靠近 U/C 矩阵的对角线,然后再以"C"元素为标准,划分子系统。这样划分的子系统独立性和凝聚性都是较好的,因为它可以不受干扰独立运行。

U/C 矩阵的求解过程常通过表上作业法来完成。其具体操作方法是:调整表中的行变量或列变量,使得"C"元素尽量地朝对角线靠近（这里只能是尽量朝对角线靠近,但不可能全在对角线上）,如图 8-17 所示。

8.6.4　系统功能划分

U/C 矩阵的求解的目的就是为了对系统进行逻辑功能划分和考虑今后数据资源的合理分布。一般来说 U/C 矩阵有以下几个功能:

①通过 U/C 矩阵的正确性检验及时发现前段分析和调查工作的疏漏和错误;

②通过 U/C 矩阵的正确性检验分析数据的正确性和完整性;

功能	数据类															
	计划	财务计划	产品	零件规格	材料表	材料库存	成品库存	任务单	设备负荷	物资供应	工艺流程	客户	销售区域	订货	成本	职工
经营计划	C	U												U	U	
财务规划	U	C												U	U	
资产规模		U														
产品预测			U									U	U			
产品设计开发	U		C	C	C							U				
产品工艺			U	U	U	U										
库存控制						C	C	U		U						
调度			U					U	C	U	U					
生产能力计划									C	U						
材料需求			U		U	U				C						
操作顺序								U	U	U	C					
销售管理		U	U				U					C	U	U		
市场分析		U	U									U	C	U		
订货服务			U				U					U	U	C		
发运		U	U				U						U			
财务会计	U	U	U				U					U		U		U
成本会计	U	U	U											U	C	
用人计划																C
业绩考评																U

图 8-17 表上移动作业过程

③通过对 U/C 矩阵的求解过程最终得到子系统的划分;

④通过对子系统之间的联系("U")可以确定子系统之间的共享数据。

这里所要用的主要是后两点。

1)系统逻辑功能划分

系统逻辑功能划分的方法是在求解后的 U/C 矩阵中划出一个个的方块,每一个小方块即为一个子系统,如图 8-18 所示。

划分时应注意:

(1)沿对角线一个接一个地画,既不能重叠,又不能漏掉任何一个数据和功能;

（2）小方块的划分是任意的，但必须将所有的"C"元素都包含在小方块内。划分后的小方块即为今后新系统划分的基础。特别值得一提的是，对同一个调整出来的结果，小方块（子系统）的划分不是唯一的。具体如何划分为好，要根据实际情况以及分析者个人的工作经验和习惯来定。

功能		数据类															
		计划	财务计划	产品	零件规格	材料表	材料库存	成品库存	工作令	机器负荷	材料供应	工艺流程	客户	销售区域	订货	成本	职工
经营计划	经营计划	C	U												U	U	
	财务规划	U	C												U	U	
	资产规模		U														
技术准备	产品预测			U									U	U			
	产品设计开发	U		C	C	C							U				
	产品工艺			U	U	U	U										
生产制造	库存控制						C	C	U		U						
	调度			U					U	C	U	U					
	生产能力计划									C	U	U					
	材料需求			U			U	U			C						
	操作顺序								U	U	U	C					
销售	销售管理		U	U				U					C	U	U		
	市场分析			U									U	C	U		
	订货服务			U				U					U	U	C		
	发运		U	U				U							U		
财会	财务会计	U	U	U				U					U		U		U
	成本会计	U	U	U				U							U	C	
人事	人员计划																C	
	人员招聘/考评																	U

图 8‑18　子系统划分

2）数据资源分布

在对系统进行划分并确定了子系统以后，从图 8‑18 可以看出所有数据的使用关系都被小方块分隔成了两类：一类在小方块以内；一类在小方块以外。在小方块以内所产生和使用的数据，则今后主要放在本系统的计算机设备上处理；而在小方块以外的数据联系（即图中小方块以外的"U"），则表示了各子系统之间的数据联系（如图 8‑19 所示），这些数据资源今后应考虑放在网络服务器上供各子系统共享或通过网络来相互传递数据。

功能		计划	财务计划	产品	零件规格	材料表	材料库存	成品库存	工作令	机器负荷	材料供应	工艺流程	客户	销售区域	订货	成本	职工
													数据类				
经营计划	经营计划	经营计划子系统													U	U	
	财务规划															U	U
	资产规模																
技术准备	产品预测			产品工艺子系统									U	U			
	产品设计开发	U												U			
	产品工艺					U											
生产制造	库存控制						生产制造计划子系统										
	调度		U														
	生产能力计划																
	材料需求		U			U											
	操作顺序																
销售	销售管理			U	U			U					销售子系统				
	市场分析			U	U												
	订货服务				U			U									
	发运			U	U			U									
财会	财务会计	U	U	U				U					U		U	U	U
	成本会计	U	U	U										U		1	
人事	人员计划																
	人员招聘/考评																2

注:1——财会子系统
2——人事档案子系统

图 8-19 数据联系

复习思考题

1. 系统分析的主要任务是什么？

2. 如何绘制数据流程图？

3. 结合你身边的情况,试着画出一个业务流程图。

4. 数据字典包括哪些内容？

5. 如何检验 U/C 矩阵的正确性？

6. 物流信息系统需求的可行性分析从哪些方面展开？

9 物流信息系统的设计

学习目标

➤了解系统设计的目标与原则

➤了解系统设计的流程

➤掌握数据库设计

➤掌握系统的输入/输出设计

➤掌握模块功能与处理过程设计

➤了解系统设计报告主要包含的内容

9.1 物流信息系统设计概述

系统设计是开发物流信息系统的重要阶段,也是整个开发工作的核心。它将实现系统分析阶段所提出的逻辑模型并确定新系统的结构。

系统分析阶段是解决信息系统"干什么"的问题,而系统设计阶段则是解决信息系统"怎么干"的问题。系统设计的大致流程如图 9-1 所示。

9.1.1 物流信息系统设计的目标与主要内容

系统分析阶段最终给出了系统分析报告,建立了物流信息系统的逻辑模型;而系统设计阶段最终则是要给出系统实施方案,建立系统的物理模型。系统分析是从用户和现行系统入手,进行详细的调查和研究,把物理因素逐一抽去,从具体到抽象;而系统设计则是从管理信息系统的逻辑模型出发,以系统分析报告为依据,逐步地加入物理内容,从抽象又回到具体。

系统调查与分析阶段

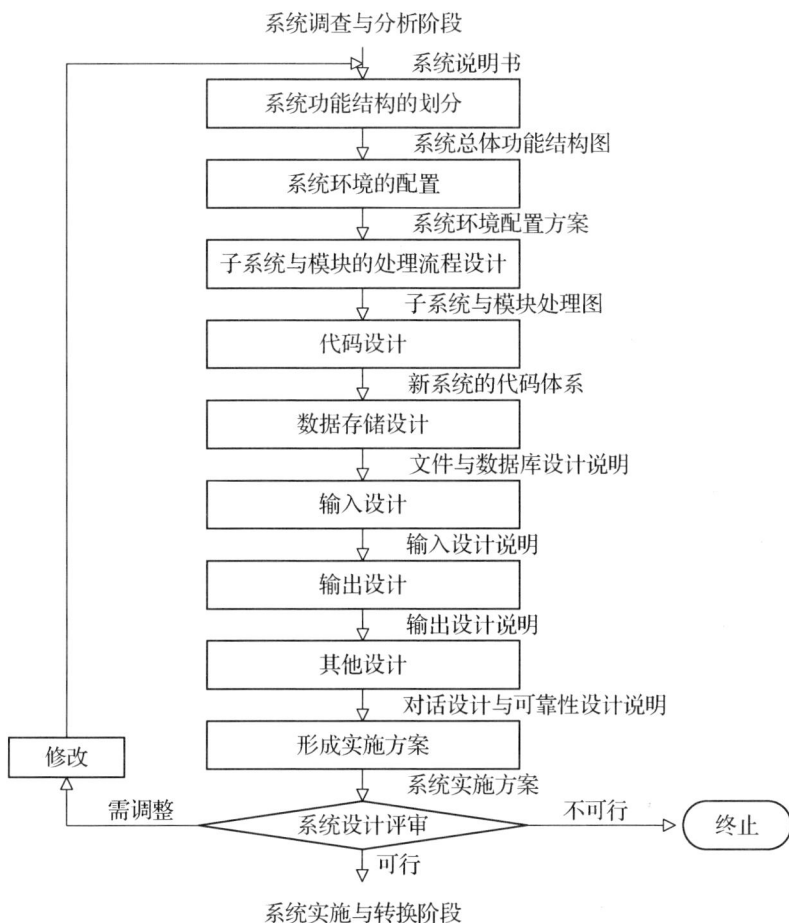

图 9-1 系统设计流程图

1）物流信息系统的设计目标

物流信息系统设计应紧密结合用户的客观实际与模式，运用结构化设计方法，从总体出发，自上而下，将具体的管理模式进一步优化、抽象成一般的带有普遍性的信息系统管理模式；应严格划分人机工作界面，合理划分子系统，每个子系统具有本身特定的功能要求和相对独立性；各子系统之间边界清晰，互相接口用关键字连接，能互相交换有用信息，实现信息共享。具体说来，应达到以下一些目标或要求。

（1）必须较好地满足用户工作的实际要求，这是衡量系统设计工作的首要标准。

（2）系统具有通用性、能适应不同用户，不同管理模式的需要与要求，做到只要输入用户单位名称、用户信息等，就可以通过系统生成，变成用户自己的物流信息系统。

（3）系统具有可扩展性，在系统分析与设计中应充分考虑管理模式的改变与整体管理信息系统的接口安排，做到功能上可扩展、数据量可扩展、系统本身可扩展。

233

（4）系统具有可维护性,系统结构设计应符合简单、合理、易懂、实用、高效的原则,数据采集要统一,设计规范要标准,系统文档应齐全。

（5）系统具有可移植性,应能在不同机型的微机上稳定运行,具有可靠性。应使用标准的程序设计语言,标准的操作系统,具有内部自动纠错功能。用户使用的计算机应具有足够大的内存容量和高速外存,运行可靠,维护方便,有硬软件方面的扩充余地。

2）系统设计阶段的主要工作

系统的设计可划分为总体设计阶段和详细设计阶段两个阶段。每个阶段都包括动态的处理流程、静态的数据结构和系统设施平台的设计。在总体设计中,得到的是不依赖于任何具体系统物理平台的系统方案,包括系统流程图、功能结构图及系统平台总体设计等。详细设计是对上述总体设计的结果进行进一步细化,完成系统设施平台的具体布局和软硬件设计的具体选型,并在此基础上完成代码设计、数据库的逻辑模型、输入输出设计、用户界面、处理过程等细节化的设计。

系统设计阶段的主要工作可总结如下。

（1）总体设计。系统总体设计是根据系统分析结果和组织的实际情况对新系统的总体结构形式和可利用的资源进行的大致设计,系统总体设计是宏观、总体上的设计和规划。总体设计阶段主要包括决定系统的模块结构,进行系统配置方案设计两方面内容。

（2）代码设计和设计规范的制定。

（3）包括设备配置、通信网络的选择和设计及 DBMS（数据库管理系统,Database Management System）的选择。

（4）数据存储设计。包括数据库设计、数据库安全保密设计等。

（5）计算机处理过程设计。包括输入/输出设计、处理流程图设计及编写程序设计说明书等。

在信息系统整个设计阶段,总体设计和详细设计并无十分明显的界限,常常是我中有你,你中有我,相互交错,相互补充,反复修改,反复进行。前者是后者的前提和先导,后者是前者的细化和说明,它们合在一起就构成了系统设计的整体。

9.1.2 物流信息系统设计的原则和方法

1）系统设计原则

根据物流管理的专业特点,物流信息系统的设计应该遵循以下一些原则和要求。

（1）了解和熟悉国家有关部委制定的关于物流工作的各种法令和规范,系统设计必须符合物流有关计算机应用与信息系统建设标准化规范的要求,物流信息的统计方法应符合国家统计局及上级部委规定的统一要求,重要报表应使用专用程序文件,采用统一固定的报表格式输出。

（2）系统设计应遵循系统思想,采用结构化分析与设计的思想与方法,尽量采用软件工程化的新技术、新方法;努力实现功能模块的高内聚、低耦合,最大限度地减少模块间的公用信息。

(3) 在进行物流信息系统设计的同时,必须考虑与横向同级信息系统及纵向(上下级)信息系统的接口关系,实现不同子系统之间的数据共享,并在软、硬件配置上留有进一步发展的余地。

(4) 信息处理在速度上必须满足管理工作的要求,并有较好的可恢复性、可自检性。统计总结时应充分保持统计数据的独立性。

(5) 系统应采取一定的保密措施,保证数据及时、正确、安全、可靠,对输入信息建立完善的维护体系,同时必须留有物流账目财务稽核"迹"。

(6) 要求系统有较好的实用性,确保用户能切实使用起来,并方便实用。例如,物流部门每天要处理的账单繁多,数据量大,输入/输出必须操作简便、易于掌握,尽可能采用代码输入,将汉字输入量减少到最低程度,做到快速、可靠。再如,物流部门月结账与分类账的设计应满足财务部门与物流部门的实际需要,账目的科目设置应与统一的财务标准一致,保证各种经济技术指标与统计数据都能从原始数据中取得。

2) 结构化系统设计方法

物流信息系统设计多采用结构化设计方法。

(1) 结构化系统设计的特点。在系统设计中,采用结构化设计主要是将一个复杂的系统,借助图形表达工具、基本的设计原则与方法和质量优化技术,用分解的方法自顶向下予以简化。

(2) 结构化设计的基本内容。系统设计中,结构化设计的内容主要包括:合理地进行模块分解和定义;有效地将模块组织成一个整体。

(3) 结构化设计原理。系统设计中所涉及和使用的结构化原理主要有层次化、模块化原理,信息隐蔽原理和时空等价原理等。

层次化、模块化原理是指将系统根据实际结构关系分解成不同的层次,在不同的层次上再划分成多个相对独立的模块。

信息隐蔽原理是指在一定规模和条件的限制下,把功能相关度大的模块划分在一个模块内,减少信息交换量,同时便于模块功能的更新。

时空等价原理是指按时空关系划分子系统或模块。

9.2 物流信息系统的总体设计

系统的总体设计,是指在系统调查与分析的基础上,对整个系统在结构上进行划分,系统硬软件环境的配置和确定子系统与模块的处理流程。

1) 系统功能结构的划分

总体设计中最核心的问题是系统总体功能结构的确定和子系统与模块的划分。采用结构化系统设计思想,对系统自顶向下划分为若干个子系统,而子系统又划分为模块,模块又划分为子模块,层层划分直到每一个模块能够作为计算机可执行单独程序为止。系统划分的结果最终反映为一张分层的树型结构图,见图9-2。

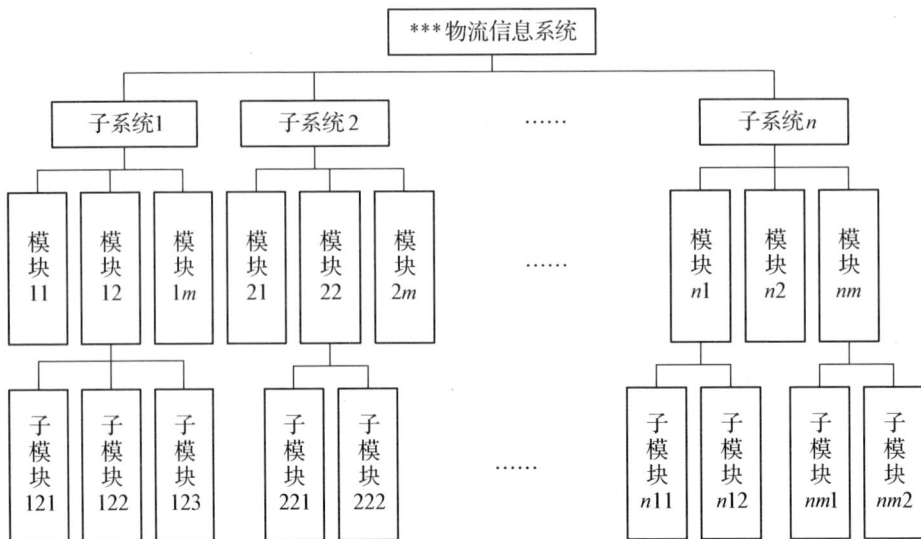

图9-2　系统总体功能结构示意图

图中第一层表示系统的最顶层功能,即系统本身;第二层表示组成系统的各个子系统;第三层表示组成子系统的模块;而第四层则表示组成模块的子模块。

2）系统环境的配置

系统环境的配置是总体设计中必须考虑的第一件事。系统环境的配置包括机器设备的选择和软件配置方案的确定。通常主要从以下方面来进行。

（1）确定系统设备配置的拓扑结构。主要根据系统调查与分析的结果,从系统的功能、规模、主要的处理方式、用户的需要和条件来考虑,充分运用计算机系统技术、通信技术和网络技术等,为系统配置的机器设备构筑一个总体的方案。

（2）机器选型。首先考虑主机的结构,如CPU的型号、处理速度、内存大小、I/O通道与输出口、外存储器容量和性能价格指标等;其次考虑外设的型号及其性能指标,如显示器的分辨率、打印机的速度、绘图仪的幅面、分辨率等;再次要考虑软件配置,包括操作系统、网络管理软件、数据库系统、应用系统开发环境与工具等。

3）确定系统的计算机处理流程

这项工作的主要任务是给组成系统的各个子系统和模块勾出大致的计算机处理流程,目的是让开发人员明确子系统或功能模块中流动、转换、存储和处理等情况,以便进一步明确模块物理设计及日后模块实现的任务和工作要点,从而把系统的总体设计思想落实到每一个系统和功能模块之中。

9.3 数据库设计

9.3.1 数据库设计内容

数据库设计是在 DBMS(数据库管理系统)的基础上建立数据库的过程,是把现实世界中一定范围内存在的数据及其应用处理的关系,抽象成一个数据库具体结构的工作过程。其设计内容主要有四个方面。图 9‐3 是数据库设计与系统开发阶段的对照。

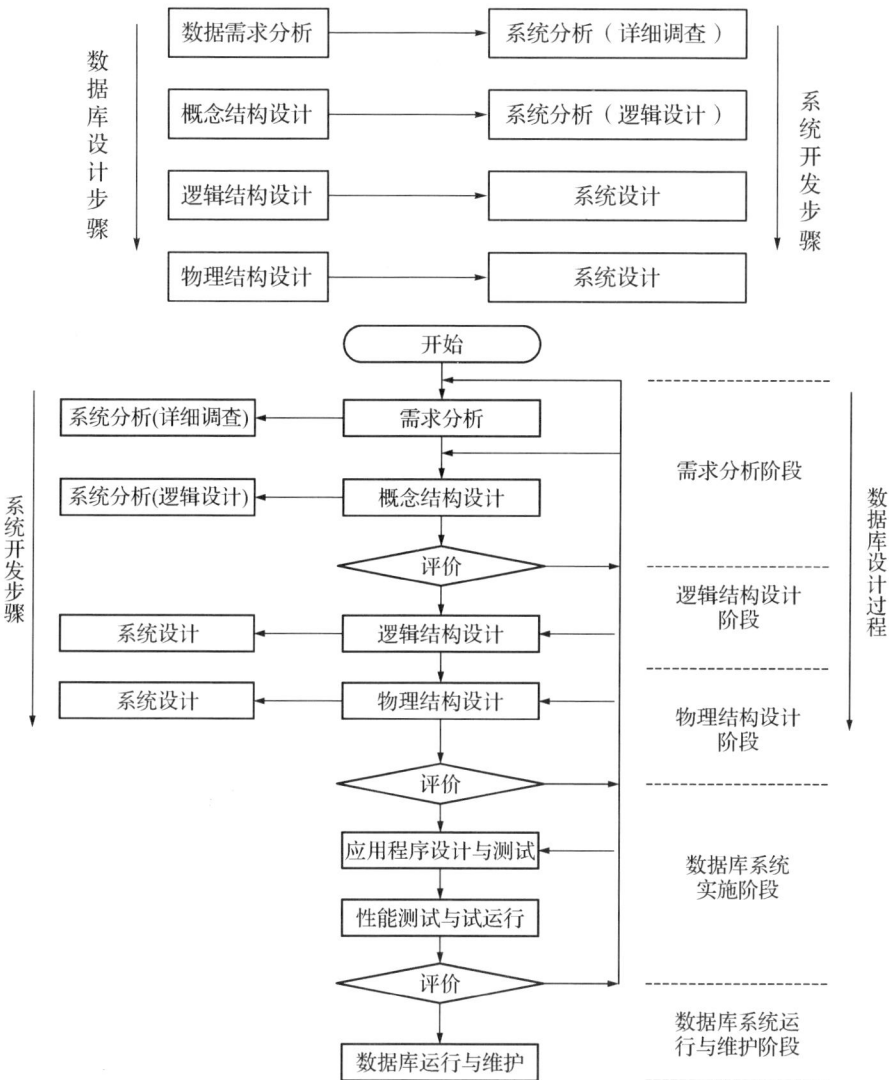

图 9‐3 数据库设计与系统开发阶段对照

组织中数据库的设计一般通过以下四个步骤实现。

（1）用户需求分析

主要任务是从用户那里获得数据库所需要的信息，了解对数据库的使用和处理要求。

①使用要求。指用户及管理人员要从所建定的数据库中获得什么样的信息、并由此得到数据长度、数据类型、数据量以及对数据的可靠性、保密性和安全性方面的要求。

②处理要求。指用户要求完成什么处理功能，包括：由最高管理人员提出的战略管理要求，由中级管理人员提出的控制要求，由终端用户提出的操作要求。并由此确定处理方式，进行诸如对数据使用情况、处理顺序、处理量、处理频率及数据流程等的详细描述。

用户需求分析应在系统分析阶段完成，在详细调查时，应收集用户对数据库的要求。

（2）概念结构设计（即数据存储分析）

其主要任务是对用户信息需求进行分析，从而建立数据库的概念数据模型，常用的方法是 E—R 和范式等方法。这项工作应在系统分析阶段进行。

（3）逻辑结构设计

主要目标是把概念设计中建立的与 DBMS 无关的概念模型，转换为与选定的 DBMS 所支持的数据模型相符合的模式。该模式要满足用户对数据库数据目前的应用和将来发展的要求。逻辑设计还要解决数据的完整性、一致性、安全性和有效性问题。

（4）物理结构设计

物理设计要确定数据库的物理结构，包括数据库在物理设备上的存储结构和存取方法，数据表示和数据存储分配等，并得到一个具体的 DBMS 可接受的物理结构。不同的 DBMS 所提供的物理环境、存储结构、存取方法是不同的。必须深入了解 DBMS 的功能，了解应用环境，了解输入输出设备的特性等，才能进行物理设计。

9.3.2 数据库逻辑结构和物理结构设计

1）逻辑结构设计

关系数据库模型是应用最广泛的数据模型。数据组织直观、查询方便，能够在数据之间建立各种关系满足一些特殊的查询，并且设计、维护简单，其主要缺点是处理效率低。为了提高数据检索的效率，在大型关系数据库设计时可以有适当的数据冗余，也就是同一个数据元素在多个表中出现，在这种情况下要注意数据更新操作的同步性。

（1）确定组成数据库的实体及其构成

这项工作实际上是在数据调查和分析的基础上进行的，任务是进一步分析每个数据存储作为数据库文件的必要性，以及确定组成它的所有基本数据项和基本数据项的结构。需要衡量这些数据存储是作为一个单独的实体（文件）存在，还是有必要与其他数据存储合并在一起;数据字典中所有组成数据存储的基本数据项是否都有必要作为文件的字段;这些字段的类型、长度和小数位数是否需要改变等等。每一个文件在确定的过程内必须给文件及其字段以唯一的标识,不同的文件和字段不能同名。

(2) 确定数据库实体之间的关系

这是建立关系型数据库的整体逻辑结构的关键。数据库文件之间或者通过公共(冗余)字段建立起直接 1 对 1 的关系;或者通过某种操作或说明而建立起直接命名关系;或者通过另一个文件的直接关系而建立起间接相关的关系。文件之间可以是 1 对 1 的,也可以是 1 对 N 的,甚至是 M 对 N 的联系。数据库的全部实体及它们之间的关系,构成数据库的整体逻辑结构。在确定数据库文件间的关系时,必须考虑要确定的是什么关系,如何建立这些关系,以及怎样为数据库选择一个好的整体逻辑结构。在实践中人们总结了一些选择好的逻辑结构的参考准则,这就是:

①组成文件的字段数据不可过多,每一个文件都应该易于命名;

②相关的字段应尽可能地聚集起来,以避免出现大量的冗余数据项值;

③直接 1 对 1 关系的两个文件可以合并,以便形成字段高聚合的单个文件;

④为了便于数据的更新与维护,建议将更新与维护频率较高的字段聚集在一起;

⑤适当的冗余,对于建立文件之间的关系以及获得较好的整体逻辑结构有时是非常必要的。

总之,数据库的逻辑设计是希望通过数据库管理系统提供的功能与描述工具,设计出规模恰当,能正确反映实际信息关系,重复数据少,存取效率高并能满足用户数据要求的数据模型。

建立管理信息系统的数据库是一项艰巨的任务,数据项多、数据关系复杂的系统更是如此。为了解决数据库实体关系的优化设计,人们通常采用一种称为实体关系图法(简称 E—R 方法)。E—R 图由实体、属性和联系三部分组成,用一个长方形表示实体,用椭圆形表示属性,用菱形框表示不同实体间的联系(例如 1 对 1、1 对 N 和 M 对 N 关系)。例如图 9-4 是用 E—R 图描述某仓库的实体联系模型。

其中,仓库和产品是两个实体。仓库有地址和面积两个属性,产品有货号、品名、价格三个属性。实体与属性之间用实线段联系,实体之间通过属于关系来联系。

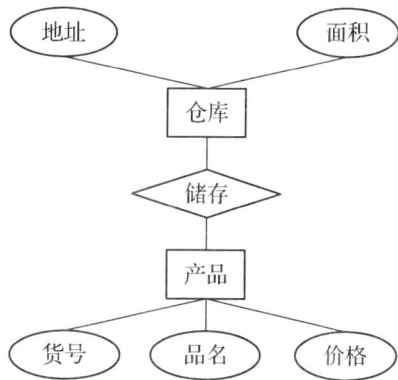

图 9-4 仓库实体关系模型

2) 物理结构设计

数据库的物理结构设计是指数据库在存储设备上的实现,是数据库逻辑结构的物理组织。在确定的数据库管理系统下,一切都是由系统去完成的,这里只强调几点与物

理设计有关的问题:

(1) 关于确定文件中记录数据的组织方式。例如顺序追加、单键索引、组合键索引、预留空间、建立链接结构等。

(2) 关于确定文件的类型及其存放路径。按照用户数据的不同用途,可以把数据库文件分为若干不同的类,例如代码对照表文件、基本数据文件及其索引文件、工作文件、系统参数文件和备份文件等。然后给它们分配不同的目录路径,使数据库文件的存放更有条理、更讲效率。这一点对于分布式数据库来说就显得更为突出了。

(3) 关于确定文件的多版本管理准则。由于应用的需要(例如备份或数据分布)有些文件必须同时存有多个版本。如何保证多个版本之间的一致性和数据的完整性,是我们在数据库设计中必须考虑的问题。

9.3.3 数据库设计的实现与维护

1) 数据库的实现

根据逻辑设计和物理设计的结果,在计算机上建立起实际数据库结构、装入数据、测试和运行的过程称为数据库的实现。这个阶段的主要工作如图9-5所示。

(1) 建立实际的数据库结构

(2) 装入试验数据对应用程序进行测试,以确认其功能和性能是否满足设计要求,并检查其空间的占有情况。

(3) 装入实际的数据,即数据库加载,建立实际的数据库。

2) 其他设计

其他设计工作包括数据库的安全性、完整性、一致性和可恢复

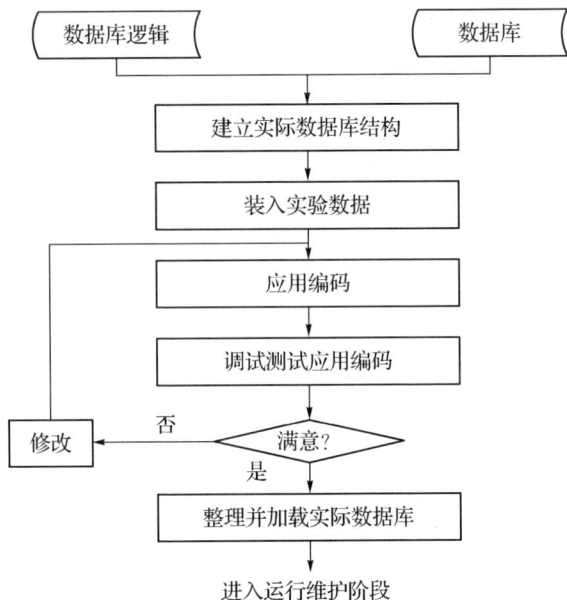

图 9-5 数据库实施的步骤

性等的设计。这些设计总是以牺牲效率为代价的,设计人员的任务就是要在效率和尽可能多的功能之间进行合理权衡。

(1) 数据库的再组织设计

对数据库的概念、逻辑和物理结构的改变称为再组织,其中改变概念或逻辑结构又称再构造,改变物理结构称为再格式化。再组织通常是由于环境需求的变化或性能原因而引起的,一般来说,DBMS特别是RDBMS都提供数据库的再组织实用程序。

(2) 故障恢复方案设计

数据库设计考虑的故障恢复方案,一般都是基于 DBMS 系统提供的故障恢复手

段,如果 DBMS 已提供完善的软、硬件故障恢复和存储故障恢复手段,那么,设计阶段的任务就简化为确定系统登录的物理参数,如缓冲区个数、大小、逻辑块的长度、物理设备等,否则就要制定人工备份方案。

（3）安全性考虑

许多 DBMS 都有描述各种对象（如记录、数据项）的存取权限的成分。在设计时,也可在应用程序中设置密码,对不同的使用者给予一定的密码,用密码控制使用级别。

（4）事务控制

大多数 DBMS 都支持事务概念,以保证多用户环境下的数据完整性和一致性。有人工和系统两种控制办法,系统控制以数据操作语句为单位,人工控制则由程序员以事务的开始和结束语句显示实现。大多数 DBMS 提供封锁粒度的选择。封锁粒度一般有表级、页面级、记录级和数据项级,粒度越大,控制越简单,但并发性能差,这些在设计中都要统筹考虑。

3）运行和维护

数据库投入正式运行,标志着数据库设计与应用开发工作的结束和运行维护阶段的开始。本阶段的主要工作如下。

（1）维护数据库的代表性和完整性,及时调整授权和密码,转储及恢复数据库。

（2）检测并改善数据库性能,分析评估存储空间和响应时间,必要时进行再组织。

（3）增加新的功能,对现有功能按用户需要进行扩充。

（4）修改错误,包括程序和数据。

目前,随着 DBMS 功能和性能的提高,特别是在关系型 DBMS 中,物理设计的大部分功能和性能由 RDBMS 来承担,所以,选择一个流行的 DBMS 能使数据库物理设计变得十分简单。

9.4   输入/输出设计

系统输入/输出(I/O)设计是一个在系统设计中很容易被忽视的环节,又是一个重要的环节,它对于用户和今后系统使用的方便和安全可靠性来说都是十分重要的。一个好的输入系统设计可以为用户和系统双方带来良好的工作环境,一个好的输出设计可以为管理者提供简洁、明了、有效、实用的管理和控制信息。

9.4.1   输入设计

1）输入设计原则

（1）最小值原则

在保证满足处理要求的前提下使输入量最小。输入量越小,出错机会越少,花费时间越少,数据一致性越好。

（2）简单性原则

输入的准备，输入过程应尽量容易，以减少错误的发生。

（3）早检验

对输入数据的检验应尽量接近原数据发生点，使错误能及时得到改正。

（4）少转换

输入数据应尽量用其处理所需形式记录，以免数据转换时介质发生错误。

2）输入设计的基本内容

（1）确定输入数据内容

包括确定输入数据项名称、数据内容、精度、数值范围等。

（2）确定数据的输入方式

数据的输入方式与数据产生地点、发生时间、处理的紧急程度有关。如果产生地点远离计算机房、产生时间是随机的，又要求立即处理，则应采用联机终端输入。对于数据产生后不必立即处理的，可采用脱机输入。

（3）确定输入数据的记录格式

记录格式是人和计算机之前的界面，其对输入的准确性、效率、校验等都有重要的影响。所以输入数据的记录格式必须简单、符合习惯、清楚。

（4）输入数据的正确性校验

对输入的数据进行必要的校验，是保证输入正确，减少差错的重要工作。

（5）确定输入设备

数据的类别、数据输入所处的环境以及应用要求是不同的，所以输入设备的确定要根据所输入的数据的特点，数据输入所处的环境以及应用要求，并根据设备本身的特性来确定输入设备。

3）输入数据的校验方法

输入数据的校验方法如表 9-1 所示。

表 9-1　输入数据的校验方法

重复校验	由多个录入员录入相同的数据文件并比较
视觉校验	对输入的数据，在屏幕上校验之后再作处理
分批汇总校验	对重要数据进行分批汇总校验
控制总数校验	对所有数据项的值求和进行校验
数据类型校验	考查所输入数据的数据类型是否正确
格式校验	校验数据项位数和位置是否符合定义
逻辑校验	检查数据项的值是否合乎逻辑
界限校验	检查数据是否在规定的范围内
记录统计校验	统计记录个数，检查数据的记录有无遗漏和重复
代码自身校验	利用校验码本身特性校验

上述方法可以根据实际需要综合运用。至于错误的纠正,原则上是一旦发现立即改正,尽可能使差错在进入数据处理之前就得到纠正。

9.4.2 输出设计

1)输出设计的内容

输出设计在系统设计中占有重要的地位,因为输出是向用户提供信息处理结果的唯一手段,也是评价一个信息系统的重要依据之一。

确定输出内容首先应确定输出信息使用方面的要求,包括使用者的名称、使用目的或用途、输出频率、份数、有效期与保存方法等。其次要确定输出信息内容设计,包括输出项目、位数及数据形式(文字、数字)等。

确定输出内容的原则是首先满足上级部门的要求,凡是上级需要的输出文件和报表,应优先给予保证。对于本单位管理需要的输出,应根据不同管理层次和业务性质,提供详细程度不同、内容有别的报表数据。所有输出必须给予说明,目的是让用户了解系统是如何满足他们的信息要求,同时也让系统开发人员了解如何实现这些要求以及为了实现这些输出,需要怎样的输入。

2)选择输出方式

选择输出方式是指实现输出要采用哪些设备和介质。目前可供选择的输出设备和介质主要有终端显示器、打印机、磁盘机、绘图仪、磁带机等。输出方式的选择应根据信息的用途和信息量的大小、软硬件资源的能力和用户的要求来考虑。例如需要上报和保存的报表应该用打印机输出,而一些内容不多又不必保存的信息,就可以采用显示输出方式。对于信息处理过程中产生的中间输出,就可以采用磁盘或磁带等输出方式。

3)输出格式设计

不同的输出方式,其格式是有区别的。下面只讨论显示输出和打印输出中几种常用格式的设计。

(1)简单组列式

把若干组有关的输出数据,按一定的顺序要求,在进行简单的组织之后,显示在屏幕或打印纸上。这种输出格式的输出程序设计简单,输出内容直观、排列简单紧凑,非常适合于数据项不多,而数据量比较大的场合采用,即作为核对、查阅用的输出格式。例如,在显示或打印库存数据的输出中,就可以设计成如表9-2所示的格式。

表9-2 简单组列式输出格式示例

库存数据单

货物编号	入库时间	数目	经手人
010203	02/12/2004	3 000	李明好
020504	02/14/2004	3 256	陈可
052140	03/30/2004	1 000	陈可
040212	04/01/2004	2 100	李明好
...	...	...	...

（2）表格式

表格式指按上级机关规定或自选设计的传统图文表格,可以用做屏幕或打印输出,是目前用得最多的输出格式之一。用做屏幕和打印输出的表格,可能由于输出内容的多少或受到屏幕大小的限制在格式上有所不同。但表格的结构总的来说是有规律可循的,它可以分为表头、表体和表尾三个部分组成,如表9-3所示。

表9-3 表格式输出格式示例

客户资料管理

客户编号	客户名称	地址	联系部门	联系人	职务	账号	电话

表尾第　页(共　页)　　　　　　制表人:　　　　　　　时间:

（3）多窗口关联式

多窗口关联式主要用在屏幕输出中,可用于在多窗口内同时显示关联数据的输出格式。这种格式能够实现关联数据的实时动态响应,尤其适合于基本信息查删改操作,是目前流行的一种屏幕输出风格。图9-6显示的在人事信息查询中采用两个窗口同时显示职工代码对照表和职工基本信息的输出格式。用户可以在左边窗口内移动光带,以确定要查询的职工,同时在右边窗口上动态地显示出相应职工的人事信息。

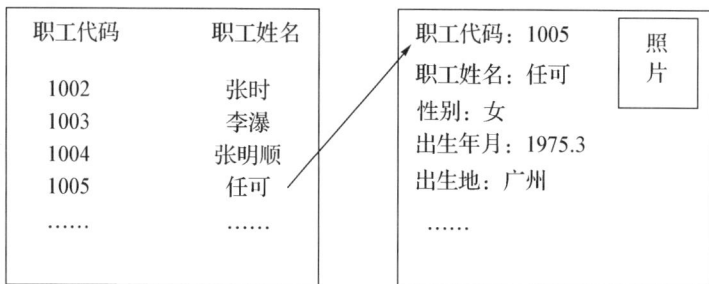

图9-6 多窗口关联显示输出示例

（4）坐标图示

坐标图示是坐标取值变化在坐标平面反映出来的一种图示输出格式,最常用的有直方图和折线图,如图9-7所示。

坐标图示同样适合显示或打印输出。优点是直观,可以进行多项数据的比较和观察数值变化的趋势;缺点是输出图中表示的数据精度不高。

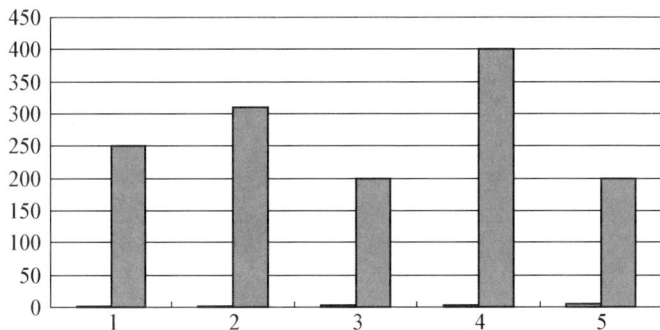

（a）直方图

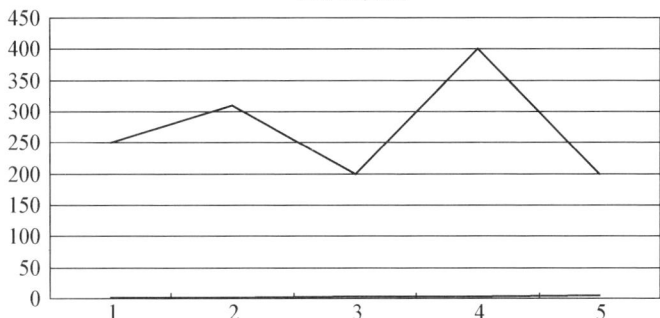

（b）折线图

图 9 - 7　坐标图式输出示例

9.5　模块功能与处理过程设计

9.5.1　模块功能设计

系统模块功能设计的任务是确定划分后的子系统的模块功能,并画出模块功能结构图。这个过程必须考虑以下几个问题:

①每个子系统如何划分成多个模块?

②如何确定子系统之间、模块之间传送的数据及其调用关系?

③如何评价并改进模块结构的质量?

④如何从数据流程图导出模块功能结构图?

一个功能模块就是系统中由计算机完成的某项具体工作。如图 9 - 8 所示是某人事档案子系统的模块功能图,该子系统被分解为 5 个功能。

1）模块

结构化设计方法的任务之一就是把整个系统模块化。模块定义了一组逻辑上有相互关系的对象,这组对象是一组数据和施于这些数据上的操作,通过模块说明和引用方式把这些数据的内部结构和操作细节掩藏了起来,提供给模块外部使用的只是这些数据和操作的名称等。模块可以看做是围绕有关数据和操作的围墙。

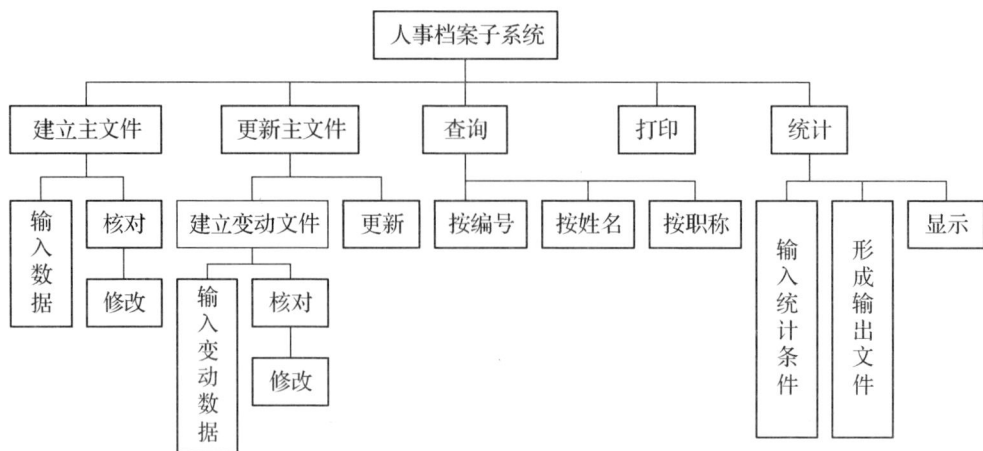

图 9-8　人事档案子系统的模块功能图

模块通常用一组程序设计语言的语句来实现,这一组程序语句可用一个已定义的名字来标识,因此,它可以是一个程序或一个子程序。形象地说,它就类似 C 语言中的一个函数。所以可以将模块理解为类似"子程序"的概念,是一段程序语句。

模块具有输入和输出、处理功能、内部数据、程序代码四种属性。

①输入输出属性:是模块与外部信息的交换,正常情况下,一个模块从它的调用者那里获得输入,把处理后产生的结果再传递给调用者。

②处理功能属性:描述模块能够做什么事,具有什么功能。

③内部数据属性:指仅提供模块本身引用的数据。

④程序代码属性:是用于完成模块处理功能的部分。

在上述四个属性中,输入输出和处理功能两个属性是外部特性,即反映了模块的外貌。内部数据和程序代码两个属性是内部特性。在结构化设计中,主要考虑的是外部特性。

2）模块设计原则

一个合理的模块划分,应该是内部联系强,模块间尽可能独立,接口明确、简单,有适当的公用性,满足以下原则:

（1）耦合小,内聚大

耦合反映模块之间联系的紧密程序,而内聚指一个模块内各元素彼此结合的紧密程度。如果所有模块的内聚都很强,模块之间的耦合自然就很低,模块的独立性就强。在模块设计中应尽量减少模块的耦合度,力求增加模块的内聚度。

（2）作用范围应在控制之内

分解模块时要考虑作用范围与控制范围的要求,判定的作用范围应该在判定所在模块的控制范围之内,当出现作用范围不在控制范围之内时应予以纠正。

（3）模块的扇入和扇出数要合理

模块的扇出是指一个模块控制的直属下级模块的个数。模块扇出过大说明模块直接所属的下属模块量大,表明系统管理、控制和协调比较困难。而模块扇出过小说明模块直接所属的下属模块量小,说明模块本身或上下级模块可能过大。模块的扇入则是指一个模块的直接上级模块的个数,它反映了系统的通用性。扇入数越大说明共享该模块的上级控制模块数量越多,系统通用性强,便于维护,但同时也会产生模块独立性减弱的问题。通常情况下,比较好的系统结构是高层扇出数较大,中间层扇出数较小,底层模块扇入数很大。

(4) 模块的大小要适当

模块的大小是模块分解时要考虑的一个重要问题。模块自顶向下的分解,主要按功能来进行,也就是说一个模块最好一个功能。同时要注意模块间的接口关系以较为简单为宜。

3) 模块划分方法

①按逻辑划分,即把相类似的处理逻辑功能放在一个模块里。

②按时间划分,即把要在同一时间段内进行的各种处理结合成一个模块。

③按过程划分,即按工作流程划分,从控制流程的角度看,同一模块的许多功能都应该是相关的。

④按通信划分,即把相互需要较多通信的处理结合成一个模块,这样可减少子系统或模块间的通信量,使接口简单。

⑤按职能划分,它是一种普通使用的划分模块的方法,在使用这种方法划分模块时还应该考虑其他因素。

9.5.2 处理过程设计

计算机处理过程设计目的是确定每个模块的内部特征,即内部的执行过程,为编写程序制定一个周密的计划。计算机处理过程设计的关键是用一种合适的表达方式来描述每个模块的执行过程。

1) HIPO 图

HIPO 图(Hierarchy plus Input-Process-Output)是 IBM 公司于 20 世纪 70 年代中期在层次结构图(Structure Chart)的基础上推出的一种描述系统结构和模块内部处理功能的工具(技术)。HIPO 图由层次结构图和 IPO 图两部分构成,前者描述了整个系统的设计结构以及各类模块之间的关系,后者描述了某个特定模块内部的处理过程和输入/输出关系。

HIPO 图一般由一张总的层次化模块结构图和若干张具体模块内部展开的 IPO 图组成,如图 9-9 和图 9-10 所示。

图 9-9 是一张有关修改库存文件部分内容模块的层次模块结构图。图 9-10 是图 9-9 中若干张模块展开图(IPO 图)中的一张,即验证事务单位模块(编号 C.5.5.8)的 IPO 图。图 9-10 上部的内容是:反映该模块在总体系统中的位置;所涉及的编码方案;数据文件/库;编程要求;设计者和使用者等信息。在图 9-10 中,内部处理过程

的描述是用决策树方式进行的。最后是备注栏,一般用以记录一些模块设计过程的特殊要求。

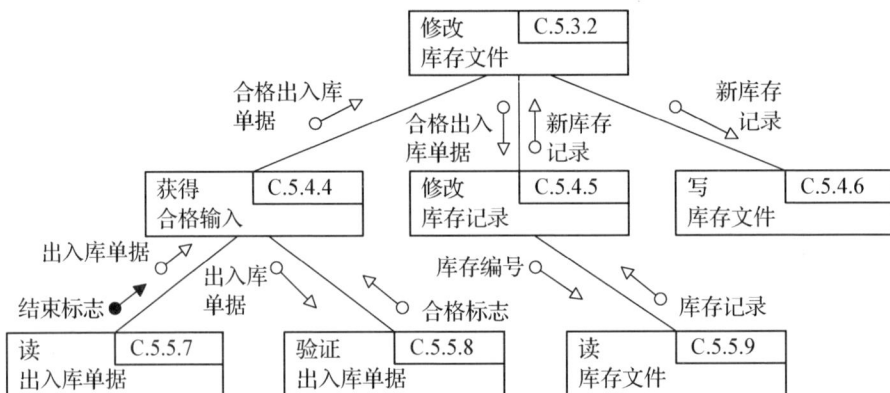

图 9-9　层次化模块结构图

IPO 图编号(即模块号):C.5.5.8		HIPO 图编号:C.5.0.0
数据库设计文件编号:C.3.2.2,C.3.2.3	编码文件号:C.2.3	编程要求文件号:C.1.1
模块名称:××××	设计者:×××	使用单位:×××	编程要求:COBOL,C
输入部分(I)	处理描述(P)	输出部分(O)
• 上组模块送入单据数据 • 读单据存根文件 • 读价格文件 • 读用户记录文件 ……	①核对单据与单据存根记录 ②计算并核实价格 ③检查用户记录和信贷情况 …… 处理过程——1 OK／2 OK／3 OK——出错信息(记录不合格)／价格不对处理／用户信贷记录不好处理／记录合格	• 将合理标志送回上一级调用模块 • 将检查的记录记入×××文件 • 修改用户记录文件 ……

图 9-10　IPO 图

2)流程图

　　流程图有直观、形象、容易理解等优点。但由于其控制箭头过于灵活,不是结构化设计的理想工具。另外,流程图只描述过程而不描述有关数据。

　　流程图由处理、逻辑条件和控制流三种基本成分构成,其组成的基本结构有顺序、选择和循环三种结构。流程图基本成分和基本结构如图 9-11 所示。实际的程序流程图是相互嵌套的。

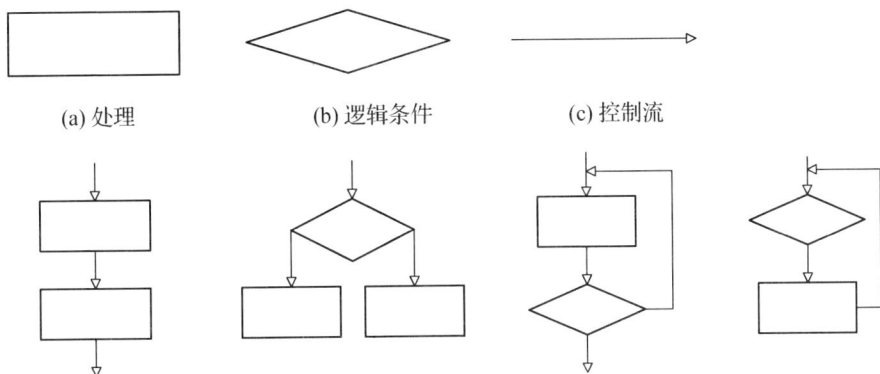

(a) 处理   (b) 逻辑条件   (c) 控制流

图 9-11　流程图基本成分和基本结构

3）结构化英语

结构化英语是专门用来描述一个功能单元逻辑要求的。它不同于自然英语语言，也区别于任何一种特定的程序语言（如 COBOL、PL\\1 等），是一种介于两者之间的语言。

（1）结构化英语的特点

它受结构化程序设计思想的影响，由三种基本结构构成，即顺序结构、判断结构和循环结构。

（2）结构化英语的关键词

结构化英语借助于程序设计的基本思想，并利用其中少数几个关键词来完成对模块处理过程的描述。这几个关键词是：if，then，else，so，and，or，not。

（3）应用举例

下面我们用结构化英语来描述某公司产品销售业务工作中的折扣政策（注：例子是用英语，相应的改用汉语效果是一致的）。

IF customer does more than ＄50,000 business

THEN IF the customer wasn't in debt to us the last 3 months

    THEN discount is 15％

    ELSE（was in debt to us）

        IF customer has been with us for more than 20 years

        THEN discount is 10％

        ELSE（20 year OR less）SO discount is 5％

ELSE（customer does ＄50,000 OR less）SO discount is nil.

4）盒图

盒图是结构化程序流程图。其特点是：设计人员在进行程序设计时必须按结构化思想进行设计，便于验证设计的正确性，结构清晰、规范，可读性强，易于学习和掌握。

在结构上，盒图中的每一步都用一个盒来表示，一个盒或多个盒嵌套构成相对应的一个个模块。盒图结构由顺序、选择和循环三种结构构成,其基本结构如图 9 - 12 所示。

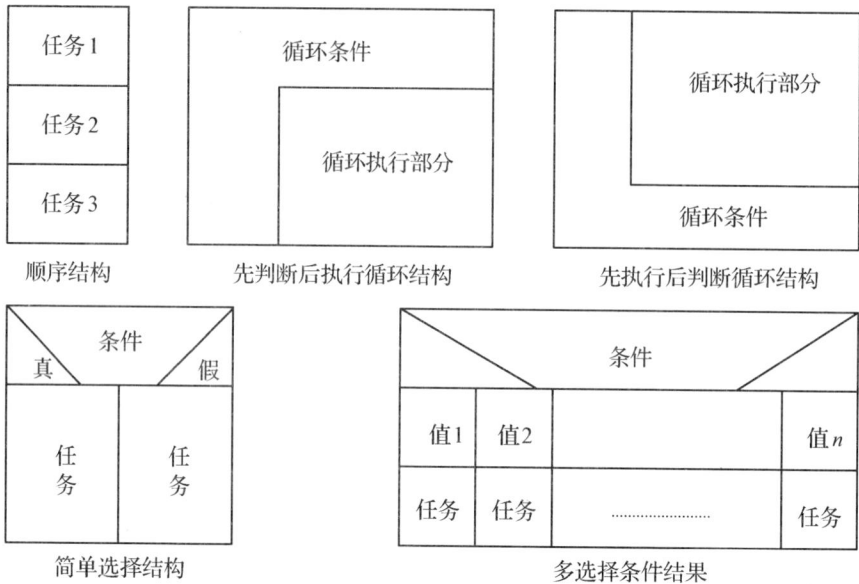

图 9 - 12　盒图的基本结构

9.6　物流信息系统安全设计

9.6.1　物流信息系统安全概述

物流信息系统的安全设计是一个非常值得重视的问题,特别是对于基于网络应用的物流信息系统而言。信息系统安全是指计算机的硬件、软件和数据受到保护,数据不因偶然和恶意的原因而遭到破坏、更改和泄露,系统能够连续正常运行。下面就物流信息系统的安全性以及所面临的常见威胁进行说明。

1)物流信息系统的安全性

物流信息系统的安全性主要包括物理安全性与逻辑安全性两个方面的内容。

(1)物理安全性:指系统设备及相关设施受到物理保护,免于破坏、丢失等。

(2)逻辑安全性:指系统中信息的完整性、保密性和可用性。其中信息的完整性是指信息不会被非授权修改及信息保持一致性等;信息保密性是指高级别信息仅在授权情况下流向低级别的客体与主体;信息可用性是指合法用户的正常请求能及时、正确、安全地得到服务或回应。

2)物流信息系统的安全威胁

物流信息系统的安全威胁来自各方面,有人为的和非人为的、恶意的非恶意的。概括而言,威胁信息系统安全因素的来源有两种:网络内部因素和网络外部因素,如图 9 - 13 所示。

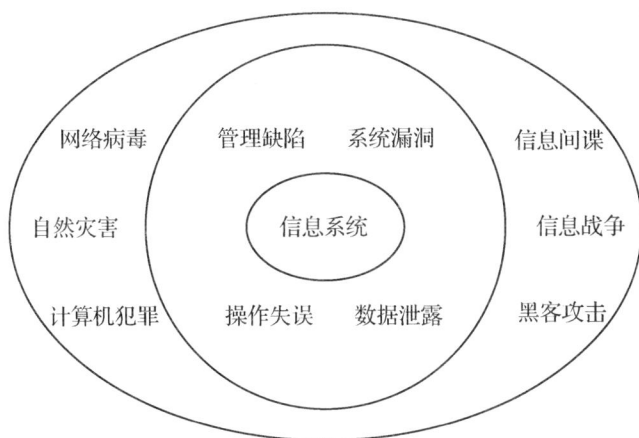

图 9 - 13　信息系统所面临的安全威胁

（1）网络内部因素:网络内部因素主要是指网络内部管理制度不健全或制度执行不力,造成管理混乱,缺乏有效的监测机制,给非授权者以可乘之机进行非法攻击,同时也包括网络管理人员进行网络管理或网络配置时操作不当所引发的安全隐患。

（2）网络外部因素:网络外部因素主要有三类群体从外部对信息网络进行威胁和攻击:黑客、信息间谍和计算机罪犯。常见的攻击手段有传播计算机病毒、截收和信息侦测、缓冲区溢出攻击、口令攻击、破坏系统可用性及信息完整性等。

3）物流信息系统安全设计主要内容

物流信息系统的安全设计主要包括数据安全设计、网络安全设计、容错与容灾三个方面。

（1）数据安全设计

数据安全涉及数据的保密性、完整性、可用性和可控性。要使系统具有足够的数据安全保障能力,就应该有一套好的数据安全设计策略,它可以从终端用户和系统管理员两个方面来考虑。

①终端用户:帮助终端用户了解他们能够使用的数据以及如何使用,知道哪些数据可以和他人共享,同时加强员工对各种系统设备的正确操作能力。

②系统管理员:系统管理员给数据库管理系统提供安全功能,如触发器功能、定时设备功能、数据库加锁功能和表列加锁功能;给重要的数据项加密;提供账户管理、补丁管理功能;制定事件报告制度、制定完备的备份策略。

（2）网络安全设计

网络安全是指网络系统的硬件、软件及其系统中的数据受到保护,不因偶然的或者恶意的原因而遭到破坏、更改、泄露,系统可以连续、可靠、正常地运行,网络服务不被中断。网络安全设计的内容主要包括下面几个方面：

①物理措施：例如保护网络关键设备，制定严格的网络安全规章制度，采取防辐射、防火以及备用电源等措施。

②访问控制：对用户访问网络资源的权限进行严格的认证和控制。例如进行用户身份认证，对口令进行加密并定期更新，设置用户访问目录和文件的权限，控制网络设备配置的权限等。

③网络防火墙设置：防火墙实际上是一种隔离技术，它位于内部网络与外部网络之间的网络安全网关，设置网络防火墙可以有效阻止外部黑客及网络病毒侵入受到保护的内网。

（3）容错与容灾

①系统容错设计

系统容错能力是系统在规定的使用寿命中，能够检测、诊断、决策及避免永久性、瞬间性和间歇性故障的能力，从概率论的角度来讲就是系统的容错度。

容错设计的主要方法是设置系统冗余以及应用测试技术进行故障检测与诊断，其中设置系统冗余是指重复配置系统的一些部件，当系统发生故障时，冗余配置的部件介入并承担故障部件的工作，由此减少系统的故障时间；应用测试技术进行故障检测与诊断的目的是通过测试提前发现系统故障的位置和类型，同时采取相应的保护措施。

②系统容灾设计

系统容灾设计是指在相隔较远的异地，建立两套或多套功能相同的信息系统，互相之间可以进行健康状态监视和功能切换，当一处系统因意外事件（如自然灾害、外在突发事件等）停止工作时，整个应用系统可以切换到另一处继续正常提供服务。

系统容灾设计可以划分为三个层面：一是数据级容灾，即建立远程数据备份中心；二是应用级容灾，即在数据容灾的基础上，在备份站点构建一套相同的应用系统，保证信息系统可以在意外事件发生后尽快恢复服务能力；三是业务级容灾，即除了必要的IT技术外，备份站点还需要具备全部的基础设施（如办公设施等），保证业务的正常开展。

9.6.2 物流信息系统安全设计评价

1）评价标准

为了提升信息系统的安全性及其评价的可靠性，早在2001年中国信息安全产品认证中心就发布《信息技术安全性评估准则》，其基本思想是以信息安全的五个属性为基本内容，从实现信息安全的五个层面出发，按照信息安全五个等级的不同要求，分别对信息系统的构建过程、测评过程和运行过程进行控制和管理，从而实现对不同信息类别按照不同要求进行分级安全保护的总体目标。具体信息系统安全评价标准体系框架，如表9-4所示。

表 9-4　信息系统安全评价标准体系框架

三个过程控制	构建过程控制→测评过程控制→执行过程控制
五个保护等级	第一级:用户自主保护级
	第二级:系统审计保护级
	第三级:安全标记保护级
	第四级:结构化保护级
	第五级:访问验证保护级
五个安全层面	物理层面、网络层面、系统层面、应用层面、管理层面
五个安全属性	机密性、完整性、可用性、可控性、责任可追查性

2）评价主要内容

物流信息系统安全性评价通常针对的是企业内部网络,其内容主要包含如下几个方面:

(1)物理安全评价:一般包括场地安全、机房环境、建筑物安全、设备可靠性、辐射控制与防泄露、通信线路安全性、动力安全性、灾难预防与恢复措施等几个方面。

(2)网络与通信安全评价:网络与通信安全性在很大程度上决定着整个网络系统的安全性,评价的主要内容包括网络基础设施、整体网络系统平台综合测试/模拟入侵、设置身份鉴别机制等。

(3)日志与统计安全评价:日志、统计的完整翔实是计算机网络系统安全的一项重要内容,也是管理人员及时发现、解决问题的保证。

(4)管理制度的评价:信息安全保障不仅要靠技术来实现,还要依赖于人对安全的重视程度、对技术的熟悉程度、对安全设备的控制程度,因此需要良好的管理制度进行规范和约束,关于管理制度评价的主要内容包括机房管理制度、管理人员培训制度、文档设备管理制度、系统使用管理制度等。

9.7　物流信息系统设计报告

系统设计阶段的最后一项工作是编写系统设计报告,它既是系统设计阶段的工作成果,也是下一阶段实施的重要依据。系统设计报告的主要内容如表 9-5 所示。

表 9-5　系统设计报告

报告项目	具体内容
概述	①系统的功能,设计目标及设计策略 ②项目开发者、用户、系统与其他系统或机构的联系 ③系统的安全和保密限制

（续表 9 - 5）

报告项目	具体内容
系统设计规范	①程序名、文件名及变量名的规范化 ②数据字典
计算机系统的配置	①硬件配置。主机、外存、终端与外设、其他辅助设备和网络形态 ②软件配置。操作系统、数据库管理系统、语言、软件工具、服务程序和通信软件 ③计算机系统的分布及网络协议文本
系统结构	①系统的模块结构图 ②各个模块的 IPO 图
代码设计	各类代码的类型，名称，功能，使用范围及要求等
输入设计	①各种数据输入方式的选择 ②输入数据的格式设计 ③输入数据的校验方法
输出设计	①输出介质 ②输出内容及格式
文件(数据库)设计	①数据库总体结构。各文件数据间的逻辑关系 ②文件结构设计。各类文件的数据项名称，类型及长度等 ③文件存储要求，访问方法及保密处理
模型库和方法库设计	关于模型库和方法库设计的相关说明
系统安全保密性设计	关于系统安全保密性设计的相关说明，包括数据安全设计、网络安全设计、容错与容灾设计
系统实施方案及说明	实施方案、进度计划、经费预算等

复习思考题

1. 系统设计的各项任务、工作流程及各步骤产生的文档是什么？

2. 可以用哪些方法来检验数据输入中的错误？

3. 什么是输入设计？输入设计应遵循什么原则？表格式输入和全屏编辑方式有什么区别？它们各有什么优点和缺点？

4. 试以商场管理为例，设计一个包含产品入仓信息、基本情况、人员基本信息以及有关代码对照信息的数据库，提出你的设想方案，并说明其特点。

5. 模块处理过程设计有哪些方法？

6. 信息系统安全设计包括哪些方面的内容？

10 物流信息系统的实施

学习目标

➤了解物流信息系统实施的内容
➤了解物流信息系统进度管理、质量管理、文档管理等
➤了解物流信息的安全、控制、评价等相关知识

10.1 物流信息系统实施概述

所谓实施指的是将系统设计阶段的结果在计算机上实现,将原来纸面上的、类似于设计图式的新系统方案转换成可执行的应用软件系统,系统实施是继系统规划、系统分析、系统设计之后的又一重要阶段,它以系统设计的蓝图为基础,进行具体的实施工作。

1)系统实施的内容和任务

系统实施阶段的主要内容和任务是:

①系统实施环境的建立。按照系统设计方案中提出的设备清单进行购置并安装,包括计算机硬件/软件、计算机外围设备、网络软/硬件以及计算机机房的建设与装修工作。

②程序设计。程序设计人员按照系统设计的要求和程序说明书的规定,采用某种程序设计语言来实现各个功能模块的程序编制工作。

③人员培训。对系统实施与运行中所需要的各类人员进行培训工作,包括管理信息系统知识的普及和教育、新制度的学习,计算机操作培训等。

④数据准备与录入。将准备好的数据,按照系统需要的格式,输入到计算机系统中去。

⑤系统的调试和转换。对系统的各项功能进行程序调试,并进行新旧系统的转换。

2)系统实施的计划与进度安排

系统实施阶段既是成功地实现新系统,又是取得用户对系统信任的关键阶段。管

理信息系统的规模越大,实施阶段的任务就越复杂。为此,在系统正式实施开始之前,就要制定出周密的计划,即确定出系统实施的方法、步骤、所需的时间和费用,并且要监督计划的执行,做到既有计划又有检查,以保证系统实施工作的顺利进行。

为了有条不紊按计划完成系统开发工作,要制定好项目工作计划,经常检查计划完成情况,分析滞后原因并及时调整计划。

制订计划可采用卡特图或网络计划技术,以达到用最短的时间、最小的资源消耗完成预定的目标。

系统实施的计划与进度安排包括以下几个方面的内容:

①工作量估计。根据系统实施阶段的各种工作的内容来确定。

②进度安排。理清各种工作的关系,安排各种工作的先后次序,制定进度计划。

③系统人员的配备和培训计划。

④系统实施的资金筹集和投入计划。

3)系统实施环境的建立

(1)计算机和网络产品的购置

购置计算机和网络产品的基本原则是能够满足管理信息系统的设计要求,需要考虑以下几个方面的问题:

①合理的性能价格比。要求质量可靠,价格合理、性能稳定、使用方便。

②良好的可扩充性、兼容性。

③强有力的售后服务和技术支持等。

(2)计算机机房的建设

计算机作为精密电子设备,它对周围环境相当敏感,尤其在安全性较高的应用场合。计算机机房的建设主要应该考虑以下几方面的要求:

①对机房的温度、湿度等都有特殊的要求。

②通常,机房要安装双层玻璃门窗,并且要求无尘。

③硬件通过电缆线连接至电源,电缆走线要安放在防静电感应且耐压的全钢支架活动地板下面。

④另外,为了防止由于突然停电造成的事故发生,应安装备用电源设备,如功率足够的不间断电源(UPS)。

10.2 物流信息系统实施内容

10.2.1 程序设计

程序设计的目的是为实现系统分析和系统设计中提出的管理方法和处理构想。编写程序应当符合软件工程化,即利用工程化的方法进行软件开发,这样可以提高软件开发的工作效率,也有利于维护和修改。

1）程序设计的基本要求

衡量程序设计好坏的基本要求有如下几个方面。

（1）可维护性

由于信息系统需求的不确定性，系统需求可能会随着环境的变化而不断变化，因此，就必须对系统功能进行完善和调整，为此，就要对程序进行补充或修改。此外，由于计算机软硬件的更新换代也需要对程序进行相应的升级。

一个不易维护的程序，用不了多久就会因为不能满足应用需要而被淘汰，因此，可维护性是对程序设计的一项重要要求。

（2）可靠性

程序应具有较好的容错能力，不仅正常情况下能正确工作，而且在意外情况下应便于处理，不致产生意外的操作，从而造成严重损失。

（3）可读性

程序不仅要求逻辑正确，计算机能够执行，而且应当层次清楚，便于阅读。这是因为程序的维护工作量很大，程序维护人员经常要维护他人编写的程序。一个不易理解的程序将会给程序维护工作带来困难。

（4）效率

程序的效率指程序能否有效地利用计算机资源。提高程序设计人员的工作效率，不仅能降低软件开发成本，而且可明显降低程序的出错率，减轻维护人员的工作负担。

程序效率与可维护性、可理解性通常是矛盾的。一方面，由于硬件价格大幅度下降，而性能却不断完善和提高，程序效率的重要性下降了。另一方面，程序设计人员的工作效率则日益重要。因此，在实际编程中，宁可牺牲一定的时间和空间效率，也要尽量提高程序的可理解性和可维护性。片面地追求程序的运行效率不利于程序设计质量的提高。

2）程序设计的基本原则

结构化程序设计强调的是自顶向下地进行分析和设计，同时又强调自底向上地实现整个系统，这是目前主流的程序设计原则。

（1）自顶向下的模块化设计原则

在程序设计中使用自顶向下方法的目的在于一开始能从总体上理解和把握整个系统，而后对于组成系统的各功能模块逐步求精，从而使整个程序保持良好的结构，提高软件开发的效率。

自顶向下的模块化设计原则描述了程序模块设计的基本原则。根据这一原则，在模块化程序设计中应注意以下问题：

①模块的独立性。在系统中模块之间应尽可能的相互独立，减少模块间的耦合，即信息交叉，以便于将模块作为一个独立子系统开发。

②模块大小划分要适当。模块中包含的子模块数要合适，既便于模块的单独开发，又便于系统重构。

③模块功能要简单。底层模块一般应完成一项独立的处理任务。

④共享的功能模块应集中。对于可供各模块共享的处理功能,应集中在一个上层模块中,供各模块引用。

(2) 结构化程序设计原则和特点

结构化程序设计就是按照流程图的要求,用结构化的方法来分解内容和设计程序。结构化的程序设计有三个基本原则:

①模块内部程序各部分要自顶向下的结构化划分。

②各程序部分按功能组合。

③各程序部分的联系尽量使用调用子程序(CALL—RETURN)方式,不用或少用GOTO 方式。

这种方法指导人们用良好的思想方法去设计程序,其特点是采用以下三种基本逻辑结构来编写程序:

①顺序结构。是一种线性有序的结构,由一系列依次执行的语句或模块组成。

②循环结构。是由一个或几个模块构成,程序运行时重复执行,直至满足某一条件为止。

③选择结构。根据条件成立与否,选择程序执行路径的结构。

3) 程序设计方法

程序设计的主要任务是对结构图中各个模块内部处理过程和算法进行描述,基本功能是指明控制流程、处理功能、数据组织等方面的实现细节,从而在编码时能把对设计的描述直接翻译为程序代码。

(1) Jackson 程序设计方法

Jackson 方法以数据结构作为程序设计的基础,强调对问题解的组合而不是分解。基本思想是使程序结构和问题结构相对应,即与数据结构相对应。Jackson 方法最适合在详细设计阶段使用,即在完成系统结构图之后的阶段来运用该方法。

Jackson 方法由以下 5 个基本步骤组成:

①分析并确定输入数据和输出数据的逻辑结构,用 Jackson 图来描述这些数据结构。

②找出输入数据和输出数据结构中有对应关系的数据单元。

③利用相应的层次关系规则从描述数据结构的 Jackson 图中导出描述程序结构的 Jackson 图。

④列出所有操作和条件,包括分支条件和循环条件,并把它们分配到程序结构图中对应位置。

⑤用伪码表示程序。Jackson 方法中使用的伪码和 Jackson 图是一一对应的。

(2) Warnier 程序设计方法

Warnier 方法也又称为逻辑构造持续法(Logic Construction of Program,LCP)。Warnier 方法的原理和 Jackson 方法类似,也是从数据结构出发设计程序,但是这种方法的逻辑更严格。

Warnier 图和 Warnier 方法的特点是简单易学、逻辑性强、图形表示清晰、易于表达层次结构和进行分解、既能描述程序结构又能描述数据结构、易于计算机来绘制和处理。

（3）速成原型法式的程序设计方法

这是速成原型法在程序设计阶段的一种应用。具体实施方法和过程是：

①首先将 HIPO 图中类似带有普遍性的功能模块集中。这些模块，如菜单模块、报表模块、查询模块，统计分析和图形模块等，几乎是每个子系统都必不可少的。

②然后再去寻找有无相应、可用的软件工具。如果没有就可以考虑开发一个能够适合各子系统情况的通用模块工具，然后用这些工具生成这些程序模型原型。

③如果 HIPO 图中有一些特定的处理功能和模型，而这些功能和模型又是现有工具不可能生成出来的，则再考虑编制一段程序加进去。

利用快速原型方法和工具可以很快地开发出所要的程序。

（4）面向对象程序设计方法

面向对象程序设计（OOP）方法一般应与面向对象的设计（OOD）所设计的内容相对应。这是一个简单直接的映射过程。即将 OOD 中所定义的范式直接用面向对象程序（OOD）设计语言，如 C++、Java 等来取代即可。

例如，用 C++ 中的对象类型来取代 OOD 范式中的类—&—对象，用 C++ 中的成员函数和方法来取代 OOD 范式中的处理功能等。

如果在系统分析和设计阶段使用 OOD 之后，那么，在系统实现阶段运用 OOP 的优势非常巨大，是其他方法所无法比拟的。

（5）算法描述语言

算法描述语言是一种具体描述算法细节的工具，它只面向读者，不能直接用于计算机。算法描述语言在形式上非常简单，它类似程序语言，因此非常适合那些以算法或逻辑处理为主的模块功能描述。

算法描述语言的语法不是十分严格，它主要由符号与表达式、赋值语句、控制转移语句、循环语句、其他语句构成。符号命名，数学及逻辑表达式一般与程序书写一致，赋值用箭头表示。语句可有标识，标识可是数字也可是具有实际意义的单词。

（6）程序流程图

程序流程图又称程序框图，是程序设计中应用最广泛的算法描述方法。程序流程图独立于具体的程序设计语言。

程序流程图的优点是直观、清晰、易于学习。缺点是无法做到逐步求精、随意性较大、对数据的表示有困难、难以形成层次结构。

随着各种新工具的出现，程序流程图越来越少使用了。

4）常用的编程工具与开发环境

编写程序应符合软件工程的思想。软件工程就是利用工程化的方法进行软件开发，通过建立软件工程环境来提高软件开发放率。

管理信息系统的编程工作量极大,而且要经常维护和修改,如果编写程序不遵守软件工程的规律,就会给系统的开发、维护带来很多问题。

编程不是系统开发的目的,只是系统实现的手段,所以在编程和实现中应该充分利用已有的程序、编程工具、开发环境。

(1)通用编程工具与集成开发环境

过去,应用程序由专业计算机人员逐行编写,不仅周期长、效率低、质量差,而且重复劳动多,不易修改,促使人们对自功化编程工具进行了大量研究,提出了集成开发环境(Integrated Development Environment,IDE)。利用集成开发环境进行程序开发可以大量地减少甚至避免手工编写程序,这样就避免了手工方式下的编程错误,从而极大地提高了系统开发效率。

集成开发环境有多种不同类型,具体取决于创建的代码。多语言集成开发环境是最流行的集成开发环境类型之一,如广泛应用于网络开发,并提供广泛的语言支持的Visual Studio Code,支持移动应用程序、桌面应用程序和网络应用程序的NetBeans,支持包括 Python、PHP、Perl、GoLang、Ruby 和 C♯等多种语言的 Komodo。基于云的集成开发环境可以随时随地进行编码,其中最受欢迎的包括 Cloud9 和 CodeTasty。在移动应用程序开发方面,有几种不同的集成开发环境可供选择,Xcode 用于开发使用Swift、Objective-C 和 C++ 语言的苹果产品,Android Studio 是为 Java 和 Kotlin 编码而创建的官方 Android IDE,IntelliJ IDEA 专为智能编码创建,它可以帮助用户专注于工作,同时提供强大的功能。

(2)数据库系统的开发工具

现在的数据库管理系统已不只是局限于数据管理,而且具备相当强的程序设计能力,以支持二次开发。

目前市场上商品化的数据库系统开发工具主要有三类,即面向微机关系数据库、面向大型关系数据库和面向网络数据库。

①面向微机关系数据库的开发工具

在微机关系数据库中,最典型的产品是 XBASE 系列,如 dBASE—Ⅱ,dBASE—Ⅲ,dBASE—Ⅳ,dBASE—Ⅴ,FoxBASE 2.0,FoxBASE 2.1 等。

Foxpro 以 XBASE 语言为基础,内嵌 SQL 查询语言,支持开放式数据库连接(ODBC)应用程序接口,具有功能很强的菜单生成器、屏幕编辑器、报表编写器、应用生成器和跟踪调试能力、可以迅速地生成各种菜单程序、输入输出屏幕、报表和应用程序。

Visual Foxpro 是 XBASE 的升级方案,拥有可视化编程和查询优化能力,是目前微机上速度最快、数据类型最丰富的关系型数据库管理系统,几乎支持微机上的所有操作系统,例如 Windows 系列、DOS、Macintosh 和 Digital Unix。

②面向大型关系数据库的开发工具

大型数据库系统工具主要是指一般规模较大、功能较齐全的大型数据库系统。目前最为典型的系统有 ORACLE 系统、SYBASE 系统、INGRES 系统、INFOMAX 系统、

DB2 系统等。

例如,ORACLE 数据库管理系统中,利用 ORACLE * FORMS 可以通过选择一些菜单和相应的功能键方便地进行对库操作。SQL * PLUS 的触发器机制为保证数据的完整性、一致性和合法性提供必要的检验手段。ORACLE * REPORT 和 ORACLE * GRAPH 为报表、图形生成提供方便,以上这些 ORACLE 软件工具配合起来使用,可以形成一个综合的应用软件开发环境。

③网络数据库的开发工具

随着网络的发展,基于客户/服务器模式的网络数据库开发工具纷纷涌现。例如 PowerBuilder 就是客户机/服务器模式下,专门为各种网络数据库设计的客户端的应用开发工具。PowerBuilder 采用 Windows NT 上的集成开发环境,包含一个直观的可视化界面和面向对象的编程语言,是当今流行的网络数据库开发工具。

PowerBuilder 主要特点如下:

a. 学习和使用方便,开发效率高。

b. 易于继承和维护。

c. 支持多种数据库。

d. 支持第三方开发工具。

e. 支持事务控制、版本控制。

f. 符合 Windows 应用标准,具有良好的表格和报表界面。

g. 支持 Internet/Intranet 上的开发,可以开发动态 HTML 界面、Internet/Intranet 应用软件。

④群件开发工具

著名群件产品 Lotus Notes 对 Internet 和 Web 标准完全开放,可以将 Notes Server 作为服务器,将 Web 浏览器作为客户端,直接支持与 Internet 的连接和集成,其特点是:

a. 提供功能强大和完善的工作流控制及信息传播机制。

b. 具有功能强大的文本数据库功能。

c. 提供较强的网络数据的安全性及数据的完整性。

d. 具有完善的邮件处理和通讯服务机制,提供完整的开发环境。

(3) 常用的编程语言

Java 是一种面向对象的编程语言,具有封装、继承和多态等特性,程序更加模块化、可维护性更高,有利于物流信息系统的设计和实现。Java 语言跨平台性好、可以方便地适应不同的硬件环境;拥有庞大的类库,可以方便地实现各种复杂的功能。但也存在学习曲线较陡峭、开发成本较高等缺点,对于小型物流企业来说可能难以承受。

Python 作为一种通用编程语言,提供无缝的代码可读性和简单的语法功能,易学易用,开发高效,具有强大的数据分析能力,可以与 Java 和 C++ 等其他编程语言集成,并且可以跨不同平台运行。但也存在执行效率相对较差、资源占用较高和安全性存在一定隐患等缺点。

C♯是一种面向对象的编程语言,由微软公司开发,具有强大的数据处理能力,可以用于构建复杂的物流信息系统。

PHP 是一种用于 Web 开发的脚本语言,可以在服务器端执行,具有良好的跨平台性和可扩展性,适用于物流信息系统的开发。

此外,还有一些特定的物流信息系统平台和框架,如 SAP Logistics、Oracle Transportation Management 等,这些平台通常使用 Java、C♯等编程语言进行开发,但也有一些特定功能和模块使用其他编程语言实现。

总之,选择哪种编程语言取决于具体的系统需求、技术栈和开发团队的技术能力等因素。

10. 2. 2　程序和系统调试

程序和系统调试的目的是保证系统运行的正确和有效性,发现程序和系统中可能存在的任何错误,并及时予以纠正。

1）调试方法和步骤

调试中要严格核对计算机处理和人工处理的两种结果。通常是先校对最终结果、发现错误再回到相应中间结果部分校对,直到基本确定错误范围。

（1）程序调试的方法

进行程序和系统调试时,通常采用系统模型法,以便以最少的输入数据量完成较全面的软件测试。通过对数据的精心选择,大大减少了输入数据量,不仅可以使处理工作量人为减少,而且也更容易发现错误和确定错误的范围。

①黑箱测试。就是不管程序内部是如何编制的,只是从外部根据要求对模块进行测试。

②数据测试。用大量实际数据进行测试。数据类型要齐备,包括各种边值和端点。

③穷举测试。亦称完全测试,即对程序运行的各个分支都要调试到。

④操作测试。就是对各种显示、输出操作进行全面检查,发现是否与设计要求相一致。

⑤模型测试。就是核算所有的计算结果。

（2）系统调试的主要步骤

调试过程也得益于结构化系统设计和程序设计的基本思想,采用由小到大、分步骤、分层次的调试步骤,可以比较容易地发现编程过程中的问题。因此,调试的主要步骤可以分为以下 3 个步骤:

①程序模块调试。就是对单个程序模块内部功能进行全面的调试。

②子系统分调。就是由程序的编制者对本子系统有关的各模块实行联调,以考查各模块外部功能、接口以及各模块之间调用关系的正确性。

③系统联调。在各模块、各子系统均经调试准确无误后,就可进行系统联调。联调是实施阶段的最后一道检验工序。联调通过后,即可投入程序的试运行阶段。

2)程序模块调试

程序模块调试就是要在计算机上用各种可能的数据和操作条件对程序进行试验,找出存在的问题加以修改,使之完全符合设计要求。在大型软件的研制过程中调试工作的比重是很大的,一般占50%左右,所以对程序的调试工作应给予充分的重视。

程序模块调试可以分为代码测试和功能调试。

(1)代码测试

测试数据除采用正常数据外,还应包括一些异常数据和错误数据,用来考验程序逻辑上的正确性。测试数据是经过精心挑选的,使程序和模块中的每一条语句都能得到执行,即能够测试程序中的任一逻辑通路。

常用的测试数据有以下几种:

①用正常数据调试。

②用异常数据调试,例如用空数据文件参加测试。

③用错误数据调试。试验程序对错误的处理能力,包括显示出错信息以及容许修改错误的可能性。

具体检查内容有:

①输入键号错误时,包括错的键号和不应有的键号,检查能否及时检出和发出出错信息,并允许修改。

②输入数据错误时,包括错误数据、不合理数据和负数,检查能否及时查出或发出出错信息,并容许修改。

③操作错误时,包括磁盘错误、操作步骤或方法错误,检查能否及时检出并发出警告信息,并允许改正。

(2)程序功能测试

经代码测试正确的程序只是基本上验证了程序设计上的正确性,但并不能验证程序是否满足程序说明中定义的功能,也不能验证测试数据本身是否完备。

程序功能测试则面向程序应用环境,把程序看作一个黑盒子,认为程序只要满足应用功能上的需求,就是可行的。

3)子系统分调

系统应用软件通常由多个子系统组成。在单个程序调试完成以后,尚需对子系统进行分调,即将一个子系统内所有程序联合起来进行调试。这种调试的目的是要保证子系统内各程序模块之间具有正确的控制关系,同时可以测试模块的运行效率。

子系统分调所要检查的主要内容有:

①上层模块如何调用下层模块,在调用时传递的控制信息和数据是否正确。

②下层模块是否能正确接受上层模块的控制信息和参数,是否按要求完成相应的

处理功能。

③下层模块出现问题时反馈信息如何影响上层模块。

④同时调用多个模块时是否产生锁机现象等。

4）系统联调

系统联调的目的在于查出子系统之间相互关系方面的错误和缺陷。

（1）主控程序和调度程序调试

主控程序和调度程序的语句不多，但逻辑控制复杂。调试目的不是处理结果的正确性，而是验证控制接口和参数传递的正确性，以及发现并解决资源调度中的问题。

因此，调试时，将所有控制程序与各功能模块的接口直接连接，即用直接可以产生事先准备好的计算结果的过渡程序来替代真正的程序模块。

（2）系统总调

整个系统的总调就是将主控程序和调度程序与各功能模块联结起来进行总体调试。系统总调时，需要对系统各种可能的使用形态及其组合在软件中的流通情况进行可行性测试，以便发现问题。

系统调试完成后，应编写操作说明书，完成程序框图和打印源程序清单。

10.2.3 新系统的建立

当系统实施阶段的准备工作完成，即计算机系统的安装与调试、应用程序的编写与调试和人员培训工作都已顺利结束，并且得到系统开发领导小组批准后，新系统交付使用的工作就可以开始。这项工作包括既相对独立又彼此联系的两项任务，首先要完成数据的整理与录入，然后完成系统的切换任务，即用新系统替换老系统。

1）数据录入

数据录入是按照规定的格式，将新系统运行所需要的原始数据输入到计算机系统内部。这是一项重要、细致和工作量很大的工作，需要引起足够的重视。

数据录入一般可以分为以下三个步骤。

（1）收集整理数据

对原系统中原始数据进行收集和整理。由于原始数据记录可能会不全或者与实际不符合，这就需要有经验的管理人员进行补充。在某些情况下，还需要进行清查和盘点。

数据的收集整理工作量非常大，应尽早安排。

（2）转换数据

将整理好的原始数据，按照数据文件和数据库要求，编辑和转化成为系统所需要的格式。这项工作应该由熟悉系统设计和系统转换规则的人员负责进行。

（3）数据的录入

将已经编辑好的数据输入到计算机中。这项工作应该由熟悉计算机功能和操作的人员完成。数据的录入要注意以下问题：

①录入人员的素质。

②选择合适的录入方法。

③设置严格的数据录入校验程序。

2）人员以及岗位培训

（1）人员培训计划

人员培训是与编程和调试工作同时进行的。因此，制定人员培训计划时要考虑如下几个方面的问题：①编程开始后，系统分析人员有时间开展用户培训；②编程完毕后，系统即将要投入试运行和实际运行，如再不培训系统操作和运行管理人员，就要影响整个实施计划的执行；③用户受训后能够更有效地参与系统的测试；④通过培训，系统分析人员能对用户需求有更清楚的了解。

（2）培训的内容

人员以及岗位培训的主要内容有：

①系统整体结构和系统概貌；②系统分析设计思想和每一步的考虑；③计算机系统的操作与使用；④系统所用主要软件工具（编程语言、工具、软件名、数据库等等）的使用；⑤系统输入方式和操作方式的培训；⑥汉字输入方式的培训；⑦可能出现的故障以及故障的排除；⑧文档资料的分类以及检索方式；⑨数据收集、统计渠道、统计口径等；⑩运行操作注意事项。

3）系统试运行

系统的试运行和新老系统的切换是系统调试和检测工作的延续。这部分工作对最终安全、可靠、准确地使用系统是十分重要的，理应引起重视。

在系统联调时一般使用的是系统测试数据，而这些数据很难测试出系统在实际运行中可能出现的问题。所以，在一个系统开发完成之后，应该让它在实际环境中试运行一段时间。软件系统的试运行也是大多数软件开发中不可缺少的一环。

（1）系统试运行的主要工作

系统试运行阶段的主要工作内容有：

①对系统进行初始化，输入各原始资料和数据。

②记录系统运行的数据和状况。

③核对新系统输出和老系统输出的结果。

④对实际系统的输入方式进行考查，考查内容包括方便性、效率、安全性、可靠性、误操作保护能力等。

（2）基础数据准备

按照系统分析所规定的详细内容，组织和统计系统所需的资料和数据。基础数据准备包括如下几方面的内容：

①基础数据统计工作要严格，满足科学化、程序化和规范化的要求。

②计量工具、计量方法、数据采集渠道和步骤都应该固定，以确保在新系统试运行过程中有稳定可靠的数据来源。

③各类统计和数据采集报表也要标准化和规范化。

4）系统切换

系统切换指由旧的、手工处理系统向新的计算机信息系统过渡。管理信息系统的切换一般有三种方法，见图 10 - 1。

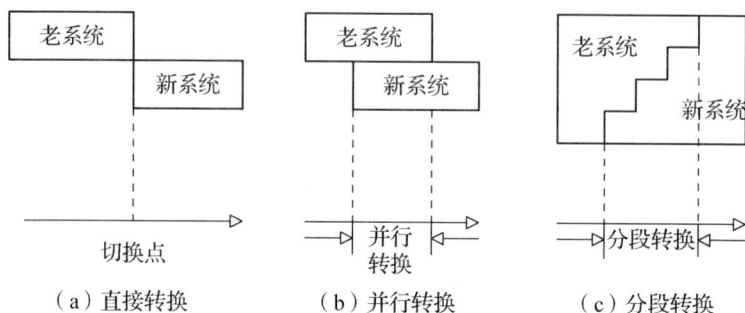

（a）直接转换　　　　（b）并行转换　　　　（c）分段转换

图 10 - 1　系统转换的三种方式

（1）直接转换

直接转换指在确认新系统准确无误后，确定一个时刻，停止原系统的运行，并将新系统取代它投入正常运行。这种方式转换过程简单快捷，费用低，但风险很大。一旦新系统发生严重错误而不能正常运行，将导致业务工作的混乱，造成巨大的损失。因此，必须采取一定的预防措施，充分做好各种准备，制定严密的转换计划。这种转换方式仅适用于小型物流信息系统的转换。

（2）并行转换

并行转换指完成系统测试后，一方面原系统继续运行，另一方面新系统同时投入运行，通过新老系统并行运行一段时间后，再停止原系统的工作，让新系统单独运行，这种方式安全保险，但费用高。转换过程中需要投入 2 倍的工作量，不过用户可以通过新老系统平行运行的过程，熟悉新系统，确保业务工作平稳有序。这种转换方法适用于一些核心系统的转换过程。

（3）分段转换（试点过渡）

分段转换指在新系统投入正常运行前，将新系统分阶段分批逐步代替原系统的各部分，最后完全取代原系统。这种方式实际上是上述两种方式的折中方案，既可以保证转换过程的平稳和安全，减少风险，又可以避免较高的费用，但也存在新老系统对应部分的衔接不平滑的问题。大多数的管理信息系统的转换采用这种方式。

10.2.4　系统的运行和维护

新系统正式投入运行后，研制工作即告结束。信息系统不同于其他产品，它不是"一劳永逸"的最终产品。在它的运行过程中，还有大量运行管理和维护工作要做。为让系统长期高效地工作，必须大力加强对系统运行工作的管理。系统运行管理包括系统的日常运行管理、系统维护和建立运行体制。

1）日常运行管理

物流信息系统的日常运行管理绝不仅仅是机房环境和设施的管理，更主要的是对系统每天的运行状况、数据输入和输出情况以及系统的安全性与完备性，及时、如实地记录和处理。日常运行管理工作主要由系统运行值班人员完成。这项管理包括数据收集、整理、录入及处理结果的整理与分发，还包括硬件的简单维护及设施管理。

2）系统运行情况的记录

整个系统运行情况的记录能够反映系统在大多数情况下的状态和工作效率，对于系统的评价与改进具有重要的参考价值。因此，信息系统的运行情况一定要及时、准确、完整地记录下来。除了正常情况外，还要记录意外情况发生的时间、原因与处理结果。记录系统运行情况是一件细致而又烦琐的工作，从系统开始投入运行就要抓紧抓好。

3）系统维护

交付使用的信息系统需要在使用中不断完善，即使精心设计、精心实施、经过调试的系统，也难免有不尽如人意的地方，或者效率还需提高，或者使用不够方便，或者还有错误，这些问题只有在实践中才能暴露。另一方面，随着管理环境的变化，会对信息系统提出新的要求。信息系统只有适应这些要求才能生存下去。因此，系统的维护是系统生存的重要条件。据专家们估计，世界上有90％的软件人员从事系统的修改和维护工作，只有10％的人从事新系统的研制工作。在信息系统开发的全部费用中，研制费用只占其中的10％，而运行和维护费用却占90％。这几个估计数字充分说明系统维护工作是多么重要，又是多么艰巨。因此，不能重开发、轻维护。

系统维护是对系统使用过程中发现的问题进行处理的过程，也是系统完善的过程。系统维护一般包括硬件的维护与维修，应用程序的维护，数据库维护和代码维护等内容。

（1）硬件的维护与维修

随着系统的运行，系统内的硬件设备也会出现一些故障，需要及时进行维修或替换。当系统的功能扩大后，原有的设备不能满足要求时，就需要增置或更新设备。所有这些工作都属于硬件的维护与维修任务。

（2）应用程序的维护

在系统维护的全部工作中，应用程序的维护工作量最大，也经常发生。程序维护工作包括以下三种情况。

①程序纠错。程序在执行过程中常会出现某些错误，如溢出现象时有发生，需要及时对程序进行纠错处理。

②功能的改进和扩充。用户常会提出对系统的局部功能的改进，扩充某些新的功能的要求。

③适应性维护。信息系统运行环境一旦发生变化，就要进行适应性维护工作。比

如,计算机系统配置发生变化,就很可能需要对应用软件进行移植性维护。

总之,应用程序维护是整个系统维护工作中最烦琐的一项任务,负责这项工作的系统维护人员必须对整个系统有相当深入的了解,是系统维护的重要内容之一。

（3）数据库的转储

由于各种不可预见的原因,数据库随时可能遭到破坏。为了有效地恢复被破坏的数据,通常把整个数据库复制两个副本,一般副本都存储在磁盘上。必要时,也可以将副本脱机存在更安全、可靠的地方。

（4）数据库的重组织

由于系统不断地对数据库进行各种操作,致使数据库的存储和存取效率不断下降。当数据库的效率低得不能满足系统处理的要求时,就应该对数据库实施再组织。

（5）代码维护

随着环境的变化,旧的程序代码不能适应新的要求,必须进行改造,制定新的代码或修改旧的代码体系。代码维护的困难主要是新代码的贯彻,因此各部门有专人负责代码管理。

4）系统修改的步骤

在系统的维护中,系统修改是一项非常严肃的工作,往往会"牵一发而动全身"。不论程序、文件还是代码的局部修改,都可能影响系统的其他部分。因此,系统的修改必须通过一定的批准手续。通常对系统的修改应当执行以下五个步骤。

①提出修改要求。操作人员或业务领导用书面形式向主管领导提出对某项工作的修改要求,这种修改要求不能直接向程序员提出。

②领导批准系统。主管人员进行一定的调查后,根据系统的情况和工作人员的情况,考虑这种修改的必要性与可行性,最后做出是否修改、何时修改、由谁修改的决定。

③任务分配。系统主管人员如果认为需要修改,则向有关的维护人员下达任务,说明修改的内容、要求和期限。

④验收成果。系统主管人员对修改的部分进行验收。验收通过后,将修改的部分嵌入系统,取代旧的部分。

⑤登记修改情况。修改要做认真的登记,作为新的版本通报用户和操作人员,指出新的功能和修改的地方。某些重大的修改,可以看作一个小系统的开发项目,因此,要求按系统开发的步骤进行。

10.3　物流信息系统的管理与控制

信息系统建设包括系统项目的计划、进度及费用管理,人员管理和系统的质量管理。信息系统的建设是一类项目,因为它具有项目的几个特点:首先信息系统的建设是一次性的任务,有明确的任务和质量要求,有时间或进度的要求,有经费或资源的限制;信息系统具有生命周期,这与项目具有生命周期也是一致的。所以信息系统的建设也是一类项目的建设过程,可以用项目管理的思想和方法加以指导。

10.3.1 物流信息系统的项目计划变更管理

项目执行过程中,会出现到某一个项目的报告期时,项目的进度早于或晚于计划进度及已经发生的实际成本低于或高于计划成本,这时就需要对相应的计划进行调整。项目控制或调整的过程如图 10-2 所示。

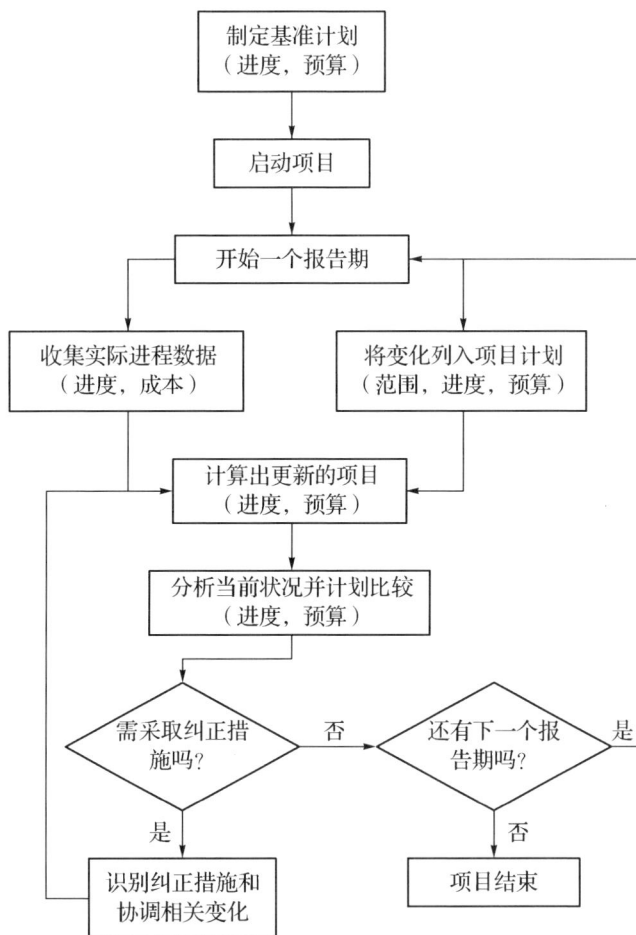

图 10-2 管理信息系统项目变更管理过程

可以将某些可以再分的活动进一步细分,研究细分活动之间并行工作或知识重用的可行性,如可行,则可以有效地压缩时间和费用。

10.3.2 系统项目的进度管理与控制

1）信息系统项目的进度管理

项目的进度管理就是要制定好开发工作计划，并对计划的落实进行组织、监督与控制，以保证能按质按时完成预定目标。

信息系统开发项目计划的编制，首先要确定开发阶段、子项目与工作步骤的划分，子项目间的依赖关系与系统的开发顺序，以及各开发阶段、子项目与工作步骤的工作量。在此基础上，根据项目的总进度要求，用某种或多种工程项目计划方法制定出具体工作内容与要求，落实到具体人员，并限定完成时间的行动方案，即项目工作计划。对各开发阶段、子项目与工作步骤的工作量的核定，一般只能依据经验统计数据给出估计数。

编制信息系统开发项目工作计划的常用方法有甘特图与网络计划法。网络计划法是用网状图表安排与控制各项活动的方法，一般适用于与工作步骤密切相关、错综复杂的工程项目的计划管理。甘特图（Gantt Chart，又称线条图）是一种对各项活动进行调度与控制的图表，它具有简单、醒目和便于编制等特点。一般甘特图的横向表示时间，纵向列出工作。图 10-3 是用甘特图编制工作计划的示例。

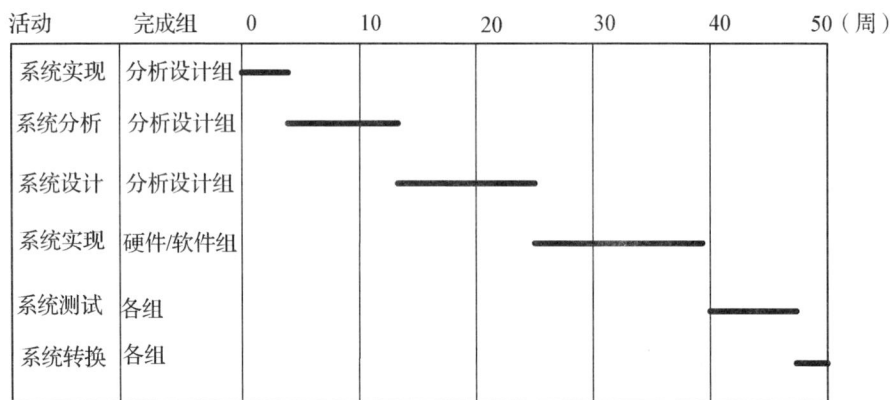

图 10-3　用甘特图编制工作计划的例子

由于信息系统开发项目带有不确定性和不稳定性，计划不宜制定得过于具体，一般可在计划中预留一定的机动指标，随着计划的进行，情况会逐步明朗，因此可在计划实施过程中不断修改与充实。

2）信息系统项目的进度控制

项目的进度控制是通过计划执行的监督和检查，根据项目的进度情况，对计划进行不断的调整和修改，实现预期的目标任务。

信息系统开发，是一个随时间展开的过程。由于各阶段的顺序性、连续性，一环扣一环，任何一个环节出了问题，都会影响整个项目的进度。在系统开发过程中，进度延误情况常有发生。其原因除了环境变化、资金不到位、人员变动外，主要的一方面是系统开发的正常进度本来就难以估计，许多因素难以定量化，而可能影响开发进度的因素往往又是随机的，难以预测的，另一方面，也可能由于对进度的重要性缺乏认识，对控制进度缺乏经验和方法。开发进度难以估计主要是分析和设计工作，由于是创造性的劳动，没有两个完全一样的开发进度，况且进度与质量是有矛盾的，当质量要求高时，进度就得放慢。而质量更不能定量化，也难以由以前的项目推出本项目的进度。

针对导致阶段性计划延误的不同原因，要认真分析，采取必要的措施。

①开发中的不确定性问题，可事先在工作计划中留有一定的宽裕度，如工作步骤的工作量取上限，预设机动时间等。

②开发过程中经常性地与用户交换意见，及时明确遗留的不确定性问题，以减少返工现象。

③进行人员的合理调整。

④对原计划的调整，如子项目先后次序的调整，部分工作步骤的提前或推后，必要时也可在不影响总体目标的前提下，删减个别子项目，或降低局部的功能指标。

信息系统是一个复杂的人机系统，开发项目工作计划进度的控制也必然是一项难度极大的工作，目前已有的方法不是很成熟，从根本上说，信息系统开发进度的解决还有赖于企业管理的规范化、系统开发的标准化等问题的解决。

10.3.3 系统建设的质量管理与控制

物流信息系统的质量管理是系统建设的重要内容，它包含系统项目开发的质量管理和系统运行过程的质量管理，质量管理是要提高软件产品的可靠性，延长系统的使用寿命，因此，系统的质量管理贯穿于整个系统生命周期的全过程中。

（1）质量管理要点

首先要科学地、分阶段地进行软件设计和生产。实践证明，将软件生产的全过程合理地分成若干个阶段，每个阶段都有明确的工作目标，可以保证生产的顺利进行。每个阶段结束时必须进行评审，通过之后才能进入下一阶段。

其次是软件设计和生产要规范化，按规范进行管理是质量管理的基本方法。

最后，软件的设计、生产、测试要进行分工。合理的分工可使职责分明，增强责任感和提高生产效率。

（2）质量特性

管理信息系统的质量有许多特性，从系统的内部看，系统的质量特性主要是内部结构性能、内部结构的可靠性以及结构的连续性等。从用户的角度看，系统的质量特性主要有系统的作用、正确性以及适应性等。管理信息系统的质量首先是保证符合用户的质量要求。因此，从用户的外部条件出发可以导出管理信息系统质量管理的指标，如表10-1所示。

表 10 - 1 信息系统质量管理的指标

质量特性		特性内容	定量性指标举例
可用性	目的性	软件的规格应符合用户要求的特定目的,信息处理高速化,提高作业效率,使用对象,系统的运用性等	通过系统化缩短的时间,对象项目书,运行时间,运行周期
	操作性	容易学习软件的使用方法,操作简便	平均学习时间,操作时间
	性能	执行特定的功能所需要的计算机流量和时间	响应时间,屏幕显示时间
正确性	可靠性	应能按规格无故障进行工作	
	准确性	数据的完整性,准确,精确	
	可用性	能迅速从故障状态恢复正常,减少故障时间,具有故障报告功能,再思考功能,自动恢复功能	恢复时间
	保密性	防止没有使用系统内数据资格的人破坏、盗用数据	
透明性	维护性	能简便地分析软件不良的原因,并进行修改	
	扩充性	能简便地变更、升级主机或外设	
	兼容性	不改变环境条件即能使用现有功能	
	可移性	能把软件移到其他环境,并使之运行	
	连续性	能简便地与其他系统连接	

每个指标的定量值或定性要求根据具体的管理信息系统确定,各个指标的重要程度也有赖于系统的应用领域及其环境。根据各个指标的不同限度,管理者可对系统做评审,检验是否符合要求,以加以控制。

（3）质量控制

进行系统的质量控制,组织保障是最基本的要求,管理信息系统质量控制的组织职能可分为三个层次,即组织机构上层管理者的职责、管理信息系统管理者的职责、系统用户的职责。组织机构上层管理者的职责:在管理信息系统的质量控制中,上层管理人员的任务是要建立总的组织结构,选择信息系统的负责人,审定计划和预算,并评价其成效。系统管理者的职责:组织和监督各种控制和质量保证活动。系统用户的职责:系统用户是应用系统和数据库开发与维护工作的参与者,应对系统的需求定义、输入、输出的结果方式确认和了解数据的关系负有责任。

进行系统的质量控制,项目开发的质量控制是关键。项目的质量控制包括确保获得完全正确的要求、充分审查并确保每一阶段工作与系统相协调、质量控制的程序开发规范、常规的安装调试及事后审计评价等内容,通常还需要结合项目的特点,选择适当的项目开发策略,设置项目质量管理指标来加以控制,保证系统的质量。

10.3.4 物流信息系统的安全与控制

1）安全性问题

安全性是指制定政策、规章制度和技术措施,防止在未经许可的情况下,修改系统、盗窃信息或进行物理破坏等。

为信息系统安全性提供保证已成为管理者们主要关心的问题。信息系统安全性的基本目标是:控制资产流失;确保数据的完整性与可靠性;提高信息系统应用的效率。为了实现这些目标,管理者必须了解系统可能碰到的风险,才能及时辨识并适当控制。

信息系统所面临的各种危险以及与其相关联的人员、硬件、软件、数据和其他资产都需要安全控制。这些危险包括自然灾害、行业间谍、对企业不满的雇员、计算机病毒、事故等。

2）安全控制

为使系统发生错误、灾难、计算机犯罪或安全受到破坏的可能性最小,必须在信息系统设计和实施过程中考虑并制定专门的规章制度。对信息系统进行安全控制,所谓安全控制是指采取人工和自动化相结合的措施,保护信息系统,确保系统按照管理的标准运行。下面主要介绍访问数据、计算机和网络的控制,事务处理过程控制等内容。

数据是信息系统的中心,数据的安全是信息系统安全管理的核心。对信息系统的控制主要表现在对数据的存取控制。所谓的数据存取控制是数据文件在使用和存储时实施的各种控制,确保在计算机存储介质上各种有价值的商业数据文件不被非法存取、修改或破坏。

为确保系统安全运行,必须防止未经许可的人输入数据。为此,须在各层次采取保护措施,限制计算机终端用户,只有经过许可的人可以接近。可在系统软件中使用口令,口令只授予允许使用系统的人,软件检查用户的口令,确保没有合法口令的人不能进入系统,为一些特殊的系统或应用制定另外一组口令和安全限制。

存取控制的主要任务是进行系统授权,即确认哪些用户拥有存取数据的权利,并且明确规定用户在存取数据的范围内可以实施的操作,同时检测用户的操作行为,将用户的数据访问控制在规定范围内。

存取控制的主要手段是加密和防火墙。

①加密。保护信息系统的一个主要工具就是给系统加密,或是给数据编码(利用加密软件)。

②防火墙。当一个组织的信息系统与外部网,包括国际互联网建立连接后,就为员工寻找对组织竞争力极为重要的数据提供了便利,但它同时也必须允许合作伙伴和顾客与公司内部网建立联系,这种连接就增大了系统的风险。企业内部的信息系统将可能被侵入者访问,被病毒侵扰或遭到其他形式的损害。为了减少这种由外联带来的危害,许多公司采用了防火墙技术。

防火墙保护系统可以在某个站点监控所有的互联网和外部通信活动,关闭所有非授权用户的联机机会尝试。许多防火墙还提供活动日志,这些日志识别入侵者,还有些防火墙能够检查所有下载到公司网上的程序和文件,查询病毒并确认下载文件和程序的用户是否是经过授权。

10.3.5　人员管理及培训

信息系统项目是智力密集、劳动密集型的项目,项目成员的结构、责任心、能力和稳定性对信息系统的成功和质量有决定性的影响。因此,如何进行人员的组织管理是必须解决的问题。

从事项目开发的人员具有这样的特点:高技术、高知识,个人作用突出,多层次,知识更新快,流动性大。所以在管理中应做到以下几点。

①组织者不但要有较高的管理水平和经验,而且应具有相当高的专业技术水平。如果没有一定的技术水平和组织能力,对成本估算、人员安排、计划制定就会束手无策。

②合理配置各类人员。要完成一个大型的信息系统项目,各层次的人员要配置得当,力求各尽所能。经验表明,管理信息系统项目的人力分配要表现出前后用人少、中间用人多的不稳定人员需求情况,同时要考虑到人员的短缺情况,在制定人员计划时,要注意结构比例以及人员数量,确保各阶段的人员稳定。

③组织培训、更新知识。对于每个开发人员而言,要努力学习新技术、新方法,不断更新知识,以便适应技术的需要。管理人员应从长远利益出发,鼓励开发人员奋发学习,并提供进修培训等学习机会,提高他们的业务素质。

10.4　物流信息系统的文档管理

1)文档

文档是以书面形式记录人们思维活动及其结果的文字材料,物流管理信息系统的文档是描述系统从无到有整个发展与演变的过程及各个状态的文字资料,也就是从问题定义、需求说明、系统设计、实现到验证测试这样一系列与系统实现有关的文档。

管理信息系统实际上由系统实体及与此对应的文档两大部分组成,系统的开发要以文档的描述为依据,系统实体的运行与维护更需要文档来支持。系统文档是在系统开发、运行与维护中不断地按阶段依次推进编写、修改、完善与积累而形成的。如果没有系统或规范的文档,信息系统的开发、运行与维护会处于一种混沌状态,这将严重影响系统的质量,甚至导致系统开发或运行的失败。当系统开发人员发生变动时,问题尤为突出。有些专家认为,系统文档是信息系统的生命线,没有文档就没有信息系统。

2)文档管理

文档的重要性决定了文档管理的重要性,文档管理是有序而规范地开发与运行信息系统所必须做好的重要工作。系统文档的管理工作主要如下。

①文档标准与规范的制定。

②文档编写的指导与督促。

③文档的收存、保管与使用手续的办理等。

文档的标准与规范要以国家规定并结合具体系统的特点在系统开发前或至少在所产生的阶段前制定。为保证文档的一致性与可追踪性,所有文档都要及时收齐,统一保管。为做好文档管理,可利用计算机实现对文档的自动化管理,将文档的存储、检索、一致性、可靠性等工作用计算机来协助完成,使对文档的管理成为一个人机结合系统。这时,不仅技术文档可存入计算机,而且程序员的临时工作文档、管理员的管理文档也可以存入计算机。如果整个开发活动是在多个工作站的联网系统中进行的话,配以一定的开发支持系统,整个开发活动将更加一体化、自动化。整个活动是高度联机、实时的,程序员之间、程序员与管理员之间密切联系,管理活动与技术活动交叉进行。这时,文档的生成、修改、更新、传递、删除、检索、维护等成为整个开发工作的一个有机组成部分,文档也必然形式化、规范化。

3）系统各类文档的内容

管理信息系统的开发过程中的主要文档有系统开发立项报告、可行性研究报告、系统开发计划书、系统分析说明书、系统设计说明书、程序设计报告、系统调试报告、系统使用及维护手册、系统评价报告、系统开发总结报告等。用户可根据实际情况确定文档种类和内容。文档要尽可能地简单明了,便于阅读,并且尽量使用图、表进行说明。

（1）系统开发立项报告

系统开发立项报告是在管理信息系统的正式开发前,由开发单位提出或向委托开发单位提出要开发的新系统的目标、功能、费用、时间、对组织机构的影响等。如果是本单位独立开发或联合开发,则称作立项报告,用于向领导申请经费及支持等。如果是委托开发,则以任务委托书或开发协议（合同）的方式进行说明。

（2）可行性研究报告

可行性研究报告要根据对现行系统的分析研究,提出若干个新系统开发的开发方案,供领导进行决策。

（3）系统分析说明书

当管理信息系统的开发采用委托方式进行开发时,用户需求报告是开发单位与用户间交流的桥梁,同时也是系统设计的基础和依据。当采用独立开发或合作开发时,系统分析是系统开发中最重要的工作,其工作成果就是系统分析说明书。系统分析工作的好坏决定了新系统的成败。

（4）系统设计说明书

在系统分析的基础上,根据系统分析说明书进行新系统的物理设计,并完成系统设计说明书的撰写。

（5）程序设计报告

依据系统设计说明书,进行程序设计工作。程序设计经调试通过后,应完成程序设计报告,以便为系统调试和系统维护工作提供依据。有了程序设计报告,就可以避免因程序设计员的调动造成系统维护工作的困难。

（6）系统测试报告

系统测试是系统实施阶段的重要工作,系统测试报告主要是指计算机系统的调试工作的总结。

（7）系统使用与维护手册

系统使用与维护手册是为用户准备的文件。系统使用手册一般是面向业务人员的,他们是系统的最终使用者。系统维护手册是供具有一定信息技术专业知识的系统维护人员使用的,一般较小的系统可以将两者合在一起。

（8）系统评价报告

系统评价报告主要是根据系统可行性分析报告、系统分析说明书、系统设计说明书所确定的新系统的目标、功能、性能、计划执行情况、新系统实现后的经济效益和社会效益等给予评价。如果该管理信息系统的开发已作为立项的科研项目,那么,还要请专家进行鉴定。

（9）系统开发总结报告

在整个物流信息系统开发完成并且正式运行一段时间后,开发人员应与项目实施计划对照,总结实际执行情况,从而对开发工作做出评价,总结经验教训,为今后的开发工作提供借鉴。

系统各类文档的具体内容如表 10-2 所示。

表 10-2　系统各类文档的内容

序号	文档名称	文档具体内容
（1）	系统开发立项报告	①概述。简述现行系统的组织结构、功能、业务流程以及存在的主要问题 ②新系统的目标。开发新系统的定义和新系统实现后的功能、技术指标、安全和保密性、新系统运行环境等 ③经费预算和经费来源 ④项目进度和完成期限 ⑤验收标准和方法 ⑥移交的文档资料 ⑦开始可行性研究的组织队伍、机构与预算 ⑧其他相关需要说明的问题

序号	文档名称	文档具体内容
（2）	可行性研究报告	①概述 ②新系统的目标、要求和约束 ③可行性研究的基本准则 ④现行系统描述及现行系统存在的主要问题 ⑤新系统对现行系统的影响 ⑥投资和效益分析 ⑦其他可选方案及国内外同类方案的比较 ⑧开发计划。系统开发各工作阶段或子项目的任务、分工、负责人、计划时间（开始及结束时间）、人力与资金及设备消耗、实际执行情况等。可用工作进度表、甘特图、网络图及关键路径法等工具辅助管理 ⑨验收标准。每项工作完成后验收的标准（时间、资金、质量等） ⑩协调方法。信息系统开发中各个单位、阶段之间的衔接、协调方法，负责人，权限等
（3）	系统分析说明书	①概述 ②现行系统概况 ③系统需求说明 ④新系统的逻辑方案 ⑤系统开发的资源及时间进度计划
（4）	系统设计说明书	①概述 ②总体结构 ③计算机系统配置 ④代码设计 ⑤数据库设计 ⑥输入/输出设计 ⑦计算机处理过程设计 ⑧接口及通信环境设计 ⑨安全、保密设计
（5）	程序设计报告	①概述 ②程序结构图 ③程序控制图 ④算法 ⑤程序流程图 ⑥源程序 ⑦程序注释说明

序号	文档名称	文档具体内容
(6)	系统测试报告	①概述。说明系统测试的目的 ②测试环境。有关软件、硬件、通信、数据库和人员等情况 ③测试内容。系统、子系统、模块的名称和性能技术指标等 ④测试方案。测试的方法、测试数据、测试步骤和测试中故障的解决方案等 ⑤测试结果。测试的实际情况和结果等 ⑥结论。系统功能评价、性能技术指标评价和结论
(7)	系统使用与维护手册	①概述。主要包括系统功能、系统运行环境(软、硬件)和系统安装等内容 ②使用说明。系统操作使用说明较为详细地说明了操作的目的、过程、方式和输入/输出的数据等。最好将系统操作的界面图放入说明书,便于使用者学习与操作 ③问题解释。解释系统使用中可能出现的问题及解决方法,如非常规操作命令、系统恢复过程
(8)	系统评价报告	①概述 ②系统构成 ③系统达到设计目标的情况 ④系统的可靠性、安全性、保密性、可维护性等状况 ⑤系统的经济效益与社会效益的评价 ⑥总结性评价
(9)	系统开发总结报告	①概述。包括物流信息系统的提出者、开发者、用户,系统开发的主要依据,系统开发的目的,系统开发可行性分析等 ②系统项目的完成情况。包括系统构成与主要功能,系统性能与技术指标,计划与实际进度对比,费用预算与实际费用的对比等 ③系统评价。包括系统的主要特点,采用的技术方法与评价,系统工作效率与质量,存在问题与原因,用户的评价与反馈意见 ④经验与教训。包括系统开发过程中的经验与教训,对今后工作的建议,写出对外发表的论文

10.5　物流信息系统的评价

物流信息系统投入运行后,如何分析其工作质量? 如何对其带来的效益和所花成本的投入、产出进行分析?如何分析一个信息系统对信息资源的利用程度?如何分析一个信息系统对组织内各部分的影响?这是评价体系所要解决的问题。要在平时运行管理工作的基础上,定期地对其运行状况进行集中评价。进行这项工作的目的是通过对新系统运行过程和绩效的审查,检查新系统是否达到预期目的,指出系统改进和扩展的方向。

系统评价主要的依据是系统日常运行记录和现场实际监测数据。评价的结果可以作为系统改进的依据。通常,新系统的第一次评价与系统的验收同时进行,以后每隔半年或一年进行一次。参加首次评价工作的人员有系统研制人员、系统管理人员、用户、用户领导和系统外专家,以后各次的评价工作主要由系统管理人员和用户参加。

绩效评价能正确判断信息系统的实际运作水平,提高企业的经营能力与管理水平。第三方物流信息系统绩效评价是运用数量统计和运筹学的方法,采用特定的指标体系,对照统一的评价标准,按照一定的程序,通过定性、定量分析,对信息系统在一定时期内的运作情况和创造的业绩,做出客观、公平和准确的综合判断。

对物流信息系统进行评价是一项非常复杂而又重要的任务,不仅在选择具体实施方案之前要进行评价,而且还要对实施过程中的方案进行跟踪评价,对实施完成后的整个系统进行评价以及对已投入运行的系统进行运行现状评价。评价的目的是判断物流信息系统是否达到了预定的各项性能指标,能否实现信息系统预定的目标。

1)物流绩效评价的原则

主要是系统性原则。物流企业的绩效受自身人、财、物、信息、服务水平等多种因素及其组合效果的影响,因此,对物流企业绩效的评价不能只考虑某一单项因素,必须采取系统设计、系统评价的原则。

2)系统评价的主要指标

系统评价主要分为下列三类指标。

①经济指标。包括费用,系统收益,投资回收期和系统运行维护预算等。

②性能指标。包括系统的平均无故障时间,联机作业响应时间,作业处理速度,系统利用率,对输入数据的检查和纠错功能,输出信息的正确性和精确度,操作方便性,安全保密性,可靠性,可扩充性和可移植性等。

③应用指标。包括企业领导、管理人员、业务人员对系统的满意程度,管理业务受益面,对生产过程的管理深度,提高企业管理水平,对企业领导的决策参考等。

3)评价方法

(1)定性方法

①结果观察法。完全通过观察对系统的效果进行评价。

②模拟法。采用人工或计算机作定性的模拟计算,估计实际的效果。

③对比法。与基本相同的系统进行对比,得出大概的结果。

(2)定量方法

主要有专家打分(德尔菲法)和贝德尔(Bedell)方法等。

4）系统评价报告

系统评价后,写出系统评价报告。详细的评价报告一般包括以下五个方面。

（1）系统运行的一般情况

这是从系统目标及用户接口方面考察系统,包括以下几点。

①系统功能是否达到设计要求。

②用户付出的资源(人力、物力、时间)是否控制在预定界限内,资源利用率。

③用户对系统工作情况的满意程度,包括响应时间、操作方便性和灵活性等。

（2）系统的使用效果

这是从系统提供的信息服务的有效性方面考察系统,包括以下几点。

①用户对所提供的信息的满意程度(哪些有用,哪些无用,利用率)。

②提供信息的及时性。

③提供信息的准确性和完整性。

（3）系统的性能

系统的性能包括计算机资源的利用情况(主机运行时间的有效部分的比例);数据传输与处理速度的匹配;外存是否够用;各类外设的利用率、系统可靠性(平均无故障时间,抵御误操作的能力,故障恢复时间)和系统可扩充性。

（4）系统的经济效益

①系统费用。包括系统的开发费用和各种运行维护费用。

②系统收益。包括有形收益和无形效益,如库存资金的减少、成本下降、生产率的提高、劳动费用的减少、管理费用的减少及对正确决策影响的估计等。

③投资效益分析

（5）系统存在的问题及改进意见

复习思考题

1. 简述系统实施的含义及主要内容。

2. 简述程序设计的原则。

3. 程序和系统调试的方法和步骤?

4. 新旧系统切换有哪些方式?

5. 系统维护的内容有哪些?

6. 物流信息系统开发过程中的主要文档有哪些?

7. 如何进行物流信息系统评价?

第四篇

应用篇

11 物流信息系统经典模式与案例分析

➤了解公共物流信息平台的建设现状

➤掌握公共物流信息平台的功能需求、体系架构和建设运营模式

➤掌握电商企业物流信息系统的要求

➤了解生产制造企业物流信息系统的功能模块

➤掌握第三方物流企业信息系统设计的目标和系统分类

➤了解第四方物流企业物流信息系统的功能模块

11.1 公共物流信息平台

11.1.1 公共物流信息平台概述

1) 公共物流信息平台的概念及内涵

公共物流信息平台的定义:公共物流信息平台是为了支持物流服务价值链中各组织间的协调和协作的公共需求,而建立的从 IT 基础结构到通用的 IT 应用服务的一系列硬件、软件、网络、数据和应用的集合。

这个定义包括以下几层涵义:

(1) 公共物流信息平台必须面向供应链物流过程,物流是供应链流程的一部分。公共物流信息平台是供应链成员共同使用的公共品,只有真正融入它们的管理和协调体系中,才能发挥价值。类似的应用环境有虚拟物流中心/虚拟配送中心等。

(2) 公共物流信息平台是一种基于 IT 的协调架构。物流服务价值链是基于供应链的基本原理而构建的。公共物流信息平台的"协调"作用是平台建立的首要目的,供应链上下游成员通过"平台"实现信息共享和紧密集成,共同为顾客传递价值。公共物流信息平台是一种面向客户的多层次电子化协调架构,所谓电子化协调是指通过信息

技术和信息系统,实现物流服务的交易协调、政府管理活动的协调以及物流服务价值链的内部协调。

（3）公共物流信息平台以提供服务为生存条件。公共物流信息平台作为一种公共的、开放性的、新型的信息技术应用形态,其价值取决于为用户创造价值的模式和平台所拥有的用户数量。公共物流信息平台的服务模型,即它的用户价值创造模式,直接影响到用户加入平台所能获得的收益,提供有特色的、优质的、多样的服务是公共物流信息平台生存的必要条件。

（4）公共物流信息平台以物流信息系统的广泛应用为基础。物流信息系统（LIS）是人、设备和过程的交互结构,为物流经理提供用于计划、实施和控制的相关信息,它的应用反映了组织面向物流管理和操作效率的信息价值观。而在商业环境充斥着越来越多不确定性的今天,面向柔性的信息技术应用和跨组织间集成变为组织的信息价值观的重要内容。公共物流信息平台是物流服务价值链中各组织间的信息交换和集成媒介,通过跨组织的信息系统（Inter-Organizational information Systems,IOS）连接供应链上的企业物流信息系统,使它们紧密集成和协同运行。

（5）公共物流信息平台是一系列硬件、软件、网络、数据和应用的集合。公共物流信息平台构建在国家信息基础结构（NII）之上,因而相对于NII而言,公共物流信息平台解决的是不同组织间物流业务逻辑互连的问题。其逻辑形态表现为一系列物流标准和信息技术标准,是标准化的物流过程及接口和标准化的物流信息视图的集合。物理形态上则表现为一系列硬件、软件、网络、数据和应用的集合,其中数据和应用是其核心内容。

（6）公共物流信息平台具有开放性和中立性。公共物流信息平台连接了行业物流服务价值链的各种角色,组织间关系是集聚依赖性、顺序依赖性和交互依赖性的集合,从而呈现出共生网络形态。

2）公共物流信息平台的形态和类型

（1）公共物流信息平台的形态

公共物流信息平台的主要形态有两种:一是封闭式的平台系统,二是公共物流信息门户。由于两种形态之间并不冲突,因此大多企业用户可以同时使用两种形态提供的服务。

封闭式平台依附于线下实体,为组织内或组织间提供封闭式的信息服务。此种模式的主要代表如:电子口岸系统、物流监管系统、贸易集散地的交易系统。封闭式平台系统拥有特定的公共用户群体,拥有稳定的收入来源,不同的平台系统之间不存在市场竞争的情况。

公共物流信息门户以平台模式出现,属于门户类的物流信息平台,具有较高的开放性,同时,在服务范围上更趋向多样化。此种模式的代表有锦程物流网、福州港口物流信息平台和南昌物流信息平台等。公共物流信息门户有两种不同的价值趋向:一种是政府主导投资的公益性信息门户,不以盈利为目标;另一种是企业主导投资的营利性信息门户,存在明显的市场化竞争。其商业模式将持续变化,并向多样化方向发展。

(2) 公共物流信息平台的类型

公共信息平台是向各类用户提供信息交换与共享服务的开放式的网络信息系统。根据不同指标,公共物流信息平台包含了不同的类型。

①按公共物流信息平台覆盖区域划分

a. 国家级公共物流信息平台

国家级公共物流信息平台是从国家层面针对各省服务以及国家与国家之间的信息平台,是联系海内外物流服务及事件交涉沟通的平台。

b. 省级公共物流信息平台

以省级行政区划分下的由省级运管部门或省级商务部门主导下的服务于省内物流活动的信息平台,同时承担省与省间物流活动的沟通及交流。

c. 区域级公共物流信息平台

区域级公共物流信息平台通常是为进一步发挥区域物流集聚效应,促进区域特色产业及货运业发达区域而设立的。往往区域级的公共物流信息平台具备完善的企业服务体系,能够更快更直接地创造出经济效益。

②按物流平台的功能划分

a. 用于政府对物流监管的"物流电子政务平台"

b. 用于各类网上物流商务活动的"物流电子商务平台"

c. 用于对特定货物的运输流转过程进行实时跟踪监控的"物流电子监控平台"

③按物流平台的运作模式划分

a. 政府监管型公共物流信息平台

物流信息平台的构建不仅服务于企业物流信息的获取,而且便于主管部门对物流行业动态的监控。政府监管型的公共物流信息平台便于政府获取市场信息及时调整政策措施,促进物流行业的发展。在物流业发展的初期,这种模式的信息平台应普遍采用。

b. 物流行业公共物流信息平台

物流行业公共物流信息平台是指由行业协会等组织创立的信息平台。根据物流协会拥有物流专业背景的条件下,建立高效、结构合理、富有远见的物流信息平台,能够推动物流业向正确的方法发展。

c. 贸易服务型物流信息平台

由企业、物流公司的实际需求建立生产商、贸易商、服务商之间信息的连接渠道,搭建基于电子商务型的公共物流信息平台,往往便于直接创造经济效益,不需要政府投入巨资构建。

3) 公共物流信息平台的建设意义

信息化是现代物流的核心,而物流信息化发展的载体是公共物流信息平台。公共物流信息平台作为国务院《物流业调整和振兴规划》中提出的九大重点工程之一,是有效解决我国信息化程度偏低、供应链上下游企业之间沟通不畅等问题的重要手段,是现代物流良性运转的基础条件,决定了物流行业的整体水平。其意义是:

(1) 有助于推动政府功能的转型。由管理向服务与管理并存的方向转型,政府能够为企业的经济活动和社会公众提供更多更有价值的服务;

(2) 有助于交通管理的业务升级换代。从单纯的运输管理向集约化的物流管理方向转型,以交通运输管理为核心,为社会提供集金融服务、保险服务、仓储管理、采购为一体的集约化物流服务;

(3) 有助于推动区域成为经济与物流中心。高水平、集约化的物流系统对于推动出口、引进外资和企业的国际化具有十分重要的意义。

4) 国内外公共物流信息平台建设现状

(1) 国外公共物流信息平台建设现状

①总体情况

国外物流发达国家公共物流信息平台的建设正处于逐步完善阶段,其商业模式也还在探索之中。各个平台商业模式不尽相同,完全商业运营而成功的例子不多,其中较为成功的公共物流信息平台大都与贸易、流通领域相关,涉及政府推动和企业参与双方面因素。比如采取政府主导模式的荷兰@WAVE系统和美国FIRST系统,由政府全资拥有或部分持股。它们的运营管理经验有不少值得借鉴,下面从资金来源、所有权、运作和运营模式几个方面对其进行介绍和比较:

表 11 - 1　各国公共物流信息平台建设比较

建设要素分类		公共物流信息平台特征					
		美国FIRST系统	新加坡PORTNET系统	荷兰@WAVE系统	英国FCPS系统	德国Dakosy系统	澳大利亚Trade-gate系统
资金来源	初期政府支付	✓	✓	✓			✓
	初期商业机构和用户组织支付				✓	✓	
所有权	政府部分拥有			✓			
	政府全部拥有	✓	✓				
	商营机构或用户组织全部拥有				✓	✓	✓
运作方式	政府运作	✓					
	商营机构或用户组织运作		✓	✓	✓	✓	✓

（续表 11-1）

建设要素分类		公共物流信息平台特征					
		美国 FIRST 系统	新加坡 PORTNET 系统	荷兰 @WAVE 系统	英国 FCPS 系统	德国 Dakosy 系统	澳大利亚 Trade-gate 系统
运营 模式	营利		√		√	√	
	非营利	√		√			√

（2）典型公共物流信息平台介绍

目前，美国、欧洲和日本在公共物流信息平台领域做得较好。

①美国 FIRST 物流配送服务平台

美国交通货运信息实时系统 FIRST 可以整合火车、轮船等交通工具的实时到达信息，图 11-1 是 FIRST 的系统结构。

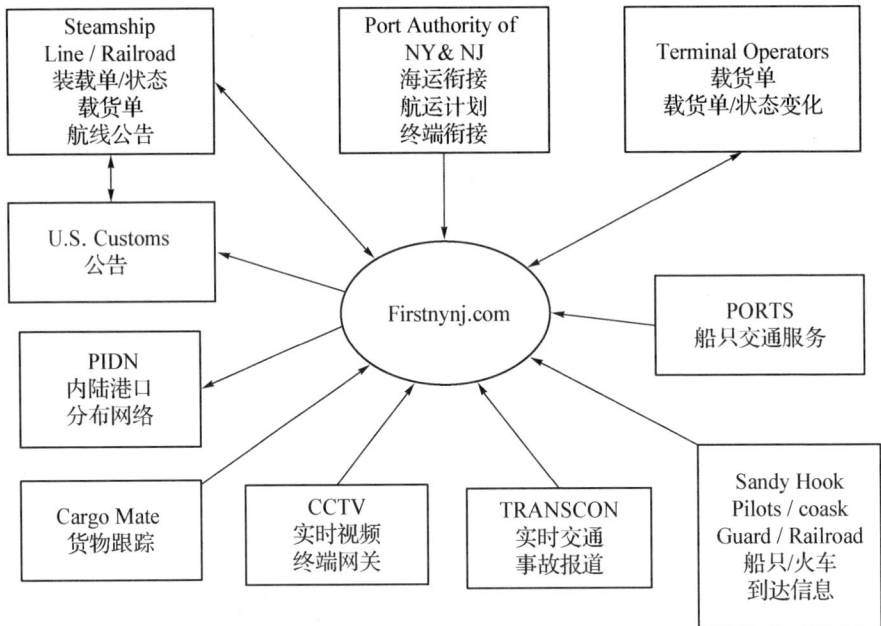

图 11-1 FIRST 的系统概览

②欧洲 INTRARTIP 平台

欧洲多式联运实时信息平台 INTRARTIP 可以为运输与物流用户提供物流市场信息，包括运输条件、基础设施能力、运输路线、运输设施、时间表、价格等，并根据客户需求实时优化物流链及货物配送。

③日本港湾物流信息平台

日本重点发展物流园区信息平台的建设。日本的港湾物流信息平台的核心是被称为"One Stop"的管理行动目标,即任何货物流通过程中涉及政府管理的环节只有一次申请与审批。围绕这一目标,日本政府主要是从进出口角度着手,大力发展一站式电子通关系统(NACCS),即以"进出口通关"这一业务为基点,整合海关、税务、交通等政府管理部门"查验手续",整合进出口商、承运商、国内销售商货物及各种数据信息,建立统一的"港湾物流信息平台"。

2)我国公共物流信息平台现状

(1)成就与进步

近年来,我国各地区开展的物流相关工作无一例外地包含了公共物流信息平台的内容,各级政府以及物流行业对公共物流信息平台的重要作用都有了充分认识,新的公共物流信息平台不断出现。比如物流全搜索、中国智慧物流公共信息平台及其分站南方智能货运公共信息平台、北京明伦高科科技发展有限公司研发的以长江物流网、三江物流网为代表的区域物流公共信息平台等,这些物流信息平台有一些已经实现货物的中途装卸,以及在平台上实现全程在线交易。

(2)主要问题

尽管我国公共物流信息平台的建设取得了较大进展,各个地区和各级政府也投入了大量人力物力,但是全国性的和区域性的物流信息平台仍然较为缺乏,同时存在着许多值得注意的问题,比如信息技术较落后、规模小、效率低等,总体水平仍有待提高。目前急需解决的是物流平台的运营机制和系统功能的完善问题。

多数企业建立的物流信息平台基本都是从各自的投资理念和管理体制出发,只有少数取得成功,大部分还未达到预期效果。究其原因,大多是受大包大揽的思想观念影响,未考虑到实际需求,无法保证信息数据的权威性、完整性与真实性,最终导致信息平台的实际运用与物流业务以及管理体制脱节。

很多地方性物流信息平台建设还没有形成全面的信息共享与业务协同机制,导致物流资源无法合理分配,这不但会影响到企业与客户间的信息沟通和各企业、各行业之间的业务协同,而且公路、铁路、港口、机场等物流枢纽与企业之间的业务数据交换常会出现障碍,降低物流系统的效率。

11.1.2 公共物流信息平台设计

1)公共物流信息平台功能需求

公共物流信息平台要满足物流过程中各个环节的功能需求和信息需求。首先应在技术上满足相关信息的采集、传输和共享问题;其次要满足货主、物流企业对物流过程的信息查询、线路规划、过程监控等功能需要,还要满足工商、税务等政府职能部门的相关信息需求;从而为政府的宏观调控与决策提供信息支持。

一个有效集成的公共物流信息平台,应该能够为物流服务提供商、货主/制造商、交通、银行及海关、税务等政府相关部门提供一个统一高效的沟通界面,为客户提供完整、综合的供应链解决方案。因此,公共物流信息平台应该具有综合信息服务、异构数据交换、物流业务交易支持、货物跟踪、行业应用托管服务等相关功能(如图 11‑2 所示)。

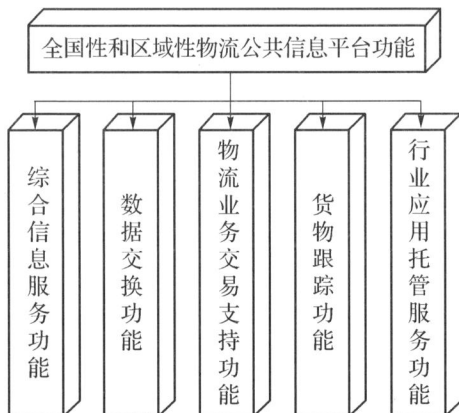

图 11‑2　公共物流信息平台功能

2）公共物流信息平台体系架构

公共物流信息平台的体系架构如图 11‑3 所示。

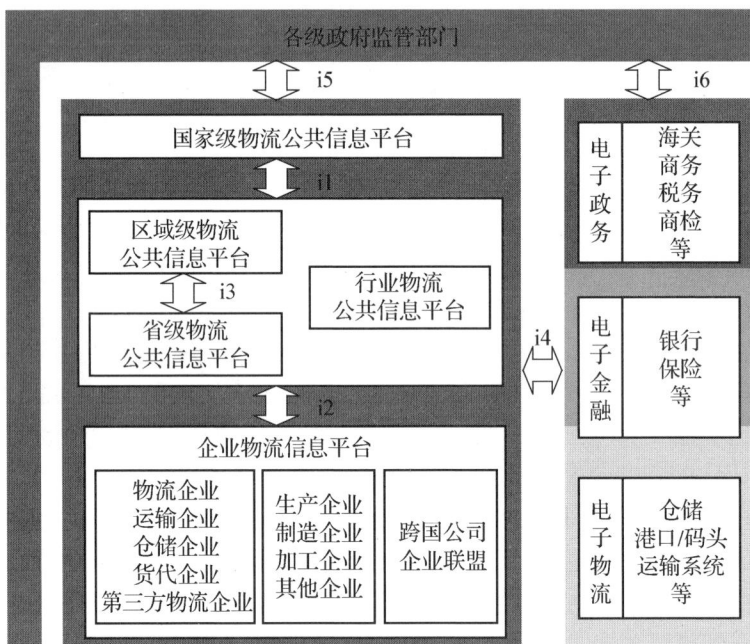

图 11‑3　公共物流信息平台架构图

这是一个由政府监管,以税务、交通、银行、海关等为支撑的三层二级体系架构。公共信息平台整体上相对独立,各层相互提供信息和数据交换服务。在此平台架构中,各方的职能如下:

(1)各级政府监管部门

制定物流产业发展相关政策和规划,协调地区、口岸间的物流发展方向,对公共物流信息平台的运行进行监管;组织物流相关标准研制工作;为物流企业信息化建设提供指导和支持。

（2）国家级公共物流信息平台

收集和发布中央级政府监管的信息，汇集国际物流信息，合理调配国际物流资源；为国家相关政策提供信息支持。

（3）区域级、省级公共物流信息平台

收集和发布辖区内各级政府的监管信息，收集和协调辖区内物流平台的物流资源和信息，为区域内各级政府相关政策提供信息支持，提供相应的有偿、增值服务。

（4）行业公共物流信息平台

行业公共物流信息平台的功能基本上与区域和省级公共物流信息平台类似，主要负责提供具有行业特点的物流监管、供求信息以及相关的商业化开发和增值服务。

（5）企业级和园区公共物流信息平台

企业级公共物流信息平台以企业现有信息平台为主，主要收集和提供与企业相关的物流信息；物流园区公共物流信息平台汇集园区内企业的物流信息，同省级物流信息公共平台相连，交换信息。

（6）税务、交通、银行、海关等

税务、银行、海关、公路部门、水路部门、航空部门等各相关企事业单位在政府的监管下为物流信息平台提供电子政务和电子商务所涉及的信息和服务接口，以统一的服务规范来服务统一的物流平台，提高物流平台的整体运行效率。

3）公共物流信息平台建设运营

（1）运营模式

从业务模式上分，各级公共物流信息平台的运营方式基本上可以分成两种模式。一种是以政府为主的业务模式。在这种业务模式下，公共物流信息平台的规划、建设和运营维护都由国家直接负责，政府主导的力量很强，但也存在很多弊端，如容易造成与市场结合的紧密度不够、需要国家长期投入等。第二种是以企业为主的业务模式。在这种模式下，运营完全由企业自己负责。在这种模式下，企业可以自主经营，不会给国家带来太大压力，而且企业由于赢利压力的原因，也会积极探索平台营销的方案，与市场需求的结合度也会比较好，企业也会对平台的具体功能和服务质量持续改进。但企业行为有一定的局限性，整体规划性不强，投资压力大。

对比两种运营模式，结合政府要"站高一点，看远一点，想深一点"的思路，可以考虑采用企业为主的业务模式。但是由于企业资金压力大，投资回收缓慢，因此需要政府投入部分初始启动资金并加以引导，并在政策和技术标准等方面予以支持，对取得明显社会效益和经济效益的还可以有适当奖励。

在实际运营中，公共物流信息平台应面向企业，通过政府相关政策和行业协会制度的制约，引入行业准入机制和会员制管理方式。对于加入平台的企业会员，平台可通过收取会费、用户服务费、租赁费、广告费等方式进行市场运作的自主经营，提供有偿服务。政府主要行使宏观调控职能，负责指导公共物流信息平台共享信息服务价格的制定和市场引导政策的出台等。

（2）建设实施模式

①政府主导项目推动

物流公共信息平台是一个横跨多部门、多行业的综合性平台项目。目前国内没有哪一家企业有建设这样大型信息平台的号召力、经验和经济实力。因此，有必要由国家投入一部分引导资金，通过项目建设方式投入某个或某几个企业（企业联盟）之中，并且成立项目执行小组，对项目的进展情况进行监督指导。

②综合各方面专家意见

物流信息平台不是一项简单的技术开发工作，还涉及物流产业流程等许多方面，因此有必要成立一个由政府、电信、电子、银行、海关、国检、船代、货代、港务等相关部门的业务及技术专家组成的专家组，进行物流信息平台的规划、方案论证、技术及业务指导，并对建设过程进行监督等，这样才能保证平台的合理性、安全性、先进性。

③流程和标准的规范化

各个部门和企业有自己的业务流程和技术标准，这些千差万别的流程和标准对系统的建立和高效运行是不利的，因此必须对业务流程和技术标准进行规范化。当然规范化的过程中必然影响到相关单位的利益，这就需要政府出面进行平衡和调解。

④政策支持和法律保障

公共物流信息平台牵涉许多部门和企业的利益，为了确保公共物流信息平台在技术及业务规范上运作的科学性、合法性、有效性，必须制定相应的政策和法规对各个部门和企业进行制约和保障。

11.1.3 典型案例——广西物流公共信息服务平台

1）基本情况

广西物流公共信息服务平台（简称"行·好运"网）是广西物资集团搭建的面向社会公众开放的大宗生产资料要素信息整合网络平台，是一个免费的、准政府的平台，是一个跨区域、开放、共享的物流资源要素整合平台，旨在加快推进广西物流资源要素配置、产业培育和业态创新，深化物流产业的开发合作、优势互补，实现资源高效配置与整合。由广西物资集团下属广西桂物智慧科技有限公司为主体承建，为广西物流行业提供了信息互通、资源共享、相互交易的平台，为全区物流企业实现降本增效提供了一个重要平台。

2017 年正式上线运营，截至 2023 年 8 月，年均服务货值超万亿元，累计入驻车辆超 8.4 万辆，服务货运量超 13 360 万吨。目前，平台已成为集物流信息发布、物流资源线上匹配、可视化追踪管理、在线结算等功能于一体的物流综合信息服务平台，通过深耕物流信息化应用创新，大力推行"互联网＋物流＋金融"服务模式，加快打造广西物流数字化协同生态圈。先后获中国十佳创新型物流平台、中国城市物流高质量发展创新成果奖、中国物流行业杰出贡献企业、广西物流企业 50 强、数字广西建设优秀成果、广西物流技术创新奖等数十项荣誉。

2）主要功能

通过"行·好运"网,整合全区的货主、承运商、仓储企业、港站等物流企业和物流资源,并对其进行高效配置优化;入驻企业在"行·好运"网上发布货源信息、运力信息、仓储信息、招标信息,让区内所有物流企业可以共享资源并进行在线交易;"行·好运"网提供在线支付结算、金融保险、诚信体系等服务,确保入驻企业之间的在线交易和结算方便、快捷、高效、安全;提供货物运输途中实现监控、跟踪和追溯,为入驻企业的货物运输提供安全保障。

通过资源整合和互联互通,"行·好运"网作为全区物流"数字大脑"的作用愈发突显,为政府、行业、企业和实体客户提供包括行业数据分析、供需信息匹配、全流程解决方案、金融增值服务等一站式物流信息服务,实现车货、仓运精准匹配,大幅提升运单和仓储周转率。政府和行业主管部门可以掌握物流产业发展动态和投资方向,引导资金正确投向产业短板、产能缺口、新兴领域和优质项目,实现精准投资,避免重复建设和资源浪费,有效培育物流实体产业项目。

自上线以来,"行·好运"网积极响应数字化变革浪潮,引入区块链、大数据、云计算、物联网,积极打通平台数据接口,与各关联平台实现数据互联互通,推动平台联合、业务整合、数据融合,先后与国家交通运输物流公共信息平台、运政平台、工商信息查询平台等实现互联互通,确保人、车、户、运单信息的真实性,实现物流全过程的可视化管控。

"行·好运"网提供了完善的诚信管理和评估体系,根据用户在平台上的行为,为用户进行评分,累积信用积分,积分越高的企业越值得信赖,获得的订单机会会更多。

"行·好运"网不断与各地市政府和物流协会合作,例如:与防城港市政府签署战略合作协议,在当地建立"行·好运"网的分平台,帮助防城港市物流行业实现信息化,并与"行·好运"网进行互联互通。

3）主要特色

在"公有云"已经畅通全区流通"大动脉"后,如何疏通物流企业和司机的"毛细血管",解决物流链属企业信息化落后的问题,带动全产业链降本增效?"行·好运"网利用数字化手段,以"公有云"平台为抓手,通过物流 SaaS 应用深度服务产业链供应链上下游企业。

一是打造"私有云",把"互联网+"充分融入产业链各应用场景当中,使物流与供应链协同,构建全区物流"一张网"。二是搭建网络货运平台,提供金融、保险、车后市场、在线结算、物流科技产品和应用等一站式服务,利用物联网技术对运输过程实时动态监控,建立全区道路运输车辆"事前+事中+事后"动态监控全场景应用生态。三是提供全链服务方案,整合"运力池""仓储池"及供应链"资金池",面向生产制造业提供高效专业的物流解决方案。面向园区搭建智慧物流园区一体化管理平台,实现精细化管理。四是提供金融增值服务,以平台商流、物流、信息流、资金流和轨迹流"五流合一"的真实数据为基础,面向平台入驻企业提供金融服务,通过大数据完善信用模型、综合分析、AI识别评估、电子签章、区块链等技术手段，建立数字化风控体系，打造全链条金融底座，引入各银行的金融产品和授信产品，目前已累计服务物流企业21家获得授信额度达6 000余万元，为物流企业解决融资难、融资贵的"老大难"问题。

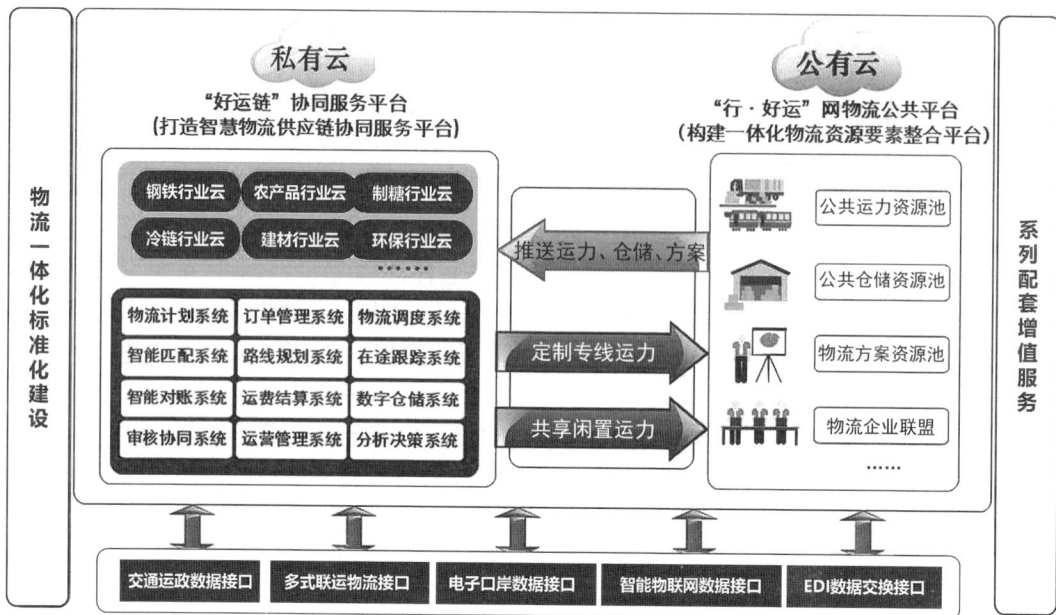

图11－4　广西物流公共信息服务平台框架

4）建设意义

"行·好运"网对整合广西物流资源要素，引导和培育广西物流产业升级发展，对推动广西物流企业转型具有十分重要及长远的现实意义：

（1）"破瓶颈"。打通信息"孤岛"和集疏运流通环节，消除信息不对称和资源配置障碍，提升社会物流效率。

（2）"补短板"。针对产业发展的薄弱环节，加大扶持力度，补齐产业短板。

（3）"扩范围"。立足广西，连接云南、贵州等省区，从沿海到内陆、从西南到东盟逐步扩展范围，搭建国内、国际物流通道，实现辐射整个东盟。

11.2　电商企业物流信息系统

11.2.1　电子商务概述

1）电子商务概述

（1）基本概念和组成要素

通常来说，电子商务是在全球范围内，利用计算机技术、网络技术和远程通信技术和电子工具等，在开放的网络环境下，基于浏览器/服务器等应用方式，实现消费者的网上购物、企业内部的信息共享、商户之间的网上交易和在线电子支付以及各种商务活动、交易活动、金融活动的综合商贸服务过程。

但是,电子商务不等同于商务电子化。随着电子商务的高速发展,电子商务包括电子货币交换、供应链管理、电子交易市场、网络营销、在线事务处理、电子数据交换(EDI)、存货管理和自动数据收集系统等。

构成电子商务的四要素为商城、消费者、产品、物流。商城代表交易平台,涵盖平台经营者、在平台上从事交易及服务相关的站内经营者、信息流和资金流等;产品包括各种形式的有形的商品和无形的服务等;物流涉及与物流公司的合作,为消费者提供保障,也是电商企业运营的必备条件。

在我国,电子商务的发展经历了几个阶段,具体如表 11-2 所示:

表 11-2 电子商务的发展历程

阶段	时期(年)	具体说明
起步期	1990—1993	1990 年开始的电子数据交换时代成为中国电子商务的起步期
雏形期	1993—1998	1993 年开展"三金"工程;1996 年金桥网和因特网正式开通;1997 年 4 月以来,中国商品订货系统(CGOS)开始运行
发展期	1998—2000	1998 年 3 月,中国第一笔互联网网上交易成功;1998 年启动"金贸工程";1999 年 3 月 8848 等 B2C 网站正式开通,网上购物进入实际应用阶段
稳定期	2000—2009	电子商务逐渐以传统产业的 B2B 为主体,标志着电子商务已经进入可持续性发展的稳定期
成熟期	2009 至今	3G、4G 的蓬勃发展促使全网全程的电子商务发展,电子商务已经提升到国家战略层面,并衍生出多种模式

(2)基本特征

①普遍性

电子商务作为一种新型的交易方式,将生产企业、流通企业以及消费者和政府带入了一个网络经济、数字化生存的新环境,并越来越广泛应用于各种商贸活动中。

②便捷高效性

在电子商务环境中,人们不再受地域时间的限制,参与者能以非常简捷的方式完成过去较为繁杂的商业活动,如通过网络银行能够全天候地存取账户资金、查询信息等。电子工具的介入大幅缩短业务时间,调高信息透明度,提高准确率,降低商业活动成本,使企业对客户的服务质量得以大大提高。

③整体协调性

电子商务能够规范事务处理的工作流程,将人工操作和电子信息处理集成为一个不可分割的整体,同时提高人力和物力的利用率以及系统运行的严密性。电子商务环境中,强调客户与公司内部、生产商、批发商、零售商间的协调,同时涉及银行、物流企业、通信行业、技术服务企业等多个主体的通力协作。

④安全性

在电子商务中,要求网络能提供一种"端到端"的安全解决方案,如加密机制、签名机制、安全管理、存取控制、防火墙、防病毒保护等等,这与传统的商务活动有很大不同。

(3)典型的电商模式

从电子商务的交易主体来分,交易主体包括 A(agent)、B(business)、C(customer)、G(government)(或为 A-administrations),大致可以分为以下几种电商模式:B2B、B2C、C2C、B2M、C2B、M2C、B2G、C2G、O2O、M2O、ABC 等,下面将介绍几种典型的电商模式,如表 11-3 所示。

表 11-3 几种典型的电商模式介绍

类型	模式名称	概念	说明	应用企业举例
传统电商	B2B	Business to Business:企业与企业之间的电子商务	企业与企业之间通过互联网或各种商务平台进行产品、服务及信息的交换,完成整个商务交易的过程	阿里巴巴
	B2C	Business to Customer:企业与消费者之间的电子商务	这是消费者利用因特网直接参与经济活动的形式,企业通过网络销售产品或服务给个人消费者。例如证券公司网络下单作业等	京东、当当
	B2G	Business to Government:企业与政府管理部门之间的电子商务	如政府采购,海关报税的平台,国家税务总局各地税务局的平台等	"金关"工程
	C2B	Consumer to Business:消费者与企业之间的电子商务	通常情况为消费者根据自身需求定制产品和价格,彰显消费者的个性化需求,生产企业进行定制化生产	U-deals、当家物业联盟
新型电商	C2C	Consumer to Consumer:消费者与消费者之间的电子商务	通过为买卖双方提供一个在线交易平台,使卖方可以主动提供商品上网拍卖,而买方可以自行选择商品进行竞价	eBay、拍拍
	O2O	Online to Offline:线上与线下相结合的电子商务	让消费者同时享受线上优惠价格和线下的贴心服务,让互联网成为线下交易的前台	美美乐家具网
	M2C	Manufacturers to Consumer:生产厂家直接对消费者提供自己生产的产品或服务的一种商业模式	特点是流通环节减少至一对一,销售成本降低,从而保障了产品品质和售后服务质量	微品聚网

（续表 11 - 3）

类型	模式名称	概念	说明	应用企业举例
新型电商	B2Q	Enterprise Online Shopping Introduce Quality Control：在 B2B 和 B2C 模式的基础上，创造性地引入了质量控制的创新模式	交易双方网上先达成意向交易合同，签单后根据买方需要可引进入第三方工程师进行商品品质检验及售后安装调试服务	万商汇 B2Q 平台
	M2O	Mobile to Online/Offline：线上和线下移动终端	将客户端由传统互联网向移动互联网转移，通过智能移动终端连接厂商和服务商的闭环	自然一度科技
	ABC	Agents Business Consumer：是由代理商、商家和消费者共同搭建的集生产、经营、消费为一体的电子商务平台	相互之间可以转化。大家相互服务，相互支持，形成一个利益共同体，资源共享，产、消共生	淘福啦

2）电子商务物流概述

（1）电子商务物流的含义

电子商务物流是基于互联网等电子商务技术、旨在创造性地推动服务于电子商务的物流行业发展的新商业模式，通过把有物流需求的电商企业和提供物流服务的公司吸引起来，提供中立、诚信的网上物流交易市场。电子商务物流的概念是伴随电子商务技术和社会需求的发展而出现的，它是电子商务真正的经济价值实现不可或缺的重要组成部分。

电商物流平台涉及的内容包括订单处理、运输调度、仓储管理、支付平台、购物管理、派件管理、电商运营平台等多方面，如图 11 - 5 所示。

图 11 - 5　电商物流平台涉及内容

（2）电子商务物流的特征

①信息化

电子商务时代，物流信息化是电子商务的必然要求。物流信息化表现为物流信息的商品化、物流信息搜集的数据库化和代码化、物流信息处理的电子化和计算机化、物流信息传递的标准化和实时化、物流信息存储的数字化等。因此，条码技术、数据库技术、电子订货系统、电子数据交换技术等在我国的电商物流中得到普遍的应用。

②自动化

自动化的基础是信息化,其核心是机电一体化,达到省力化的效果,另外还可以扩大物流作业能力、提高劳动生产率、减少物流作业的差错等。物流自动化的设施非常多,如条码/语音/射频自动识别系统、自动分拣系统、自动存取系统、自动导向车、货物自动跟踪系统等。

③一体化

物流一体化就是以物流系统为核心的由生产企业经由物流企业、销售企业直至消费者供应链的整体化和系统化。物流一体化是物流产业化的发展形势,它还必须以第三方物流充分发展和完善为基础。物流一体化的实质是物流管理的问题,即专业化物流管理的技术人员,充分利用专业化物流设备、设施,发挥专业化物流运作的管理经验,以求取得整体最佳的效果。

④网络化

物流的网络化是物流信息化的必然,是电子商务下物流活动主要特征之一。这里指的网络化有两层含义:一是物流配送系统的计算机通信网络,包括物流配送中心与供应商或制造商的联系要通过计算机网络,另外与下游顾客之间的联系也要通过计算机网络通信;二是组织的网络化,即所谓的企业内部网(Intranet)。

⑤智能化

这是物流自动化、信息化的一种高层次应用,物流作业过程大量的运筹和决策需要借助智能化来解决,如库存水平的确定、运输(搬运)路径的选择、自动导向车的运行轨迹和作业控制、自动分拣机的运行、物流配送中心经营管理的决策支持等问题。

⑥柔性化

柔性化的物流正是适应生产、流通与消费的需求而发展起来的,要求物流配送中心要根据消费需求"多品种、小批量、多批次、短周期"的特色,灵活组织和实施物流作业。

⑦国际化

物流国际化,即物流设施国际化、物流技术全球化、物流服务全球化、货物运输国际化、包装国际化和流通加工国际化等。物流国际化的实质是按国际分工协作的原则,依照国际惯例,利用国际化的物流网络、物流设施和物流技术,实现货物在国际间的流动和交换,以促进区域经济的发展和世界资源优化配置。此外,物流设施、商品包装的标准化,物流的社会化,共同化,绿色物流也都是电子商务下物流模式的新特点。

3)跨境电商物流概述

跨境电商指分属不同关境的交易主体,通过电子商务平台达成交易、进行电子支付结算,并通过跨境电商物流及异地仓储送达商品,从而完成交易的一种国际商业活动(图11-6)。

从贸易方向上看,分为进口跨境电商与出口跨境电商;从贸易形式上看,主要分为B2B跨境电商与B2C跨境电商。销售平台主要通过第三方电商平台、自建平台/独立站触达消费者。

1999年至今跨境电商行业发展四个阶段及对应中国外贸出口变化情况

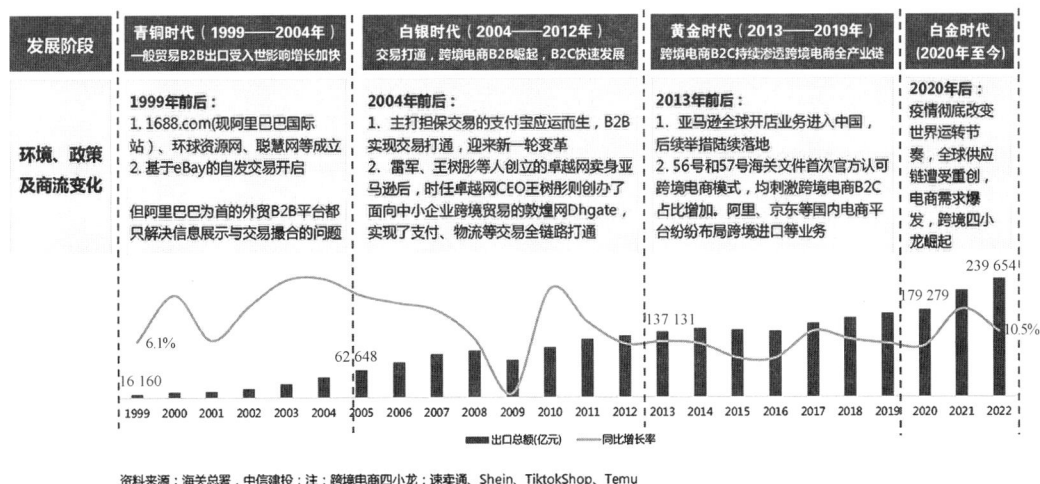

图 11-6 跨境电商发展阶段

目前,我国跨境出口电商物流主要分为跨境直发和海外仓两种模式,两种模式占比分别约为 60% 和 40%。见图 11-7。

(1)跨境直发:包括邮政、国际快递、跨境专线三种模式

跨境直发模式是指物流服务商完成出口货物门到门的全流程物流环节。跨境直发物流服务产品因包裹可追踪能力、时效要求、计费方式的差异,在产品价格方面有明显区别,电商卖家可根据自身的实际运输需求进行选择。

跨境直发模式分为三种:一是通过万国邮联的各国邮政网络完成跨境电商货物出口的邮政小包;二是跨境专线服务商利用自营揽货、自排航班运力以及尾程配送等组织跨境专线服务;三是以 DHL、FedEx、UPS 为主导的国际商业快递服务。

①邮政:主要分为经济类(平邮)和挂号类两种,邮政跨境运输的优势是价格较低,全球通达范围最广,但时效相对较慢,以中美为例,通常 10～45 天。2020 年邮政类占跨境直发比重最高,为 44%。

②国际快递:以信息化操作平台为依托,国际商业快递时效最快,但价格也相对较高,对物品类型有严格限制,适用性较差。以中美为例,通常 3～10 天。2020 年国际商业快递类占跨境直发比重为 24%。

③专线物流:国内很多物流公司在邮政与国际商业快递之间寻找了一个时效高于邮政、价格低于国际商业快递的专线类运输方式。一般来说,采用该模式的物流公司在目的地都有自己的分公司或合作网点,可切实提高车辆实载率。以中美为例,通常 7—20 天。2020 年专线类占跨境直发比重为 32%。

(2)海外仓:以备货模式为主

海外仓相当于国内物流的"前置仓",物流服务商先将出口货物运输至目的地国仓库"备货",如果当地发生相关商品订单,再进行仓内打包,通过当地物流服务商由海外

仓派给海外消费者,可以提升配送效率,但使用海外仓提前备货的商家需要通过历史数据测算未来市场需求。近年来,疫情对消费者购物习惯造成不可逆的"线上化"影响,2020 年、2021 年全球电商市场分别增长 32%、24%。在我国跨境出口电商品类升级和海外消费者对极致化配送体验需求的双重推动下,海外仓模式快速发展。

跨境电商B2C物流直邮与海外仓两大模式

资料来源:燕文物流招股书,BCG,晓生研究院,中信建投

图 11-7 跨境电商不同物流模式对比

随着我国经济的发展,传统的对外贸易方式已经发生了很大改变,在国家政策和现代信息技术发展的共同作用下,出现了许多跨境电商平台。2022 年 9 月,统计数据显示,国内总共有四家企业上榜全球购物 APP 用户排行榜。其中,Shein 高居第 2,阿里速卖通排行第 7,拼多多旗下的 Temu 和 Tiktok 也榜上有名,"跨境电商新出海四小龙"崛起。见图 11-8。

2022年全球主流跨境电商平台GMV、增速及相关情况梳理

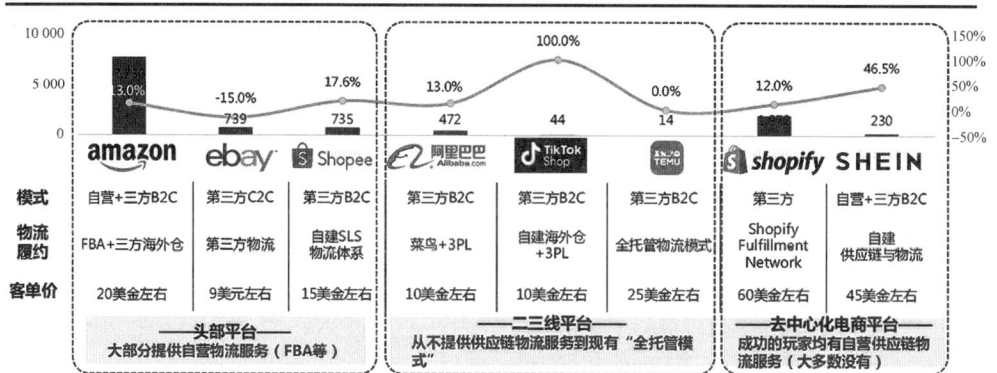

资料来源:亚马逊、ebay、shopee、阿里巴巴、shopify财报,IT桔子,晚点财经,The Information,中信建投

注:GMV单位为美元;亚马逊、ebay、shopee、shopify为全球电商数据,无法拆分跨境模式部分

图 11-8 主流跨境电商平台对比

11.2.2 电商企业物流信息系统设计

1）相关概念

电子商务物流信息是反映物流中运输、仓储、包装、装卸、搬运、流通加工等活动中相关知识、资料、图像和文件的总称。

电商物流信息系统是由人员、网络通信设备、计算机软件、硬件及其他设备组成的人机交互系统，旨在对电商企业和活动过程中的物流信息进行数据采集、信息存储、信息传输、加工整理、信息维护和输出，实现对其管理和控制，起到为物流管理者提供战术、战略及辅助决策的支持作用。

2）电商企业物流信息系统的要求

电子商务物流信息系统是企业经营系统的一部分，由于物流活动本身具有的时空上的特点，使得电子商务物流信息系统具有如下特征。

（1）开放性

系统不仅在企业内部实现数据的整合和顺畅流通，还应具备与企业外部的供应链的各个环节进行信息整合和数据交换的能力，达到各方面的无缝连接。物流信息系统应用 EDI 方式、门户平台方式和数据对接等多种接口方式来实现数据整合和顺畅流通。

（2）可扩展性和灵活性

考虑到电商企业的发展和成本投资问题，物流信息系统要具备随着企业发展而发展的能力，并考虑系统的灵活性。在建设物流信息系统时，应充分考虑企业未来的管理及业务发展的需要，以便在原来系统的基础上建立更高层次的管理模块。

（3）安全性

局域网和互联网是电子商务物流信息系统的一个基本运行条件，它使物流企业触角得以延伸更远、数据更集中，随着系统开发的深入，特别是以网上银行为主要支付手段的实现和电子单证的使用，安全性已成为电子商务物流信息系统的首要问题。它可分为内部安全性问题和外部安全性问题。

（4）协同性

系统的协同性体现在其与客户、企业各部门、供应链各环节及社会各部门的协同等方面。

◆与客户的协调。系统应具有和客户的 ERP 系统、库存管理系统等实现连接的能力。系统可以定期给客户发送各种物流信息，如库存信息、车辆配送信息、催款提示等。

◆与企业内部各部门间的协同。如业务人员可将客户、货物的数据输入系统，财务人员可根据业务人员输入的数据进行记账、控制等处理。

◆与供应链上的其他环节的协同。如电商企业应与运输公司、仓储公司等企业紧密联系，通过网络实现信息传输。

◆与社会各部门的协同。即通过网络与银行、海关、税务机关等部门实现信息即时传输。

（5）动态性

系统反映的数据应该是动态的，可随着物流的变化而变化，能实时反映货物流动的各种状况，支持客户和企业的在线动态查询，需要公司内部与外部数据通信及时、通畅。

（6）快速反应、预警和纠错能力

系统应能对用户、客户的在线查询、修改、输入等操作做出快速和及时的反应。同时系统应在各模块中设置一些检测小模块，对输入的数据进行检测，以把一些无效的数据排斥在外，物流信息系统灵活设置预警机制、提示信息。

（7）信息的集成性

物流过程中涉及的环节多、分布广，信息随着物流在供应链上的流动而流动，信息在地理上往往具有分散、范围广、量大等特点，因此，信息的管理应高度集成，同样的信息只需要一次输入，以实现资源共享，减少重复操作，减少信息的差错性。

3）电商企业物流信息系统开发设计

（1）开发流程

电商企业物流信息系统的开发可以采用结构化方法。结构化方法是将该系统的开发运行过程，从开始到结束划分为若干阶段，预先规定每一阶段的目标和任务，依据一定的准则按部就班地完成。整个开发流程可以分为五个阶段，如图 11-9 所示。

（2）需求分析和目标设计

需求分析分为三个方面：一是建立起完善有效的物流信息系统，把其纳入电商企业整体战略管理系统中，为决策层提供长远的发展规划服务；二是降低物流管理成本，明确管理流程，提升管理水平，建立覆盖各部门、各业务的信息管理系统；三是建立规范的、易于实施的物流业务操作流程，统一企业内部执行标准，共享数据，满足各个业务环节的信息需求，及时有效地提供信息支持。

总体目标是缩短物流通路的长度、增加物流系统的透明度和规范化，并促进供应链中各环节的有效整合，从而提

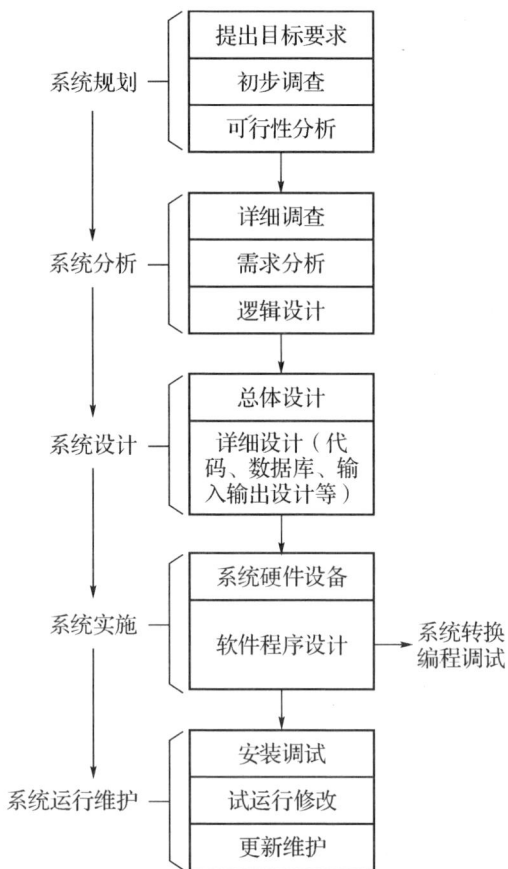

图 11-9 物流信息系统开发流程图

高物流效率及服务品质,控制并降低物流成本。具体体现在加强企业内部、企业与客户间的信息共享,提高业务自动化水平,强化信息的跟踪控制等方面。

（3）核心技术的运用

在构建过程中以一些核心技术作为支撑,主要有:网络技术、数据库技术、条码技术（BCT）、电子数据交换技术（EDI）、全球卫星定位系统（GPS）、地理信息系统（GIS）、大数据技术等。

（4）功能结构设计

从完整的物流流程和电商企业的特点来看,其物流信息系统应该具备的功能有:订单管理、仓库货物管理、运输管理、财务管理、合作伙伴管理、顾客管理、市场管理和技术维护这八大模块,如图 11 - 10 所示。

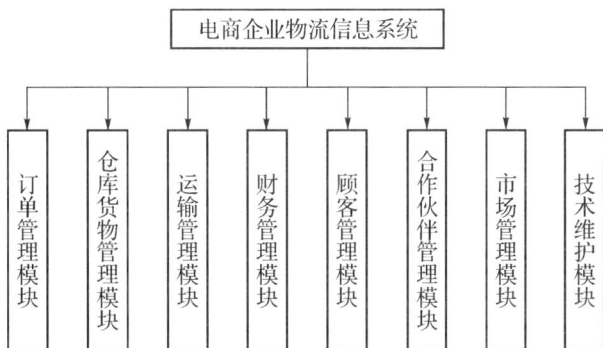

图 11 - 10　电商企业物流信息系统功能模块

①订单管理。企业订单管理系统是处理接收客户订单、明确时间、确定地点、准备货物、剩余物资管理的信息系统。对于不合格订单返回顾客,配送能力不足订单通过合作伙伴模块寻求合作服务,合格订单传递到仓储管理模块进行处理。

②仓库及货物管理。仓储管理是对入库、出库、在库的物品进行统计和管理,通过仓储管理,可以明确物流资源特别是在库物品的情况,方便根据库存调整物流业务,还可包括退换货业务,使得物流作业具有预测性、前瞻性。

③运输管理。配送管理主要是对货物装配、车辆调度、运输线路选择、运输资源管理、配送过程控制、配送货物跟踪、客户签收、配送统计与配送途中意外情况的处理等方面的管理。

④财务管理。财务管理主要是对物流业务的收入、费用、利润情况进行分析和统计,通过财务管理可生成库存汇总报表、仓库周报表、利润统计报表等一系列报表,从而为企业管理者提供较为详细的分析数据。这部分还涉及了支付系统、电子银行等方面。

⑤顾客管理。顾客管理包括顾客分析、会员管理、身份验证、登录管理、查询管理、档案管理、服务支持管理、顾客互动管理、顾客呼叫服务等方面的内容。

⑥合作伙伴管理模块。负责合作伙伴资料管理,包括合作伙伴名称、联系方式、业务优势、资信状况、业务往来历史记录等,负责向合作伙伴申请配送合作,对合作伙伴进行监督。当企业局部作业能力无法满足顾客订单需求时,企业根据协议通过此模块向合作伙伴分配合作任务,并监督配送任务的执行。

⑦市场管理模块。包括咨询洽谈和广告宣传等部分,属于电子商务的业务范畴,对

企业物流信息系统和相关业务起到完善补充的作用。

⑧技术维护模块。负责日常网络平台和数据库等技术的运营维护。

（5）物流信息系统的评价

系统评价的目的是判断物流信息系统是否达到了预定的各项性能指标，能否实现信息系统预定的目标，并指出系统改进和扩展的方向。系统评价主要的依据是系统日常运行记录和现场实际监测数据，评价的结果可以作为系统改进的依据。

评价指标一般按照政策指标、技术指标、经济指标、社会指标和进度指标等。评价的原则有系统性原则、客观性原则等。

11.2.3 典型案例——亚马逊物流（FBA）

作为美国最大的电子商务公司，亚马逊在电子商务尤其是跨境电商领域具有很大的话语权。亚马逊有其全球物流网络，2007 年引入亚马逊物流（Fulfillment by Amazon，FBA），将亚马逊物流云服务平台开放给第三方卖家，库存纳入亚马逊分布世界的物流网络中，平台为其供应包括拣货、包装、终端配送以及商品信息追踪在内的全流程服务。流程如图 11-11、图 11-12 所示。

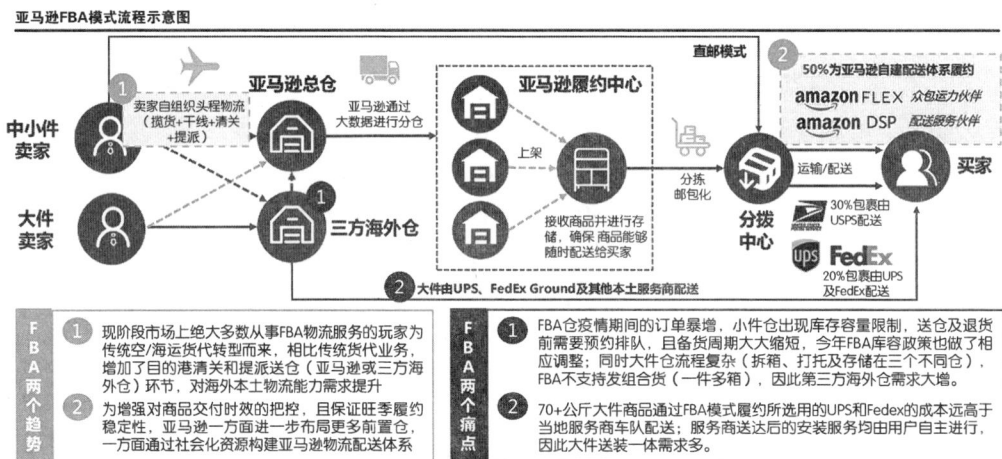

亚马逊FBA模式流程示意图

资料来源：亚马逊年度报告，中信建投

图 11-11 FBA 模式流程图

对于国内运输业务，亚马逊选择当地的邮政和联合包裹速递服务公司（United Parcel Service，UPS）；对于国际运输业务，则会外包给专业的物流公司去运输，以保证货物安全快速到达。针对库存，亚马逊会根据追踪到的物流信息采用混合方式处理：畅销产品大量地存在仓库；低需求产品及无法有效利用仓储空间的产品，则交由合作伙伴管理库存。正是借助这种自建云服务物流网络同时外包运输的模式，亚马逊始终保持着物流管理的高效性。

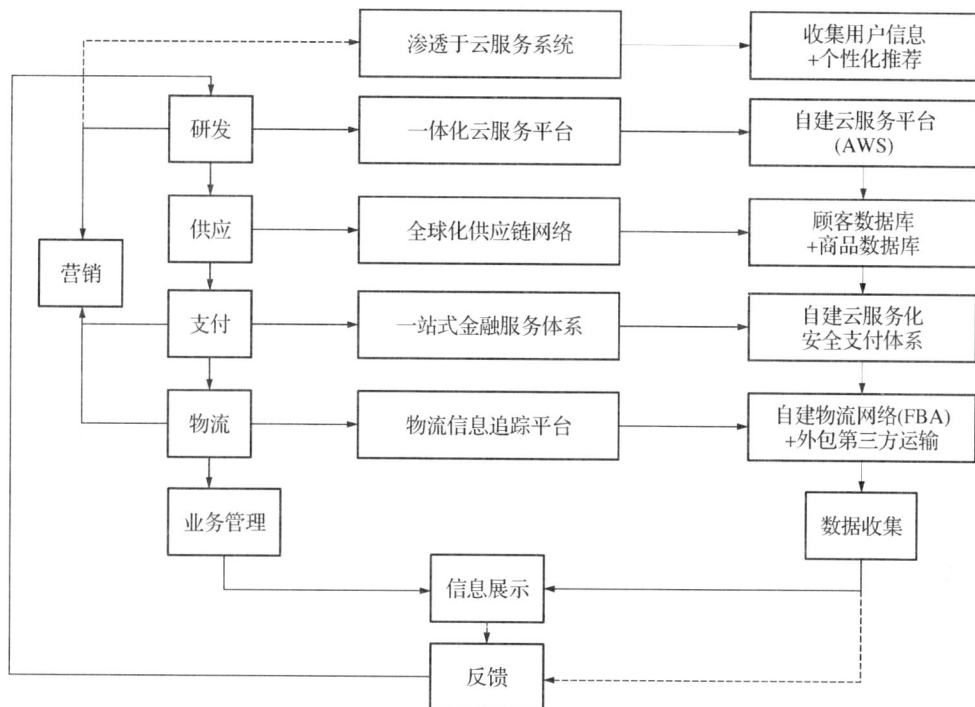

图 11 - 12 基于云服务的跨境电商平台架构

面对全球用户每天数以亿计的订单需求,亚马逊能够及时高效地完成履约交付,离不开强大的信息化管理手段。借助物联网技术和云信息平台,商品在仓储、运输乃至生产管理等环节均能实现信息采集记录、数据实时可视。针对资产密集型企业而言,物资管理作为不可或缺的重要组成部分,直接影响企业的资源布局、调配及利用。

比如在物资管理方面,资产密集型企业的物资种类繁杂同时存储分散,这对物资的储备及账实相符提出了较高要求。亚马逊充分利用物联网技术,将所有物资物联网化,从而实现从物资生产到物资报废的全生命周期的管理,有效解决了传统物资管理中盘点周期长、账实不符等问题。

在仓储管理方面,亚马逊 Bin 系统的信息化支撑能力较强,为作业人员提供日常物资管理的支持,通过物联网设备,结合库房特性,利用 RFID、PTL 等技术,实现一线人员作业辅助,借助丰富数据的采集维度与质量,优化管理决策,提升作业效率;借助大数据算法,通过收集整理历史记录构建数据模型,预测物资在未来的需求数量、地域分布,并提前进行配货规划,决定存货在不同区域仓库间的最佳分配,计算出每个区域的最优库存水平,可以在库存水平最小化和营运资金效率间取得平衡。借助供应链系统将物流、运输、仓储、配送等环节进行有效整合,帮助企业以更高的效率和较低的成本完成业务的深度融合,不断丰富和完善仓储物流生态体系。部分突出特点如下:

①智能入库:智能预约系统通过供应商预约送货,能提前获知供应商送货的物品,并相应调配好到货时间、人员支持及存储空间。这些数据可在全国范围内共享,系统将

基于这些数据在商品上架、存储区域规划、包装推荐等方面提供指引,提高整个流程的运营效率和质量。

②智能存储:所有存储货位的设计都是基于后台数据系统的收集和分析得来的。比如,系统会基于大数据的信息,将爆款商品存储在距离发货区比较近的地方,从而减少员工的负重行走路程。

③智能拣货与订单处理:在亚马逊的运营中心,员工拣货路径通过后台大数据的分析进行优化,系统会为其推荐下一个要拣的货在哪儿,确保员工不走回头路,而且其所走的路径是最少的。

④预测式调拨:亚马逊智能物流系统的先进性还体现在其可以根据消费者的购买行为,后台系统会记录客户的浏览历史,提前对库存进行优化配置,将顾客感兴趣的商品提前调拨到离消费者最近的运营中心,即"客未下单,货已在途",这便是亚马逊智能分仓的魅力。

⑤精准库存:亚马逊高效物流系统还会通过自动持续校准来提升速度和精确度,通过实现连续动态盘点,让企业客户实时了解库存状态。

除此之外,亚马逊物流还提供了多种清关服务,包括报关、退税、清关咨询等,让消费者在跨境购物时更加便捷;提供客户服务来处理订单相关的问题和投诉。商家也可以通过卖家中心与客户进行沟通,解决潜在的问题;拥有的物流团队,能够提供物流咨询和服务,为消费者解决物流方面的问题。总的来说,亚马逊物流信息平台是一个功能全面、便捷的在线物流服务平台,为消费者提供了一站式的物流解决方案。

11.3 生产制造企业物流信息系统

11.3.1 生产制造企业物流概述

由于企业有相当多的价值蕴涵在物流运作之中,如:仓储管理水平、物流生产效率、物流服务水平(维护客户诚信度)、运输成本、劳动生产率等等,因此,很多大型企业的信息系统中往往要涉及很多与物流相关的系统或模块。例如一个大型制造类企业的信息系统包括财务信息管理系统、制造信息管理系统、营销信息管理系统及人力资源信息管理系统等。

目前,生产制造企业与物流相关的信息管理系统从发展历程来看主要经历了物料需求计划(MRP)、制造资源计划(MRPII)、企业资源计划(ERP)三个阶段。除此以外还逐渐发展派生出了配送需求计划(DRP)、物流资源计划(LRP)和准时制生产方式(JIT)等物流管理系统。在欧美等发达国家,MRPII/ERP 的应用已经比较普及,多数大中型企业已采用 MRPII/ERP 系统和先进管理方式多年,据称全球 500 强企业的80%已购买了 ERP 软件,来应用全球化供应链管理技术和敏捷化企业后勤系统。此外,许多小型企业也在纷纷应用 MRPII/ERP 系统。事实上,MRPII/ERP 所能带来的巨大效益确实对很多企业具有相当大的诱惑力,而这些效益尤其体现在企业物流管理水平的提高上。

（1）ERP 系统的定义

企业资源计划 ERP(Enterprise Resource Planning,简称 ERP)是指建立在信息技术的基础上,以系统化的管理思想,为企业决策层及员工提供决策运行手段的管理平台。

从管理思想上来说,ERP 是由美国著名的计算机技术咨询和评估集团（Garter Group Inc.）提出的一整套企业管理系统体系标准,其实质是在 MRPII 基础上进一步发展而成的面向供应链的管理思想,它不仅扩充了 MRPII 的制造和财务功能,同时又增加了客户关系管理和供应链管理等内容,并支持流通领域的运输和仓储管理、售后服务管理和在线分析功能,支持制造过程中的质量管理、实验室管理和设备维护管理,支持多国工厂管理和跨国经营管理。

从软件产品方面来说,ERP 是综合应用了客户机/服务器体系、关系数据库结构、面向对象技术、图形用户界面、第四代语言、网络通信等信息产业成果,以 ERP 管理思想为灵魂的软件产品。

从管理系统的角度来说,ERP 是整合了企业管理理念、业务流程、基础数据、人力物力、计算机硬件和软件于一体的企业资源管理系统。

特别是随着近年来国际互联网的发展,ERP 系统又增加了对电子商务、电子数据交换与大规模信息通信的处理,此外还支持企业的投资和资本运作的管理以及各种法规和标准的管理,近年来也在向着增加知识管理的方向发展。事实上,ERP 已经成为整个企业的管理信息系统。

（2）ERP 系统的基本原理和功能结构

ERP 是将企业所有资源进行整合集成管理,简单地说是将企业的三大流——物流、资金流、信息流进行全面一体化管理的信息管理系统。它的功能模块不同于 MRP 或 MRPII,它不仅可用于生产企业的管理,其他类型的企业如一些非生产、公益事业的企业也可导入 ERP 系统进行资源计划和管理。由于针对不同企业所开发的 ERP 系统的风格与侧重点不尽相同,因而其产品的模块结构也相差较大。在这里将以制造企业为例子来介绍 ERP 的功能模块,从这个角度也能够对 ERP 系统所涉及的物流信息管理方面的功能进行较为明确的阐述。

在企业中,一般的管理主要包括三方面的内容:生产管理（计划、制造）、物流管理（分销、采购、库存管理）和财务管理（会计核算、财务管理）。这三大系统本身就是集成体,它们互相之间有相应的接口,能够很好地整合在一起来对企业进行管理。

①物流管理模块系列

物流管理模块系列是三条干线之一,ERP 下的物流管理除包括供应链的物流外,还有物料流通体系的运输管理、仓库管理、在线物料信息流等,主要可分为原材料及设备采购供应阶段（即采购物流）、生产阶段和销售配送阶段,这 3 个阶段产生了企业横向上的 3 段物流。

a. 供应物流:将采购的原材料、零部件由供应商处运入厂内,包括由销售点回收"采购"容器以重复使用的回收物流。

b. 生产物流:将所采购的原材料和零部件入库、保管和出库。将其生产的产品(商品)运到物流中心、厂内或其他工厂的仓库。物流中心、工厂仓库的这种将产品进行入库、保管和出库等的一系列产品流动称为厂内物流,厂内物流还包括在物流中心和工厂仓库进行运输包装、流通加工等。

c. 销售物流:将商品从工厂、物流中心或外单位的仓库送到批发商、零售商或消费者手中的运输、配送称为销售物流。销售物流还包括将商品送到外单位仓库的运输和配送。

d. 废弃物回收物流:有关废弃的包装容器、包装材料等废弃物的运输、验收、保管和出库。

②财务管理模块系列

在企业中,清晰分明的财务管理是极其重要的。所以,在 ERP 整个方案中它是三条干线之一。ERP 中的财务模块与一般的财务软件不同,作为 ERP 系统中的一部分,它和系统的其他模块有相应的接口,能够相互集成,一般的 ERP 软件的财务部分分为财务会计与成本会计两大块。

③生产管理模块系列

生产管理模块系列是三条干线之一。它将企业的整个生产过程有机地结合在一起,使得企业能够有效地降低库存、提高效率。同时,各个原本分散的生产流程的自动连接,也使得生产流程能够前后连贯的进行,而不会出现生产脱节,耽误生产交货时间。这个模块功能自 ERP 产生起,就作为 ERP 的核心,从以前大多数 ERP 解决方案的这个模块功能都已经成熟。

除此之外,一个完整成熟的物流企业 ERP 系统还需要办公自动化系统、销售管理系统、人力资源管理系统等其他模块的配合。目前常用的 ERP 产品及适用企业如表11-4 所示。

表 11-4　主要 ERP 产品及适用企业

序号	品牌	产品	适用企业类型
1	SAP	BusinessOne	大中型企业
2	Oracle	Oracle ERP	所有企业
3	Infor	Infor ERP	所有企业
4	用友	U9	大中型制造业企业
5	金蝶	K/3	集团及大型企业
6	神州数码	易助	中小型企业
7	浪潮	GS	所有企业

（3）ERP 系统部署方式

ERP 系统主要有三种类型，它们具有不同的部署模式选项。最常见的 ERP 系统类型包括云 ERP、本地 ERP 和混合 ERP。

①本地 ERP

本地部署的 ERP 是在企业内的办公场所内维护、在企业自己的计算机和服务器上托管的，实施团队会到企业现场进行软件实施，实施后，企业完全拥有和控制整个系统。本地 ERP 的购买模式一般采用许可模式。

②云 ERP

基于云的 ERP 软件又称为 SaaS（软件即服务），企业可以在有网络连接的任何设备上访问和存储数据，软件商提供持续的支持、更新、培训，并支持产品灵活定制。云 ERP 的购买模式一般采用订阅模式。

③混合 ERP

混合 ERP 软件是指基于云的 ERP 系统解决方案与本地部署的 ERP 系统解决方案的组合实施。托管服务和部署服务的组合因提供商而异。这些模式可以为 ERP 用户提供在交付模型之间迁移的灵活性，或者整合现有实施中无法获得的优势。

（4）ERP 的优势

①集成各类信息，实现高效协同

ERP 软件能够集成企业的物流、信息流、资金流、管理流、增值流，把局部的、片面的信息集成起来，轻松进行衔接，实现内部协同一致，管理与决策更加科学高效。

②简化及自动化业务流程，降低运营成本

对各个流程进行分析和管理——加强正确流程、修正错误流程、去掉无用流程，企业可以用更少的资源完成更多的任务。

③加快报表速度，及时获得洞察

利用 ERP 系统的报表功能，可以快速生成、设计、合并各类业务与财务报表，员工和管理层根据报表情况及时洞察，采取行动。

④保证数据准确一致，实现以数治企

ERP 取代人工，进行数据收集分析、智能预测，能够及时发现并解决问题；同时，通过集中企业的所有数据，消除信息孤岛，最终实现基于数据的科学决策。

⑤实时在线，打造更敏捷的企业

ERP 系统内的资料互相联动、实时更新，每个企业人员都可以随时掌握最新信息。

⑥降低风险

让业务更加可视可控，确保合法合规，预测和防范风险。

可见，生产制造企业物流运作水平的发展和物流管理水平的提高，离不开对这些企业信息管理系统的应用。

11.3.2　生产制造企业物流信息系统设计

本节将以制造类企业的 ERP 系统的设计为例。ERP 系统的设计主要有需求分析和系统设计两部分组成。在设计完成后,通过项目实施过程控制,来确保系统能够良好地运作。

1）需求分析

在做需求分析时,要充分地了解企业的概况,并对其进行管理现状分析。管理现状分析主要从 ERP 的几个模块来考虑。

（1）生产管理模块

生产管理是一个以计划为导向的先进的生产、管理方法。首先,企业确定总生产计划,再经过系统层层细分后,下达到各部门去执行。

①主生产计划

②物料需求计划

③能力需求计划

④制造标准:在编制计划中需要许多生产基本信息,这些基本信息就是制造标准,包括零件代码、物料清单、工序和工作中心。这些基本信息都用唯一的代码在计算机中识别。

⑤车间控制:这是随时间而变化的动态作业计划,是将作业分配到各个具体车间,再进行作业排序、作业管理和作业监控。

（2）财务管理模块

ERP 中的财务管理模块与一般的财务软件不同,作为 ERP 系统中的一部分,它和系统的其他模块有相应的接口,能够相互集成,比如:它可将由生产活动、采购活动输入的信息自动计入财务模块生成总账、会计报表,取消了输入凭证烦琐的过程,几乎完全替代以往传统的手工操作。一般的 ERP 软件的财务部分分为会计核算与财务管理两大块。

①会计核算:会计核算主要是记录、核算、反映和分析资金在企业经济活动中的变动过程及其结果。它由总账、应收账、应付账、现金、固定资产、多币制、成本和工资等部分构成。

②财务管理:财务管理的功能主要是基于会计核算的数据,再加以分析,从而进行相应的预测、计划、管理和控制活动。

（3）物流管理模块

物流管理模块是 ERP 系统的一个重要组成部分,主要是对货品从原材料采购、在库控制以及货品销售的整个渠道的相关信息进行控制和管理。

①分销管理:销售的管理是从产品的销售计划开始,对其销售产品、销售地区、销售客户等各种信息进行管理和统计,并可对销售数量、金额、利润成效、客户服务做出全面的分析,这样在分销管理模块中大致有三方面的功能。

a. 对客户消息的管理和服务。它能建立一个客户信息档案,对其进行分类管理,进而对其进行针对性的客户服务,以达到最高效率地保留老客户、争取新客户。

b. 对销售订单的管理。销售订单是 ERP 的入口,所有的生产计划都是根据它下达并安排生产的。而销售订单的管理贯穿了产品生产的整个流程。它包括客户信用审核及查询(进行客户信用分级,以审核订单交易)、产品库存查询(决定是否要延期交货、分批发货或用代用品发货等)、产品报价(为客户作不同产品的报价)、订单输入一变更一跟踪(订单输入后,变更的修正及订单的跟踪分析)和交货期的确认及交货处理(决定交货期和发货事物安排)。

c. 对销售的统计与分析。这时系统根据订单的完成情况,依据各种指标做出统计,比如客户分类统计,销售代理分类统计等等,再就这些统计结果来对企业实际销售效果进行评价,主要针对销售统计(根据销售形式、产品、代理商、地区、销售人员、金额、数量来分别进行统计)、销售分析(包括对比目标、同期比较和订货发货分析,从数量、金额、利润及绩效等方面作相应的分析)和客户服务(客户投诉纪录,原因分析)。

②库存控制:用来控制存储物料的数量,以保证稳定的物流支持正常的生产,但又最小限度地占用资本。它是一种相关的、动态的及真实的库存控制系统。它能够结合、满足相关部门的需求,随时间变化动态地调整库存,精确地反映库存现状。这一系统的功能包括:为所有的物料建立库存,决定何时订货采购,同时作为采购部门采购、生产部门作生产计划的依据;对生产的产品和收到的订购物料,经过质量检验入库;收发料的日常业务处理工作。

③采购管理:确定合理的订货量、优秀的供应商和保持最佳的安全储备。能够随时提供定购、验收的信息,跟踪和催促对外采购或委外加工的物料,保证货物及时到达。建立供应商的档案,用最新的成本信息来调整库存的成本。具体包括供应商信息查询、催货、采购与委外加工统计和价格分析。

(4)人力资源管理模块

近年来,企业内部的人力资源开始越来越受到企业的关注,被视为企业的资源之本。在这种情况下,人力资源管理作为一个独立的模块,被加入了 ERP 的系统中来,与 ERP 的财务、生产系统组成了一个高效的、具有高度集成性的企业资源系统,和传统方式下的人事管理有着根本的不同。它主要涉及人力资源规划辅助决策、招聘管理、工资核算、工时管理和差旅核算。

针对上述各个模块存在的问题,确定企业的 ERP 实施目标。实施目标也将是系统设计的重要依据。

2)系统设计

在设计之初,先要确定设计思想,例如管理集中化、系统集成化都可以是设计中体现的思想。

在此基础上即可搭建功能结构。并非每个企业都需要全套的功能结构,在设计时需要根据具体的情况来搭建功能结构。例如,我国卷烟企业的产品——香烟,只能由烟草专卖机构集中采购,因此针对卷烟企业的 ERP 系统就不一定需要客户关系管理等功能。搭建完成的功能结构因企业而异。以某汽车零部件制造生产企业 ERP 实施过程为例,主要流程如图 11-13 所示。

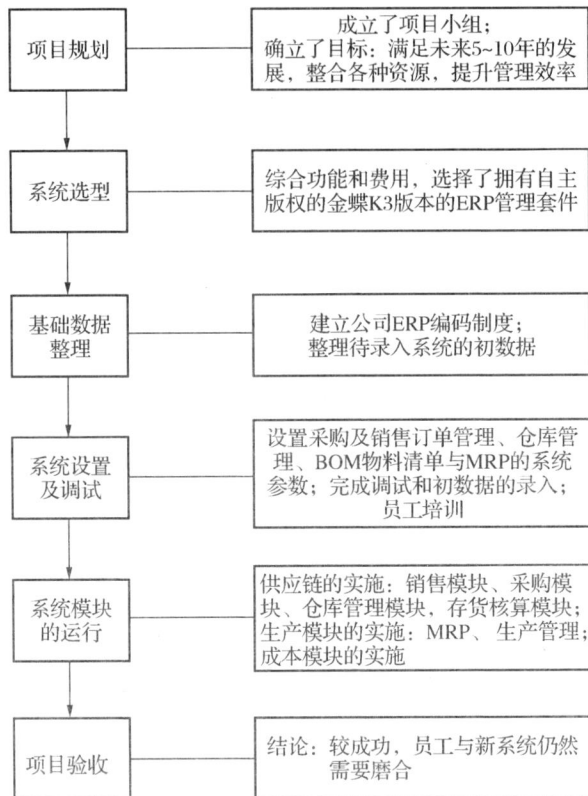

图 11-13　某汽车零部件制造生产企业 ERP 实施过程

功能设计就是设计具体实现功能的方案。在这个环节,针对功能结构中的各项功能,要分别为其确定管理、实施流程,包括作业步骤、反馈、修正及特殊情况的处理等。功能设计不能纸上谈兵,要与企业的加工工序、工作流程等紧密结合,优化运作模式,实现各个模块的功能,以达到 ERP 的实施目标。

11.3.3　典型案例——金蝶 ERP 系统

1）金蝶 ERP 系统概述

金蝶国际软件集团有限公司是全球知名的企业管理云 SaaS 公司,在 IDC2022 年发布的《IDC 中国 EA SaaS 公有云服务市场跟踪报告(2022 年上半年)》数据显示,金蝶在中国企业资源管理云服务市场排名第一,金蝶在 SaaS EA(企业级应用软件云服务)、SaaS ERM(企业资源管理云服务)、财务云市场占有率维持排名第一,并连续 18 年稳居中国成长型企业应用软件市场占有率第一。金蝶凭借技术领先全栈可控的大型企业管理云服务及平台、稳定成熟的中小企业管理云服务,斩获三料冠军,为世界范围内超过 740 万家企业、政府等组织提供企业管理云产品及服务。

金蝶 ERP 系统是一种集成管理软件,它可以帮助企业实现智能化供应链管理。该系统可以自动化处理采购、库存、销售和物流等方面的业务流程,从而提高企业运作的效率和准确性。此外,金蝶 ERP 系统还提供了实时数据分析和预测功能,帮助企业更好地了解市场需求和供应链状况,从而更好地规划和管理供应链。

2)金蝶 ERP 系统在汽车及零配件行业的应用

围绕汽车行业产业链上下游企业的整体业务主线,针对客户个性化需求多,难以快速响应,销售预测不准确,造成库存积压,汽车主机厂与零配件厂计划不协同,影响订单交期,传统精益生产模式与数字化模式如何深度融合、如何实现质量履历数字化及全程溯源,人力与材料成本的不断上升等,带来生产成本的压力等行业痛点。金蝶 ERP 系统以金蝶云苍穹为技术底座,应用金蝶云·星瀚+星空为汽车整车制造及零配件企业提供产业链一体化协同、个性化选配、网络化计划协同、数字化精益制造与数字化运营的一体化解决方案。见图 11‑14。

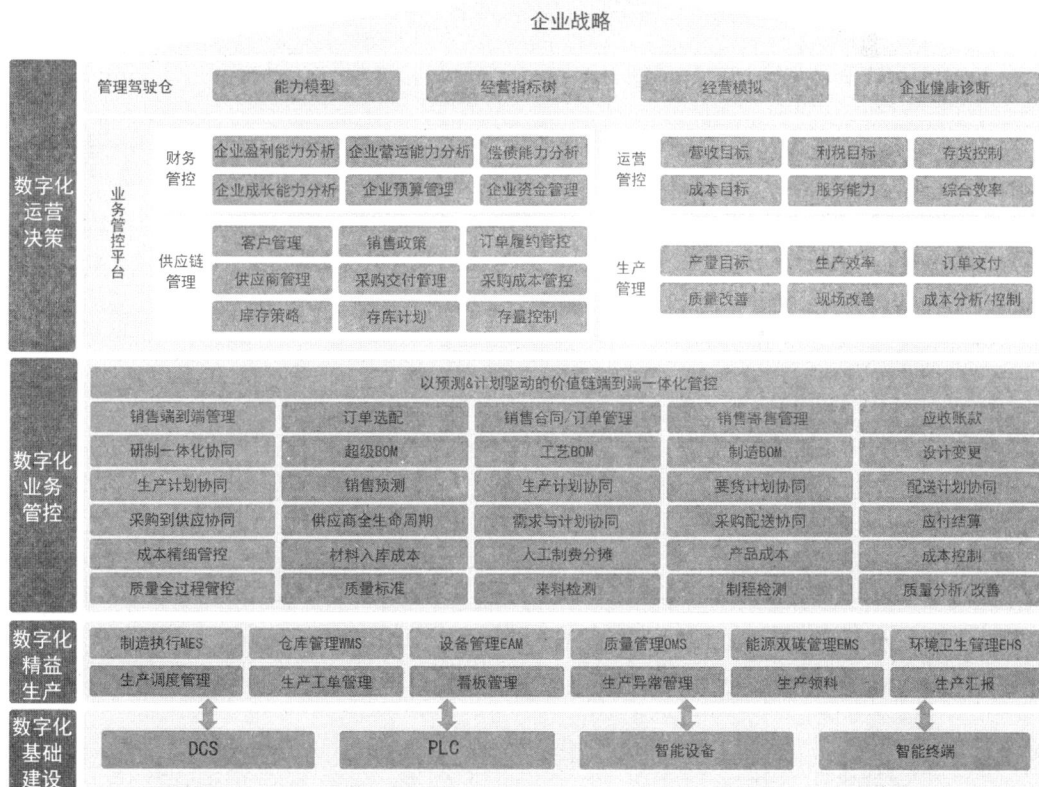

图 11‑14 汽车与零配件行业 ERP 应用蓝图

①汽车主机厂与零配件厂精准的计划协同

以汽车主机厂为核心企业,通过主机厂与零配件厂商之间的数据互联与资源共享,实现计划协同、要货协同、配送协同,保障产业链的生产计划高效协同与执行,提升主机厂与零配件厂的协同效率。

设计制造协同:研发与供应商一站式设计协同,缩短产品研发周期和上市周期(见图 11-15)。

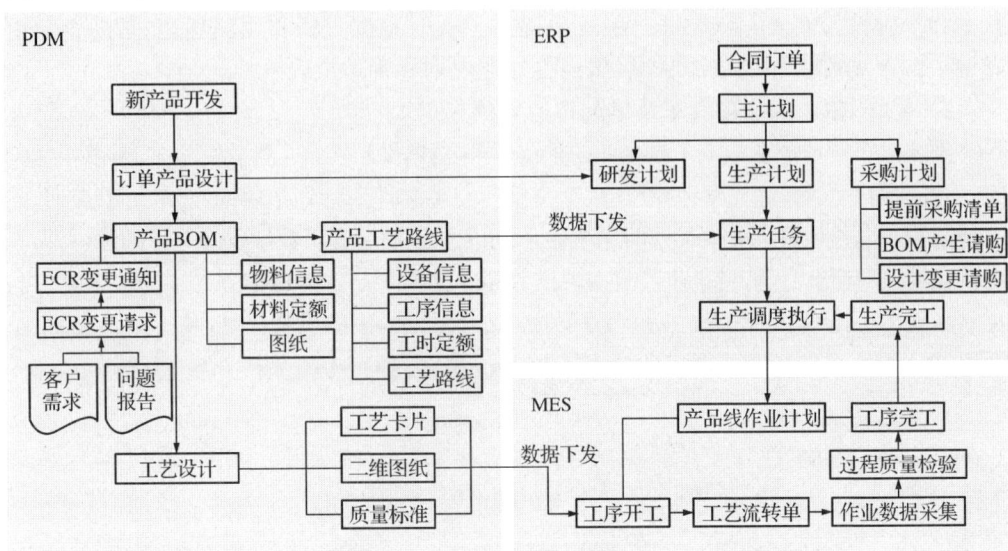

图 11-15　研发、制造一体化协同

计划协同:主机厂与零配件厂的计划协同,通过多级计划拉动零配件厂的备料与生产。见图 11-16。

供应协同:通过主机厂的上线计划拉通与零配件厂的物料供应协同。

配送协同:实现主机厂产线装配计划与零配件厂配送协同,保障物料准时配送到工位。

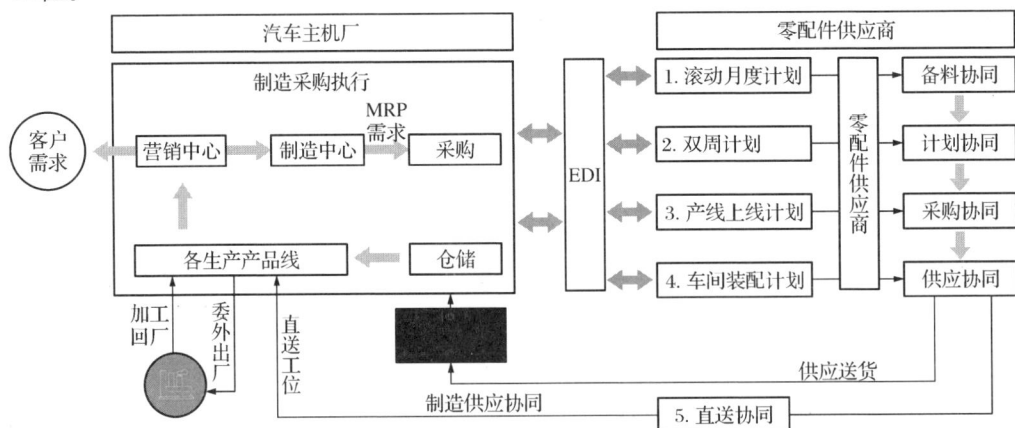

图 11-16　汽车主机厂与零配件供应商协同

②数字化工厂

以数字化工厂建设作为切入点,由传统的精益生产向数字化精益生产转变,通过数字化工厂精益生产管理,对工厂的安全,以及产品质量、订单交期、在制库存与生产效率进行管理与控制,达到精益求精、持续改善,降本增效的目的。通过数字化看板拉动式供料,使汽车主机厂与零配件厂无缝协作;JIT 生产模式,提高生产效率,消除生产等待与浪费,消除额外成本;实时生产数据控制在制数量;动态质量数据监控推动质量控制与改善;在线化与透明化的安全管理,提升安全防范与管理水平;数字化精益生产管理将贯穿生产执行全过程。见图 11-17。

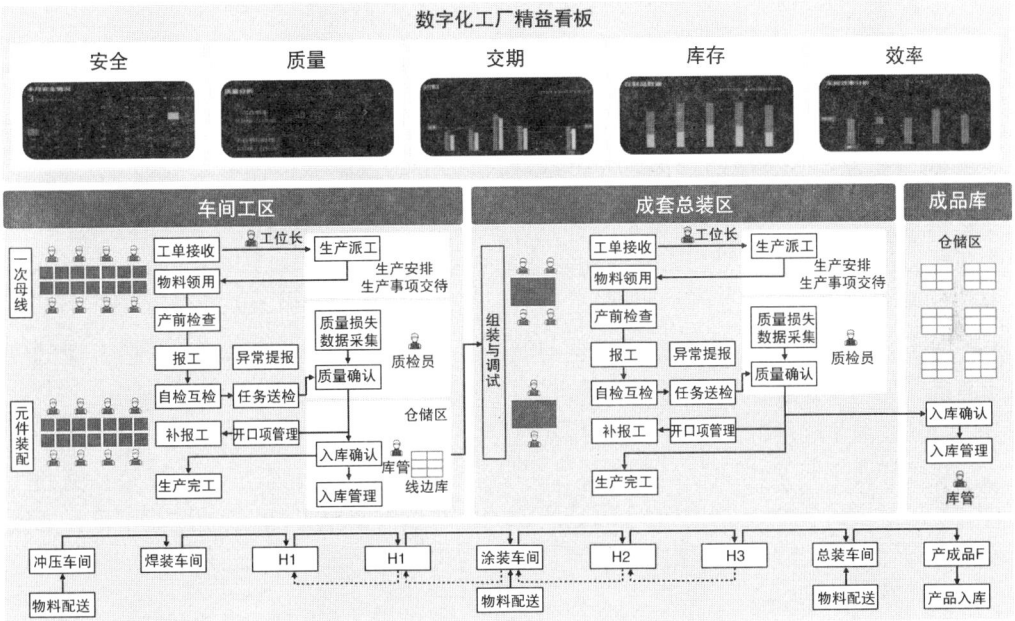

图 11-17 数字化工厂看板

③产业链协同

以汽车主机厂为核心实现产业链上下游协同作为切入点,建立以汽车主机厂供应链计划为推动、订单拉动的多级计划模式,通过滚动 3 月销售预测拉动零配件商的备料,滚动单月计划拉动零配件商的生产,双周滚动计划拉动零配件商的交货计划,3日

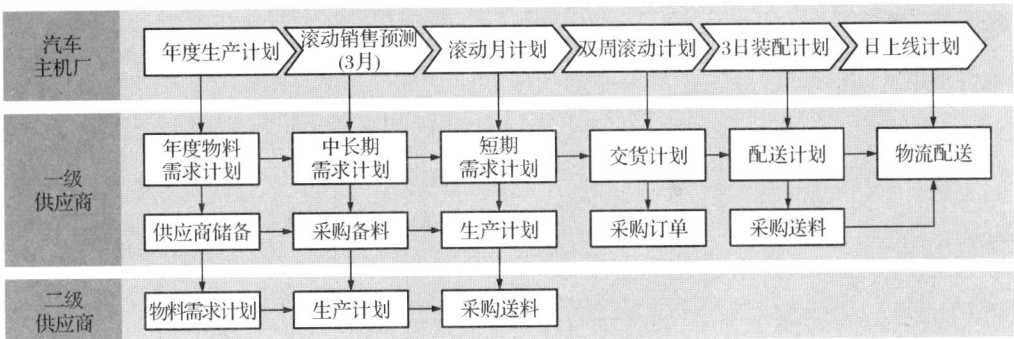

图 11-18 产业链协同示意图

装配计划拉动零配件商的配送计划,产线的日上线计划拉动产线配送/工位直送,实现汽车产业链上下游计划与物流的高效协同,打造汽车协同制造的标杆与典范。

11.4 服务企业物流信息系统

11.4.1 服务企业物流信息系统简介

随着国民收入水平的提高,社会生产和劳动人口将从农业逐渐转移到制造业,再从制造业转到商业和服务业。在当今世界,服务业正在逐渐取代制造业而成为经济增长和国际经济发展的主要驱动力量。近年来,我国的服务业也得以快速发展,并借助于以O2O模式为代表的互联网信息平台,一大批服务业产业得以壮大。因此,深入研究服务业物流的发展现状及特征,剖析其存在的问题,建立合理、完善的物流管理信息系统,进而提高我国服务业的发展水平具有重要的意义。

1)服务业的特征

由于服务的特殊性质,使得服务业与制造业相比具有较大差异,而对于服务业的研究也就可能与制造业大不相同。总体来讲,服务业具备以下特征。

(1)服务业过剩的需求和过剩的供给并存

在服务业中经常出现过剩需求和过剩供给的悬殊情况,绝不是偶然现象。例如一天中不同时段的餐饮业,旅游黄金周与淡季的旅馆供需情况等,虽然制造业中供需的波动也会有,但往往发生概率都比较小而且可以通过各种措施来消除。

(2)价格上涨率高

一般说来服务价格的上涨率相对较高。由于服务业在人员的费用上比重特别大,因而工资的提高敏感地反映到价格中。

(3)供给者的地区集中

从道理上讲,选择分散地区可以缩短和消费者的平均距离,使利用者感到方便。从服务的供给者来看,也有利于竞争。但从现实的地区集中情况来看,却似乎不是这样。银行、商店、饭店往往集中在繁华场所,在住宅地区的小卖店生意又不是那么兴隆,似乎消费者具有到远处的商业集中区消费服务的习惯。另一方面,制造业却不一定集中在城市地区。

近年来,团购等O2O模式的电子商务有了长足的发展。借助于团购网站等平台,消费者可以寻找到距离近、口碑好、满足自己需求的服务供给者,一定程度上达到了"酒香不怕巷子深"的效果。但是,上述的效果并未改变大的格局,供给者地区集中依然是服务业的重要特征。

(4)劳动密集型

服务业人力资本比重大,也就是劳动密集的缘故。服务业的成本中,有很大一部分是人工费,这与制造业形成明显的对照。平均来说,制造业产值、附加值中资本费用的比重相当高。另外,在资本费用中,机械设备类的比重又相对高于地点费用。这是因为制造业通过购买机器节省了人力从而急剧地提高了劳动生产率。当然,服务业也并不是完全没有实现机械化的可能。例如香烟和饮料的自动售货机就相当普及,但是在小卖店的销售总额中自动贩卖机的销售额所占比重是微乎其微的,大部分商品还和从前一样,通过人的双手卖出去。

(5)服务产业的零碎性

一般来说,属于服务产业的企业其规模都是比较零碎的。基本上,除了电力、煤气、自来水、铁路等行业外,其他行业的规模要比制造业小得多。例如,大多数小卖店的规模较小,饮料店或大多数服务业也同样如此,其中也有超级市场那样规模大的商店。但和大工厂相比,它的规模也相对较小。针对服务业的零碎性,也有将其整合的新模式,例如,订餐 APP 的平台会整合各家餐饮店的配送需求,派出送餐员取餐、送餐,提供统一的外卖配送服务,这就整合了原本零碎的服务内容。

2)服务业的物流特征

正如前面所介绍的,有的服务产业包含有形产品(如,超市销售的物品);有的服务产业不涉及有形产品(如,教育行业授课)。而现代物流包含物流、现金流、信息流等方面的内容,因此,这里主要介绍第一种服务产业,即包含有形产品服务产业的物流特征。

(1)只有采购及销售物流,无生产物流

服务业物流与其他行业物流相比最重要的特点为服务业没有生产物流,由销售物流产生、引导采购物流。因此,服务型企业需要时刻关注消费者行为、关注市场新动向,非常注重库存管理,以防有积压货物的产生,造成损失。

(2)服务水平要求较高

随着市场化经济的发展,以及社会追求多样化、个性化的潮流,越来越多的商品出现在消费者的面前,消费者选购某一种产品时往往面临多种选择,即产品的可替代性较高,当消费者不能获得某一种产品时,往往就会选择替代产品。因此,服务业必须提高服务水平,这不仅仅表现在员工的服务态度,而且表现在产品的可得性。这就对产品的物流提出较高的要求。例如,通过订餐 APP 来订购外卖的模式,就通过全面升级了餐饮业的销售物流环节,增强了产品的可得性,进而拉动了整个产业的发展。

(3)库存量相对较小且波动较大

大多数服务业为终端消费者提供服务,这在一定程度上决定了每一位消费者的消费数量、消费金额有限,并且某些产品的季节性较强(如当季水果),某些产品的更新换代速度快、价格波动大(如电子产品、女装)等等,这些客观因素制约着许多服务业的产品库存量相对较小以保持灵活性。

另一方面,很多服务业受到季节、节假日、促销等因素影响,在一定程度上会使商品的销售量激增,甚至出现脱货的情况。

3）服务业的物流信息特征

物流信息是指与物流活动有关的一切信息。物流信息是伴随着企业的物流活动的发生而产生的，企业如果希望对物流活动进行有效的控制就必须及时准确掌握物流信息的情况。由于物流信息贯穿于物流活动的整个过程中，并通过其自身对整体物流活动进行有效的控制。由此可以看出，物流信息可以说是物流的中枢神经，与其他行业相比，服务业物流信息具备以下特征。

（1）物流信息以销售物流信息为核心

服务业物流最重要的特征是无生产物流，而销售物流是物流的核心。因此，服务型企业要时刻关注销售物流，采集、管理销售物流信息，时刻关注销售动态，所建立的服务型物流信息系统应以销售物流为基础，以使物流信息可以在企业中得到迅速流通。

（2）物流信息动态性强

由于服务型企业的物流面向终端消费者，因此，物流活动范围大，物流信息源也分布于一个大范围内，信息源点多、信息量大。如果这个大范围中未能实现统一管理或标准化，那么信息便缺乏通用性。服务企业的物流信息动态性特别强，信息的价值衰减速度很快，对信息工作及时性要求较高。在物流信息系统中，应强调及时性，信息收集、加工、处理应速度快。

（3）物流信息种类多

在电子商务时代，随着人类需求向着个性化的方向发展，服务物流过程也在向着多品种、少量生产和高频度、小批量的方向发展。因此，服务业物流信息也日益呈现出种类多的特征，物流信息系统在设计时要充分考虑这一特征。

（4）物流信息流动量大

服务业每天要接待大量、不同的消费者，每位消费者的需求又有所不同，因此服务业的信息流动量较大，这就要求某一服务企业建立物流信息系统时，考虑到这一方面，使信息可以准确、快速地流动。

11.4.2　服务企业物流信息系统设计

随着O2O市场规模的不断扩大，本地生活服务已从最初的到店业务延伸至外卖及配送服务，这也就要求服务平台加强建设物流信息系统设计模块，形成功能丰富的服务平台。本地服务商家在平台发布当地餐饮、休闲娱乐、生活服务等服务或产品；平台为线下商家提供推广渠道，介绍优惠信息，进行平台补贴；消费者借助平台进行线上消费、线下履约；配送员通过线上接单，完成产品或服务从商家到消费者的传递。服务平台提供的服务企业物流信息系统建立了商家、配送员和消费者的联系，重视实时送达，本地快速配送。

知名服务平台分别有各自优势业务，比如美团在外卖供给及配送业务依然遥遥领先，阿里巴巴、京东、拼多多等电商平台则重在布局即时零售、生鲜产品配送业务。其物流信息系统设计遵循类似的原则，具有细微差异。图 11-19 显示了服务企业物流信息系统设计时的主要流程。其中,外卖跑腿业务和生鲜零售业务的主要差别在于配送员是否为商家专用。外卖跑腿业务通常是骑手自主通过线上抢单并完成配送,配送员具有高自由性,而线下大型生鲜零售商店通常设置配送专员,具有专业的配送设备及配送能力,提供高质量的配送服务,保证避免货损,准时送达,减少配送中的意外情况发生。

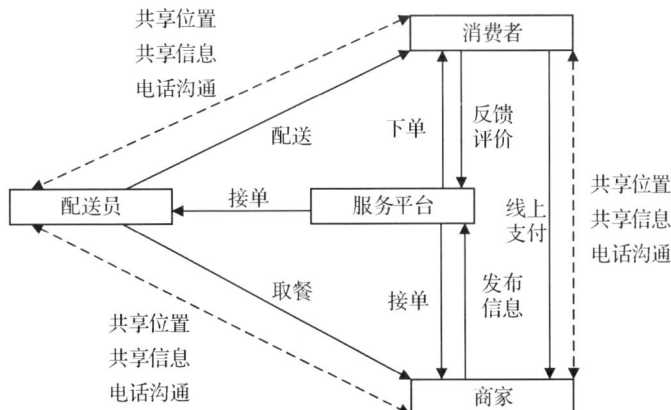

图 11-19 服务企业物流信息流程

服务平台在服务业务中扮演重要角色,深入推进"零售＋科技"战略,通过即时零售和优质线上线下供给,全方位满足用户消费需求,实现资源整合和技术升级。具体内容如下:

(1)平台需要充分利用数字化技术的即时零售业态,进一步激活本地消费潜力。通过即时零售带动更多本地实体商户实现数字化经营方式转变,扩大平台即时零售相关的便利店、超市等商户的数量,为消费者提供更多的商品种类,推动除餐饮外卖外的药品、鲜花、日用杂货、品牌化妆品和手机等即时零售业务的增长。

(2)平台需要发挥供给端优势,围绕元旦、春节等关键消费节点开展系列主题活动,通过推选特惠优质套餐,发放消费券等方式,助力本地服务业商户订单数量增长。如联合万家优质商户,开设夜宵专场主题活动,激发"夜经济"消费活力。

(3)平台通过人工智能技术,推出智能推荐服务。根据客户的需求、浏览记录、历史订单等信息,为客户提供个性化的推荐商品和服务,缩短客户的购买比选时间,提高客户对产品或服务的满意度,增加用户与平台之间的黏性。

(4)服务平台需要承担商户审核的责任。在相关经营管理部门的指导下,服务平台在商户审核时,会严格查看商户的证照信息,并对商户的"营业执照"和"食品经营许可证"扫描信息进行公示,其中入网店铺会在"食品安全档案"一栏单独以文字形式公示与食品经营许可证内容一致的名称、经营场所、经营项目、许可证号、许可有效期限等信息,以便消费者阅读查看。

(5)平台结合先进技术,探索无人机配送业务。比如,美团无人机已在深圳和上海实现落地,截至 2022 年底,航线覆盖 18 个社区和写字楼,可为近 2 万户居民服务。在常态化试运营的两年间,美团无人机面向真实用户已累计完成超 12 万单配送任务,美团自动配送车已在室外全场景完成超过 277 万订单的配送任务。

（6）平台需要向商户引入共享经济模式。通过共享资源和资源整合，实现产业集聚化，降低小商户的运营成本，提高业务效率，也便于工商管理部门进行审查。

互联网消费服务平台，激活了线下市场和商户的活力，通过本地商户共享社会化的配送队伍，延伸了商户的服务半径，延长了商户的经营寿命，扩大了商户的经营规模，提升了商户的经营效率；为消费者提供了更加便捷的生活服务，提供了更多的选择，可满足个性化的需求；为社会提供了更多的就业岗位，如物流配送人员，解决了一部分人的就业问题，丰富了部分人群的收入来源。

11.4.3　典型案例——美团外卖平台

随着互联网技术的快速发展，数字经济与传统产业深度融合成为当下主流趋势。作为与人们生活息息相关的"餐饮业"，自然离不开数字化、信息化的转型升级。互联网订餐已经走进了我们的日常生活，并逐渐变成了一种普及的、常规的就餐方式。以美团外卖为代表的互联网＋餐饮新业态正在迅速崛起，培育出服务消费的新动能，其外卖经营与配送业务模式已经被众多外卖平台所模仿，形成了模式创新。

1）美团外卖平台介绍

美团外卖是美团旗下的在线外卖订餐平台，提供快速、便捷的餐饮服务。作为中国最大的在线外卖平台之一，美团外卖市场份额庞大，覆盖全国各地优质外卖商家、快餐和特色美食店，无论用户身处何地，都可以通过美团外卖订购到心仪的菜品。为满足没有配送能力的中小型商户的外卖业务需求，美团外卖 O2O 平台率先探索出"外卖业务"＋"物流配送"这种双轮驱动的发展模式，为更多商户提供展示窗口和运输服务的同时，也增进了消费者的选择空间。美团外卖提供的服务与保障技术如图 11-20 所示。

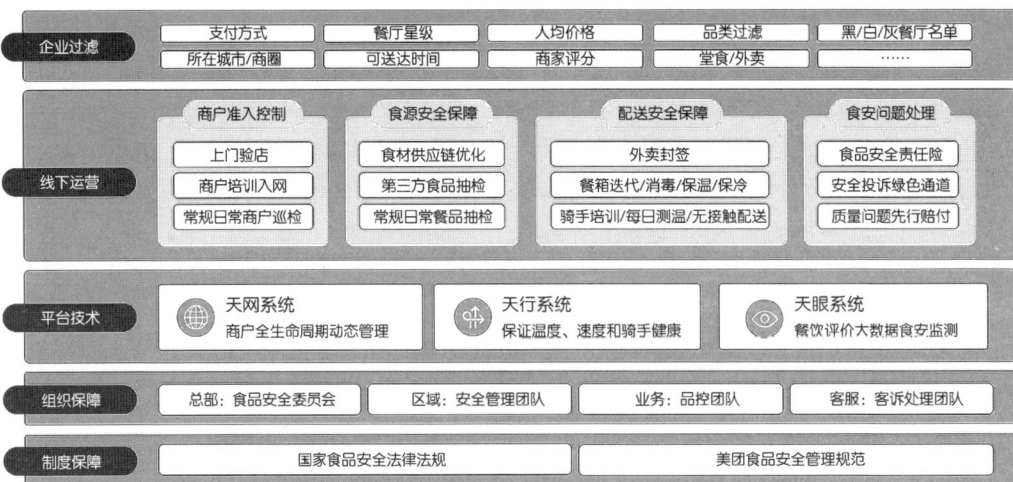

图 11-20　美团外卖提供的技术支持与安全保障

用户在使用美团外卖时，需要在应用商店或美团外卖官方网站上下载美团外卖手机 APP 或搜索微信小程序,并进行账户注册。注册时,用户需要提供个人信息并进行实名认证。然后,用户在美团外卖平台上浏览各种菜品图片和详细介绍,选择自己喜欢的菜品并加入购物车。确认订单信息和配送地址后,进行支付下单。随后,美团外卖会安排配送员将用户订购的餐品送至指定地址。而在订单完成后,用户可以对配送服务、商家和菜品质量做出评价。若遇到问题或纠纷,可通过客服渠道进行解决。

用户从下单到完成订单的整个过程,看似只需要简单的操作,但是其中涉及很多技术与服务,如图 11‑21 所示。具体而言包括如下方面:①商品推荐服务,平台根据用户收货地址为其提供合适的商户选择,并结合用户的个人订餐习惯进行个性化智能匹配;②订单交易服务,用户从丰富的商户中筛选自己需要的商品,在线上下单,并且完成支付,其中涉及订单打印、支付安全和运力安排等技术;③订单配送服务,根据在线骑手的实时位置和状态,实现骑手调度,并为其进行取餐和配送过程的路径规划,使得整个物流配送过程的时间最短,用户满意度最高。此外平台还设有使用评价与投诉建议等其他有助于优化用户体验与优化平台建设的功能。

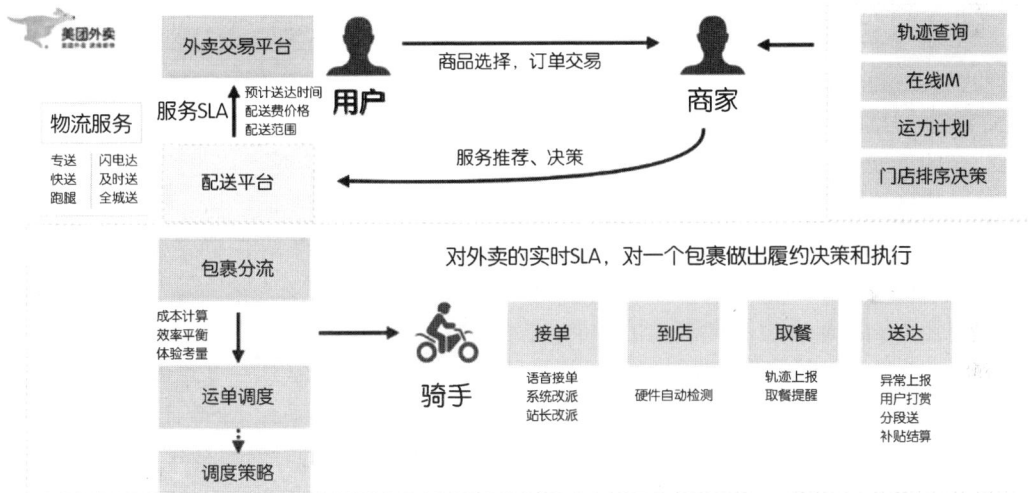

图 11‑21　美团外卖技术各环节技术服务流程

美团外卖平台充分整合了原本零散的小型餐饮店的外卖业务,打通了客户与商家的信息通道,还大大提升了配送效率。商家发布菜单、优惠等信息,用户在平台上挑选、订餐并使用第三方支付进行付款。用户下单、商家接单、送餐员抢单,订单信息的传递一气呵成。外卖平台还分别针对用户和商家给出一定的补贴,以提高平台的活跃度。美团外卖平台提供的服务包括:

(1)丰富的商家与菜品

作为中国最大的在线外卖平台之一,美团外卖在市场上具有广泛的影响力。美团外卖与众多知名餐饮品牌合作,通过战略合作、投资等方式,共同打造更加完善的餐饮生态系统,为用户提供更多优质餐厅选择,多样化的菜品选择,满足不同消费者的口味需求。无论是中式餐饮、西式快餐还是特色美食,用户都可以在美团外卖平台上找到自己喜欢吃的菜品。

（2）快速配送服务

美团外卖拥有庞大的配送团队和先进的配送系统,确保用户订购的餐品能够快速、准确地送达。整个过程中,用户、商家、送餐员之间都可以通过电话保持沟通,同时,美团外卖还提供预计送达时间和实时配送状态查询,让用户随时掌握餐品配送情况,用户还可以在线上催单并获得反馈。

在配送环节,商家可以自行派出人员送餐,也可委托外卖平台负责送餐。借助于订餐平台,商家外卖的业务量占比显著提高,自行配送的商家也能在短时间内积累较多订单,少量的几次外出即可完成配送。而订餐平台的职业送餐员可以通过APP抢到附近的送餐订单,抢单成功后前往对应商家取餐,再送到用户手中。在配送体系中涉及运力资源规划、配送路线推荐、订单分配策略、骑手身份识别、智能穿戴设备等优化或安全措施,从各个方面保证配送服务的快速安全送达。

（3）优质技术支持与客户服务

美团外卖拥有强大的技术团队和先进的技术支持,不断进行技术创新和智能化服务升级。通过大数据分析、人工智能等技术手段,美团外卖能够为用户提供更加个性化、精准的智能推荐及营销服务,提高用户体验和平台运营效率。

美团外卖重视食品安全监管和健康饮食宣传等方面的内容建设以更好地满足消费者对健康饮食的需求。注重用户体验和服务质量,拥有专业的客服团队,随时为消费者提供服务。用户可以通过在线客服、电话等多种方式与美团外卖客服联系,解决订餐过程中遇到的问题。

美团外卖基于"人找店"模式进行平台设计,当消费者提出明确的搜索需求,平台能够将丰富的供给端商户推荐给消费者,供消费者挑选与选择。从运营角度看,美团外卖对于运营能力要求较低,搜索模式下对内容创作及广告投放要求较低,此外商家借助评分机制可实现自然引流,对于中小商家更为友好。截至2022年,美团全年即时配送订单量同比增长至177亿单,其中餐饮外卖单日订单量峰值突破6 000万单,供给端美团活跃商家数为930万,需求端美团月活跃人数为3.94亿人,配送端每日有100万骑手穿梭在全国各地的大街小巷,以平均每单约30分钟的速度服务着上亿的中国消费者。

2）分析与评价

外卖订餐平台能够取得巨大的成功,很大程度上是由于针对服务业及其物流与信息的特征,做出了针对性的设计。

服务业具有过剩的需求和过剩的供给并存、供给者地区集中、零碎性的特点。餐饮业在用餐高峰时间业务会非常繁忙,但在其他时段却相对清闲,针对这一特点,外卖平台招收了很多的兼职送餐员,只在用餐高峰时段工作。由于订餐平台主要基于用户的位置来提供附近的商家,这在一定程度上打破了供给者地区集中的现象,很多商家也因此会选择离开商业中心而搬迁至租金更低廉的居民区。以小型餐饮店为代表的服务业规模普遍小,外卖配送的业务很零碎,而订餐平台最大的特点就是集中了大量的小商家,并运营专业的送餐团队,整合了零碎的资源。

服务业对服务水平要求高,其信息以销售物流信息为核心,动态性强、种类多且流动量大。针对服务水平要求高,订餐平台优化、规范了配送服务流程,做出了"准时达""过期赔付"等承诺,结合用户的评价体系,使得用户体验得到了显著提升。外卖平台整合了餐饮业物流信息的核心——销售物流,利用互联网打通了信息通道,使得用户、商家、送餐员之间的订单信息能实时共享、更新,即时处理动态、丰富、流动量大的物流信息。除此以外,利用大数据技术,平台还能综合分析出更具价值的物流信息,反过来能促进整个系统的进一步优化。外卖平台还借此拓展了业务,利用其物流系统开展同城即时物流等服务。

互联网外卖订餐平台的兴起,改变了餐饮业的格局。许多小型餐饮店的业务结构发生了质的变化,提升了服务品质,促进了行业的发展,做大了这块蛋糕。由此可见,先进的物流信息系统对于包含有形产品的服务业具有重大而深远的意义。

11.5 第三方物流企业物流信息系统

11.5.1 第三方物流企业概述

1)第三方物流企业的概念

第三方物流是相对于第一方物流(卖方物流/制造企业物流)和第二方物流(买方物流/商贸企业物流)而言的,是由物流劳务的供应方、需求方之外的第三方去完成物流服务的物流专业化运作方式。

通常第三方物流的社会经济职能可以分为两个方面:其基础职能是为制造企业及商贸企业提供物流服务;其核心职能是统筹物流活动,统筹物流资源,以更高的效率和更低的成本输出物流服务。为了更好地实现上述职能,第三方物流企业需要不断提升自身的信息化水平,对货源及运力进行统筹,以实现合理配载以及合理安排运输配送,实现规模经济效益。

2)国外第三方物流企业信息化建设发展经验借鉴

(1)法国

法国地处欧洲大陆中心位置,得天独厚的地理位置优势使得法国成为欧洲地区重要的商品集散地,巨大的贸易需求推动了法国物流信息化的快速发展,尤其是在一些专业第三方物流企业中,信息技术以及信息系统标准化的实现程度处于世界领先地位。

以法国 KN 公司为例,它在全球 98 个国家、600 个城市开展物流业务,其开发的标准化全程跟踪信息系统包括 6 个层次的信息服务,第一层做到跟踪集装箱,第二层增加了一些信息服务,第三层能够确定订货单在什么地方,从第一层到第三层可以做到实时跟踪批货;从第四层开始跟踪到每个物体,第五层是物流方面的优化服务,第六层能够实现物流配送。该信息系统能够做到传送图像资料,如发票、过关资料等可通过信息系统在荧光屏上看到,同时这 6 个层面的信息系统可以根据客户的需要来定制。

(2) 美国

美国作为物流理念的发源地,其物流研究、设计和技术开发一直处于世界前沿。美国第三方物流企业都十分重视现代物流能力的开发,并将物流信息化作为实现这一目的的重要途径进行发展,将物流信息系统建设与物流产业全过程相结合,其特点可以总结为如下几点:

①普遍采用条形码技术(Bar-Coding)和射频识别技术(RFID),提高信息采集效率和准确性;采用基于互联网的电子数据交换技术(Web-EDI)进行企业内外的信息传输,实现订单录入、处理、跟踪、结算等业务处理的无纸化;

②广泛应用仓库管理系统(WMS)和运输管理系统(TMS)来提高运输与仓储效率;

③借助网上采购辅助材料、网上销售多余库存等电子商务手段来降低物流成本。

(3) 日本

作为中国的近邻,日本现代物流业发展异常迅速,物流信息化运用具有较高水平。日本十分重视物流信息的处理手段,几乎所有的专业物流企业都是通过计算机信息管理系统来处理和控制物流信息的,为客户提供全方位的信息服务,在订货、库存管理、配货等方面,广泛使用物流联网系统、电子数据交换系统(EDI)、供应链管理(SCM)、无线射频识别技术系统(RFID)、卫星定位导航系统(GNSS)、输送过程信息系统、配货配车系统等。

以日本大福公司为例,它非常重视物流新技术、新理念在企业物流系统建设过程中的运用,力求将整个物流经营过程信息化,大福公司自行开发、制造了 300 多种符合公司经营需要的信息化物流产品,包括自动化立体仓库(AS/RS)、快速分拣系统、数字拣选系统、控制系统(AGC)等,物流信息化的运用提高了大福公司物流组织与管理效率,增强了其综合竞争能力。

经过多年的发展,我国第三方物流企业物流信息化建设方面取得了一定的成绩,据中物联公路货运分会对一百多位货运物流企业 CEO 调查显示,2022 年物流企业在数字化转型方面的投入呈增长态势。通过数字化转型,被调查企业初步具备了多样化的数字化服务能力。调查数据显示,有超过八成(82.7%)的企业具备数字化运输管理能力,这也是公路货运市场最先启动数字化转型的领域,也是公路货运企业开展业务提升的基础工具。其次是客户订单管理(66.9%)和车队管理(56.1%)的数字化,占比在六成左右,仍然是业务开展的重要领域。此外,数字化能力较强的还有车辆监控能力(48.2)、司机管理(48.2%)、全程运输可视(45.3%)和交易平台(44.6%)。

虽然如此,相比于上述发达国家物流企业物流信息化建设情况,我国物流企业在信息技术应用水平上仍存在差距,同时物流信息化需求层次不高、信息标准与使用规范不统一、信息资源整合利用不成熟等问题也制约着我国物流企业信息化建设水平的进一步提升。

11.5.2 第三方物流企业物流信息系统

1）第三方物流企业物流信息系统的概念

物流信息系统是把各种物流活动与某个一体化过程连接在一起的通道。物流信息系统是硬件和软件的结合,从而实现对物流活动的各个环节进行管理、控制和衡量。物流信息系统的硬件包括计算机、输入/输出设备和存储媒体等。物流信息系统软件包括用于处理交易、管理控制、决策分析和制定战略计划的系统和应用程序。

物流信息系统不仅仅是作为一种提供信息的工具,协助完成物流作业功能,并且为物流公司和客户创造价值;系统本身就能够创造价值。一般来说,采用物流企业服务的客户的第一利润来自自身核心业务成本的节省,第二利润是通过物流企业调整供应链为他们节省出来的成本,这种做法被证明非常有效;第三利润则是通过加强信息的流通来加快资金流转速度,这部分利润的获得依赖于物流企业信息化程度的加强。

2）第三方物流企业物流信息系统的组成要素

通常来看,第三方物流企业的物流信息系统包含以下共同的要素,即:

(1)程序模块

此模块是处理数据和信息的实际程序,例如登录订货或分配存货。

(2)数据库文件

数据文件是存储具体任务数据的信息结构,例如订货或存货记录。

(3)数据录入和获取

数据录入和获取活动代表了物流信息系统必须通过外部网络录入和获取所需数据,例如决策者或另一家厂商得到输入数据的界面和权限。

(4)物流报告

物流报告提供了有关物流活动的及时信息和履行链接。

(5)通信链接

通信链接是物流信息系统组件与外部环境之间的内部和外部界面。

3）第三方物流企业物流信息系统的特性

优秀物流企业的物流信息系统不仅能够降低物流企业运营成本、提高运营效率和提高客户服务水平,还能够使物流企业在使用物流信息系统的过程中,不断丰富和积累物流管理知识,提高物流企业的整体管理水平。物流企业选择物流 IT 系统,与其说是一种信息技术选择,不如说是一种企业管理模式和市场竞争战略的选择。

国内外一些运作良好的典型物流企业物流信息系统共同具有以下特性:

(1)可得性

物流企业物流信息系统必须具有容易而又始终如一的可得性,即所需信息包括订货和存货状况,当物流企业因物流活动有需要获得信息时,应能方便并迅速地从计算机系统中得到。迅速的反应对于客户服务与改进管理决策是非常必要的,因为顾客需要频繁地获取存取货和订货信息。可得性的另一方面是信息系统存取所需信息的能力,无论是管理上的、顾客方面的,还是产品订货位置方面的信息。物流作业的分散化性质,要求能从国内甚至世界各地任何地方得到更新的数据,这样的信息可得性可以减少作业和制订计划上的不确定性。

(2)精确性

物流企业物流信息系统必须精确反映物流企业当前的物流服务状况和定期活动,以衡量订货和存货水平。精确性可以解释为物流系统报告与实际状况相吻合的程度。平稳的物流作业要求实际的数据与物流信息系统报告相吻合的精确性最好在99%以上。当实际数据与物流信息系统报告存在误差时,就要通过缓冲存货或安全存货的方式来适应这种不确定性。

(3)及时性

物流企业物流信息系统必须能够提供即时的、最快速的管理信息反馈,及时性是指一系列物流活动发生时与该活动在物流信息系统可见时的时间间隔。例如,在某些情况下,系统要花费几个小时甚至几天才能将一个新的订货看作一个新的需求,因为该订货不会始终直接由客户数据库进入物流企业的物流信息系统。此外尽管一些生产企业存在着连续的产品流,但如果物流企业物流信息系统却是按每小时、每工班甚至每天进行更新,则不能保证信息系统的及时性。显然实时更新或立即更新更具有及时性。实时更新往往会增加相关财务上的工作量,因此编制条形码、采用扫描技术和物流 EDI 有助于及时而有效地记录数据。全球卫星定位技术 GPS 也有助于物流信息系统的及时性。

(4)识别异常情况

物流企业要与大量的客户、产品、供应商和服务公司进行协作或竞争,要求物流信息系统应能有效识别异常情况。在物流系统中,需要定期检查存货情况、订货计划,这两种情况在许多物流信息系统中要求手工检查,尽管此类检查越来越趋向自动化,但由于许多决策在结构上是松散的,并且需要人为因素参与判断处理,仍需要人工花费大量时间检查。因此,物流企业的物流信息系统要结合决策规则,去识别这些需要管理者注意并做出决策的异常情况,计划人员和经理人员把他们的精力集中在最需要注意的情况,集中在判断分析上。物流企业物流系统应该具备智能识别异常情况功能,使得在物流管理中能够利用系统去识别需要管理部门引起注意的决策。

(5)灵活性

物流信息系统必须具有灵活反应能力,以满足系统用户和顾客的需求。物流企业物流信息系统要有能力提供能迎合客户需要的数据,如票据汇总、实时查询、成本综合分析、市场销售汇总及分析等,一个灵活物流企业的物流系统必须适应这一要求,以满足未来企业客户的各项信息需求。

(6)界面友好规范

信息系统提供的物流报告应该界面友好和规范,以适当的形式对物流信息进行表述,建立正确和规范的物流信息表达结构,方便客户查询和阅读,方便客户打印和存档。物流报告的表现形式应与传统报告相结合,便于企业报关及管理人员阅读和分析。

4）第三方物流企业物流信息系统发展必要性

作为专业从事物流业务的第三方物流企业,必须具备比客户企业自营物流更高的效率、更高的准确性、更低的成本。第三方物流企业物流信息系统要能够从客户企业的商流中和由商流引发的物流中提取与物流相关的信息,进行存储、汇总、分析,从而得到客户企业和第三方物流企业所需要的信息,从而为客户企业和第三方物流企业的物流运作提供服务。因此,建设高效的物流信息系统是第三方物流企业提供专业物流服务的基础和保证。

（1）物流及时化的要求

物流及时化的要求主要体现在"5R":即在适当的时间（Right Time）将适当质量（Right Quality）的货物（Right Commodity）于适当的地点（Right Place）送达适当的客户（Right Customer）。为了实现该目的,需要对物流信息实行系统化管理,通过对各种物流业务的相关数据进行电子化储存与管理,应用科学的运筹学办法,实现对于物流业务的协调运作,将各部分和部门有效结合并发挥综合效益,追求一种整体的、系统的最优化效果。也就是说,第三方物流企业物流信息系统应是各类物流业务的电子数据库的集成,能够实现对有关信息提取后,通过物流运筹分析仿真模型达到对物流服务计划的科学规划,同时应用快速反应（Quick Response,QR）及有效的客户反映（Effective Customer Response,ECR）、自动连续补货（ACEP）、不间断连续供货（SRP）等供应链管理策略对物流业务进行管理,从而实现对物资配送体系的调存运销一体化的供应链管理,对物流服务需求的变化即时做出反应。

（2）物流信息化的要求

物流信息化表现为物流商品的信息化、物流信息搜集的数据库化和代码化、物流信息处理的电子化和计算机化、物流信息传递的标准化和实时化、物流信息存储的数字化等。为实现物流的信息化,首先用标准化的条码技术（Bar Code）完成商品数据录入和数据采集,再借助自动识别技术、数据库技术（Database）、电子数据交换（EDI）等现代技术手段建立仓储、保管等各类与物流业务管理有关的基本数据库;应用射频技术（Radio Frequency,RF）来进行物料跟踪、运载工具和货架识别等要求非接触数据采集和交换和需要频繁改变数据内容的场合,通过便携式数据终端（PDT）随时通过 RF 技术把客户产品清单、发票、发运标签、该地所存产品代码和数量等数据传送到计算机管理系统;应用 GPS（Global Positioning System）技术,用于汽车自定位、跟踪调度、导航车辆,从而大大提高物流路网及其运营的透明度,提供更高质量的物流服务。

（3）物流自动化、网络化的要求

自动化要求以信息化为基础,通过条码/语音/射频自动识别系统、自动分拣系统、自动存取系统、自动导向车、货物自动跟踪系统等实现以计算机技术作为媒介的以机电一体化为核心的自动化,这就要求物流中心的信息系统要实现对于商品有关信息的标准化操作,建立有关 ID 代码、条形码或磁性标签等的参数体系,据此来实现对于商品配送的自动化控制。而网络化则要求物流中心通过电子订货系统（EOS）和电子数据交换技术(EDI)与供应商或制造商及下游顾客之间保持实时联系,通过信息的共享,实现对物流服务商的组织网络化(Intranet)。并在此基础上建立基于供应链管理角度的物流配送系统的虚拟增殖网(Virtual Value-Added Network,VVAN)。从而简化物流交易流程,缩短物流环节,实现网络伙伴的一体化互动协作。

(4)物流智能化的要求

依据对物流自动化、信息化的高层次应用,在物流作业过程需要进行大量的运筹和决策,如库存水平的确定、运输(搬运)路径的选择、自动导向车的运行轨迹和作业控制、自动分拣机的运行、物流配送中心经营管理的决策支持等问题,来实现对于物流的智能化操作。因此物流智能化要求物流信息系统必须建立对于物流业务流程的物流分析系统来进行对物流的运筹分析。具体而言,物流分析系统应包括以下模型。①车辆路线模型:用于解决一个起始点、多个终点的货物运输中如何降低物流作业费用,并保证服务质量的问题,包括决定使用多少辆车,每辆车的路线等。②网络物流模型:用于解决寻求物流业务中最有效的分配货物路径问题。③分配集合模型:可以根据各要素的相似点把同一层上的所有或部分要素分为几个组,用于解决确定物流服务范围和销售市场范围等问题。④设施定位模型:用于确定物流中心应在何地设置一个或多个公共设施或辅助设施等问题。⑤全球定位系统模型:用于对物流业务在海陆空全方位进行实时三维导航与定位,解决对物流业务的合理整合与集成的问题以及对物流业务的跟踪问题。

(5)第三方物流企业未来发展的要求

物流信息系统建设是长期战略投资,影响企业的未来发展,要求信息系统的结构要具有开放性和扩张性。如要把现在的仓库改造为增值服务中心,则在 IT 系统的配置方面,至少要有仓库管理系统和商务管理系统,还要配置条码印制系统和无线终端识别系统等。但一定要以企业的物流发展战略为依据,同时还要考虑有关信息技术的经济寿命。要防止为预留功能接口而购进多余的设备,造成资金沉淀。

5)第三方物流企业物流信息系统设计目标

信息系统是第三方物流的中枢神经,它的任务是实时掌握物流供应链的动态,从货物网上订单托运,到第三方物流公司所控制的一系列环节的协调,再到将货物交到收货人手中,使得物流过程尽可能透明化。第三方物流要赢得货主的信任,完善和先进的信息系统是必不可少的。在信息系统进行建设时,应设定以下目标。

(1)实现对物流全过程的监控

第三方物流提供者通过信息网络能方便地跟踪产品流动的各个环节,快速查询了解即时信息,以便确定进一步的生产计划、销售计划和市场策略。

(2)减少库存,提高企业经营效率

发展第三方物流无疑是促进企业物流活动合理化的重要途径。第三方物流提供者借助精心策划的物流计划和适时运送手段,最大限度地减少库存,改善了企业的资金流量,实现成本优势。

（3）物流作为系统管理

传统上，物流只是作为企业的一般性功能性活动，物流信息往往零散分布在不同的职能部门。当今，物流已被视为企业的第三利润源泉，企业追求的是从采购、生产到销售整个物流环节的一体化管理。在这种供应链一体化管理环境下，管理和协调物流、信息流，使信息自由、准确地流动就显得更加重要。

（4）有效地支持高效的物流服务

无论经过多少运输方式、中转环节、是否进行拼装箱操作，确保对同一票货的正确识别，保证运输、仓储等各个环节之间的协调一致，准确及时地完成各个环节的物流指令。

（5）有效地支持配送、包装、加工等物流增值服务

物流服务商可以针对多个客户的不同要求设计多种增值业务模式，并将新的管理理念、先进的管理技术与信息系统相结合。

6）第三方物流企业物流信息系统分类

根据物流企业的核心业务，物流企业的应用性物流信息系统主要有：仓储管理系统、运输管理系统、配送管理系统、费用管理系统和报关报检管理系统。

（1）仓储管理系统

仓储管理系统（Warehouse Management System，WMS）帮助仓库管理人员对库存物料的入库、出库、盘点等日常工作进行全面控制和管理。通过期初余额管理功能，完成库存物料初始化，并完成日常的出入库单的输入、审核等各项管理功能，以达到降低库存，避免物品积压及短缺的目的。仓储管理系统的功能模块包括（图 11 - 22）：

①库位设定：根据实际情况，计算机自动生成各种仓库，并在仓库中设置库位、货架。

②货物信息管理：根据客户货物的性质进行提前输入，并对某些失去价值的陈旧货物进行修改或删除。

③入库管理：根据退货入库订单或收货订单对入库的信息进行预录入，经过审核确认后进行库位的分配，从而完成实际入库操作。

④出库管理：根据客户的实际要求和客户的实际库存情况，提前做好出库准备，一旦确定出库后，以最快速度完成出库，并对发货订单或退货出库订单进行审核，以保证出库物品的正确。同时它还要对客户的库存物品的最低库存进行动态评估。

⑤安全库存管理：对仓库的最大存量进行设置，以确保仓库能最大化满足客户的要求，同时对客户的仓储物品的最低存量进行设置，以满足客户生产的需要，减少资金的积压。

⑥库位调整：对库存物品的存放合理性进行人工调整，使仓库的利用率最大化，以节约仓储成本，降低客户的资金压力，有利于满足客户实际需要，同时提高物流企业的竞争力。

⑦日报表管理：实现对入库和出库的数据统计，并随时可以掌握目前的库存动态；可以实现对客户的评测，对操作人员的工作成绩的考评。

（2）运输管理系统

运输管理系统（Transport Management System，TMS）帮助运输调度人员对需要运送的货物进行配载工作，并对车辆进行全面调配。通过货物跟踪系统的功能，完成对货物的实时跟踪和查询，并对一段时间内的车辆和驾驶员的业绩进行考察和评估，以达到充分利用车辆，降低运输成本的目的。运输管理系统的功能模块包括（图11-23）：

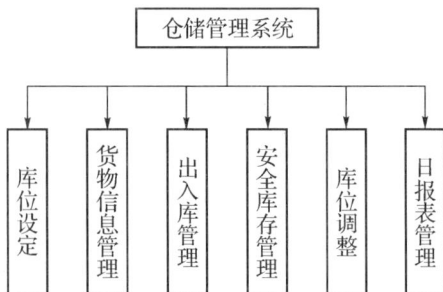

图 11 - 22　仓储管理系统功能结构图

①车辆资料管理：对各种车辆的资料经整理审核后录入、修改和删除，并对车辆的业绩进行统计，并负责车辆的修理资料管理。

②驾驶员管理：对属于本物流企业的驾驶员资料进行输入，对其业绩进行统计，并负责对驾驶员的考勤进行统计，并核算其收入。

③车辆调度：对运输业务单进行电子确认后，安排运输车辆。系统具有自动记录确认时间和确认驾驶员，以及自动浏览功能，以便进行运输任务的安排。

④货物配载管理：对需要运输的货物进行合理配载，根据车辆的载重吨位和容积进行计算，合理分配货物，并制作出货物配载清单。

⑤行车单管理：通过行车单管理，对配载好的货物安排具体的车辆和驾驶员，下达行车单。

⑥货物跟踪/GPS接口：通过GPS接口，利用全球卫星定位系统，提供货物的跟踪、实时查询的服务，以满足客户的需求。

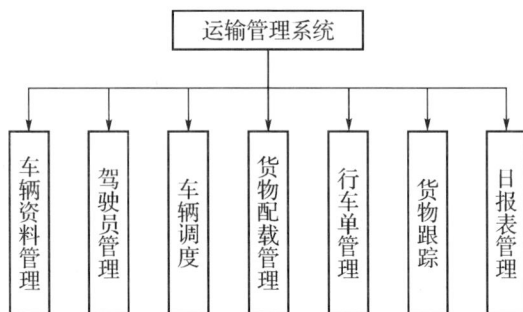

图 11 - 23　运输管理系统功能结构图

⑦日报表管理：根据需要，系统自动生成各种类型、要求的日报表。

（3）配送管理系统

配送管理系统（Dispatching Management System，DMS）帮助配送人员对需要运送的货物进行配载工作，对配送的路线进行选择，并对配送车辆进行全面的调配。通过货物跟踪系统的功能，完成对货物的实时跟踪和查询，并对一段时间内的车辆和驾驶员的业绩进行考察和评估，以达到充分利用车辆，降低配送成本的目的。配送管理系统的功能模块包括（图11-24）：

①配送路线确定：通过系统的自动选择功能，为客户所需的货物的配送选择最优路线。

②车辆配载：对需要运输的货物进行合理配载，根据车辆的载重吨位和容积进行计算，合理分配货物，并制作出货物配载清单。

③配送任务单：对于需要配送的货物，安排配送路线，下达配送任务单。

④配送车辆管理：对各种车辆的资料经整理审核后录入、修改和删除，并对车辆的业绩进行统计，并负责车辆的修理。

⑤配送车辆调度：对运输业务单进行电子确认后，安排运输车辆。系统具有自动记录确认时间和确认驾驶员，以及自动浏览功能，以便进行运输任务的安排。

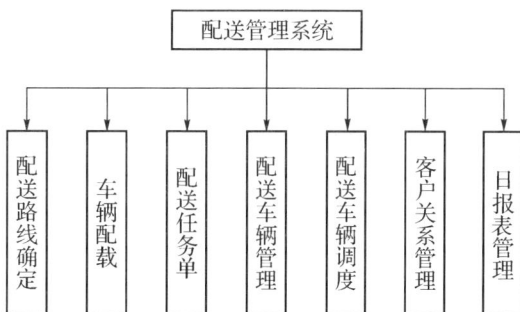

图 11－24　配送管理系统功能结构图

⑥客户关系管理：该功能可以对客户的资料进行管理。

⑦日报表管理：根据需要，系统自动生成各种类型、要求的日报表。

（4）费用管理系统

结算管理系统（Settlement Management System，SMS）是对每一项业务所发生的费用进行登记确认，及时判断业务盈亏状况。它包括企业财务管理的所有过程，从费用登记确认，实收实付的确认和销账，到最终生成企业所需要的统计分析表格。费用管理系统的功能模块见图 11－25，包括：

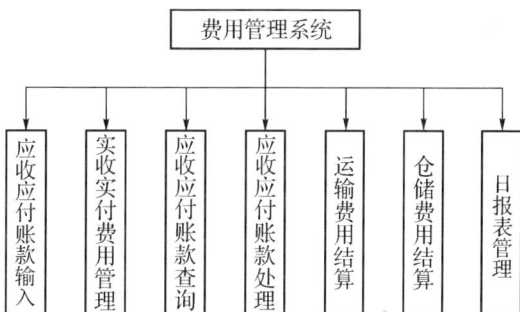

图 11－25　费用管理系统功能结构图

①应收应付账款输入。对于物流公司的各项业务中所产生的费用及收入，可根据实际情况输入。

②实收实付费用的管理。对于物流公司的各项业务中，实际付款和收款的情况，进行输入。

③应收应付账款查询。该功能可以帮助物流公司查询在某段时间中，某客户的应收和应付账款的情况。

④应收应付账款处理。对于某个客户在一段时间内所发生的费用，以及该客户在该段时间中所付款项进行处理。

⑤运输费用结算。利用该功能可以把物流公司为客户所提供的运输业务中所发生的费用进行输入。

⑥仓储费用结算。利用该功能可以把物流公司为客户所提供的仓储业务中所发生的费用进行输入。

⑦日报表管理。利用该功能可以生成各种业务报表。

（5）报关报检管理系统

报关报检管理系统（Passing Management System，PMS）是集货物进出口报关、商检、卫检、动植物检疫等功能的自动信息管理于一体的信息管理系统，可以满足企业跨境运作的需求。报关报检管理系统的功能模块见图11-26，包括：

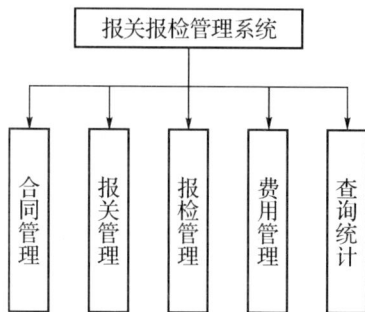

图11-26　报关报检管理系统功能结构图

①合同管理：主要涉及对合同草拟、合同备案、报关委托单等活动的管理。

②报关管理：主要涉及进出口运输单、进出口申请单、进出口发票及装箱单等信息的储存与管理。

③报检管理：主要对企业进出口货物报检涉及的相关活动进行管理。

④费用管理：对企业在报关报检过程中涉及的所有应收及应付费用进行结算与管理。

⑤查询统计：通过此模块可以对货物报关报检的状态及产生的相关费用进行实时查询。

11.5.3　典型案例——斯诺数智物流平台

江苏斯诺物联科技有限公司为实现供应链全链条的数字化和物流全场景的智能化，助力企业数字化转型，研发了在线物流管理服务的集团化数智物流平台——货运通。该平台为制造企业、物流企业、运力三方提供更加便捷的物流服务：端到端的数字化物流解决方案，在线管理物流运输、优化业务流程、整合上下游信息资源等。该平台帮助江苏恒顺集团统一了物流供应商作业流程，实现了物流全程透明化管理，提升供应链与物流协同能力。使得恒顺的销售和物流部门能够实时定位在途货物、预判送达时间，降低货物延迟交付、司机不按规定路线驾驶等风险，为恒顺集团节降9%的运输成本，缩短15%物流服务商响应时长，提升21%财务统计效率，提高3%客户满意度。

1）货运通数智物流平台顶层架构

货运通数智物流平台主要利用数字化和智能化技术赋能物流业务的全过程，其核心价值在于全面促进企业物流战略及业务目标的实现。平台能够实现跨平台部署，有效连接国内外主流数据库、中间件、操作系统（Windows系列、Linux系列、Unix系列等）及硬件设备等，具有较强的适应性。平台包含客户端、企业端、承运端、运力端等多个管理系统，平台支持个人计算机、手机APP、小程序等渠道访问，通过内部系统对接和标准接口输出实现多系统集成以及数据互联互通，支持接入第三方接口以提供增值服务。

在平台设计时，考虑企业人员和信息化应用水平，按照"化繁为简，简单易用"的原则。在实用性方面，考虑业务的实际需要，为用户提供一系列方便实用的操作以提高其工作效率和舒适度。采用方式主要有：功能菜单集成化、操作方便快捷化、信息定制自动化等。具体目标如下：

（1）支持物流业务管理链路线上化

平台辅助企业更加高效地完成物流过程并提供更优质的服务，提高物流服务水平和市场信誉。

（2）结合业务模板与标准作业程序（Standard Operating Procedure，SOP）建立执行企业运营标准

在系统内建立业务运营标准，包括时效标准、服务标准、结算标准等，保证各业务节点准时、精准执行业务要求。并在系统中建立运营管理绩效（Key Performance Indicators，KPI），对运营过程中的偏差做出改善，提高企业盈利能力。

（3）推动物流运营团队持续提质增效

通过信息化管理和采用智能决策、调度等技术，提高物流作业的效率，提高运输速度、物流处理能力及服务质量。

（4）保障业务安全合规

通过优化运输路线，保证道路的安全性和运输方案的合理化，最大限度地减少货物损失和运输事故的发生。系统需要对接行业主管部门系统、第三方服务接口，实现核验货流、发票流、资金流真实性以及实际承运人资信，达到支撑企业安全合规运营的目的。

结合模式先进性与设计目标的同时，考虑易用性、实用性和灵活性的特点，货运通数智物流平台整体架构如图 11-27 所示。

图 11-27 平台整体架构图

2）平台功能与业务流程

货运通数智物流平台将数字化、智能化贯穿物流业务的全流程，提供了可视化的物流跟踪及运输服务。企业可在平台下达订单进行询价招标并生成相应的运输计划，承运商根据计划调度运力执行发运流程。整个运输过程中，货主可以全程跟踪监测，在运

输完成后在线执行对账结算。目前,平台根据第三方物流服务的基本业务流程,提供询价、派发、调度、运输跟踪、结算、数据分析等核心功能,赋能运输业务的全过程,实现业务流程标准化,如图 11-28 所示。

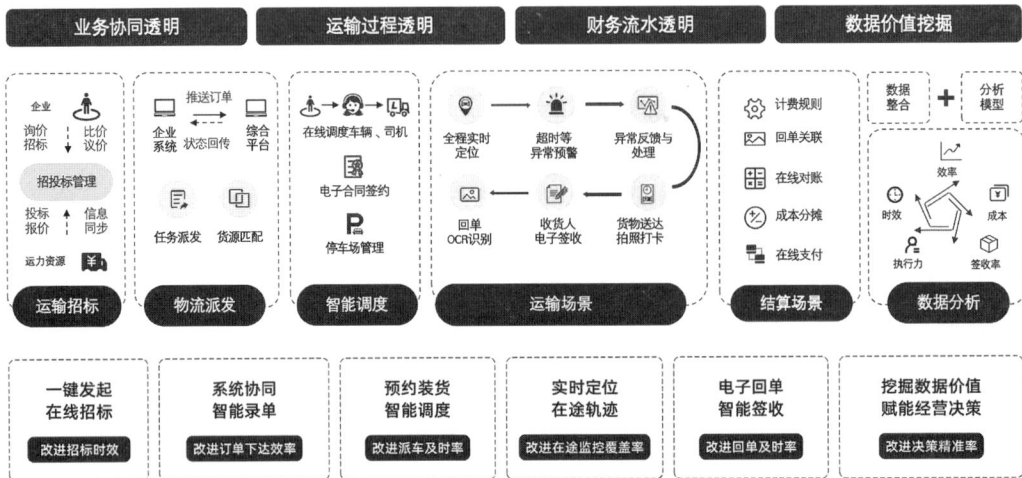

图 11-28 货运通的核心业务

（1）运输招标

运输招标是为货主提供完善的在线询价功能和畅通的沟通渠道。对于新增的线路或者因特殊情况需要变更价格的线路,货主企业可以针对一个或多个承运商发起询价,在经过承运商一轮或多轮报价后,货主企业可在系统中查看各个询价单的比价进度,根据自身运输需求,通过承运商服务质量比选,选择最终合作承运商。招标询价过程中也可对承运商进行议价以及进行重新报价等操作。该业务的流程图如图 11-29 所示。然后,货主企业根据实际情况向承运商发起发货计划,协商一致的运价也将在发货计划中自动生成。

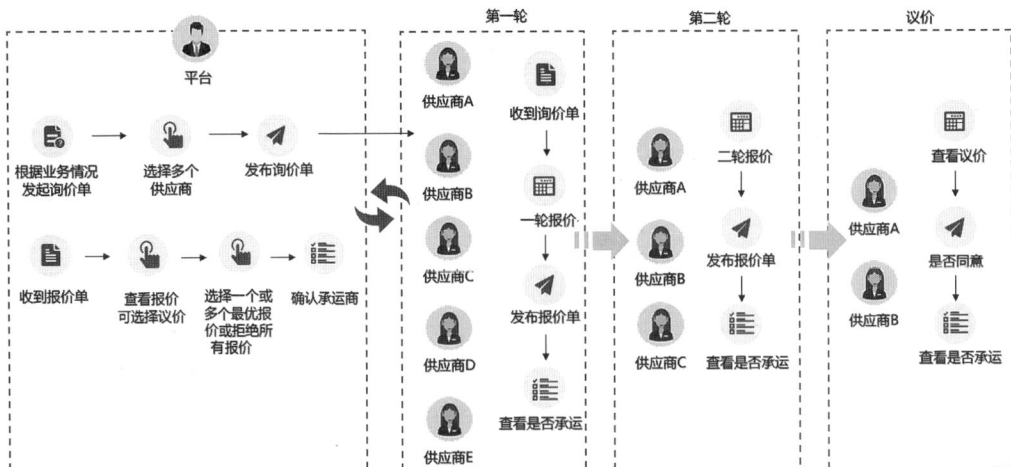

图 11-29 招标询价业务流程示意图

此外,根据预计发货日期、发货物品、协议承运商及附近线路等条件,平台也提供智能推荐承运商并设计运输方案进行比选,实现物流供需的高效匹配,辅助货主企业尽快完成发货计划,提高承运商车辆的运转率,如图 11 - 30 所示。

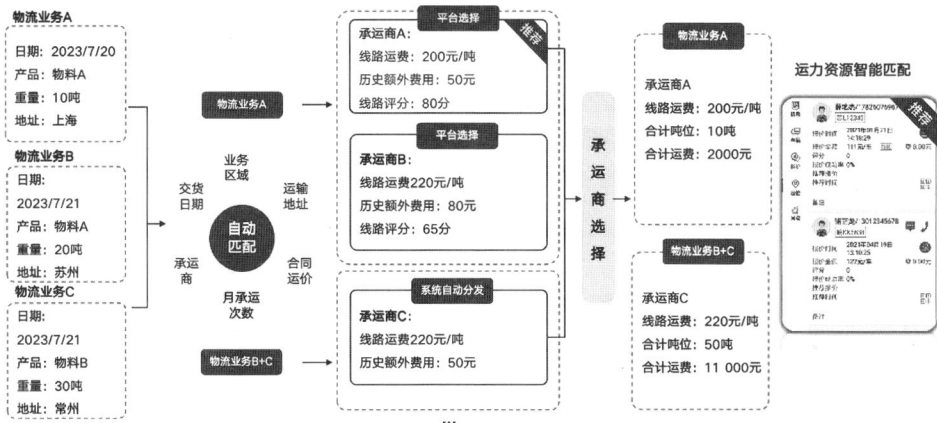

图 11 - 30　智能推荐承运商功能

（2）物流派发与智能调度

物流派发可为货主提供多维度的下单模式和便捷式的业务操作。平台支持人工手动创建发货计划,也可以对接企业其他信息化系统(如 ERP、MOM 等)直接获取发货计划,从而将发货计划或运单直接下发至承运商。并且支持对发货计划进行拆单(一个发货计划拆分为多个运单)、并单(多个发货计划合并为一个运单)、退回、添加计划属性、终结等功能。下单后,企业可以通过查询订单号、车号等方式跟踪订单的执行情况。

智能调度是平台提供智能调度车辆方案,并实现场内的透明管理。承运商接到货主下达的发货计划后,可以直接发运,也可以进行拆单和并单等操作,在线选择运力池内的车辆和司机,完成物流运输任务。此外,平台也具有运力资源和运输方案智能推荐的功能,实现运力的灵活调度,减少人工设计方案的复杂度,如图 11 - 31 所示。

图 11 - 31　运输方案智能推荐

运输方案确定后,平台的批量派车与循环派车功能,可以根据货物量进行一次性大批量派车,或对单一车辆循环派车,在高频发运的短驳业务上,该功能可以大幅度减少用户重复性的工作,减少操作时间,提高生产效率。

(3) 运输场景

运输场景实现运输车辆全流程在线跟踪,规范签收方式,并对异常情况进行实时预警,提高回单效率。平台可实现承运商对运单进行派车、发货、定位追踪、回单上传、回单审核、到货、回单签收等操作。驾驶员端支持驾驶员到场打卡、装货拍照、卸货打卡、卸货拍照等操作。运单执行流程如图 11-32 所示。

图 11-32 运单执行流程

司机达到装货点后,通过手机拍照上传发货现场照片进行发货地打卡,货主企业及物流企业可通过平台查看。运输途中,平台集成多种定位方式,提供车辆实时定位功能。基于车载终端设备和北斗导航卫星,实现车辆位置精准定位;也可以基于手机信号识别车辆位置,通过基站信号进行车辆定位。此外,在运输追踪功能模块,平台利用电子围栏技术,支持用户根据定位对运输过程进行管控和预警,并对运输车辆及运输司机运行轨迹实时动态监控,记录含有时间和地理位置信息的实时车辆轨迹。平台还支持通过车牌号、运单号、订单号等方式查询与回放车辆运行轨迹,保证运输业务的安全稳定。货物送达后,根据收货人预留的收货手机号码,司机完成收货人身份的确认,并进行卸货地打卡,拍照上传货物送达的现场照片。收货人可通过电子数字签名及盖章的方式,完成在线签收工作。

(4) 结算场景

结算场景中提供多维度结算模型,实现运费的精准对账。平台可以实现在线自动生成对账单,多维度的运费成本拆分,支撑业务系统和财务系统融合、对齐。在线对账功能支持货主企业和承运商及时了解货物的运输费用,包括产生的费用、支付情况、开票进度等。各方平台使用者可根据不同的需要,分别核算应收费用和应付费用,并根据货运单据、承运合同、发运时效、定位轨迹等信息数据核验结算业务的真实性。此外,平台设计有财务可视化工作台,能直观反映物流业务上的财务状况,包括应收应付款项、开票情况、应收款账龄分析、应收款近半年趋势等信息。

(5)数据分析

数据分析是充分挖掘已有数据的价值,实现大数据赋能业务。平台提供智能商业分析模块,提供多维度的实时数据分析和报表导出服务,如业务指标分析、成本分析、运输服务质量、单车毛利分析、司机 KPI 考核等,支持使用者从不同层面查看企业经营数据、波动趋势、业务进展、部门绩效等数据。同时支持利润统计功能,实现业绩完成情况以及客户利润产值明细的查询,支撑企业高效、精准地完成运输业务的全流程。

数据统计和分析,有助于企业诊断自身经营情况,也能够查看合作企业的业务情况,为业务决策提供支持,提升企业经营能力。比如基于承运商的承运数据,绘制出承运商画像,包括运力贡献度、运力来源、车型车长等运力资源;承运占比、运价水平、利润优势等线路情况;发货时效、交货时效、超时次数等时效情况以及付款账期、承运业务比重等其他数据。平台内也设有承运商考核模块,支持使用者从物流时效(接单及时率、发运及时率、发运完成率等)、物流服务(客户满意率、司机满意度、客服评价等)、物流质量(产品完好率、回单及时率、打卡完成率、异常事件率等)、现场管理(违停事件率、非预约进场、争执事件率、线路偏航率等)等维度对承运商进行评价,如图 11 - 33 所示。

图 11‐33 承运商评价与业务分析

3)货运通数智物流平台优势及特色

(1)覆盖物流全流程各环节的一站式服务

平台能与客户信息系统兼容,以形成企业与客户之间的结构性关系、增加客户企业转移服务提供者的退出壁垒。为制造企业提供标准化物流解决方案,覆盖的物流环节更加全面,帮助企业实现信息共享与组织拉动,达成平台上的快速交易、高效协同、数据集成决策。

(2)强化物流系统并提升柔性

以物流信息系统规划集成和软件系统开发为核心,为物流环节中的各方提供通用解决方案,或者拓展专属解决方案,满足企业物流系统的柔性改造需求。这一运作模式有利于制造企业充分利用社会化物流资源,灵活应对外部环境市场波动,提高供应链对市场需求的响应能力,综合优化物流质量和效率。

（3）更细致的动态监控能力

平台提供全流程物流信息实时动态监控,也实现供应链上每个参与者信息、行为和服务结果的检验,鉴别整条供应链上的冗余行为和非增值行为,从而提高一体化第三方物流运作的效率和竞争力。

（4）提供增值服务以延伸服务链

除了物流环节的全程追溯,联动附属产业消费需求发展,为辅助制造资源产品流通的服务企业提供更多的交易匹配需求,为制造企业服务用户提供保险金融服务,为物流用户延伸提供油卡、保险、ETC 等增值服务。

11.6　第四方物流企业物流信息系统

11.6.1　第四方物流企业概述

1）定义与内涵

第四方物流（Fourth Party Logistics）是一个供应链的集成商,它调配和管理公司自身以及具有互补性的服务供应商的资源、能力和技术,并提供一整套的解决方案。它是帮助企业实现降低成本和有效整合资源,并且依靠优秀的第三方物流供应商、技术供应商、管理咨询以及其他增值服务商,为客户提供独特的和广泛的供应链解决方案。第四方物流供应链的基本运作过程如图 11-34 所示。

第四方物流有三个基本特征。第一个特征是把为企业提供物流服务的行为由多种形态变为一种形态,即变多元化为一元化,变多家物流服务为一家物流服务,并能提供精准的功能齐全的

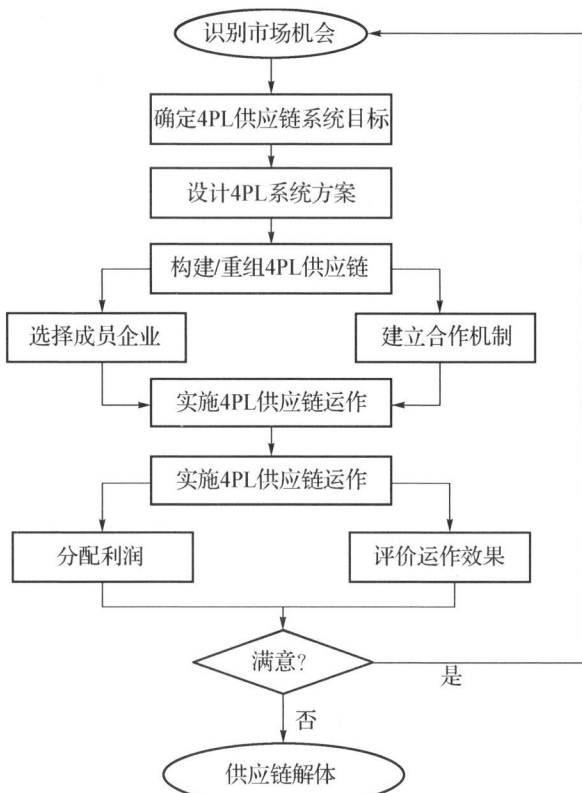

图 11-34　第四方物流供应链运作流程

336

一体化服务。把物流过程集约化,减少流通费用的支出,为物流用户带来价值剩余,使基础物流与传统物流模式得以升华,档次进一步提高,使物流形态发生质的变化。二是它具备调动和协调各种物流资源的能力,对于各种物流技术、网络技术(包括信息监控网络、物流用户网络以及企业内部管理网络等)这种协调、控制、沟通及掌控能力是实现第四方物流服务最本质的内涵。最后一个特征是它能提供计算精确、操作性良好、实用性强并能适应不同需求者特点的物流解决方案。其服务特性是能完成一体化的物流服务。

第四方物流企业是指一些相对独立的服务商由市场机会所驱动,通过信息技术相连接的,在某个时期内结成的动态的能力型虚拟物流组织。它是多个相对独立服务商的集合体,是一种柔性集成系统,其成员企业关系呈网络化。第四方物流企业本身不是一个真正的企业,而是企业的一种组织形式。第四方物流企业的组建与解散主要取决市场的机会存在与消失、原企业可利用的价值。同时,信息技术是第四方物流企业运作的重要技术手段,第四方物流企业具有明显的动态特征。

2) 第四方物流与第三方物流的关系

第四方物流起源于第三方物流,虽然它们的表现形式与内涵不同,但也存在着联系。表 11-5 呈现了第三方物流与第四方物流在多个项目上的差异。第四方物流与第三方物流相比,其服务的内容更多,覆盖的地区更广,对从事货运物流服务的公司要求更高,要求它们必须开拓新的服务领域,提供更多的增值服务。第三方物流独自提供服务,要么通过与自己有密切关系的转包商来为客户提供服务,它不大可能提供技术、仓储和运输服务的最佳整合。因此,第四方物流成了第三方物流的"协助提高者",也是货主的"物流方案集成商"。大多数第三方物流公司缺乏对整个供应链进行运作的战略性专长和整合供应链流程的相关技术。于是第四方物流正日益成为一种帮助企业实现持续运作成本降低和区别于传统的外包业务的关键。

表 11-5   第四方物流与第三方物流的区别

项目	第四方物流	第三方物流
服务目的	降低整个物流供应链的运作成本,提高物流运作效率及服务水平	降低单个企业的物流运作成本
服务范围	提供整个供应链的物流规划与设计方案,负责监控与评估	单个企业的销售或采购物流的部分或全部物流功能
服务内容	企业的战略决策分析,业务流程再造,衔接上下游企业的综合物流解决方案	单个企业的销售或采购物流系统的设计及运作
运作特点	多功能的集成化程度较高,物流单一功能运作专业化程度较低	单一功能的专业化程度较高、多功能集成化程度较低

(续表 11-5)

项目	第四方物流	第三方物流
服务能力	涉及管理咨询技能、物流业务运作技能、企业信息平台系统搭建技能、企业变革管理能力	运输、配送、仓储、信息传递、加工等增值服务能力
服务对象	主要针对大、中型物流企业	面向各种类型的企业
与客户的合作关系	战略合作关系	合同契约关系

从表中可以看出第三方物流由于受专业化的限制，只能局限于某些物流功能，难以充分有效地满足客户的全球化、个性化、多样化的需求。而第四方物流由于集成了具有互补性的能力、资源、知识及技术，从战略的角度为客户做出决策，整合每个领域中的"行业最佳"供应商的物流服务，设计综合化的物流方案。

第四方物流与第三方物流联合成为一体和谐地运作，将进一步提高运作效率、降低物流成本，各个物流供应商的利润空间得以大幅提升。第三方物流与第四方物流之间不应存在"你死我活"的关系，而是互补与合作，同时又相互制约和相互促进，相互协调的发展，才能实现物流效率提高和双方共赢的效果。

3）第四方物流的运作模式

（1）协同运作模式

该运作模式下，第四方物流只与第三方物流有内部合作关系，即第四方物流服务供应商不直接与企业客户接触，而是通过第三方物流服务供应商将其提出的供应链解决方案、再造的物流运作流程等实施。这就意味着，第四方物流与第三方物流共同开发市场，在开发的过程中第四方物流向第三方物流提供技术支持、供应链管理决策、市场准入能力以及项目管理能力等，它们之间的合作关系可以采用合同方式绑定或采用战略联盟方式形成。该协同运作型可以用图 11-35 呈现。

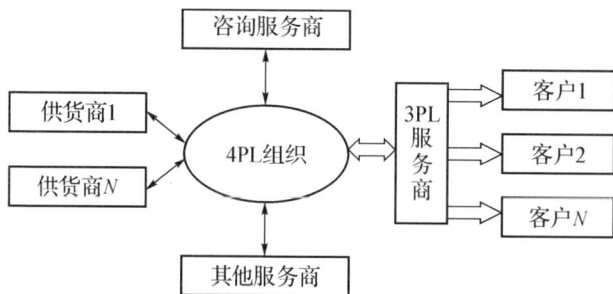

图 11-35　协同运作型第四方物流运作模式

（2）方案集成商模式

该运作模式下，第四方物流作为企业客户与第三方物流的纽带，将企业客户与第三方物流连接起来,这样企业客户就不需要与众多第三方物流服务供应商进行接触,而是直接通过第四方物流服务供应商来实现复杂的物流运作的管理。在这种模式下,第四方物流作为方案集成商除了提出供应链管理的可行性解决方案外,还要对第三方物流资源进行整合,统一规划为企业客户服务。方案集成型物流运作模型可以用图 11-36 呈现。

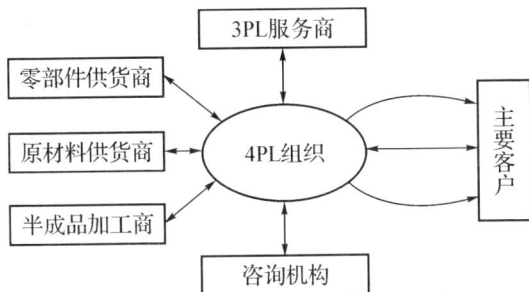

图 11-36　方案集成型第四方物流运作模式

（3）行业创新者模式

行业创新者模式与方案集成商模式都是作为第三方物流和客户沟通的桥梁,将物流运作的两个端点连接起来,见图 11-37。两者的不同之处在于:行业创新者模式的客户是同一行业的多个企业,而方案集成商模式只针对一个企业客户进行物流管理。这种模式下,第四方物流提供行业整体物流的解决方案,这样可以使第四方物流运作的规模更大限度地得到扩大,使整个行业在物流运作上获得收益。

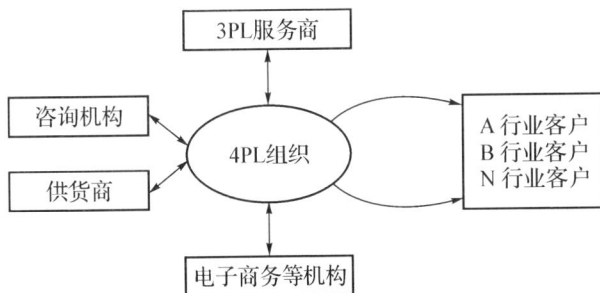

图 11-37　行业创新型第四方物流运作模式

（4）动态联盟模式

动态联盟运作模式的产生是因为第四方物流是由多个独立的服务提供者和多个客户构成的,以利益为纽带,通过信息平台相互关联、在特定时期形成的一个供应链战略联盟,显然第四方物流的形成和消失几乎取决于利益和市场机会是否存在。成员企业分别为战略联盟提供供应、分销、设计、制造等不同领域的核心服务,以获取利润并共同承担风险。这些成员企业还具有合作企业以及基于网络的全球伙伴关系的特征,这是一般企业所不具备的特征,面向各种经营过程中的优化组织特征,能够快速实现战略联盟的建立,集中优势抓住市场机会,赢得竞争。动态联盟型的第四方物流运作模式如图11-38所示。

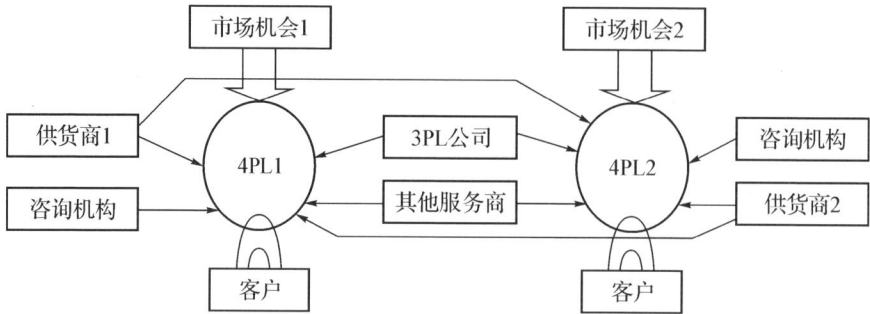

图 11-38　动态联盟第四方物流运作模式

11.6.2　第四方物流企业物流信息系统

1）第四方物流企业物流信息系统的构建

第四方物流企业的构建需要紧密关注市场机遇,识别机遇,获取机遇。需要遵循如下原则:时效性原则、真实性原则、适用性原则、风险评估原则。第四方物流企业信息系统功能需求包括:供应链管理需求、一体化物流需求、供应链再造并整合上下游产业需求。

2）第四方物流企业物流系统的基本模块功能

（1）客户管理子系统

主要职能是代表第四方物流与客户进行沟通和协商,将订单管理的功能具体化,设立客户服务、合同谈判、可行性分析。其中包括:

①客户服务模块（如图11-39所示）

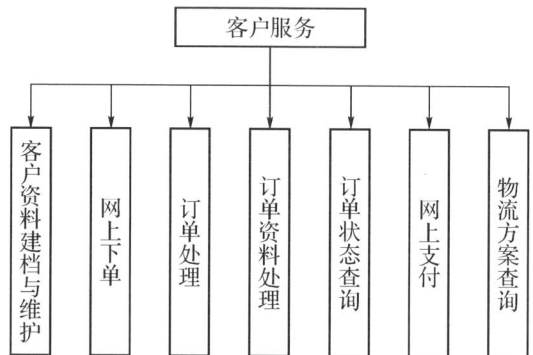

图 11-39　客户服务模块

主要包括两个方面:一是接收客户订单、验证客户身份、确认并管理订单信息以及客户对物流服务咨询与反馈、对物流业务执行情况查询等工作,使顾客可以适时、适地、适量、准确地收到货物,并对顾客提供定购货物的即时消息和物流咨询。二是客户基本信息管理,即客户的地理位置、货物种类、运输要求、订单情况、仓储要求及需要代办的其他服务等。

②合同谈判模块（如图11-40所示）

主要负责与客户协商调整订单内容及合同谈判。可以完成全部合同资料的产生、新增、删除、修改、查询、审核及打印等任务。合同处理包括合同金额执行、合同执行情况汇报表、合同金额执行汇总表、合同到期款项列表,对于合同处理执行情况,应付款、已付款和未完成合同的各项统计可以做到一目了然。

③可行性分析模块

主要负责对物流任务的技术可行性、时间可行性和经济可行性等进行分析。可行性分析可通过管理咨询公司提供的可行性分析方法来履行其职能。

图 11-40 合同谈判模块

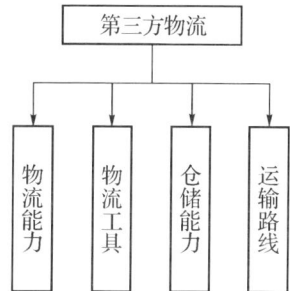

(2) 资源管理子系统

主要职能包括两方面,一是对运输服务供应商提供的运输能力、库存服务供应商的库存能力、第三方物流服务能力以及其他增值服务商等物流资源的管理;二是对管理咨询公司、IT 公司等物流服务支持商的管理。

①第三方物流服务模块(如图 11-41 所示)

主要包括 3PL 的地理位置、运营业务范围、运输工具、运输路线、仓储能力、代办服务种类等。

②管理咨询公司服务模块

主要从事物流评审、物流规划、物流顾问、系统实施及物流培训等方面的业务,能够帮助企业做出科学的规划和管理。

③公司服务模块

其核心业务是信息系统的开发与物流方案的设计,提供科学合理的解决方案。

图 11-41 第三方物流模块

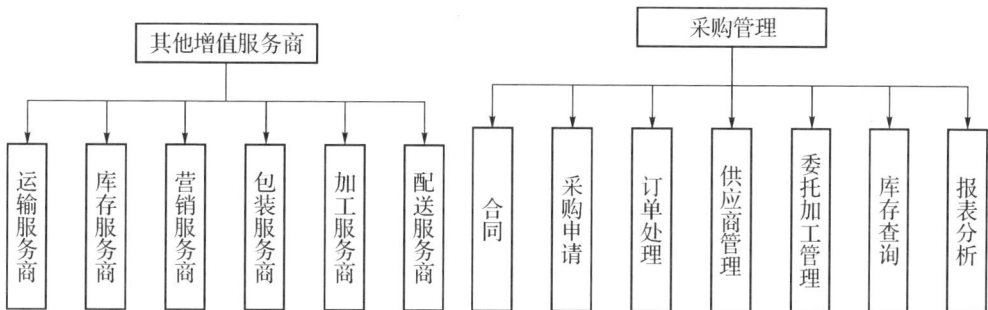

④其他增值服务商(如图 11-42 所示)

主要是一些专业的营销、包装、加工、配送、运输、库存等服务商。

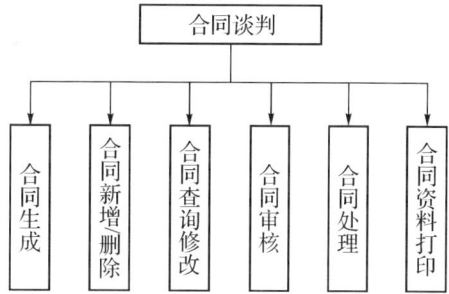

图 11-42 其他增值服务商

图 11-43 采购管理模块

341

（3）采购管理子系统（如图 11－43 所示）

采购管理子系统主要负责的是与上游供应商之间的交互业务，该模块设计的目的在于向采购人员提供一整套快速准确的工具来向合适的供应商适时适量地下达采购请求，以使商品能在出货之前准时入库避免缺货和过多库存情况发生。采购管理模块包括的主要功能有商品需求数量的统计、供应厂商的询价、交易条件的讨论、经济定购批量的计算以及针对货品需求项目向供应商下达采购订单和跟踪行为等。采购管理模块功能主要有：库存控制、交货日期控制、厂商信息收集。

（4）任务管理子系统

主要职能是负责物流任务的设计、分解、组合、控制及监督等工作。子系统设立两个模块从事具体事务的处理，分别有任务执行、任务监督。任务执行负责将执行方案中的子任务分配给指定的运输服务供应商、库存服务供应商以及其他物流联盟。由承担的物流供应商提出反馈意见，确定后签订协议，开始相关的物流计划。任务监督负责监督物流任务的执行情况。

（5）协同管理子系统

主要职能是协调 4PL 中的物流作业或者成员企业之间的矛盾和冲突。

①合作与信任机制

合作与信任机制是 4PL 供应链联盟顺利运作的前提和基础。基于信任的合作可以增强联盟各方之间的透明度，减少交易费用，使联盟各方以更加积极主动的态度进行合作，实现资源的有效整合和利用。

②沟通与协调机制

由于各企业在组织规模、管理理念、运作模式、组织文化等方面存在着差异，因此合作伙伴的冲突不可避免，这就需要成员进行有效沟通和协商，以便服从联盟的整体利益。根据矛盾和冲突的来源，可以分为时间协调、资源协调、冲突协调。时间协调负责计算物流作业需消耗的时间及合理地安排各个物流环节的起止时间；资源协调负责根据物流作业挑选最适合的运输服务和库存服务等供应商，以实现资源利用最大化；冲突协调负责处理各种矛盾和冲突，避免因矛盾和冲突化而影响 4PL 的运作。

③收益与风险分配

供应链协同的成功运作必须以公平、合理的收益分配方案的制订为基础。收益分配是指协同各方成员从供应链总体利益中根据各成员企业在物流作业中所承担的任务以及物流服务的质量分得自己所应分的部分，能避免各企业因利润分配不公而产生矛盾和冲突。此外，供应链企业进行协同的一个重要目的就是在整个供应链上分配风险，减少自己独立承受风险的压力。

④风险防范机制

4PL 模式下的供应链联盟的风险比单个企业面临的风险更为复杂。它除了具有一般企业所面临的风险，如市场风险、自然风险、金融风险等之外，还具有由于联盟而产生的风险，如联盟企业由于联络渠道不畅而产生的沟通风险；由于组织文化或管理模式的不适而发生的组织与管理风险;由于合作伙伴承担的利益和风险不匹配而产生的激励风险;由于伙伴的突然退出而产生的流动性风险等。因此,风险防范机制是基于 4PL 的供应链运行的稳定剂,有必要建立完善的预警机制。为此,应建立 4PL 企业风险管理的信息传输和处理系统,收集风险信息及相关知识,并对风险进行合理预测;建立风险管理的预警预测系统,尽可能在源头上予以消除或进行有效控制;分析评估先前风险,强化风险意识,以提高对未来风险的控制能力;在预警系统做出警告后,应急系统及时对紧急、突发的事件进行应急处理,以减小或避免给供应链节点企业带来严重后果。

(6) 财务管理子系统

主要职能是预算与管理 4PL 中物流作业的物流成本以及分配企业利润。包括:各项费用,如仓储费用、运输费用、装卸费用、行政费用、办公费用的结算,与客户应收、应付款项的结算,与物流服务供应商 IT 公司、咨询公司等利润分配。系统将根据合同、货币标准、收费标准并结合相关物流活动自动产生结算凭证,为客户提供完整的结算方案和统计分析报表。财务管理子系统功能结构图如图 11 - 44 所示。

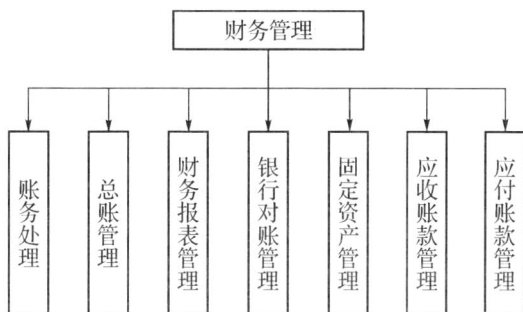

图 11 - 44　财务管理模块

(7) 优化评价子系统

①4PL 供应链解决方案优化(如图 11 - 45 所示)。

该模块能够对客户的物流任务进行设计、分解、组合和优化。对于物流路径的优化,4PL 供应商需要根据当前的物流信息建立适当的网络模型,通过智能系统、专家系统的决策分析,根据客户的实际需求产生若干个备选运输路线、设计最优的供应链的解决方案,降低运输的空驶率和运输成本。对备选的各方案中的物流供应商进行选择,并与客户进行适当的交流调整,然后确定最终的物流方案。其中,方案设计中的执行方案是从管理咨询公司提供的可行方案中选择出来的。

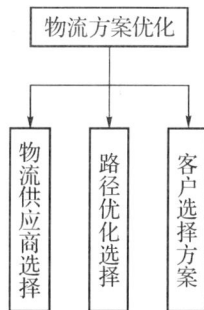

图 11 - 45　物流方案优化模块

②3PL 供应商选择

在 3PL 供应商评价的基础上,分析物流成本、物流时间和物流质量等,最后对 3PL 供应商做出综合选择。

③绩效考核

绩效考核除了能反映各项运营管理策略制定的正确性、计划的执行效果之外,还能为分析政策、管理及实施方法修正提供依据。4PL 企业的绩效管理的内容如下:业务人员管理考核、供应商管理考核、订单处理绩效核评、库存服务评核、运输服务绩效分析、第三方物流绩效分析。

（8）系统维护

系统提供对安全管理的支持,包括数据备份、数据恢复、系统设备、系统工具箱、文档管理等内容。安全管理对系统参数和系统安全进行管理,包括系统权限管理、角色、用户多级安全管理、功能权限和数据权限设定、系统配置设定、系统日志跟踪与记录等,保障系统正常运行。

11.6.3 第四方物流系统案例——菜鸟网络

1）菜鸟网络基本概述

菜鸟网络成立于2013年5月28日,由阿里巴巴集团、银泰集团联合复星集团、富春集团、顺丰集团、三通一达(申通、圆通、中通、韵达),以及相关金融机构共同组建。菜鸟成立的最初战略是为了满足阿里巴巴集团的电商平台上买卖双方对物流服务不断增长、不断变化的需求。伴随电商和快递的发展,面对日益变化的履约需求,阿里选择通过整合物流全产业链资源,保持商业优势;建立分布式仓储,提升全网运作效率;主导下游快递行业,借助自身商业、数据优势提高最后一公里服务品质的方式进行自我优化。

菜鸟网络的定位是提供物流信息服务,菜鸟网络专注打造的中国智能物流骨干网,通过自建、共建、合作、改造等多种模式,在全中国范围内形成一套开放的社会化仓储设施网络。同时利用先进的联网技术,建立开放、透明、共享的数据应用平台,为电子商务企业、物流公司、仓储企业、第三方物流服务商、供应链服务商等各类企业提供更优质、更高效、更智能的解决方案和增值服务,支持物流行业向高附加值领域发展和升级。最终促使建立社会化资源高效协同机制,提升中国社会化物流服务品质。

菜鸟网络依托阿里集团成熟的物联网、云计算、网络金融服务等技术,建立开放的数据应用平台,建立一张支持每年约10万亿网络零售额的智能骨干网络,其运作模式如图11-46所示。在这些技术的支持下,各类B2B、B2C和C2C企业可以享受菜鸟服务平台带来的便利性。

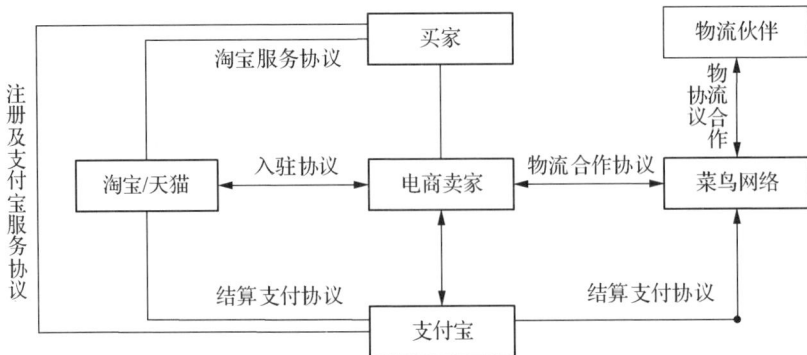

图 11-46 菜鸟网络运作模式

经过十多年的发展,菜鸟以科技为核心,通过聚合物流产业链的优势资源,致力于降低成本、提高效率,为消费者和商家提供普惠服务。目前,菜鸟已成为全球领先的物流网络平台,成为中国顶尖的电商综合供应链解决方案提供商,帮助品牌和商家轻松应对全渠道的供应链复杂难题。菜鸟的业务也在不断拓展,构建起一张全球智慧物流网络,通过提供国际快递、国际供应链、海外本地等服务,为全球商家和消费者提供时效更快、成本更优、更绿色环保的服务。

2)菜鸟网络的组成与业务

菜鸟网络的核心是通过数据驱动、社会化协同,与合作伙伴搭建全球智慧物流骨干网络,提高物流运作效率,加快商家库存周转,降低社会物流成本。菜鸟的商业逻辑是搭建平台,引入智能、开放的互联网协同模式,连接物流供应链条上不同服务商、商家和消费者,从而实现高效连接,适应未来物流需求,达到提升品质、降本提效的目的。其总体思路为采用自建、共建、合作、改造等多种模式构建两个平台:一个是物流仓储平台,一个是物流信息平台。要构成一套开放、共享、社会化的基础设施平台,需要有广泛的仓储覆盖面积,智能的仓内作业系统,以及高效的快递网络、干线运输网络、城市配送网络等资源支持,还需拓展农村电商业务并完善"最后一公里"服务。

(1)以物流仓储为核心,保障第四方物流体系运转

理论上,第四方物流不进行任何实际的物流建设,仅通过信息手段实现物流统筹。而菜鸟则定位于"以仓聚货"建设骨干物流节点,依托仓储整合社会化物流资源,为电商零售企业提供物流基础设施及服务,进一步带动周边电商企业联动发展,形成电商产业集群,促生一批围绕该平台的新兴第三方服务企业整体发展,并带动当地传统产业电商化。

按照布局仓储用地的思路,菜鸟网络通过自建、收购和租赁的方式,在全国建立华北、华中、华东、华南和西南5大仓储节点,仓储面积达500万平方米,仓配网络资源已经覆盖全国超过250个城市,总体配送线路超过90 000条,并在主要城市设置多个前置仓,提升一线城市物流配送的时效性。前置仓能够从分拨中心直接送达下发站点,完成快速响应和当日达等高效服务。前置仓储网络整体覆盖当/次日达超1 000区县,与天猫超市共享同一套配送体系,能够实现落地配等快速物流服务。

(2)运输运力整合,优化仓储运输体系

菜鸟网络的物流运输同传统的干线物流存在差异,他基于自有仓储用地,联合心怡、快仓、北领等仓储企业,改善仓储运输系统,提升仓储运输运作的硬件能力和软件能力。该系统可同时兼容并对接多个第三方系统,包括智能仓储系统、分拣配送系统、路况天气系统等,实现优化仓内周转效率,最大化提升仓储利用水平等目标。菜鸟平台结合"天网+地网"实现物流、快递、干线运输等资源的社会化分工,构建菜鸟物流信息生态,实现企业物流供应链一体化仓储数量超230个,600多万条专业运输路线,配送覆盖区县2 700个。

菜鸟网络建立之前,货物的配送以零散的包裹为主,主要由快递公司进行收货、分拣、打包和配送。由于包裹之间相互独立,配送模式上难以达成集约化和规模化运输,运输成本难以大幅度降低。而且,独立包裹的在途路程长,运输过程中的损毁风险高,

且再次补货又要卖家重新发货,成本较高。

菜鸟网络研发的仓库管理系统,又名仓易宝系统,可提供仓库库存管理、分拣、装货等一套完备的仓储解决办法。卖家可针对各地域销售情况的预测进行提前备货,大大缩短了用户下单到收货之间的配送路程和时长,这样整合货物仓储使得集约化配送成为可能,备货的过程中可以利用整车或者零担进行货物分配,极大地降低单一发货的运输成本,且利用社会上的运输资源,能迅速提升自身的运力。菜鸟网络建成前后的配送模式对比如图 11-47 所示。

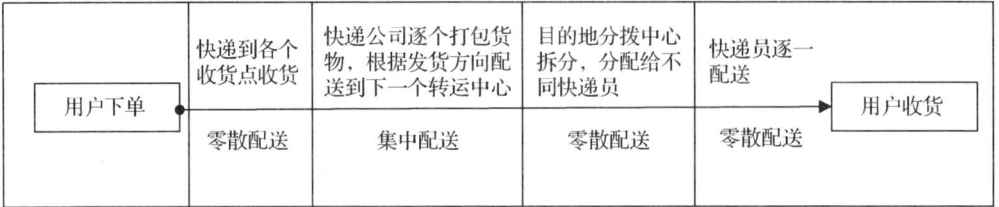

（a）菜鸟网络建立前的配送模式

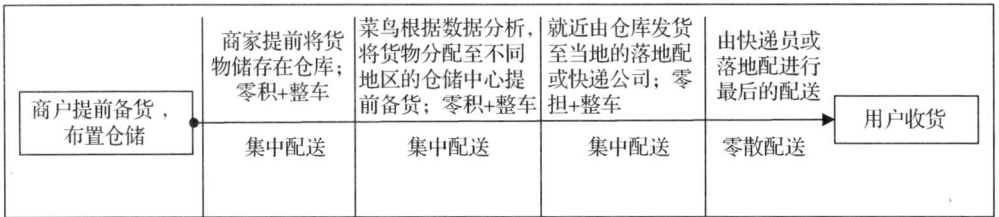

（b）菜鸟网络建立后的配送模式

图 11-47　菜鸟网络建成前后的配送模式对比

在实际应用中,菜鸟为供应链各方建立了一套共享的数智供应链系统,如图 11-48 所示。通过整合仓干配资源,实现数智分仓和多级仓网科学布局,支持多行业不同产品的仓配管理需求特性,具有先进的管理平台与精细化管理标准及流程,支持全

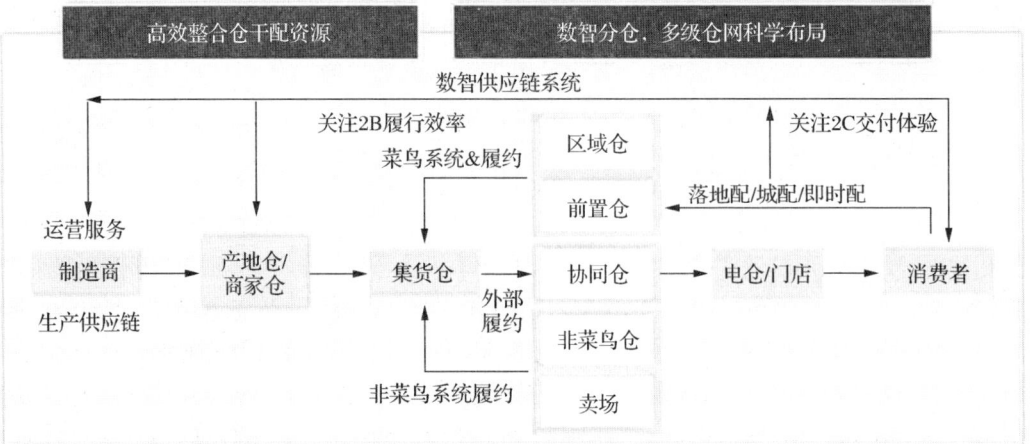

图 11-48　菜鸟数智供应链系统

链路运营监控。在面对各类消费问题时，根据消费行业类别的差异，提供定制化服务。比如家具类产品，增加中大件贵品的配送方案，如预约配送、送货上门等；对于快消类产品，强调换件促销期的发货运输压力，提升时效性，关注履约效率和交付体验。菜鸟仓储网络的优势具体包括网络覆盖范围广、时效速度快、专业仓配服务能力强和优质物流服务体验。

此外，菜鸟搭建线上货运平台为中小物流企业提供服务。其模式为线上、线下结合：线上，通过信息系统帮助有物流需求的各个货主找到适合自己的产品，并可在系统中进行线上交易、结算、监督、评价；线下，在各个城市自建物流节点，组织中小物流企业，建设全国运输网络。

（3）整合菜鸟驿站，末端配送降本增效

末端派送服务是快递业务最后一个环节，揽派失衡、配送慢、爆仓、丢件破损等问题一直存在，此外，消费者对个人安全隐私的保护意识也逐渐增强。因此，一个专业的、公共的、经济的包裹代收发点成为市场需求，菜鸟驿站应运而生。秉承阿里平台基因及自身社会化协同、数据驱动的使命成立的菜鸟驿站，与三通一达及顺丰、中国邮政等物流企业进行合作，以期调动社会优质资源，建立面向社区末端、校园的第三方末端物流服务平台。各大物流公司根据自身的特点，承担不同职能，实现资源整合，突出优势部位，协同作战，形成一个有机的生态系统。阿里在通过投资收购等方式参与到物流各领域类别的头部物流企业中，既帮助投资企业实现效率提升，也不断丰富自己的行业资源，实现物流领域的布局，掌握行业的话语权。

菜鸟驿站作为为消费者提供综合物流服务的平台，为用户提供包裹暂存、代寄等服务，致力于提供多元化的最后一公里末端服务，同时方便快递员进行投递，持续提升末端运作效率。菜鸟网络面向城市社区周边的商户，通过平台的加盟制管理，连接起有意愿加入末端生态建立的个体，利用其闲散的店铺空余资源，组成低成本、高效率的公共的快递末端服务平台。截至 2023 年，菜鸟驿站数量超过 17 万个。目前，菜鸟驿站主要分为校园驿站和社区驿站两部分。校园驿站主要打造智慧校园连接平台，社区驿站则是借助便利店、超市、邮局等店铺，为社区居民提供便捷式末端服务。除了末端站点的整合，菜鸟网络通过投资速递易以及浙江驿栈完成了末端快递柜的应用与布局。近年来，菜鸟驿站在特定站点试行无人化运营，提供全天候包裹投递和取件服务；在多所高校和部分社区部署无人车，有效将包裹从站点送到收货人门口，无人车数量超过 800辆，2023 年度配送包裹超过 1 000 万件。

菜鸟驿站作为线下实体站点，更便于与消费者个人直接建立连接，菜鸟网络在此基础上拓展了菜鸟裹裹业务，联合各主流快递企业入驻，实现面向消费者的查、收、寄快递功能。菜鸟裹裹支持淘宝、天猫、苏宁等各主要电商平台的包裹跟踪，覆盖国内外 140多家快递公司，为用户提供免费查快递、优惠寄快递、代收包裹等相关快递服务应用。菜鸟裹裹不仅将菜鸟联盟的数据与用户进行链接，实现末端驿站的流量导入与大量用户数据沉淀，也通过末端用户信息与资源的聚集，方便消费者收发快递，自由申请退换。

　　随着各大电商平台不断向下沉市场渗透、农产品不断上行,农村市场将是阿里与菜鸟接下来重点布局的领域。菜鸟网络投资的溪鸟物流,立足于县域物流市场,旨在通过系统和技术为手段,以商业模式创新为突破,为国内快递行业提供面向三四线以下城市的共同配送技术平台服务,以此优化快递行业配送成本,通过与阿里巴巴集团业务的紧密协同,为县域农产品企业提供基于仓储配送的一揽子供应链解决方案。

　　(4) 大数据为抓手,统领物流网络运转

　　菜鸟网络的核心资源包括基于大数据构建的"天网"和以仓配网络为基础的"地网",这两者相互补充、相互支持,共同支撑起整个物流网络的运转。菜鸟网络依托阿里的线上数据,进行信息流整合,数据主要由云计算+大数据(互联网+物联网+移动互联网)构成,云计算为大数据应用提供可能,丰富的大数据资源助力物流网络搭建。

　　由此研发出标准化产品和先进技术,比如电子面单、承诺达服务、路由分单等,见图11-49。电子面单是推动快递行业数据化的基石,记录有消费者的姓名、地址、电话、消费行为、购买频次、消费习惯等大数据。借助电子面单能帮助快递企业合理规划路由,也能协助商家快速处理大量的订单,进行备货指导、风险预警以及供应链优化,相较于传统的纸质面单也更高效环保。路由分单是菜鸟基于海量大数据系统和阿里云计算系统,以菜鸟电子面单为载体,提供整套完善、高效、准确的快件分拣解决方案。菜鸟路由分单可以实现包裹地址跟网点的精准匹配,准确率达 98%。传统分拨中心流水线上需要大量的分拣员,花费 3—5 秒的时间来判断每个包裹下一条路径并进行分拣,而借助菜鸟的路由分单技术,可大幅缩短分拣时间并降低出错率。

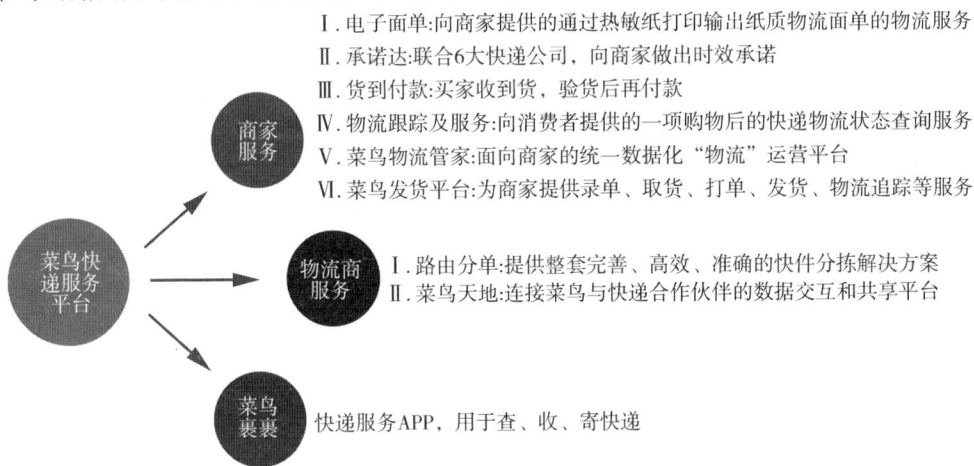

Ⅰ.电子面单:向商家提供的通过热敏纸打印输出纸质物流面单的物流服务
Ⅱ.承诺达:联合6大快递公司,向商家做出时效承诺
Ⅲ.货到付款:买家收到货,验货后再付款
Ⅳ.物流跟踪及服务:向消费者提供的一项购物后的快递物流状态查询服务
Ⅴ.菜鸟物流管家:面向商家的统一数据化"物流"运营平台
Ⅵ.菜鸟发货平台:为商家提供录单、取货、打单、发货、物流追踪等服务

商家服务

菜鸟快递服务平台

物流商服务
Ⅰ.路由分单:提供整套完善、高效、准确的快件分拣解决方案
Ⅱ.菜鸟天地:连接菜鸟与快递合作伙伴的数据交互和共享平台

菜鸟裹裹
快递服务APP,用于查、收、寄快递

图 11-49　菜鸟网络涉及的先进技术

3) 菜鸟网络的优势

　　菜鸟网络的优势与特点主要体现在物流网络覆盖广泛、配送系统高效、服务多样化、客户服务优质、持续创新、大数据资源丰富等方面。

　　(1) 物流网络覆盖广泛:菜鸟网络拥有庞大的物流网络,覆盖全国各地,包括城市和农村地区,使得菜鸟网络能够提供快速、便捷的配送服务,满足不同用户的需求。

（2）高效的配送系统：菜鸟网络借助阿里巴巴的技术优势，建立了高效的配送系统，通过智能化的路线规划和调度，菜鸟网络能够实现快速的揽收和派送，提高了物流效率。

（3）多样化的服务：菜鸟网络提供多样化的服务，除了普通快递服务外，菜鸟网络还推出了定时达、次日达、电商专配等特色服务，为用户提供更加灵活和个性化的物流解决方案，满足不同用户的需求。

（4）优质的客户服务：菜鸟网络建立了完善的客服体系，提供 24 小时在线客服咨询和投诉处理服务，注重客户服务，及时解决用户的问题和困扰，致力于提供优质的用户体验。

（5）持续创新和发展：菜鸟网络不断进行创新和发展，积极探索新的物流模式和技术，如无人机配送、智能仓储等，以提高物流效率和降低成本，不断提升自身的竞争力。

（6）大数据资源丰富：阿里集团拥有的大数据资源可以增加菜鸟网络在运作过程中的稳定性及准确性。

这些优势与特点有助于菜鸟网络不断提升自身的竞争力，为行业降本增效，成为全球领先的智慧物流平台。在未来，菜鸟网络将更加注重数字化、智能化和全球化，继续加强自身的物流基础设施建设，提高配送效率和服务质量，积极探索新的业务模式和商业模式，例如智能仓储、无人配送、智能供应链等，以满足不断变化的市场需求。通过持续的物流科技投入，利用大数据、人工智能、物联网等技术手段，推动物流行业的数字化和智能化转型，催生数据经济，带来产业模式变革，加强对全球物流市场的布局，进一步提高国际物流服务能力。

复习思考题

1. 你了解我国公共物流信息平台的建设现状是什么样的？
2. 公共物流信息平台包括哪些功能需求？其建设运营模式有哪些？
3. 电商企业物流信息系统具有哪些特征？
4. 跨境电商物流有哪些模式？
5. ERP 系统的功能结构和部署方式有哪些？
6. 详细论述第三方物流企业物流信息系统的特性、设计目标和系统分类。
7. 第四方物流企业物流系统的基本功能模块有哪些？

12 物流信息系统新兴模式与案例分析

➤了解网络货运的发展历程

➤掌握网络货运平台的需求与功能模块

➤掌握即时物流平台的特点、类型、运力模式

➤掌握冷链物流平台的系统架构、功能模块

➤掌握应急物流平台设计的对象、目标、架构和功能

➤了解物流系统仿真的方法与数字孪生平台的组成

➤掌握无人仓的构成和各种设备的功能

➤了解智慧物流系统的功能设计和主要架构

12.1 网络货运平台

12.1.1 网络货运概述

1）货运代理人、无车承运人与网络货运经营

（1）货运代理人与无车承运人

①无车承运人定义

无车承运人指的是不拥有车辆而从事货物运输的个人或单位，是由美国 track broker（货车经纪人）这一词汇演变而来，是无船承运人在陆地的延伸。

无车承运人具有双重身份，对于真正的托运人来说，其是承运人；但是对于实际承运人而言，其又是托运人。无车承运人一般不从事具体的运输业务，只从事运输组织、货物分拨、运输方式和运输线路的选择等工作，其收入主要是由于规模化的"批发"运输而产生的运费差价。

②无车承运人的特点

a. 大体的业务对象:委托人、无车承运人、实际承运人、收货人;

b. 基本业务流程:委托书→运单调度→装车→在途→签收→回单;

c. 业务关注点:货主关心单据执行状态;

d. 管理难点:过程监控、运费结算;

e. 与普通运输的区别:无车承运人不用具体关注货物如何装卸、不用详细管理车辆。

③无车承运人与货运代理人的区别

无车承运人与货运代理人本质都是运输中介组织,均是轻资产运营,但二者在身份、收费性质、法律责任等方面有所不同,如表 12-1 所示。

表 12-1 无车承运人与货运代理人的区别

名称内容	货运代理人	无车承运人
运输合同的订立	不可以	可以
收全程运费	不可以	可以
收佣金	可以	不可以
收运费差价	不可以	可以
对全程运输的责任	不承担	承担
对委托人的身份	代理人	承运人
对实际承运人的身份	委托人	代理人
托运人法律地位	单一法律地位	双重身份

(2) 网络货运经营

①定义

交通运输部、国家税务总局在系统总结无车承运人试点工作的基础上,制定了《网络平台道路货物运输经营管理暂行办法》(以下简称《办法》),自 2020 年 1 月 1 日起施行。《办法》中定义的网络货运经营,是指经营者依托互联网平台整合配置运输资源,以承运人身份与托运人签订运输合同,委托实际承运人完成道路货物运输,承担承运人责任的道路货物运输经营活动(图 12-1)。网络货运经营不包括仅为托运人和实际承运人提供信息中介和交易撮合等服务的行为。

②网络货运经营的特点

属于道路运输经营。《办法》第六条,向符合条件的申请人颁发《道路运输经营许可证》,经营范围为网络货运。

承担承运人责任。《办法》第二条,以承运人身份与托运人签订运输合同,承担承运人责任的道路运输经营活动。

撮合业务不属于网络货运。《办法》第二条,不包括仅为托运人和实际承运人提供信息中介和交易撮合等服务的行为。

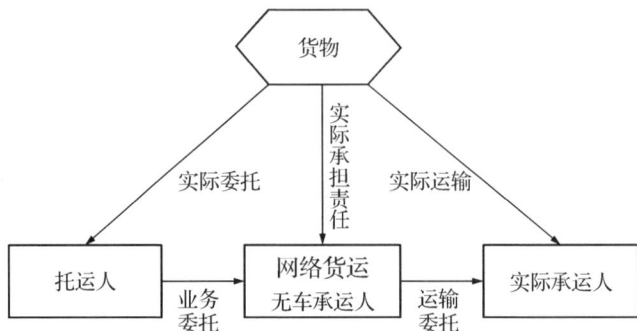

图 12-1 网络货运经营涉及主体

2）网络货运平台的概念

（1）定义与业务模式

网络货运平台是以数据为驱动,以网络货运为核心业务,以互联网、物联网、区块链等技术为手段,为货主企业提供智慧物流管理、车货智能匹配、车货全方位监管等全流程一站式服务的平台新业态。

在纵向上,可贯通多个产业打造商品数字物流产业链;在横向上,可跨界连通金融、保险、油气、车辆维修等相关行业,推动产业链标准化、数字化、智能化。网络货运平台可去除中间环节,不再层层转包,缩短交易链条,降低物流成本,同时通过大数据人工智能算法提升运力组织效率,提升找货、找车效率,降低车辆空驶率。《办法》实施后的网络货运业务模式如图 12-2 所示。

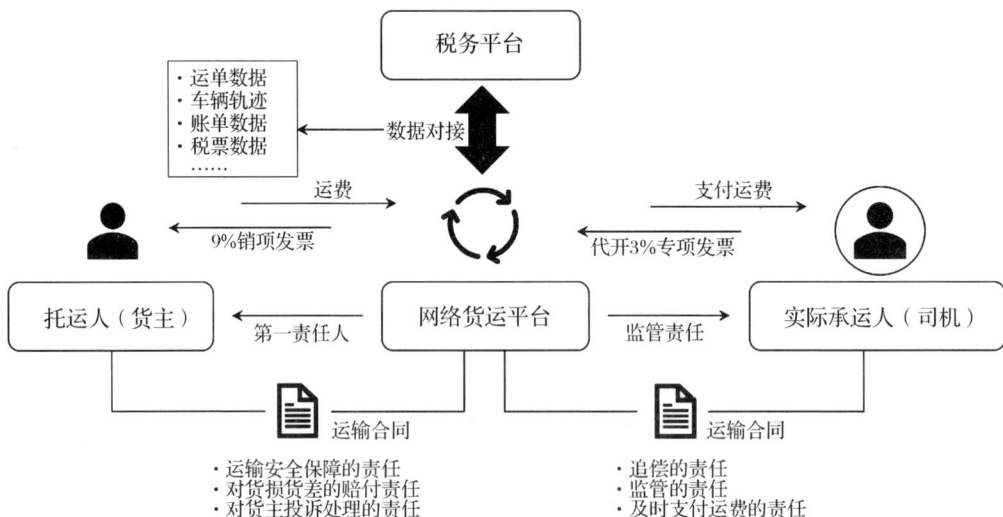

图 12-2 网络货运平台业务模式

（2）网络货运平台类型

网络货运现已开启高速发展阶段,据交通运输部网络货运信息交互系统统计,截至

2024 年 6 月底,全国共有 3286 家网络货运企业(含分公司),接入社会运力 804.4 万辆、驾驶员 737.7 万人。上半年共上传运单 8 087.7 万单,同比增长 52.8%。随着互联网技术在物流业中得到充分的应用,各线路的物流模式逐步得到优化,网络货运平台也从最初简单的共享货运信息资源到现在各具特色的平台模式。就整体而言,现有的网络货运信息平台主要分为三大类,分别是:控货型、开放型和服务型。

①控货型

由网络货运平台来控制货源的分配,如合同物流、大宗/危化品型物流以及网络电商平台,其中合同物流大都出自早期开展的无车承运人试点企业,其最初的目的是为了解决企业的内部物流运输需求,通常来讲,合同物流相关的企业都会有自己的车队来组成运力,其运力细分为自由车辆、挂靠车辆以及合作联盟车辆等,以此形成的运力规模有限,往往不足以满足企业的运输需求,典型代表企业有中外运、大田物流、安得物流等;大宗/危化品型物流与传统的普通货物的运输物流从货物类别就有所区别,大宗货物一般是以煤炭石油为主的能源产品、钢铁矿为主的基础原材料以及农副产品等,危化品型物流则主要是易燃易爆或具有强腐蚀性的化工材料为主,典型代表有中国华能、世德集团以及青港岛物流;电商平台则更加常见,也更为大众所熟知,以天猫、淘宝、京东商城、苏宁易购、亚马逊等著名的电商平台可以说成了商流十分重要的渠道之一,其涵盖了相当大的物流订单。以京东为例,作为平台货主,面对的不光是体量庞大的消费者,更包括了各级分销商以及门店等等,电商平台寄希望以平台化的操作模式来达到整合零散运力和集货的能力,实现规模化运营。

②开放型

对于开放型的网络货运平台来讲,所扮演的角色并非货运的需求方,也并非运输服务的提供方,其竞争核心是以车货之间的相互匹配为主,以撮合型、承运型和专业型企业这三类企业为代表。其中撮合型平台以解决车货信息匹配问题著称,有效地提升了物流效率,业内代表为满帮集团,满帮集团的前身同样是无车承运人试点企业,发展至今已成为业内最大的整车平台;承运型平台顾名思义,其业务核心以承运为主,并以整车干线运输的方式为主,特点为运输周期长、运输路线相对固定、对整个运输环节的把控较为严格,典型代表企业为福佑卡车,致力于为客户解决整车运输需求;专业型平台则是以差异化服务来维持自身的核心竞争力,将业务范围具体到某一区域范围或是限定运输货物的类别,例如专门从事危化品类运输的拉货宝,从事集装箱运输的滴滴集运,从事地区专线运输的恰途和物云通等企业。

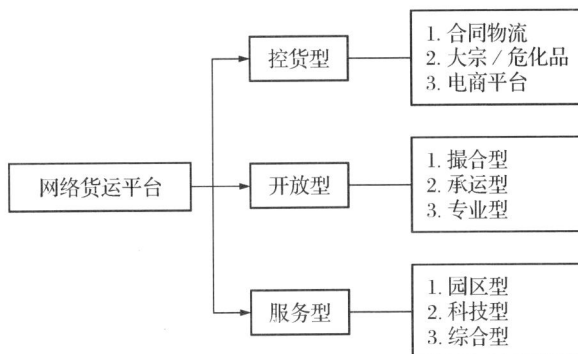

图 12-3 网络货运平台类型

350

控货型:1.合同物流 2.大宗/危化品 3.电商平台
开放型:1.撮合型 2.承运型 3.专业型
服务型:1.园区型 2.科技型 3.综合型

③服务型

所谓服务型的网络货运平台,分别是园区型、科技型和综合型。这类服务型网络货运平台的业务较之前的类别更加广泛,有着多重业务线,此外,服务型平台的营利方式除了完成基础的车货匹配获得收益外,还能够为客户提供如资质办理、金融业务等系列增值服务。园区型平台意味着自身拥有物流园区,其区位优势以及运力服务都有着较强的实力,当物流园区由点成线,扩展成网络结构后具有很强的资源优势,以传化物流平台为例,在全国各地都拥有自己的传化公路港,竞争力明显;科技型平台在互联网、大数据、GPS、SaaS 等各类技术的加持下,以信息技术为核心点打造出网络货运信息平台,这类网络货运平台拥有较强的数据处理以及各项软硬件接入的能力,相较于其他平台来讲,技术是其最强劲的竞争力,其典型代表有中交兴路和 G7;综合型网络货运平台的业务范围不仅仅提供包括车源、货源、物流企业等各项基础的物流服务,此外,也提供诸如办理金融保险、税务、资质申办等综合性质的业务,代表企业有合肥维天运通信息股份有限公司(简称路歌)、安徽共生物流科技有限公司、江苏物润船联网络股份有限公司等。

3)政策发展历程

表 12-2　政策发展历程

年份	政策
2013	《交通运输部关于交通运输推进物流业健康发展的指导意见》提及"无车承运人"一词
2014	《交通运输部关于全面深化交通运输改革的意见》
2015	《交通运输部办公厅关于印发贯彻实施交通运输部全面深化交通改革的意见重要举措分工方案的通知》 《国务院关于加快构建大众创业万众创新支撑平台的指导意见》 《关于推进线上线下互动加快商贸流通创新发展转型升级的意见》 《关于改善公路货车司机生存状况的建议》
2016	《关于全面推开营业税改征增值税试点的通知》(财税〔2016〕36 号) 《国务院办公厅关于深入实施"互联网+流通"行动计划的意见》 《国务院办公厅关于转发国家发展改革委营造良好市场环境推动交通物流融合发展实施方案的通知》 《交通运输部办公厅关于推进改革试点加快无车承运物流创新发展的意见》落地,按照"初选论证、企业实施、过程监管、总结评估"的步骤推进
2017	《交通运输部、财政部、国家铁路局、中国民用航空局、国家邮政局、中国铁路总公司关于鼓励支持运输企业创新发展的指导意见》 《关于印发"十三五"现代综合交通运输体系发展规划的通知》 《交通运输部办公厅关于印发推进智慧交通发展行动计划(2017—2020 年)的通知》 《交通运输部办公厅关于做好无车承运试点运行监测工作的通知》 《交通运输部办公厅关于进一步做好无车承运人试点工作的通知》

(续表 12 - 2)

年份	政策
2018	《交通运输部办公厅关于公布无车承运人试点考核合格企业名单的通知》有 229 家无车承运试点企业考核合格 《关于调整增值税税率的通知》,交通运输业增值税由 11% 降为 10% 《交通运输部办公厅关于深入推进无车承运人试点工作的通知》 《交通运输部办公厅关于无车承运人试点综合监测评估情况的通报》
2019	《关于深化增值税改革有关政策的公告》,原适用 10% 税率的,税率调整为 9% 《网络平台道路货物运输经营管理暂行办法》,无车承运人更改为网络货运经营者,2020 年 1 月全面放开 《关于开展网络平台道路货物运输企业代开增值税专用发票试点工作的通知》
2020	《交通运输部办公厅关于进一步做好网络平台道路货物运输信息化监测工作的通知》明确了网络货运信息化监测评估指标体系
2021	交通运输部、国家税务总局研究决定,延长《网络平台道路货物运输经营管理暂行办法》(交运规〔2019〕12 号)有效期至 2023 年 12 月 31 日
2022	交通运输部:网约车和道路货运新业态平台(网络货运)公司将向社会公开计价规则; 交通运输部、公安部、应急管理部颁布《关于修改〈道路运输车辆动态监督管理办法〉的决定》(交通运输部、公安部、应急管理部令 2022 年第 10 号)切实保障货车司机等交通运输从业人员合法权益,进一步优化道路运输营商环境。
2023	交通运输部、国家税务总局发布公告称,为深入贯彻落实党中央、国务院关于促进平台经济规范健康发展的决策部署,交通运输部、国家税务总局研究决定,延长《网络平台道路货物运输经营管理暂行办法》(交运规〔2019〕12 号)有效期至 2025 年 12 月 31 日。

12.1.2 网络货运平台

1) 平台模式的发展历程

网络货运平台的发展经历了交易匹配平台、财税合规服务商、单车税务核算平台、运输生态四个阶段。

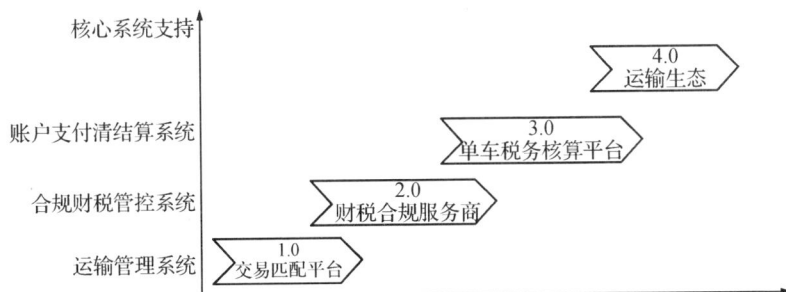

图 12 - 4 网络货运平台模型发展阶段

表 12-3 不同网络货运平台模型对比

	交易匹配平台	财税合规服务商	单车税务核算平台	运输生态
描述	主要解决了物流信息不对称问题，主要功能是信息发布、撮合交易、诚信监管等	一定程度上解决了个体司机的开票个税问题	运输成本可见可控、财税透明合规	延长产业链，提高物流行业效率
定位	中介服务商	财税服务商	单车税务核算服务商	综合物流服务商
盈利点	经纪费、会员费	运费差价、地方政府返税及补贴及其他	集采差价、技术服务费及其他	技术服务费、金融费用
优点	信息匹配，撮合交易，解决信息不对称问题	通过与地方政府谈判获得的打包税务解决方案，在向上游开票的同时，解决个体司机的开票及个税问题	运力需求方不直接持有资产，且税务来源合规	为货主、运输企业、司机提供运输、财税、保险、数据服务等一系列应用服务
不足	未能解决司机端税务合规问题，未能解决司机个税问题	未深入司机的收支体系	没有沉淀自己的业务数据	尚在探索中

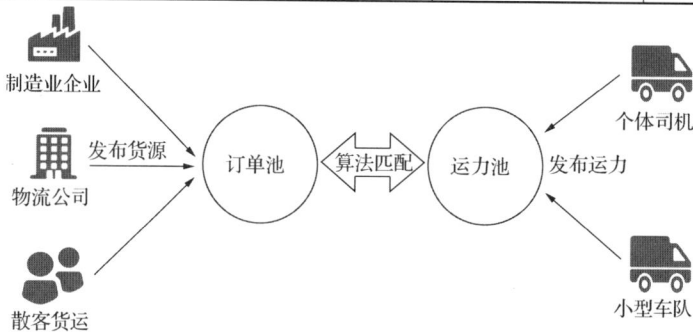

（a）交易匹配平台模型

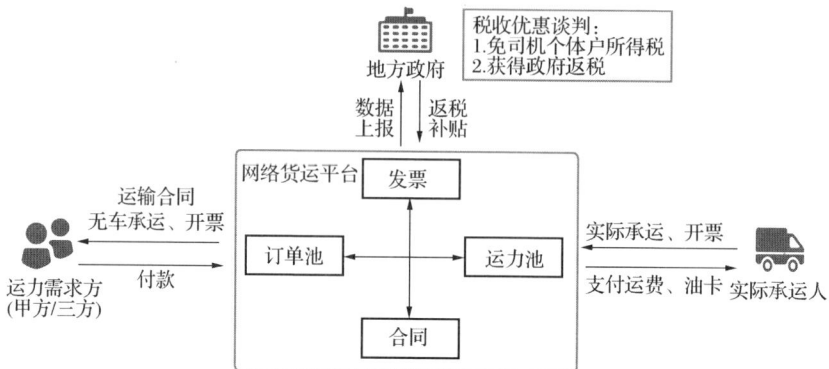

（b）财税合规服务商模型

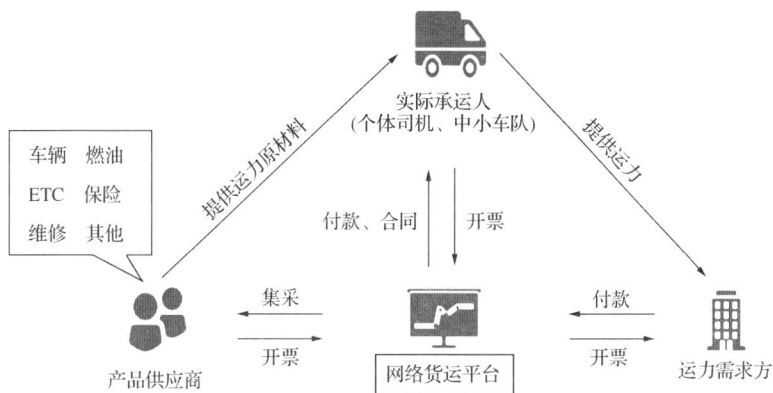

（c）单车税务核算平台

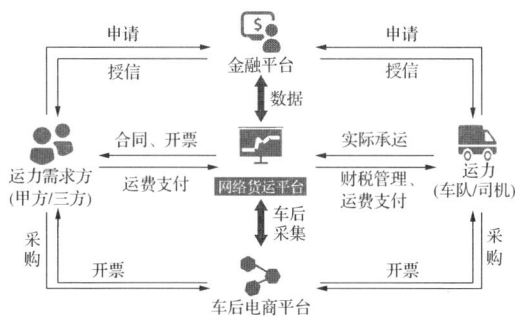

（d）运输生态

图 12－5　网络货运平台不同模型

2）需求和功能模块分析

网络货运平台不仅是为了建立信息化平台，更是从供应链角度出发，整合上下游分散货源和零散车源，提供一体化、个性化的物流解决方案，促使平台用户能够达到效益最大化，助力企业更好更快发展。

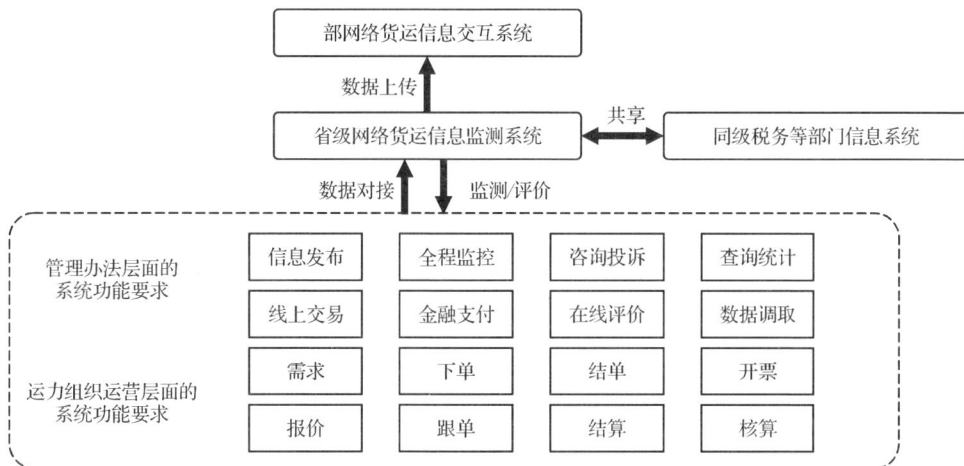

图 12－6　平台功能需求

（1）一站式货运服务

建立无车承运人平台后，不只是提供信息发布、货源承接、货款结算等必要服务，也应该为用户提供力所能及的服务，平台与货主、实际承运人之间构成货运一条线，打造以平台为核心的智慧物流与供应链，对这条线上的用户进行信息共享，进行一站式的货运服务，可以提高平台整合线上线下资源的能力，提升企业在物流行业的竞争力。

（2）建立服务质量管理制度

通过建立服务质量管理制度来对实际承运人进行诚信考核。运输过程中的数据主要来自有无违反行为，例如接单不提货、无原因不按路线行驶、故意延迟等情况，交易过程中的数据主要来自货运的时效性和货物损差，当累计到一定的数据后对实际承运人进行诚信考核，建立服务质量管理制度可以提高实际承运人的服务水平，提高平台的专业性。

（3）提供增值服务

无车承运人平台除了提供基本的货运服务，应该开展增值服务，包括货运解决方案、货运保证金、货运保险、较高价值信息推送、车辆后市场业务等。对于货运解决方案，能够给货主提供大量的车源信息，确保货物得到及时运输。能够给实际承运人提供及时的货源信息，确保回程车辆不空返。从而实现个性化与精准化相结合的服务目标。对于货运保险，平台和货主签订电子货运合同，货运发生就会通过平台进行线上投保，若货物在运输过程中有所损失，平台将会核实情况向保险公司反映事实，保险公司会依据保险合同进行赔偿。

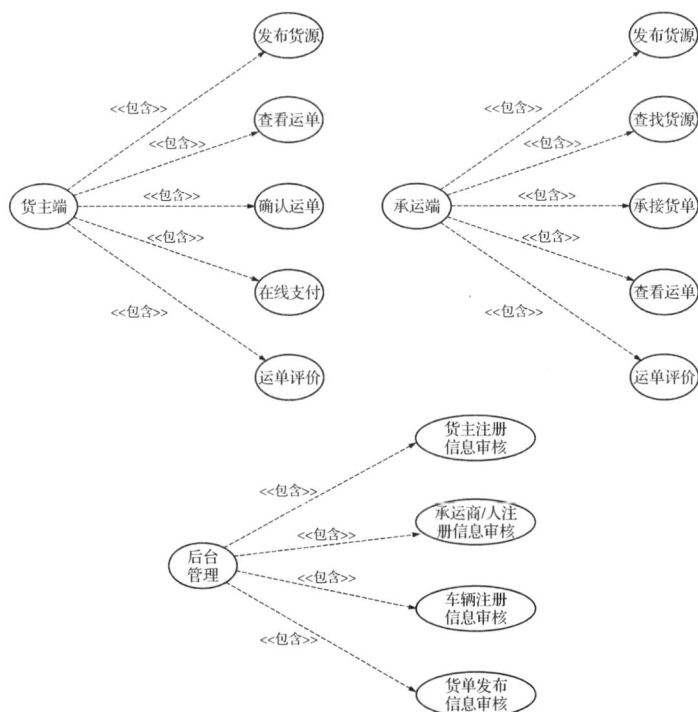

图 12－7　平台不同端需求

按照无车承运人平台功能需求分析,对平台的功能模块进行划分,包括货主端(移动端)、承运端(移动端)、后台管理系统(PC端)。该平台的功能模块结构如图12-8所示。

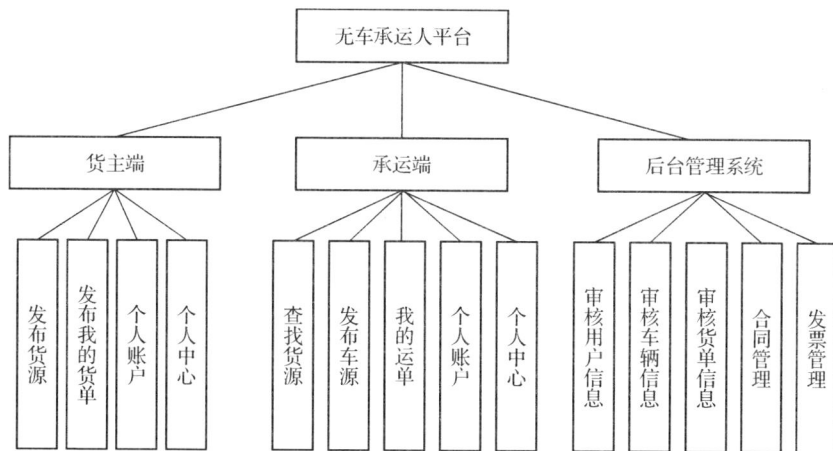

图12-8 平台功能模块

3) 网络货运信息化检测评估指标体系

2020年,交通运输部印发《关于进一步做好网络平台道路货物运输信息化监测工作的通知》,要求推进省级网络货运监测系统建设、强化行业运行监管、加强监测评估。按照《网络货运信息化监测评估指标体系》的要求,以季度为周期,对各省级交通运输主管部门网络货运信息化监测工作开展综合评估,督促各省利用信息化手段加强网络货运新业态跟踪监测和运行监管,促进网络货运新业态规范健康发展。

表12-4 网络货运信息化监测评估指标

指标分类	指标	指标定义
一、技术合规性指标	1. 单据上传率	统计期内,正式上传运单、资金流水单、车辆和驾驶员基本信息、驾驶员位置信息共5个单据的企业数量与辖区内取得网络货运经营资质的企业数量之比,单位:%。
	2. 驾驶员位置信息上传率	统计期内,正式上传驾驶员位置信息的企业数量与辖区内取得网络货运经营资质的企业数量之比,单位:%。
	3. 单据接入正常率	(1)运单接入正常率。统计期内,符合《部网络货运信息交互系统数据交换接口规范》(以下简称《规范》)和《部网络货运信息交互系统代码集》(以下简称《代码集》)要求的运单数量与上传至部交互系统运单总数之比,单位:%。 (2)资金流水单接入正常率。统计期内,符合《规范》和《代码集》要求的资金流水单数量与上传至部交互系统资金流水单总数之比,单位:%。
	4. 运单与位置信息单匹配率	统计期内,运单与位置信息单进行双向匹配,匹配一致的单据数量与上传至部交互系统的单据数之比,单位:%。
	5. 数据逻辑正常率	统计期内,运单与资金流水单中起讫点、货物毛重、运费金额等关键数据项逻辑正常的单据数与上传至部交互系统的单据数之比,单位:%。

(续表 12 - 4)

指标分类	指标	指标定义
二、经营合规性指标	6. 车辆资质合规率	统计期内,运单中车辆信息与全国道路运政管理信息系统(以下简称运政系统)的车辆信息比对,合规(取得《道路运输证》且在有效期内、基本信息与运政系统一致)的车辆数与部交互系统统计的车辆总数之比,单位:%。
	7. 驾驶员资质合规率	统计期内,运单中驾驶员信息与运政系统的驾驶员信息比对,合规(取得从业资格证且在有效期内,基本信息与运政系统一致,未被列入诚信考核"黑名单")的驾驶员数量与部交互系统统计的驾驶员总数之比,单位:%。
	8. 实际承运人资质合规率	实际承运人道路运输经营许可证与运政系统相关信息比对,合规(取得《道路运输经营许可证》且在有效期内)的业户数与部交互系统统计的实际承运人业户总数之比,单位:%。
	9. 超载监管正常率	统计期内,运单中货物质量与车辆核定载质量比对,未超过车辆核定载质量的运单数量与上传至部交互系统运单总数之比,单位:%。
	10. 违规转包率	统计期内,委托运输的实际承运人仅有"网络货运"经营资质的运单数量与上传至部交互系统运单总数之比,单位:%。
	11. 超范围经营率	统计期内,运单货物类型与实际承运人、车辆的经营范围比对,超范围经营的运单数与上传至部交互系统运单总数之比,单位:%。
	12. 运单重复出现率	统计期内,车牌号、起讫地、时间、货物重量等相同或相似的运单数量与上传至部交互系统运单总数之比,单位:%。
	13. 闭环监管正常率	(1) 运输轨迹正常率。统计期内,运单起讫点信息与车辆、驾驶员位置信息比对,三方信息一致的运单数量与上传至部交互系统运单总数之比,单位:%。 (2) 资金支付正常率。①运单与资金流水单匹配率。统计期内,运单与资金流水单进行双向匹配,匹配一致的单据数量与上传至部交互系统单据数之比,单位:%。②资金流水单比对符合率。统计期内,与运单匹配一致的资金流水单和金融机构相关信息比对,合格的资金流水单数占与运单匹配一致的资金流水单总数的比例,单位:%。
三、能力类指标	14. 整合运力规模	统计期内,部交互系统根据各省份网络货运监测系统上传的单据,统计各省份网络货运企业整合车辆总数,单位:万辆。
	15. 完成运单量	统计期内,部交互系统根据各省份网络货运监测系统上传的单据,统计各省份网络货运企业完成的运单总量,单位:万单。
	16. 完成货运量	统计期内,部交互系统根据各省份网络货运监测系统上传的单据,统计各省份网络货运企业完成的货运总量,单位:万 t。

指标说明:

1. 对总质量 4.5 t 及以下普通道路货物运输车辆不计算车辆资质合规率。

2. 对使用总质量 4.5 t 及以下普通道路货物运输车辆的驾驶员不计算驾驶员资质合规率。

3. 对仅使用总质量 4.5 t 及以下普通道路货物运输车辆从事普通货运的经营业户不计算实际承运人资质合规率。

4. 总质量 12 t 及以下普通道路货物运输车辆运输轨迹正常率只进行运单起讫点信息与驾驶员位置信息的比对。

12.1.3 典型案例——来货拉平台

1）基本介绍

来货拉平台由诺得网络科技股份有限公司自主研发完成,于2015年正式上线使用,其服务于大中型生产制造企业的规模化、标准化需求,同时衔接社会零散运力的交易场景,是国内首批网络货运平台中具备"直营"代表性的产品之一。平台借助物联网、大数据等技术提升了公路货运市场的信息透明度,并建立了智能决策机制支持车辆调度业务的高效开展。

来货拉平台整合社会物流资源,打通供需双方信息流通环节,消除物流信息不通畅不透明的障碍,建立了有45万司机会员组成的运输资源池,为货主企业提供高质量和高性价比的物流服务。

2）平台设计与功能

（1）设计目标

来货拉平台以物联网和大数据技术为基础,以解决传统物流行业中的痛点问题为目标,为货主和车主用户提供高性价比、高可靠性的服务体验,推动物流交易模式的智能化升级。来货拉平台的应用实现了货主企业、承运司机、平台管理方的业务协同,提高各方的业务效率,保障了各方权益。

表 12－5 传统货运行业痛点问题

痛点问题	原因分析
司机端服务不稳定	终端服务司机小散乱差,服务标准化程度低、货物转包风险高
司机端物流效率低	传统物流行业流程复杂,市场信息不透明,司机寻找货源时间成本及经济成本高,时效性差
综合成本高	物流业务流程复杂,需多方协同进行,同时国际运输方式复杂多样,无统一标准,运输价格高
议价能力弱	传统物流企业的业务集中度高,产业链冗长,对上游无议价能力
利润率低	传统物流企业缺乏集中采购小车队或零散运力资源的能力,企业运营成本高,常因产业链冗长,出现结款不及时、利润率偏低的现象,企业无法持续健康发展
沟通不畅	传统物流运输沟通机制不完善,基础设施衔接不顺畅,运输组织断链,信息数据联通困难
行业规范缺失	多式联运涉及运输方式和运输主体多,业务协同规范化、统一化及有序化难度高

（2）设计思路

①平台整体框架

来货拉平台分为司机端、货主端和管理后台三个部分。货主端的货源发布免费,提供订单跟踪、评价反馈功能;承运人可在司机端进行货源查询、报价抢单、签约提现、异常上报等操作;管理后台主要进行货源管理、运力管理、运单管理、票务管理等操作,保障平台稳定运行。平台服务运输业务的全流程,促进运输业务的高效进行。

图 12 - 9　来货拉平台不同端示意图

②模块及功能设计

a. 司机端

来货拉司机端在功能设计上考虑承运司机使用过程中的实际需求,利用现代化的信息技术保障司机运输过程。具体模块及功能如下所示。

货源大厅:货源免费展示,司机可在线抢单报价。

电子签约:发货人与司机在线签署标准电子合同,提供交易保障。

现场打卡:司机在线上传发货现场和收货现场照片,货主在线完成确认,保证货物交接的准确性和真实性。

异常上报:运单执行过程中出现异常时司机可以利用平台在线填写异常情况并拍照描述,系统将提示相关人员实时处理。

在线签收:货主可在线查看并确认货物定位,完成货物签收,简化签收流程。

路线规划:司机可利用地图功能规划货物运输路线,确保货物安全、快速地送达。

在线提现:司机在线查看运费账单及明细,可利用平台进行在线提款。

司机会员权益:平台发布日常任务,司机完成任务获得会员积分,平台为其推荐更多优质货源。

b. 货主端

来货拉货主端旨在利用互联网平台,帮助货主发布货源、选择承运商、实时监控货物运输情况。平台为货主提供一站式智能化服务,保障货主发货的全部环节。各模块具体功能如下所示。

货源大厅:货主可以利用平台发布货源。

指派司机:货主可在线询价比价,在线指派司机承运。

电子签约:货主与司机在线签署标准电子合同,保障交易的合法性和双方权益。

高级调度申请:货主可升级使用平台"高级调度"服务,获得高效的找车服务。

在途跟踪:平台基于 LBS、北斗定位等方式精准定位车辆,货主可实时查看运输状态和车辆位置。

开票服务:货主可在线申请开票,平台为其提供增值服务。

评价反馈:货主可对完成运输任务的司机进行评价和反馈,以便平台和其他货主参考。

c.管理平台

来货拉管理平台对货主、司机、货源、运单等方面进行全面管理,包括货主信息、司机信息、货源详情、票务信息等内容。保障运输业务的稳定进行,各模块具体功能如下所示。

货主管理:管理后台集中管理平台上的货主信息,包括注册审核、信用评价、订单发布情况等。

司机管理:管理后台可以管理平台上的司机信息,包括注册审核、资质认证、评价等。

货源管理:支持查看所有货源详情,对不实货源信息进行及时下架处理。

运单管理:支持查看和管理平台上的所有订单,包括订单的发布、接单、运输状态、结算等信息。

平台调度:支持高级调度业务,调度员可在线联系货主与司机,查看调度信息记录、服务费支付情况等。

开票管理:支持财务人员查看开票信息,可进行开票申请和开票结果查看等操作。

数据统计:对平台上的订单、司机、货主等数据进行统计分析,以便进行运营决策和优化。

3) 重点业务——一单制多式联运业务解决方案

(1) 现状痛点

"一单制"多式联运是在多式联运全过程中,凭一份多式联运(电子)运单或提单,实现托运人一次委托、费用一次结算、货物一次保险的一体化运输服务模式。目前多式联运行业存在着如下的痛点。

①单据不统一

多式联运过程中涉及多种运输方式,存在不同的单据要求,操作的复杂性和人力成本较高,存在单据填写、审核、流转和核算过程中标准不统一、不规范的情况。

②责任不明确

多式联运涉及多个运输主体和环节,易出现责任不明确、货物损坏和延误时,难以确定具体责任方的情况。

③信息不互通

多式联运需要不同运输方式间进行信息共享和资源互通。目前,不同运输方式之间的信息平台不统一,信息传递存在障碍,无法得到及时传递共享,影响各环节协调合作,增加运营成本和风险。

④风险难控制

多式联运涉及多种运输方式和复杂运输环境,运输方式之间的保险和赔偿机制同样存在差异,风险控制难度较大。

(2) 设计目标

为解决行业痛点,提供"一单制"多式联运解决方案,平台以物联网技术和智能调度算法为基础,对来货拉平台管理端进行升级,丰富上下游资源接入,打造多式联运管理平台,形成标准化的业务流程,提升物流运输的综合效益(图 12‐10)。

全流程在线管理:平台支持全业务流程 100％在线作业、集中管理,打造完整的作业数据闭环。

全环节数据互通:统一接口规范,实现数据互通互联,提供便捷管理工具,提升信息化程度和作业效率。

全网智能调度:实现陆运、水运、铁运等运输方式智能组合,支持集装箱卡车和普货车智能调度,推送常用线路、车辆类型等信息供司机自主选择。

全服务标准化:平台整理运输流程节点,实现定价、流程、服务标准化,过程资源可视化,质量责任可追溯。

运力供应链弹性化:平台构建弹性运力池,积累万级社会运力,实现旺季和特殊时期运力有保障。

实现降本增效:平台供给稳定运力,降低运价波动,降低多式联运成本,提升业务流程效率,改善司机群体收入。

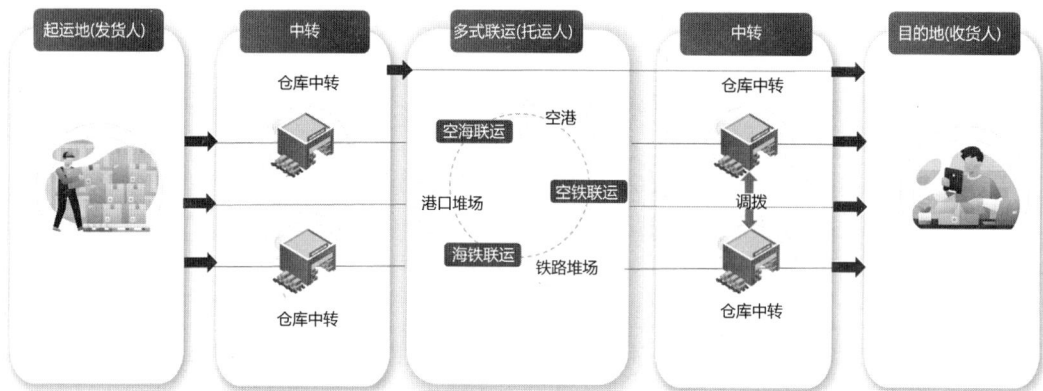

图 12‐10 多式联运逻辑示意图

(3) 模块设计及功能

多式联运管理平台设置多式联运工作台、询比价管理、运单管理等功能模块,支持在线查看业务进度、创建联运订单、进行业财一体化管理等。各模块及功能如下。

多式联运工作台:支持业务执行进度查看、申请审批、待办事项快速预览、查看通知公告、系统消息等。

询比价管理:针对某一计划或线路,发货方可以向一个或多个承运商发起询价,承运商在线报价,发货方根据实时报价做出选择,也可进行多轮议价或终止议价,系统则会记录报价和中标结果。

运单管理:以订单为维度,创建联运订单,分拆并创建多个海运、陆运物流单,支持查看订单在运输的各环节的节点信息和运输状态,实现在一张地图上进行陆运、海运的在途跟踪。

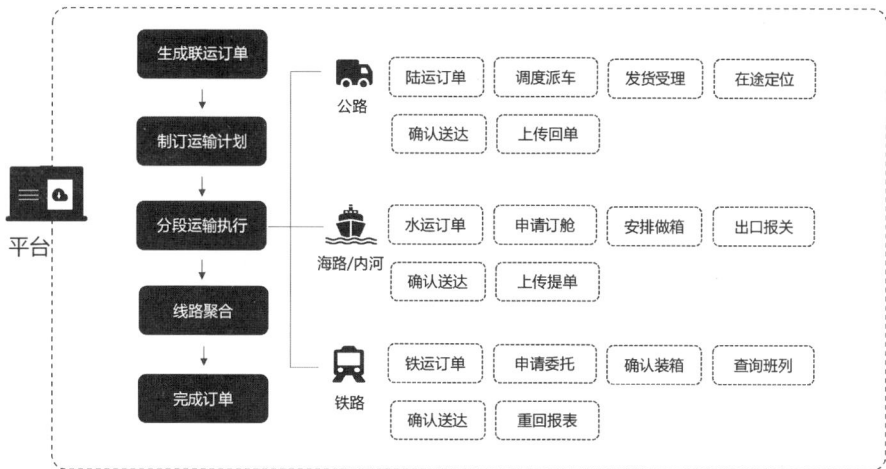

图 12 - 11　多式联运运单管理流程

在途管理:通过对船舶、车辆、火车、飞机轨迹的跟踪和对物流各环节状态的确认实现货物的全程可视化跟踪,支持对异常状态进行实时预警(图 12 - 12)。

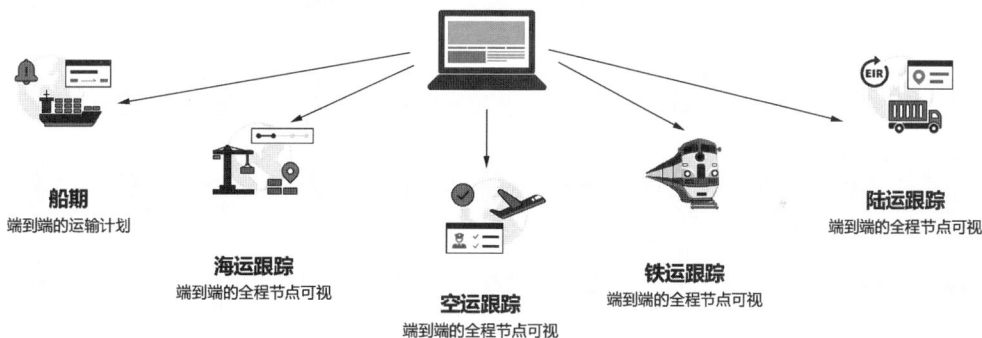

图 12 - 12　多式联运在途管理流程

签收管理:司机将货物送达后向收货方发送短信验证码进行身份验证,收货方将该验证码提供给司机,司机输入后完成收货方身份确认,即可完成在线签收工作。平台支持电子签名及盖章。

回单管理:平台支持 OCR 识别回单、电子签名,对回单进行统一的在线化管理。

供应商在线评价与考核:平台对供应商进行多维度评价,支持评价维度自定义。基于供应商的业务及评价数据,平台绘制出供应商画像并对供应商配置 KPI 评价模版。

财务管理:平台支持业财一体化管理,提供可视化财务工作台,直观反映应收应付款项、企业负债、利润等情况,多维度和颗粒拆分各类成本,实现对账单的在线自动生成,打通业财系统。

图 12 - 13　多式联运业财融合示意图

12.2　即时物流平台

12.2.1　即时物流概述

1）定义及特点

即时配送服务是依托于本地生活服务平台,综合运用数字技术和人力众包等社会物流资源,为外卖餐饮、即时购物及应急需求等线上消费活动,提供点对点、无中转、即需即送的快捷配送服务。

即时配送,即需求方基于不同服务场景提出即时配送需求,由服务平台负责统一进行分流派送并在规定时间和地域内完成订单,从而完成"端到端"的配送链条。

即时配送在发展过程中逐渐形成高时效性(小时级、分钟级)、狭地域、高离散、单一配送链条以及服务场景丰富的特点。

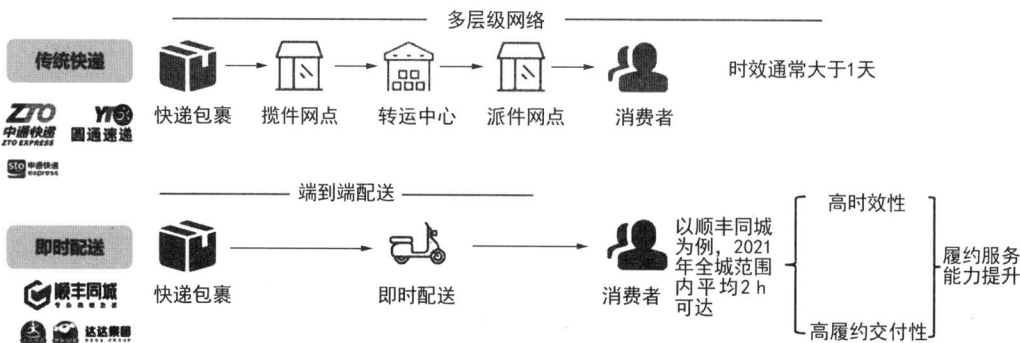

图 12 - 14　传统快递与即时配送的区别

2）发展历程

近年来,电商平台、新零售企业、快递快运等传统物流企业和第三方运力平台纷纷入局即时配送领域,涵盖了需求场景、运力供应、技术支持等各个环节,我国即时配送行业发展迅速。根据《2024年中国即时配送行业趋势白皮书》数据,2024年中国即时配送行业订单量约482.8亿单,同比增长17.6%。

即时配送行业从一开始业务只满足外卖餐饮配送需求到如今订单品类多元化的发展现状经历了三个阶段,行业得到长足的发展。人们对即时配送业务的需求也在不断增加,行业不断走向成熟,即时配送市场进入稳定增长阶段。

①萌芽期:2014年及之前

即时配送开始兴起配送业务主要满足外卖餐饮配送需求,行业订单较少。

②成长期:2015—2017年

电商O2O快速发展,与即时配送互相促进。服务品类也逐渐扩展到生鲜零售、跑腿等业务,业务场景逐渐完善。

③成熟期:2018年之后

订单品类多元化发展,同时,各物流公司纷纷成立即时配送业务线,进军即配行业,行业整体增速稳定。

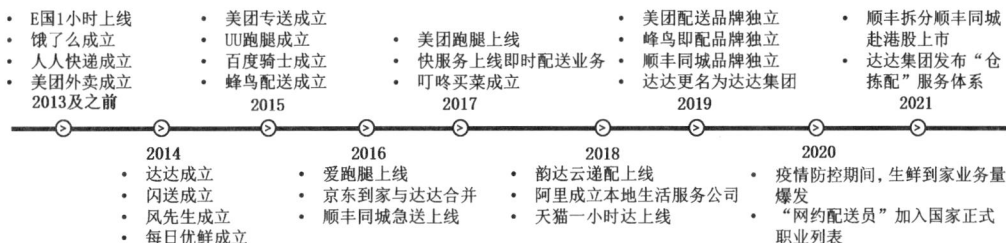

图 12-15　即时配送发展历程

新冠疫情期间,大量线下业态陷入停摆状态,促使各行各业线上化进程加快。同时,由于全国多地小区的封闭化管理措施,居民即时消费行为逐渐由线下切换为线上。在供需双方的共同推动下,同城即时消费在疫情防控期间迎来爆发。即使进入疫情常态化防控阶段,线下活动日渐恢复,供给端的结构性变化与需求端习惯的养成使得线上下单、线下送达模式已然成为新常态。调研结果显示,为解决日常所需,超90%的用户更倾向于在线上消费。

3）分类

按照主体可将即时物流分为三类。

①配送平台类:主要为外卖餐饮和本地生活服务平台,如美团、蜂鸟即配等。

②企业直配类:指传统商超或百货业自建即时配送体系,如永辉超市、盒马鲜生等。

③第三方专营类:指传统第三方物流企业布局同城业务提供第三方即时配送服务,如顺丰同城等。

　　他们的核心区别是订单来源的独立性。与依托平台即时配送业务模式相比,第三方即时配送和企业直配类的订单来源更为独立,第三方即时配送的订单来源渠道更为多元,业务内容和服务类型更为多样,这也使得第三方即时配送的服务能力相较而言更为系统全面。而依托平台即时配送的业务模式订单来源渠道单一,与上游的平台捆绑较为紧密,业务拓展受限,多样化业务服务能力相对较弱。

表 12 - 6　即时配送不同类型对比

	第三方专营类	依托平台即时配送
订单来源独立性	通过自建即时配送服务平台取得订单,订单来源独立性高 消费者/商户　第三方即时配送服务平台　消费者/商户	通过上游平台分流产生配送订单,订单来源独立性低 消费者/商户　本地生活服务平台　即时配送服务　消费者/商户
服务场景丰富度	由于订单来源渠道多样,第三方即时配送服务商一般服务多种即时配送场景,服务场景丰富 生鲜果蔬 商超零售 服装 美妆 到家服务 个人跑腿	订单来源渠道相对单一,依托平台即时配送服务商深入于上游平台所涉及即配场景,服务场景丰富度较低 餐饮外卖　生鲜果蔬　商超零售
业务服务能力全面性	多样化的即时配送服务场景和多元化的配送品类,对第三方即时配送服务商在运力匹配、路径优化、流程管理上提出了更高要求,第三方即时配送服务能力、履约能力更为全面	相对单一的服务场景和配送品类,依托平台的即时配送服务商服务能力、履约能力相对单薄

4)服务场景

　　即时物流的主要服务场景有外卖配送、电商新零售、同城跑腿和同城物流四种,其中外卖配送的市场占比最高,如图 12 - 16 所示。

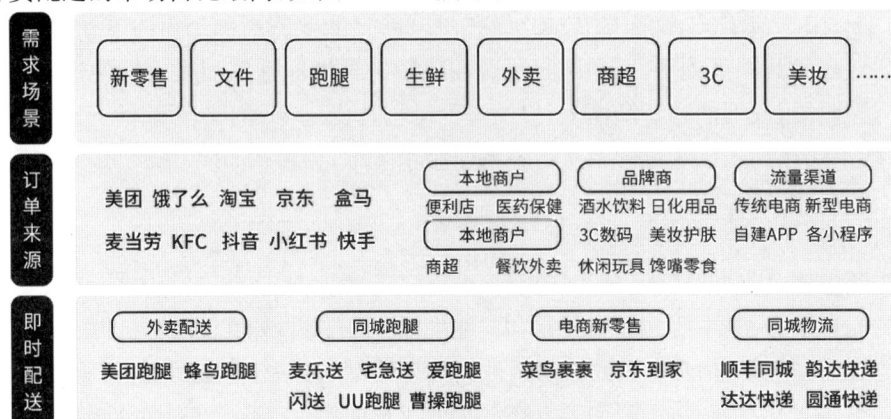

图 12 - 16　即时配送服务场景

（1）外卖配送

随着人们用餐需求的转变,外卖骑手等新就业形态劳动者数量大幅增加。整体而言,这些外卖骑手可以根据用工性质不同分为专送骑手和众包骑手。其中,全日制专送骑手是配送合作商直接招用的外卖骑手,建立劳动关系,订立书面劳动合同。而众包骑手是劳务派遣单位招用并派遣至配送合作商工作的外卖骑手,其与劳务派遣单位建立劳动关系,与配送合作商仅仅形成合作关系。这部分骑手是灵活用工的典型代表,在外卖市场充当了核心力量。

（2）同城跑腿

随着人们生活方式的转变,同城跑腿的需求相比以前大大增加。同时还衍生了代买票、代挂号、代取快递、代买东西等其他跑腿业务。对于配送员来说,他们接不接单由自己决定,多劳多得,实际自由度会高出很多;对于滴滴和美团企业来说,由于不存在劳动关系,滴滴和美团也减少了五险一金等传统雇佣合同下的成本支出,可以帮助企业轻装上阵、安全发展。

（3）电商新零售

电商新零售作为以即时配送体系为基础的高时效性到家消费业态,以当地商品供应配合即时履约能力,满足了当代消费客群"即买即达"的快捷消费需求。其在需求端消费结构升级和供给端数字技术进步的共同作用下获得发展,2020—2022 年三年间,疫情的常态化影响使得即时零售获得了充分发展。

（4）同城物流

最典型的企业当属顺丰、申通、圆通等快递公司以及货拉拉等搬家公司。目前,上述公司普遍面临着一个难题——运营成本高。一方面,这些公司既然提供物流配送,便需要交通工具等固定资产,由此产生大额资产支出;而这些固定资产又会产生燃油等成本;此外,快递需要专门的场地安放,于是又会产生场地租赁等费用,几项成本叠加,抬高了企业的整体运营成本。但与此同时,物流配送企业是不能频繁地调高运价的。在这种成本变高、运价不变的矛盾下,物流配送行业急需想方设法控制财税和人力成本,这样才能保证自身获得持续的盈利能力。

5）运力模式

即时配送运力模式:按组建形式可分为自建运力模式、加盟/代理模式;按运力形式可分为众包模式、专职模式。见表 12-7、表 12-8。

一方面,按组建形式的角度可分为自建运力模式及加盟/代理模式,其中前者一般为资金实力较强或已处于成熟期的玩家所青睐,其应用路径多从核心、重点发展地区出发并逐渐外延。考虑服务质量、商业数据等维度,前者多为玩家首选,后者则为前者的补充,即当玩家初期资金实力较弱或需要快速扩张以扩大服务覆盖范围时,将采用后一模式。另一方面,具体看运力形式可划分为众包模式、供应商模式及全职模式,不同模式下运力特征各不相同,因此目前服务商针对不同场景下用户对运力服务的不同需求,同时采用多种运力模式。而运力的管控能力也因此成为平台的关键能力之一。

表 12 - 7　即时配送不同运力模式对比（按组建形式）

按组建形式划分	自建运力模式	加盟/代理模式
定义	服务商自行构建、直接管理运力，负责所辖运力的调动、考核，并承担相关人力资本支出	加盟/代理商构建、直接管理运力，并承担相关人力资本，服务商对其运力服务等进行考核
使用场景	初期资金实力较强； 成熟发展时期； 战略地区，通常为订单密度高、自建可实现规模经济的地区	初期资金实力较弱； 快速扩张时期； 订单密度低、自建存一定难度的非规模经济地区
具体运力形式	众包模式、专职模式（全职模式及供应商模式）	

表 12 - 8　即时配送不同运力模式对比（按运力形式）

按具体运力形式划分		自建运力模式	加盟/代理模式	
			供应商模式	全职模式
定义		利用自有平台调用社会闲散运力，服务商按单付费	运力由供应商雇佣，服务商向其支付相关费用	运力由服务商直接雇佣，并支付工资薪金
用工模式		多为非全日制的灵活用工形式	外包	企业自提
运力特征	稳定性	★	★★	★★★
	灵活性	★★★	★★	★
	专业性	★	★★	★★★
	经济性	★★★	★★	★
主要服务提供类型		大规模运力补充；标准服务	较大规模运力补充；高标准服务	核心运力；高质量服务，如驻场

　　出于服务管控、数据等层面，自建运力模式多为首选；并且，多同时采用众包及专职模式以满足不同场景下用户对运力服务的不同诉求。

　　6）即时物流新业务方向

　　（1）第三方即配企业向履约服务链路上下两端延伸，推动末端服务进一步优化

　　在市场竞争加剧，流量红利日渐退却的大背景之下，本地线下商家对于自身全面数字化、智能化的要求呈不断攀升的态势。这使得即配服务商仅做好履约所涉五大环节中即时配送这单一环节的数智化只是能力的必备项，而能够立足即配服务向上下端延伸，提供增值产品与服务才为能力的加分项。其中，在其向上拓展的过程中，得益于独立性等天然优势，第三方即配服务商将更受 B 端商户青睐，尤其是在 SaaS 工具对接已有系统、进行核心数据的分析预测等敏感层面。基于此，在未来，第三方即配服务商将在推动末端服务的进一步优化上发挥越来越重要的作用。见图 12 - 17。

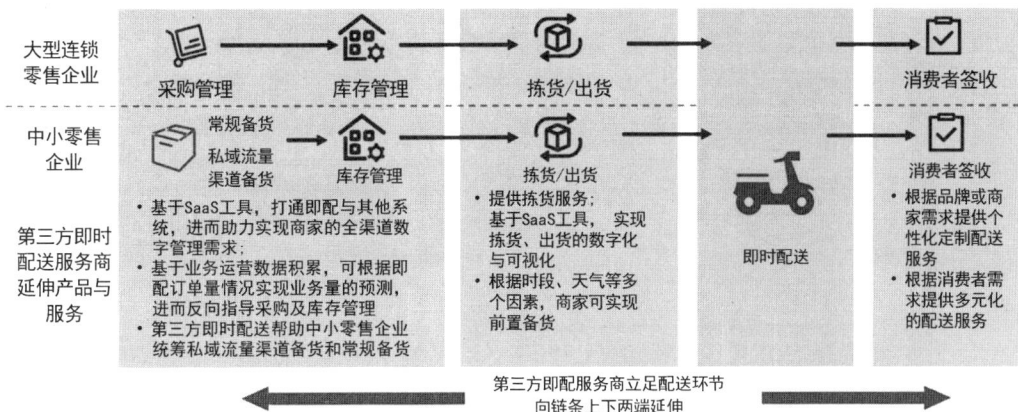

图 12 - 17 即时配送服务链

（2）利用工具型 SaaS、终端智能柜等智能科技产品，提升业务服务质量，优化业务链路效率（图 12 - 18）

伴随着大数据、物联网等技术的发展，先进智能科技已深入渗透至即配服务流程的各个环节。具体而言，在用户下单到订单完成的整个即配服务链条上，智能化应用在商家经营及即配服务商能力构建方面发挥着越来越重要的作用。以商家自行履约为例，即配 SaaS 除了覆盖核心运力调度、配置模块外，已发展至即配流程的各个环节，助力商家在一套系统内实现从前端获客到即时配送的高效履约再到售后服务与客户运营。同时配合包括自动驾驶车辆、无人机、智能快递柜在内的智能设备的广泛应用，最终实现链路整体效率的优化、服务质量的提升与客户黏性的增强。

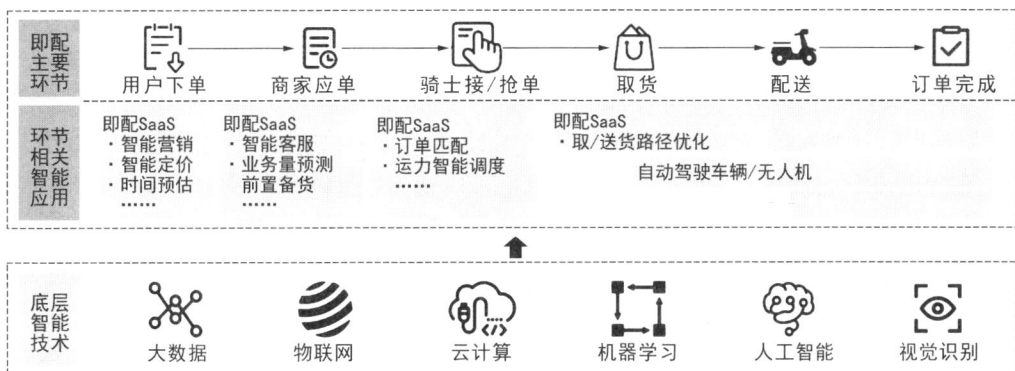

图 12 - 18 即时配送技术及应用

12.2.2 即时物流平台

1）产业链分析

即时物流各产业环节中，上游移动支付等底层技术及工具发展已较为成熟；中游即时配送服务商中，平台自建运力市场份额具有优势；下游需求方中餐饮外卖类需求量最高。见图 12 - 19。

图 12 - 19　即时物流产业链

（1）上游——底层技术及工具

即时配送上游第三方移动支付、导航电子地图、云计算、物联网等行业的蓬勃发展为即时物流行业健康发展提供了坚实的保障；随着未来技术迭代演进，即时物流的业务履约效率将进一步优化。

即时配送行业的从业者配送员在完成订单的过程中，需要运用一些软硬件技术进行订单管理、智能分析、用户地址解析、送餐路径规划，第三方移动支付、导航电子地图、云计算、物联网等行业的发展是即时配送行业健康发展的基本保障。

云计算可以为即时物流提供可用的、便捷的、按需的网络访问，进入可配置的计算资源共性池，提供配送订单数据的收集、储存、分析，因此企业可投入较少的管理工作来提高整体运行效率。

配送员在接到即时物流的新订单后，需要根据地图定位导航找到商家位置完成取餐后再根据导航配送。作为即时物流不可或缺的工具，导航电子地图行业 2017 年至 2021 年年复合增长率达到了 47%，中国第三方移动支付行业的发展为即时配送行业的下游需求端即时零售行业提供了极大的发展条件，便利化的支付方式顺应懒人经济下，2017 年至 2021 年复合年化增长率达 26.8%。

物联网技术可以应用取餐柜等智能装备和 IoT 云平台串联整个即时配送过程，使配送全过程更加数字化、便捷化，业务履约效率将进一步优化。

（2）中游——服务商（表 12 - 9）

表 12 - 9　即时物流不同服务商对比

	达达快送	美团跑腿	蜂鸟即配	顺丰同城急送	闪送
订单来源	京东到家及第三方订单（来自物流公司、连锁商家、中小商家和个人用户）	第三方订单（商家＋个人用户）	第三方订单（商家＋个人用户）	第三方订单（商家＋个人用户）及物流公司最后一公里配送订单	第三方订单（商家＋个人用户）

（续表 12 - 9）

	达达快送	美团跑腿	蜂鸟即配	顺丰同城急送	闪送
服务类型	帮送、帮取、帮买	帮送、帮取、帮买	帮送、帮取、帮买	帮送、帮取	帮送、帮取、帮买、帮排队
运力模式	众包	自有＋众包	自有＋众包	自有＋众包	众包
服务场景	美食饮品 商超便利 生鲜果蔬 鲜花蛋糕 汽配 3C 数码	美食饮品 超市便利 生鲜果蔬 鲜花绿植 医药健康	美食饮品 超市便利 生鲜果蔬 鲜花蛋糕 医药健康	美食饮品 商超便利 服装鞋帽	美食饮品 服饰美妆 医药健康 证件钥匙 母婴 汽配

（3）下游——服务场景

外卖配送、电商新零售、同城跑腿和同城物流四种场景的服务流程如图 12 - 20 所示。

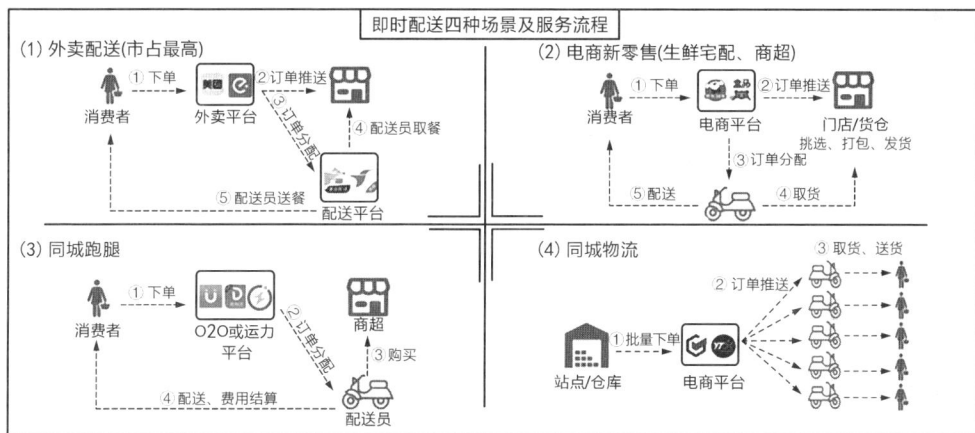

图 12 - 20 即时物流下游服务场景流程

2）分布式系统架构设计

即时物流业务对故障和高延迟的容忍度极低,在业务复杂度提升的同时也要求系统具备分布式、可扩展、可容灾的能力,解决系统宕机风险。

分布式架构,是相对于集中式架构而言的一种架构体系。分布式架构适用 CAP 理论(Consistency 一致性,Availability 可用性,Partition Tolerance 分区容忍性)。在分布式架构中,一个服务部署在多个对等节点中,节点之间通过网络进行通信,多个节点共同组成服务集群来提供高可用、一致性的服务。

围绕成本、效率、体验核心三要素,即时物流体系大量结合 AI 技术,从定价、预计到达时间 ETA、调度、运力规划、运力干预、补贴、核算、语音交互、LBS 挖掘、业务运维、指标监控等方面,业务突破结合架构升级,达到促规模、保体验、降成本的效果。

在平台设计过程中,需要考虑的技术障碍和挑战:

☞订单、骑手规模大,供需匹配过程的超大规模计算问题。

☞节假日或者恶劣天气会产生订单聚集效应。

☞物流履约是线上连接线下的关键环节,故障容忍度极低,不能宕机,不能丢单,可用性要求极高。

☞数据实时性、准确性要求高,对延迟、异常非常敏感。

以动态定价为例,需要考虑空间维度和订单维度两个层面,而订单之间的距离、重量、楼层、类型、时效要求等各有不同,针对每个订单,需要动态决定。

☞向用户/商户收取的运费支出(保证稳定性)。

☞付给配送员的运费收入(满足差异性)。

与此同时,还要注重优化用户体验(如接单率/接单时间、运费支出)、骑手利益(运费收入、付出回报比)、平台指标(单量、补贴量)等。

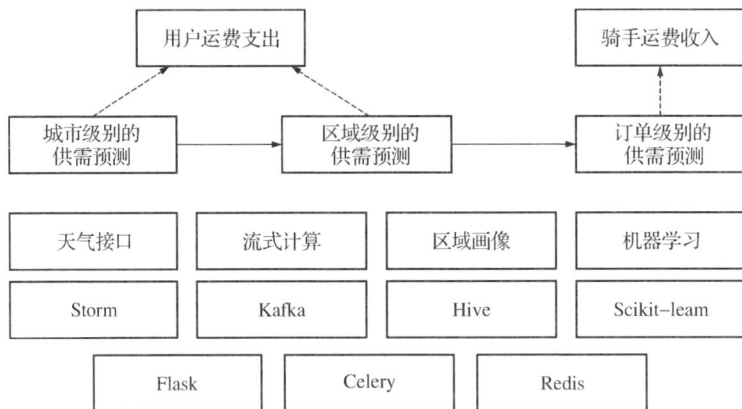

图 12-21　部分功能需求和技术

即时物流配送平台主要围绕三件事展开:一是面向用户提供履约的 SLA,包括计算送达时间 ETA、配送费定价等;二是在多目标(成本、效率、体验)优化的背景下,匹配最合适的骑手;三是提供骑手完整履约过程中的辅助决策,包括智能语音、路径推荐、到店提醒等。

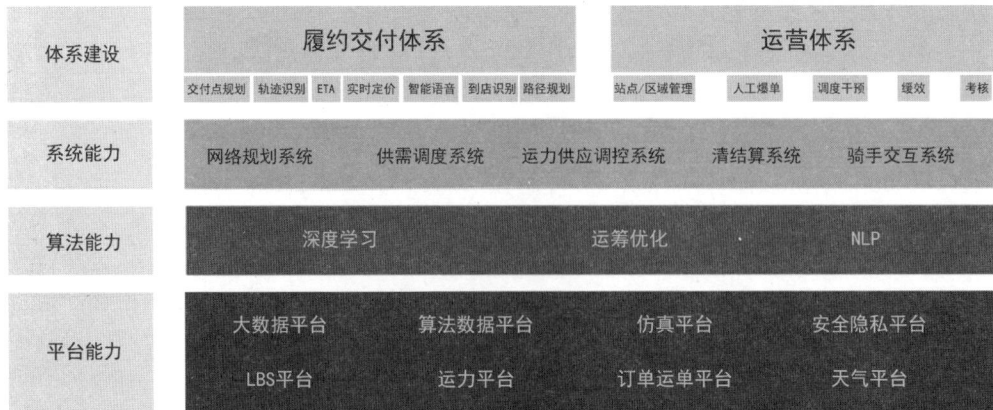

图 12-22　平台整体设计

12.2.3　典型案例——达达即时物流

（1）企业简介

达疆网络科技（上海）有限公司（以下简称"达达集团"），于 2014 年在上海成立，以"万千好物、即时可得"为愿景，一直致力于打通线上线下营销渠道，提升配送履约服务效率，为消费者创造更好的购物和生活方式。公司旗下拥有京东到家和达达快送两大核心业务，二者保持独立开放的运营模式，同时协同相融，形成了"零售＋物流"独特的协同发展模式。京东到家是达达集团旗下的本地即时零售平台，2023 年业务覆盖全国超 2 200 个县区市，全品类合作门店超 40 万。达达快送是达达集团旗下的本地即时配送平台，业务覆盖全国 2 700 多个县区市，日单量峰值超千万单。

（2）主要做法与成效

达达集团通过"京东到家"和"达达快送"两大平台，形成"即时零售＋即时配送"协同发展模式，积极构建同城即时消费"新基建"。凭借独特品牌优势与技术优势，公司携手众多商业合作伙伴，打造不同消费场景下的赋能模式，提供 1 h（小时）配送到家服务，满足居民便利性、即时性消费需求。

面对新机遇和新趋势，达达快送不断完善同城配送精细化运营能力，以骑手为核心，提升骑手体验和效率，助推行业高质量发展。针对客户不同需求，达达快送提供个性化服务解决方案；优化骑手分层运营，以数字化赋能单量分发、路区运营、骑士招募等运营全链条；聆听百万达达骑士心声，不断完善骑士关怀和培训体系，不断发力无人配送，让配送更有温度、更智能，构建高效有温度的同城零售新基建。

①"1 小时零售"模式，助推区域便民生活圈建设

微距电商时代，全渠道融合是零售业务增长关键引擎，而提升流量和效率是做好全渠道零售的两大关键。达达集团始终致力于做广大零售商、品牌商的即时零售战略合作伙伴，通过"京东到家"和"达达快送"两大平台，共同为消费者提供海量商品约 1 h 配送到家的即时消费服务体验。同时，将系统能力开放给有需求的传统零售商家，更好地满足消费者多场景的需求，助推实体经济数字化转型升级。

达达集团积极参与构建"一刻钟便民生活圈"，通过技术和服务加强连锁商超、专卖店、社区小店等各类线下门店与社区居民的连接。当前沃尔玛、永辉超市、华润万家等超过 40 万家线下门店已入驻京东到家平台，涵盖超市便利、生鲜果蔬、医药健康、3C 家电、鲜花蛋糕、服饰运动、家居时尚、个护美妆等零售业态。达达集团持续引入全品类的商家入驻平台，方便 3～5 km 生活圈内的居民便捷下单采购各类生活物品，享受高效的消费体验。同时达达集团运用科技赋能工具能全方位帮助商家高效拓展线上零售业务，优化线下履约配送，实现整体降本增效。

②优化路径、动态时效，即时配送 AI 应用更具温度

依托智慧物流系统和苍穹大数据等底层技术，达达快送将人工智能在即时配送场景中深度应用，打造智能订单分发系统、精准楼栋定位、动态时效、达达无人配送开放平

台等一系列"智慧黑科技"。

达达快送的智能订单分发系统,基于深度学习的接单概率预测、实时路径规划、ETA 预估等 AI 算法,能够实现海量订单和运力的实时动态匹配,既保障订单按时履约,又提升骑士配送效率和配送体验。数据显示,达达快送智能订单分发系统日均规划路径次数高达 1.76 亿次,订单平均响应时间在 10 ms 内,达达快送即时配送服务平均配送时长约 30 min。

在订单配送的"最后一公里",楼栋定位模糊、难以精准导航往往是骑士交付商品的最大"痛点"。达达快送通过历史积累的数十亿级骑士骑行轨迹数据,结合订单地址信息,通过 AI 聚类分析算法,精准识别小区内的楼栋定位,有效弥补了三方地图在楼栋定位上的误差。算法校准后达达快送楼栋坐标准确率提升至 95.1%,能够帮助骑士准确找到送货地点,同时也改善了用户收货体验。

考虑到骑士在取货、配送、末端交付等各个环节可能遇到的实际卡点,如路况复杂、商圈电梯慢、恶劣天气、老小区爬楼等,达达快送通过算法识别订单在各个环节的配送难度,动态延长配送时效,为骑士匹配更合理的配送时间,提升骑士的配送体验和安全性。

科技赋能即时配送行业的同时,达达集团面向社会提供大量灵活就业机会。2022年 9 月,达达集团发布了《2022 达达快送灵活就业报告》,《报告》显示,2021 年达达快送骑士新注册人数超过 300 万。达达优拣累计为超过 4 万人提供灵活就业机会,其中约25%是在校学生,15%是全职妈妈,拣货员中女性占比高达 80%。达达优拣已经成为兼顾家庭和工作的新选择。

③加快同城配送精细化运营,助推行业高质量增长

在即时配送全场景、多样化发展大势下,达达快送加强平台精细化运营能力,不断提升

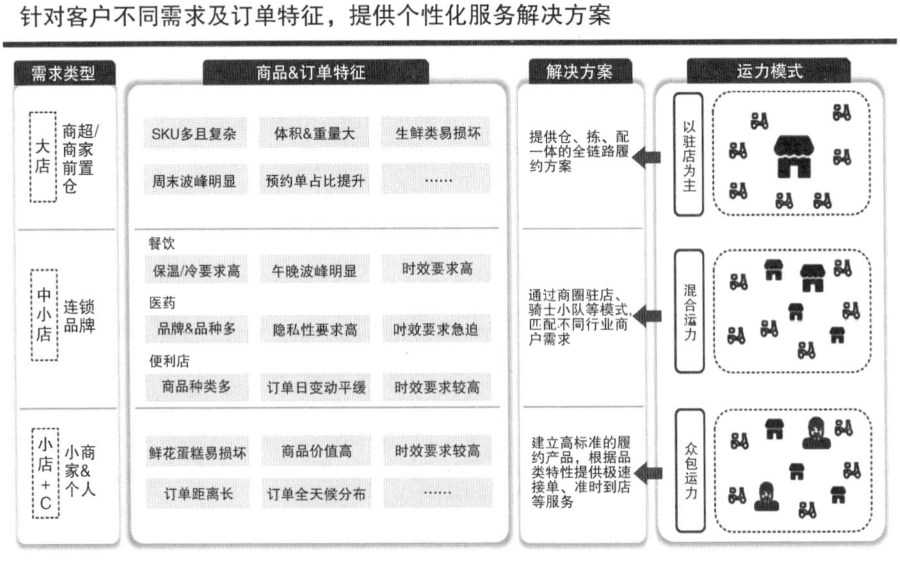

针对客户不同需求及订单特征,提供个性化服务解决方案

图 12-23　不同场景方案对比

376

骑士人效和体验,携手商家合作伙伴推动行业高质量发展。针对客户不同需求,达达快送持续优化个性化服务解决方案,为商家和个人用户带来优质、高效、专业服务体验(图 12 - 23)。

针对商超和商家前置仓为代表的大店,达达快送为商家提供仓、拣、配一体的全链路履约方案,有效解决商家最小存货单位 SKU 多且复杂、周末波峰明显等痛点。

对于连锁品牌为代表的中小店,达达快送结合商圈驻店、骑士小队等混合运力模式优势,匹配餐饮、医药、便利店等不同行业商户需求(图 12 - 24)。

而针对小商家和个人用户,达达快送发挥众包运力灵活优势,建立高标准履约产品,提供极速接单、准时到店等服务,有效解决配送时效要求高、订单全天候分布等需求。

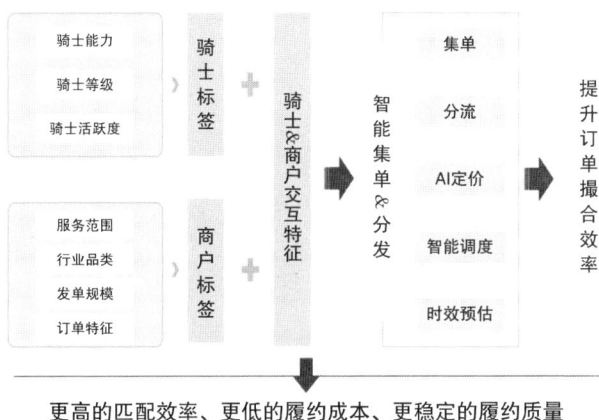

图 12 - 24 订单匹配

在骑士精细化管理方面,达达快送优化骑手分层运营,根据不同骑手类型,通过订

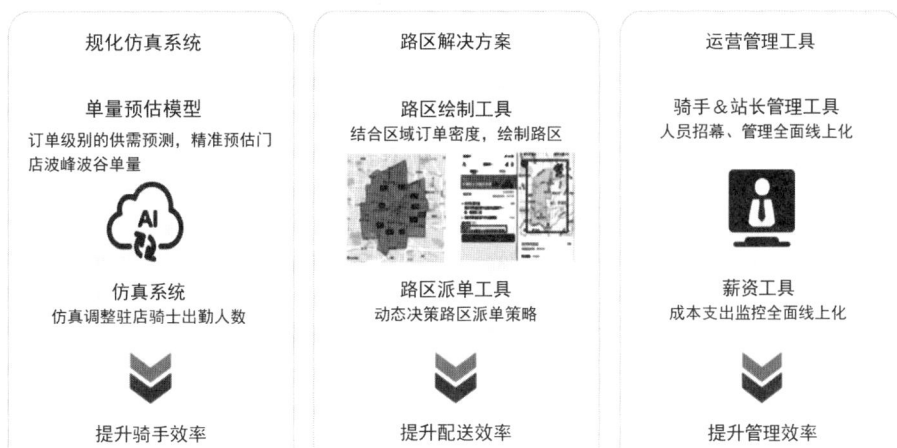

图 12 - 25 全链条管理

单智能分派引擎,提升骑士整体人效;强化众包骑手标签化管理,通过订单智能集单和分发系统,实现更高匹配效率、更低履约成本、更稳定履约质量。

此外,达达快送以数字化赋能全链条运营管理,提升精细化管理效率(图12-25)。打造规范化仿真系统,可精准预估门店波峰谷单量,动态调配骑士并提升效率;完善路区解决方案,结合区域订单密度绘制路区,派单工具动态调整策略,提升配送效率;骑手和站长管理工具实现人员招募、管理全面线上化,薪资工具实现成本支出监控全面线上化。

12.3　冷链物流平台

12.3.1　冷链物流概述

1）定义

冷链物流(Cold Chain Logistics)一般指冷藏冷冻类食品在生产、贮藏运输、销售,到消费前的各个环节中始终处于规定的低温环境下,以保证食品质量,减少食品损耗的一项系统工程。它是随着科学技术的进步、制冷技术的发展而建立起来的,是以冷冻工艺学为基础、以制冷技术为手段的低温物流过程。中国农产品冷链物流业快速发展,国家须尽早制定和实施科学、有效的宏观政策。冷链物流的要求比较高,相应的管理和资金方面的投入也比普通的常温物流要大。

冷链物流的对象产品包括一般产品有农产品、畜禽肉类、水产品、花卉、加工食品、冷冻或速冻食品、冰淇淋和蛋奶制品、快餐原料、酒品饮料等;特殊的产品有药品(疫苗、血液)、化工品等。

冷链物流应遵循"3T原则":产品最终质量取决于冷链的储藏与流通的时间(Time)、温度(Temperature)和产品耐藏性(Tolerance)。

"3T原则"指出了冷藏食品品质保持所允许的时间和产品温度之间存在的关系。由于冷藏食品在流通中因时间—温度的经历而引起的品质降低的累积和不可逆性,因此对不同的产品品种和不同的品质要求都有相应的产品控制和储藏时间的技术经济指标。

2）冷链物流的基本特点

复杂性:冷藏物品在流通过程中质量随着温度和时间的变化而变化,不同的产品都必须要有对应的温度控制和储藏时间。这就大大提高了冷链物流的复杂性,所以说冷链物流是一个庞大的系统工程。

协调性:由于易腐生鲜产品的不易储藏性,要求冷链物流必须高效运转,物流过程中的每个环节都必须具有协调性,这样才能保证整个链条的稳定运作。

高成本性:为了确保易腐生鲜产品在流通各环节中始终处于规定的低温条件下,必须安装温控设备,使用冷藏车或低温仓库;为了提高物流运作效率又必须采用先进的信息系统等。这些都决定了冷链物流的成本要比其他物流系统成本偏高。

由于冷链物流的特殊性,在进行冷链物流作业及管理时应注意以下几个方面:

第一,保持冷链物流环节的连续性。冷链物流的流程需要符合一定的标准,尤其是对温度和湿度的把控,中间人和环节都不能断链。一旦发生断链,冷链食品的质量将无法保证。

第二,提高冷链物流环节的时效性。冷链物流设计的物资大都是易腐食品,因此,在冷链物流各环节都应该保证作业效率,提升时效性,从根本上保证冷链食品的质量。

第三,全面提升冷链物流管理水平。冷链产品千差万别,品质变化机理复杂,各种产品存储条件不尽相同。所有这些特点使冷链物流管理中存在很多不确定性,导致管理程序更加复杂。因而,应运用信息化管理手段,全面提升冷链管理物流水平。

3) 冷链设备

冷链设备是从供应链的角度来定义的。各类产品有其独特性,产品的供应链也具有独特性。冷冻类产品,由于产品要求所处的环境通常为低温或低湿共同特性,所以称为冷冻产品,冷冻产品的供应链称为冷链;用于制造低温、低湿环境的设备,称为冷链设备。

冷链设备作为冷链物流的基础和前期配置轮动市场,是冷链物流的核心组分。具体的冷链设备有:低温冷库、常温冷库、低温冰箱、普通冰箱、冷藏车、冷藏箱、疫苗运输车、备用冰排等。见表 12 - 10。

表 12 - 10　冷链物流主要环节对应的冷链设备

物流环节	生产加工	储藏	运输配送	销售终端	消费终端
经营主体	农产品、食品生产/加工企业	农产品、食品生产/加工企业 仓储/综合型物流企业 批发分销企业	农产品、食品生产/加工企业 仓储/综合型物流企业 批发分销企业	城配/宅配型物流企业 各类零售终端店	餐饮企业 普通居民
冷链设备	预冷装置 冷冻冷藏装置 加工间	大中型冷库(储藏库) 冷冻柜 冷藏柜	铁路冷藏车 冷藏汽车 冷藏船 低温集装箱	冷柜 冷藏展示柜 冷冻展示柜 自动售货机	中小型冷库 冷柜 冰箱

4) 商业模式

①仓储型

冷库分布不均,行业集中度低。作为冷链物流的主要基础设施,我国冷库资源依然不充足,与欧美发达国家仍有一段差距。据业内人士分析,我国冷库方面还呈现出资源分布不均衡、制冷技术落后、仓储设备陈旧等现象。

在仓储型模式中,太古集团和普菲斯发展迅速,堪称行业代表。除了太古集团和普菲斯这些外资企业之外,中国本土也涌现了一批优秀的冷链仓储运营企业,诸如河南鲜易供应链、上海郑明现代物流、上海锦江国际低温物流、成都银犁冷藏物流等。

②运输型

从企业物流到物流企业。所谓运输型,主要是指从事货物低温运输业务为主,包括干线运输、区域配送以及城市配送。目前中国冷链物流行业按此种模式运营的代表企业有双汇物流、荣庆物流、众荣物流等。

在上述企业中,除了荣庆物流属于传统物流转型之外,双汇物流和众荣物流都是从企业物流逐步发展成物流企业的。双汇和众荣在其发展的过程中,离不开冷链物流的支撑。随着企业规模的不断扩大,之前的物流部门逐渐演变成了物流企业。

③配送型

倡导集约共配构建全国网络。在冷链物流行业中,最为常见的便是配送型企业。他们以从事城市低温仓储和配送一体业务为主,其冷链物流车穿梭在城市的大街小巷。

据了解,北京快行线不仅推出了冷链城市配送、冷链零担业务和冷链宅配三种业务,还针对三个业务板块分别推出了恰时达、约时达和准时达三个冷链产品,主要服务于超市供应商、超市配送中心、连锁餐饮配送中心、生鲜电商等四类客户。

④综合型

多元化运行,加码配送比重。所谓综合型是指以从事低温仓储、干线运输以及城市配送等综合业务为主,代表企业有招商美冷、上海广德、北京中冷等。和单一的冷链物流企业不同,其业务比较广泛,涉及仓储、运输和配送等各个方面。

⑤农产品交易型

以农产品批发市场为主体从事低温仓储业务。

⑥供应链型

后来居上,稳居风口核心。所谓供应链型是指围绕核心企业,通过对信息流、物流、资金流的控制,从采购到终端整个过程提供低温运输、加工、仓储、配送服务,然后由分销网络把产品送到消费者手中。

⑦电商型

势头强劲,优化资源整合。在冷链物流的商业模式中,电商型冷链物流是一种新兴模式,主要指的是那些生鲜电商企业自主建设的冷链平台,他们除了自用之外,还可以为电商平台上的客户提供冷链物流服务。其中,尤以顺丰冷运和菜鸟冷链为代表。

相较于顺丰冷运的高举高打,菜鸟网络则低调了很多。据了解,菜鸟网络专门为生鲜行业出台了一套解决方案,已经在北京、上海、广州、成都、武汉建了冷链分仓,并且保证 36 个城市 24 h 必达。

据介绍,菜鸟网络将通过搭建全国冷链分仓体系,减少中转环节,缩短配送路径,提升配送时效;末端通过落地配网络实现冷链配送及生鲜配送两种配送方式,保障服务质量。主要服务水果、海产、肉类等生鲜类目。同时，也可根据商家实际业务需求提供上门揽收的生鲜配送服务。

⑧互联网＋冷链物流

依靠大数据、物联网等技术，融合物流金融等服务，打造互联网＋冷链物流的交易平台。

⑨第四方类型

为第一方、第二方和第三方提供冷链物流规划、咨询、冷链物流信息系统、冷链供应链管理等活动的公司。

12.3.2　冷链物流平台

1）总体架构

冷链物流作为一项系统工程，涉及的技术领域非常广泛，在技术方面，现代物流技术仍然是冷链物流技术发展的基石，信息化、自动化的仓运配物流技术是支撑整个冷链物流体系运作的基础。

冷链标准技术和认证技术是整个冷链物流技术体系的核心，在现代物流技术、冷链标准和认证技术保障的前提下，冷链物流保鲜技术和节能技术的发展才得以实现和创新，如预冷技术、速冻技术、规模化包装技术、温度监测技术、食品追溯技术等等。近年来，以人为本向以心为本的需求核心转变都在驱动着冷链物流技术向智慧化、智能化升级，如大数据云计算技术、柔性供应链技术、物联网技术、AI技术和区块链技术等也将会成为冷链物流技术的重要组成部分。

冷链运输中有两个重要环节：

(1) 全程保持一个温度

主要是由保温材料、密封材料与密封技术等组成，与一般的保温技术不同的是，冷链运输的保温技术要求保温材料既要轻薄，又要具有良好的隔热效应，要求密封材料密封效果更好，要求在车厢打开搬运装卸作业条件下也应该尽量做到保温效果。

(2) 全程监控温度情况

通过无线温度监控系统，对冷链车进行全透明式的监控管理。比如冷库温湿度监控设备，集 GNNS 定位和温湿度监控为一体，无需布线，方便部署，可灵活拆装；采用数字化温度传感器，高精度、高可靠性；如采用 GPS 和 A-GPS 双定位，使定位更加精准；并且有离线补传机制，保证数据的完整。便携式温度监控设备是冷链运输行业的不二之选，尤其是车辆不固定的企业，其是他们的最优之选。

冷链物流信息平台以网络基础环境建设为先决条件，以平台综合数据库的搭建为基础，以综合管理平台和应用平台的建设为主体，最终形成政府监管、冷链运输管理、冷链仓储管理、冷链冷柜管理、冷链追溯、冷链资源撮合交易等系统集成的物流信息体系。其架构如图 12-26 所示。

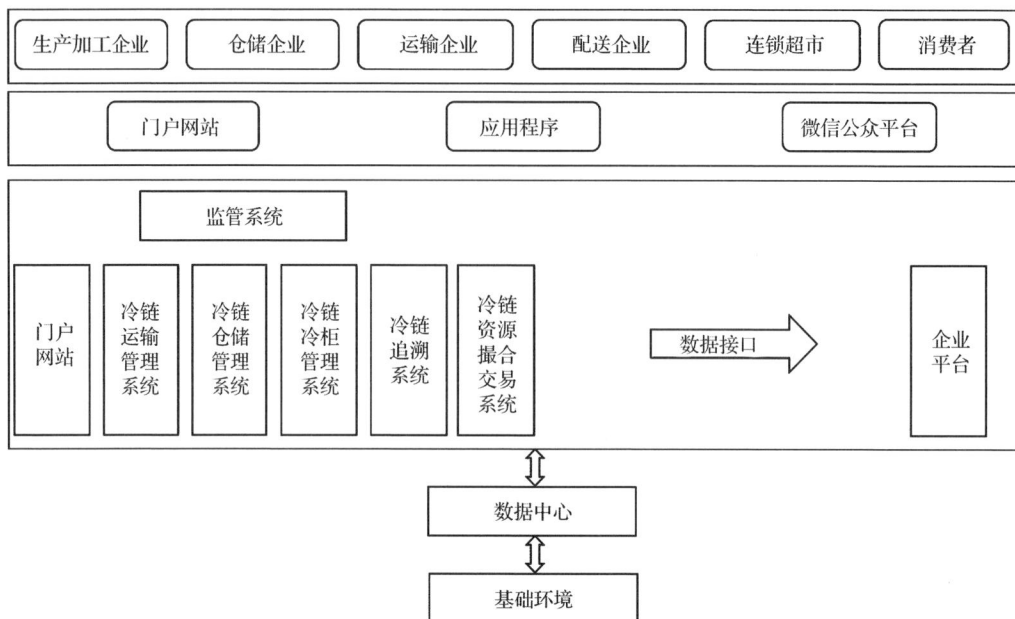

图 12‐26　冷链物流信息平台架构图

　　冷链物流信息平台能够为生产加工企业、冷链物流企业、冷库经营企业、消费者、政府机构等不同的用户提供切实可靠的监控数据,实现对冷链设施设备温度的实时监控和历史记录的查询功能。为生产加工企业提供可靠的车源信息,为收货方提供可靠的库源信息,帮助冷链物流企业、私人冷藏车主、冷库经营企业、私人冷库经营者等寻找、扩大货源。该平台还可以为车主提供在途服务,实时提交车辆的监控信息,包括车辆的温度、车门开闭状态、车辆实时位置等信息,该平台可以成为整个冷链物流运输行业高效的运作平台,提升行业整合能力及调度能力。

　　2）子系统及功能

　　冷链物流信息平台有以下 6 个子系统。

　　①冷链运输管理系统

　　冷链运输管理系统的主要功能包括车辆管理、车辆调度、实时监控、监控预警、驾驶员管理。

　　②冷链仓储管理系统

　　冷链仓储管理系统的主要功能包括出入库管理、移库管理、实时监控、制冷运行监控、监控预警、查询功能。

　　③冷链冷柜管理系统

　　冷链冷柜管理系统的主要功能包括入柜管理、实时监控、监控预警。

　　④冷链追溯系统

　　冷链追溯系统的主要功能包括追溯信息综合管理、应急处理管理、统计查询、剔除信息管理。

⑤冷链资源撮合交易系统

冷链资源撮合交易系统的主要功能包括货源管理、库源管理、车源管理、订单查看、响应查看。

⑥政府监管系统

政府监管系统的主要功能包括实时监控、监控预警、统计查询、备案管理、指标管理。

3）重要系统与功能

（1）智慧温度监控系统

传统的冷链温度监控方法一般以纸和笔定时记录温度测量设备显示的数据,耗时耗力,效率低下,准确性也不高,人为因素较多。另一种较为智能的传统监控方法是圆图记录仪,通常被称为帕洛特图,可在图纸上显示设备数据曲线并定期存档,但仍需人力进行更换、数据整合和整理,自动化程度低,记录准确性不高。

智慧温度监控系统摒除了传统方法的弊端,应用物联网、RFID技术能够智能检测冷链物流中物品的温度,节省人力,精度较高。智慧温度监控系统可以安装在各种冷链设施上,在冷库或冷藏车中,可以以探头的形式出现,动态追踪冷链物品温度,通过网络将数据实时传输到远程监控中心。智慧温度监控系统可以实现冷链物品从发货地到接收地的全程检测。同时结合打印设备,智慧温度监控系统还可以实现实时打印记录的功能。

智慧温度监控系统包括中央监控系统和网络数据记录系统,中央监控系统在各设备上安装了远程感应器,组成一个网络并与输入设备相连;网络数据记录系统具有更高的分布程度,多个数据记录器和各个设备互联互通,并与计算机网络相连,这些网络的规模和配置灵活便捷,可以不同方式实现随时随地监控冷链温度。

智慧温度监控系统包括硬件和软件,硬件部分主要为无线温度采集器,软件部分为智能温度监控云台,如图12-27所示。

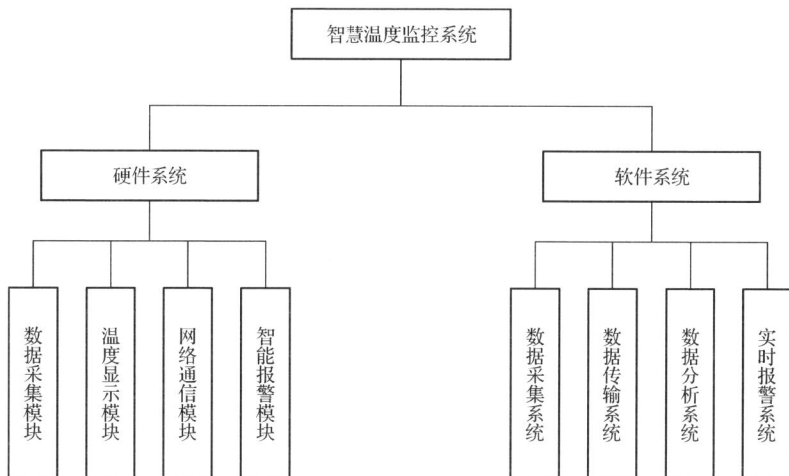

图12-27 智慧温度监控系统的组成

（2）智能冷库系统

智能冷库系统主要由远程控制系统、监控系统、报警系统组成,涉及的主要设备有工业级智能采集终端、传感器、物联网数据通道引擎、云服务器、个人计算机(PC)、手机等。组成如图 12-28 所示。

①远程控制系统。智能冷库系统通过先进的远程工业自动化控制技术,可以在任意地点远程控制冷库的所有设备,包括冷库内温湿度的调节、冷库门的关闭与开启以及冷库内智能装卸搬运设备的导航等。

②监控系统。智能冷库系统通过 PC 或者手机远程查看冷库的作业情况与实时数据,包括库内人员状态、作业状态、空气温度、空气湿度、氧气浓度,以及其他气体是否超标等。

③报警系统。智能冷库系统可以灵活地设置各个冷库不同环境参数的上下阈值,一旦环境参数超出阈值,报警系统可以根据设置,通过光电信号、手机短信、系统消息等方式进行报警,提醒相应的管理者采取措施。

智能冷库系统有以下三个功能:

①智能控制冷库设备。智能冷库系统在每个冷间出入口均有感应识别器,当识别到正常出入库作业时,会自动开启或关闭库门,一方面减少了冷库内冷气的流失,另一方面也最大限度做到了节能环保。

②智能调节冷库温湿度。冷库作业最重要的就是温湿度调节,基于物联网技术,智能冷库系统可以实时查看冷库的空气温湿度,并且可以根据空气温湿度要求设置阈值,实时报警,工作人员随即进行远程控制。如果工作人员未能在第一时间进行干预,智能冷库系统便会自动进行温度调节,以确保冷库温湿度恒定。

③智能监测库内环境。智能冷库系统可以实时监测冷库是否存在有毒气体,以确保库内人员的安全,实时监测库内作业与库内设备,一旦出现违规操作或危险作业,都将发出报警信号。

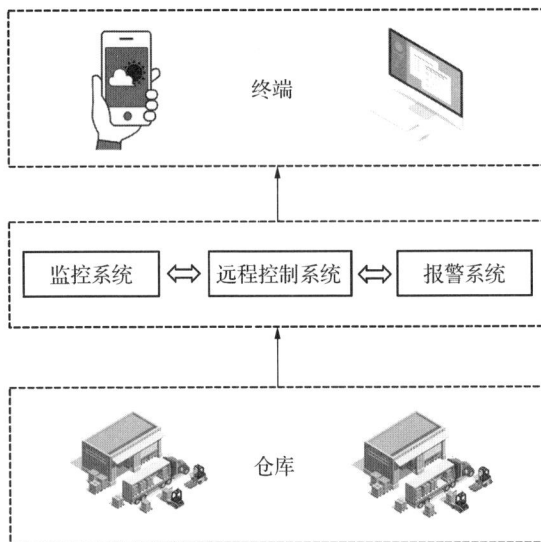

图 12-28 智能冷库系统的组成

智能冷库系统通过 PC 管理端远程监控,结合手机 APP 或微信小程序实时了解设备运行状态与冷库环境数据,并在第一时间进行必要的干预。智能冷库系统降低了冷库管理的人工成本,提高了冷库的作业安全,提升了冷链运行效率。

12.3.3 典型案例——易流冷链全流程透明化追溯平台

1) 系统概况

易流冷链全流程透明化追溯平台是深圳市易流科技股份有限公司(https://www.g7e6.com.cn/)专门为冷链流通企业研发的冷链全流程信息追溯平台。该平台运用物联网与互联网领域相关前沿技术,对冷链产品从原材料采购、产品加工、储存运输、分销零售等环节实施透明化管控,实现了冷链物流智慧协同,为冷链企业打造了透明供应链。

2009 年,深圳市易流科技股份有限公司开始研发易流冷链全流程透明化追溯平台系统原型,经过 10 余年的不断迭代升级,截至 2019 年 6 月,该平台系统已服务于全国 30%的冷链物流企业,其中包括全国冷链物流百强企业 70 多家,在网冷藏冷冻车辆数超过 4 万台,售出各种冷链智能终端和智能设备累计接近 10 万台。

易流冷链全流程透明化追溯平台通过"软硬一体化"的管理方式,帮助冷链企业连接物流全要素、协同业务上下游、透明管车和管货,不仅实现了对冷链运输的全程把控,同时也实现了订单的全程透明管理。该平台自 2009 年推出以来历经多次更新迭代,功能不断完善,得到了市场的广泛认可,在北京、上海、广州、深圳等大型城市的冷链物流和城市配送中的市场占有率逐渐提升。目前易流冷链全流程透明化追溯平台已经打通了冷链上下游业务场景,构建起涉及产地、加工、仓储、运输、批发、零售的全程冷链,在食品与医药冷链温控、安全等方面实现了全范围覆盖。该平台通过物联网设备和 SaaS 服务,提供了包括温湿度等基础信息采集与分析,以及光照、品种、订单、运单、车辆位置、车牌、冷机状态、驾驶人驾驶状态、出入库/装卸货时间、签收评价信息等全方位冷链过程信息服务,充分保证冷链全程不断链,各种端到端场景数据都能实时在线可视化,便于冷链企业及时管控。

2) 系统业务流程分析

易流冷链全流程透明化追溯平台的建设目的是打造一个基于冷链物流的全链条透明化追溯平台,从冷链产品的产地到加工、仓储、运输直至末端零售,实现物流全链条透明可视、过程可追溯,保障产品在整个流通周期的质量与安全。

该平台的业务流程包括冷链产品产地采集、车间初加工、冷库储存、冷藏车运输以及门店销售等多个环节。全流程链条中的任何一个环节出现疏漏,都可能会对产品品质造成不可逆转的影响甚至损坏,为此平台针对每一个环节建立了严格的处置方案,研发了多个核心功能与子系统,通过多种手段来实现对整个流程关键要素的把控。例如,为保障产品在产地的冷链可控,研发了产品源头流转追溯系统;为保障货物在仓储环节的全程温度可控,研发了仓储温湿度追溯系统;为保障整个运输过程,研发了运输过程追溯系统;为防止串货、错货,研发了货物流转追溯系统;为提高驾驶人管理的效力,研发了驾驶人作业流转追溯系统;为打通物流交易信息通道,研发了交易过程追溯系统。

这些子系统之间既相互独立,又彼此协同,最终以一个整体的形式来完成企业的既定管理功能。比如从生产车间到冷库环节,系统从入库到配送的过程中,通过物联网设备,对各种场景进行监测并采集数据,然后在 SaaS 平台上进行可视化分析,涵盖食材名称、入库时间、包装编号、解冻时间和温度、分切处理时间及环境、出品时间等信息,让每一个食材的流转信息都能透明化,还能提供保鲜周期分析、库存优化分析等服务,帮助冷链企业进行决策管理。如图 12-29 所示。

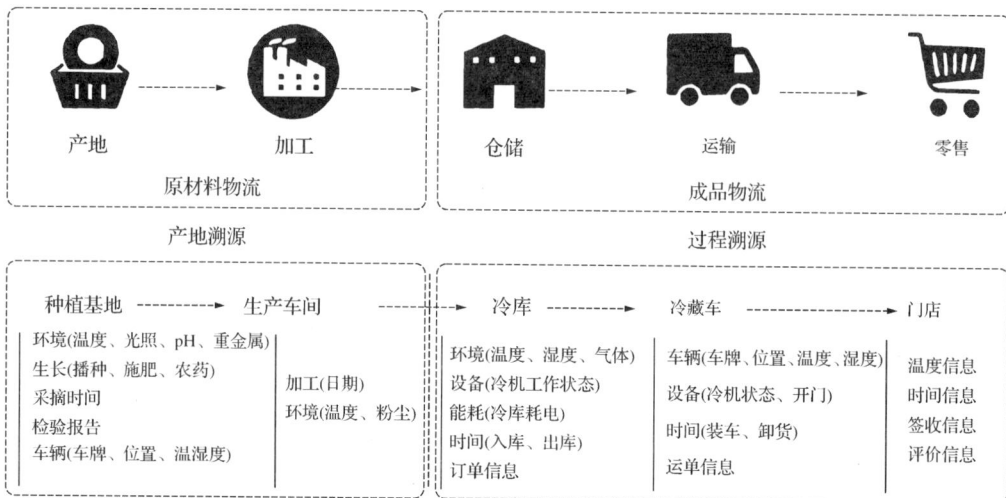

图 12-29 易流冷链全流程透明化追溯平台业务流程模拟图

在冷库流转追溯管理方面,如产地冷库、CDC(中央配送中心)冷库、前置仓,往往存在多点的温湿度监测需求,平台通过物联网设备可以实现超远距离的无线温湿度智能监测,当温度出现异常时可以自动预警,这些监测数据能在 SaaS 平台上进行实时查看与分析,形成温湿度报表,而冷库的其他信息,如耗电量、使用率、货物品质情况等都能用于分析。

从冷库到门店环节,平台也设置了完善的冷链智控方案。在运输环节,车辆安装了北斗终端设备、温湿度及振动监测设备,可以对车辆在途运输的位置、温度、湿度等数据信息进行采集,数据上传到 SaaS 平台后可以进行实时监控。在驾驶人驾驶安全方面,通过专业 ADAS(高级辅助技术系统)摄像头和人工智能算法对前方车辆、车道、交通场景进行检测识别,对前车碰撞、车道偏移等危险及驾驶人抽烟、打电话、闭眼疲劳、扭头分心、打哈欠等异常行为进行语音报警,从而全面减少因驾驶人状态和车辆行驶异常等原因而引起的交通事故。从运输到门店,平台不但能够提供在途监管,还能够提供智能调度、路径优化等基于大数据的智能化服务。

3) 系统功能与组成

从整体上看,易流冷链全流程透明化追溯平台包括六大子系统:源头追溯系统、仓储追溯系统、运输追溯系统、智能追货系统、驾驶人协同追溯系统和交易流程追溯系统,这些子系统之间既相互独立又彼此协同,最终以一个整体的形式来完成企业既定管理功能。

这些企业既定管理功能一般可分为基础数据管理类、报警设置类、业务设置类、业务执行类、业务管理类等。每一类中又包含多个子类,如在基础数据管理类中,包含设备管理、车辆管理、驾驶人管理、仓库管理、温区管理等;报警设置类中,包含预冷未达标、超温(车辆、仓库、冷柜)、超速、进出区域、开关门、停车分析、危险驾驶、区域外开门等;业务设置类中,包含线路管理、订运单、运输计划、智能路径规划、线路推荐等;业务执行类中,包含地图实时监控、轨迹回放、物流地图、到站预报、可视化温度看板、晚点报警、运输任务轴线监控、异常上报和处理、实时安全监控等;业务管理类中,包含对账、驾驶人评价、车辆评价、承运商评价、货损分析、里程统计、温度统计、报警统计、开门统计等。

易流冷链全流程透明化追溯平台各子系统及其核心功能如图 12 - 30 所示。

源头追溯系统	仓储追溯系统	运输追溯系统	智能追货系统	驾驶人协同追溯	交易流程追溯
采摘管理	冷机状态	在途管理	订单追踪	到站预报	资质管理
预冷管理	预冷标准	运输计划	位置追踪	驾驶安全	安全分析
冷库管理	温区监控	智能路由	偏离轨迹	晚点预警	计费对账
集采管理	超温报警	线路推荐	温度异常	环境监控	结算支付
成本管理	冷仓监控	运单预测	预约协同	停车管理	应力分析
设备管理	冷柜监控	运力推荐	握手交接	危险驾驶	综合评价

图 12 - 30　易流冷链全流程透明化追溯平台各子系统及其核心功能

(1)源头追溯系统。源头追溯系统中包含采摘管理、预冷管理、冷库管理、集采管理、成本管理、设备管理等基础功能。采摘管理即对采摘设备、工艺、工具等信息的管理。预冷管理即对产品采摘后预先储藏的管理,这是保障后续产品质量的关键。冷库管理即对产品预冷仓库的管理,确保产品的品质。成本管理包括承载车辆维修管理和油耗、路桥费信息的管理。设备管理是对车辆上安装的车载设备终端和智能硬件的管理,这些设备是整个物流过程中对车辆信息进行采集的工具。

(2)仓储追溯系统。仓储追溯系统包括冷机状态管理、预冷标准管理、温区监控、超温报警、冷仓监控和冷柜监控等核心功能。冷机状态管理是对冷藏冷冻车辆上冷机开关状态的管理,系统通过采集冷机的开关状态,再对比车辆当前的温度情况,判断货仓内温度异常的原因。预冷标准管理要求每一台要进冷库装卸货物的车辆,都需要对车辆进行预先制冷,保证车辆车体温度符合进冷库的要求。温区监控是对冷藏冷冻车辆上不同温区各自温度需求进行管理,系统通过在不同温区安装温度采集设备,独立采集温区各温度数据,进行温度管理。超温报警是系统提前对不同温区的温度要求设置异常区间,一旦发现温度异常,立即触发系统报警,提醒驾驶人注意调节温度。冷仓监控和冷柜监控类似,是对特定冷产品储存空间温度的监控管理,这通常是在末端的批发商或者门店,解决"最后一公里"的温度问题。本系统针对这些末端温度管理,研发了多款在不同场景下可移动的便携式温度采集设备,便于企业使用。

(3)运输追溯系统。运输追溯系统是对物流运输过程的管控,一般包括车辆行驶路线、行驶状态、在途关键节点管理等。本系统设置了在途管理、运输计划、智能路由、线路推荐、运单预测、运力推荐功能。在途管理即在途的异常管理,主要包括驾驶异常、轨迹异常、温湿度异常、货物装卸异常等。运输计划是帮助运输企业调度人员,实施运输任务分配时使用的。智能路由是系统通过对以往线路轨迹的大数据分析,针对企业的实际情况,为企业提供的最优化运输建议,常用于城市配送企业的配送线路优化场景。线路推荐则是针对长途干线运输业务,对驾驶人驾驶线路的智能推荐,是根据企业时效、成本等不同需求制定的运输规则。运单预测是对未来运单执行情况的提前预测,便于企业按照预测结果提前调整运输方案。运力推荐则是对具体业务需求进行的运力撮合,系统通过挖掘车辆运力信息和订单需求,智能匹配和推荐运力,实现撮合交易。

(4)智能追货系统。智能追货系统是对货物在流通过程中轨迹的全程追溯,目的是防止运输途中的错货和串货。系统在冷链产品中放置智能追踪硬件——追货宝,通过和货物捆绑的形式来追踪货物的实际轨迹,如果发现轨迹与企业预定的轨迹不符,则系统识别为货物被异常装卸,触发异常报警。这可以很好地解决在装卸过程中的错货和串货问题,确保货物配送安全。

(5)驾驶人协同追溯系统。驾驶人协同追溯系统是对整个流通过程中驾驶人驾驶过程的全程追溯,特别是对驾驶行为和业务执行过程的追溯,该系统主要包括到站预报、晚点预警、驾驶安全、环境监测、停车管理、危险驾驶等核心功能。

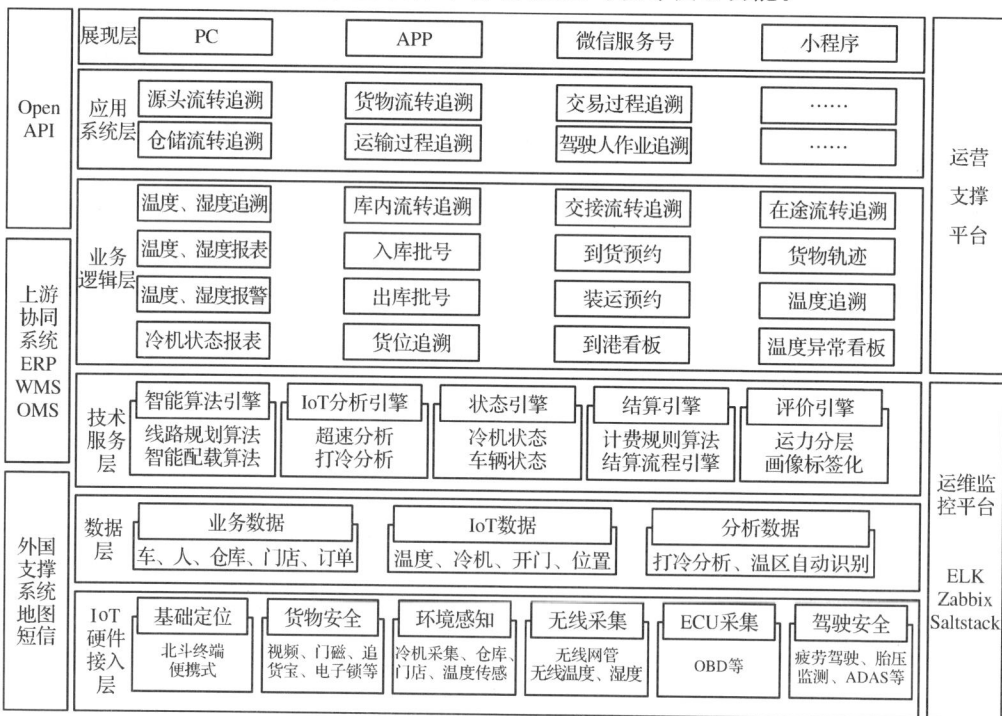

图 12-31 易流冷链平台总体架构

(6)交易流程追溯系统。交易流程追溯系统的核心功能是物流金融服务的应用。系统对每一单运输业务的交易过程进行追溯,从企业的资质信息、驾驶人的历史驾驶行为信息、企业历史信用信息、企业盈利能力和风险承担能力等多维度进行评估,对每一单业务进行风险评估。

该平台通过物流基础设施的物联网化,实现了供应链数字化,最终实现了供应链智能化。物联网(Internet of Things,IoT)硬件是物流基础设施物联网化的基础,而物流基础设施包含了人、车、货、仓、箱、仓库、门店等,因此衍生出的 IoT 设备类别也多种多样。易流科技在物流基础设施物联网化领域经验丰富,因此该平台支持数百种设备接入,可以对不同设备的数据进行归一化处理,上层应用只需要处理一个标准数据结构,同时平台对设备管理进行了包装和抽象,衍生出一个强大的运维监控平台,通过统一的管理界面来管理数百种不同厂家、不同协议、不同类型的设备。

易流冷链全流程透明化追溯平台整体分为六层结构:IoT 硬件接入层、数据层、技术服务层、业务逻辑层、应用系统层和展现层。

(1)IoT 硬件接入层。IoT 硬件接入层负责数据的采集,提供基础的位置信息、环境信息等。

(2)数据层。数据层包含三类数据:第一类为业务数据,也叫数据中台,既包含人、车、货、仓、箱、仓库、门店等基础数据,也包含订运单等业务数据;第二类为 IoT 数据,即 IoT 设备上报的数据及一些智能设备上报的终端分析结果数据,如车载自动诊断系统(On-Board Diagnostics,OBD)设备上报的停车、超速、急刹车等数据;第三类为分析数据,主要包括通过实时分析而产生的 IoT 动作数据,如开门、冷机开、冷机关、温度超标、停车、进区域、出区域等,以及通过离线大数据分析而产生的打冷分析、温区自动识别、开门点自动分析等。

(3)技术服务层。技术服务层也叫技术中台,属于公共技术支持。它和具体业务是解耦的,包含智能算法引擎、IoT 实时分析引擎、状态引擎、结算引擎、评价引擎等,还有一些服务于业务应用系统的公共组件,如公共 API 中心、上传中心、用户操作日志等。

(4)业务逻辑层。业务逻辑层也叫业务中台,是业务抽象与设计方面最具挑战和难度的一层。庞大的系统被划分为不同领域,每个领域又有可能包含不同的子域。该层最终以组件的方式进行开发实现,与传统开发模式不同,这些组件不是面对某个具体需求,而是面对一个领域,所以字段自定义、表单扩展、报表扩展、业务插槽、业务扩展点是每个组件的基础要求。每个组件之间的依赖关系需要进行设计和管理,把各种强依赖都抽象为接口依赖,通过这种模式就可以把所有的组件像乐高积木一样组织起来,形成一个灵活、可扩展的开发平台,最终支持上游不同的业务场景。

(5)应用系统层。在应用层面,目前易流科技基于统一的中台体系,实现从源头流转、仓储流转、运输过程、货物轨迹、驾驶人作业、交易流转等全过程管控,在应用中将当前最新的软硬件设施设备、人工智能及算法成果不断引入冷链追溯领域,与众多合作伙伴一起,在冷链追溯管理思路上不断思考与探索,将前沿技术与行业要求进行融合,从而实现管理的智能化。

(6)展现层。展现层服务于终端用户。该平台设置了多种访问方式,用户可以直接通过 PC 端浏览器访问指定地址的方式接受服务,也可以在移动设备上安装指定的 APP,通过移动设备随时随地接受服务,还可以通过微信小程序和订阅微信服务号的方式来接受服务,更方便驾驶人随时随地享受服务。

12.4 应急物流平台

12.4.1 应急物流概述

1)应急物流发展历程

洪涝灾害、地震海啸、禽流感、新冠疫情等大规模突发事件,会给人民的生命健康安全和财产安全造成重大影响。应急物流作为提供应急物资保障的重要途径,是应对突发事件的重要保障。早在 20 世纪 70 年代,美国成立了联邦紧急事务署,致力于为突发事件下的应急管理提供决策支持。继美国建立独立的应急管理机构以后,加拿大、俄罗斯、日本等国家陆续建立了本国的应急物流管理模式。自 2009 年《物流业调整和振兴规划》提出制订应急物流专项规划以来,中国也越来越重视应急物流发展,在国家层面给予应急物流领域更多的政策支持,补齐应急物流基础设施,提升应急保障能力被纳入新时期国家相关物流规划。结合国内外应急物流的发展情况,将应急物流发展分为三个阶段:

(1)第 1 阶段(2003 年以前):萌芽阶段。应急物流的提出与发展主要集中于国外,内容主要聚焦于自然灾害背景下的应急物资存储、物流对应急医疗系统的影响等。

(2)第 2 阶段(2003—2013 年):上升阶段,与应急物流相关的研究内容逐渐丰富。此阶段前 3 年,受自然灾害的影响,如卡特里娜飓风、印度洋海啸和汶川地震等,围绕应急物流活动、应急物流体系和应急物资的研究在国内外受到更多的关注,考虑成本、信息技术和交通运输问题,相关研究主要围绕调度优化模型展开,物资需求预测和物资储备是该时期应急物资研究的焦点。自 2007 年起,逐渐开始针对供应链管理的人道主义物流研究,探究以应急物流网络优化为主要内容的应急疏散研究,以需求满足率最大化作为该时期国外应急物流网络优化建模的主要目标。

(3)第 3 阶段(2014 年至今):稳定发展阶段,应急物流研究的内容更趋多元化。随着信息技术在突发事件中的广泛应用,社会各方对应急物流响应提出了更高要求,围绕应急运输路径优化和交通运输时效与公平等应急物流内容的研究逐渐完善,无人技术的应用也成为应急物流体系中的重要环节。此外,国际应急物流研究集中于人道主义救援层面,除供应链效率外,还考虑了不同组织机构之间的协同合作对人道主义救援效益的影响。

2)应急物流的特点

应急物流是指突发事件发生的情况下,以降低灾害损失和不利影响为目标,向灾区及时提供人力、物力、财力上的支持,实现时间效益最大化和物流费用最小化的特殊物流活动。在救援物资的供应过程中,应急物流起到至关重要的作用,在其运作过程中具有紧迫性和实效性的特点。相对于普通物流,应急物流的主体是国家,其他单位或组织需要积极配合政府应急工作,所以,应急物流需要更加系统、精细且高效的管理。对比普通物流与应急物流,其差别如表 12-11 所示。

表 12-11　普通物流与应急物流的对比

要素	普通物流	应急物流
建设目的	盈利	提高救援效率
运载物资	交易商品、货物等	救灾物资
运输工具	第三方物流车队等	第三方物流、军队等单位应急车队
需求量	长期稳定	短期内急速增加
流动方向	市场需求客户	灾区民众需求
流动速度	运输时间稳定	受灾区道路情况影响

通过与普通物流的比较,应急物流活动确具有特殊性,应急物流需要把握好运输过程中的时效问题,以保证应急物资的及时送达。由于应急物资的刚性需求,必须确保应急物流信息传递手段比常态下的信息传递方式更为先进、稳定和更具抗干扰能力。应急物流在继承普通物流的一些特征时还产生了一些独有的特点。具体特点如下:

第一,不确定性。应急物流中比较突出的特征就是不确定性,突发事件的类型不同,导致各类突发事件中所需要的应急资源也是不确定的,并且在突发事件中有很多不可控因素,这些不可控因素有着主导灾情走向的巨大能量。

第二,弱经济性。在应急物流中的商贸、物流等单位都不是以获取最大利益为目的而参与到应急物流活动中的,而是一项以紧急运输、高效救援为目的的非营利性活动。并且由于人们的恐慌心理也会导致应急物资的需求会偏高。国家为了快速恢复地区元气,往往会使用投入高且时效更快的应急物流手段。从经济角度考虑这种方式确实不合理,但从社会发展角度确是更合理的方式。所以,应急物流在运作过程中并不会受经济效益和投入成本制约,若地区受灾严重程度增加,弱经济性也会增加。

第三,快速响应性。灾害的来临往往是突发性的,为了能够掌握灾情发展方向的主动权,必须要对突发性事件的发生形成快速响应机制。可以通过救灾总结、应急演练等方式对应急预案加以补充,以保证快速响应机制的不断完善,尽可能保证灾害发生后的应急物流大系统能够配合救援工作的开展。

第四,峰值性。在灾害发生后,该地区平时无人问津的各类应急资源的需求量在短时间内会快速增长,物资的购买频率大幅增加,购买产品种类突然扩大。

3）应急物流体系建设

由于突发事件的突发性与不确定性等特点,大量的应急物资需要用作伤者救助、灾区恢复、卫生防护、秩序维护等,因此应急物流体系的完善具有重大的现实意义。应急物流体系是指突发事件条件下保障应急物资供应、生产生活运转的物流体系。国家"十四五"规划纲要明确提出:加快建立储备充足、反应迅速、抗冲击能力强的应急物流体系,充分利用现有各类物流资源,以健全机制为主、硬件建设为辅,坚持政府统筹、企业运营、平战一体、全社会共同参与,建立以企业为主体的应急物流队伍,增强物流设施应急保障能力,提高应急物流技术装备水平,健全应急物流运转保障机制,强化应急物流政策保障措施。

应急物流区别于常规物流运作特点,由于需要第一时间满足生命保障、医疗救助等目标,因此,快捷安全是应急物流的首要目标。按照《"十四五"国家应急体系规划》要求,应从以下方面开展应急物流体系建设。

(1)健全应急运输网络体系

依托大型骨干物流企业,统筹建立涵盖铁路、公路、水运、民航等各种运输方式的紧急运输储备力量,发挥高铁优势构建快速输送系统,保障重特大灾害事故应急资源快速高效投送。健全社会紧急运输力量动员机制。发挥地区区位优势,将国家物流枢纽作为承载主体,建立应急运输网络体系。

(2)完善应急物流调度机制

加强紧急运输绿色通道建设,完善应急物资及人员运输车辆优先通行机制。提前规划应急状态下的紧急交通网络,依托大数据平台,建设政企联通的紧急运输调度指挥平台,提高供需匹配效率,减少物资转运环节,提高救灾物资运输、配送、分发和使用的调度管控水平。依托本地智慧物流信息平台、域内关键电商及物流组织平台和核心物流企业等,搭建应急物流调度平台。

(3)确立综合应急物流基地

在关键物流枢纽建设应急物资调运平台和区域配送中心,依托大型快递物流企业建设一批综合应急物资物流基地。对于县级区域而言,需要加快城乡一体化物流网络建设,依托邮政快递核心枢纽打造一批"平时服务、灾时应急"的物流基地,加强县域应急物流设施能力建设。同时,依托邮政快递企业增加具有物流投送能力的全货机、直升机、无人机及相关专业设备。落实将智能投递设施等作为新建社区的建设配套,推广"无接触"服务方式。

(4)健全统一的应急物资保障

应急物资需按照集中管理、统一调拨、平时服务、灾时应急、采储结合、节约高效的原则,制定相关工作机制和应急预案。优化重要应急物资产能保障和区域布局,做到关键时刻调得出、用得上。对短期可能出现的物资供应短缺,建立集中生产调度机制,统一组织原材料供应、安排定点生产、规范质量标准,确保应急物资保障有序有力。健全物资储备体系,科学调整储备的品类、规模、结构,提升储备效能。建立国家统一的应急物资采购供应体系,对应急救援物资实行集中管理、统一调拨、统一配送,推动应急物资供应保障网更加高效安全可控。

虽然我国物流行业的发展已处于世界领先水平,然而应急物流仍然存在较大的优化空间。

随着应急物流在救灾抢险中作用的不断突出,以及国家和民众防灾避险意识的增强,我国应急物流体系可以从运输、信息、储备等基础设施到政策、管理等方面实现优化建设,具体而言包括以下内容:

(1) 完善网络化、立体化交通运输系统;

(2) 重视应急物流信息系统建设;

(3) 构建应急物流组织指挥机构;

(4) 提升应急物流运作能力;

(5) 加强应急物资储备体系建设;

(6) 进行应急培训建设。

比如,在应急物资储备体系建设方面,首先,应制定应急物资产能储备目录清单,加强生产能力动态监控,掌握重要物资企业供应链分布。实施应急产品生产能力储备工程,建设区域性应急物资生产保障基地。选择符合条件的企业纳入产能储备企业范围,建立动态更新调整机制。完善鼓励、引导重点应急物资产能储备企业扩能政策,持续完善应急物资产业链。加强对重大灾害事故物资需求的预判研判,完善应急物资储备和集中生产调度机制。

其次,加强区域统筹调配,建立健全多部门联动、多方式协同、多主体参与的综合交通应急运输管理协调机制。制定运输资源调运、征用、灾后补偿等配套政策,完善调运经费结算方式。深化应急交通联动机制,落实铁路、公路、航空应急交通保障措施。依托大型骨干物流企业,统筹建立涵盖铁路、公路、水运、民航等各种运输方式的紧急运输储备力量,发挥高铁优势构建快速输送系统,保障重特大灾害事故应急资源快速高效投送。健全社会紧急运力力量动员机制。

最后,充分利用仓储资源,依托现有中央和地方物资储备库,建设综合应急物资储备库。在交通枢纽城市、人口密集区域、易发生重特大自然灾害区域建设一批综合性国家储备基地。建设完善国家综合性消防救援队伍应急物资储备库及战勤保障站。在关键物流枢纽建设应急物资调运平台和区域配送中心,依托大型快递物流企业建设一批综合应急物资物流基地。完善国家应急资源管理平台和应急物资保障数据库,汇聚应急物资信息。

12.4.2 应急物流平台设计

1)应急物流平台用户主体

应急物流信息平台为公益性平台,主要为人民群众服务。应急物流信息平台不同于企业内部的物流平台,也不是传统电商类平台,而是能够帮助国家应急物流部门协调应急物流运作、共享应急物资的公用性平台。因此,应急物流信息平台的运行模式分为政府主导型和政府企业合作型。平台的运营主体应当满足以下要求:

（1）应急物流信息平台储存有多方参与主体信息,因此平台的运营方及主要建设方必须是公共性质,且具有一定威信力,能够维护平台公正和秩序,使其他企业机构放心。

（2）平台投入初期需积极联系各方主体入驻平台,且前期投入成本较大,要求平台建设者要拥有庞大的投入资金,而且需要有吸引各方主体加入平台的巨大能量。

（3）应急物流信息平台属于公共服务体系,平台建设、运营、维护都需要政府管理部门的直接或者间接的参与,应急关键信息需要政府管理部门进行预测和发布,相关政策权威信息的发布也离不开政府管理部门的支持与批准。

应急物流信息平台贯穿突发事件的各个环节,因此,平台用户主体的类型也是多样的。在应急物流平台中,除了起主导作用的政府以外,还要包含物流企业及其他行业企业,此类企业可以在应急物流平台发展电子商务,能够在线完成应急物流方面的相关交易等,但商业特性仅能为辅助功能。具体而言,应急物流平台包含的用户主体有五类。

（1）政府用户

各级政府管理部门在应急物流信息平台中起着协调各方的重要作用,其中主要发挥作用的政府管理部门有:应急管理部、国家卫生健康委员会、交通运输部、卫生行政部门、公安机关、工业和信息化部等。

（2）企业用户

应急物流活动中的物资制造、物资运输、物资存储等活动仅靠政府部门来完成是不够的,这就需要政府部门与社会企业相互配合,其中可以是商贸企业,负责物资的生产,也可以是物流企业,负责应急物资的存储或运输等。

（3）第三方机构

在突发公共卫生事件发生后,社会各界力量都能够参与到救援中来,平台也要为第三方机构参与放开通道,例如相关物流协会、科研单位、事业单位、第三方救援队伍等都能够利用本平台的信息资源进行对应活动。

（4）专家学者

专家学者可在平台自主发布学术观点,无论是关于物流政策解读还是关于公共卫生事件应对,均可发表看法。

（5）普通用户

平台的主要服务对象就是普通用户,即群众,普通用户也是平台最庞大的用户群体,普通用户通过浏览平台可以获取对自己有帮助的信息。

2）应急物流平台顶层架构设计

基于多用户主体,参考商业物流信息平台的设计框架,可以建立应急物流信息平台顶层架构,如图12-32所示。由图可知,应急物流信息平台主要结构由用户层、展现层、应用层、数据交换层、数据中心、接入层以及设备网络组成。以多类型数据库为支撑,可以使得应急物流信息平台具备覆盖灾前至灾后全环节的应用功能。

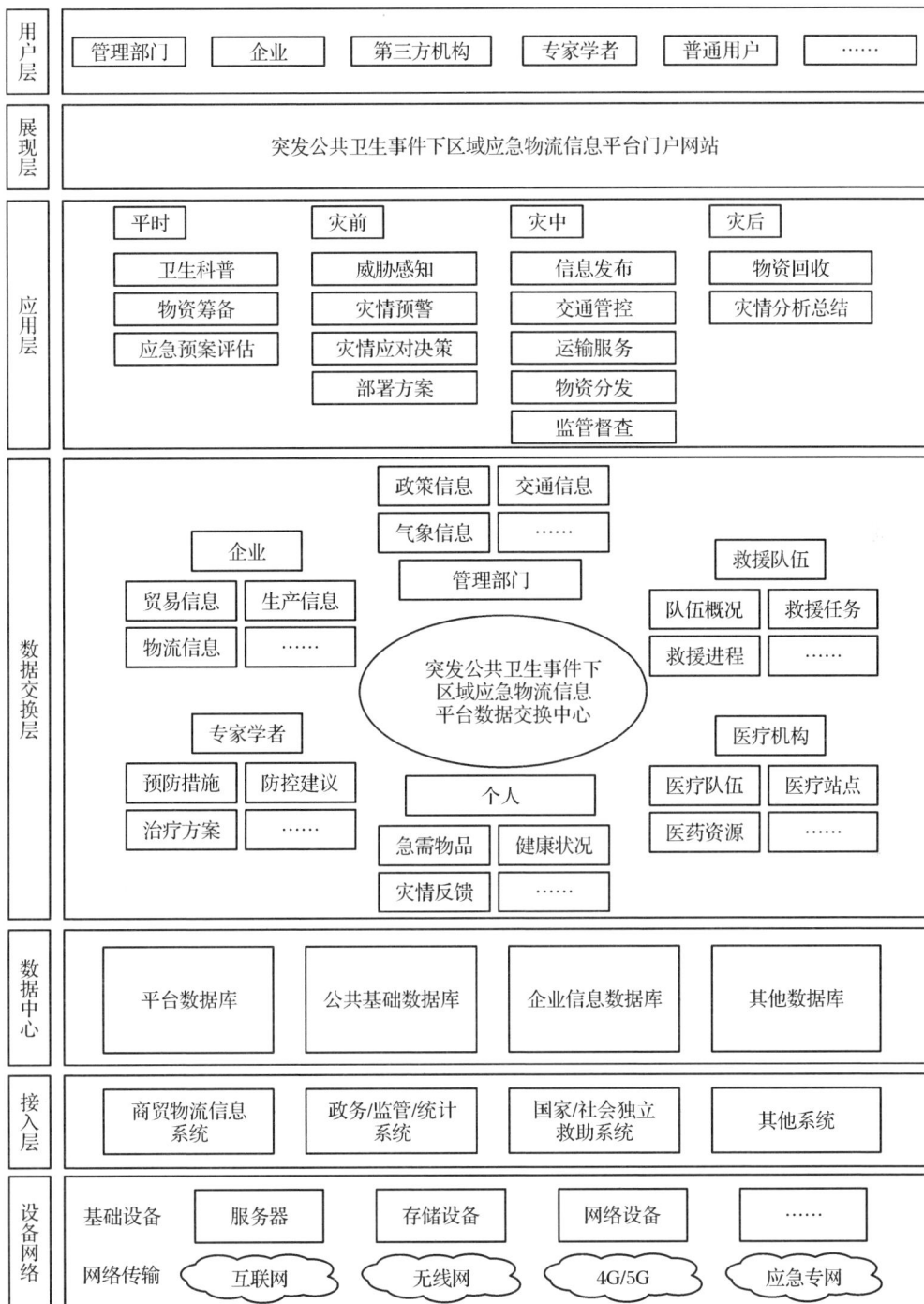

图 12 - 32 应急物流平台顶层架构设计

除了用户层外,应急物流平台的架构还包含六部分内容:

（1）展现层：基于界面设计，以图文结合的方式，展示应急物流信息平台，醒目地发布各类信息，实现重点信息突出强调、紧急信息及时更新，并面向不同用户主体提供多样化的辅助功能。

（2）应用层：按照平时、灾前、灾中、灾后四个时段，进行业务管理，在不同时期，设计不同的功能模块，解决对应的主要问题。

（3）数据交换层：对多源异构数据进行标准处理，实现数据在该平台各主体之间的快速传输和交换、互通与共享，保证平台各业务功能正常联动与运行。

（4）数据中心：数据中心由平台核心数据库以及各类子数据库构成，是实现平台中各类信息标准存储以及共享的基础。主要对所集成的应急物流信息进行编排及分类汇总。

（5）接入层：该层是应急物流信息平台的信息源，信息源主要来自政务系统、医疗系统、企业系统等。

（6）设备网络层：该层包含平台运行时的基础硬件设备以及为平台数据传输时所用到的网络设施。

3）应急物流平台功能设计

由于应急物流平台需要通过对接交通、公安、卫健委、医疗、疾控、检疫等部门系统，形成覆盖全社会的威胁感知系统，实现对突发公共事件的预警、处置及相关信息的及时发布；也要对接物流、商贸企业，为疫区的运力以及物资供应提供保障；还要通过信息集成技术对接其他社会团体，提升平台的信息共享能力以及增值服务价值，因此，应急物流平台面向多用户主体的功能设计尤为重要。

应急物流平台在功能设计时应遵从以下原则：

（1）易用性原则

平台建设过程中要以用户的实际需求为依据，页面设计要简洁明了，重要部分突出显示，业务逻辑设计合理，交互界面简单易用。

（2）适应性原则

随着社会环境和技术环境的不断变化，大众必然会对平台的功能产生新的需求，所以平台在功能设计初期就应具备延展性和韧性，要将平台未来的变化发展考虑在内。

（3）政府主导原则

平台的管理主体为政府，所以平台的建立应以政府指导意见为主。

（4）积极创新与充分整合原则

平台的构建要整合已有平台系统，实现与相关单位机构共同协作，最大程度减少重复建设，在此基础上，也应该积极创新，设计应急物流信息平台专有的功能模块。

（5）安全性原则

平台涉及多方信息资源存储，在共享信息的同时也要保证信息资源的安全，通过利用先进的信息加密技术对平台信息进行保护，保证信息不被挟持、篡改等。

考虑各主体信息需求分析，平台的功能设计可分为决策信息层、物流信息层及其他信息层，在决策信息层中平台用户可及时查看突发事件相关信息；在物流信息层中平台用户可以及时发布并获取相关物流需求;在其他信息层中平台用户可以及时获取有关防疫健康知识,并且能够为平台建设给出建议与反馈。重要的功能模块有以下几个:

(1)用户管理模块

平台使用者在使用平台之前需要提出实名注册申请,并选择用户身份类型,经审批通过后,可正常使用该平台。平台会根据用户注册身份的差异,给予不同权限的信息。例如,政府部门通常拥有全部的权限,而个人用户仅拥有部分功能的使用权限。

(2)应急响应中心模块设计

应急响应中心模块主要分为灾情快报与灾情互通两个部分。首先,实时更新灾情现场的救援情况、受灾群众安置情况,以及相关重要指示、应急救援方案、安置信息通知与公告等内容。其次,平台公布救援 24 h 热线电话等信息,为人民群众提供救助服务,在条件允许的情况下,人民群众可以自主上报灾情相关情况,拨打救援热线或发送救援信息寻求帮助,提出救灾物资申请。

(3)资源流动信息模块设计

资源流动信息模块分为应急救援物资信息、医疗救助信息、救援队伍信息以及资源回收信息功能,如图 12 - 33 所示。

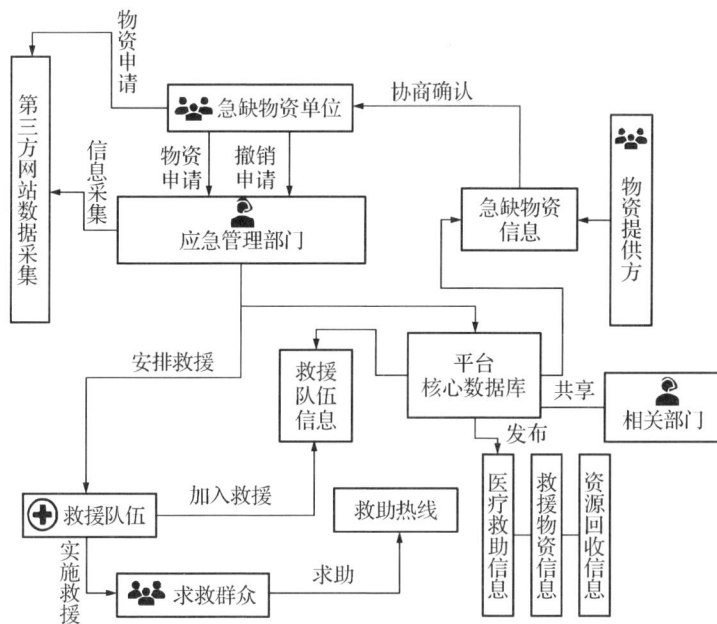

图 12 - 33　资源流动信息模块设计

应急救援物资为灾区现场急需且紧缺的大量临时性物资,包括帐篷、折叠床、御寒物资、食物饮品等物资,这些信息由应急管理部门根据灾区现场前方提出的申请,进行审批与协调联动。物资来源包括政府调拨、企业捐赠、大众捐赠等多种渠道,经供需双方协商一致,确定联系人、交接点及交接人等信息后,可实现物资的筹集、运输与配送。

医疗救助信息包括灾区开放的医疗接诊点、临时救助点、隔离点、医疗物资领取点、诊疗区域划分等信息,以及面向全国申请的医疗物资调配情况。

救援队伍信息包括医疗队伍、抢险救灾队伍、志愿团体等,各单位或组织团体向平台提供具体救助规划信息、救援案例以及救援队伍风采等相关信息,应急管理部负责救援队伍的资格认定与审核,并给各类身份配有明确标识,结合突发事件的具体情况,实现救援队伍的合理征集与调配,快速及时、分批报送前往灾区支援的队伍信息。

资源回收信息是灾情后期的重点工作,各类救援抢险设备、医疗器材的转运,各类废弃物的无污染处置,未使用资源的回收也体现了应急救援体系的完整性。政府和企业通过信息资源的收集、汇总和盘点,可以避免资源的浪费并提高资源的利用率。

(4)交通运输信息模块设计

交通运输及其运输调度计划在突发事件中尤为重要,为灾区群众、医患等人员的转运以及应急救援物资的及时送达提供保障。交通运输模块的功能设计如图12-34所示,包括交通管控、交通分析、车辆管理、运输信息、交通要闻以及交通热线六个模块。

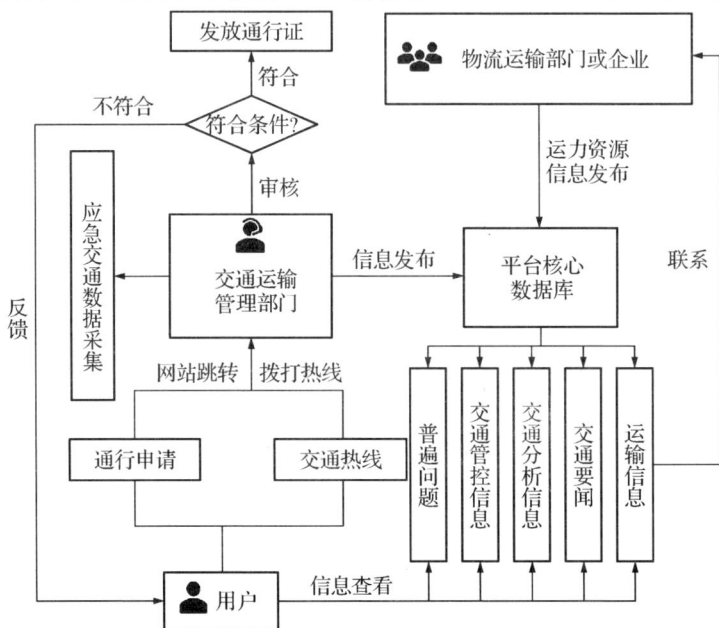

图12-34 交通运输业务流程

车辆管理模块提供车辆进出灾区证明的办理流程与方法,并对应急救援物资车辆进行统一资格认证,设立统一标识。提供物流运输服务的部门或企业信息通过审核后可进入白名单列表,实现申报流程的简化,便于社会力量自主查找与协商,实现物资和人员的及时调配。

交通管控主要指到达灾区的道路枢纽和关键交通节点的管控,以及对进入灾区的车辆进行严格管控,避免闲散车辆阻碍交通要道,影响救援计划和物资输送。引导救援消防车辆、医疗救助车辆进入灾区核心位置,及时疏导社会救援车辆,并设置车辆临时停放区。此外,还要公布紧急救援专用通道,便于危重病人的及时转运。

交通分析与交通要闻是一种实时的交通信息统计与预测,通过可视化地图等方式为灾区进出车辆提供路线选择和停靠信息等服务,及时公布灾区各类车辆数量与位置、所需要的车辆类型信息,便于多方调用。该模块也提供网上沟通专栏,积极回应各类诉求与疑问,并提供解决方案,对于频繁或重要的问答,可置顶展示,便于查看。

此外还需设计卫生应急物资储备信息模块、卫生科普信息模块、互动交流模块等辅助功能模块,多种功能相辅相成,共同构成应急物流信息平台。当全国各地突发事件发生后,通过该平台,各方力量可以明确自身定位,实现快速响应与联动,积极抢险救灾,减少灾区的人员伤亡和财产损失。

12.4.3 应急物流平台建设情况

已建成的应急物流平台的主要形式以应急管理平台为主,通过智能化和信息化手段,搭建一个集成信息技术和物流管理的系统,旨在提供高效、准确的解决方案,从而提高应对突发事件的物流处理效率,降低相关损失。目前,应急资源与物流管理平台包括两种建设方式,国家统筹和地方＋企业共建。

1）国家应急资源管理平台

国家应急物流管理平台是由国家发展和改革委员会与中国物流与采购联合会共同建设的平台,旨在提升我国应急物流管理能力,提高应对突发事件的快速响应能力。

国家层面的应急资源管理涉及范围较广,其业务系统如图 12-35 所示。在建设时以信息化推进应急管理现代化,强化实战导向和"智慧应急"牵引,规划引领、集约发展、统筹建设、扁平应用,夯实信息化发展基础,补齐网络、数据、安全、标准等方面的短板弱项,推动形成体系完备、层次清晰、技术先进的应急管理信息化体系,全面提升监测预警、监管执法、辅助指挥决策、救援实战和社会动员能力。

国家应急资源管理平台等应用系统向全国免费推广,并提供接口方便各地系统对接和业务协同。省级应急管理部门统筹本地应急管理应用系统建设,尽量统建应用系统,并做好数据回流工作。市、县级应急管理部门需充分利用上级应急管理部门统建的应用系统,重点开展感知网络联网和应用系统对接集成,建设统一门户,应用系统的开发项目实施需要避免重复建设。

平台数据管理基于应急大数据的统一规划,编制应急管理信息共享目录,实现信息集中存储、统一管理,面向全系统开展定制式、订阅式、滴灌式信息服务,通过接口调用等方式提供模型算法、知识图谱、智能应用等基础服务,满足各级信息需求和应用需求。省级应急管理部门编制本地区信息共享目录,建设应急管理综合应用平台,汇聚本地区应急管理信息,与应急管理部大数据应用平台互联共享。对自然灾害风险、灾情数据统计、重大安全隐患、安全监管执法、应急力量物资、应急预案方案、重点监管企业用电等基础信息综合分析研判,充分挖掘数据价值,为风险防范、预警预报、指挥调度、应急处置等提供智能化、专业化、精细化手段。省级应急管理部门充分利用应急管理部大数据应用平台提供的算法服务能力,开发定制化的大数据应用。应急资源管理平台具备以

图 12‑35　国家应急资源管理平台业务

下功能。

（1）信息发布与共享：平台发布应急物流相关政策、法规、标准、通知等信息，为企业和机构提供信息查询和咨询功能。同时，平台还可以共享应急物流资源，如运输能力、仓储能力等。

（2）调度指挥：平台具备应急物流调度指挥功能，可以根据应急需求进行资源调度和线路规划，实现快速响应和高效配送。

（3）数据分析与决策支持：平台通过收集和分析应急物流相关数据，为管理部门提供数据支持和决策建议，提升应急物流管理效率。

（4）在线监测与评估：平台可以实时监测应急物流运作情况，对运作效果进行评估和反馈，及时发现问题并进行改进。

（5）协作与沟通：平台提供在线协作和沟通功能，促进政府、企业、社会组织等各方之间的信息交流和协作配合，共同应对突发事件。

（6）捐赠通道：平台面向全社会开放资金捐助和物资捐赠通道，并公开展示每一项捐赠活动的阶段性动态,保证信息的公开透明。

国家应急资源管理平台的建设和运行,以及与全国各省市级的应急资源管理公众服务平台的系统互联与数据互通,可以提高我国应急物流管理的现代化水平,增强应对突发事件的能力,保障人民生命财产安全和社会稳定。

2)地方＋企业共建的应急综合管理平台

地方＋企业共建的应急综合管理平台是基于政府的引导和支持,利用企业的技术手段,实现省政府应急物资调动指挥、管理、协同服务等动作。企业立足应急领域新形势新要求,通过信息系统健全日常综合指挥调度保障机制,提高应急管理部门指挥效率,解决应急管理部门在安全生产、应急管理、地质灾害、地震灾害、防汛抗旱等多业务融合下的综合管理需求。通过有线/无线通信网络、指挥信息网络、卫星通信网络的互联互通,提高各部门联合协调行动能力。基于累计的安全生产、自然灾害、城市安全、现场救援等海量数据,构建应急管理综合监管、应急全息搜索等应用,助力应急管理中心、城市运行中心、区域产业园区提升智慧监测预警能力,辅助领导全面掌握安全态势和应急资源,实现科学决策,协助安全执法工作者快速定位监管对象,实现全量精准监管,平台建设的整体架构如图 12-36 所示。

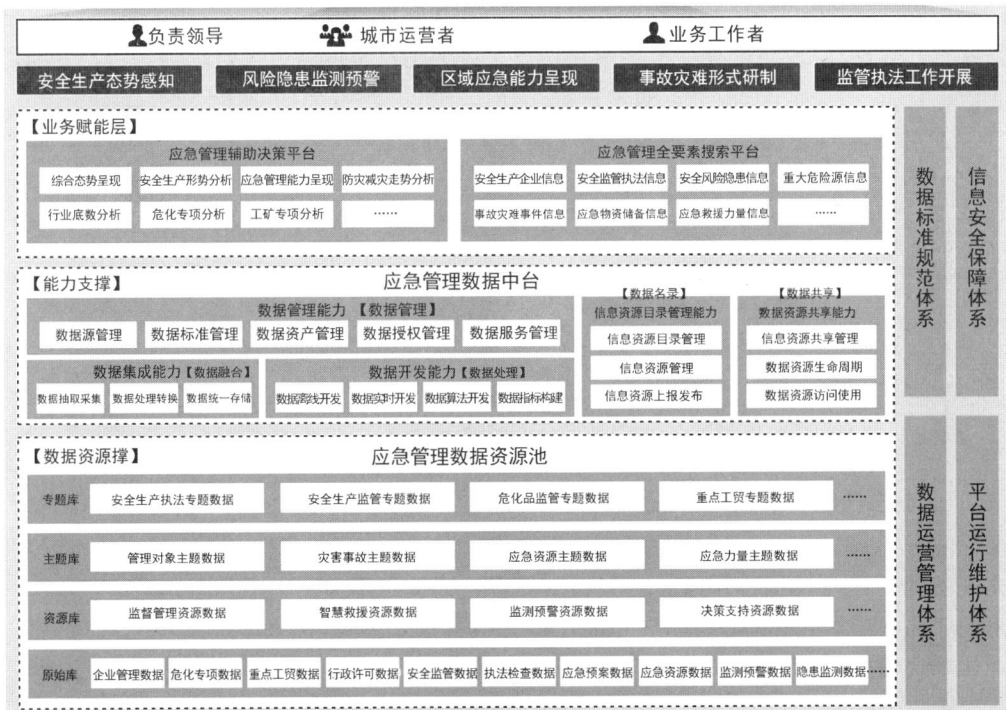

图 12-36　政企共建应急物流平台建设的整体架构

应急综合管理平台可对应急管理领域数据进行"采""存""管""用",打通应急管理领域数据互联互通链路,形成安全生产和应急管理的底数一张网,并通过标准化加工提炼形成应急管理领域统一大数据体系,并施以安全化、有序化、稳定化管理,通过构建应急管理全要素搜索平台、应急管理辅助决策平台助力应急管理人员高效、直观获取关键要素数据,辅助科学决策和日常管理工作。在应急事前、事中和事后整个闭环体系中,应急管理数据平台都能提供一揽子的支持。

事前:利用预案管理、应急资源管理、风险隐患管理的业务系统,实现应急部门的预案结构化、电子化,建立预案与应急处置流程的智能关联,为应急人员事件快速处置提供支撑保障。

事中:利用应急值守、预警预报、视频监控等业务系统和事中阶段的辅助决策和指挥调度业务系统相结合,实现事故综合分析,自动生成应急专题图(如应急资源分布图、事故影响范围分析图、应急救援路线规划图、脆弱目标疏散路线规划图)及应急处置建议方案,为领导决策和指挥调度过程提供直观的决策参考。

事后:利用应急评估业务系统可对应急处置过程的时效性、有效性等综合效果总结评估,为提升应急指挥能力提供支撑。

吉林省应急管理综合信息平台从 2019 年 12 月开始建设,于 2020 年 9 月完成终验,正式投入运行,如图 12 - 37 所示。平台包括安全生产风险监测预警、自然灾害综合监测预警、应急指挥"一张图"等六大系统的开发和建设,接入全省 100 多家重大危险源企业感知数据,实现对安委会成员单位信息系统的信息集成融合及数据治理、应急指挥通信融合、灾害风险调查、重点隐患排查治理等功能。当发生应急事件时,政府应急指

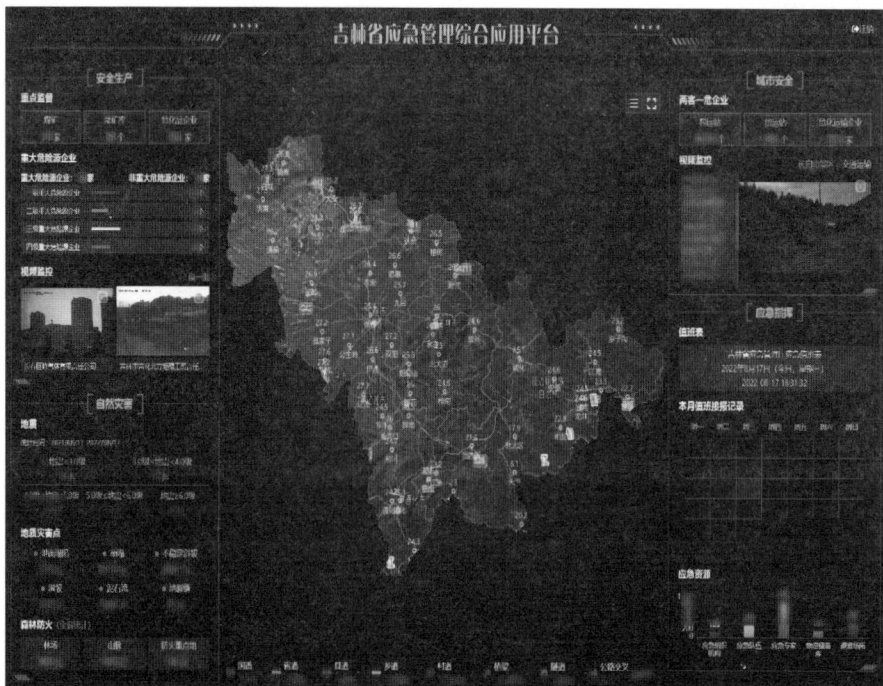

图 12 - 37　吉林省应急管理综合应用平台

挥中心通过系统界面就可以清楚了解全省各部门、各地区可调动储备物资和运输车辆，通过平台系统全过程、全方位的统一指挥调度各地的运输车辆、仓储物资，并实现物资跟踪、车辆跟踪、信息跟踪、支付跟踪、监督跟踪，保证应急物资快速、精确到达指定地点，交付指定单位。

12.5　物流数字孪生平台

12.5.1　物流系统仿真概述

1）物流系统仿真现状及发展

物流系统仿真是根据收集到的数据资料，借助计算机仿真技术，对真实的或假想的物流系统及其存在的问题进行建模仿真，得到各种动态活动及其过程的瞬间仿效记录后，对仿真结果进行分析。主要目的是模拟物流系统的动态行为，研究物流系统性能，为物流系统的规划或者优化提供决策支持信息的方法。仿真主体是作为分析对象的现实物流系统。

在物流仿真试验过程中，可在仿真模型或程序中作一些不同的设置，如可在仿真模型中设置可供选择的运输方式、供货厂商地点、仓库场所、工厂地址、顾客服务要求等因素来反映物流系统在不同参数之下的反应，辅助决策者对系统的优化和控制做出科学决策，并对物流管理以后可能的工作方向、取得的财务收益、经济效益及社会环境影响进行预测，从而提出物流系统仿真在物流管理中如何进行建设的咨询意见，提高物流系统的效率和服务水平，降低物流系统的运行成本。对于已经建成的物流系统，运用系统仿真则可以找出该系统中的瓶颈，估计物流成本，并对多个物流方案进行运行分析，进行相互对比分析，从中选择出最优决策方案，达到优化系统的目的。

物流仿真在我国已逐渐显出其重要作用，虽然近年来我国物流系统仿真方法在物流管理领域已经取得一些长足发展，但由于整体缺乏相关的经验，特别是在资金的给予、政策实施的不到位等方面，导致与国外物流仿真相比，差距仍然较大且比较落后，整体处于杂乱无序的局面。我国物流发展水平和研究应用能力还不尽人意，物流企业或企业物流在面临物流工程项目投资新建或原有系统技术改造时，由于缺乏准确丰富的信息数据和必要的物流仿真系统决策支持，造成了企业物流项目建设投入的盲目性和资金流失。大多数企业对物流仿真技术的应用状况及其意义了解并不多，物流仿真软件在很多方面存在一些问题，如物流过程的复杂性，企业所处环境的不确定性，物流的标准化问题，企业物流中的某些具体业务还受到国家政策的影响等等，这些因素都会影响物流系统的真实仿真效果，有些环节和影响因素甚至无法实现仿真模拟，精通物流仿真软件的专业人员更是短缺。因此在我国，全面、可靠、成功的物流仿真过程还需要长时间的理论研究和实际应用结果验证。

但是不可否认，物流仿真的前景是光明的。物流系统仿真逐渐成为在物流管理中解决复杂问题的有效手段之一,在物流管理的时间和空间上将得到更广阔的研究和分析。集成化的物流规划设计仿真技术是目前物流仿真技术发展较快的一个方向,此项技术应用的范围非常广泛,大到物流园区的规划设计,小到企业生产物流的规划设计,都可以利用物流规划设计仿真技术对规划和设计方案进行比选和优化。近年来,集成化的物流规划设计仿真技术在美国、日本等发达国家发展很快,并在应用中取得了很好的效果,但在我国,集成化物流规划设计仿真技术的研发目前还处在起步阶段。

2)物流系统仿真软件与流程

目前较为常见的仿真软件有:美国的 Flexsim、SIMAnimation、Arena、Supply chain guru、AutoMod、NetLogo 仿真软件;日本的 RaLC 系列仿真软件;俄罗斯的 AnyLogic 仿真软件;英国的 ShowFlow、Classwarehouse 和 Witness(SDX)仿真软件;法国的 Quest 仿真软件等。

其中 Arena、Supply chain guru、ESS 和 EXTEND 仿真软件为 2D,Flexsim、AutoMod、RaLC 和 WITNESS 仿真软件为 3D。Flexsim 和 RaLC 有很好的面向对象性,Supply chain guru 是专门的供应链仿真软件,Classwarehouse 是专门的仓库仿真软件。

(1)Flexsim

Flexsim 是一款商业化离散时间系统仿真软件,它采用面向对象技术并具有三维显示功能,如图 12 - 38 所示。主要特点是方便,显示能力强大。提供了数据拟合、输入建模、图形化的模型构建、虚拟现实显示、运行模型仿真试验、优化结果、生成 3D 动画影像文件等功能,也提供了与其他工具软件的接口。应用于深层开发对象,对象参数可以表示几乎所有存在的实物对象。另外该软件还提供了优化模块 Optquest,增加了帮助迅速建模的 Microsoft Visio 的接口。

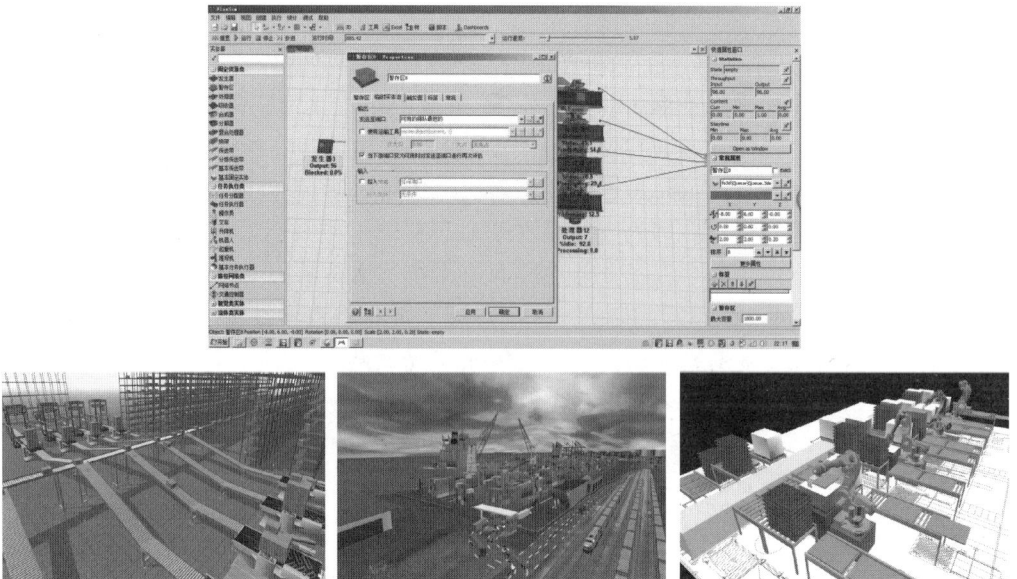

图 12 - 38　Flexsim 软件界面

（2）AutoMod

AutoMod 目前是国际上产品较成熟、应用较广泛的仿真软件之一，可以完成制造系统、物料处理、企业内部物流、港口、配送中心，以及控制系统等的仿真分析、评价和优化设计，如图 12‐39 所示。AutoMod 软件通过建立实时模型从而对物料处理、物流和配送系统进行规划设计和方案优化。AutoMod 软件由 AutoMod、AutoStat 和 AutoView 三个模块组成。AutoMod 模块提供给用户一系列的物流系统模块来仿真现实世界中的物流自动化系统，主要包括输送机模块、自动化存取系统、基于路径的移动设备、起重机模块等。AutoStat 模块为仿真项目提供增强的统计分析工具，由用户定义测量和实验的标准，自动在 AutoMod 的模型上执行统计分析。AutoView 可以允许

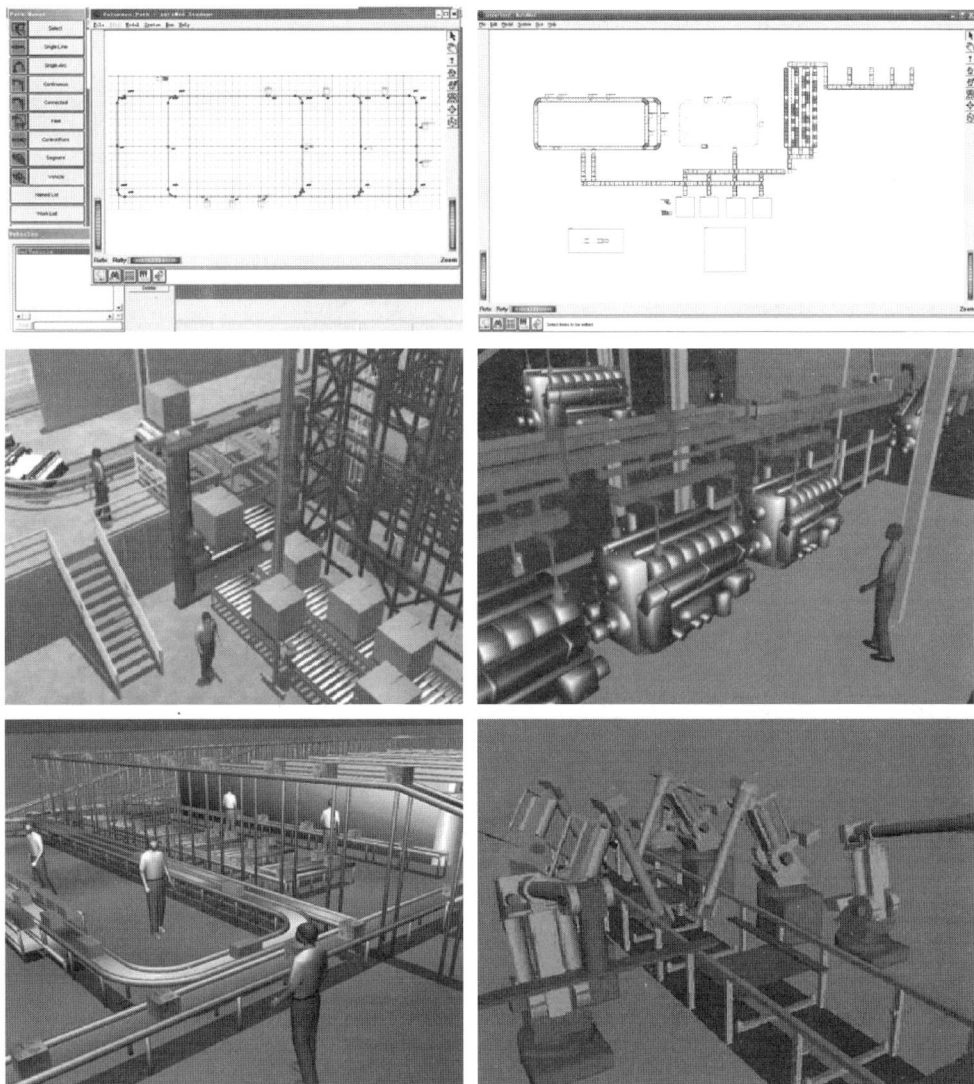

图 12‐39　AutoMod 仿真界面

用户通过 AutoMod 模型定义场景和摄像机的移动,产生高质量的 AVI 格式的动画,用户可以缩放或者平移视图,或使摄像机跟踪一个物体的移动。AutoView 可以提供动态的场景描述和灵活的显示方式,是目前市面上比较成熟的三维物流仿真软件。

(3) Arena

Arena 软件是由美国 Rockwell 公司在早期的 SIMAN/CINEMA 仿真系统基础上,开发的具有代表性的一款支持离散事件系统仿真的仿真软件包。同时也是一个通用仿真工具,连续系统和混合系统也可以用它来构建。Arena 具有广泛的应用领域,其中代表性的包括制造业、物流及供应链、医疗、军事、日常生产作业、各类资源的配置、业务过程的规划、系统性能和计划结果的评价、风险预测等。通过使用层次化的建模体系以保证灵活地进行各个水平上的仿真建模。

内容丰富的工具栏,允许您对模型进行灵活的修改

仿真运行控制栏——Arena建模与仿真运行在同一窗口,方便您随时观看和修改模型参数

将近20个模板(近300个逻辑模块)满足您从各个层次开发模型的需求,大大提升了建模的灵活性

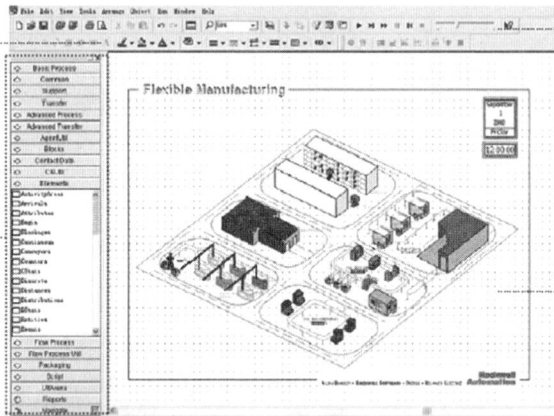

快捷而高效的建模方法——直接拖入所需模块到建模窗口,然后进行连接和参数设置,即可搭建出简单的模型;Arena可以在逻辑模型的基础上方便地开发出2D动画,也可以通过3Dplayer模块做出逼真的3D动画

仓储仿真模型截图

港口模型截图

图 12 - 40　Arena 操作界面

使用物流系统仿真软件,可以完成物流系统的建模与运行。一个完整的系统仿真过程分为三步:系统建模—仿真建模—仿真试验。系统、模型和仿真是系统仿真的三个基本要素,系统也就是研究的对象,模型则是该系统的抽象表现,仿真就是通过对模型进行试验获得一定的研究成果和目的。物流系统仿真具体步骤如图 12 - 41 所示。

12.5.2 物流数字孪生概述

1）数字孪生的发展背景

"孪生"的概念起源于美国国家航空航天局的"阿波罗计划",即构建两个相同的航天飞行器,其中一个发射到太空执行任务,另一个留在地球上用于反映太空中航天器在任务期间的工作状态,从而辅助工程师分析处理太空中出现的紧急事件。这里的两个航天器都是真实存在的物理实体。2003年,关于数字孪生(Digital Twin)的设想首次出现于Grieves 教授在美国密歇根大学的产品全生命周期管理课程上。当时"Digital Twin"一词还没有被正式提出,Grieves 将这一设想称为"Conceptual Ideal for PLM(Product Lifecycle Management)"。尽管如此,在该设想中数字孪生的基本思想已经有所体现,即在虚拟空间构建的数字模型与物理实体交互映射,忠实地描述物理实体全生命周期的运行轨迹。直到 2010 年,"Digital Twin"一词在 NASA 的技术报告中被正式提出,并被定义为"集成了多物理量、多尺度、多概率的系统或飞行器仿真过程"。2012 年,美国国家航空航天局与美国空军联合指出数字孪生是驱动未来飞行器发展的关键技术之一。

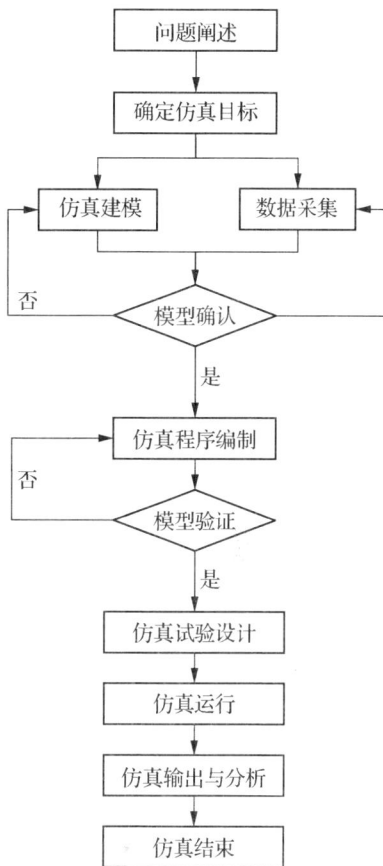

图 12-41 物流仿真流程图

近年来,数字孪生得到越来越广泛的传播。同时,得益于物联网、大数据、云计算、人工智能等新一代信息技术的发展,数字孪生的实施已逐渐成为可能。现阶段,除了航空航天领域,数字孪生还被应用于电力、船舶、城市管理、农业、建筑、制造、石油天然气、健康医疗、环境保护等行业。特别是在智能制造领域,数字孪生被认为是一种实现制造信息世界与物理世界交互融合的有效手段。许多著名企业与组织对数字孪生给予了高度重视,并且开始探索基于数字孪生的智能生产新模式。于是,数字孪生是具有数据连接的特定物理实体或过程的数字化表达,该数据连接可以保证物理状态和虚拟状态之间的同速率收敛,并提供物理实体或流程过程的整个生命周期的集成视图,有助于优化整体性能。对科研人员而言,他们侧重于研究数字孪生的虚拟实体,认为数字孪生是以数字化方式创建物理实体的虚拟实体,借助历史数据、实时数据以及算法模型等,模拟、验证、预测、控制物理实体全生命周期过程的技术手段。而对于企业而言,数字孪生是资产和流程的软件表示,用于理解、预测和优化绩效以实现改善的业务成果。

数字孪生具有以下几个典型特点:

(1)互操作性:数字孪生中的物理对象和数字空间能够双向映射、动态交互和实时连接,因此数字孪生具备以多样的数字模型映射物理实体的能力,具有能够在不同数字模型之间转换、合并和建立"表达"的等同性。

（2）可扩展性:数字孪生技术具备集成、添加和替换数字模型的能力,能够针对多尺度、多物理、多层级的模型内容进行扩展。

（3）实时性:数字孪生技术要求数字化,即以一种计算机可识别和处理的方式管理数据以对随时间轴变化的物理实体进行表征。表征的对象包括外观、状态、属性、内在机理,形成物理实体实时状态的数字虚体映射。

（4）保真性:数字孪生的保真性指描述数字虚体模型和物理实体的接近性。要求虚体和实体不仅要保持几何结构的高度仿真,在状态、相态和时态上也要仿真。值得一提的是在不同的数字孪生场景下,同一数字虚体的仿真程度可能不同。例如工况场景中可能只要求描述虚体的物理性质,并不需要关注化学结构细节。

（5）闭环性:数字孪生中的数字虚体,用于描述物理实体的可视化模型和内在机理,以便于对物理实体的状态数据进行监视、分析推理、优化工艺参数和运行参数,实现决策功能,即赋予数字虚体和物理实体一个大脑。

2）数字孪生系统设计

数字孪生以数字化方式拷贝一个物理对象,模拟对象在现实环境中的行为,对产品、制造过程乃至整个工厂进行虚拟仿真,目的是了解资产的状态,响应变化,改善业务运营和增加价值。在基础设施的支撑下实现,物理世界中产品、服务或过程数据会同步至虚拟世界中,虚拟世界中的模型和数据会和过程应用进行交互。向过程应用输入物理世界信息,可以得到包括优化、预测、仿真、监控、分析等功能的输出。数字孪生中物理实体的生命周期包括验证与确认、部署、操作与监控、重新评估和回收利用,虚拟实体的生命周期包括起始、设计和开发、验证与确认、部署、操作与监控、重新评估和退役。

值得指出的是,虚拟实体在全生命周期过程中与物理实体的相互作用是持续的,在虚拟实体与物理实体共存的阶段,两者应保持相互关联并相互作用;虚拟实体区别于物理实体,在其生命周期过程中存在迭代的过程。虚拟实体在验证与确认、部署、操作与监控、重新评估等环节发生的变化,可以迭代反馈至设计和开发环节。数字孪生生态系统由基础支撑层、数据互动层、模型构建与仿真分析层、共性应用层和行业应用层组成,如图 12 - 42 所示。

（1）基础支撑层是物联网的终端,由具体的设备组成,包括工业设备、城市建筑设备、交通工具、医疗设备等,主要使用一些芯片、传感器等设备,用于数据的采集以及向网络端发送。

（2）数据互动层包括数据采集、数据传输和数据处理等内容,需要软件定义的工具和平台提供支持,如 Bentley 的 iTwin Service,ANSYS 的 TwinBuilder,微软的 Azure,达索的 3D Experience 等。但从功能性的角度出发,这些工具和平台大多侧重某一或某些特定维度,当前还缺乏考虑数字孪生综合功能需求的一体化综合平台。

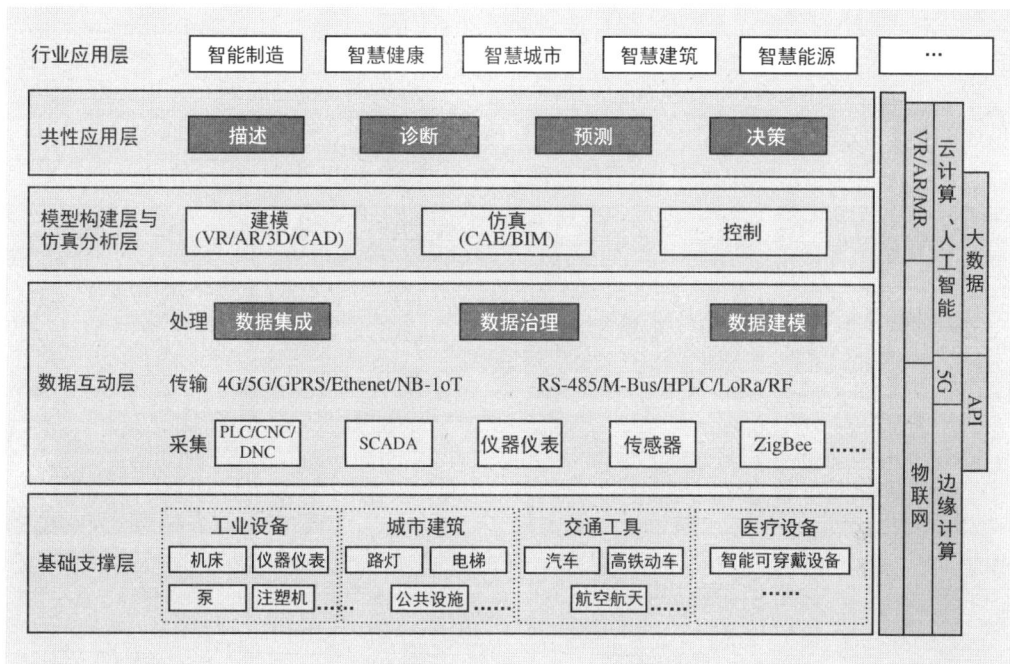

图 12-42　数字孪生生态系统

（3）模型构建与仿真分析层包括数据建模、数据仿真和控制。模型构建是指为用户提供数据获取和建立数字化模型的服务，建模技术是数字化的核心技术，譬如测绘扫描、几何建模、网格剖分、系统建模、流程建模、组织建模等技术。仿真业务是指为数字化模型中融入物理规律和机理，不仅建立物理对象的数字化模型，还要根据当前状态，通过物理学规律和机理来计算、分析和预测物理对象的未来状态。其中又分为工业仿真软件和复杂系统（交通和物流等）仿真软件。工业仿真软件，主要指计算机辅助工程CAE（Computer Aided Engineering）软件，包括通常意义上的 CAD、CAE、CFD、EDA、TCAD 等。

（4）共性应用层包括描述、诊断、预测、决策四个方面，支持基于单一数据源实现产品全生命周期的管理，实现数据驱动的产品管理流程；实现不同行业、应用的打通，并支持其他模型通过 API 接入平台。

（5）行业应用层包括智能制造、智慧城市在内的多方面应用。行业解决方案是针对行业需求的数字孪生技术在智慧城市、交通、水利、工程、工业生产、能源、自动驾驶、公共应急等领域的各种应用服务。

3）数字孪生在物流行业的应用

数字孪生为工业产生的物理对象创建了虚拟空间，并将物理设备的各种属性映射到虚拟空间中。工业人员通过在虚拟空间中模拟、分析、生产预测，能够仿真复杂的制造工艺，实现产品设计、制造和智能服务等闭环优化。数字孪生是未来数字化企业发展的关键技术,在物流行业的发展也值得关注。

自 2020 年,物流行业开始探索数字孪生的应用,特别是针对物流场站与装备,展开了大量的尝试,从仓储三维可视化项目,到配送中心三维管控 SCADA 项目,以及传统仿真生成的 exe,都逐渐与数字孪生接轨。针对物流行业链条长、环节多、链接领域广等特点,构建完整的物流数字孪生体系,需要包含四大内容,简称 3MF,如图 12-43 所示。

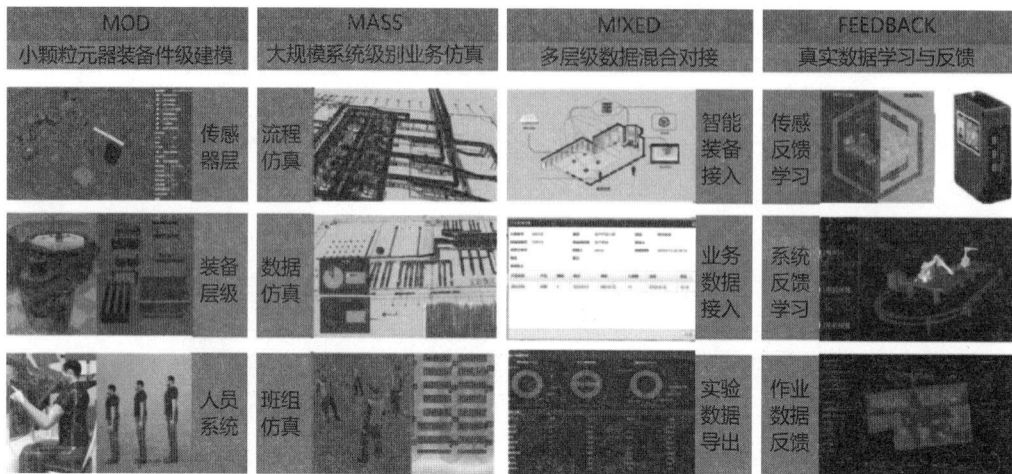

图 12-43 3MF 物流数字孪生要点

（1）Mod 具备细颗粒度低成本建模能力:物流系统的数字化,需要比现有传统仿真软件更低成本,包含虚拟传感器与执行器、带有执行逻辑的装备与人员系统,通过更多非传统仿真技术人员参与,通过参数化建模,完成更细维度的数字孪生模型构建。

（2）Mass 具备大规模系统仿真能力:借助云计算与最新的仿真技术以及图形图像技术,构建满足上万平方米仓库、上千货物信息点与众多人员智能体进行混合仿真的能力。得益于近 5 年在 3A 游戏领域的技术进步,让大规模流程、数据交互、人机智能体仿真成为可能。

（3）Mixed 具备多维度的业务与 IoT 数据混合对接能力:通过 5G 技术提供的通信通路,以及数据总线技术,建立数据高速标准体系,融合包括物联网、仓储控制系统（Warehouse Control System，WCS）、仓库管理系统（Warehouse Management System，WMS）、ERP、多维仿真体数据、AVR 人员交互与数据,构建数字建模的真实可信度数据基础。

（4）Feedback 是大数据挖掘与反馈学习技术:通过历史数据与多变量调节的仿真数据,具备双工通讯能力,产生虚实交互学习的方式,提供人机共智的基础机制。

在进行虚拟实体建模时,数字孪生关键技术框架为构建技术（Build）、孪生仿真技术（Simulation）、数据总线技术（Information）、数据分析与价值挖掘技术（Mining）。

（1）构建技术

构建技术要突破低成本物流三维仿真构建与设计技术。传统仿真的重要成本,往往是仿真建模部分,目前有三种可行的解决办法,第一通过外部 3d MAX 等建模软件建模进行导入;第二是通过软件本身的类似或接近的模型进行代替或简单变形;最后一种则为基于工业小颗粒组件,进行全新设备与系统的拼接构建,在更细颗粒维度的软件内建模,目前业内更加推崇最后一种即建即用的建模功能,极大地降低构建成本与周期。

物流数字系统躯体构建,简单来说就是构建三维物流装备与系统的数字化、可视化模型,面对仿真与数字孪生应用瓶颈点,聚焦物流行业,进行三维仿真展现,包含通用物流服务资源工程组件库开发,仓储搬运类、分拣类、显示反馈类、先进制造装备类、空港物流类、冷链生鲜物流类、危化物流类、货物类、建筑园区类等物流服务资源的建模开发、可视化零代码逻辑编程系统开发,如图 12-44 所示,最终实现覆盖主流物流服务资源,突破建模成本高、技术要求高、时间花费高的无法落地的难题。

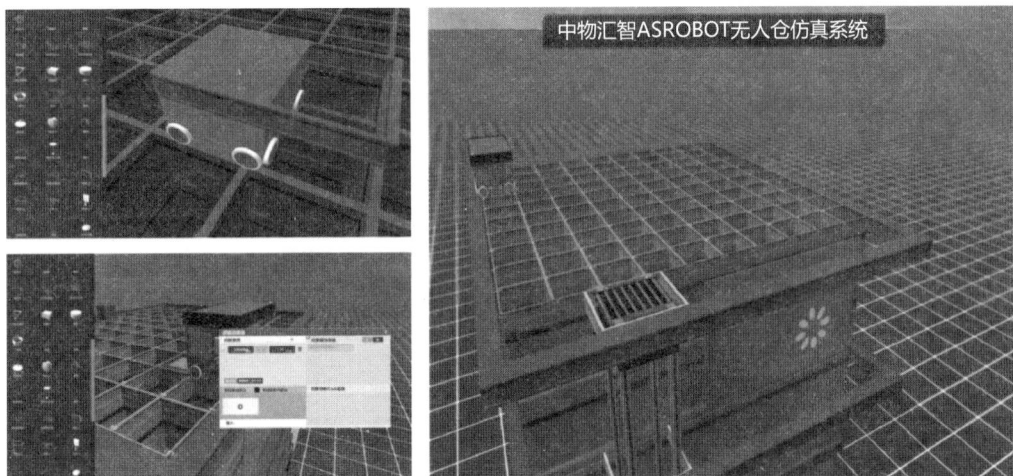

图 12-44 基于组件的物流系统数字建模

（2）孪生仿真技术

细颗粒度零件级物流资源孪生仿真技术用于解决物流资源网络/系统孪生智能体仿真与组网推演分析问题,以及行业数字孪生应用适配问题。面向物流资源自动化、智慧化趋势,实现孪生物联网类、机器人与自动化装备类、人员与车辆智能代理类的研发,研究大规模物流服务资源孪生化的标准与突破关键装备仿真技术。如 RFID 与条码识别孪生系统,工业光电等孪生传感系统,WSN 与 5G 孪生系统的研发,为后续物流服务资源快速构建提供全面参数化通道,沉淀工业巨头的传感器参数与孪生镜像,从而为后续的物流服务网络系统孪生化构建,提供高可信度的仿真基础。面向从物流教育、先进制造业到电子商务物流、冷链物流等多个行业,展开企业应用验证,降低资源的适配成本,提升整体物流网络的柔性与服务能力。突破 VR/PC 3D 混合仿真形式,既能够实现人因与物流其他要素的适配测试,又能够实现跨时空低成本的 3D 物流仿真适配测试,扩大研究行业对于物流服务资源的适用面,提供更多的数据进行精准适配分析支撑。

（3）数据总线技术

数据总线技术指基于数据总线的物流服务资源虚实连接与组网系统。物流服务资源中，存在大量的数据与信息异构性，物流服务资源网络的 CPS 系统（Cyber-Physical Systems，信息物理系统）复杂，融合多个行业的硬件、物联网系统、自动化装备等，研发物流 InforBus 数字孪生总线，研发 InforBus 总线控制系统、网络安全机制。最终实现物流服务资源虚实、软硬、人装、信息与业务的大数据融合与组网，从而提供精准适配的数据通路与联合测试仿真通路。

（4）数据分析与价值挖掘技术

通过数字孪生的数据分析与挖掘技术突破，针对 IoT 数据、业务数据、人员数据、环境数据，融合模糊分析、神经网络算法等分析与挖掘技术，架设行业指标库、算法库、评价库、经验库为基础，以系统智能化与管理智慧化为目标，最终实现整体系统柔性化。

另外，提升孪生仿真体应用价值的钥匙是可信度，达成物流系统"所见即所得"是价值互动的关键。价值互动在于为物流数字系统提供神经系统与传感系统，让其具备能够模拟系统逻辑、实现系统目标的能力。不同于传统仿真，物流数字孪生具备强大的数据总线来交互物联网与业务数据，以及交互仿真体的虚拟物联网与系统数据，其整体目标为：

①构建尽可能逼真的还原关键装备系统的物理交互与控制逻辑，例如堆垛机的二段加减速与电控延迟时间，大幅提升仿真的逼真度。

②构建融合 IoT 数据与业务数据，具备信息通路与整合能力的信息传递网络，只有高速、准确的信息传递，才能进化出足够高级和智慧的生命体。

③构建虚拟物联网传感系统，引入虚拟 IoT 系统，检测比如输送流速、拥挤度等一系列数据。

通过这三个方面的实现，最终形成人机互动，快速理解、集成仿真展现一体化功能的物流数字孪生系统。

12.5.3　典型案例——一汽物流

一汽物流有限公司为一汽集团全资子公司，始于 1952 年，前身是"第一汽车制造厂"筹备组运输科。公司本部位于长春市，下设天津、青岛、成都及佛山四大物流基地辐射全国，25 个分拨中心为节点；拥有两个主体业务板块，整车物流事业部和零部件物流事业部，具有公路、铁路、水运、空运等运输模式，为大众、红旗、奔腾、解放等品牌提供产前零部件调达、产中零部件上线、产后整车仓储运输、备件物流等一体化物流服务。一汽物流有限公司为国家 AAAAA 级物流企业，是全国智能物流仓储示范基地，全国供应链创新与应用试点企业，交通运输部甩挂运输试点单位。

一汽物流数字化建设自 2007 年始，根据国家政策、技术发展路径结合企业现有实际情况，以实物流信息化为基础，通过数据全自动化采集打造物流数字孪生，基于数据建模及算法加载反向调度业务智能执行，在"实物信息流－数字孪生－数智调度"间形成循环迭代,最终在整体架构系统规划上打造系统架构。以云基础设施、智能装备集群为基础,以 AIoT 中台、算法中台、数据中台为驱动,以业务及职能为前台,打造数字化的采集体系、可视化的运转体系、智能化的调度体系。该系统满足一汽物流实地场景数字孪生需求,已应用实施于一汽物流业务需要的物流场景,包括工厂物流、整车物流、仓储板块等业务。

在全国概览层面,全国业务网点数据利用数字孪生技术得以呈现,公铁水三级联运予以孪生,整车零部件物流业务给以覆盖。对短驳运输进行城市高度孪生,直视路线,自动统计告警。厂区内视图方面,对厂区内各库房在库周转与库房布局进行孪生展现。库内视角方面依托各系统数据协同,对人员、作业车辆、货物信息、实时场景四大维度进行全面孪生。借助现场监控摄像头的资源与数字孪生的比对,完成了虚拟空间与现实空间的实时对比验证,同时实现了作业场景参数化的历史回溯。

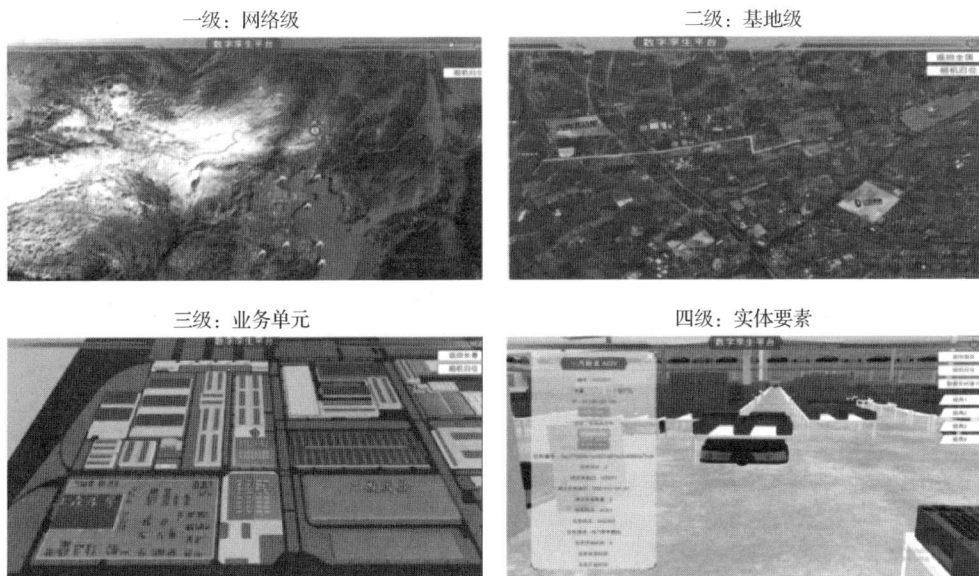

图 12 - 45   一汽物流数字孪生四维结构图

对物流新建库房规划应用数字孪生技术,完成数字化模型,从而在虚拟空间中对库房进行仿真和模拟,并将真实参数传给实际的库房建设。库房建成后,在日常的运维中继续进行信息交互。在引入新技术设备时利用数字孪生提高设计的准确性,在设计阶段就可以验证设备的适应性和设备在真实环境中的性能,如图 12 - 46 所示。还可使用 CAD 工具开发出满足技术规格的产品虚拟原型,精确记录各种物理参数,以可视化的方式展示出来,并通过一系列的验证手段来检验物流规划设计的精准程度;可以通过读取智能工业产品的传感器或者控制系统的各种实时参数,构建可视化的远程监控,并给予采集的历史数据,构建层次化的部件、子系统乃至整个设备的健康指标体系,并使用人工智能实现趋势预测,基于预测的结果,对维修策略以及备品备件的管理策略进行优化,降低和避免客户因为非计划停机带来的损失。

图 12‑46　新建库房的数字孪生技术

依托一汽物流 AWCS 系统的数据支撑,对 AGV 库内应用实时孪生,使其与现实世界完全一致,见图 12‑47。在孪生客户端可查看库内人员作业详情、AGV 运行信息详情、货物信息详情、库内库位布局信息详情等库内全部作业信息。利用库内影像资源完成对库内物理世界与作业动态的实时管控与人员、车辆、货物、场地信息全时段可查。依托 VWMS、VTMS 整合整车溯源、仓储数据,数字孪生实现在生产型国家智慧物流枢纽园的应用落地,实现从下线、倒运、入库、质检、入位、备车出库的全流程作业孪生。

图 12‑47　一汽物流零部件库视频孪生同步场景

一汽物流有限公司基于供应链物流数字化的敏捷、安全、透明需求,以"数字孪生"技术作为发展目标,通过人工智能、增强现实、虚拟仿真、工业大数据等智慧物流信息技术,联动各种智能化设备实现数据智能采集和抓取,加快了汽车物流企业在智慧物流道路上的发展速度。一汽物流数字孪生应用的建设是行业内率先将前沿信息技术与传统产业结合的大胆尝试,是物流企业数智化建设先进成果最直观的展现,也有助于激励物流行业各方大胆进行尖端技术的突破。

12.6　智能仓储与配送系统

12.6.1　智能仓储系统

1）无人仓的概述

无人仓是一种高度自动化、信息化的物流系统，在仓库内只需要少数员工进行人机高效协作的智能仓库。无人仓并不是为了追求"无人"而不要人，而是有了机器人、自动化设备和信息系统等技术使得仓储作业更加流程化、专业化和精细化，使得各类设备更便捷地投入各项作业环节中，且能够实现大大超越人所能达到的效率，因此仓库里需要的人力越来越少。无人仓的终极目标是实现仓储作业全流程的无人化操作。

与传统的仓库相比，无人仓的整个仓储作业都通过机器人与信息系统等智能化设施设备来代替以往的人工作业。简言之，无人仓就是以大数据、云计算和物联网等高科技为基础，加以人工辅助来完成整个仓储作业流程，从而实现人机高效协作。传统仓库的主要功能就是存储，在电子商务迅猛发展的环境下，仓库已经不仅仅是为了应对供需不匹配而存在，随着分拣、包装、流通加工等附加的仓库功能不断被挖掘出来，作为物流环节中的重要一环，无人仓的发展速度越来越快。无人仓的发展历程可以大致分为以下四个阶段：

第一阶段：自动化技术引入。20 世纪 60 年代，德国企业 Demag 推出了全自动仓库系统，也称为 AS/R 系统或巷道堆垛机式仓库。这是第一个智能无人仓的雏形，从此仓库开始逐步引入新的存储和处理技术以及先进的 IT 系统。

第二阶段：穿梭车统治时代。随着互联网和电子商务业务的出现与发展，对仓储场景产生了重大影响。电子商务运营的特点是储存了大量的产品，订单结构复杂且订单量变化很大，这也带来了具有高存储和灵活吞吐能力的 AVS/R 系统（也称穿梭车式自动立体库）。这些系统使用带内部通道的高密度立体货架，并在通道内灵活部署自主运行的穿梭车，而且货架的垂直运输通过升降机实现。

第三阶段：机器人广泛应用。随着机器人技术的飞速发展，智能机器人在物流仓储业的应用也越来越广泛。一种由机器人提升和搬运可移动货架的仓库系统开始出现，即 2008 年率先由 KIVA Systems 公司在美国注册专利，2010 年前后应用在亚马逊仓库的 KIVA 系统（也称移动货架式机器人仓库）。在这类仓库中，机器人载着可移动货架，在工作站和货架区下方灵活运输。这类系统在吞吐量方面也非常灵活，因为可以向仓库配置可变数量的机器人和工作站，这对于面临柔性需求的互联网零售商来说尤其重要。

第四阶段：上天入地自爬变革。随着智能科技时代的到来，仓储设备智能化大潮汹涌而至，更加强调推动智能设备在工业界的应用。更先进和新兴的机器人技术应用到了仓储场景中。近几年，出现了一类 Self-climbing 系统，即自爬式机器人仓库，自爬式机器人可以独立地爬上和爬下货架,在货架上存取标准化的料箱,自爬式机器人可以在仓库中移动,没有轨道,并将料箱运送到工作站。通过配置自爬式机器人和特定的三维密集存储货架,这类仓库已经在 Exotec Solutions 和 Attabotics 等企业得到实际应用。无人仓技术仍在不断发展和完善中,未来随着技术的进步和应用场景的不断拓展,无人仓将在物流行业中发挥更重要的作用。

近些年,亚马逊、菜鸟网络以及京东等物流电商企业相继亮相了"无人仓"。亚马逊已经在全球各地部署超过上万台机器人,利用机器人实现"货找人,货位找人"的模式;京东 2014 年在上海建成"亚洲一号",实现了仓储作业过程中的关键环节的 360°自动化旋转,此外,京东还投入使用了武汉"亚洲一号"小件无人仓、华北物流中心 AGV 仓和昆山无人分拣中心;菜鸟网络启动的惠阳无人仓是我国目前实际投入使用规模最大的无人仓库;苏宁已经全面上线了云仓库;圆通则从上海中心开始,大面积应用自动分拣线。据数据统计,京东无人仓的日处理订单可达 20 万单;菜鸟网络的拣货员以往每天至少走上万步,在惠阳无人仓的 AGV 机器人的帮助下,不仅拣货数量提高了三倍,大大提升了拣货速度,还减少了拣货员的行走距离。

2)无人仓的主要构成

无人仓的主要组成部分包括自动化立体仓库(Automatic Storage & Retrieval System,AS/RS)、仓储机器人、输送系统、人工智能算法与自动感知识别、软件支持操作系统。

(1)自动化立体仓库

自动化立体仓库是由高层立体货架、堆垛机、各种类型的叉车、出/入库系统、无人搬运车、控制系统及周边设备组成的自动化系统,如图 12 - 48 所示。自动化立体仓库系统是以大数据、控制技术及计算机通信等技术为基础发展起来的综合应用系统,是基于现代物流观念与现代计算机及自动控制技术的成果。自动化仓储系统可持续地检查过期或查找库存的产品,防止不良库存、提高仓库作业效率、提高管理水平、降低成本、提升生产力。通过计算机可实现设备的联机控制,以先入先出的原则,迅速、准确地处理产品,合理地进行库存管理及数据处理。自动化立体仓库的主要组成有堆垛机、货架系统、输送系统和管理系统等。

图 12 - 48 自动化立体仓库

堆垛机是自动化仓储系统中的主要设备,通过水平与竖直运动,将货物运送至货架处,具有功能强大、使用方便、结构简单、外形美观的优点。堆垛机采用激光技术在水平和垂直方向测距;动力部分采用电机减速机;行走装置采用组合走轮;采用矢量型智能变频控制器进行变频调速;采用可编程序控制器、大屏幕显示指导出库、入库及拣选作业等。堆垛机根据其用途可分为单立柱堆垛机和双立柱堆垛机,如图 12 - 49 所示。

　　单立柱堆垛机是一种垂直移动货物的堆垛机,主要由升降架(载货台)、1根立柱、底横梁(行走机构)、升降驱动、提升链条、传动链轮组件、控制箱、电气控制装置和计算机管理系统等组成。它适用于货物重量在2 t以下、起升高度在16 m以下的仓库,通常适用于中小型仓库、零售商和分销中心等公司,用于堆垛轻至中等重量的货物。双立柱堆垛机的机架结构则是由2根立柱和上、下横梁和其他组件组成。它适用于各种起升高度的仓库,一般起重量可达5 t,必要时还可以更大,可用于高速运行;其结构稳定、安全可靠、适用性强,适用于重载物流系统;刚性好、自重较大、起制动速度快、耐冲击,适用于起重重量大、起升高度高的自动化立体仓库。此外,单立柱堆垛机主要用于搬运装在托盘上或货箱内的单元货物,也可开到相应的货格前,由机上人员按出库要求拣选货物出库。而双立柱堆垛机除了具有与单立柱堆垛机相同的搬运和拣选功能外,还可以在货架之间的巷道内进行高速运行,提高仓库的物料处理效率。

图 12 - 49　单立柱堆垛机和双立柱堆垛机

　　自动化立体仓库包含的输送设备包括辊子、链式、皮带、无动力式、可移动型输送系统等,可适用于电子、家电、食品、化学、物流中心的产品输送和分配。在不同的物流系统中,可以根据工艺布局,选用不同类型的辊子或链式输送机,配以计算机程序控制系统,并应用各种辅助装置,形成一套完整的自动化输送系统,完成物料的连续输送、积存、翻转、分岔、合流、提升等作业。输送系统与自动化仓库中的货架、堆垛机等设备进行集成,实现货物的快速存取和自动管理。

　　现代化货架系统是由立体货架、有轨巷道堆垛机、出/入库托盘输送机系统、尺寸检测系统、条码阅读系统、通信系统、自动控制系统、计算机监控和管理系统以及其他辅助设备(如电线、电缆、桥架、配电柜、托盘、调节平台、钢结构平台等)组成的复杂的自动化系统。自动化仓储系统的货架系统具有很高的空间利用率、很强的出/入库能力,利于企业采用计算机进行控制、实施现代化管理等特点。

　　自动化仓储管理系统是一套基于网络数据库的、集信息管理和工业监控于一体的专业性软件。工业监控子系统可与公司的其他信息系统(如 MRP、ERP 等)相互连接实现信息、命令的传达。通常情况下,由工业监控子系统指挥机械全自动完成出/入库作业。自动化仓储管理软件对整个自动化仓储系统起着总控作用，但是当计算机网络系统发生故障时（如网络设备硬件故障），若设备控制系统（Equipment Control System，ECS）还能工作，就由 ECS 完成紧急出库作业。如果 ECS 也发生了故障，就只能通过堆垛机手动作业。自动化仓储管理软件应具有以下特点。

①信息管理子系统允许多个工作站同时进行出/入库作业任务的录入。工业监控子系统可同时挂接多台 ECS。

②只要工业监控子系统尚未完成某项出/入库作业，就可更改该项作业的各个数据，如更改数量、目标存放位置等，ECS 能实时获取最新数据并进行处理。

③通过局域网及通用的 TCP/IP 可与公司的 MRP、ERP 集成，接收出/入库作业任务，反馈当前库存、库存动态和作业情况等诸多信息，为指定的部门提供各类报表。

④可视化、图表化地反映货位信息、物料移动、工作中设备的各种状态等信息。

⑤遵循物料的先进先出、出/入库作业优先级、货架的上轻下重、堆垛机最短距离位移等原则。

⑥同种物料合理分布于两个以上的巷道，当一台堆垛机坏了，另一台还能取出该物料，合理调配各台堆垛机的忙闲程度。

自动化立体仓库通过自动存储与分拣，在无人仓里面发挥着不可替代的作用。自动化立体仓库可以使得仓库高层合理化、存取自动化、操作简便化，具有以下特点：提高空间的利用率，减少占地面积，使得仓库存储井然有序；减少库存积压的问题，方便进行货物的存取，也让作业效率变得更加突出先进化；解放很多的劳动力，使得操作效率得到最大程度上的提高；提高仓储管理水平，让仓储企业的竞争优势能够变得更为明显化；减少人工操作出现的错误率，使得货物的破损率能够降低到最低水平；让仓储货品管理变得简便化，借助计算机来实现高效管理作业。

（2）仓储机器人

仓储机器人是指应用于仓库和分拣中心等场景，通过接受指令或系统预先设置的程序，自动进行货物转移、搬运等操作的机器装置。机器人作业是无人仓最显著的特征，没有机器人的仓库不能称作无人仓。物流仓储工作是靠各种各样的机器人来支撑的，包括搬运、拆垛、码垛、拣选、分拣等。仓储机器人对仓储管理和运营、提高出库效率、降低物流成本、提升订单服务来说都是极其重要的设备，解决了仓储作业中人力成本过高、作业效率低等问题。如京东的"亚洲一号"库，使用了多层穿梭车机器人、AGV 搬运机器人，整个仓储作业流程的每一个环节，如入库、码垛、分拣等，都根据机器人的功能和特性进行了分工作业。机器人可以不分黑夜白天，高效率、高精准率地完成物流仓储中的相关工作，可实现多通道同时作业、自动导引载货物等目标，解决了传统人工带来的作业节奏不均衡等问题。仓储物流机器人的应用已经成为物流行业解决高度依赖人工、业务高峰期分拣能力有限等问题的主要手段。根据应用场景的不同，仓储物流机器人可分为自动引导车（Automatic Guided Vehicle，AGV）机器人、穿梭车、协作机器人和并联机器人。

　　AGV 机器人是一种具备高性能的智能化物流搬运设备,主要用于货物的装卸和搬运,如图 12 - 50 所示。它主要由控制装置、驱动装置、负载搬运装置、安全装置和电池5 个基础部件构成。仓储的管理系统,例如仓库管理系统(Warehouse Management System,WMS)、ERP 等,下达指令给 AGV 控制系统,AGV 控制系统通过导航技术与避障算法的结果,指示这些部件共同完成 AGV 机器人的移动、避障及与其他仓储设备的协作。

图 12 - 50　AGV 机器人

　　根据有无固定导向线,可以将 AGV 机器人分为固定路径型 AGV 和自由路径型AGV 两大类。固定路径型 AGV 的典型设计思路是采用传感器获得 AGV 的方位信息,并与预定方位比较,得到 AGV 的方位角偏差和路径横向偏差信号,并以此为基础控制 AGV 的转角和驱动轮的速度,指示 AGV 沿固定路径行驶。自由路径型 AGV 的控制设计与固定路径型 AGV 的类似。但是自由路径型 AGV 比固定路径型 AGV 更难获得准确方位。目前,自由路径型 AGV 的研究重点在导引技术与定位方式上。

　　穿梭车是一种智能机器人,能够通过编程实现取货、运送、放置等一系列相关流程。它具有智能感应系统,能够自动记忆原点位置和自动减速系统,确保作业的准确性和安全性。在传统货架上加装高精度导轨,让配备有智能感应系统的穿梭车在上面平稳运行。穿梭车以往复或者回环方式,在货架的固定轨道上运行,自动记忆原点位置,自动减速,将货物运送到指定地点或接驳

图 12 - 51　穿梭车

设备,实现快速上/下架等操作,如图 12 - 51 所示。穿梭车可与上位机或 WMS 系统进行通信,常结合 RFID、条码等技术,实现自动化识别、存取等功能。

　　穿梭车存货过程:将穿梭车放在托盘下面的穿梭车导轨上,在遥控命令指导下,其提升台面向上升,把装有货物的托盘单元顶起,然后运行到目标货位放下,完成存货过程。

　　穿梭车取货过程:由叉车或者堆垛机将穿梭车放在穿梭车货架的巷道导轨的最前面,通过无线电遥控穿梭车行驶到承载货物的目标托盘底下,将托盘顶起,并运送到货架的最前端,用叉车或者堆垛机取出货物单元。

　　在实际应用穿梭车时,不同的导轨可以放置不同的穿梭车,多个导轨也可以同用一

部穿梭车。穿梭车的数量由巷道深度、货物总量、出货频率等综合因素决定。穿梭车具备高速行走、空载状态下峰值速度高、能够根据货物大小自动适配等特点。配合高速提升机,穿梭车的吞吐量极高,效率是传统人工出入库的十倍。

协作机器人(Collaborative Robot)是指被设计成可以在协作区域(机器人和人可以同时工作的区域)内与人协同工作的机器人。它是一种从设计之初就考虑降低伤害风险,可以安全地与人类进行直接交互和接触的机器人。人类擅长解决不精确、模糊的问题,而机器人则在精准、力量和耐久性上具有较大优势,开发协作机器人的目的是将两者结合起来,取长补短,提高工作效率。常见的协作机器人主要有固定机械手臂(简称机械手)、复合机器人、移动协作机器人等,其简介如表 12-12 所示。

表 12-12 常见物流协作机器人

名称	简介
固定机械手臂	机械手是一种能模仿人手、臂的某些动作,按照固定程序抓取、搬运物件或操作工具的自动操作装置。机械手的特点是可以通过编程完成各种预期的作业,构造和性能上兼有人和机械手各自的优点。它代替人的繁重劳动,实现了生产的机械化和自动化,能在有害环境下操作以保护人身安全,因而广泛应用于机械制造、物流、电子、轻工和原子能等行业。机械手的手指数量又可分为二指、三指、四指等,其中二指用得最多。有的机械手用真空吸盘或磁性吸盘代替手指。随着视觉识别技术的进步与应用,机械手可以自动识别被抓取商品的颜色、位置和大小等参数,并采用与之相应的方式抓取,实现装卸、分拣、码垛等功能
复合机器人	复合机器人是一种集移动机器人和通用工业机器人两项功能于一身的新型机器人,因此它比普通机器人应用更为广泛。例如机械手+AGV 的复合机器人,用工业机器人机械手实现人手臂的抓取功能,用移动机器人 AGV 实现人腿脚的行走功能,实现了行走和抓取功能的有机结合。同时,这种复合机器人还采用了机器人视觉定位技术进行二次定位,避免了 AGV、机械手等多个运动单元的累积精度误差造成的定位精度不达标情况,满足了对整个机械结构运动精度的要求,可使机器人有条不紊地工作。机械手+AGV 的复合机器人可实现搬运、上/下料等基本功能,实现不同工装、夹具的快速切换和物料的智能分拣
移动协作机器人	移动协作机器人是用以辅助人工作业的可移动智能机器人,包含跟随机器人和自主移动机器人。跟随机器人是比较典型的移动协作机器人。跟随机器人包含人体定位、障碍物识别、动态路径规划和避障、机器人行走等 4 个技术模块。人体定位模块主要有基于视觉定位和传感定位两种方式,主要用于确定被跟随者的位置;障碍物识别模块常用的技术有深度相机识别、超声波测距、红外测距等,这些技术主要用于判别行进途中的障碍物;动态路径规划和避障模块需构建一个二维或三维的空间地图,辅以路径规划的算法,规划到跟随目标的顺畅路径;机器人行走模块主要完成行走功能,让机器人根据规划好的路径行进。跟随机器人目前主要用于仓库的拣货业务,能极大地节省人力,提高拣货效率。自主移动机器人会根据设定的目标和路径与人协作完成工作任务

协作机器人具有以下特点:

a) 使用成本低。使用协作机器人的时候,无须对仓库进行整体改造,部署快,使用成本相对较低。

　　b）安全方便。协作机器人一般较为轻便、灵活,而且易于控制,安全性高。

　　c）节能环保。协作机器人一般结构较简单,自重较轻,工作能耗较小,有利于节能环保。

　　并联机器人(Parallel Mechanism,PM)为动平台和定平台通过至少两个独立的运动链相连接,机构具有两个或两个以上自由度,以并联方式驱动的一种闭环机构,如图 12 - 52 所示。并联机器人一般由定平台、动平台、主动臂、从动臂和中间轴构成,主动臂通过铰链带动从动臂以 2～6 个自由度工作。早期并联机器人主要应用于食品、医药、电子、化工行业物料的理料、分拣、装箱、转运等,现在逐步应用于快递包裹仓储作业的相应环节。在进行末端分拨时,通过二维码的

图 12 - 52　并联机器人

扫描,并联机器人根据客户需求将相应数量的货品放入对应客户的订单箱中,完成分拨的环节。在分拣领域,并联机器人因其结构独有的特点,具有速度快、精度高、柔性强等优势。

　　（3）输送系统

　　无人仓是通过输送系统连接起来的,输送系统是一个为实现货物在仓库内高效运转的目标而将所有机器人和自动化立体仓库等硬件设备连接起来的物流系统。无人仓的输送系统采用了先进的传感器、控制器和执行器等设备,可以实现自动化控制和智能化管理。在以前的基础上安装自动检测、自动识别以及感知设备等,使输送系统更加有效地与各种机器人进行配合。通过传感器,系统可以实时检测货物的位置和状态,并将信息反馈给控制系统,控制系统根据货物位置和状态信息,通过控制器对执行器发出指令,执行器根据指令进行动作,实现货物的自动化输送和搬运。在京东无人仓的输送系统中,在输送线的末端和拣选机器人的前端安装了视觉检测工作站,从而保证高效率以及高准确率的作业。

　　（4）人工智能算法与自动感知识别

　　无人仓的设计运作主要依靠人工智能算法和自动感应识别技术来逐步实现真正的无人化。机器人在智能算法与自动感知识别技术的支持下获取所有货物以及设备的信息,从而进行采集和识别。同时系统会根据传送回来的信息生成决策和指令,机器人再根据这些决策和指令分别对货物的入库、上架、拣选、补货、出库等各个环节进行自动作业。

　　（5）软件支持操作系统

　　软件支持操作系统由仓储控制系统(Warehouse Control System,WCS)和仓库管理系统(Warehouse Management System,WMS)组成。WMS 协调存储、调拨、拣选、包装等各个业务环节,根据不同仓库节点的业务繁忙程度动态调整业务的波次和业务执行顺序,并把需要做的动作指令发送给 WCS,使得整个仓库高效运行;此外,WMS

记录了货物出入库的所有信息流,可以确认货物的位置和状态,从而确保库存的准确。

WCS 接收 WMS 的指令,仓库设备按照指令完成指定业务动作。WCS 需要能够灵活对接仓库不同类型与不同厂家的设备,并能够计算出最优执行动作,以此来支持仓库设备的高效运行。WCS 的另一个功能是时刻对现场设备的运行状态进行监控,出现问题立即报警,提示维护人员。

此外,支撑 WMS、WCS 进行智能决策,并使自动化设备有条不紊地运转来代替人工操作,背后做支撑的是智慧大脑,运用人工智能、大数据、运筹学等相关算法和技术,实现作业流、数据流和控制流的协同。智慧大脑既是数据中心,也是监控中心、决策中心和控制中心,从整体上对全局进行调配和统筹安排,促进设备运行效率的最大化,充分发挥设备的集群效应。

3)无人仓的应用场景及前景

目前,无人仓的主要应用场景包括:

(1)劳动密集型且生产波动较大的行业。如电商仓储物流,该行业对物流时效性的要求不断提高,受限于企业用工成本的上升,尤其是临时用工的难度加大,采用无人技术能有效提高作业效率,降低企业的整体成本。

(2)劳动强度较大或劳动环境恶劣的行业。如港口物流、化工企业,通过引入无人技术能够有效降低操作风险,提高作业安全性。

(3)物流用地成本相对较高的企业。如城市中心地带的快消品批发中心,采用密集型自动存储技术能够有效提高土地的利用率,降低仓储成本。

(4)作业流程标准化程度较高的行业。如烟草、汽配行业,标准化的产品更易于衔接标准化的仓储作业流程,实现自动化作业。

(5)对于管理精细化要求比较高的行业。如医药行业、精密仪器,可以通过对软件和硬件的严格管控,实现更加精准的库存管理。

无人仓在现实生活中实现的主要技术瓶颈在于机器人技术、人工智能算法以及海量货物的精准识别三个方面,其难点主要集中于相关技术的可靠性和安全性,以及机器人作业中各个环节的无缝隙衔接和高难度的配合。只有通过技术上的不断完善和突破,才能使实际物流过程中以"无人化"机器作业代替人工作业。另外,小范围数十台 AGV 的调度处理相对容易,但是大规模成百上千台 AGV 的调度处理就十分复杂,不仅需要保证不同 AGV 工作时互不影响,还需要考虑订单时效和处理顺序等问题,整体网络的计算量和复杂程度呈指数级增长。

无人仓是一个包含多个子系统的复杂工程,需要各参与方密切配合、高效协同,实现物流系统的有机集成和逐步优化。在规划与硬件方面,一是要评估无人仓占地面积和需求,使得系统整体产出最大化;二是要通过对网络设备的电池与驱动的优化来提高单位面积的设备利用率;三是由于我国条码标准并不统一,利用自动化设备实现整箱商品拆分之后的重新贴码成为亟待解决的问题;四是电商企业的 SKU(Stock Keeping Unit,库存进出计量的基本单位)品类繁多且包装差异大,做好包装的标准化也是实现无人仓技术的重要环节。此外,实现仓储无人化还需要考虑物料标准化并且实行标准化的管理。在技术方面,通过融合物联网、人工智能、大数据等数据获取和数据分析技术来数据化现有资源,从而实现整体系统的人机协同;同时,对数据进行聚类处理形成集群,避免形成数据孤岛。在设备异常时能够做出智能决策进行异常隔离,确保系统的正常运行。

12.6.2 智能运输与配送系统

随着我国物流业从劳动密集型向技术密集型转变,由传统物流向智慧物流升级,各种先进技术和装备在物流业中得到了广泛应用和普及。具备物流服务功能的机器人越来越受到企业的青睐,已成为物流业的一大热点,广泛应用于仓储、运输和配送等领域。物流机器人逐渐被认为是物流及供应链相关企业数字化与自动化进程中重要的智能基础设施。在配送环节,无人机和无人车成为两种新兴的配送工具,它们在实现快速、准确、高效的配送方面具有显著优势。

1)物流无人机

无人机在早期被称为 Drone,随着无人机在社会各领域的广泛运用,又被称为 UAV(Unmanned Aerial Vehicle),是一种无须驾驶员在机舱室内驾驶而通过自动飞行控制装置或遥控进行控制的,带有任务指令的飞行装置,能够在对人类而言相对恶劣的环境中进行边境巡逻、物流配送、农林植保甚至作战等各种任务。第一次世界大战期间,最早开始研究无人机的英国于 1914 年将其用于军事侦察活动,美国第一架无人机于 1917 年试飞成功,自此之后无人机技术迅速发展。我国的无人机研制开始于 20 世纪 50 年代,最初用于军事侦察、航空摄影等。现今,无人机被广泛运用于各种经营活动,比较典型的有物流配送、农林植保、电力巡检、影视拍摄等。

由于传统的一些物流配送方式已经不能满足庞大的物流服务业务,尤其是"最后一公里"的物流成本占总成本的比例高达 50%,因此物流无人机应运而生。物流无人机技术可通过无人机来实现物品从供应地向接收地的配送所进行的规划、实施和控制过程。物流无人机进行配送不仅可以降低物流成本,还能提高配送效率,解决配送的各种难题,如图 12 - 53

图 12 - 53 物流无人机

所示。国内外众多企业包括亚马逊、DHL、顺丰、京东等都在试运行物流无人机的配送模式。2016 年底,电商物流巨头亚马逊正式宣布已实现世界上第一台无人机的配送任务,正式开启了无人机在物流领域的篇章。随着人工智能等技术的发展,从有人驾驶到远程操控再到自主飞行,未来无人机的运输会越来越频繁。此外,随着储能技术的升级,续航能力、荷载能力将会进一步提升,未来物流无人机的使用场景将进一步扩大。

无人机主要包括飞控系统、导航系统、动力系统、通信系统等。飞控系统即飞行控制系统,是无人机的"大脑"。无人机的飞行、悬停、姿态变化等都是由多种传感器将飞行器本身的姿态数据传回飞控系统,再由飞控系统通过运算和判断下达指令,指示执行机构完成动作和飞行姿态调整。飞控系统包含飞行传感器、机载计算机、伺服动作设备三大部分。导航系统是无人机的"眼睛",相当于载人飞机系统中的领航员。导航系统负责向无人机提供参考坐标系的位置、速度、飞行姿态等信息,引导无人机按照指定航线飞行。动力系统通常是电动机,是依靠电磁感应定律实现电能转换或传递的一种电磁装置,其主要作用是产生驱动转矩,作为各种机械运行的动力源。通信数据系统主要负责无人机上各类系统信息的传输服务,是无人机实现数据传输、实时控制的关键接口。

根据无人机的机身结构和用途等多种标准可将其分类。按照用途可划分为军用级无人机、专业级无人机和消费级无人机三种,按照机身机构可以划分为固定翼无人机、垂直起降无人机、无人直升机、多旋翼无人机四种类型。在物流领域,这四种无人机的比较见表 12‐13。

表 12‐13　常见四种类型无人机的优劣对比

	固定翼无人机	垂直起降无人机	无人直升机	多旋翼无人机
优点	续航能力强,适合航程较长运输	综合了固定翼无人机和直升起降无人机的优势	可垂直起降、机动性高、荷载量大	价格低、重量较轻、易于推广
不足	受空间限制大,水平起降需要较大的空间	技术复杂、价格较高	价格较高、维护要求较高	有效载荷有限,重量轻导致抗风阻性差

物流运输中,主要分为大载重、中远距离支线无人机运输和末端无人机配送。大载重、中远距离支线无人机的运输直线距离一般在 1 000～10 000 km 左右,载重以吨计量,续航时间可支持数小时。这方面的应用包括:跨地区的货运,即采取固定航线、固定班次与标准化运营管理等的物资运输,以及物流中心之间的货运分拨等。末端无人机配送的空中直线距离一般在 10 km 以内,对应地面路程可能达到 20～30 km(受具体地形地貌的影响),载重在 5～20 kg,单程飞行时间在 15～20 min(受天气等因素影响)。配送领域以多旋翼无人机为主,主要为四旋翼或八旋翼式无人机为主。由于配送风险、城市规划滞后以及基础设施不健全等问题,目前国内末端配送无人机一般不会选择将快递直接配送至客户处。

此外,无人机在紧急救援与运输应急物资方面发挥传统运输工具无法比拟的优势,并能把现场信息第一时间传至指挥中心。

将无人机引入物流领域中,会给传统配送中心、配送业务、配送作业等带来一系列新的挑战,会影响原有配送业务流程。无人机配送业务流程主要包括订单处理、货物分拣、货物发运、货物交接四个环节。

①订单处理环节。在通知收货人具体的收货时间与地点时,需与收货人协商好配送模式采用无人机配送。若收货人当天无法当面签收货物,则进行当天传统车辆配送到自提点,或者隔天无人机配送。需将原来的打印输出车辆调度单替换为无人机调度单,并送至物流企业无人机工作部。

②货物分拣环节。由于货物配送模式为无人机配送,所以所拣商品规格尺寸、重量及属性必须满足无人机的配送要求,同时需要保证流通加工完成后的货物能装至无人机专属快递盒,以便无人机顺利夹持及运输。

③货物发运环节。在物流企业无人机工作部根据配送要求调度好无人机后,通过人工将无人机托运至暂存区可降低成本。为提高作业效率,当无人机与装好货物的快递盒都位于暂存区时,随即进行夹持工作,并通过编定好的程序自主飞行到收货人指定地点。

④货物接收环节。与原来配送员核实收货人的环节不同,收货人通过扫描无人机机身上的二维码,并输入所接收到的动态密码来进行身份确认;随后无人机卸载快递盒,收货人在手机上进行签收;随即无人机返航,接收无人机工作部的其他指令安排。

无人机在物流领域上的应用能不受地形限制,可以到达人力难以到达的地理位置,解决了偏远地区的配送难题;能提高物流作业的效率,解决物流行业人力短缺问题;并能为客户提供安全、快速和经济的物流体验。但是无人机在物流领域的运行,需要的不只是无人机,而是一整套解决方案,包括搭建无人机调度平台、应对恶劣天气、培养专业的操控人员和维护人员等。这些都需要强有力的技术和人才的支撑。目前,由于物流无人机产品大部分的技术水平相对落后、成本居高不下、性价比不高,导致无人机接受程度低、受众规模小,严重制约了我国物流无人机产业的发展。但是,随着技术的进步、应用的推广,无人机将在物流行业中大放异彩。

2）物流无人车

无人车即无人驾驶汽车,是指在车内没有驾驶员的情形下,通过无线遥控或者以车内的计算机系统为主的智能驾驶仪来控制汽车行驶状态的移动机器人。无人车产生于20世纪末,2010年之后呈现出接近实用化的趋势,比如谷歌无人驾驶汽车于2012年5月获得了美国首个无人驾驶车辆许可证,正式进入市场销售。无人车是车辆自动化程度的最高阶段,车辆自动化程度可以分为六个等级,从L0到L5,每个等级都有不同的特点和要求,见表12-14。

表 12-14 驾驶自动化等级及特点

自动化等级	特点和要求
L0	完全由人类驾驶,车辆没有自动化功能
L1	车辆具有一些基本的自动化功能,如自适应巡航控制、车道保持辅助等,但仍需要人类驾驶员监控和干预

自动化等级	特点和要求
L2	车辆具有更高级的自动化功能,如自动泊车、自动变道等,但仍需要人类驾驶员在必要时进行监控和干预
L3	车辆具有完全的驾驶自动化功能,可以在特定情况下自主驾驶,但仍需要人类驾驶员在必要时接管控制权
L4	车辆具有高度的自动化功能,可以在大多数道路和环境下自主驾驶,但仍需要人类驾驶员在特定情况下接管控制权
L5	车辆具有完全的自动驾驶功能,可以在所有道路和环境下自主驾驶,无需人类驾驶员的监控和干预

无人驾驶技术是传感器、计算机、人工智能、通信、导航定位、模式识别、机器视觉、智能控制等多门前沿学科的综合体。按照无人驾驶汽车的职能模块,无人驾驶汽车的关键技术包括环境感知、导航定位、路径规划、决策控制等。除了自身需要的技术装备,还需要配套的交通基础设施,例如在交叉路口、路侧、弯道等布置引导电缆、磁气标志列、雷达反射性标识、传感器、通行设施等。车联网、智能交通系统(Intelligent Traffic System, ITS)为无人汽车提供了智能化的基础设施、道路及网络环境。所以汽车自动化的发展将改变当前汽车交通基础设施的状况,带动汽车运输相关产业的变革。

近年来,受运输结构大幅改革、电子商务蓬勃发展等的影响,无人汽车在电子商务物流运输中的应用范围越来越广,从公路干线运输到最后一公里的终端配送,都成为无人汽车应用研究的热点领域。

干线运输运送的货物较多,一般使用重型卡车,道路以高速公路、城际或城市公路为主,具备距离长、道路参与者相对简单、场景较为集中的特点,所以干线整车物流运输是一个比较标准化的产品,技术复用度较高。由于干线物流大多应用于高速场景,车辆运行速度快,因此对自动驾驶系统的环境感知范围有很高的要求。同时,由于卡车本身体积较大,需要更长的刹车距离、更大的转弯半径,其机动性、稳定性和精度较差,因此在控制层面对技术要求也很高。截至 2020 年,无人驾驶卡车虽处于研发阶段,但已取得阶段性成果,正在进行商用化前的测试,它的应用将改变干线物流现有的格局。

终端配送用的无人车不同于干线物流用的重型卡车,一般来说,它们较为轻便、小巧,行驶速度相对较低,但是所需面临的场景非常复杂,因此对于技术的动态判断能力有极高的要求,如图 12 - 54 所示。无人配送车通过先进的导航系统、传感器和控制算法等技术,实现自主导航、避障、路径规划等功能。它可以根据配送任务的要求,自动规划最优的配送路线,并在行驶过程中自动避开障碍物,确保配送的安全和效率。其需要的技术主要包括以下几种。

(1)智能感知和避让技术。无人配送汽车通常可以通过摄像头、距离传感器甚至雷达等模块,收集外界环境的信息,通过内置的智能算法对这些信息进行加工、建模,构建地图,形成对外部世界的抽象理解。这样,无人配送汽车就可以根据自身的运行轨迹进行实时规划和避让。

(2) 智能路线规划技术。无人配送汽车除了由操作人员预先设定,还可以参照精准的卫星定位和地图测算,根据行驶过程中景物的变化,灵活调整配送路线和配送顺序。

(3) 智能配货、实时报警技术。目前,无人配送车一定要有智能配货的功能,防止乱拿、错拿,比如通过扫描车体上的二维码,通过输入对应的取货码打开对应的柜门。同时,在发生货物被盗、自身故障的情况下,无人配送车要能实时地发出报警信号。

作为新一代的智能配送手段,这些无人配送车通常还具有一些额外技能。例如,通过语音识别技术实现车与人的通话;通过无线通信技术与建筑物内部的电梯控制器通信,加上智能感知技术,它们可以完全自主地乘坐电梯到目标楼层,甚至可以根据电梯里的拥挤情况主动放弃乘坐。

图 12-54　无人配送车

无人配送车适用于多种场景,如校园、医院、工业园区、居民小区等。在这些场景中,无人配送车可以承担送餐、送快递、送货等配送任务,提高配送效率和准确性,降低人力成本。无人配送车的优势在于能够提高配送效率和准确性,降低人力成本,改善物流配送体验。具体而言,无人车配送可以全天候工作,不受时间限制,同时能够自动规划最优路径,减少人力物力的投入,提高配送效率;无人车配送可以避免人为因素导致的交通事故和配送错误,提高配送的安全性;无人车配送可以实现精准、快速、无接触的配送服务,提高用户的购物体验和满意度;无人车配送可以减少燃油消耗,减少汽车尾气的排放,有利于环保和可持续发展。

12.6.3　典型案例——斯诺智能仓储系统

1)　斯诺智能仓储系统简介

斯诺智能仓储系统(斯诺 WMS)是江苏斯诺物联科技有限公司推出的软硬件一体化专业仓储管理解决方案,致力于打造行业领先的仓运一体化管理服务,实现仓储管理的密集化、自动化、透明化和智能化。斯诺 WMS 作为仓储业务管理工具,支持对库内物料的在线管理,辅助执行商品入库、库位分配、动线规划、库内调拨、商品出库等流程。

针对不同业务形态的仓储特点和仓储需求,系统可通过定制 IoT 接口纳管智能仓储设备,接入智能叉车、自动分拣线、PDA 等扫描识别设备和 RFID 系统等设施。

借助斯诺 WMS 核心模块打通生产物流信息通路,可实现仓储作业管理从硬件到软件的全矩阵闭环。系统内物料高精定位、关键零配件自动化出入库、库存动态监控和预警、库间调拨指令管理、零配件需求提前预测、呆滞物料提醒等功能可帮助用户实时掌控仓库货物资源布局,提升仓储管理效能。比如,围绕江苏移动(镇江)的仓储需求打造智能仓储与配送系统,见图 12-55,实现了从硬件到软件的全矩阵闭环管理,通过自动化设备替代人力作业,实现了作业流程的自动化和智能化。在物资入库时一键赋码,实现货物唯一性管理和在库作业追踪,基于标识码快速定位和追踪物资的仓储动态,准确盘点库存,实现快速、高效的仓储作业。同时附有呆滞物料看板,可以帮助库管人员便捷管理呆滞物料。

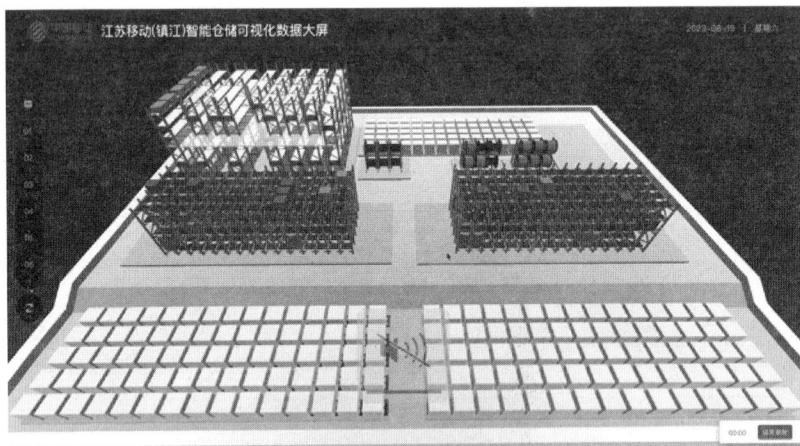

图 12-55　镇江移动智能仓储可视化数据大屏

该系统从领料、加工到出货,全流程采用移动化数据采集,实现仓库空间合理规划,精准细分各类容器,充分利用人员和设备,减少资源浪费,通过消息的及时推送和任务的智能分配,优化整体仓储流程。该系统通过收货入库、库内管理、拣配出货的移动化管理,有助于仓库提高周转效率,快速完成出入库的同时降低出错率,大幅度缩短单次出货时间,提高仓库的透明度,提高库存的盘点准确度,支持信息实时查看。

2）智能仓储系统设计原则

斯诺 WMS 在设计时需要结合软件系统和硬件系统。软件和硬件是相互依存、相互协同的,只有软硬件完美结合,才能为用户提供高效、便捷、安全的服务。智能仓储系统中软件和硬件的配合运作需要遵循高匹配设计、软硬件相互影响的设计、多设备集群调度支持、实时交互模块等架构原则,以实现整体系统的稳定运行。

(1) 高匹配设计

智能仓储的软件和硬件设备需要具备高度匹配性,以确保系统的稳定性和高效性。比如,软件需要能够识别和读取硬件设备的数据,并根据硬件设备的特性进行相应的操作。同时,硬件设备也需要能够与软件系统无缝对接,以便实现信息的实时交互和数据处理。

（2）依据软件需求优化硬件选择

在智能仓储系统中,软件的需求决定着硬件设备的选择,引导硬件设备的选型和设计。比如,软件需要读取大量的数据,就需要选择具有高性能的数据读取设备。如果软件需要实现远程控制,就需要选择具有高稳定性和可靠性的网络通信设备。

（3）依据硬件特征优化软件设计

硬件设备的特性会对软件系统的设计产生影响。例如,硬件设备具有高精度、高速度的特性,软件系统就需要设计相应的算法来充分发挥这些特性。此外,硬件设备的稳定性、可靠性、安全性等方面的需求也会对软件系统的设计产生影响。

（4）多设备集群调度支持

智能仓储系统需要具备多设备集群调度的能力,以实现高效、有序的设备管理。需要借助智能调度算法和群体智能算法来实现,例如利用遗传算法、粒子群算法等群体智能算法来实现移动设备路径的动态规划,避免移动设备拥堵和路径冲突,保障整体解决方案的兼容性和稳定性。

3）智能仓储系统硬件组成

智能仓储硬件系统涉及存储、搬运和分拣等业务环节,主要包括以下设备。

（1）自动化仓储设备

根据不同仓库的存储需求和场地实际情况,实现仓储设备类型和布局的专业化定制。从场地尺寸考虑,运用纵向和横向利用空间的智能线边仓方案,从高度和深度两个维度搭建垂直式仓储和水平式仓储;对于具有高密度存储需求的仓库,选择垂直回转货柜和垂直升降货柜;针对电子和医疗行业产品,集成元件塔和水平回转货柜能提供更高的分拣效率。

（2）RFID设备

RFID能够让每件产品携带一段特定的信息,实现对产品的追踪和管理,包括标签类设备和读写类设备。标签类设备标识货物特定的信息,而读写类设备用于该信息的获取、验证和更新。在实际操作中,RFID磁吸抗金属标签吸附方便,可以循环使用,广泛用于金属物体的追踪与管理。RFID读写器安装于仓库进出口等关键通道,配合使用手持RFID识别设备,实现仓储业务信息的灵活采集和整理。

（3）电子货位标签类

电子货位标签专用于标识和管理储位,目前主流的电子货位标签包括数显电子标签、人机交互电子标签、标准型中文电子标签和大屏中文电子标签。其中数显电子标签采用数字显示直观展示储位信息,如具体的储位号码或货物类型。人机交互电子标签结合人机交互技术,通过触摸屏或其他用户界面与管理人员互动,以支持仓库的灵活管理。标准型中文电子标签,专为用户提供清晰的中文界面。大屏中文电子标签则在大型仓库或需要远距离查看的场景发挥作用,其更大的显示屏便于用户在更远的距离上读取信息。

（4）自动搬运设备

自动搬运系统包括输送机、AGV、轨道穿梭车和自动子母车在内的多种搬运设备。其中，输送机是仓储的核心设备，通过连续的物料传输和流动提升分拣的处理效率。AGV无人搬运车配备自主导航和智能搬运的功能，在减少人力成本的同时降低了操作风险。穿梭车采用定位传感器和控制器确保托盘货位识别的准确性和可靠性，通过无线遥控器实现货物存取和搬运，提高仓储效率。针对信件、文件及其他小型货物的处理与分拣，自动子母车通过内置的分类系统和传输机制，快速识别和分发不同类型和尺寸的货物。

（5）自动分拣设备

半自动智能分拣器配备有识别系统和智能算法，可以快速和准确地将货物分拣到指定目的地，同时允许操作员进行必要的干预和调整，以满足不同的分拣需求。全自动分拣器采用更为先进的技术，配备高精度的传感器和先进控制系统，取消人工干预，实现高度自动化的分拣。自动分拣设备能够快速、准确且连续地处理大量货物，以提高仓库的分拣效率和吞吐量。系统通过按需集成分拣系统为仓库和物流中心提供高效的分拣解决方案。

4）智能仓储系统软件设计

智能仓储系统的软件是物流信息管理的大脑，控制硬件完成各种操作，没有软件的硬件就像没有生命的躯体，无法发挥出其应有的价值。软件设计时需要兼顾功能、流程、界面等多对象，还要确保软件的质量、可维护性和可扩展性。在系统设计前需要明确仓储标准化管理流程。

（1）入库业务与上游ERP、MOM系统对接，接入入库通知单获取供应商到货明细。

（2）货物送达后，根据需要创建质检单，不良品可现场退回，如有入库暂存需求，可将物料放置在缓存区。

（3）质检验收合格的物料可按系统预设的规则进行组盘。

（4）组盘后的物料可进行赋码操作，用统一标识码管理物料入库后的业务流程。暂存在收货区的库存一旦超过预警值，系统通过移动端消息推送、管理看板告警等方式进行提示。

（5）物料入库后可创建上架单，依据入库策略、库位最大承载量智能推荐入库储位，区分常规库位与次品库位，并交由人工或硬件设备完成上架工作。上架操作仅绑定货物与库位的关系，不会造成仓库库存变动，与此同时库位使用情况也在实时监控中。

（6）在仓库内部存在移库、依据盘点结果调整库存等情况，系统针对实际业务场景，配置了多种盘点业务模板，如按储位盘点、按物料盘点、动盘、盲盘等，借助RFID技术，通过自动读取大量标签信息，大大缩短盘点周期和耗时，提高盘点效率和及时性，减少人工盘点造成的失误。

（7）出库业务与ERP、MOM系统实时交互，通过出库通知单管理待出库的物料信息。斯诺 WMS 依据出库策略,智能推荐下架储位,联控堆垛机、穿梭车等硬件设备,共同完成下架拣货作业,将物料移动至拣货区。

（8）待运输车辆达到仓库后,物料出库装车,仓库库存减少,一旦低于预警值,系统将及时预警提示相关人员完成采购补货操作。

斯诺 WMS 以实现仓储管理的自动化、智能化、透明化和密集化为目标,采用模块化设计,便于后期扩展和升级,满足不同业务形态的仓储需求,通过核心模块打通厂内物流信息通路,智能调控库内硬件系统,实现软硬结合的仓储作业闭环管理。斯诺 WMS 物流信息系统设计的整体框架如图 12－56 所示。

图 12－56 斯诺 WMS 物流信息系统设计框架

斯诺 WMS 物流信息系统遵循标准化的流程管理,支持与设备控制系统、AGV 管理系统对接,能够满足物品清单管理最低库存设置、托盘货位可视化等场景的使用需求。根据预设的预警规则对库存、库位进行实时监控,在入库时赋码,从而实现从入库到库内再到出库的全流程生命周期的可追溯、可跟踪。通过仓库货位、库存、作业流程的实时监控,帮助企业对库存情况进行定期盘查,全面掌握仓库的实时信息。此外,借助数字孪生技术,实现仓库实时作业情况 3D 可视化,直观展示物料摆放位置、库位承载量等各项数据,以及出入库作业中的运输车设备的运行路径。系统支持电脑、Pad、手机、数据大屏等多渠道的系统数据查看与管理业务操作执行。斯诺 WMS 包含的主要功能模块有以下方面。

（1）3D 实时监控平台

系统实现了仓储系统的虚拟孪生,搭建 3D 实时监控平台,如图 12－57 所示。根据物料单个库位最大承载量判断库位库存是否已满,以不同颜色直观展示空闲库位、有库存但未满载库位、满载库位,可视化还原仓库实际库存情况。系统支持查看目标层数的俯视图以及该层库位库存情况。出入库作业中的单据会在大屏上进行文字滚动播放，支持用户查看关键运营指标。

图 12-57 3D 实时监控平台

（2）工作台

工作台配置有"常用功能""预警消息""统计分析""关键业务指标 BI"等分区，实时反馈仓库的关键信息，如图 12-58 所示。常用功能是常用菜单快捷入口，可直接跳转到指定页面，提高作业效率。预警消息包含信息提示，区分是否已读，重点突出未读消息，体现未读消息个数。统计分析中设置有重点指标，如当日入库数和出库数等，实时统计业务信息。关键业务指标 BI 是定制业务指标的分析模板，如物料在库时长排名等。

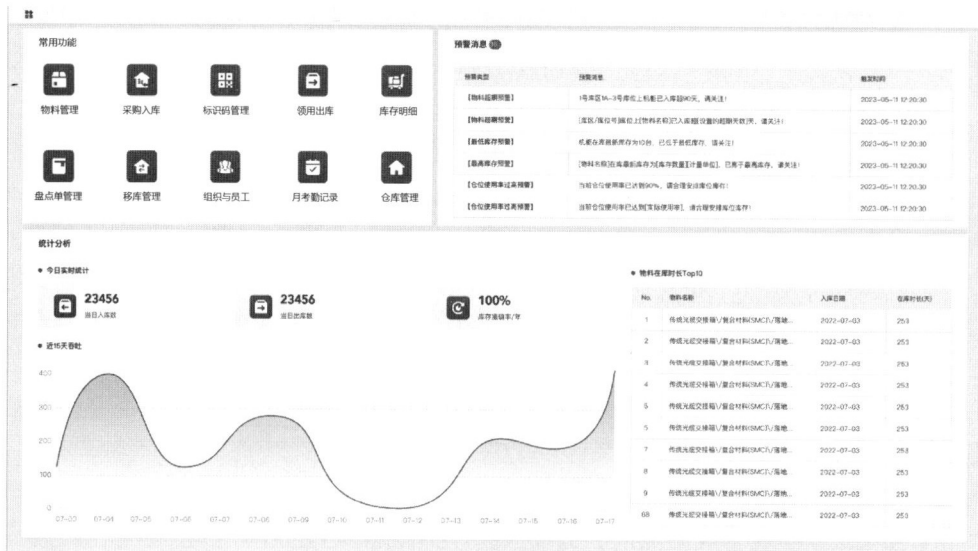

图 12-58 斯诺 WMS 工作台

（3）标识码管理

斯诺 WMS 对单据、货品、货位容器等实现标识化，提高工作效率和管理精度。单据条码化指对内外部单据标识化，串联上下游单据关系，实现绿色无纸化管理。货品条码化是入库物料赋码后，业务操作实时写入，确保物料动向可追溯。货位条码化是库位做出唯一标识，扫码查看该库位上库存情况，配合 RFID 识别技术，可便捷开展盘点业务。容器条码化可针对物料属性不同分装不同容器，对容器标识化，可形成"仓库—库区—库位—容器"四级管理体系。

（4）入库管理

可依据实际业务情况，在系统内创建多种类型的入库单，如图 12‑59 所示。依据选择的入库储位进行预览，以主视图及左视图视角，直观展示入库明细所关联的库位。单据创建后通过 PDA 或蓝牙打印机打印入库明细标签并张贴在物料上，完成入库动作。

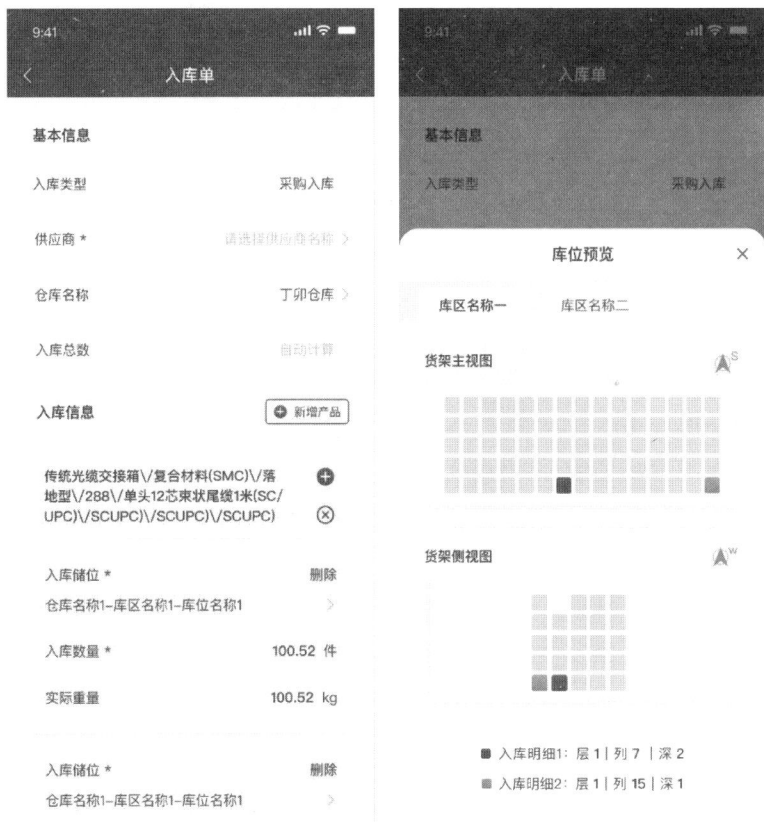

图 12‑59　系统入库管理业务

（5）出库管理

依据企业自身实际业务情况，支持在系统内创建多种类型的出库单，如图 12‑60 所示。通过出库策略智能推荐储位，如 FIFO、LIFO、FEFO 等，根据行业性质设置波次，提升拣货效率。仓库管理人员根据送达的货物出库需求，创建出库单，系统定位并分配出库货位,通过远程或者驾驶的方式控制穿梭车,完成取货,在出货区通过电子标签系统确认货物出库,系统自动更新仓库内的库存量和托盘数量,并生成签字后的出库单保存并上传。

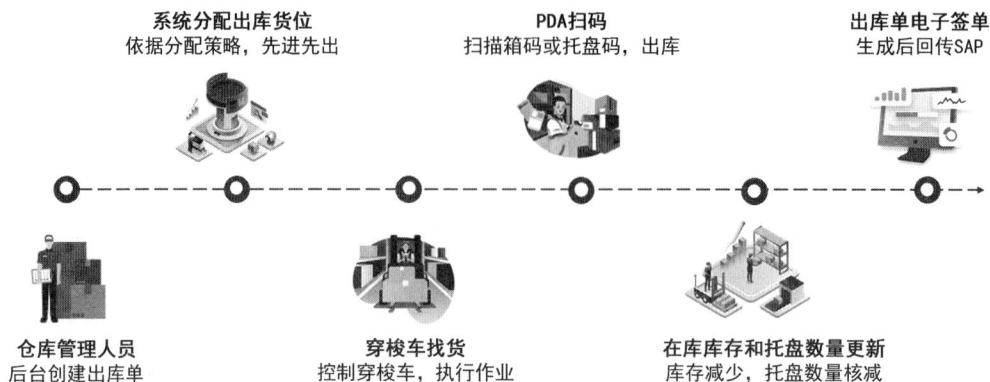

图 12 – 60　系统出库管理业务

（6）移库管理

系统提供定制化移库方案,在仓库内执行业务的人员和设备空闲时,创建并派送待执行的移库任务,充分利用碎片化时间,优化现有存储位置与结构,节约存储库位。

（7）盘点任务管理

系统支持多模式、多方法、多类型创建盘点任务。可实现静盘、动盘、盲盘等盘点任务。初盘异常时,生成盘盈盘亏单,同时自动创建复盘单,员工二次确认时,人工填写差异原因后调整库存,常规盘点业务可在系统标准流程下快速完成。

（8）数据分析

系统提供数据分析模版,多维度展示物料在库情况,自动分析库存占比、库存货龄、吞吐量分析、仓位使用率等指标。同时,系统支持定制化报表分析和推送方式定制。

斯诺 WMS 物流信息系统采用动态管理货物、精细管理业务的方式,节约人工成本、提高管理水平,从货物入库、出库、盘点、库存管理等方面提升仓储作业效率、空间利用率,以及业务流程的标准化程度。

12.7　智慧物流系统

12.7.1　智慧物流概述

1）智慧物流发展进程

智慧物流的概念由 2010 年 IBM 发布的《智慧的未来供应链》研究报告中提出的智慧供应链概念延伸而来。智慧物流是以信息化为依托并广泛应用物联网、人工智能、大数据、云计算等技术工具,在物流价值链上的六项基本环节(运输、仓储、包装、装卸搬运、流通加工、配送、信息服务)实现系统感知和数据采集的现代综合智能型物流系统。智慧物流可以简单地理解为在物流系统中采用物联网、大数据、云计算和人工智能等先进技术,使得整个物流系统运作如同在人的大脑指挥下实时收集并处理信息,做出最优决策、实现最优布局,物流系统中各组成单元能实现高质量、高效率、低成本的分工、协同。

目前,传统物流的发展趋势有三个阶段:自动化物流、智能化物流和智慧化物流,如图 12-61 所示。自动化物流是指将物流过程中的运输、储存、装卸、包装、分拣等环节通过自动化设备、软件及控制系统进行集成和优化,按预定的程序、指令自动进行操作或控制,实现物流作业的自动化、智能化和高效化。智能

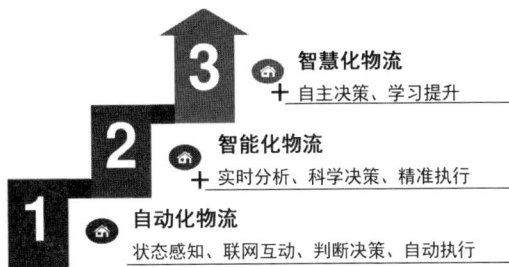

图 12-61 传统物流的发展趋势

化物流是指利用现代集成智能化技术,使得物流系统能够模仿人的智能,具备像人一样的思维、学习推理判断、感知以及自行解决物流中某些问题的能力。它是一种从供应方向需求方移动的过程,中间经历智能运输、仓储、配送、包装、装卸、信息获取、信息处理等多项智能化环节。

智能物流是物流系统向智慧化物流进化的重要阶段,智能化物流是智慧物流实现的基础。基于智能物流所实现的状态感知、实时分析、科学决策与精准执行,智慧物流进一步达到了自主决策和学习提升。智能物流强调技术能力,智慧物流强调系统协同。

2)智慧物流的功能

物流的标准化管理流程已经被证明是简洁可行且能够高效运转,因此智慧物流提供的功能与现阶段的自动化物流和智能化物流不会有显著的差别,未来可能在自主学习能力、决策能力等方面有显著提升。

(1)感知功能。智慧物流通过射频技术、GNSS/GIS 技术等先进物流技术对整个物流活动进行各项信息的搜集、整理,使企业能够准确掌握货物在包装、装卸、流通加工、运输、配送、仓储等环节的状态,为之后的智能分析提供基础,从而实现智慧物流的感知功能。感知功能的实现是智慧物流进行基础业务活动的前提,对货物的尺寸大小、运输的实时定位、仓库货物的库存量等信息进行采集,逐步将物流业务数据化,以供之后的调度、分析使用。

(2)数据挖掘与决策功能。在智慧感知的基础之上,智慧物流运用相关的信息处理技术和数据挖掘技术对市场需求、库存信息、人员储备、车辆储备等物流信息进行分析,实现运输与配送路径优化、物流中心与仓库的合理布局、仓库零库存以及配送方案的智能化等。该功能是智慧物流企业区别于其他竞争者的优势所在,也是企业获得长远发展的源泉和动力。通过一系列的数据分析,一方面提高了物流效率、优化了相关决策,另一方面通过资源整合,缓解了物流行业资源浪费的现状,降低了运营成本,使得整个物流行业重新焕发了生机。

（3）信息追溯功能。智慧物流运用二维码、RFID 等技术,对物流货物进行全方位的信息追溯,让顾客了解货物的整个周转流程。信息追溯功能能够帮助企业及时了解出现差错的环节、降低损失。与此同时,保障顾客权益不受侵犯,提高顾客的信任度和满意度,在行内树立良好的企业形象和口碑。

（4）信息反馈功能。整个物流过程会产生大量的物流信息,智慧物流通过物流平台将信息不断反馈给企业并进行实时更新,保证物流系统有效持续运转,针对意外情况能够及时反应并提出最佳的解决方案。不仅如此,顾客也可以通过平台查询到物流信息,了解物流运行的情况。综上所述,信息的实时更新与反馈确保了服务质量提升,既满足了顾客需求,又维护了企业形象。

12.7.2　智慧物流架构

物流产业已经形成以信息技术为核心,以运输技术、配送技术、装卸搬运技术、仓储信息化技术、库存控制技术、包装技术等专业技术为支撑的物流技术格局。根据智慧物流的技术架构,智慧物流的关键技术总体可以分为感知层、网络传输层、数据存储层、应用服务层,如图 12－62 所示。具体而言,智慧物流的技术架构主要包括智能运输、智能仓储、智能配送、智能包装、智能装卸、智能信息处理等六个方面。

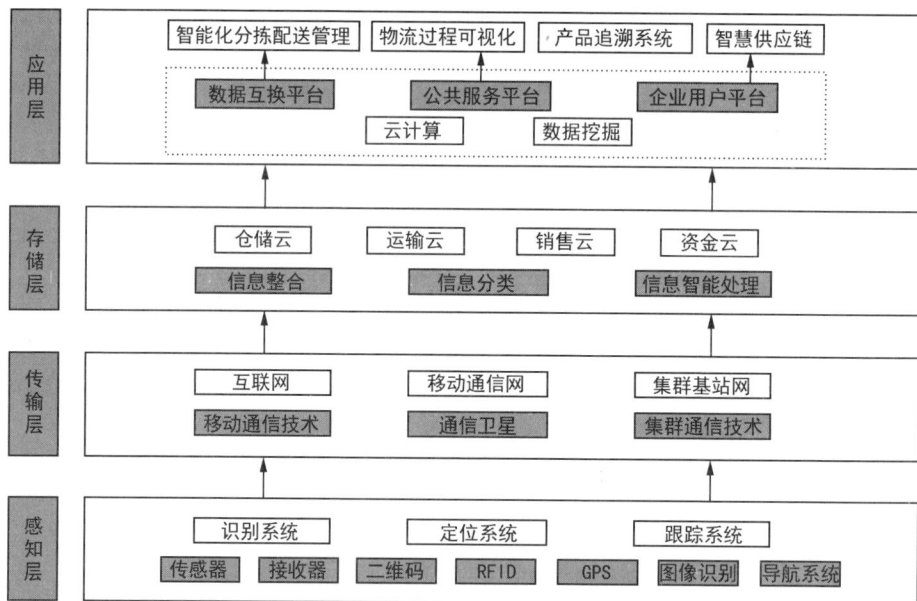

图 12－62　智慧化物流技术架构

（1）智能运输:集成各种运输方式,包括应用车辆识别技术、定位技术、信息技术、移动通信与网络技术等高新技术,实现交通管理、车辆控制、营运货车管理、电子收费、紧急救援等功能,降低货物运输成本,缩短货物送达时间。

（2）智能仓储:在现有仓储管理作业环节中进行货品、数量、位置、载体等信息的实时自动采集,并通过信息交互在操作现场实现快速货物入库、货物准确出库、库存盘点、货物库区转移、货物数量调整、实时信息显示、温度检测与报警。

(3)智能配送:集成全球定位系统、配送路径优化模型、多目标决策等技术,把配送订单分配给可用的车辆,实现配送订单信息的电子化、配送决策的智能化、配送路线的实时显示、配送车辆的导航跟踪和空间配送信息的查询显示,协同仓库部门一起完成配送任务。

(4)智能包装:反映包装对象物品特性及内在品质和对象物品在运输、仓储、销售等流程相关信息的包装过程。记录包装物品整个生命周期内物品质量的变化;借助电子技术、信息技术和通信技术等手段搜集和管理包装商品的生产及销售分布等相关信息。

(5)智能装卸:在一定区域内借助无人搬运车、传送设备、智能穿梭车、通信设备、监控系统和计算机控制系统等技术,改变物品空间位置和存放状态的相关活动。智能装卸是包括装上卸下、传送移动、分拣、堆垛、出入库等作业活动的立体化、动态化过程。

(6)智能信息处理:包括信息感知、信息传输、信息存储和信息处理等;快速、准确地进行海量数据的自动采集和输入,实现物流信息集成和整合,通过数据库的整理、加工和分析,为物流作业的运作、相关决策的制定提供信息基础和经验借鉴,保障物流作业合理和高效运作。

根据《中国智慧物流 2025 应用展望》,基于领先企业最佳实践及物流行业发展趋势,指出智慧物流应用的整体架构自上而下分为:智慧化平台(大脑)、数字化运营(中枢)、智能化作业(四肢),如图 12 - 63 所示。

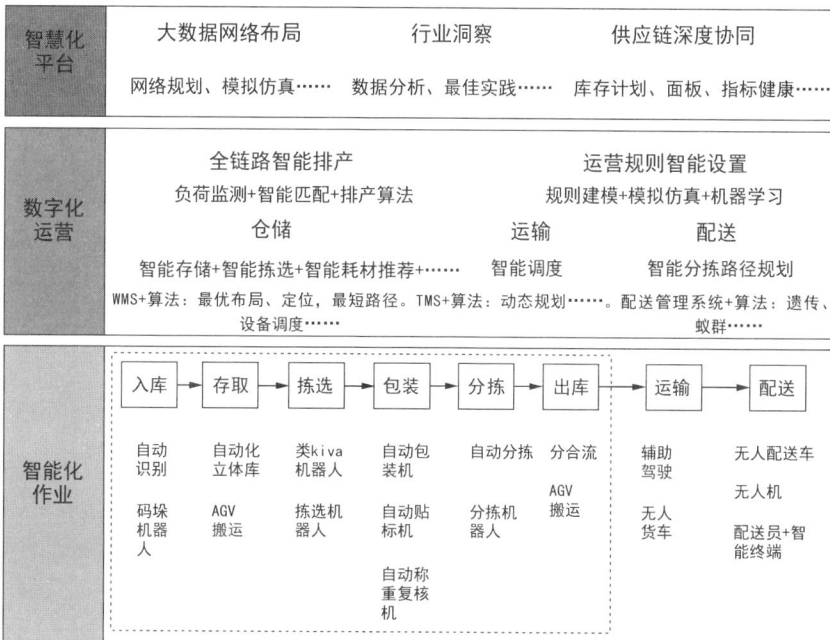

图 12 - 63　智慧化物流整体架构

智慧物流的应用场景多元化,行业涵盖电子商务、物流、烟草、医药等。智慧物流主要应用在工业生产和商业配送环节,一方面为工业企业提供产品存储、输送和信息化管理,以提高生产效率;另一方面为商业企业提供产品存储、分拣、配送和信息化管理,实现信息自动传输与订单自动处理。智慧物流的优点总结如下:

(1)降低物流成本,提高企业利润

智慧物流能大大降低制造业、物流业等各行业的成本,实打实地提高企业的利润,生产商、批发商、零售商三方通过智慧物流相互协作,信息共享,物流企业便能更节省成本。其关键技术诸如物体标识及标识追踪、无线定位等新型信息技术应用,能够有效实现物流的智能调度管理、整合物流核心业务流程,加强物流管理的合理化,降低物流消耗,从而降低物流成本、减少流通费用、增加利润。

(2)加速物流产业的发展,成为物流业的信息技术支撑

智慧物流的建设,将加速物流产业的发展,集仓储、运输、配送、信息服务等多功能于一体,打破行业限制,协调部门利益,实现集约化高效经营,优化社会物流资源配置。同时,将物流企业整合在一起,将过去分散于多处的物流资源进行集中处理,发挥整体优势和规模优势,实现传统物流企业的现代化、专业化和互补性。此外,这些企业还可以共享基础设施、配套服务和信息,降低运营成本和费用支出,获得规模效益。

(3)为企业生产、采购和销售系统的智能融合打基础

随着 RFID 技术与传感器网络的普及,物与物的互联互通,将给企业的物流系统、生产系统、采购系统与销售系统的智能融合打下基础,而网络的融合必将产生智慧生产与智慧供应链的融合,企业物流完全智慧地融入企业经营之中,打破工序、流程界限,打造智慧企业。

(4)使消费者节约成本,轻松、放心购物

智慧物流通过提供货物源头自助查询和跟踪等多种服务,尤其是对食品类货物的源头查询,能够让消费者买得放心、吃得放心,在增加消费者购买信心的同时促进消费,最终对整体市场产生良性影响。

(5)提高政府部门工作效率,助力政治体制改革

智慧物流可全方位、全程监管食品的生产、运输、销售,大大节省了相关政府部门工作压力的同时,使监管更彻底更透明。通过计算机和网络的应用,政府部门的工作效率将大大提高,有助于我国政治体制的改革,精简政府机构,裁汰冗员,从而削减政府开支。

(6)促进经济进一步发展,提升综合竞争力

智慧物流集多种服务功能于一体,体现了现代经济运作特点的需求,即强调信息流与物质流快速、高效、通畅地运转,从而降低社会成本,提高生产效率,整合社会资源。

12.7.3　智慧物流的展望

智慧物流是物流行业发展的方向,且具备稳定的驱动力。国内外市场稳定的消费

需求和国家政府长久的政策扶持都有助于制造业供应链智慧化水平提升,实施物流智能化改造行动,未来我国智慧物流行业有望迎来崭新的发展机遇。

(1)更高级别的自动化:通过使用先进的机器人技术、自动化仓储系统和无人驾驶车辆,智慧物流将进一步提高自动化水平,减少对人力资源的依赖,提高操作效率和准确性。

(2)更强大的数据分析能力:借助大数据和人工智能技术,智慧物流将能够更准确地预测市场需求、优化库存管理和提高供应链透明度。帮助企业和物流提供商做出更明智的决策,快速响应市场变化。

(3)更深入的物联网集成:物联网技术将帮助实现设备、货物和人员之间的实时通信和监控。使物流企业能够实时监控货物的位置和状态,提高供应链的可见性和可靠性。

(4)更广泛的跨界合作:智慧物流将促进物流、电商、制造和其他相关行业的跨界合作。通过共享资源、优化流程和降低成本,这些合作将有助于提高整个供应链的竞争力和稳定性。

(5)更绿色的可持续发展:在应对气候变化和环境挑战方面,智慧物流将致力于实现更绿色的运营。通过采用清洁能源、减少废物和排放、优化运输路线等措施,智慧物流将促进可持续发展,降低对环境的影响。

(6)更个性化的服务体验:智慧物流将注重提供个性化的服务体验,满足不同客户的需求。通过定制化的解决方案、灵活的配送选项和优质的客户服务,智慧物流将提高客户满意度和忠诚度。

智慧物流作为物流行业发展的重要方向,未来将在智能化、数字化、绿色化、协同化等方面实现更大的突破和创新,为物流行业的可持续发展注入新的动力。

复习思考题

1. 简述网络货运平台的业务模式。
2. 对比分析不同类型网络货运平台的特点。
3. 画图描述即时物流不同服务场景及服务流程。
4. 简述冷链物流信息平台所包含的子系统、重要系统及功能。
5. 对比应急物流与常规物流的特点,并简述应急物流平台的设计。
6. 简述仓储系统的发展历程和无人仓的主要构成。
7. 分析无人机和无人车在配送中的作用与特点。
8. 简述斯诺 WMS 物流信息系统的设计框架。
9. 试分析物流系统仿真、物流数字孪生、智慧物流之间的关系。

参考文献

[1] 王道平,邵瑞.现代物流信息技术[M].4版.北京:北京大学出版社,2023.

[2] 吴君杨,杨浩哲.与德国等物流高水平国家相比,我国的差距在哪?[J].综合运输,2019,41(6):84-89.

[3] 姜旭,赵凯,吴懿迪,等.日本七次《综合物流施策大纲》连续演变及启示[J].供应链管理,2023,4(6):14-28.

[4] 初良勇.物流信息技术与信息系统[M].北京:机械工业出版社,2020.

[5] 冯耕中.物流信息系统[M].2版.北京:机械工业出版社,2020.

[6] 王紫君,黄艺璇,李源.物流信息技术与应用[M].上海:上海交通大学出版社,2021.

[7] 朱长征.物流信息技术[M].2版.北京:清华大学出版社,2020.

[8] 唐新明,刘连浩.第四方物流信息系统主要功能模块研究[J].湖南商学院学报,2009,16(4):70-74.

[9] 朱杰,李俊韬,张方风.物流公共信息平台建设与运营模式[M].北京:机械工业出版社,2013.

[10] 李鹏飞,毋建宏.物流信息系统[M].北京:人民邮电出版社,2014.

[11] 于宝琴,陈晓,鲁馨蔓.现代物流技术与应用[M].重庆:重庆大学出版社,2017.

[12] 申金升.智慧物流物联化关键技术[M].北京:电子工业出版社,2016.

[13] 王嘉.现代物流信息编码标准体系研究[J].中国自动识别技术,2022(2):66-70.

[14] 彭莹莹,李星,鲁顺.四级设备编码体系在烟草物流设备维保中的应用[J].物流技术,2021,40(5):103-106,128.

[15] 李越鳌,彭业顺,陆伟继,等.基于5G高精度融合定位技术的研究[J].环境技术,2024,42(3):143-151.

[16] 张诗壮,李俊强,陈诗军.5G NR定位技术及其部署方案[J].中兴通讯技术,2021,27(2):49-53.

[17] 李健翔.5G移动通信网的定位技术发展趋势[J].移动通信,2022,46(1):96-100,106.

[18] 欧阳俊,陈诗军,黄晓明,等.面向5G移动通信网的高精度定位技术分析[J].移动通信,2019,43(9):13-17.

[19] 魏学将,王猛,李文锋.智慧物流信息技术与应用[M].北京:机械工业出版社,2023.

[20] 王冬子.基于Wi-Fi的被动式室内人员定位技术研究[D].南京:南京邮电大学,2023.

[21] 刘桄序.物流系统智能高精度定位分拣方案[N].电子报,2019-02-24(006).

[22] 梁锦达,钱煦,陈雷,等.三维可视化技术在物流调度系统中的应用[J].物流技术与应用,2023,28(11):120-123.

[23] 马楠,商新娜.数据库系统的智能应用[M].北京:中国铁道出版社,2022.

[24] 张雪萍,杨腾飞,王军峰,等.大数据采集与处理[M].北京:电子工业出版社,2021.

［25］周中元,王菁.大数据挖掘技术与应用[M].北京:电子工业出版社,2019.

［26］任昱衡,姜斌,李倩星,等.数据挖掘[M].北京:电子工业出版社,2018.

［27］贵州电网有限责任公司.数据挖掘在需求侧管理中的研究与应用[M].北京:中国水利水电出版社,2018.

［28］尚凤军.云计算与物联网关键技术研究及应用[M].北京:电子工业出版社,2017.

［29］林子雨.大数据技术原理与应用[M].北京:人民邮电出版社,2017.

［30］阮彤,王昊奋,陈为,等.大数据技术前沿[M].北京:电子工业出版社,2016.

［31］周中元,王菁.大数据挖掘技术与应用[M].北京:电子工业出版社,2019.

［32］任昱衡,姜斌,李倩星,等.数据挖掘[M].北京:电子工业出版社,2018.

［33］贵州电网有限责任公司.数据挖掘在需求侧管理中的研究与应用[M].北京:中国水利水电出版社,2018.

［34］孙玉坤.电子标签拣选系统的设计及研究[D].秦皇岛:燕山大学,2019.

［35］魏学将,王猛,李文锋.智慧物流信息技术与应用[M].北京:机械工业出版社,2023.

［36］陈文秀,陈洪波.国内应急物流研究的综述与展望[J].物流工程与管理,2022,44(10):1-6,10.

［37］戢晓峰,杨春丽,郝京京,等.国内外应急物流研究热点对比与展望[J].中国安全科学学报,2021,31(12):144-152.

［38］栗乾腾.突发公共卫生事件下应急物流信息平台架构设计[D].太原:山西财经大学,2023.

［39］一汽物流有限公司智能物流技术研发院.智能物流信息技术报告:2019—2020[M].长春:吉林人民出版社,2020.

［40］初良勇.物流信息技术与信息系统[M].北京:机械工业出版社,2020.

［41］郑少峰,张春英.现代物流信息管理与技术[M].北京:机械工业出版社,2022.

［42］朱海鹏.物流信息技术:微课版[M].北京:人民邮电出版社,2022.

［43］魏学将,王猛,张庆英.智慧物流概论[M].北京:机械工业出版社,2020.

［44］慕静,邓春姊,王俊艳.智慧物流与供应链[M].北京:清华大学出版社,2022.

［45］王汉新.物流信息管理[M].北京:北京大学出版社,2021.

［46］文丹枫,周鹏辉.智慧供应链:智能化时代的供应链管理与变革[M].北京:电子工业出版社,2019.

［47］王先庆.智慧物流:打造智能高效的物流生态系统[M].北京:电子工业出版社,2019.

［48］楚峰.探路智慧物流[J].运输经理世界,2019(3):62-65.

［49］陈狄.基于"互联网＋"的无车承运人平台设计与实现[D].南京:南京邮电大学,2020.

［50］李金刚,冯清芳.关于以货拉拉为代表的网络货运平台发展现状、存在问题及对策建议[J].道路交通管理,2021(10):20-22.

［51］中国物流与采购联合会.广西物资集团:广西物流公共信息服务平台[EB/OL].http://www.chinawuliu.com.cn/xsyj/201808/15/333890.shtml.

［52］田明东.网络货运平台的发展现状分析[J].中国储运,2022(12):141-142.

［53］褚郁诚.面向仓储物流通信的数字孪生虚拟调试系统设计与实现[D].南京:南京邮电大

学,2023.

[54] 夏铭璐,张树山,谷城.智慧物流对产业链韧性的影响[J].中国流通经济,2023,37(9)：23-33.

[55] 张凯月,温海骏,陈跃鹏,等.新冠疫情期间应急物资车辆路径优化方法[J].科学技术与工程,2023,23(6):2518-2525.

[56] 刘晓菲,刘国强,于雪涛.5G技术在智慧物流行业应用及发展趋势研究[J].制造业自动化,2022,44(9):142-145,174.

[57] 孙丽,李九博,乔文宣,等.基于Unity3D的智慧物流实验室孪生研究[J].制造技术与机床,2024(2):53-58.